EUN JUNG CHOI

from strategy development to implementation

Marketing Management

Marketing of the AI · Digital Age

마케팅관리 3판

AI · 디지털시대의 마케팅

최은정

AI · DIGITAL

정독
DEEP READING

제3판 머리말

"태풍의 길목에 서면 돼지도 날 수 있다."

샤오미 레이쥔의 이 말처럼, 저자는 항상 혁신에 깨어 있으면 날아오르는 태풍이 오는 순간을 알 수 있고, 태풍과 함께 날아오를 수 있다고 믿는다. 옆 이미지는 생성형 AI에게 폭풍 앞에서 날고 있는 역동적이고 활기찬 돼지를 그려달라고 해서 도출된 결과이다. 저자는 다양한 기관과 기업으로부터 마케팅 강연 요청이 많은데 강연마다 본 내용을 화두로 강연을 시작한다.

AI 주도의 디지털 마케팅 세계에서 배움, 적응, 그리고 숙련의 여정에 오신 것을 환영한다. 이 책은 마케팅 전문가들과 열정적인 독자들을 위한 지침서이다. AI 및 디지털 시대의 마케팅 변화를 최대한 깊이 있게 다루고자 하였다. 또한 소비자 행동의 변화, 디지털 전략, 혁신적인 도구 등이 브랜드와 소비자의 상호작용 등 마케팅 전반에 어떻게 변화시키는지에 대한 통찰을 제공하고자 하였다. 이 책을 통해 데이터 기반의 의사결정과 AI 통합이 필수적인 현 마케팅 시대의 리더로서 필요한 역량과 지식을 갖추게 될 것이다.

본 "마케팅관리"는 2017년에 1판이 출판될 시, '디지털시대의 뉴 마케팅'이라는 부제를 가지고 있었다. 이번 3판을 출판하면서 부제를 'AI·디지털시대의 마케팅'으로 변경하였다. 부제의 변화를 보면, 본 3판의 초점을 파악할 수 있을 것이다. 초판 이후 3판이 나오기까지 약 5여 년의 시간이 지나는 사이에 마케팅의 환경은 너무도 많이 달라졌다. 1판에서는 과거 디지털시대의 도래와 준비를 강조한 데 반해, 3판은 AI 기술이 깊숙이 마케팅의 영역으로 들어왔다.

가트너는 2025년까지 소비자의 SNS와의 상호작용은 크게 줄고, 기업의 적극적인 AI 도입을 통해 기업의 보다 적극적인 포지셔닝과 차별화 도모를 예상하고 있다. 이에 본서는 보다 정교화된 콘텐츠와 크리에이티브를 통해 고객의 확보와 충성도 유지 전략에 강조하였다. 특히, 1장 'AI·디지털시대의 마케팅 진화'에서 새로운 마케팅전략의 프레임워크와 진화 과정을 설명하였다. 특히 AI·디지털시대의 마케터에게 요구되는 역량을 제안하였으며, 4P Mix 마케팅 전략과 관리상에 변화를 구체적으로 제안하였다. 13장 'AI·디지털시대의 마케팅 커뮤니케이션'과 14장 'AI·디지털시대의 마케팅'에서는 AI·디지털시대의 새로운 마케팅 기술, 혁신과 중요 프레임워크의 변화를 설명하였다. 또한 다양한 AI·디지털 기술의 활용과 그 범주의 확대 중인 다양한 기업의 사례들을 통해 인사이트를 제공하고자 했다.

전반적으로 마케팅원론 차원에서 꼭 알아야 하는 차원의 3C 분석, STP마케팅전략, 4P Mix, TMC 마케팅 커뮤니케이션 중심으로 기본적으로 학습해야 하는 기본 개념, 프레임워크, 이론들을 소개하였다. 또한 각 챕터 주제별 최근 AI·디지털시대 도래로 변화된 개념과 최신 사례들을 다양하게 소개하여 AI·디지털시대의 마케팅 혁신을 강화하였다.

본서는 대학 교재임에도 불구하고 초판이 세종도서에 선정되었다. 많은 분으로부터 디지털시대에 맞는 마케팅 내용을 알차게 담았다며 칭찬과 격려를 많이 받아 왔다. 대학 전공수업을 위해 보다 많은 실습 과제를 담아달라, 최근 마케팅을 담도록 매년 개정판 만들어 달라는 등 다양한 요구도 들어왔었다.

본 저자의 다양한 내·외부 활동으로 3판 개정판이 너무 늦게 나오게 되어서 전국에서 본 출판을 기다려 주신 분들께 진심으로 송구한 마음이다. 늦어짐에도 불구하고 가능한 AI·디지털시대를 선도할 수 있도록 중요 개념들과 살아있는 사례들을 담기 위해 최선의 노력을 하였다.

본서를 통해 마케팅을 학습하고 참조하는 모든 이들이 AI·디지털시대의 마케팅 최전방에서 혁신을 그려나가길 … 그리고,

본 저자를 포함하여 모두가 태풍의 길목에 서서 날고 있기를 기원하며 ···

AI·디지털시대에 태풍의 길목에 서 있는

최은정

제2판 머리말

본 "마케팅관리: 디지털시대의 뉴 마케팅"은 2017년에 원고 작성이 시작되어 2018년 7월에 출판되었다. 출판 후, 많은 분들로부터 4차산업시대의 마케팅 진화를 다양한 사례들과 함께 대학교재로서 충실하게 담아 내었다고 분에 넘는 많은 관심과 격려를 받았다. 또한 감사하게도 2019년에 세종도서 학술부문에 선정되는 영광스러운 경험도 하였다.

본 2판은 디지털시대의 뉴 마케팅이라는 본 책의 부제에 부합하기 위해서 총 5부 13장으로 구성한 초판에서 "제5부 디지털시대의 새로운 가치 수립과 전달"을 기존 1개 장에서 2개장으로 확대하여 총 5부 14장으로 구성하였다. 이에 따라, 제5부는 디지털시대의 뉴 마케팅 커뮤니케이션(13장)과 디지털시대의 뉴 마케팅(14장)으로 구성되어 뉴 마케팅의 이론과 사례들을 더욱 강화하였다. 특히 [MARKETING REPORT]와 [CASE STUDY]를 가급적 최근 사례와 정보들로 교체하여 디지털시대의 마케팅을 담아내기 위해 노력하였다.

본 책은 4차 산업혁명을 통해 도래한 디지털시대를 대응하기 위한 새로운 마케팅 기본서이다. 초판 머리말에서 언급한 바와 같이, 본 저자는 디지털시대의 뉴마케팅을 이해를 제공하기 위해서 보다 혁신적인 사례 제공이 필요하다 판단하고 비록 규모는 작은 스타트업이지만 스타트업 사례들을 가급적이면 많이 담으려고 노력하였었다. 지금도 기억에 남는 것은 7장 제품전략과 관리에서 스타트업 "마켓컬리"의 사례를 소개하면서 본 책이 출판한 지 얼마 안 되어서 사례로 소개한 스타트업이 이 시장에서 존재하지 않는 불상사가 있을까 봐 염려하면서 내용을 담았던 기억이 있다.

그러나 최근 2년 동안 유통시장을 관찰하면서 이런 고민은 기우일 뿐이었음을 마켓컬리는 성과로 보여주었다. 국내시장에 새벽배송이라는 혁신적 배송서비스를 처음으로 선보이고 이러한 시도가 유통시장 전체의 경쟁과 혁신의 축을 바꾸어 놓은 것이다. 마켓컬리의 선도적 혁신은 거대 유통시장에 쏘아 올린 작은 공이 되어 총알배송, 치타배송 등등 다양한 이름으로 지금도 대형 유통사들은 사활을 건 전쟁 속에 있다.

본 2판의 특징은 초판에서는 디지털시대의 도래로 기업들이 준비해야 하는 점들을 보다 강조했다면, 2판은 기업들이 디지털시대에 대응한 혁신의 방법과 확장에 대한 기술들을 소개하는 것이 주를 이루어졌다는 점이다. 즉, 2년여 만에 디지털시대의 도래로 뉴 마케팅이 필요하다 강조했던 저자의 기본 논지가 디지털시대의 도래로 뉴 마케팅이 활발히 이루어지고 있고 그 프로세스와 구조에 대한 이해를 높이고 보다 고도화가 필요하다는 논지로 변화된 것이다.

초판을 출판한 지 2년밖에 지나지 않았다. 그러나 4차산업시대의 도래로 혁신적 디지털 기술들이 본격적으로 산업 전반에 활발하게 접목되고 있으며, 사회, 경제, 문화 전반에서 우리는 디지털시대를 이미 경험하고 있다. 또한, 2020년 초반부터 코로나사태로 인해 우리 인류가 경험하지 못한 새로운 환경의 뉴노멀시대를 직면하고 있다. 이로 인해, 마케팅의 진화는 더욱 촉진되고 있는 상황이다.

대학 전공 서적을 출판하면서도 어디까지가 클래식한 이론이고, 어디까지가 일시적 트렌드이고 기업의 단기적 실행 차원인지 구분하기를 포기해야 할 정도로 우리 사회는 디지털시대에서 초단기, 초개인화, 초세분화 마이크로시대로 빠르게 진입하고 있다.

이러한 혁신과 도전의 디지털시대에 본 책이 혁신의 주체가 되는 마케터 양성에 기여하길 기대하며…

자하골에서

최은정

머리말

대외적 마케팅 환경요인들이 급변하고, 마케팅이 가장 근본적으로 출발해야 하는 시장과 소비자 자체가 변화하고 있다. 기업의 불확실성은 더욱 높아지고, 경쟁은 탈범주화되면서 기업은 진정한 무한경쟁 상황에 처해졌다. 또한, 마케팅 R&D 차원에서, 시장 및 소비자 조사차원에서, 커뮤니케이션 실행 차원 등, 마케터가 관여하고 관리하는 모든 영역에서 혁신적 진화가 이루어지고 있는 상황이다. 디지털시대의 도래는 마케팅 관리 전반의 혁신적 변화를 요구하고 있는 것이다.

디지털시대의 대표적인 특징들은 각각 파편화되었던 산업들 간의 융·복합화가 촉진화되고, 혁신적 토털 서비스를 위해 경쟁적 관계들의 기업들 간의 다수 기업들 간의 협력이 필수적이다. 또한, 디지털시대에 새로운 비즈니스 모델들이 등장하고 새로운 시장경쟁 체계로 진화하고 있다. 이에, 마케터의 기능은 마켓 제공물을 제시하는 제공자의 역할에서, 공급자와 수요자가 효과적으로 효율적으로 만날 수 있는 마켓 플레이스 자체를 만드는 플랫폼 개발자의 역할로 확대되었다.

기존의 마케팅 기본서들은 전통적 마케팅의 이론과 체계만 담고 있어서, 전통적 체계에 의해 학습된 마케팅 능력의 한계점을 드러내고 있다. 디지털시대의 도래로 인해 변화된 최근의 기업경영 및 마케팅 환경에 능동적으로 대응하기 위해서는 디지털 체계에 부합한 뉴 마케팅 능력을 배양해야 한다. 또한, 디지털시대는 이전 어느 때보다도 더욱더 창의적이고 혁신적인 시도들이 일어나고, 많은 시장 기회들이 열리는 시기이기도 하다. IT 기업들이 시장 체계 자체를 변화시키고, 이를 통해 새로운 시장들이 형성되면서 미래 먹거리들이 창출되고 있다. 이에 기존 기업들에서 사내 스타트업의 수많은 시도들이 이루어지고 있고, 청년 창업을 많은 국가들의 중요 어젠다로 설정할 정도로, 전 세계가 스타트업 창업 열풍이다. 성공적인 스타트업 창업을 위해서는 체계적인 비즈니스 모델 개발과 마케팅 전략과 실행 개발 교육이 절대적으로 필요하다. 그러나 아쉽게도 기존의 마케팅 기본서들은 여전히 전통적 관점에서만의 마케팅 이론과 개념을 제공함으로써, 최근에 빠르게 변화하고 있는 시장 환경에 부합한 마케팅 교육의 한계점을 보여주고 있다.

이러한 4차 산업혁명을 통해 도래한 디지털시대에 부합하는 새로운 마케팅 기본서에 대한 시장의 요구로 이 책은 기획되었다. 본 책은 기본적으로 마케팅에 입문하는 학생들, 직장에서 마케팅 지식이 필요로 하는 직장인들을 위한 책이다. 또한, 과거 혹은 현재 마케팅 업무를 하고 있으나 디지털시대의 새로운 마케팅 재교육이 필요한 직장인들을 대상으로 하고 있다. 또한 비즈니스 모델 개발, 수정 및 마케팅 전개를 성공적으로 수행이 필요한 스타트업 및 벤처들을 대상으로 하고 있다.

이 책의 1차 목적은 전통적인 마케팅전략, 실행 및 관리 방안을 마케팅의 중요 이론과 체계를 기반으로 마케팅현장의 다양한 사례들과 함께 마케팅의 기본 이론과 지식을 전달함으로써 기초적 마케팅 능력을 배양하는 것이다. 2차 목적은 디지털시대의 도래로 인한 변화된 마케팅 환경, 마케팅 체계 및 전략적 접근, 마케팅 활동 및 의사결정 관련 내용들의 중요한 새로운 개념들과 사례들을 통해 (예비)마케터들이 디지털시대의 선도적 마케팅을 수행할 수 있도록 디지털 마케팅 능력을 배양하기 위함이다.

이 책은 총 5부 13장으로 구성하였다. 제1부에서는 기본적인 마케팅의 이해와 전략적 접근을 이해할 수 있도록, 1장에서 마케팅의 전반의 이해와 마케팅 진화의 이해를 제고하도록 하였고, 2장에서 마케팅전략과 계획 수립 방법론을 제공하였다. 제2부에서는 (예비)마케터가 마케팅 통찰력을 확보할 수 있도록, 3장에서 소비자행동의 이해와 분석 방법론을, 4장에서는 마케팅 조사 방법론을 제공하였다. 제3부에서는 마케팅전략의 가장 기본 체계인 STP 전략의 체계 및 수립, 그리고 관리방안들의 이해를 제고하기 위한 것으로, 5장에서 STP 전략 중 앞 두 단계인 시장세분화와 타기팅 전략과 관리 방안을 제공하였고, 6장에서는 세 번째 단계인 포지셔닝 전략과 관리방안을 제공하였다. 제4부에서는 기본적 마케팅 실행전략 및 관리 영역인 4P Mix 마케팅전략의 수립과 관리 방안을 제공했다. 제품전략과 관리(7장), 신제품 개발 전략(8장), 서비스 전략과 관리(9장), 가격 전략과 관리(10장), 유통 전략과 관리(11장), 마케팅 커뮤니케이션 전략과 관리(12장)로 구성되어 있다. 마지막으로, 제5부 디지털시대의 새로운 가치 수립과 전달 능력을 제고하기 위해, 디지털시대의 뉴 마케팅을 별도장 13장으로 제공하였다.

특히, 이 책은 (예비)마케터의 실행능력을 배양하기 위해 다음과 같이 구성하였다.

- 각 장의 본론 마지막 부분에는 학습자의 능동적 학습과 교육자와 학습자 간의 상호작용을 촉진하기 위해 토론문제와 팀워크숍 과제를 포함하였다. 토론문제들은 본 장에서 학습한 내용 중 중요 내용들을 개인별로(혹은 그룹별로) 총정리하고 일부 의견을 제시하도록 하였다. 팀워크숍 과제들은 그룹 단위별로 학습한 내용들을 정리하고, 토론하고, 학습한 것을 확장하여 실행력을 제고하기 위해서, 마케팅 전략 혹은 관리방안들을 수립하는 실행과제를 제공하였다. 각 장별 교육이 마친 후에, 이들 실행과제를 개인 과제로 혹은 수업 중 팀워크숍으로 반드시 수행하기를 권하는 바이다.

- 특히, 각 장별 중요 논의 주제와 연관된 도입사례를 제공하였다. 일부 팀워크숍 실행과제들은 각 장의 초입에 제시한 도입사례를 활용해서 각 장별 학습한 내용들을 접목할 수 있도록 하였다. 실제 사례를 활용하여 팀워크숍을 수행하면서, 학습한 내용을 구체적으로 접목하고, 해당 사례에서 성공의 요인들이나 문제점들을 발견할 수 있는 능력을 배양할 수 있을 것이다. 또한, 실제 사례를 통해 보다 개선된 마케팅 전략, 실행 계획들을 수립 과정을 통해, (예비)마케터의 마케팅 기획력 제고에 도움이 될 것이다.
- 본론에서 [MARKETING REPORT]를 통해 최근 산업 이슈나 변화들을 제시하였고, [CASE STUDY]를 통해 다양한 특정 기업이나 브랜드 사례들을 연구할 수 있도록 하였다. 최근의 급변화하는 시장의 빠른 변화 속도감을 고려할 때, 너무 오래된 사례들은 접목 가능성이 낮기 때문에 최대한 시의성과 현장감을 확보하기 위해 최근 사례 및 현재 진행형 사례들을 포함시켰다.

이 책은 중요 마케팅 전략이나 마케팅 개념의 이해를 제고하기 위해 다양한 사례들을 제공하였는데, 다음과 같이 유의하여 사례를 제공하였다.

- 본 저자가 마케팅 교육 현장에서 기존의 마케팅 기본서들이 제시한 해외 사례들을 한국의 (예비)마케터들이 이해하고 적용하기에는 높은 어려움이 있음을 많이 경험했다. 이에, 가능한 다양한 한국 산업의 이슈나 한국시장에서 활동하고 익숙한 기업 사례들을 제시하도록 하였다. 해외사례는 마케터로서 알아두면 유익한 사례들이나 고전적 관점에서 꼭 알아야 하는 해외사례들로 일부 선별하여 포함시켰다.
- 대부분의 마케팅 기본서들은 대기업 중심 사례들을 선보인다. 그러나 실제 산업의 대다수를 차지하는 중견기업 및 중소기업들에게 대기업 사례 접목을 요구하는 것은 비현실적이다. 또한 본 책이 2차 타깃으로 하는 사내 벤처나 스타트업들의 마케팅 능력을 배양하고 마케팅 통찰력을 제고하기 위해서는 기존의 대기업 중심 사례들만으로는 통찰력 확보 또한 어렵다. 대기업의 사례들은 잘 구축된 마케팅 요소들을 기본으로 충분한 마케팅 자원들을 가지고 실행한 결과이기 때문이다. 스타트업 관점에서 접근하는 (예비)마케터들에게는 현실적으로 너무 괴리가 커서, 자칫, 교과서 같은 얘기일 수 있다. 디지털시대의 뉴 마케팅을 수행하기 위해서는 좀 더 혁신적 사례가 필요하다. 이에, 현재 시점에서 그 기업 및 운영 규모가 작고 지속경영이 가능이 어려울 수도 있는 스타트업 사례들과 현재 매우 초기단계여서 그 성과가 아직은 명확하지는 않지만 높은 잠재력과 혁신성을 가진 디지털화 사례들도 포함시켰다.

저자 소개

Michigan State University에서 Retailing 박사학위를 받고 마케팅전략 컨설팅기업들의 CEO를 역임하다가 상명대학교 경영학부 교수로 부임하였다. 전문 분야는 마케팅전략, 브랜드전략, 리테일전략, 창업이다. 상명대 경영경제대학 학장, 경영대학원 원장, 창업지원단 단장, 산학협력단 부단장, 서울시캠퍼스타운사업단 단장 등 다양한 학교 보직을 맡아 봉사하였다.

중소기업벤처부 창업진흥원의 비상임이사를 역임하면서 대한민국의 창업 정책 및 창업사업을 자문하였고 다양한 창업사업들을 직접 수행한 창업 전문가이기도 하다. 서울시브랜드위원회에서 위원과 부위원장으로 활동하면서 'I SEOUL YOU' 브랜드의 탄생부터 성장에 기여한 바 있다.

현재 디지털비즈니스연구소 소장으로서 혁신 융합 분야의 연구과 컨설팅을 수행하고 있다. 산자부 산하의 사단법인 한국공공브랜드진흥원의 총괄 위원장으로서 대한민국의 도시브랜드, 공공브랜드, 브랜드 공공성에 관한 다양한 브랜드 사업을 리딩하고 있다.

이 외에도 현재 여성가족부의 정책자문위원회 위원, 국민체육진흥공단 경륜경정사업부 마케팅혁신운영위원회 위원장. 서울시 유통분쟁조정위원회 위원, 국가인재개발원 고위공무원 역량평가 및 개방직공무원 선발위원 등 다양한 영역에서 전문가 활동을 펼치고 있다. 또한, 다양한 민간기업의 혁신적 마케팅을 위해 강연, 교육, 자문, 컨설팅을 활발히 수행하고 있다.

중요 저서로는 '마케팅관리: AI·디지털시대의 마케팅', '고객 기반의 브랜드 관리', '전략적 브랜드 마케팅', '4차산업과 스타트업 트렌드', '사용자 경험 혁신' 등이 있으며, 세 차례나 세종도서에 선정된 바 있다.

차례

PART 03 STP 마케팅 전략 수립과 관리

PART

1 마케팅 이해와 전략적 접근

"1950년대 후반부터 산업 사회에서 정보 사회로의 변혁이 일어나기 시작했다. 이러한 정보 사회에서는 탈대량화, 다양화, 지식기반 생산과 변화의 가속이 있을 것이다. 이 변화는 탈선형화되어 있으며 거꾸로도, 앞으로도 그리고 옆으로도 발전이 가능하다." 1980년에 앨빈 토플러는 그의 책에서 앞으로 바뀔 사회를 이렇게 표현하였다.

1980년 앨빈 토플러가 예견한 탈선형화된 변화는 오늘날, 거꾸로, 앞으로 그리고 옆으로, 마치 원형세포 동물처럼 자유자재로 확장하고 그 모양을 바꾸고 있다. 이전에 아주 일부만 상상해 온 그 변화, 우리 마케터는 그 변화의 AI·디지털시대의 한가운데 서 있는 것이다.

one

"SNS 지고 생성형 AI 뜬다, 마케팅 전략 변화 필요해" 가트너

"2025년까지 소비자의 50%가 소셜미디어와의 상호 작용을 크게 줄일 것이다. 2027년까지 20%의 브랜드가 비즈니스와 제품에 AI를 도입해 포지셔닝과 차별화에 나설 것으로 예상된다. 2026년까지 고급 크리에이티브 직무의 80%가 차별화된 성과를 달성하기 위해 생성형 AI를 활용해야 할 것이며, 생성형 AI 기반 검색을 도입함에 따라 브랜드의 자연 검색 트래픽은 50% 이상 감소할 것이다."

가트너가 2023년에 소비자들을 대상으로 진행했던 설문조사를 바탕으로, 2024년부터 2-3년 안에 일어나게 될 마케팅 환경에서의 변화와 요소를 예측했다. 달라진 소셜미디어에 대한 소비자 인식과 생성형 AI 등 새로운 기술의 등장과 발전으로, 마케팅 업무도 이러한 변화에 맞게 적응하고 변화해야 한다는 것이다.

가트너가 2023년 7월부터 8월까지 263명의 소비자를 대상으로 진행한 설문조사에 따르면, 소비자의 53%가 소셜미디어의 현재 상태가 전년도 또는 5년 전과 비교하여 쇠퇴했다고 믿는 것으로 나타났다. 가짜 정보의 확산, 사용자에게 유해한 환경, 봇(bot)의 확산을 원인으로 꼽았으며, 70%의 응답자가 생성형 AI가 소셜미디어에 통합되면 사용자 경험에 나쁜 영향을 줄 것이라고 생각했다.

에밀리 와이스 가트너 수석 책임 연구원은 "소셜미디어는 여전히 디지털 마케팅에 가장 많이 투자하는 채널이지만, 소비자들은 소셜미디어 사용을 적극적으로 제한하려고 노력하고 있다. 몇 년 전에 비해 자신의 삶과 콘텐츠를 덜 공유하고 있다는 응답이 상당수였다. 소셜미디어 사용의 특성과 플랫폼 경험이 변화함에 따라, CMO는 이에 대응하여 고객 확보 및 충성도 유지 전략에 다시 초점을 맞춰야 한다"라고 조언했다.

2023년 5월 305명의 소비자를 대상으로 진행한 설문조사에서는 72%의 참여자가 AI 기반 콘텐츠 생성을 통해, 허위 또는 오해의 소지가 있는 정보를 퍼뜨릴 수 있다고 믿는 것으로 조사됐다. 2023년 2월에 320명을 대상으로 진행했던 조사에서는 'AI 기반 경험과 기능이 인간보다 낫다'는 소비자 인식이 약화되고 있는 것으로 조사됐다.

이에 대해 AI의 능력에 대한 불신과 신뢰 부족으로 인해, 일부 소비자는 AI가 없는 브랜드와 상호 작용을 찾게 될 것으로 예상되고 있다. 일부 브랜드는 AI를 배제하고 인간적인 포지셔닝을 더 우선시할 것이다. 이러한 '어쿠스틱(acoustic)' 개념은 AI 기반 비즈니스가 비인격적이고 획일적이라는 인식에서 브랜드 본질에 대한 관심과 활용의 중요성을 강조하고 있다.

가트너는 2026년까지 고급 크리에이티브 직무의 80%가 차별화된 결과를 달성하기 위해 생성형 AI를 활용하게 될 것이며, 이에 따라 CMO는 이러한 인재에 더 많은 비용을 투자해야 할 것이라고 예상했다. '더 적은 자원으로 더 많은 일'을 하려는 CMO들에게 생성형 AI는 생산성 향상과 비용을 절감할 수 있는 매력적인 방법이다. 이를 통해 생산성이 향상되면 담당 직원은 제품과 서비스 혁신 등을 위한 전략적 크리에이티브 노력에 더욱 집중할 수 있다.

가트너는 "크리에이티브 팀의 일상적인 업무에 생성형 AI를 활용하면 더 높은 수준의 영향력 있는 크리에이티브 아이디어, 테스트, 분석에 집중할 수 있게 된다. 결과적으로 크리에이티브는 비즈니스 성과를 이끌어 내는 데 있어 더욱 중요하고 측정 가능한 역할을 하게 될 것이며, CMO는 실제로 크리에이티브와 콘텐츠에 대한 지출을 늘릴 것"이라고 밝혔다.

생성형 AI 기반 검색이 본격적으로 보급되고 활용되면 2028년까지 자연 검색 트래픽이 50% 이상 감소할 것이라는 전망도 눈여겨볼 만하다. 이렇게 되면 검색을 통한 제품 정보 전달과 판매가 크게 위축될 수밖에 없다. 가트너가 2023년 8월 299명의 소비자를 대상으로 진행한 설문에 따르면, 79%가 2024년 이내에 이를 AI로 강화된 검색을 사용할 것으로 예상했고, 70%는 생성형 AI 지원 검색을 신뢰하는 것으로 나타났다.

생성형 AI로 작성한 콘텐츠의 진위여부를 가리고 이를 기반으로 브랜드를 보호하는 것도 중요한 과제로 떠오르고 있다. 가트너는 2026년까지 CMO의 60%가 콘텐츠 진위 확인 기술, 향상된 모니터링, 브랜드가 보증하는 사용자 제작 콘텐츠(UGC)를 도입하여 생성형 AI로 인한 속임수로부터 브랜드를 보호할 것으로 예측했다.

가트너는 "생성형 AI가 너무도 빠르게 성장하면서, 책임감 있는 사용을 보장하고 위험을 완화할 수 있는 프레임워크와 모범 사례가 없는 조직도 있다. 전용 콘텐츠 진위 확인 기능과 브랜드 가드레일 개발은 조직의 필수 과제가 될 것이다. 마케팅 채널 전반에 걸쳐 생성형 AI 툴로 제작된 콘텐츠가 급증함에 따라, 고객과의 신뢰를 유지하기 위해 콘텐츠 사용에 대한 투명성이 점점 더 중요해질 것"이라고 강조했다.

출처: CIO, 2023.12.18.

::: 마케팅 정의 및 핵심 개념

마케팅의 정의는 매우 다양하다. 한마디로 정의하기 어려우나 일반적으로 통용되는 미국 마케팅학회의 정의에 의하면, 마케팅(marketing)이란 "조직체의 기능으로 고객가치를 창조하고 고객과 커뮤니케이션하고 전달하며 또한 조직체의 이해관계자들에게 이익이 되는 방법으로 고객관계를 관리하는 일련의 과정"이다. 이러한 마케팅 정의에는 핵심개념인, 소비자의 필요, 욕구, 만족, 교환, 시장 등에 대한 이해가 필요하다. 필요(needs)란 기본적인 만족의 결핍을 느끼는 상황으로서, 인간이 생존하면서 절대적으로 필요한 의, 식, 주, 안정, 소속감, 존경 등 필수적으로 충족되기를 원하는 인간 본질의 특성과 생리적 동기가 원인이 된다. 이러한 필요를 기반으로 특정 제품이나 서비스를 원하는 바람을 욕구(wants)라고 한다. 욕구는 필요와 다르게, 사회적, 문화적 환경과 학교, 기업, 가족 등의 시스템에 따라 형성 및 변형되는 속성을 가지고 있다. 소비자가 구체적인 특정제품이나 서비스에 대한 욕구를 바탕으로 구매의사와 지불능력을 갖춘 경우, 이를 수요(demands)라고 한다. 〈그림 1.1〉은 필요, 욕구, 수요의 관계를 묘사한 것이다. 필요는 가장 근원이 되는 동기이며, 기업의 마케팅 활동의 결과로 특정 제품이나 서비스에 대한 소비자의 욕구가 형성되고, 더 나아가 소비자의 지불 능력을 고려하여 구체적인 특정 제품이나 서비스에 대한 실제(혹은 잠재적) 지불의사를 기반한 욕구가 수요인 것이다. 따라서, 필요-욕구-수요의 각 단계로 넘어갈수록 해당 크기와 양이 적어지고 구체화되는 관계를 가지고 있다.

만족(satisfaciton)은 이러한 필요, 욕구, 수요가 충족되었을 때 소비자가 경험하는 긍정적인 감정을 말한다. 소비자들은 제품 및 서비스를 통해 그들의 필요와 욕구를 충족시키기 위해 다양한 대안들을 평가한다. 또한 그들의 수요에 가장 충족되는 대안을 평가하는 데 지침이 되는 것이 가치(value)이다. 예를 들면, 맥도

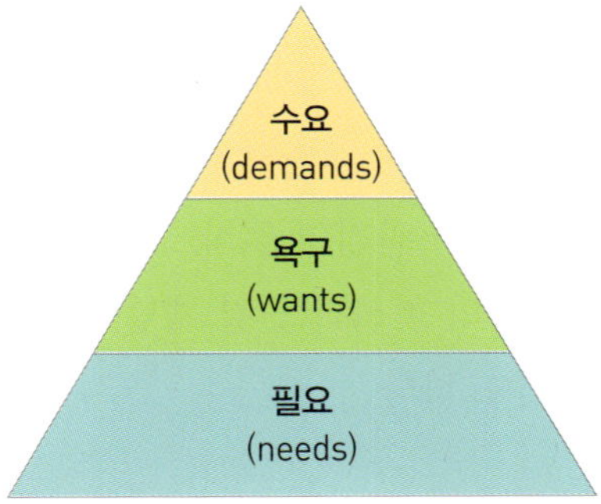

그림 1.1

소비자의 필요, 욕구, 수요의 관계

날드 카페에서 커피를 주문한다고 가정하자. 프리미엄 로스트 커피(일명 내린 원두커피) Large 사이즈는 2,300원이고, 아메리카노(에스프레소에 물을 섞은)는 2,800원이다. 좀더 고급 커피를 즐기는 소비자는 500원을 더 지불하고 아메리카노를 구매하는데 이 추가된 500원이 맥도날드 맥카페 아메리카노의 가치인 것이다. 따라서, 가치는 경제적 화폐 가치로 전환할 수 있다. 반대로, 단순히 잠을 쫓기 위해 커피를 구매하는 소비자라면 추가 500원을 지불하는 아메리카노보다는 프리미엄 로스트 커피를 주문할 것이다. 졸음을 쫓기 위한 필요나 욕구를 충족시키기 위해서 이 소비자는 1원당 가치가 상대적으로 큰 제품을 선택할 것이다.

교환(exchange)은 어떤 사람이 원하는 것을 갖기 위해 무언가를 제공하는 행동으로서, 가치가 있는 제품이나 서비스에 대한 대가를 제공하고 획득하는 행위를 말한다. 따라서 교환은 쌍방의 협상과 합의 과정을 통해 이루어지며 모든 교환은 실질적으로 교환 후 얻는 것이 교환 전보다 더 나은 상태라고 판단하기 때문에 교환을 창조적인 과정이라 한다. 시장(market)은 일반적으로 동대문시장, 명동과 같이 전통적으로 교환과 거래가 이루어지는 물리적 공간을 지칭하는 것이었으나, 경제적 관점에서는 특별한 제품이나 제품 계층이 거래되는 구매자와 판매자들의 집합을 지칭한다. 마케팅 관점에서는 여러 고객들의 집단을 지칭하는 말로서 산업을 구성하는 요소인 판매자 집단(예: 철강산업 혹은 철강시장), 시장을 구성하는 요소로서 구매자 집단을 구분하여 부르기도 한다. 또한 특정 욕구시장(예: 다이어트 시장), 제품시장(예: 커피시장), 서비스시장(예: 의료시장), 인구통계적 시장(예: 실버시장), 지역적 시장(예: 중국시장) 등 다양하게 언급되어지기도 한다.

::: 마케팅 관리 철학의 발전

마케팅 개념의 진화

기업의 마케팅 관리 철학은 기업이 처해진 산업 현황, 산업 내 경쟁환경, 기술환경, 소비자 니즈의 변화 등에 따라 마케팅 관리의 관점을 달리한다. 마케팅 개념은 기업을 둘러싼 산업 환경과 소비자 욕구의 변화에 따라 생산 개념, 제품 개념, 판매 개념, 마케팅 개념 그리고 총체적 마케팅 개념의 다섯 개 개념으로 분류된다. 이들 개념들은 경영관리 관점의 철학으로서, 〈그림 1.2〉에서 보듯이 생산 개념에서 출발하여 오늘날의 혁신적 연결 개념까지 지속적인 수정 보완을 통해 발전 및 진화한 단계이기도 하다.

생산 개념(production concept)

생산 개념은 20세기 초반에 대량생산 시스템이 근대 공장의 형태로 생산제조 시스템이 등장하면서 나타난 생산지향적 관점이다. 기본적으로 소비자는 저렴한 제품을 선호한다는 가정 아래, 생산의 효율성 및 광범위한 유통망 보유가 중요하였으며 저렴한 노동력을 기반으로 원가절감을 통해 생산효율성을 높이고 대량 생산을 통해 규모의 경제(economy of scale)를 이룬 기업이 경쟁력을 가지던 시기이다. 예를 들면, 20세기 초에 가내수공업을 통해 주문 제작하던 자동차를 현대적 공장시스템으로 구축하여 대량 생산을 통해 원가 절감에 성공했었던 포드 자동차가 그 사례이다. 일반적으로, 단순히 규모의 경제만을 추구하는 생산 개념은 한계를 가질 수 있으나, 특정 시장의 경우 예외 상황도 여전히 존재한다. 예를 들면, 70년대 삼성전자는 선도기업인 일본기업과 미국기업보다 약 30년이나 뒤늦게 D램 메모리 시장에 진입하였다. 이들과 경쟁하기 위해 뼈를 깎는 비용절감과 함께 규모의 경제를 구현하기 위해 대단위 생산기반에 투자하여 생산공정의 효율성 극대화를 구현하였다. 그 결과, 끊임없는 가격 경쟁의 반도체 치킨 게임에서 승리하여 글로벌 반도체 선도기업이 되었다.

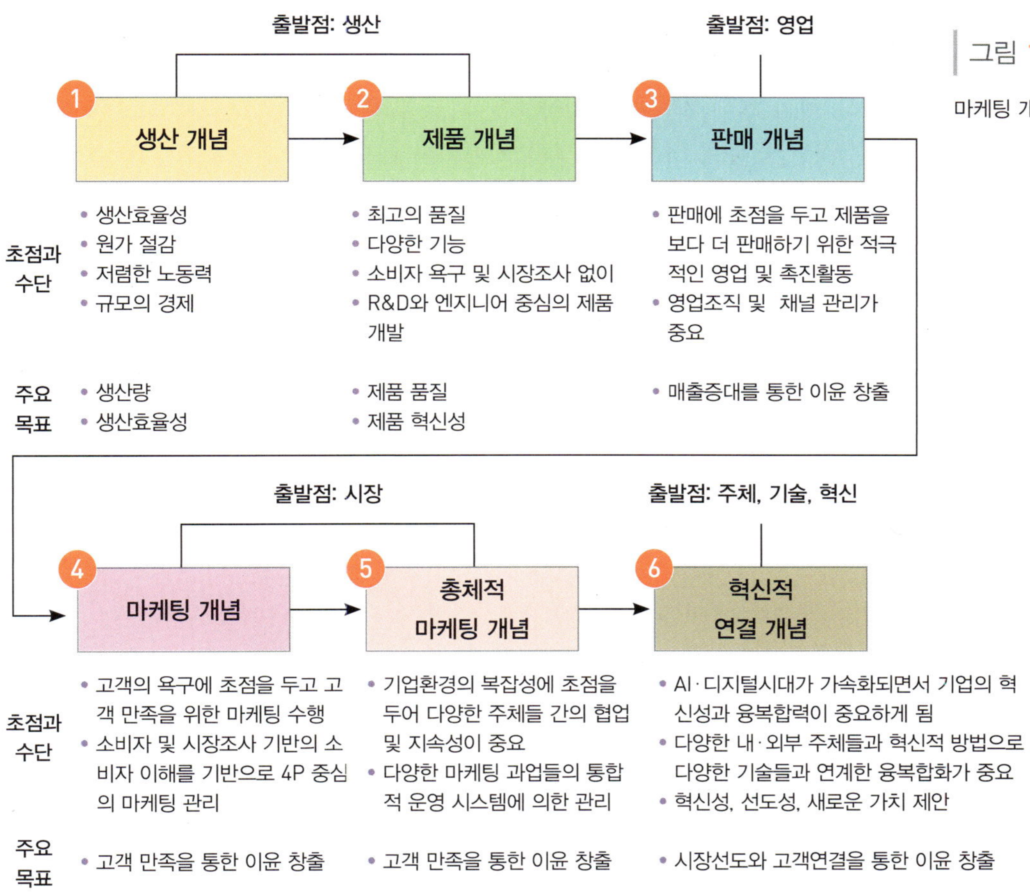

그림 1.2

마케팅 개념의 진화

제품 개념(product concept)

제품 개념은 소비자가 최고의 성능과 최고의 기능을 가진 제품을 선호한다는 가정하에서 기업은 보다 우수한 품질의 제품을 생산하기 위해 노력을 한다. 많은 글로벌 기업들은 제품 개념에 충실하는 것이 매우 중요하다는 경험을 하고 있다. 대표적 사례로 2016년 출시한 삼성전자의 갤럭시 노트 7이 있다. 삼성전자 창업주 3세대 이재용 부회장의 경영권 안정화라는 내부 이슈와 아이폰과의 신제품 출시 경쟁이라는 외부 환경으로 인해 최고의 성능과 기능을 가진 신제품의 빠른 출시가 매우 중요했다. 이러한 기업 내외적 환경 때문에 충분한 성능 검사 및 안정성 검증을 마치지 않은 갤럭시 노트 7을 출시했다. 그러나, 검증이 불충분했던 배터리로 인한 화재사건이 여러 국가들에서 보고가 되었다. 삼성전자는 서둘러 갤럭시 노트 7을 전량 리콜하였으며 약 1~3조원의 손실이 발생한 것으로 추정된다. 이는 단순한 재무적 손실뿐만 아니라, 삼성전자가 지금까지 쌓아온 브랜드의 명성에 심각한 손실을 겪은 실패사례로 볼 수 있다. 이렇듯 제품 개념은 철 지난 과거 경영관리 철학이 아니라 기업 경영에 있어 기본이 되는 중요한 철학 중 하나라 하겠다.

판매 개념(selling concept)

판매 개념은 기업이 제품을 생산만 해서는 제품이 팔리지 않는다는 가정 아래, 기업이 제조 후에 적극적인 판매 촉진활동을 해야 한다는 관점이다. 즉 마케팅의 목적이 더 많은 이익을 창출하는 것이기 때문에 판매 촉진활동 비용이 발생하더라도 더 많은 판매를 통해 이익이 더 창출하는 결과를 위해서는 영업 및 촉진활동에 초점을 두어야 한다는 개념이다. 이는 진정 고객이 원하는 것을 찾기보다는 제조업체가 상품을 유통을 통해 밀어내어 소비자에게까지 전달하는 push 전략의 잠재적 단점을 가질 수 있다. 예를 들면, 남양유업이 push 전략의 일환으로 매출 유지 증대를 위해 무리하게 대리점에게 과다한 물량을 매입하도록 유도하였다. 그러나 남양유업은 소비자 수요와 관련없이 판촉활동에만 초점을 맞췄으며, 이로 인해 반 강제로 떠안은 악성재고와 매입에 대한 체불로 인한 심각한 스트레스로 인해 대리점주가 자살한 안타까운 보고가 있었다.

마케팅 개념(marketing concept)

마케팅 개념은 소비자행동에 대한 이해를 기반으로 고객의 욕구가 무엇인가에 초점을 두고 고객만족을 달성하기 위한 기업 관리 철학이다. 앞서 제품 개념이나 판매 개념은 잘 만들면 팔린다는 가정 때문에 제품개발 및 생산에만 주력하던가 판매 촉진활동에만 주력하여 시장에서 외면받는 문제점을 경험하였다. 실제, 고객이 최고의 성능과 최고의 기능을 가진 제품을 소비하는 것이 아니라 가치를 소비한다는 것을 간과한 것이다. 이러한 제품 개념의 문제점을 바탕으로 진화한 마케팅 개념은 기본적으로 소비자조사 및 시장조사에서 획득한 소비자의 인사이트를 기반으로 고객 니즈에 충족한 제품을 생산한다. 또한 이러한 소비자 이해를 기반으로 마케팅의 4개 중요 관리 영역인 4P Mix 중심의 마케팅 관리를 수행하여 궁극적으로 고객 만족을 통해 이윤을 확보하는 목표를 가지고 있다. 마케팅 개념은 근본적으로 앞서 소개한 판매 개념과 상이하며 판매 개념이 기업에 초점을 두었다면 마케팅 개념은 고객에 초점을 두었다는 점이다. 또한 본 개념은 소비자의 니즈 발굴 및 잠재된 니즈를 발굴하는 것이 매우 중요하기 때문에 체계적이고 전문적인 조사들을 수행하고 기업 전반에 시장지향성(marketing orientation)을 시행하는 것이 중요하다. 일반적으로 마케팅 개념이 조직 내 인식될 때 기존의 3대 중요 부서(R&D, 생산, 재무)와 마케팅의 조직 장악력에 대한 갈등들을 경험하는데 시장의 마케팅 강화의 요구와 시장지향적 조직의 가시적인 높은 성과 창출을 계몽하고 마케팅 개념을 조직 내 인식하는 노력 또한 중요하다.

마케팅 4.0시대의 4C Mix 전략

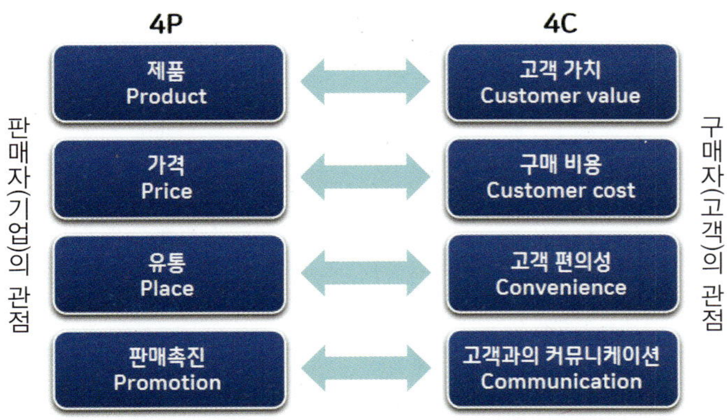

그림 1.3

4P Mix 전략과
4C Mix 전략의 상관관계

필립 코틀러가 제시한 마케팅 4C MIX 전략은 기존의 전통적인 4P(Product, Price, Place, Promotion) 모델을 대체하거나 보완하는 것으로, 고객 중심적인 접근을 제공하는 데 중점을 둔다. 소비자의 행동과 기대가 끊임없이 변화하므로 이러한 고객 중심적 접근 방식이 더욱 중요해지고 있다. 이 4C MIX 전략은 고객의 관점에서 사업을 바라보는 새로운 방식을 제시하고 있는데 각 요소는 다음과 같다.

- 고객의 욕구와 필요(Customer Wants and Needs): 제품이나 서비스가 고객의 욕구와 필요를 충족시키는지 확인한다. 시장 조사와 고객 피드백을 통해 고객의 요구를 파악하고, 이를 제품 개발 및 서비스 제공에 반영한다.

CASE STUDY | 안정호 시몬스 대표 난연 특허 공개 결단 "판매 줄어도 화재 예방이 먼저"

[매트리스 제조공법 공유]
"기업 활동은 세상을 이롭게 해야 다른 회사도 난연제품으로 바꾸길"
업계 "안전성능 기준 개선" 목소리

"특허를 공개하면 단기적으로는 제품 판매가 줄어들 수 있다는 걸 잘 알고 있습니다. 하지만 장기적으로 소비자 안전을 위해 무엇이 필요하고, 업계 발전에 도움이 되는 지를 생각해보니 오히려 망설임 없이 특허를 공개해야겠다는 결심이 섰습니다."

안정호(사진) 시몬스 대표가 8일 불이 잘 붙지 않고, 붙어도 잘 꺼지는 난연 매트리스 제조공법 특허를 전격 공개하겠다고 밝혔다. 이에 따라 관련 업계는 시몬스의 난연 매트리스 제조공법 관련 특허 기술을 자유롭게 사용해 매트리스를 제조할 수 있게 됐다.

이번 특허 공개는 겨울철 화재 피해자를 줄이려면 난연 매트리스 보급이 대폭 늘어나야 한다는 안 대표의 소신에 따른 결단이다. 그동안 재계에서는 이미 철 지난 특허를 공개하는 경우는 종종 있었지만, 핵심 경쟁력을 좌우하는 특허를 공개하는 사례는 찾아보기 힘들었다. 안 대표는 "겨울철을 맞아 화재 사상자가 속출하고 있는 가운데 난염 처리가 안 된 매트리스가 인명을 앗아가는 상황이 너무 안타까웠다"며 "기업의 활동은 세상을 이롭게 해야 하는 만큼, 다른 회사들도 함께 난연 매트리스로 바꿔 나간다면 결국엔 소비자들에게도 좋은 일"이라고 강조했다. 그는 이어 "화재로부터 안전한 매트리스가 널리 보급돼 안타까운 사고가 줄어들길 바란다"고 전했다.

난연 처리가 안 되어 있는 매트리스는 불이 나면 불쏘시개로 돌변해 실내가 폭발적 화염에 휩싸이는 '플래시 오버' 현상을 일으킬 수 있다. 반면 불에 좀처럼 타지 않는 난연 매트리스는 플래시 오버를 방지해 사람이 화재를 피해 탈출할 수 있는 '골든타임'을 확보하는 데 도움을 준다. 실제 소방청이 발표한 화재통계연감에 따르면 2022년 기준 집에서 발생한 화재(8,497건)는 주방이 3,927건(45.7%)으로 가장 많았고 침실이 1,188건(13.8%)으로 뒤를 이었다. 피해자는 오히려 침실에서 더 많이 발생했다. 화재 사망자는 침실(85명), 거실(43명), 주방(25명) 순이었다. 부상자 역시 침실(257명), 주방(252명), 거실(153명) 순이었다.

시몬스는 2016년부터 2년간의 연구 끝에 불에 잘 타지 않고, 불이 붙더라도 천천히 자연 소멸되는 신소재 '맥시멈 세이프티 패딩'을 개발했다. 2018년 국내 최초로 일반 가정용 매트리스 전 제품을 화재 안전 국제표준규격(ISO 12949)과 국내 표준시험방법(KS F ISO 12949)으로 시험한 뒤 관련 특허를 취득했다. 시몬스의 난연 매트리스는 봉합실, 봉합 면 테이프, 매트리스 밑부분의 미끄럼 방지 부직포까지 모두 난연 기능을 갖춰 뛰어난 성능을 발휘한다. 한국화재보험협회 부설 방재시험연구원과 함께 실제 화재 상황을 가정해 시몬스의 난연 매트리스를 시험한 결과 불이 붙은 지 1분 후 불길이 자연 소멸됐다. 반면 일반 매트리스는 4~7분여 사이에 큰 불길에 휩싸이고 실내 전체가 폭발적으로 불꽃에 휩싸이는 플래시 오버를 일으켰다.

업계 안팎에서는 이번 일을 계기로 매트리스 업계가 자발적인 노력을 강화하는 것은 물론, 관련 제도 개선도 동반돼야 한다는 목소리가 나온다. 난연 매트리스 보급률이 저조한 것은 미국 · 캐나다 · 영국 등 주요 선진국이 난연 매트리스만 유통되도록 법제화한 것과 달리 국내에선 관련 법규가 미비한 것과 관련이 깊다는 지적이다.

출처: 서울경제, 2024.1.8.

- 비용(Cost to Satisfy): 제품이나 서비스의 금전적 가격뿐만 아니라, 고객이 지불해야 하는 시간, 노력, 감정적 비용 등을 고려한다. 가치 기반 가격 책정을 통해 고객이 지불하는 비용이 제공되는 가치와 균형을 이루도록 하는 것이 중요하다.
- 편리한 구매처(Convenience to Buy): 제품이나 서비스의 접근성과 구매 편의성을 강화한다. 다양한 채널을 통한 판매 전략(온라인, 모바일, 오프라인 매장 등)을 활용하여 구매 과정을 간소화한다.
- 소통(Communication): 일방적인 홍보 대신 양방향 소통을 통해 고객과의 관계를 구축한다. 소셜미디어, 고객 서비스, 피드백 시스템 등을 통해 고객의 의견을 듣고, 이를 바탕으로 개선 및 혁신을 도모한다.

총체적 마케팅의 개념 발전

총체적 마케팅 개념(holistic marketing concept)

총체적 마케팅 개념은 마케팅의 다양한 프로그램, 과정 및 활동의 범위들이 각각 독립적으로 운영되는 것이 아니라 상호의존적으로 운영되어야 한다는 인식 아래, 총체적 관점에 각각의 주체와 활동들을 체계적으로 설계하고 실행하는 것에 바탕을 두고 있다. 따라서, 기업 환경이 복잡성에 초점을 두어 다양한 주체들 간의 협업과 지속성이 중요하며 그 마케팅 활동의 범위와 복잡성을 인식하는 것이 중요하다.

총체적 마케팅은 4개의 주요 주제인 내부 마케팅, 사회적 책임 마케팅 관계 마케팅 및 통합적 마케팅을 포함하고 있는데, 이는 다음 〈그림 1.4〉와 같다.

내부 마케팅

내부 마케팅(internal marketing)은 기업 내부의 고객인 종업원과 임원, 마케팅 외 다른 부서들에게 마케팅 마인드를 가지도록 하는 것이다. 아무리 훌륭한 제품과 서비스의 가치를 제공한다고 해도 이에 대한 내부 고객의 이해와 인식의 변화 없이는 실질적으로 그 가치가 전달될 수 없는 것이다.

사회적 책임 마케팅

기업의 사회적 책임활동(Corporate Social Responsibility: CSR)의 중요성을 기반으로 한 것으로 기업의 윤리경영, 환경의 관심, 사회적 문제의 적극적인 참여를 사회는 요구하고 있고 이에 기업의 관심이 자발적 혹은 비자발적으로 사회 전반의 이슈로까지 광범위하게 커지고 있다. 실제 CSR 활동이 단기적으로 기업의 신뢰를 높이고 이를 매개로 하여 고객 만족 및 구매의도 더 나아가 브랜드 자산에도 영향을 미치는 것으로 보고되고 있다. 장기적으로 기업의 재무적 관점의 성과에

그림 1.4

총체적 마케팅의 차원

출처: Kotler, P. & Keller, K. L. (2012), *Marketing Management* 14th edition

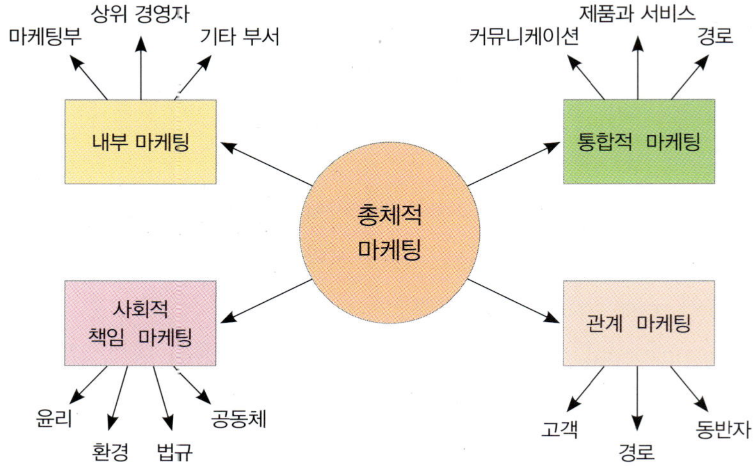

도 긍정적으로 영향을 미친다는 많은 연구가 보고되고 있다.

관계 마케팅

관계 마케팅(relationship marketing)은 고객에만 초점을 두는 마케팅 개념이 아니라 마케팅 활동에 직·간접적으로 기업활동 전 영역에 영향을 미치는 관계자들과의 깊고 지속적인 관계를 수립하는 것이다. 사업 유지와 매출 증대를 위한 고객의 관계가 아니라, 진정성을 가지고 고객, 공급업자, 유통분배자 및 기타 마케팅 파트너들과 동반자 관점에서 만족시키고 장기적인 관계를 구축하는 것이 목표이다. 따라서 관계 마케팅은 관련 관계자들과 강력하게 경제적, 기술적, 사회적 연결이 구축되어 있어 고객관계관리(Customer Relationship Management: CRM)에서 더 나아가 동반자관계관리(Partner Relationship Management: PRM)를 해야 한다.

예를 들면, 스타벅스는 단순히 가격 중심의 매입을 하는 것이 아니라, 제3세계의 소외된 커피 생산자와 노동자에게 좀더 나은 무역조건을 제공하고 권리를 보장해 주는 것이 목적인 공정무역(fair trading)을 통해 매입한 커피를 사용한다고 천명하였다. 스타벅스는 세계공정무역인증기구에 가입하고 공정무역을 통한 커피를 사용하는 전 세계 최대 무역인증 커피 구매업체라고 대대적인 홍보를 하였다. 그러나 실제로는 스타벅스가 구매하는 커피 중 공정거래무역을 통해 매입한 커피의 양이 지극히 소량이라는 보고들이 이어지면서 많은 비판을 받고 있는 상황이기도 하다. 그럼에도 스타벅스는 공정무역의 의미와 그 필요성 인식을 대중들에게 넓게 확산시켰고 그 결과, 스타벅스에 대한 대중의 우호적인 인식을 확산시키고, 윤리적인 기업으로 각인되었다.

통합적 마케팅(integrated marketing)

통합적 마케팅이란 기업이 고객을 위한 가치를 창조하고 커뮤니케이션할 때 완전하게 통합된 마케팅 프로그램을 구현하는 것을 말한다. 기본적으로 마케팅 전략을 기반으로 마케팅 실행하게 되는 마케팅 중요 수단인 제품, 가격, 유통, 촉진으로 구성된 4P Mix를 통합적으로 기획하여 고객의 가치 창조 및 만족을 극대화하는 것이다. 통합적 마케팅은 마케팅 전략과 전술적 관점이 함께 통합되고 가치가 연속된 과정으로 창출이 되는 원리이다. 보다 상세한 내용은 다음 2장 마케팅 전략과 계획 수립에서 설명하겠다.

::: AI·디지털시대의 기업 비즈니스 모델

가치사슬

마이클 포터가 제안한 가치사슬 모형(value chain model)은 일반적으로 사업단위의 전략을 분석할 때 주로 사용하는 분석 툴로써 기업의 전략적 단위활동을 구분하여 자사의 강점과 약점을 파악하고 원가발생의 원천 및 경쟁기업과의 현존 및 잠재적 차별화 원천(가치창출 원천)을 분석하기 위해 개발된 개념이다. 〈그림 1.5〉에서 보듯이, 가치사슬 모형은 크게 기업의 본원적 활동(primary activities)과 지원활동(support actitiveis) 두 개 영역으로 나누어져 있다. 기본 활동은 내부 물류, 제조 & 생산, 외부 물류, 마케팅 & 영업, 서비스의 다섯 개 세부영역으로 구성되어 있고, 지원활동은 기업의 인프라, 인적자원관리, 기술 개발, 구매 조달의 네 개의 세부영역들로 구성된 일련의 가치 사슬을 통해 궁극적으로 사업단위

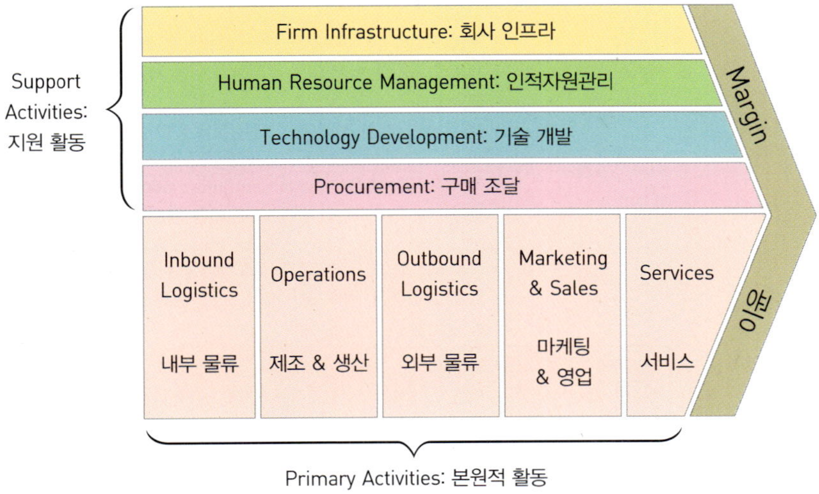

그림 1.5

가치사슬 모형 (Value Chain Model)

출처: Poter, Michael E.(1985), *Competitive Advantage: Creating and Sustaining Superior Performance*, The Free Press.

레벨에서 기업의 이윤이 창출되는 것을 묘사한 것이다. 즉, 가치활동은 경쟁우위점들(competitive advantages)을 창출하는 구성요소이며, 이들 구성요소들은 독립된 활동들의 단순한 집합이 아닌 서로 관련성/연계성(linkages)을 가진 활동들(activities)이 체계적으로 연결된 것이다. 가치사슬은 회사가 행하는 모든 활동들과 그 활동들이 어떻게 서로 유기적으로 반응하는가를 분석할 때 사용하는 방법이다. 원가행태(behavior of costs)와 기존/잠재적 차별화 원천을 이해하기 위하여 하나의 회사를 전략적으로 관련된 활동들로 분해(disaggregate a firm into its strategically relevant activities)함으로써 기업이 보유한 혹은 새로이 강화해야 하는 경쟁우위를의 유지 및 창출에 대한 인사이트를 제공한다. 이러한 각 활동단계에서 어떻게 가치창출이 되는가를 상세하게 〈표 1.1〉에 설명하였다.

| 표 1.1 |

가치창출 활동

본원적 활동 (Primary Activities)	① 내부 물류 (Inbound Logistics)	핵심 포인트: 원재료 및 부품의 품질 • 제품의 생산에 사용되는 투입물을 획득·저장·보급과 관련된 활동들 • 원재료 취급, 창고저장, 재고관리, 운송 스케쥴, 공급자에게 반품 등의 활동
	② 제조 & 생산 (Operations)	핵심 포인트: 무결점 제품, 다양성 • 투입물을 최종 제품화로의 전환과 관련된 활동들 • 기계가공, 패키징, 조립, 장비 유지, 테스팅, 프린팅, 설비운영 등의 활동
	③ 외부 물류 (Outbound Logistics)	핵심 포인트: 신속한 배송, 효율적인 주문처리 • 구매자/고객을 위하여 제품을 수집·저장·물리적으로 배분하는 것과 관련된 활동들 • 완성품 창고 저장, 원재료 취급, 배송차량 운영, 주문처리, 스케쥴링 등의 활동
	④ 마케팅 & 영업 (Marketing & Sales)	• 핵심 포인트: 브랜드 평판 구축 • 구매자들이 제품을 구매할 수 있는 수단 제공과 관련된 활동들 및 이를 포함하는 제 활동들 • 광고, 프로모션, 영업력 확보, 유통채널 선택, 유통채널 관계, 가격정책 등의 활동
	⑤ 서비스 (Service)	• 핵심 포인트: 고객 기술지원, 고객 신뢰, 여분(spares) 이용성 • 제품의 가치를 향상 또는 유지하기 위한 서비스 제공과 관련된 활동들 • 설치, 수리, 훈련, 부품공급, 제품 적응 등의 활동
지원 활동 (Support Activities)	⑥ 회사 인프라 (Firm Infrastructure)	• 핵심 포인트: MIS(Management Information System) • 경영관리, 총무, 기획, 재무, 회계, 법률, 품질관리 등
	⑦ 인적자원관리 (HRM)	• 핵심 포인트: 최고의 고객서비스 제공을 위한 교육훈련 • 채용, 교육훈련, 경력개발, 배치, 보상, 승진 등과 관련된 활동들로 구성됨
	⑧ 기술 개발 (Technology Development)	• 핵심 포인트: 차별화된 제품, 신속한 신제품 개발 • 제품 및 비즈니스 프로세스 혁신, 신기술 개발 등의 활동들로 구성됨
	⑨ 구매 조달 (Procurement)	• 구매된 투입물의 비용이 아니라, 회사의 가치사슬에서 사용된 투입물을 구매하는 기능과 관련됨

가치사슬모형 분석의 문제점

가치사슬모형은 경쟁의 우위를 한눈에 파악할 수 있다는 장점과 함께 한계점 또한 존재하는데, 정리해 보면 세 가지로 크게 정리할 수 있다. 첫째, 가치사슬에서는 경쟁우위 획득에 있어서 중요한 모든 혁신과 전략적 의사결정의 주체인 기업가 활동이 배제되어 있다. 최근의 불확실성이 높은 시장 환경에서 비즈니스 모델뿐만 아니라 기업가의 활동과 능력이 더욱 중요하게 인식되고 평가되는 것을 고려할 때 큰 한계점을 가지고 있는 것은 확실하다. 둘째, 하나의 산업은 서로 다른 프로세스에 대한 요구 및 서로 다른 경제적 상호관계와 역동성(relationships & dynamics)을 포함하는 많은 다른 구분된 부문들을 내포하고 있다. 따라서 가치사슬모형 분석은 참여자들(participants) 사이에 정적인 상호관계를 평가하는 데는 매우 유용하나, 끊임없이 가치사슬 관계를 재정립해야 하는 변화의 속도가 매우 빠른 산업의 관련된 역동성을 이해하기에는 약점을 갖고 있다. 특히, 4차 산업시대의 디지털화, 세계화, 탈규제화가 가속화됨에 따라 가치사슬의 변화가 더욱더 예상하기 어려워지고 있다. 셋째, 각 가치사슬 활동에 대하여 쉽게 활용할 수 있는 데이터 획득이 실무적으로 매우 어렵다는 한계점을 갖고 있다.

〈그림 1.6〉에서 보여주듯이 전통적인 가치시스템은 기존의 각 가치시스템 내의 효율화을 극대화하여 특정 타깃 고객의 선택과 만족을 극대화하는 것이라면, 새로운 가치시스템은 고객으로부터 시작하여 고객가치의 충족을 위해 기존 가치시스템을 재구성하는 것으로서, 필요에 따라, 가치사슬의 역류, 해제, 통합, 제거, 삽입 등의 다양한 변화 활동을 하게 된다. 즉, 전통적 가치 시스템은 기업으로 시작하여 최종적으로 고객에게 가치가 전달되는 푸시 시스템(push system)인데 반해, 혁신적 가치시스템은 고객에서부터 가치 요구 및 기획이 시작되서 고객 가치 충족을 위해 전 가치사슬 단계마다 요구되어 최종적으로 가치 창출이 되는 풀 시스템(pull system)이다.

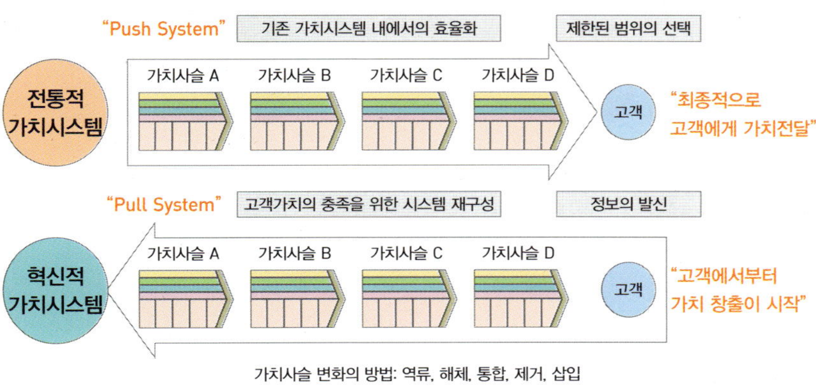

그림 1.6 가치시스템의 변화

새로운 가치사슬로서 린 스타트업

가치사슬모형은 기업 활동의 경쟁력의 원천이 무엇인지 일반적으로 말하는 경쟁력의 진앙지(epicenter)가 무엇인가를 파악할 수 있도록 돕는 분석모형인 것은 확실하다. 다만 불확실성이 더욱더 높아지고 기업의 빠른 변화 속도를 요구되는 기업 환경 상황에서는 각 활동들의 연계성 및 역동성 그리고 환경 변화에 적극 대응하는가를 파악하기 위한 동태성이 더욱 중요하게 되었다. 이러한 문제점을 인식하고 최근 린스타트업에 대한 관심이 높아지고 있다. 에릭 리스(Eric Ries)가 제안한 린 스타트업(lean startup)은 린 경영(lean management)이라고도 불리우는데, 이는 비즈니스 모델 개발 시, 다양한 시장 가정을 세우는 데 있어 빠른 프로토타입을 만들어 기민하게 테스트하고 고객의 피드백을 수시로 받아 진화해야 한다는 조직의 기민성(agile)을 강조한다. 즉, 완성 제품 혹은 서비스를 출시하기 위해 일반적 기업들은 많은 시간을 할애하고 신중에 신중을 기하는 데 반해, 스타트업은 생존력을 높이기 위해 완전성이 떨어지더라도 프로토타입 수준의 제품과 서비스를 기획하고 고객에서 지속적으로 배포(continuous deployment)함으로써 빠른 고객 피드백을 반영하여 완성 제품과 서비스로 진화하는 것이 중요한 것이다. 즉, 린 스타트업은 시장에 대한 가정들을 검증하기 위한 작업과 시장 선도력을 가지는 비즈니스를 찾는, 즉 비즈니스 모델 개발 시간을 줄이는 최소 기능 제품(minimum viable product) 개발의 프로세스를 강조한다.

린 스타트업은 린 사고방식(lean thinking)을 강조하고 있는데 린 사고방식의 핵심은 출시 전 실제 고객과 접촉하는 빈도를 높여서 낭비를 줄이고 이를 통해 시장에 대한 잘못된 가정을 최대한 빨리 검증하고 회피할 수 있게 된다. 〈그림 1.7〉에서 보여주듯이, 린 스타트업은 일반 비즈니스 모델 개발 → 시장 출

그림 1.7

린 스타트업의 개념

출처: Eric Ries, "The Lean Startup," 2011

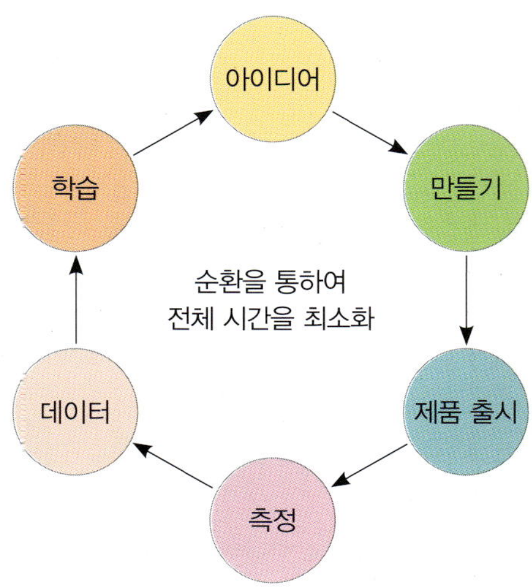

시로 단절되는 과정이 아니라, 비즈니스 모델/아이디어 개발 → 시장에 프로토타입 제품/서비스 출시 → 마켓 측정 → 데이터 수집 → 일련의 과정을 통해 학습 → 학습을 기반으로 비즈니스 모델/ 아이디어 수정의 일련의 순환적 과정인 Plan-Do-See 순환구조를 끊임없이 진행하라고 제언하고 있다.

::: AI·디지털시대의 마케팅의 중요과제 및 관리

AI 시대 도래로 달라진 마케팅 환경

4차 산업혁명은 디지털 기술의 급격한 발전으로 산업 전반에 혁명을 일으키는 변화를 가져왔다. 특히 최근 AI 기술의 적극적인 접목은 마케팅 환경에 큰 변혁을 일으키고 있다.

데이터 중심의 하이퍼 타기팅 디지털 마케팅은 기존의 4P(제품, 가격, 장소, 홍보) 마케팅 전략을 넘어선 4C(고객가치, 비용, 편의성, 소통)로 발전하고 있다. 기업들은 온라인 플랫폼을 통해 소비자들의 행동 데이터를 수집할 수 있게 되었고, 빅데이터와 AI를 적극 활용하여 소비자의 니즈와 욕구를 분석하고 예측까지 할 수 있게 되었다. 이를 통해 보다 정밀한 하이퍼 마케팅을 수행할 수 있게 된 것이다. 기업들은 빅데이터를 통해 소비자의 구매 패턴, 선호도, 고객과 기업 간, 고객과 고객 간 상호작용을 분석하고 예측 모델을 통해 미래 트렌드를 정확하게 예측할 수 있다. 이를 토대로 제품 및 마케팅 캠페인을 최적화하여 소비자들에게 보다 맞춤형 서비스 제공이 더욱 수월하게 되었다.

AI 활용을 통한 비즈니스 프로세스와 콘텐츠 개발 AI 기반의 프로세스 개선은 새로운 비즈니스 가치를 창출하고 새로운 수익을 창출한다. 기업들은 AI를 활용하여 새로운 제품을 개발의 아이디어를, 서비스 품질 향상을, 마케팅 커뮤니케이션의 크리에이티브 제작부터 미디어 커뮤니케이션까지 깊숙하게 AI가 활용되고 있다. AI가 아직은 잠재적 영향력을 평가받고 있는 초기 단계이긴 하나 많은 기업들이 콘텐츠 제작을 위해 AI를 사용하여 아이디어를 테스트하고 학습하고 확장 노력하고 있다.

소셜미디어 마케팅 소셜미디어는 양방향 소통을 강조하는 마케팅 3.0의 원칙을 반영하며 브랜드와 소비자 간 상호 작용을 강조한다. 기업들은 소셜미디어 플랫폼을 활용하여 브랜드 존재감을 확장하고, 소비자들과의 활발한 소통을 유도하고 있다. 소셜미디어를 통해 소비자의 의견을 수렴하고 이를 반영하여 제품이나 서비스를 개선하는 데 더욱 중점을 두게 되었다.

디지털·스마트 기술 활용 경험 마케팅의 개념을 활용하여 제품과 서비스를 통합적으로 제공하는 전략을 채택하고 있다. 다양한 디지털, 스마트 기술을 통해 기업들은 제품과 서비스를 상호 연결성 있게 만들어 고객 경험을 향상한다. 또한 제품의 성능을 실시간 모니터링하고 고객에게 맞춤형 서비스를 제공할 수 있다.

다양한 마케팅 분야의 AI 접목

광고 동영상 제작 시 AI 활용을 통해 영상 소재 전환하여 짧은 시간 안에 다양한 제품 이미지를 노출하고 한눈에 들어오는 컬러와 타이포를 활용할 수 있다. 성향 맞춤 AI 카피라이터를 활용하여 콘텐츠 제작에 활용도 한다. 이를 통해 짧은 시간 내 주목 효과가 높고 맞춤화된 광고 제작이 가능함에 따라 광고 수익률(Return On Ad Spend: ROAS)을 향상시킨다.

고객 특성이나 행동 데이터 기반으로 분석해 개인화 상품 추천 기능과 함께 콘텐츠를 최적화 노출하여 구매 전환율 최적화(Conversion Rate Optimization: CRO)를 한다.

문의 전화 대응과 같은 단순 업무를 자동화하여 핵심 업무에 보다 집중하여 마케팅 효율성을 제고할 수 있다.

고객의 리뷰 텍스트 데이터를 분석하여 제품별 긍정, 부정 키워드를 확인 후 인사이트를 빠르게 도출할 수 있다.

AI·디지털시대, 마케터에 요구되는 역량

생성형 AI 혁명은 마케팅 분야에서 많은 변화를 가져오고 있다. 마케팅 담당자는 적합한 인재를 선제적으로 고용하고 기존 인력의 기술 역량을 발전시키는 것이 중요하다. 그러나 AI 기반 마케팅에 지나치게 의존하면 부서의 역량이 떨어지고 전반의 마케팅 제공물의 품질이 하락할 우려도 있다. 이러한 상황에서 마케팅 전문가가 갖춰야 하는 필수 기술과 요구되는 역량은 육각형 인간형과 유사하다. 구체적인 역량은 다음과 같다.

전통적 마케팅 기술 생성형 AI가 능가하기 어려운 인간적인 창의성과 감각을 갖춘 마케팅 전문가는 여전히 필요함. 전통적인 마케팅 기술과 전략을 이해하고 활용할 수 있는 능력이 필수적이다.

데이터 분석 및 인사이트 추출 생성형 AI는 데이터를 분석하고 인사이트를 제공하는 데 도움이 되지만, 마케팅 전문가는 데이터를 수집, 분석하고 이를 통해 전략을 개발할 수 있는 능력이 필요함. AI가 분석하고 해석한 데이터의 오류 가능성을 고려할 때, 데이터를 다루는 마케터의 판단은 그 어느 때보다 중요하다.

AI 연관 기술적 전문성과 AI 리터러시 생성형 AI 기술이 널리 보급됨에 따라 마케팅 담당자는 이러한 도구를 효과적으로 사용하기 위한 역량을 개발해야 한다. Google Analytics, Tableau 및 Excel과 같은 전통적인 도구에 대한 숙련도를 갖춘 동시에 생성형 인공지능을 적용한 데이터 분석에 대한 기반 기술을 보유하는 것이 좋다. 기계 학습, 자연어 처리, Python 또는 R과 같은 코딩 언어에 대한 지식은 기본적인 자산이 될 수 있다. 기업도 기존 팀원이 이러한 기술을 습득하고 적어도 해석할 능력을 갖출 수 있도록 AI 리터러시(AI literacy: AI 문해도)를 키울 수 있는 학습 기회도 제공해야 한다.

오비맥주 카스는 AI가 디자인한 카스 아트 캔은 물론, 맥주 로봇이 황금비율로 따라주는 생맥주까지 경험할 수 있는 팝업스토어를 운영함. 10여 년 1위 맥주 브랜드로서 브랜드 노후화가 아닌 지속적인 변화와 혁신을 추구한다는 이미지를 제공하고 있음.

소통 및 유연한 협업 능력 마케팅 전문가, 데이터 과학자 및 엔지니어 간의 범-영역 협업이 점점 더 중요해지고 있다. 생성형 AI가 발전하더라도 인간의 소통과 협업은 여전히 중요하다. 마케팅 담당자는 팀원들과의 효과적인 커뮤니케이션 및 협업 능력을 갖추어야 한다. 생성형 AI 기술은 빠르게 진화하고 있음에 따라 마케팅 전문가는 새로운 기술 및 트렌드를 탐구하고 적응할 수 있는 유연성과 탐구적 성격이 필요하다.

전략적 사고와 창의성 마케팅 전문가는 생성형 AI가 제공하는 데이터와 인사이트를 기반으로 전략을 수립하고 실행할 수 있는 전략적 사고 능력이 필요함. AI는 콘텐츠를

KB라이프생명는 '라이프를 나름답게' 광고에서 젊은 시절 윤여정을 딥러닝 기술로 구현해서 약 500만 이상 조회수를 달성하는 등 주목을 받음. 생명보험 브랜드의 타임슬립 콘셉트 광고는 딥러닝 기술을 통해 한 사람의 인생 전반에 걸친 서비스를 제공한다는 생명보험의 가치와 브랜드의 지향점을 잘 보여줌.

생성하고 데이터를 분석할 수 있지만 창의성과 비판적 사고는 여전히 인간의 필수 기술이다. 생성형 AI가 인간 카피라이터나 디자이너를 대체하지 못할 것이지만 생성형 AI를 광고 창작의 영감을 주는 발판으로 활용할 때 창작물의 수준은 크게 높아질 것이다. 마케터는 AI를 토대로 설득력 있는 브랜드 스토리를 만들고, 고정 관념을 깨고, 마케팅 문제에 대한 혁신적인 솔루션을 고안하는 전략적 사고와 창의성도 개발해야 한다.

소비자 인사이트 도출 능력과 공감적 감성지능 생성형 AI가 더 큰 소비자 개인화를 만들어 낸다고 해도 마케터는 여전히 고객과 공감하고 감성적으로 매력적인 콘텐츠를 만드는 능력을 갖춰야 한다. 소비자와 공감할 수 있는 감성지능(emotional intelligence)이 높고 소비자 행동 변화의 흐름을 이해하는 역량이 필요하다.

::: AI·디지털시대의 마케팅 전략과 관리의 변화

AI·디지털시대는 기업이 시장 내 상대적 경쟁력을 확보하고 가치를 창출하는 기업 개별 활동보다는 개방과 공유로의 가치 창출이 더 중요하다. 4P Mix 프레임워크는 기존의 전통산업 모델인 생산, 유통, 판매가 한 방향으로 이루어지는 파이프라인 모델이다. 이에 반해, 최근 급성장한 플랫폼 비즈니스 모델은 양방향으로 고객이 존재하며 개방성과 공유성을 통해 중요한 가치 창출이 이루어지도록 한다. 이러한 플랫폼 비즈니스 모델에서는 기존의 전통적 4P Mix 프레임워크로는 AI·디지털시대의 마케팅을 설명할 수 없게 되었다. AI·디지털시대는 비즈니스를 둘러싼 다양한 관계 참여자들과의 가치를 공유하고 모든 참여자에게 동등하게 이득을 얻도록 하는 공유가치의 확보를 위해 새로운 마케팅 프레임워크가 필요하게 되었다.

마케팅 4.0 시대의 바람직한 플랫폼은 공정한 가치 창출과 분배가 기준이 되는 마케팅 전략 프레임워크를 제안하고 있다. 4차 산업시대로의 진입은 마케팅의 4.0 시대를 촉진하고 있다. 마케팅 4.0은 AI·디지털시대의 마케팅 환경에서 마케팅 4P Mix 전반에 걸쳐 진화된 마케팅의 혁신적 변화와 접근을 요구하고 있다. 이에 따라, 4P Mix의 중요 구성요소인 제품, 유통, 가격, 촉진별로 전략의 변화와 혁신적 접근을 간단히 제시하자면 다음과 같다.

AI·디지털시대의 제품 전략과 관리

혁신 제품과 서비스 과거 전통적 방식과 고객 기반의 신상품 개발의 과정보다

디지털 아티스트 Rickdick이 인공지능을 활용하여 티파니와 나이키를 조합한 가상의 콜라보 운동화를 만들어 2023년 2월 23일 밀라노 마랑고니에서 전시

는 기술 고도화된 혁신 기술이 탑재된 제품의 론칭은 무엇보다 중요하고 제품의 혁신성과 기업의 혁신성은 끊임없이 추구해야 하는 영역이다. AI·디지털시대의 다양한 혁신적 기술들이 양산화가 가능하게 됨에 따라, 제품과 서비스의 혁신성은 무엇보다도 중요한 요소가 되었다. 기존의 전통적 마케팅은 고객의, 고객에 의한, 고객을 위한, 고객 기반의 마케팅이어서 기업의 활동은 외부 마케팅(external marketing)에 주력해 왔었다. 이에 반해, AI·디지털시대의 마케팅은 관련된 중요 참여자(sector)들 간의 내부 마케팅(internal marketing)이 더욱 중요하게 되었다. 신산업의 제품과 서비스화를 구현하기 위한 이종 기업 간 협업과 B2B 마케팅이 중요하게 된 것이며 협업을 통해서 혁신 제품과 서비스가 실질적으로 구현될 수 있는 것이다. 다양한 서비스들이 시장 내 선보이면서 차별화를 위한 노력들은 제품과 서비스들이 새로운 기술과 연동하는 서비타이제이션(servitization) 전략으로 이어졌다.

고객 경험 혁신 제품의 고객 경험은 더욱 중요하다. AI·디지털시대 이전에는 고객 경험(Customer Experience: CX)은 마케팅 제공물의 결과물이었다. 그러나 AI·디지털시대는 처음부터 고객경험을 마케팅 목표로서 설정하고 구체적인 고객 경험을 디자인하게 되었다. 고객경험은 중요한 마케팅의 전략 단위면서 관리 대상이다.

AI 접목 제품 전략과 관리에서 AI 기술은 매우 적극적으로 활용되고 있다. 방대한 빅데이터를 기반으로 고객 취향, 거래 데이터들을 활용하여 고객 적합성을 보다 정교하게 예측할 수 있게 되었다. 이에 따라, 제품 및 신제품의 개발에도 AI가 적극적으로 활용되고 있다. 또한 고객 맞춤화된 제품 추천이 가능하게 되어 제품 재고, 생산, 관리 전반에 효율성을 높이고, 고객의 입장에 맞춤화된 추천을 통해 보다 구매로 이어질 수 있는 확률이 증대함으로써 궁극적으로 매출 증대 효과를 창출하고 있다. 이에 AI의 기술력과 적용력은 기업의 경쟁력의 중요 요소가 되었다.

AI·디지털시대의 가격 전략과 관리

비대칭 격차의 축소 AI·디지털시대 이전에는 가격 비대칭으로 인해 높은 시장 기회가 발생했었다. AI·디지털시대 도래로, 국가별 산업 경계가 모호해지고 글로벌, 국제화가 가속화되고 인터넷 및 모바일 관련 서비스의 양적·질적 성장에 의해 정보의 비대칭, 지역별 차이가 점점 줄어들고 있는 상황이다. 이러한 배경하에 기업별 가격 결정 및 가격 관련 관리의 기준들 또한 많이 다르지 않게 되었다. 즉, 가격의 차이를 만드는 변인들이 줄어들고 있는 것이다.

가치 중심의 가격전략 B2B 및 B2C 양 차원에서 다양한 인터넷 활용과 가격 비교의 편의성 등에 의해 기존의 가치 중심의 가격 정책에서 본질적으로 저렴한 가격이 다시금 중요하게 되었다. 즉 최저가를 구현하기 위한 인프라 구축 및 SCM 관점의 수직계열화 등을 통한 가격경쟁력이 핵심 마케팅 경쟁력 영역이 되었다. 또한, 보다 싸게, 보다 빠르게, 제공하는 가치에 대한 인식 제고를 위한 방안 등 가격 중심뿐만 아니라 서비스로 차별 구현하는 가치 개발 및 관리가 더욱더 중요하게 되었다.

간편 결제 핀테크 기반으로 결제 편리성 및 보안성을 확보하기 위한 노력이 활발하게 진행되고 있다. 간편 결제 시스템을 통해 고객 경험과 만족을 증대시킬 뿐만 아니라, 실시간 결제 내역과 거래실적 및 재고실적 등의 기업의 영업 데이터와 연동하여 실시간으로 탄력적 가격 정책이 가능하게 되었다. 이에 따라, AI·디지털시대의 가격전략은 실시간성을 확보한 가격결정시스템 구축이 중요하다.

AI·디지털시대의 유통 전략과 관리

신규채널의 등장과 옴니채널 유통 관점에서 AI·디지털시대는 IoT, 핀테크, 빅데이터 등의 기술 활용을 통해 다양한 O2O 비즈니스들의 등장하고, 오프라인에서의 쇼루밍(showrooming) 현상의 심화로 옴니채널 관리의 중요하게 되었으며, 무인점포 실현이 가속화되고 있다. 기존의 전통적 오프라인의 유통채널에서 IoT, 핀테크, 빅데이터 등의 기술들을 기반으로 온라인으로 진출하여 Offline → Online 비즈니스 모델이 중요 유통채널로 자리 잡고 있다. 많은 고객을 확보한 온라인 및 IT 기업들이 전통적 오프라인 유통채널과 협력하여 Online → Offline 새로운 비즈니스 모델들도 다양하게 등장하게 되었다.

O2O 비즈니스 신속 배달을 위한 물류 자동화를 통한 푸드테크(food tech), 라스트마일 서비스 등의 발전은 고객의 경험을 고도화시키고 이를 통해 다양한 온라

인 플랫폼 서비스들이 등장하고 발전하였다. 유통은 특히 승자독식의 원칙(winner-takes-all)이 크게 작동하는 시장이다. 이에, 규모의 경제를 확보하고 고객 편리성 및 운영의 효율성을 증대하기 위해서 세부 유통채널 간의 인수합병이 활발하게 이루어지고 있다. 이러한 유통의 인수합병 과정을 통해 궁극적으로 O2O 비즈니스의 카테고리킬러(category killer)가 유통을 주도하는 상황이 더욱 심화되고 있다.

AI·디지털시대의 프로모션 전략과 관리

BTL 채널의 주도 AI·디지털시대에서의 마케팅 커뮤니케이션채널(marketing communication channel)의 변화는 더욱더 급진적이다. 기존의 전통 4대 커뮤니케이션 채널 ATL(Above The Line) 마케팅 채널인 TV 라디오, 신문, 잡지의 커뮤니케이션 집행 규모는 매년 드라마틱하게 역성장하였다. 반면, BTL(Below The Line) 마케팅 채널인 인터넷, SNS, 이벤트, 세일즈 프로모션, PPL, 옥외광고, 디지털광고 등 다양한 채널들이 다변화되고 그 집행 규모가 급성장하였다.

미디어채널의 다변화 기존의 기업 화자 중심의 광고 커뮤니케이션보다는 고객 화자 중심의 커뮤니케이션 환경으로 변화하고 있다. 이에 광고 그 자체보다는 콘텐츠 중심의 메시지와 고객 친화적, 고객 선별적 미디어를 통해 관계 형성의 과정과 공감과 소통이 더욱 중요하게 되었다. 페이스북, 카카오톡, 인스타그램, 유튜브와 같은 SNS는 지속적으로 진화하여 기존의 전통적 채널인 ATL 마케팅 채널의 시장 규모를 훌쩍 넘어섰고, 그 영향력은 더욱 강화되었다. 과거 개인의 커뮤니케이션 채널이었던 SNS는 중요한 기업의 커뮤니케이션 채널로서 자리 잡았고, 인플루언서의 영향은 더욱 커졌다. 이에 따라, 기업 보유 채널인 온드채널(owned-channel)과 페이드채널(paid-channel)의 SNS 다채널 전략과 운영이 중요하게 되었다.

콘텐츠의 중요성 이러한 미디어 채널의 다변화에 따라 콘텐츠의 중요성이 더욱 증대되어 기업 생성 콘텐츠인 FGC(Firm Generated Content)와 고객 생성 콘텐츠인 UGC(User Generated Content)의 양 차원의 콘텐츠 전략과 바람직한 콘텐츠의 양과 질을 높이기 위한 콘텐츠 씨딩(content seeding)과 스토리텔링(stroytelling)은 중요한 마케팅커뮤니케이션의 영역이 되었다.

::: AI·디지털시대에 마케팅 관리의 중요 과제

마케팅 커뮤니케이션의 변화

〈그림 1.8〉에서 보여주듯이, 기술 발전과 통합이 마케팅 커뮤니케이션에 미치는 영향에 대한 역학관계가 크게 두 가지 차원이 존재한다. 1차원의 역학관계는 근본적으로 새로운 비즈니스 모델과 서비스를 출현시키고 이에 소비자의 라이프스타일을 변화시킴으로써 궁극적으로 마케팅 커뮤니케이션을 변화시킨다. 2차원의 역학관계는 근본적 역학관계와 함께 파생되는 역학관계이다. 기술의 발전 및 통합에 의해 새로이 나타난 비즈니스 모델과 서비스에 의해서 변화된 소비자의 라이프스타일, 니즈, 욕구, 수요들이 다시 기술의 발전과 통합에 영향을 주는 역학관계가 존재하는 것이다. 마케터는 이러한 역학관계 내의 각각의 주요 요소들에서 마켓 인사이트를 확보하는 것이 중요하다. 즉 마케팅의 기능과 과업 범위가 크게 확장되어, 기술 검토, 비즈니스 모델 검토 등의 그간 R&D, 사업전략 등 다각적으로 업무들을 수행할 수 있는 역량을 요구하고 있다.

그림 1.8

기술발전이 마케팅 커뮤니케이션에 미치는 역학관계

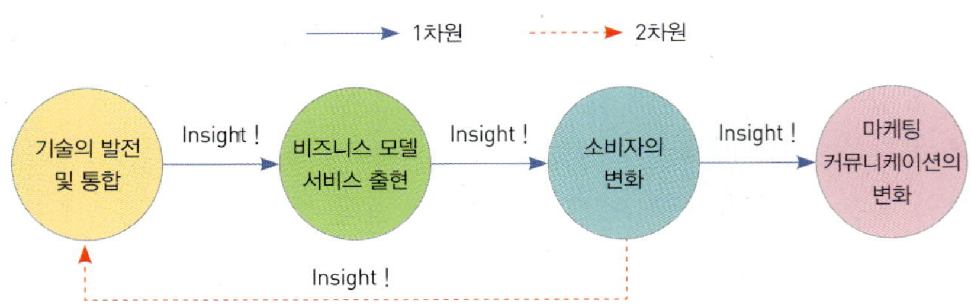

라이프사이클 마케팅관점의 접근 필요

AI·디지털시대는 기업이 고객 경험을 실시간 모니터링을 하여 고객 경험을 체계적으로 관리하고 더 나은 고객 경험을 제공하는 것뿐 아니라, 한 단계 더 나아가 고객을 기업 활동까지 적극적으로 지원하고 옹호하게까지 하는 360도 차원의 기업과 고객과의 관계 구축을 목표로 하고 있다. 이를 라이프사이클 마케팅(lifecycle marketing)이라고 한다. 획득한 리드를 통해 실제 구매 고객으로 창출하고, 나아가 단순 고걱에서 고객을 기업의 마케팅 활동까지 지원해 주는 브랜드 옹호자로 끌어올리게 하는 360도 관계 구축 과정이라 볼 수 있다. 즉, 고객(customers)에서 브랜드 옹호자(brand advocates)로 만드는 관계 구축 과정이다. 〈그림 1.9〉는 라이프사이클 마케팅의 개념을 기업 관점에서 풀어서 설명한 것이다. 라

그림 1.9

라이프사이클 마케팅의 개념도

이프사이클 마케팅은 기본적으로 4가지로 단계로 구성되어 있으며 앞 단계에서 충족되면 그 다음 단계로 발전적으로 심화하는 구조를 가지고 있다.

① 첫 단계는 리드 생성(lead generation)의 단계로 트래픽을 증가시키는 것이고 이를 통해 리드를 생성한다. 고객 여정(customer journey)에 걸쳐 적합한 타깃에게 적절한 타이밍에 효과적인 메시지를 전달하기 위해 실시간으로 데이터를 사용해야 한다. 이를 위해, 소셜미디어 캠페인, 팝업 스토어, 거리 이벤트, 콘텐츠를 통한 SNS 홍보마케팅까지, 리드를 생성하기 위해 다양한 방법들이 사용된다. 이 리드 생성 단계에서 가장 중요한 것은 비즈니스에 적합한 타깃 오디언스들을 어떻게 확보하느냐가 중요한 단계이다.

② 두 번째 단계는 리드 육성(lead nurturing)으로서, 기업의 리드와 긴밀한 관계를 구축함과 동시에 종종 CRM(Customer Relationship Management) 소프트웨어를 활용하여 마케터들이 효율적이고 시기적절한 방법으로 고객의 질문에 적절하게 대응하는 단계이다. 리드가 기업과 제품들에 대해 잘 알 수 있도록 지원하는 것이 중요하다. 리드를 육성하기 위해서 제품과 서비스에 대한 전문 지식을 많이 갖춰야 한다. 일반적으로 기업(브랜드)으로부터 유용하고 적합한 답변을 받지 못할 경우, 33%의 리드들이 이탈한다는 보고가 있다. 또한, 신속한 대응이 중요하다. 5분 이내에 리드의 문의에 대응하는 것은 그들을 고객으로 전환 시킬 확률을 그렇지 않은 경우보다 무려 9배 더 높게 증가시킨다고 한다. 이러한 과정에서 자연스럽게 리드를 포함한 고객들은 구매가 이루어지기 때문에 세일즈가 일어나는 중요한 과정이기도 한다.

③ 세 번째 단계는 고객 성공관리(Customer Success Management: CSM)로서, 성공적인 세일즈를 생성하고 난 이후에 고객 성공관리 단계로 이동하는 단계이다. 낮은 수준의 고객 서비스는 70%의 고객을 떠나보낼 수 있다는 보고도 있다. CSM은 과연 구매 고객들이 제품을 잘 사용하고 있는지 확인하기 위해 타깃 되어진 기존 고객을 대상으로 한다는 점만 제외하면, 리드 육성 과정과 유사하다. CSM의 요점은 이탈을 줄이고 참여를 늘려 제품 갱신 및 재구매를 유도하는 것

이다. 이 단계는 고객 유지 및 로열티에 크게 영향을 주기 때문에 고객 여정(customer journey)에 기반한 고객 메시지 조정과 함께 개인화된 커뮤니케이션이 중요하다.

④ 라이프사이클 마케팅의 마지막 단계는 브랜드 충성도 관리(promote customer advocacy) 단계이다. 리워드 프로그램, 인센티브 프로그램과 같이 고객 충성도를 끌어오기 위한 활동과 고객으로 하여금 제품과 서비스에 대한 입소문을 퍼트릴 수 있도록 장려하는 다양한 마케팅 노력이 포함된다. 성공적인 고객 충성도 전략은 실제로 충성도 높은 팬들을 생성하게 되는데, 이들은 기본적으로 브랜드를 위해 자발적인 입소문 마케팅 활동을 수행해 주는 충성도 높은 고객층이다. 보고에 의하면, 90%의 사람들은 제품이나 서비스에 대한 친구의 추천이나 구매평을 신뢰한다고 한다. 특히, 이 단계에서는 소셜미디어 인게이지먼트(social media engagement)가 확산이 되는 단계이다. 보고에 의하면, 브랜드 옹호자들은 그들의 친구들에게 영향을 끼칠 확률이 50% 더 높으나, 실제 오직 20%의 기업들만이 이 브랜드 옹호자 및 전문가 프로그램을 사용하고 있다. 기업은 라이프사이클에 걸쳐 고객 충성도를 관리해야 하며, 각 단계에 따른 구체적인 할인, 프로모션 등의 보상 프로그램도 개발 보완하는 등 고객 충성도를 높임과 함께 유지하는 관리도 중요하다.

마케터 업무의 확장과 챌린지

AI·디지털시대는 마케터에게 이전의 업무 범위를 넘어선, 폭넓은 지식과 다양한 전략적 접근 및 높은 수준의 디지털 기술들을 요구하고 있다. 또한 마케팅 업무 범위도 마케팅 전략 수립, 실행 및 관리 및 측정 등 사업전략 수립의 범위까지 확장되었다.

첫째, 새로운 시장환경 파악과 시장 기회 요소를 발굴하고, 변화된 소비자의 니즈와 기업 내부의 경쟁력을 명확히 파악하여 새로운 비즈니스 모델 개발 능력이 필요하다. 특히, AI·디지털시대는 새로운 가치 창조를 위해 새로운 소비형태를 제시하기 위해 플랫폼사업의 전성기이다. 새로운 수요과 공급이 만나게 하는 플랫폼 비즈니스사업도 기획하고 구현하는 신사업 전략가의 기능도 요구되고 있다.

둘째, 최근의 광고가 콘텐츠 중심으로 진화하는 마켓 상황을 고려할 때, 마케터는 콘텐츠 개발과 유통에 관여하는 콘텐츠 전문가여야 한다. 소비자의 미디어 소비의 변화에 따라 콘텐츠 소비 문화도 급격하게 변화하고 있다. 새로운 미디어가 끊임 없이 등장하고 이에 따른 콘텐츠의 유형과 소비 행태의 트렌드가 급격히 변화하고 다양하다. 이에 따라, 디지털 미디어의 이해와 각 미디어별 콘텐츠 기획과 제작은 중요한 마케팅의 업무가 되었다.

셋째, 데이터의 양과 질의 변화, 진단 도구의 다변화, 분석 기법의 다변화, 실시간의 중요성을 포괄하기 위해, 마케터는 새로운 조사 분석 기술에 대한 이해와 적용이 절대적으로 요구된다. 일반적으로 마케터는 기업 내부의 거래실적 데이터, 고객 데이터를 기반으로 고객의 U&A(Usage & Attitude) 조사 결과나 만족도 및 브랜드 조사 결과 및 고객 현장의 VOC(Voice of Customer) 등의 양적, 질적 데이터를 기반으로 분석 및 해석을 통해 마켓 인사이트를 확보하였다. 초연결의 AI·디지털시대에는 소셜미디어에 의해 방대한 데이터를 확보함과 동시에, 실시간 실행이 가능하게 되었다. 또한 IoT 시대에 진입하면서 일부 소극적으로 접목해 왔던 뉴로사이언스와 바이오 센서링 기술 등의 측정 방법들이 적극적으로 마케팅 관련 조사에 접목되고 있다.

넷째, AI·디지털시대의 마케팅 목표는 고객 만족이 아니라 고객과 소통과 공유를 통한 관계 맺음과 특정 목표한 고객 경험의 제공과 달성으로 변화하고 있다. 이에 고객 경험을 면밀히 분석하고 관리해야 하는 당면과제를 가지고 있다. 고객 경험은 감정적이고 매우 주관적이며 쉽게 저장 및 분석하기 어렵기 때문에 실시간 측정되고 분석하여 마케팅 의사결정에 반영하는 것은 중요하다. 최근은 디지털 마케팅 대시보드(digital marketing dash board)에 다양한 빅데이터, 내부 데이터들을 활용하여 고객의 총체적 경험과 활동을 실시간 모니터링하는 시도들이 다양하게 이루어지고 있다, 또한 AI 기술을 접목하여 고객의 행동과 태도가 예측이 가능하게 됨에 따라, 마케팅 대시보드를 통해 마케팅 관련 의사결정 시스템을 구현하고 활용하고자 하는 시도들이 이루어지고 있다. 궁극적으로는 이러한 디지털 마케팅 대시보드가 고도화되면 마케팅 관련 사안에 대해 자동적으로 의사결정이 이루어지고 마케팅 실행까지도 진행될 수 있다. 이러한 마케팅 자동화(marketing automation) 시스템을 통한 마케팅 전략과 실행에 대한 의사결정이 자동화가 되는 마케팅 환경이 조만간 도래할 것으로 전문가들은 예상하고 있다.

::: DISCUSSION QUESTIONS

1. 마케팅 개념과 철학의 변화를 고려해 볼 때, 4차 산업하의 새로운 마케팅의 정의를 도출하시오.
2. 기존에 마케팅 개념으로 경쟁우위를 확보한 기업 사례에 판매 개념을 접목하여 새로운 경쟁우위 확보 방안을 수립하시오.
3. 마케팅 4.0의 특징과 이에 따른 마케터의 업무 변화를 제시하시오.
4. AI·디지털시대에 마케팅 관리의 중요 과제들이 무엇인지 제시하시오.

::: TEAM WORKSHOP

1. AI·디지털시대에 새로이 등장한 마케팅 직업들과 향후 등장할 마케팅 직업들을 찾아보고, 각 직업과 직무를 수행하기 위해서 구체적으로 어떤 spec-up 준비를 해야 할지 토론하여 제시하시오.
2. 판매개념과 마케팅개념은 기업이 처해진 산업 환경에 따라 상대적 경쟁력을 확보하게 해준다. 판매 개념과 마케팅 개념에 충실하여 가치창출을 한 성공사례들을 찾아보고 기존에 판매 개념으로 경쟁우위를 확보한 기업의 사례에 마케팅 개념을 접목하여 새로운 경쟁우위 확보 방안을 제시하시오.
3. 마케팅 4.0 시대의 마케팅 4C Mix 전략의 사례들을 찾아 제시하시오.

PART

1 마케팅 이해와 전략적 접근

이 지구상에 가장 큰 생물체로서 오랜 기간 창궐했었던 공룡이 갑자기 멸종했었다. 공룡의 멸종에 대한 여러 학설들이 있으나, 소행성 충돌이든 갑작스런 기후 변화이든 그 원인은 명확하지 않아도, 확실한 것은 환경변화에 대응하지 못해서 멸종했다는 점이다. 최근, 굴지의 다국적기업들이 마케팅 환경의 변화를 인식 못하던가 부적절한 대응으로 하루아침에 시장에서 사라진 경우들을 자주 목격한다. 끊임없이 환경 변화에 순응하고 진화한 곤충들은 이 지구상에서 동물계 중 약 70%에 해당되는 가장 많은 종수와 객체수를 자랑하고 있다. 기업은 곤충과 같이 마케팅 환경 변화에 항상 촉각을 세우고 이에 대한 기민한 대응을 하는 기업이 되어야 할 것이다.

two

코닥의 비극

한때 미국 필름시장의 90%, 최초로 디지털카메라 개발
“기술실패보다는 사업실패, 뻔히 알고 있으면서 당한 꼴”

디지털 쓰나미에 맞서 보려던 아날로그 기술의 숙명인가, 엄청난 자산을 제대로 활용하지 못한 전략의 실패인가?

1881년 창업 이래 현대의 영상시대를 열어온, 필름과 사진기술의 대표기업 코닥이 파산의 갈림길에 섰다. 〈월스트리트 저널〉은 지난 6일 20세기에 지금의 애플, 구글과 같은 최첨단 기술기업으로 통하던 코닥이 몇 주 안에 파산 보호신청을 할 것이라고 보도했다. 직원은 1만9,000명이다. 적자는 2009년 4억4,200만 달러에서 2010년 6억8,700만 달러로 늘어나고, 지난해 3분기에만 2억2,200만 달러를 기록했을 정도다. 미국 필름시장의 90%를 석권하며 한때 90달러를 넘던 주가는 지난해 80%가 추락하며 최근 47센트를 기록해 상장 폐지 위기에 처했다.

사진은 넘쳐나게 됐지만 필름을 쓰는 경우는 거의 없다. 140년 역사의 독일 아그파필름은 2005년 파산했고, 일본 후지필름은 카메라, 프린터, 제약, 화장품 등으로 사업을 다각화하며 변신을 통해 생존을 시도하고 있다. 필름시장 1위였던 코닥의 붕괴는 디지털화에 따른 불가피한 운명이었을까? 사진과 필름의 미래를 코닥만 몰랐던 것일까?

코닥은 클레이턴 크리스텐슨 하버드대 경영대학원 교수가 〈혁신기업의 딜레마〉에서 제시한 ‘파괴적 기술’에 무너진 전형적 사례로 보인다. 파괴적 기술은 출시 초기에 완성도가 낮고 고객층이 불안한 특성이 있어 높은 품질과 수익성을 추구하는 선도기업들이 채택을 꺼리지만, 결국 기존 기술을 대체해 시장 구조를 뒤엎어버리는 특성을 갖고 있다. 플라스틱 음반이 콤팩트디스크(CD)로, 다시 디지털파일로 대체된 것처럼 필름도 디지털화에 무너졌다.

하지만 코닥은 누구보다 앞서 사진산업의 미래를 예견하고 준비해왔다. 코닥은 1975년 세계 최초로 디지털카메라를 개발했으며, 1981년의 사내 보고서는 디지털카메라의 위협도 정확히 분석

코닥 연표

1881 조지 이스트먼, 이스트먼필름회사 설립

1885 최초의 롤필름 개발. 영화 제작 가능해짐

1888 '버튼만 누르세요 나머진 코닥이' 카메라 판매 개시

1900 브라우니 카메라 출시. 대중시장에서 성공

1935 최초의 35m 컬러필름 '코다크롬' 출시

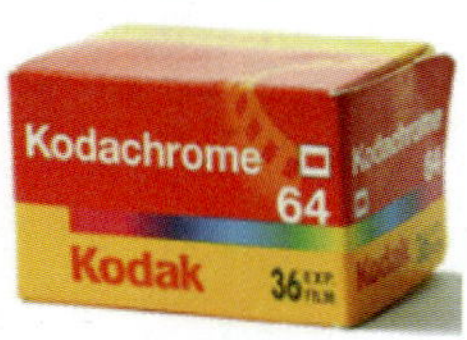

1975 세계 첫 디지털카메라 개발

1988 스털량제약 51억 달러에 인수(6년 뒤 완전철수)

1996 포켓 크기의 디카 DC20 출시

1996 촬영정보기록 새 필름포멧(APS) 어드밴틱스 출시

2000 방사선 촬영, 엑스선 디지타이징업체 루미시스 인수

2004 74년 만에 다우존스 산업평균지수에서 삭제

2008 휴대폰 최초의 500만화소 센서 개발

2009 유기발광다이오드(OLED) 사업부 엘지(LG)전자에 매각

했다. 디지털이미지 처리 핵심특허를 다수 보유하고 있으며, 일찌감치 디지털카메라를 만들어 팔았다. 2003년부터는 더는 필름에 투자하지 않겠다고 선언하고 디지털화에 주력했다. 하지만 코닥은 이런 기술력을 살리는 대신 최근 1,100여 개의 보유 특허 매각으로 생존을 도모하는 지경이 됐다.

"코닥은 파괴적 혁신에 따른 기술의 실패라기보다 사업에 실패한 것"이라며 "코닥은 특허 등 디카 기술을 많이 갖고 있지만 이를 사업화하는 데 실패했다"고 말했다. 파괴적 기술이 닥칠 것을 모른 게 아니라 "뻔히 알면서 당한 것"이라는 말이다. "안정된 수익 구조를 지닌 기업에서 신사업 부문의 책임자는 권한이 없고 직급이 낮은 사람이 맡기 때문에 기존의 주력산업을 엎어버릴 권한이 없다"며 "사업을 망치는 것은 기술이 아니라, 조직과 리더십의 문제라는 걸 보여준다"고 말했다. 주력사업을 통해 수익을 창출하는 기업은 파괴적 기술을 알면서도 과소평가하는 성향이 있다. 지엠(GM) 같은 자동차업체들이 선구적으로 전기자동차를 개발해 놓고도 대중화에 뛰어들지 않는 것 역시 기존 시장과 수익성 때문이다. 이동통신사들이 스마트폰 시대 문자메시지의 미래를 알고 있고 충분한 개발 역량이 있지만, 카카오톡 같은 소규모 벤처기업에 시장을 내주는 것도 마찬가지다.

미래의 변화를 알고 기술을 갖고 있지만 당장의 수익모델이 잘 작동하기 때문에 위기에 처하는 기업은 부지기수다. 선마이크로시스템스가 서버에 대한 미련을 못 버리고 소프트웨어 업체로의 전환을 게을리하다가 사라졌고, 최근엔 리서치인모션(RIM)과 야후가 같은 처지로 몰리고 있다. 구글, 페이스북, 삼성전자 등의 성공은 처음부터 디지털화에 대비한 새로운 사업모델에 기반한 것이거나 빠른 추격 전략에 의한 것이다.

출처: 한겨레, "코닥의 비극", 2012.1.8

본 장에서는 기업의 사명, 고객 가치 및 마케팅 전략의 중요성을 설명하고 마케팅 의사결정에 둘러싼 기업의 거시적, 미시적 환경에 대한 이해와 분석 접근의 기초와 관련 분석 도구 모형들을 소개한다. 마케팅 전략의 중요 체계를 이해하고 마케팅 세부 계획을 수립하는 과정에 대해서 알아볼 것이다.

::: 기업의 사명과 마케팅 전략의 중요성

기업은 기업의 가치를 통해 이익을 실현하다. 앞서 1장에서 제공한 마케팅 개념과 총체적 마케팅 관점에서 기업의 사명과 고객가치를 개발하고 마케팅 가치전달 과정을 철저히 조정하여 지속적인 경쟁 우위를 확보하는 것이 중요하다. 마케팅 관리를 위해서는 전략적 계획의 프로세스를 우선 이해해야 한다. 전략적 계획은 기본적으로 "Plan-Do-See" 과정을 다음과 〈그림 2.1〉과 같이 겪게 된다. 마케팅 계획은 크게 전략적 마케팅 계획(strategic marketing plan)과 전술적 마케팅 계획(tactical marketing plan)의 단계로 진행된다. 전략적 수준에서 마케팅 계획 단계는 기업 단위 → 사업부 단위 → 사업 단위 → 제품 단위 순으로 기업 내 운영조직 단위로 세부적으로 심화하여 수립한다. 이렇게 수립된 전략적 계획을 실행하기 위해, 이후 실행 단계(execution stage)인, 조직화(organization) → 실행의 순으로 진행한다. 여기서 조직화 단계는 기업에 따라 상이한데, 예산 계획이 수립되고 인력에 대한 조직화 순으로 진행되기도 하고, 바로 인력 관련 조직화 계획만 이행되기도 한다. 실행 이후 통제 단계(control stage)로서, 결과에 대한 측정 → 성과진단 → 수정 보완 방안 수립 순으로 진행된다. 그 이후, 초기 계획단계로 해당 조직단위(기업, 사업부, 사업단위, 제품)에 계획단계 혹은 실행단계에 피드백들이 제공되어 계획 혹은 실행이 되는 순환의 구조로 진행된다.

기업 단위 혹은 사업부 단위의 전략적 마케팅 계획은 그 안에 포함된 개별 사업부 및 제품 단위 사업 계획을 수립하는 가장 기초가 되는 틀이다. 기업에 따라 기업의 전략적 계획을 수립하기 위해 단위 사업부별 자유 재량권을 이양하기도 하고 필요에 따라서는 단위 사업부별 세세한 부분까지 통제하기도 한다. 따라서 기업단위의 전략적 계획은 거시적 관점에서 매우 중요한 전략적 방향성을 결정하는 것으로서 다음 세 가지의 세부 계획활동들을 포함한다.

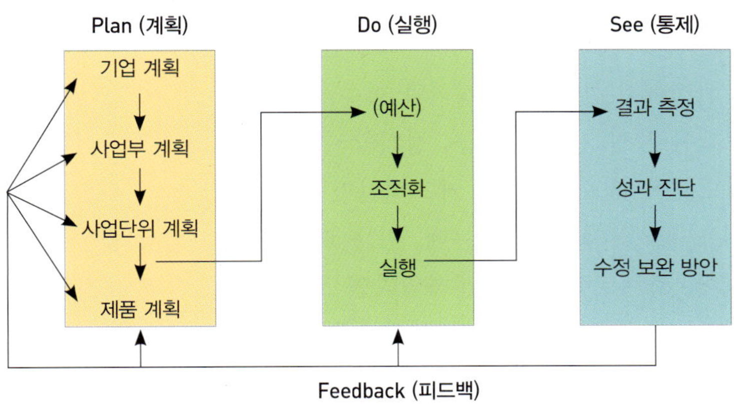

그림 2.1 Plan-Do-See 과정

기업 사명의 정의

기업 사명(corporate mission)이란 기업이 추구하는 특정 사업 비전, 목표를 표방하는 것이다. 기업사명문(mission statement)은 기업의 비전 및 목표를 조직 구성원들(경영자, 종업원 및 내·외부 고객들)과 공유하기 위해 기업 사명의 실현을 위한 구체적인 관련 기회 및 실천방안 등을 포함하고 있다. 따라서 바람직한 기업 사명문은 특정 목표를 구체적으로 그리고 집중적으로 명시해야 한다. 예를 들면, '세계에서 가장 저렴하면서도 최고의 품질과 서비스를 제공하는 기업'과 같이 구체적이지 않고 많은 목표들을 주장하는 것은 바람직하지 않다. 할리데이비슨의 사명은 "개인의 자유와 꿈을 실현하는 것(We fulfill dreams of personal freedom)"이라 하여 단순히 프리미엄 모터사이클을 시장에 제공하는 가치가 아닌 개인의 자유와 꿈을 본 모터사이클을 통해 실현하게 하겠다는 고객가치 중심의 사명과 철학이 담겨져 있다. 할리데이비슨 회장 리치 티어링트는 실제 "우리는 철학을 판다. 오토바이는 슬쩍 끼워 팔 뿐"이라고 언급하기까지 했다고 한다. 둘째, 사명문은 기업이 추구하는 중요 방침 및 가치관을 포함해야 한다. 예를 들면, 스타벅스의 사명문은 "인간의 정신에 영감을 불어넣고 더욱 풍요롭게 한다. 이를 위해 한 분의 고객, 한 잔의 음료, 우리의 이웃에 정성을 다한다"이며, 기업의 사회적 책임(CSR)을 강조하고 있다. 셋째, 사명문은 기업이 활동한 중요한 비즈니스 영역(business scope, business domain)을 명확히 규정해야 한다. 예를 들면, 레고의 기업 사명은 "미래의 조립자들을 격려하고 육성한다"이다. 레고의 사명문에는 비즈니스 영역을 미래의 조립자로 구체적으로 정의한 것으로 레고의 궁극적인 기업 목표가 아이들이 창의적으로 사고하고, 체계적으로 추론하며, 미래를 위한 잠재력을 끌어낼 수 있도록 격려하고 육성함으로써 끝없는 인간의 가능성을 체험하게 하는 데 있기 때문이다.

SBU의 규정 및 마케팅 재원의 할당

전략적 사업단위(Strategic Business Unit: SBU)란 기업이 정하는 제품관점이 아닌 비즈니스 관점에서 본 사업의 정의와 범주를 정의하는 것이다. 일반적으로 고객집단, 고객욕구 및 기술관점에서 정의할 수 있다. 예를 들면, 전통적인 컴퓨터 관련 하드웨어 및 소프트웨어 제조회사인 IBM이 네트워크 서비스 회사로서 기업의 비즈니스를 재규정하였는데, 이는 과거 단순히 시장 중심적 분류에 의해, 하드웨어, 소프트웨어로 구분하였다면 고객욕구 기반의 재정의를 통해 고객은 궁극적으로 네트워크의 향상의 욕구가 크고 이를 구현하는 서비스 회사임을 표방한 것이다. 이와 유사한 사례로, 대표적인 복사기 전문업체인 제록스는 제품지향적 정의로는 복사기 제조라 정의할 수 있지만, 사무생산성 향상이라는 시장지향적 정의로 본 사업을 정의하고 있다. 따라서, SBU는 단일사업으로써 다른 SBU와 명확히 구분되어야 하며 SBU 개별적으로 별도 계획할 수 있는 여러 관련 사업들로 합쳐진 것이다. 이러한 SBU는 자체 경쟁사가 존재하며, 전략적 계획 및 실행에 대한 권한과 책임을 모두 보유하고 있는 특징을 가지고 있다.

각 SBU의 성장기회의 평가

〈그림 2.2〉에서 보여주듯이, SBU의 이러한 가치 전달 과정은 전통적인 물적 과정으로 보는 경우와 가치창조 및 전달의 과정의 두 가지의 견해가 있다. 전통적인 물적 과정(a)은 전통적 관점에서 마케팅이 제공하는 가치전달이 제품 제조 후에 이루어진다고 보는 견해이다. 이러한 관점은 1장에서 논의한 마케팅 개념 진화 과정에서 제조 관점과 유사하다. 본 관점은 일반적으로 제품이 품질이나 스타일이 중요시 평가되지 않은 제품이나, 후진국 경제 환경하에서 성장의 기회를 얻을 수 있다. 반면, 가치 창조 및 전달(b)의 견해는 가치창조와 가치전달은 연속의 과정으로써, 3단계로 구성되어 있다. 사업의 계획 단계부터 마케팅을 가장 중요하게 생각하여 고객세분화－시장선정－가치 위치화의 마케팅 전략 단계에서 고객에게 전달할 가치를 선택하게 된다. 이후 가치 제공을 위한 제품 및 서비스 개발, 가격결정, 가격 및 유통 결정을 해야 한다. 이후 가치 전달의 단계로 제품을 시장에 알리기 위해 판매원, 판매촉진, 광고 등의 촉진활동을 수행한다.

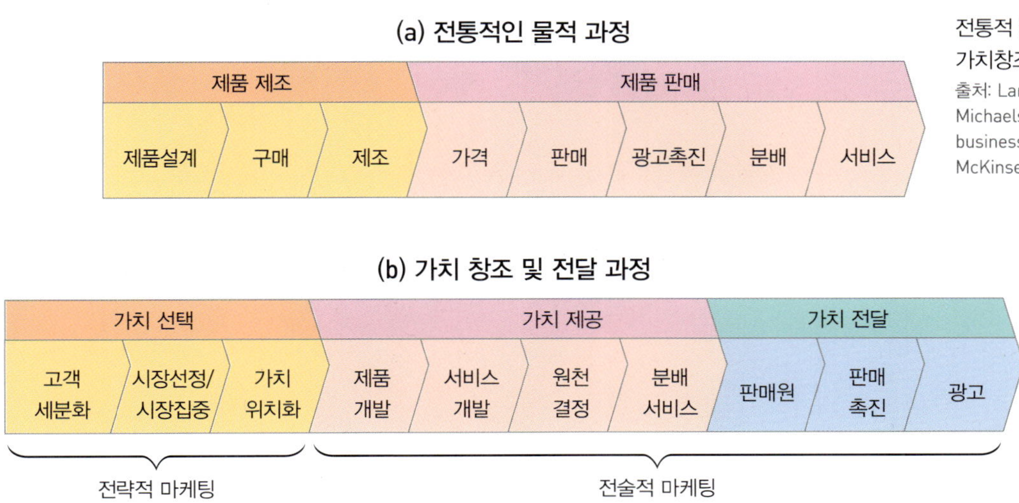

그림 2.2

전통적 물적 과정 vs 가치창조 및 전달 과정

출처: Lanning, M. J. and Michaels, E. G. (1988). A business is a value delivery. McKinsey Staff Paper, No. 41

::: 마케팅 환경

마케팅 환경(marketing environment)이란 기업의 성공적인 마케팅 전략 수행에 영향을 미치는 기업의 내·외부적 환경 요인을 의미한다. 마케터는 마케팅 의사 결정에 영향을 미치는 기업의 외부 환경을 분석하여 추세를 분석하는 통찰력을 가지고 있어야 할 뿐 아니라, 기업 내부의 인적 자원, 재무 현황, 생산 등 미시적인 환경을 세밀하게 파악하는 능력도 갖춰야 한다. 따라서 마케팅 환경과 관련된 다양한 정보를 수집하여, 그에 따른 목표 고객 집단의 특성을 정확히 파악하고 있어야 한다. 또한 자사의 경쟁자에 대한 분석, 새로운 시장에 대한 기회와 위협 요인과 기회 요인 등을 파악하여 끊임없이 변화하는 시장 환경에 적절히 대응해야 한다.

다음 〈그림 2.3〉은 마케팅 전략에 미치는 영향 요인들을 회사 외부 요소들인 거시적 차원과 회사 내부 요인들인 미시적 차원에서 함께 간략하게 요약한 것이다. 거시적 환경(macro environment)이란 기업 활동에 영향을 주는 보다 광범위한 외부 요인을 뜻하며 광역 환경(broad environment)라고도 한다. 기업은 다양한 기회와 위협 요인을 제공하는 거시적 환경 속에서 활동한다. 기업이 끊임 없이 변화하는 외부 환경 속에서 적절히 대응하기 위해서는 기업을 둘러싼 다양한 거시적 환

그림 **2.3**

마케팅 전략에 미치는 영향 요인

출처: Kotler, P. & Keller, K. L. (2012), *Marketing Management*, 14th edition

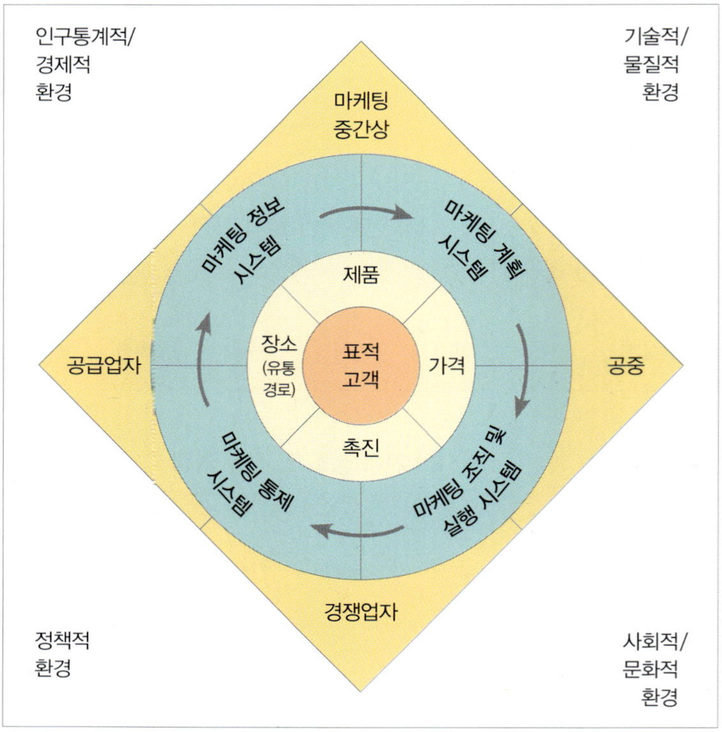

경요인들에 대한 분석이 필요하다. 거시적 환경에는 인구통계적 환경(demographic environment), 사회문화적 환경(social-cultural environment), 경제적 환경(economic environment), 기술적 환경(technological environment), 정책적 환경(politic-legal environment) 등 총 6가지의 구성요소들로 구성되어 있다. 이런 거시적 영향 요인들은 다음에 설명될 기업의 과업 환경에 직·간접적으로 밀접하게 영향을 미친다. 일반적으로 이러한 거시적 환경인 광역 환경은 빈번하게 변화되는 환경은 아니다. 그러나 AI·디지털시대는 예측되는 혹은 예측되지 않는 광역 환경들의 급격한 변화가 빈번히 이루어지는 것을 많이 목격할 수 있다. 따라서 기업들의 거시적 마케팅 환경 변화에 대한 실시간 트래킹 및 면밀한 분석이 절대적으로 필요하다.

미시적 환경(micro environment)이란 기업을 둘러싼 미시적 차원의 마케팅 환경으로 과업 환경(task environment)이라고도 하는데, 마켓에 제공하는 제품 및 서비스들을 생산, 유통, 촉진하는 데 직접적으로 관련된 영향 요인들을 말한다. 중요한 영향 주체로는 경쟁업자, 공급업자, 유통업자, 판매상 및 타깃고객이 있다. 공급업자는 기업의 제조에 관련된 원료 및 반제품 등의 원재료 공급업자가 포함되며, 마케팅 조사업체, 광고대행사 등과 같은 마케팅 대행회사와 은행, 보험과 같은 금융회사 그리고 물류, 수송, 통신 등과 같은 서비스회사들이 포함된다. 유통업자와 판매상에는 유통대리인, 브로커(중개인), 주문자 상표 부착인 주문 제조방식 제조대리(Original Equipment Manufacturer: OEM)나 생산자 개발방식 제조대리(Original Design Manufacturer: ODM) 등이 있다.

::: 거시적 마케팅 환경(macro marketing environment)

인구통계적 환경(demographic environment)

인구통계학(demographics)이란 연령, 성별, 수입, 직업, 교육 수준, 인구의 규모 및 밀도와 같은 요인 등을 토대로 인구와 관련 연구를 하는 것을 의미한다. 이러한 요인들은 시장의 트렌드, 소비패턴, 소비자들의 니즈(needs)와 욕구(wants) 변화 등에 따른 다양한 시장 환경의 변화를 야기하기 때문에 기업의 마케팅 의사결정에 많은 시사점을 제공한다. 우리나라의 전통적인 가족 형태가 전통적인 대가족 형태에서 핵가족, 1인 가구 형태로 변화됨을 알 수 있다. 또한, 1인가구의 소형화, 개인중심, 스마트화, 서비스화의 소비성향을 전체 시장의 변화의 동인으로서 역동적 역할을 하고 있다. 이와 같이, 기업은 가장 기본적으로 이러한 인구통계적 특성들을 면밀하게 살피면서, 이에 따른 소비 행태 분석 등 다양한 마케팅 의사 결정을 시행해 나가야 한다.

MARKETING **REPORT** | **계속 비대해지는 수도권 인구 … MZ세대 둘 중 하나 '출산 거부감'**

통계청, 2022 한국의 사회지표 발표
연 소득 대비 주택가격 배율 6.7배로
수도권은 역대 최대치 10.1배로 올라
10년간 한푼도 안 써야 집 구매 가능
국민 절반 "결혼 안 해도 된다" 생각
MZ세대 둘 중 하나 "자녀 필요 없다"

수도권에 집을 한 채 사려면 해당 지역 평균 소득 가구의 월급을 10년 동안 한푼도 안 쓰고 모아야 하는 것으로 나타났다. 가구당 평균 순자산이 1년 새 10% 증가했음에도 금리 인상 등으로 집을 사는 데 걸리는 기간은 더 길어졌다. 그런데도 많은 국민이 '수도권이 살기 좋다'며 인천 · 경기로 꾸준히 몰려들면서 수도권 인구 비중은 국민의 절반을 돌파했다. 갈수록 수도권만 비대해지고 있다.

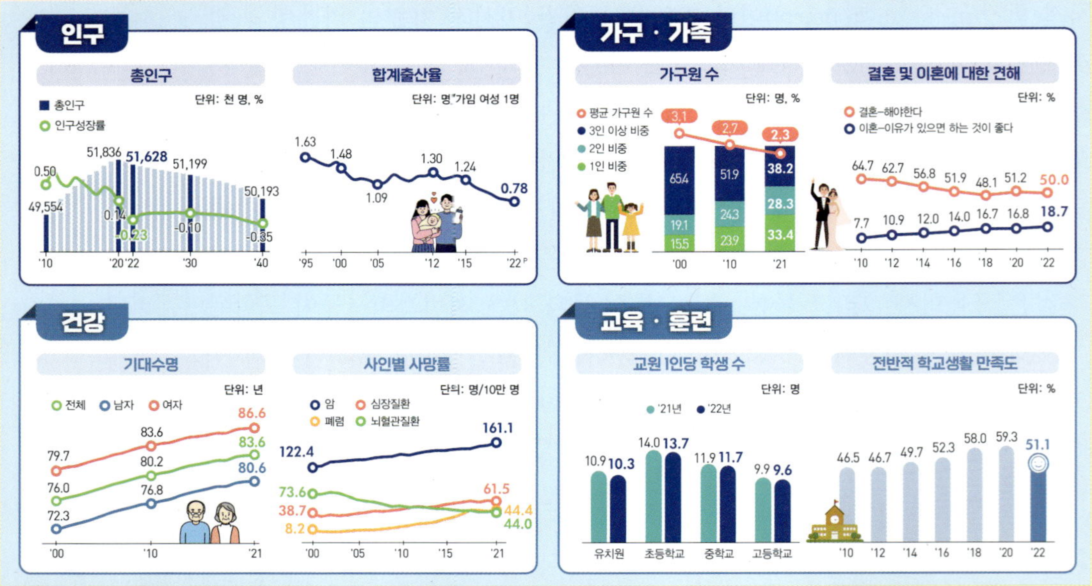

2022 한국의 사회지표 (자료: 통계청)

통계청은 23일 이런 내용의 '2022 한국의 사회지표'를 발표했다. 2021년 기준 소득 대비 주택가격 배율(PIR)은 6.7배로 전년 5.5배에서 1.2배 포인트 높아졌다. PIR은 주택 가격이 한 가구의 연 소득보다 몇 배 더 비싼지를 나타내는 지표다. 특히 수도권의 배율은 같은 기간 8.0배에서 역대 최대치인 10.1배로 1년 새 2.1배 포인트 상승했다. 수도권의 평균 주택 가격이 수도권 가구의 평균 연 소득보다 10배 더 높다는 의미로, 10년 동안 월급을 한푼도 안 쓰고 모아야 평균 수준의 집을 한 채 장만할 수 있다는 해석이 가능하다.

지난해 가구당 평균 자산은 5억 4,772만원으로 1년 전보다 9% 증가했다. 평균 부채는 9,170만원으로 같은 기간 4.2% 늘었다. 자산에서 부채를 뺀 순자산액은 4억 5,602만원으로 1년 새 10% 불어났다. 임금인상 등으로 가구의 순자산이 더 늘어났는데도 집을 사는 데 걸리는 시간은 오히려 더 길어진 것이다. 이는 2021년 부동산 가격 상승 폭이 자산 확대 폭보다 더 컸기 때문으로 분석된다.

수도권 집값이 다른 지방보다 상대적으로 비싼데도 인구 이동은 수도권을 향하고 있다. 지난해 수도권 인구는 2,605만 3,000명으로, 전체 인구의 50.5% 비중을 차지했다. 서울은 0.9% 줄어든 반면, 인천이 0.7%, 경기가 0.5% 늘었다. 통계청은 "수도권 인구 집중 현상은 앞으로 지속될 것으로 보인다"면서 "수도권 인구 비중

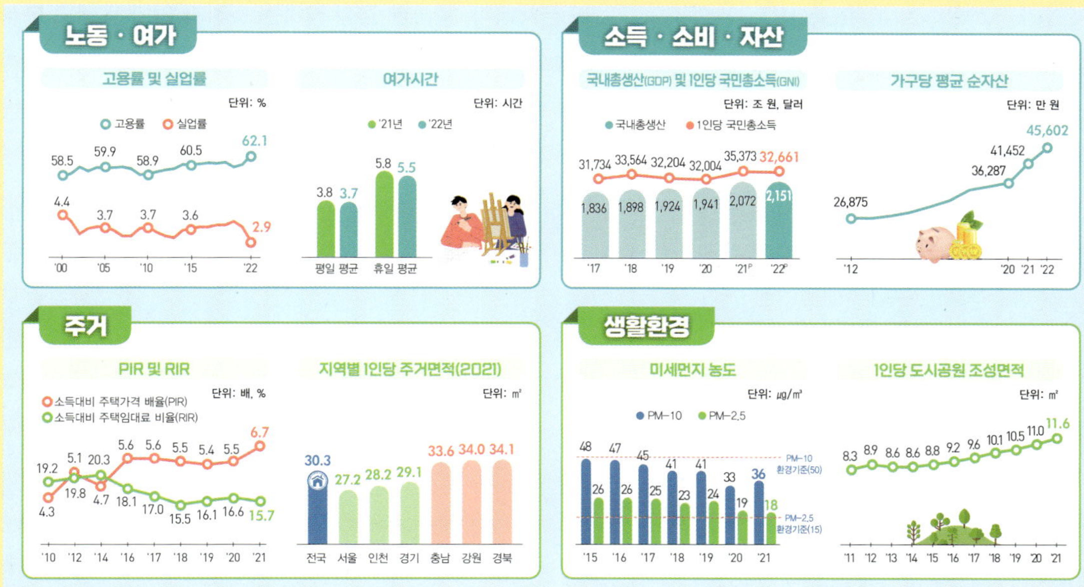

2022 한국의 사회지표 (자료: 통계청)

은 2030년 51.4%, 2040년 52.4%, 2050년 53.0%가 될 것"이라고 전망했다.

한편 지난해 만 13세 이상 인구 가운데 '결혼해야 한다'고 생각하는 사람은 50.0%로 집계됐다. 국민의 절반은 '꼭 결혼하지 않아도 된다'고 생각한단 의미다. 남성은 55.8%, 여성은 44.3%가 결혼해야 한다고 답했다. '결혼 후 자녀가 필요하다'는 사람은 65.3%로 집계됐다. 10대는 41.1%로 전 연령대 중 비율이 가장 저조했다. 20대도 44.0%에 불과했다. 결혼 · 출산 적령기라 불리는 30대의 응답률은 54.7% 수준에 그쳤다. 10~30대 소위 MZ세대 두 명 중 한 명은 출산에 거부감을 갖고 있다는 의미다.

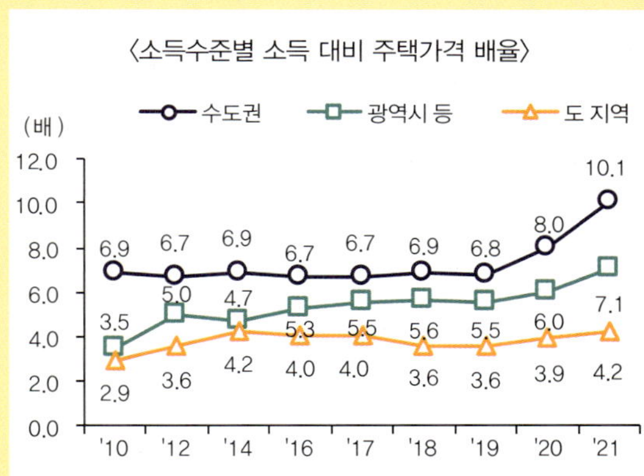

2022 한국의 사회지표 (자료: 통계청)

출처: 서울신문, 2023.3.23.

사회문화적 환경(social-cultural environment)

사회문화적 환경은 사회 구성원들이 가지고 있는 믿음, 신념, 가치 등에 영향을 미치는 요인으로 구성된다. 사람들은 특정 사회 집단의 구성원으로 성장하면서 자신이 속한 사회의 생활 양식을 습득한다. 사회 집단의 생활 양식은 소비자들의 소비 트렌드나 소비 특성 변화 예측을 파악하는 중요한 요인이므로 기업은 이에 대해 정확한 분석이 필요하다.

MARKETING **REPORT** | 오픈서베이, 풍부한 경험 원하는 소비자 여가 트렌드 분석

일상 휴식 위해 편리함에 투자, 스마트홈 가전 10명 중 약 5명 보유

여행에선 미식·숙소 투자, 20대 중심으로 일상과 비일상 경계 무너져

오픈서베이가 지난 8일 Play 웨비나를 열고 '경험의 시대: 소비자가 시간을 보내는 법'을 주제로 여가 활동 소비 행태를 살폈다. 오픈서베이는 웨비나에서 익숙한 주거 공간에서의 휴식부터 해외여행과 같이 새로운 환경에서의 경험까지 일상 · 비일상을 아우르며 여가 활동 트렌드를 데이터로 확인했다. 일상을 보내는 집에서는 휴식에 집중해 안락함과 편안함을 누리려는 소비자의 니즈가 스마트홈 관련 데이터에서 포착된다. 소비자 10명 중 9명은 스마트홈 가전을 인지하고 있으며(91.2%), 10명 중 약 5명(48.3%)은 이미 보유해 사용 중인 것으로 나타났다. 이는 전년 스마트홈 가전 보유율인 29.5% 대비 18.8%P 크게 상승한 결과다. 또한 미보유자 55%가 향후 스마트홈 가전제품 구매에 긍정적인 태도를 보이는 등 소비자는 만족스러운 '휴식' 경험을 위해 가전을 넘어 조명, 에너지 제어 등까지 적극적으로 소비한다는 점을 확인할 수 있다.

웨비나에서는 소비자 여가 활동에서 큰 비중을 차지하는 디지털 콘텐츠에도 주목했다. 팬데믹을 거치며 크게 성장한 상황에서도 여전히 많은 변화를 보였으며, 올해 디지털 콘텐츠 소비 행태에서는 특히 숏폼의 성장세가 돋보였다. 숏폼 콘텐츠를 인지하는 비중은 전년 대비 10.9%P 증가해 81.9%라는 높은 수치를 기록했다. 시청 경험은 68.9%로 나타나 12.4%P 증가치를 보였다. 숏폼 주요 3개 서비스 중 유튜브 쇼츠는 이용자 비율이 60.0%로 가장 높았으며 일 평균 시청 빈도는 3.2회로 나타났다.

마지막으로 대표적인 여가 활동 중 하나인 여행에 관한 오픈서베이 데이터를 살펴보면, 올해 10명 중 7명 이상이 국내로, 약 3명은 해외로 여행을 다녀온 것으로 나타난다(각 71.2%, 29.2%). 여행 시 예산을 더 투자했거나 향후 하려는 영역으로는 미식과 숙소가 높은 비중을 차지했다(국내 여행 미식 67.2% · 숙소 57.2%, 해외여행 미식 58.5% · 숙소 54.3%). 국내 여행 숙소에서 경험/계획한 활동에 대해서는 20대를 중심으로 색다름보다 익숙한 경험을 원하는 특징도 포착됐다. 포장/배달해서 식사(40.8%), 영화 · 콘텐츠 시청(27.0%), 음악 듣기(23.5%) 등을 선택한 비중이 20대에서 유의미하게 높아, 국내 여행 시 일상적 활동을 기대하고 경험한다는 점이 인상 깊다. 오픈서베이 대표는 "풍부한 경험을 위해 과감하면서도 현명하게 지출하는 여가 소비 트렌드를 데이터로 파악할 수 있다"며 "20대를 중심으로 일상에서 특별한 카페나 파인 다이닝을 찾고, 여행에서는 일상적인 경험을 추구하는 니즈가 두드러지는 등 일상과 특별한 경험의 경계가 흐릿해진 특징이 올해 데이터에서 돋보인다"고 덧붙였다.

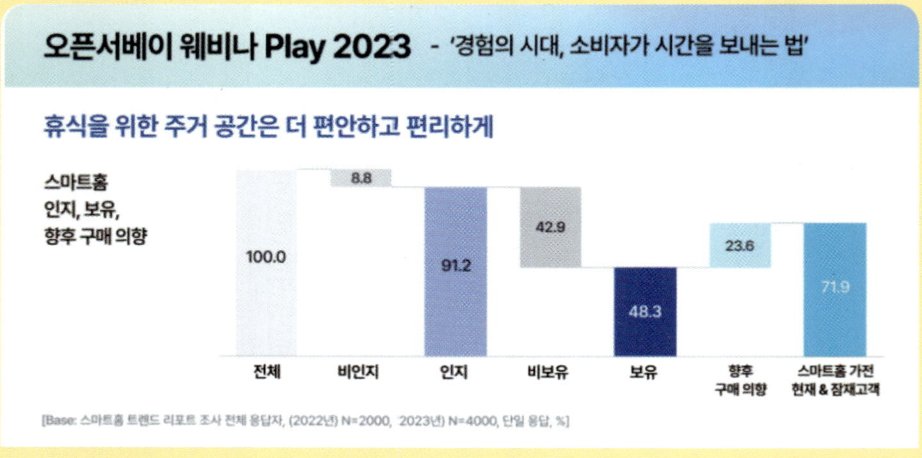

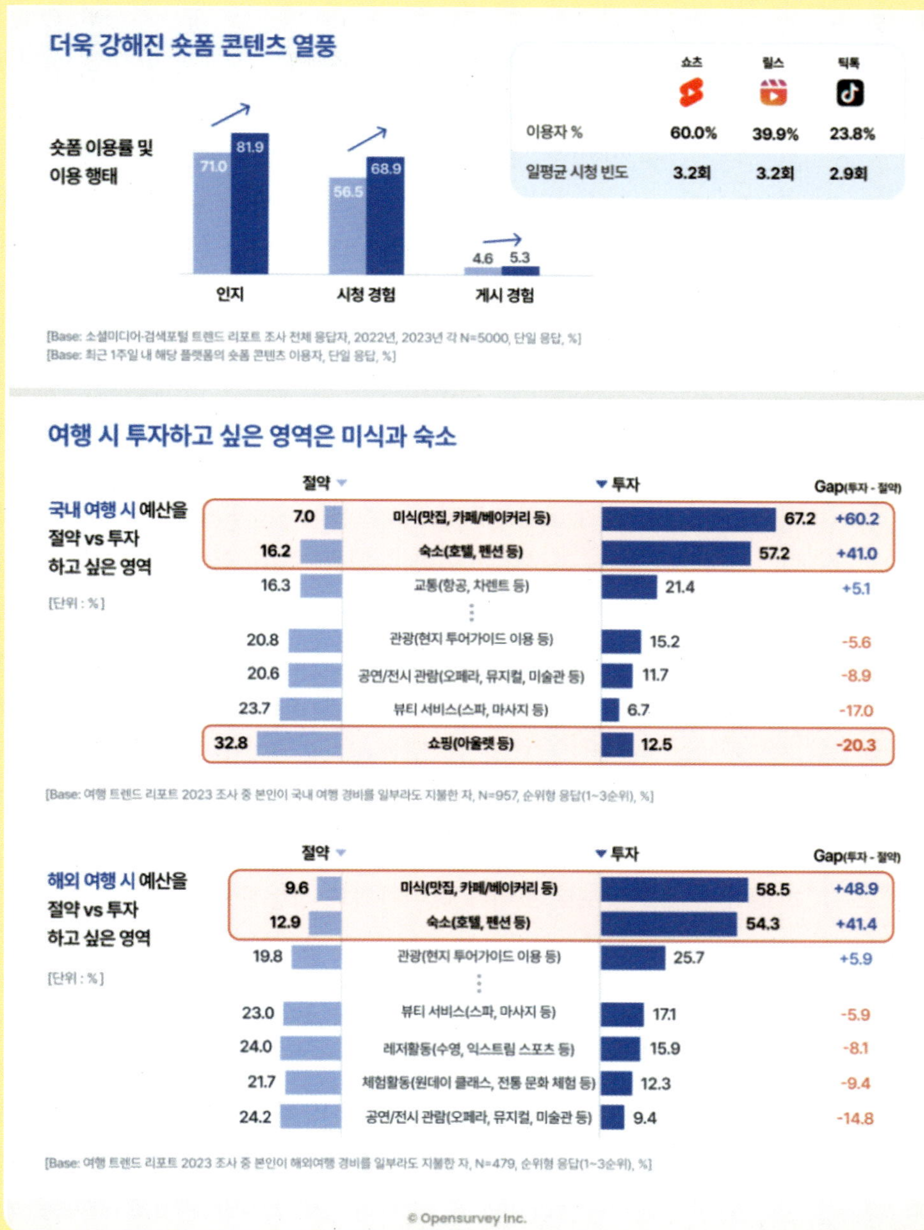

출처: opensurvey Newsroom, 2023.11.9.

최근 우리나라는 여성의 경제 참여율의 지속적인 증가, 결혼에 대한 전통적인 사고의 변화 등으로 인해 초혼 연령의 증가 및 출산율 감소, 맞벌이 부부 증가 등의 사회적 변화를 맞고 있다.

경제적 환경(economic environment)

경제적 환경은 기업 활동에 영향을 미치는 모든 경제적 변수 및 상황 등이 포함된다. 경제적 환경의 요인에는 금리, 실업률, 경제성장률, 원자재 가격, 임금 수준, 환율, 금융 위기 등 국내외적인 모든 요인들이 포함된다. 국내·외적인 경제적 환경의 변화는 소비자들의 소비 패턴 변화 및 구매 등에 영향을 미치기 때문에 기업은 경제적 환경 변화에 주의를 기울여야 한다.

예를 들면, 우리나라는 1997년 IMF 사태와 2008년 미국에서 비롯된 글로벌 금융 위기를 통한 경제불황을 겪었다. 이러한 경제적 환경의 변화는 소비자의 경제적, 재정적인 영향을 미친다. 특히 소비 심리 위축으로 인한 소비 지출 및 구매력 감소 등으로 인해 기업의 매출에 직접적인 영향을 미치게 된다. 실제 IMF 직후 많은 기업들이 도산했으며, 투자 심리 위축으로 인한 생산량의 급격한 하락, 대대적인 구조 조정으로 인한 실업률 증가, 임금 삭감으로 인한 가계소득의 감소 등 대대적인 경제 위기를 겪었다. 또한 최근 청년들의 실업률 증가, 경제적 어려움에 따른 블안한 심리에 따른 소비자들의 소비 변화를 볼 수 있다. 이로 인해 소비자들은 보다 '가치 소비'를 지향하고 있다. 예를 들면 노브랜드(제품에 별도의 브랜드 르고 없이 저렴한 가격에 판매되는 제품) 제품, 비교적 저렴한 PB 제품이 인기를 끌고 있다. 특히 단순히 저렴한 제품이 아니라, 가격 대비 우수한 뛰어난 성능을 가진 제품을 이르는 말로 '가성비,' '핫딜 노마드족'이라는 신조어가 생길 정도로 소비자들은 가격과 성능까지 살피며 보다 신중한 소비를 하고 있다.

경제적 환경의 변화 중 중요 변화는 노동시장의 변화이다. 서비스 수요자와 공급자를 연결해 주는 플랫폼 중개회사들이 증가하면서 다양한 분야에서 긱 이코노미 서비스가 증가하고 있다. 긱 이코노미(gig economy)란 기업에서 인력을 정규적으로 채용해서 월 급여를 지급하는 전통적인 방식과 달리, 디지털플랫폼을 통한 온디맨드(on-demand)에 따라 서비스제공 계약을 맺고 일하는 경제활동 방식이다. 이러한 긱 이코노미 서비스가 급증하는 배경에는 우선 긱 이코노미 서비스의 수요자 기업들이 증가하였고 이를 손쉽게 매칭해주는 플랫폼서비스들이 증가했기 때문이다. 또한 긱 이코노미 서비스의 공급자들이 증가했기 때문이다. 자발적 비정규직으로서 정해진 계약조건과 근무조건에서 일하고자 하는 웰리스와 워라밸을 추구하는 새로운 프리랜서들이 증가했기 때문이다, 또한 직장을 다니면서 돈을 더 벌기 위해 긱 워커(gig worker)들의 수요도 높아졌기 때문이다.

긱 이코노미 서비스의 수요자인 기업은 인력 필요에 따라 건당, 시간당 등 계약 조건에 의한 임시고용으로 고용의 탄력성을 확보할 수 있는 장점이 있다. 긱 이코노미 서비스의 수요자인 긱 워커 입장은 본인들의 선호하는 업무에 대한 근로 시간이나 근로형태를 자유로이 정할 수 있는 장점이 있다. 또한 본인들의 노력에 따라 근로수익이 큰 폭으로 증대되기 때문에 IT인력이나 음식배달 등의 특정 서비스 분야에서는 긱 이코노미 체계로 변화되고 있는 상황이다. 이러한 긱 이코노미 플랫폼에서 거래되는 노동력은 공유서비스 운전, 배달 등의 단순한 업무들에서 숙련된 기술들을 요구하는 업무들로 진화하고 있는 상황이다. 이러한 변화들을 다른 다양한 서비스 분야들로 확대될 것으로 예상된다.

기술적 환경(technological environment)

기술적 환경이란 새로운 제품이나 서비스 창출을 야기하는 다양한 미래 기술과 관련된 시장 동향이나 사건 등을 의미한다. 통신 기술 및 IT 분야, 신소재, 무인화 기술 등 각종 첨단 기술의 발전은 기업에게 새로운 시장에 대한 엄청난 기회를 제공할 수 있다. 기술적 환경은 다른 거시적 환경 요인에 비해 가장 급진적이고 급속도로 변화하는 요인 중 하나이다. 기술적 환경 변화로 인해 새로운 제품뿐 아니라 유통 구조 개선, 물류 서비스의 간편화, 제조 공정 단축 등 관련 분야에 혁신적인 발전을 몰고 왔다. 최근 이슈가 되고 있는 무인 자동차나 무인 택배(드론) 등도 역시 기술 발전에 따른 시장 환경의 변화로 볼 수 있다.

무어의 법칙(Moore's Law)

인텔의 공동 설립자인 고든 무어가 1965년에 경험적인 관찰에 바탕으로 제시한 법칙으로 "반도체 칩의 집적도(반도체 칩에 포함된 트랜지스터 수)는 약 18개월마다 두 배로 증가한다"라는 내용이다. 이러한 지수 함수적인 성장은 기술 발전과 정보 기술 산업의 발전에 상당한 영향을 미쳤다.

무어의 법칙은 기술 발전의 속도와 성능 향상의 예측을 돕는 중요한 도구로 사용된다. 이를 통해 기업들은 제품 개발 및 마케팅 전략을 수립하고 투자를 계획할 수 있다. 스마트폰과 태블릿 같은 모바일 장치는 무어의 법칙에 따라 지속적으로 성능이 향상되고 있다. 이는 사용자 경험을 향상시키고 더 많은 기능을 제공하는 동시에 가격을 낮추고 있다. 모바일 관련 기술의 발전은 모바일 기기를 운용하는 데 있어서 이전에는 불가능했던 새로운 기능과 애플리케이션을 가능하게 한다.

혁신수용모델(Innovation Adoption Model)

기술적 환경에는 소비자의 기술 수용 정도도 매우 중요한 요소이다. 혁신수용모델은 새로운 아이디어나 기술이 시장에 도입되고 받아들여지는 과정을 설명하는 모델이다. 다양한 혁신수용모델이 제시되었지만, 가장 널리 알려진 모델은 에버렛 로저스(Everett Rogers)가 개발한 "기술수용주기(Technology Adoption Life-cycle)" 모델이다. 이 모델은 혁신을 받아들이는 사람들을 다섯 가지 범주로 나누어 설명한다.

캐즘(Chasm)은 신제품이나 서비스가 출시한 후, 초기수용자에서 초기다수자로 넘어가는데 발생한다. 캐즘은 시장에 통용되고 대중에 보급되는 데 발생하는 단절로, 넘어서야 하는 침체기이다. 이러한 캐즘을 극복하기 위한 대표적인 전략은 볼링핀전략이다. 10개 핀을 넘어트리기 위해서 10개 핀을 다 공략할 필요가 없다. 특정시장을 타깃하는 것이 이 시점에서는 중요하다.

① **혁신자(Innovators)** 새로운 아이디어나 제품에 대해 가장 먼저 관심을 갖고 채택한다. 기술적 지식이 풍부하고, 변화에 대한 높은 수용능력을 가지고 있다. 리스크를 감수하고 실험적으로 새로운 것을 시도하는 경향이 있다.

② **초기 수용자(Early Adopters)** 혁신에 대한 관심이 많고, 이해도가 높은 집단이다. 시장에서 리더 역할을 맡으며, 다른 사람들에게 영향을 미친다. 새로운 기술이나 제품을 시험해 보고 성공 여부를 확인한 후 채택한다.

③ **초기 다수자(Early Majority)** 혁신에 대한 관심이 높지만, 채택하기 전에 신중하게 검토한다. 선도자들의 경험을 참고하여 채택 여부를 결정한다. 혁신에 대한 안정성과 이점이 입증된 후에 채택하는 경향이 있다.

④ **후기 다수자(Late Majority)** 혁신에 대한 불신이나 저항감이 있다. 다른 사람들이 이미 채택한 후에야 혁신을 받아들이는 경향이 있다. 안정성과 효용성이 충분히 입증된 경우에만 채택한다.

그림 2.4

캐즘 포함 혁신수용모델

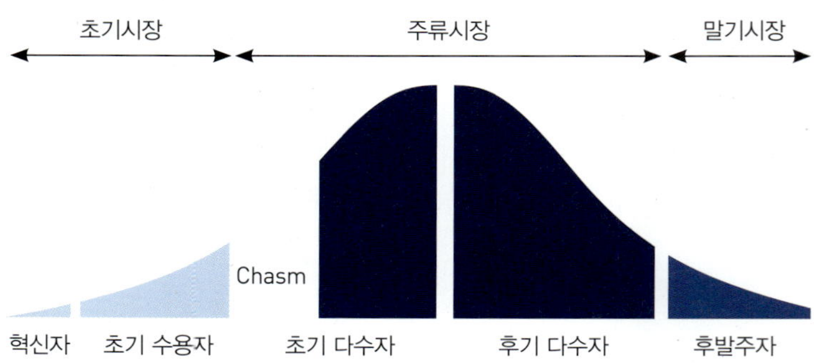

⑤ 후발주자(Laggards) 변화를 꺼리며 혁신에 대한 강력한 저항감을 가지고 있다. 과거의 방식을 고수하며 새로운 아이디어나 기술을 거부하는 경향이 있다. 혁신을 받아들이는 데 매우 느리다.

정책적 환경(political-legal environment)

정책적 환경이란 특정 조직이나 사회 내에서 기업이나 관련 이해 관계자에게 영향을 미치는 일련의 정책적, 법률적, 제도적 조건을 의미한다. 모든 기업은 사회 속에서 다양한 이해 관계자들과 얽혀서 그 속에서 경영 활동을 해 나가기 때문에 관련 법과 제도 속에서 존재하게 된다. 따라서 기업은 마케팅 활동 등 다양한 경영 활동을 해 나가기 위한 관련 규제와 제도, 또는 정책적 변화에 대한 면밀한 분석이 진행되어야 한다.

세계시장은 지역별 국가들의 경제통합을 통해 블록 간 무역협정이 지난 수년 동안 강화되었다. 특정 국가들이 자유무역지대나 국제무역의 법규를 통해 공동목표를 달성하기 위한 경제공동체를 형성해 온 것이다. 각각의 국가들은 지리적, 문화적 특성의 유사성의 배경과 협력을 통한 경제적 이득을 확보하기 위해 적극적으로 경제공동체를 결성하고 끊임없이 경제공동체 내부적으로는 규제를 철폐하고 외부적으로는 장벽을 높이는 자유무역주의를 지속적으로 추구해 왔다. 그러나 최근 경제적, 정치적 환경의 급변화로 인해 기존의 자유무역주의가 쇠퇴하고, 신보호무역주의가 확산되고 있다. 그 대표적인 예시로 영국의 유럽연합 탈퇴인 브렉시트(Brexit)와 미국 트럼프 대통령이 추진하는 보호무역주의가 있다.

각 국가시장마다 정책적인 다양한 규제들이 존재한다. 신용카드사 사례를 보면, 1997년 의무수납제, 2001년 신용카드 소득공제 등 세원 투명화 제공의 정부정책에 힘입어 소비자들의 중 지급결제수단이 되었다. 지난 14년 동안 14차례 가

발표연도	주요내용
2003	• 카드채 사태 발생 이후 신용카드사 종합대책을 통해 자기자본 확충, 연체율 증가 억제에 대한 자체적인 노력을 당부 • 이후 신용카드사 관련 감독규정 개정으로 조정자기자본비율 산정 시 조정총자산에 유동화자산 포함
2012	• 연매출 2억원 이하 가맹점에 우대수수료율 적용
2012	• 신용카드 발급 기준 강화로 개인신용 7등급 이하 저신용자에 대해 원칙적으로 발급이 금지
2015	• 적격비용 재산정 작업을 거쳐 우대수수료율 및 일반 가맹점 수수료율 인하
2018	• 3년 주기의 적격비용 재산정 작업으로 카드수수료율 확대 및 연매출 500억원 이하 평균수수료율 인하
2019	• 제2금융권 DSR 시행으로 카드사의 2021년 말 목표 DSR(평균)은 60%로 발표

표 2.1
카드산업 관련 주요 규제 추이
출처: 금융감독원

그림 2.5

카드 가맹점 평균 수수료율
출처: 여신금융협회

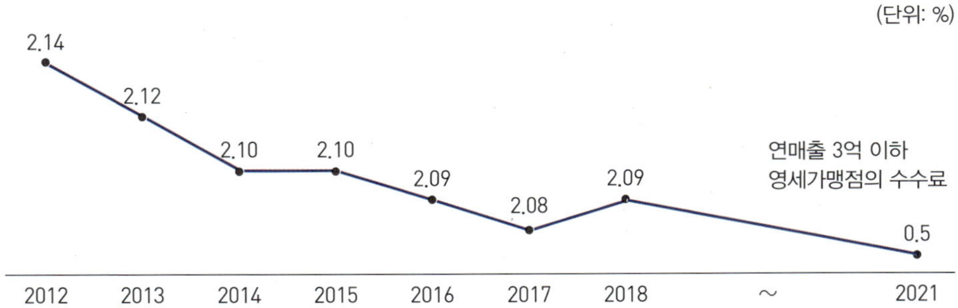

맹점 수수료를 인하하였다. 〈표 2.1〉과 같이 다양한 규제들로 가맹점 수수료를 기업 자율로 결정할 수 없고 지속적으로 수수료율을 인하해야 했던 것이다. 이러한 신용카드산업의 배경으로 12년에 2.14%였던 일반 가맹점 수수료가 18년 기준, 2.09%로 낮아졌다. 따라서 마케터는 각 국가 간, 국가별, 세부 산업별 각종 규제들을 면밀히 검토하고 가격정책을 수립하고 가격 설정을 해야 한다.

::: 미시적 마케팅 환경(micro marketing environment)

미시적 환경은 거시적 환경에 비해 보다 기업과 가까이에 위치하고 있으면서 직접적인 영향을 주는 모든 요인들을 포함한다. 미시적 환경에는 소비자, 경쟁자, 유통업체, 기업 내부 환경 공급업체 등이 있다. 이는 일련의 가치사슬 단계상에 있는 중요 구성원들로서 〈그림 2.6〉과 같이 서로 영향을 미친다. 기업은 기업과 밀접한 위치에 있는 소비자, 공급업체 및 유통업체, 경쟁자 그리고 기업 조직 내 다양한 구성원들과 긴밀한 관계를 맺음으로 마케팅 전략을 실행해야 하며 이러한 각 구성원을 체계적 분석을 통해 충분히 이해해야 한다.

소비자(consumer)

소비자는 미시적 환경 요인에서 가장 중요한 구성 요인이며 가장 중요한 역할을

그림 2.6

미시적 마케팅 환경의 주요 구성원들

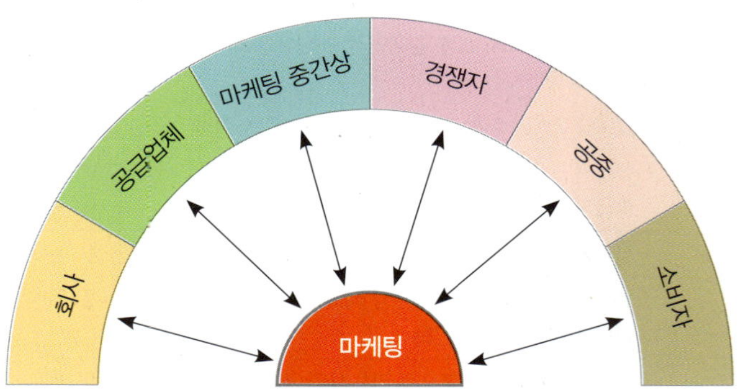

한다. 다양한 시장 환경 요인들을 분석해서 적합한 제품을 만들어 내고, 판매하는 일련의 과정에 있어서 소비자에 대한 이해 없이는 모든 것이 불가능하기 때문이다. 따라서 성공적인 제품을 생산하고 판매함에 있어서 먼저 소비자에 대한 철저한 이해가 선행되어야 한다. 기본적으로 판매하고자 하는 제품이나 서비스의 타깃 소비자는 어떤 집단이 될 것인지, 타깃 집단 소비자들의 라이프스타일 혹은 이들의 소비 패턴이나 연령대, 교육 수준, 임금 수준 등을 파악해봐야 한다. 이를 토대로 타깃 집단에 대한 명확한 마케팅 전략이 실행되어야 한다. 또한 전체 가치전달시스템의 타깃인 고객과 강력한 관계를 형성하고 유지해 나가야 한다.

MARKETING **REPORT**

"내 일상에 들어온 박물관 유물"… MZ세대 '힙트래디션' 열풍

반가사유상 미니어처… 토우컵…
서울 롯데百서 팝업스토어 열어
매출 껑충 뛰고 품절사태 빚기도

서울 중구 롯데백화점 본점에 마련된 국립박물관문화재단의 팝업스토어에서 젊은 여성 고객들이 진열장에 놓인 반가사유상 미니어처를 둘러보고 있다. 국립박물관문화재단 제공

유명 화장품과 잡화 브랜드가 즐비한 백화점 한복판에 '작은 박물관'이 차려졌다. 다음 달 4일까지 서울 중구 롯데백화점 본점 지하 1층 코스모너지광장 출입구에선 국립박물관문화재단의 문화재 상품 브랜드 '뮷:즈(MU:DS)'의 팝업스토어가 열린다. 132㎡ 남짓한 매장 진열대에는 국보 반가사유상과 조선백자를 본뜬 미니어처, 신라 토우(土偶 · 흙으로 만든 사람이나 동물의 상)로 장식된 유리컵 등 10개 품목 26종의 문화재 상품이 빼곡히 놓여 있다. 전통 문화재를 재해석한 박물관 상품을 백화점에서 선보이는 건 처음이다.

최근 전통 문화재를 바탕으로 한 디자인 상품이 인기를 끄는 등 '힙트래디션' 열풍이 불고 있다. 힙트레디션이란 우리 전통에 MZ세대(밀레니얼+Z세대) 특유의 힙한 감성을 입혀 새로운 트렌드를 만드는 것을 말한다. 문화재 기획 상품이 관광객의 기념품에 머무는 게 아니라 유리컵과 시계, 파우치, 우산, 휴대전화 케이스 등 일상생활 속 상품으로 자리 잡고 있다.

국립중앙박물관을 포함해 전국 국립박물관이 소장한 문화재를 모티브로 상품을 기획해 판매하는 국립박물관문화재단에 따르면 문화재 상품 매출액은 2020년 38억원, 2021년 66억원에서 지난해 117억원으로 껑충 뛰었다. 지난해 매출은 2011년 재단이 출범한 후 최고액이다. 최근 재단이 선보인 자개소반 모양 무선충전기와 고려청자 문양 전자기기 케이스는 내놓자마자 품절될 정도로 큰 인기를 끌었다.

국립박물관문화재단은 10년 넘게 민간 업체를 대상으로 문화재 상품 기획 아이디어를 공모해 왔는데, 올해 상반기(1~6월) 154개 업체에서 798종의 상품을 출품했다. 국립박물관문화재단 상품기획팀장은 "지난 10여년간 출품 규모 중 역대 최대"라며 "'반가사유상 미니어처' 등 문화재 기획 상품이 스테디셀러가 되다 보니 신진 디자이너들의 참여가 늘고 있다"고 말했다.

출처: 동아일보, 2023.5.30.

경쟁자(competitors)

기업은 자신의 타깃소비자와 동일하거나 유사한 잠재적 경쟁자 혹은 현재 경쟁자에 대해 파악하고, 그에 따른 마케팅 전략을 수립할 필요가 있다. 마케터는 시장에서 경쟁자보다 더 우월한 위치에서 보다 나은 가치를 제공하기 위해 노력한다. 따라서 자신의 기업에서 제공하는 제품 및 서비스가 소비자들의 욕구를 더욱 충족시키기 위해서는 경쟁자의 제품 및 서비스보다 강력한 전략적 경쟁우위를 확보해야 한다. 경쟁자에 대한 분석으로는 소비자 입장에서 분석하는 방법과 기업 입장에서 분석하는 방법이 있다.

첫째, 소비자 입장에서 분석하는 방법이란 경쟁자의 소비자 특성, 고객 규모 및 밀도, 경쟁 강도 등을 파악하는 방법이다. 음료 시장을 예를 들면, 펩시콜라, 코카콜라, 스프라이트, 환타 등의 경쟁자들이 있다. 이들 중 시장에서 차지하는 고객 규모 및 밀도, 경쟁 강도 등으로 분류하여 파악할 수 있다. 또한 나열한 제품 이외에도 탄산수, 건강음료, 과즙음료 등이 이들 제품의 대체재가 될 수 있다. 대체재를 생산하는 기업 역시 잠재적인 경쟁자가 될 수 있기 때문에 마케터는 제품 내에서 다양한 범주를 고려하여 경쟁자를 파악해야 한다. 둘째, 기업 입장에서 경쟁자를 분석하는 방법이 있다. 이는 소비자 입장에서 바라보는 것과 달리 경쟁자가 자신의 기업과 유사한 전략적 방법을 구사하는가, 기업의 규모나 형태, 유사한 업태인가 등에 의해 경쟁자를 분류한다. 기업은 경쟁자 분석 없이 시장에서 경쟁 우위를 차지할 수 없기 때문에 반드시 경쟁자 분석을 통해 자사의 시장 내 위치를 고려하고, 또한 현재의 경쟁자, 잠재적 경쟁자를 파악하여 보다 효율적인 전략적 기반을 마련해야 한다.

공급업체(suppliers) 및 유통업체(marketing intermediaries)

공급업체는 기업의 마케팅 환경에서 필요한 여러 자원(예; 원자재, 자금, 부품 등)을 제공해준다. 공급업체는 제품 및 서비스를 기업에서 소비자에게 전달해주는 중간 역할을 하기 때문에 원자재 부족, 자연 재해, 경제 불황 등에 따라 중간 공급에 차질이 생기면 결국 기업에게 부정적인 영향을 줄 수밖에 없다. 따라서 기업은 다양한 시장 환경에 따라 마케팅 교환 과정의 효율적인 설계가 필요하다. 또한 기업은 제품 및 서비스 가치가 소비자에게 전달되는 일련의 과정에 있어서 다른 기업인 공급업체들과 상호 협력적인 관계성을 맺는 것도 중요하다.

유통업체는 기업이 생산한 제품 및 서비스를 마지막 단계에서 최종 고객에게 판매하는 도매상이나 소매상을 일컫는다. 유통업체는 기업이 생산한 제품 및 서비스를 최종 고객에게 전달하기 때문에 마케터는 유통업체 관리에 보다 세밀하게 신경 써야 한다. 특히 유통 환경이 점차 인터넷과 모바일을 통한 전자상거래가 활성화됨에 따라 마케터는 오프라인 환경과 다른 온라인상의 시장 환경에 대한 정확한 이해가 필요하다.

기업 내부 환경

기업 조직 내에는 다양한 구성원들과 그들이 속한 부서(예; 인사, 마케팅, 재무, 회계, R&D, 생산 부서 등)로 구성되어 있다. 조직의 구성원들은 조직의 내부 환경을 형성한다. 예를 들어 기업의 최고경영자는 기업의 목표와 비전, 장기적인 정책과 전략 등을 결정한다. 이에 따라 각 부서에 해당되는 과업을 수행한다. 마케터 역시 기업의 비전이나 목표에 적합한 중장기적 전략을 설정하고 그에 따른 마케팅 의사결정을 내리게 된다. 목표한 고객 가치 창출을 위해서 마케터는 기업 내 부서간 긴밀한 협조 관계를 맺으면서 제품 생산 규모, 재무 현황, 활용 가능한 인적 자원 등의 수준을 고려하여야 한다.

::: 사업단위 전략적 계획 수립을 위한 마케팅 환경 분석

마케팅 의사 결정에 영향을 미치는 다양한 거시적 환경과 미시적 환경을 알아보았다. 마케터는 이와 같이 끊임없이 변화하는 다양한 마케팅 환경 요인을 살피면서 앞으로 어떤 의사 결정을 내릴 것인가에 대해 고민해야 한다. 사업단위 전략적 계획 수립을 위해 마케팅 환경을 분석에 주로 사용되는 마케팅 환경 분석 도구들을 소개하겠다.

SWOT 분석(SWOT Analysis)

시장의 기회 요인과 위협 요인을 파악하고 시사점을 얻기 위한 방법으로 SWOT 분석을 사용한다. SWOT 분석은 기업 내부적으로 가지고 있는 강점(Strength), 약점(Weakness) 요인과 외부 시장으로부터 오는 기회(Opportunity), 위협(Threat)

기업 내부적 (Internal)	강점 (Strength)	약점 (Weakness)
기업 외부적 (External)	기회 (Opportunity)	위협 (Threat)

표 2.2 SWOT 분석

표 2.3

SWOT 분석의 예시: 아기사진 전문 스튜디오

강점(Strength)	약점(Weakness)
• 경영자의 지속적 혁신(변화)에 대한 긍정적 마인드 • 넓은 촬영 공간 및 주차장(4개 촬영장(야외 촬영장) 및 편의시설 완비) • 인근에 유명 산부인과/산후조리원 급증으로 좋은 입지 • 백화점 인근으로 접근성 좋음 • 결혼, 한복, 베이비 관련 근접사업자와 유사 콘셉트 • 다양한 채널(TV, 잡지, 인터넷 등)을 통한 홍보로 높은 인지도	• 가시성 약함(외부 도로에서 보이지 않음) • 상권은 좋으나 입지는 안좋음 • 직원들의 높은 이직률 • 회원관리능력 부족 • 내부 회계(재무) 능력 부족 • 광고 효과성을 측정하지 못하고 있음
기회(Opportunity)	**위협(Threat)**
• 아이에 대한 투자 증가 • 사진시장 규모의 확대 • 온라인 사진시장 규모 확대로 인한 오프라인 인화 시장 확대 • 정부의 출산장려책	• 낮은 출산율 • 전문가용 카메라(DSLR) 일반화 • 온라인으로 사진을 보려는 수요 증가 • 경기 위축으로 인한 가계경제 위축 • 저가 위주의 경쟁자 증가(방문사진 촬영 등) • 업종 간 벤치마킹이 쉬워 뚜렷한 치별화 요인을 찾기 어려움 • 고객의 가격탄력성 높음

출처: http://blog.daum.net/_blog/BlogTypeView.do?blogid=07sXt&articleno=15913065

요인을 분석하여 마케팅 전략적 의사결정에 다양한 시사점을 제공하는 대표적인 전략분석 도구이다. SWOT 분석은 기업의 내부적인 역량 및 자원 등을 파악하여 조직의 현황 및 강점과 약점 등을 한눈에 파악하여 볼 수 있고, 외부 시장의 기회와 위협요소들을 동시에 파악할 수 있도록 도표화되어 있다. 시장 상황과 내부 조직의 상황을 동시에 살펴볼 수 있어서 마케팅 현안에 대한 의사 결정 및 전략 확립에 도움을 준다.

SWOT 분석 결과를 토대로 다음 〈표 2.4〉와 같이 4가지의 전략대안을 수립할 수 있다. 우선 SO전략은 기업이 보유한 강점과 기업을 둘러싼 외부에서 발견된 기회를 확대하는 전략으로 채널확대, 세계화 시도, 사업 다각화 등을 모색하는 것이다. WO전략은 시장 기회를 활용을 통한 기업의 약점을 보완하는 전략으로

표 2.4

SWOT 분석의 전략 대안

	강점(Strength)	약점(Weakness)
기회 (Opportunity)	SO전략 강점활용 기회 확대 (채널확대, 세계화, 사업 다각화)	WO전략 기회 활용을 통한 약점 보완 (틈새시장 공략, 기술개발, 사업다변화)
위협 (Threat)	ST전략 강점활용으로 위협 최소화 (전략적 제휴, 정보화, 차별화전략)	WT전략 생존 전략 (매각, 철수, 우회, 회피)

내부환경 / 외부환경	강점 S1. 경영자의 높은 마인드 S2. 다양한 채널 홍보 진행 S3. 넓고 편인한 시설	약점 W1. 직원 이직률 높음 W2. 회원관리능력 부족 W3. 광고효과성 측정 미비
기회 O1. 아이에 대한 투자 증가 O2. 사진인화시장 확대 O3. 정부의 출산장려책	SO전략 S1S2O1. 인터넷 홍보 강화 S1S2O2. 영업 확장	WO전략 W2O1. 직원 역량 강화 교육 실시
위협 T1. DSLR 카메라 일반화 T2. 저가위주 경쟁자 증가 T3. 고객의 가격탄력성 높음	ST전략 S3T3. 주중으로 업무 분산 S3T1T2. 사진촬영교실 S3T2T3. 공간임대서비스	WT전략 W1W2T3. 고객접점에서 서비스 표준화 W1W2T2T3. 직원 성과/보상 체계 수립

출처: http://blog.daum.net/_blog/BlogTypeView.do?blogid=07sXt&articleno=15913065

표 2.5

SWOT 분석 결과를 통한 전략 대안 도출 예시: 베이비 전문 스튜디오

서 틈새시장 공략, 기술개발, 사업 다변화 등이 있다. ST전략은 기업의 강점을 활용으로 시장에서의 위협을 최소화하는 전략으로 전략적 제휴, 정보화, 차별화 전략 등이 있다. 마지막으로 WT전략은 기업의 약점과 시장에서의 위협을 감안한 생존전략으로 매각, 철수, 우회, 회피 등이 있다.

5 요인 모델(5 Forces Model)

마케팅 환경을 분석하는 또 다른 방법으로는 마이클 포터(Michael Porter) 교수가 발표한 5요인 모델(5 Forces Model)이다. 5 요인 모델에는 ① 산업 내에 기존 기업 간의 경쟁 정도, ② 새로운 경쟁자의 진입 위협, ③ 대체재 출현 가능성, ④ 구매자의 협상력, ⑤ 공급자의 협상력의 다섯 가지 경쟁 요인이 포함되어 있다. 5 요인 모델 분석을 통해 산업 내에서 기존 기업 간의 경쟁의 심화 정도를 파악하게 해준다. 새로운 기업들이 동종 산업으로 진입이 가능한가, 자사의 산업의 진입 장벽이 높은가를 파악하고 이를 통해 추후에 동종 산업으로 새로운 기업이 진입할 경우 제지할 수 있는 방법이 있는가를 파악한다. 또한 자사의 상품이나 서비스를 대체할 다른 상품이나 서비스가 있는가, 구매자의 협상력이 높은가 혹은 그렇지 않은가, 공급자의 협상력이 높은가 그렇지 않은가를 분석한다. 본 분석은 겉으로 드러난 경쟁기업뿐만 아니라 신규 진입업자, 대체재, 구매자, 판매자도 경쟁요인에 포함된다. 5 요인 모델 분석의 장점은 첫째, 기업과 관련된 마케팅 환경 분석을 통해 자사의 기회와 위협이 되는 요인을 파악하게 해주며, 둘째, 산업 자체의 장기적인 수익성이 낮다면 시장 내에서 어느 정도 우위를 차지한다 해도 수익을 내기 힘들다. 경쟁기업에 대처하는 것만으로 수익성이 개선되지 않을 때도 있기 때문이다. 본 분석결과를 통해 해당 산업의 장기 수익성을 예

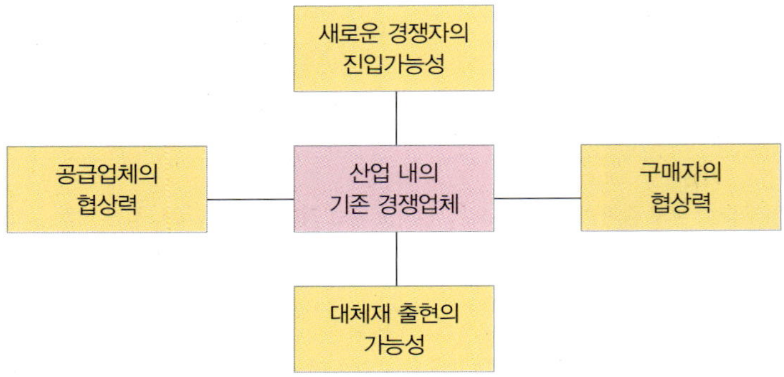

그림 2.7

5 요인 모델
(5 Forces Model)

측할 수 있다. 셋째, 해당 산업 전체의 장기적인 수익성을 결정 짓는 5가지 경쟁 요인들 파악을 통해 장기적 전략 방안 수립이 가능하게 한다. 넷째, 산업의 구조 파악을 통해 특히, 신제품 개발이나 신규 시장 진출, 신규 사업 착수와 관련된 의사결정 시에 이 프레임워크는 상당히 효과적이다.

〈그림 2.8〉은 인터넷 전문은행 카카오뱅크를 위한 5 Force 분석 도구를 활용하여 분석한 결과이다.

포터가 제안한 5 요인 모델을 토대로 각각의 중요 요인들의 강도를 높이는 즉, 해당기업이 처한 거시적 환경하에서 상대적 경쟁력을 높이는 방안은 다음과 같다.

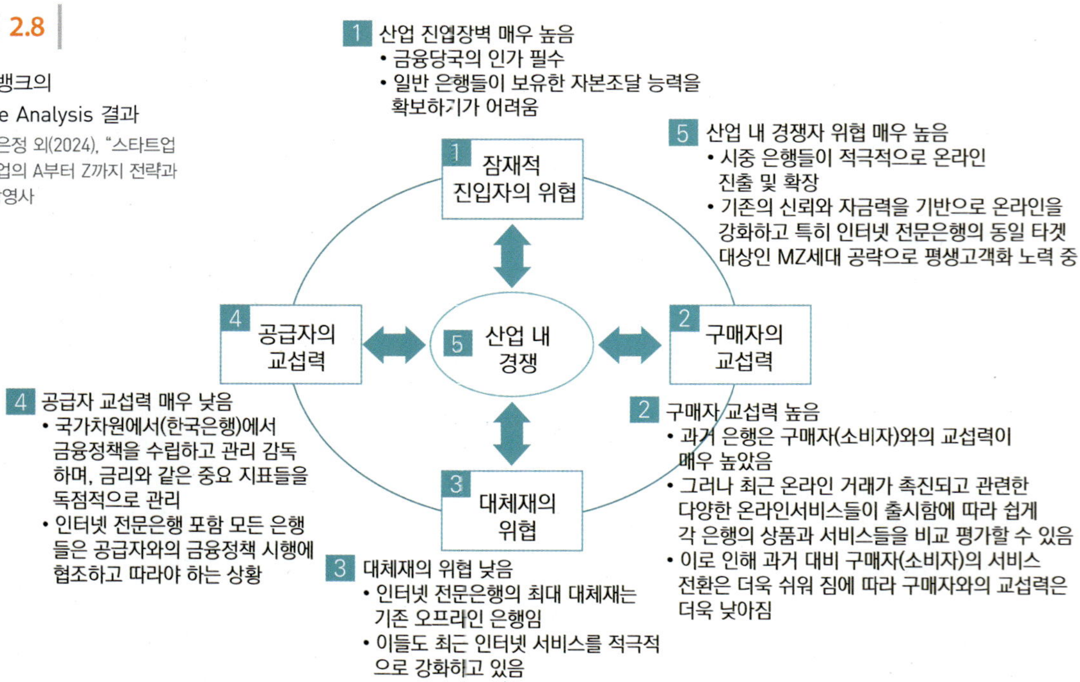

그림 2.8

카카오뱅크의
5 Force Analysis 결과

출처: 최은정 외(2024), "스타트업 창업: 창업의 A부터 Z까지 전략과 실행," 박영사

산업 내의 기존 경쟁업체의 경쟁력을 높이는 요인 및 방법

- 경쟁기업 수가 많거나 규모 또는 힘이 동등한 경우
- 산업 성장 속도가 빠른 경우
- 고정비용 또는 재고비용이 높은 경우
- 제품의 차별화가 없으며 전환비용이 들지 않는 경우
- 경쟁기업이 다양한 전략을 사용하는 경우
- 철수장벽이 높은 경우

새로운 경쟁자의 진입 가능성이 있을 시 진입장벽을 높이는 요인 및 방법

- 규모의 경제성을 확보
- 제품 차별화를 확보
- 신제품 개발비, 마케팅비용, 우수 기술인력 확보 비용 등 많은 자금이 필요한 경우
- 유통채널 확보
- 규모와는 무관한 절대적 비용우위를 확보
- 정부의 정책으로 신규 경쟁자 진입이 어려운 경우

대체재 위협(threat of substitutes)은 기존의 상품을 대체하는 매력적인 제품이나 서비스가 있는지를 나타내는 것으로 대체재가 등장하면 기존 제품의 가격을 높게 설정할 수 없을 뿐만 아니라 판매량도 떨어지고 심지어 기존 산업 자체를 사라지게 만들 수도 있다. 실제 mp3플레이어로 인해 워크맨과 CD플레이어가 시장에서 사라졌고, 스마트폰의 대중화로 그 mp3플레이어도 사라졌다. 그만큼 기존 경쟁기업이나 신규 진입 기업보다도 더 위협적이라고 할 수 있다. 현재 유력한 대체재가 없다고 해도 기술의 진보와 뛰어난 아이디어, 규제 완화 등에 따른 경영환경의 변화로 인해 언제 갑자기 강력한 대체재가 나타날지 알 수 없기 때문이다.

신규 대체재 등장에 대한 주의

- 가격 대비 성능이 좋은 제품
- 고수익을 달성한 산업에서 생산하는 제품

판매자의 교섭력을 강하게 만드는 요인 및 방법

- 판매자가 속한 산업이 소수 기업에 지배되고 있고 구매자가 속한 산업보다 집약적인 경우
- 판매자에게 구매자가 속한 산업은 중요 고객이 아닌 경우
- 판매자의 제품이 독자적 또는 차별화된 경우
- 구매자의 전환 비용이 높아 판매자에게 구매자가 의존적일 경우
- 판매자가 전방 통합에 나설 경우

CASE **STUDY**

카카오뱅크, 성공 신화 속 마케팅

카카오뱅크는 은행사에서 독보적인 위치에 있다. 카카오뱅크는 출시된 지 5일 만에 100만 계좌를 돌파했으며, 2020년에는 은행 앱 이용자 수 1위를 달성한 만큼 많은 사람들이 이용하고 있다. 엄청난 인기를 누리고 있는 카카오뱅크의 강점으로는 두 가지가 있다.

첫 번째, 카카오뱅크는 다양한 온라인 서비스를 제공한다. 기존 은행에 직접 방문해야 가능했던 계좌개설, 대출 등과 같은 서비스들을 온라인에서 실현 가능하게 만들었다. 이런 측면은 코로나 상황에서 더 큰 강점으로 발휘하였다. 코로나로 인해 사람들이 집에 있는 시간이 늘어나면서, 소비자들은 비대면으로 은행 서비스를 누리고, 간편하게 이용할 수 있는 카카오뱅크를 더 많이 찾게 되었다. 두 번째 강점으로는 신속하고 쉬운 계좌이체 시스템이다. 카카오뱅크는 '카카오톡' 기반 서비스로, 쉽게 카카오톡과 자신의 계좌를 연동할 수 있게 만들었다. 이를 통해, 소비자들은 결제, 송금, 정산 등 간편하게 현금 서비스를 이용할 수 있다. '같지만 다른 은행'이라는 슬로건으로 등장한 카카오뱅크는 서비스뿐만 아니라 마케팅 측면에서도 기존 은행과 다른 행보를 걷고 있다.

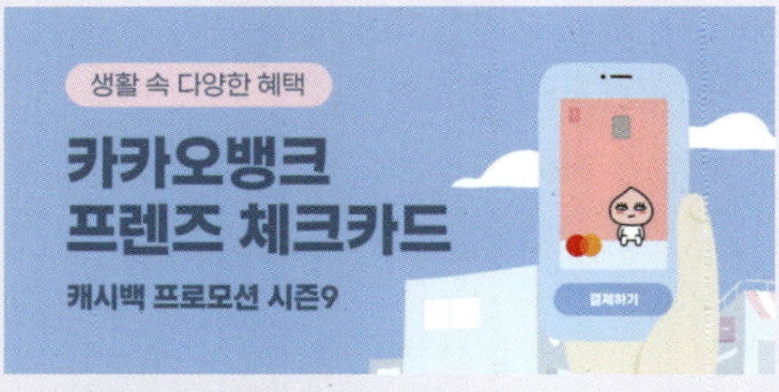

카카오뱅크 공식 홈페이지

카카오톡 캐릭터를 담은 카드 디자인

카카오뱅크의 체크카드 디자인이 사람들의 이목을 집중시켰다. 2018년, 카카오뱅크는 카카오톡의 캐릭터인 라이언, 어피치, 무지 등이 들어간 디자인의 체크카드를 출시하였다. 귀여운 디자인은 남녀노소 불문하고 눈길을 뗄 수 없게 만들었다. 카카오뱅크는 현재까지도 꾸준히 다양한 디자인의 체크카드를 출시하고 있다. 귀여운 디자인과 더불어 카카오뱅크의 체크카드는 ATM기 수수료 면제라는 강력한 혜택으로 소비자들을 사로잡았다. 또한, 카카오뱅크는 캐시백 프로모션을 진행하며 체크카드를 적극적으로 홍보하였다. 최근 카카오뱅크는 청소년을 타깃으로 한 mini 카드를 출시하였으며, 학생들에게 필요한 교통카드 수수료 무료 혜택을 제공하여 큰 인기를 끌었다. 카카오뱅크는 다채로운 혜택들과 귀여운 카드 디자인으로 많은 소비자들과 만나고 있다.

카카오뱅크 공식 홈페이지

카카오뱅크의 새로운 캠페인, 모두를 겨냥하다

6개월 전, 카카오뱅크는 '이미 모두의 은행, 지금은 카카오뱅크'라는 슬로건과 함께 유튜브에 영상들을 게재하였다. 유튜브에 올라온 여러 개의 영상은 다양한 직종과 나이의 사람들이 카카오뱅크를 사용하는 모습과 카카오뱅크의 장점을 홍보한다. 다양한 사람들이 카카오뱅크 서비스를 사용한다는 점을 강조할 뿐만 아니라 카카오뱅크의 쉽고 간편한 서비스들을 설명함으로써 카카오뱅크만의 독보적인 장점들을 선보였다. 현재 영상 조회수는 671만 회를 넘었으며, 사람들의 큰 이목을 끌었다.

많은 인터넷 뱅킹 서비스들이 등장했지만, 카카오뱅크는 여전히 업계 강자의 모습을 보여주고 있다. 다양한 서비스들과 새로운 캠페인으로 소비자들의 이목을 집중시킨 카카오뱅크의 행보에 많은 사람이 주목하고 있다.

출처: 소비자평가, 2022.1.27.

구매자의 교섭력을 강하게 만드는 요인 및 방법

- 구매자 그룹이 집중되어 있는 경우나 대량 구입
- 구매자가 구입하는 제품이 구매자의 비용 또는 구매물 전체에서 큰 비중을 차지하는 경우
- 구매자가 구입하는 제품이 표준적이거나 차별화가 없는 경우
- 구매자 전환 비용이 낮은 경우
- 구매자 수익이 낮은 경우
- 구매자가 후방 통합에 나설 경우

PEST 분석(PEST Analysis)

PEST 분석은 기업의 거시적 환경을 분석하는 도구로서 거시적 차원의 중요 요소들을 도출하고 그 내용을 분석하여 요약 정리할 수 있도록 하는 체계이다. PEST는 정치적 환경(poiltical environment), 경제적 환경(economical environment), 사회문화적 환경(social environmeant), 기술적 환경(technological environment)의 첫 글자를 따서 만든 명칭이다. 거시환경 분석이 중요한 이유는 기업을 둘러싼 제품이나 소비자 및 시장의 환경요인은 수시로 변화한다. 따라서 거시적 환경을 모르고서는 기업의 장기적인 방향을 설정하는 데 유용한 분석방법이다.

PEST 분석을 활용하는 방법을 제시하기 위해 외식산업이 처해진 거시적 환경을 분석한 사례를 소개하자면 〈그림 2.9〉와 같다.

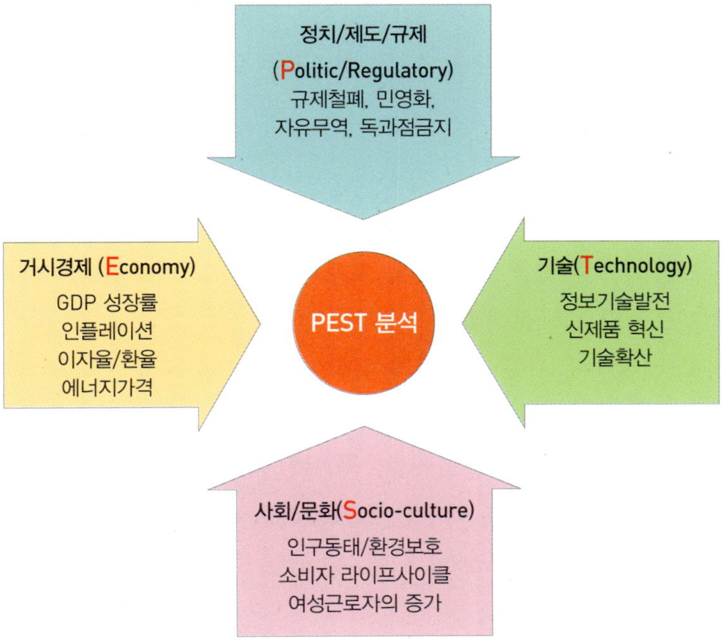

그림 2.9 PEST 분석 (PEST Analysis)

그림 2.10

PEST 분석 예시: 외식산업

::: SBU 전략적 사업단위 재원 할당을 위한 SBU 포트폴리오 분석 방법론

SBU는 전략적 사업단위로써 다수 SBU를 운영하고 있을 때 전략적 의사결정을 위해서 포트폴리오 분석을 수행한다. 포트폴리오 분석의 목표는 첫째, 기업의 현재 사업포트폴리오를 분석하고, 어떠한 전략적 사업단위에 더 많은 혹은 더 적은 투자를 해야 하는지를 결정하기 위함이다. 둘째, 포트폴리오에 새로운 제품과 사업을 추가하기 위한 성장전략을 개발하기 위함이다. 셋째, 어떤 사업 또는 제품을 더 이상 보유하지 않을지를, 즉 어떤 SBU나 제품/서비스들을 퇴출할 것인지를 결정하기 위함이다. 다양한 포트폴리오 분석 방법이 존재하나 일반적으로 BCG 모델, GE 모델, Ansoff 모델, Brandz 모델, 9캔버스 모델 등이 주로 사용된다.

BCG 모델(BCG Model)

BCG 모델은 Boston Consulting Group에서 개발하여 널리 사용하게 된 전략분석 도구로써, 성장-점유율 매트릭스(growth-share matrix)라고도 한다. 본 모델은 가로는 상대적 시장 점유율(relatives market share)의 고-저로 구분하고 세로는 시장 성장률(market growth rate)의 고-저로 구분한 4개 셀로 구성되어 있다. 각 SBU의 상대적 시장점유율과 시장성장률을 파악해서 본 모델 위에 원에 크기를 SBU의 판매액 규모로 반영하여 위치함으로써 현 SBU의 처한 상황을 손쉽게 파악할 수 있도록 해준다.

일반적으로 SBU도 제품수명주기처럼 생애주기 단계를 겪을 수 있는데, 본 BCG 모델의 1사분면인 '물음표(question mark)'에서 도입기를 시작한다. 이 '물음표' 단계를 혹자는 '문제아(problem child)'라고도 하는데, 본 단계는 아직 정확히 성공할지를 모르는 상황으로 초기 투자와 함께 시장 반응을 살피는 단계이다. 이후 일부 SBU는 매출 급성장하여 높은 잠재력을 보이는 2사분면인 '별(star)' 단계로 넘어가고, 일부 SBU는 바로 소멸될 수 있다. '별' 단계에서는 성공의 잠재력을 보이면서 급격한 성장과 확대를 보이는 단계로 매출 증대를 확대하기 위해 실질적으로 투자를 본격적으로 집중하여 성공을 굳히는 시기이다. 이후 해당 SBU는 매출 성장 이후 안정기에 접어 들어 3사분면인 '젖소(cash cow)' 단계에 진입하여 재무적 안정성과 함께 높은 매출을 확보하게 되어 많은 현금을 수확하게 하는 시기이다. 이렇게 확보된 현금은 젖소와 같이 다른 '물음표'나 '별'에 위치한 SBU에게 잉여자원들을 제공함으로써 기업 입장에게 안정적인 재무상황을 기반으로 새로운 사업에 대한 투자 여력을 제공한다. 이후 성장이 둔화 혹은 역성장하고

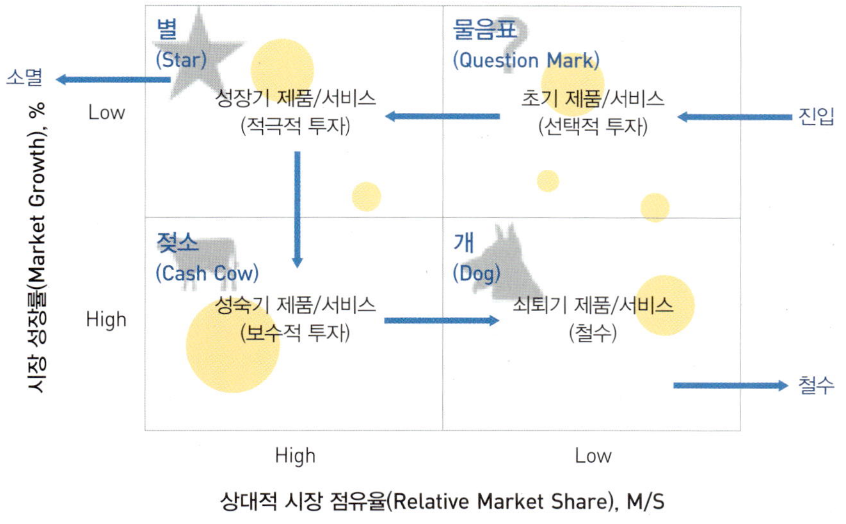

그림 2.11

BCG 모델

매출 그 자체가 줄면서 4사분면인 '개(dog)' 단계(쇠퇴기)에 진입한다. 이 시기는 이익이 발생하지 않던가, 손실 등이 발생하는 시기로서 더 이상의 추가 투자 없이 계속 유지하기 위한 노력과 함께 퇴출할지 혹은 위치 변경을 할지에 대한 고려를 하는 단계이다.

BCG 모델을 통해 얻은 분석 결과를 기반으로 구현할 수 있는 전략은 다음과 같다.

- 구축(Build): 단기적 이윤희생, 점유율 확대에 주력하여 '물음표'로 이동하도록 노력
- 유지(Hold): 현금흐름 창출하기 위해 매출 증대에 주력하여 '젖소'로 이동하도록 노력
- 수확(Harvest): '젖소' SBU는 매출 증대보다는 최대한 이익 확대에 주력
- 철수(Divest): 특정분야에서 '개' SBU는 철수하고 일부 '물음표' SBU의 자금은 다른 곳에 투자

GE 모델(GE Model)

GE 모델은 맥킨지 모델이라고도 하는데 Mckinsey Consulting이 개발하여 사용하여 널리 알려진 모델로써 가로를 각 SBU의 강점과 세로를 시장 매력도로 하여 고-중-저로 나누어 총 9개 셀을 나눈다. 이후 각 시장, 경쟁, 수익성, 기술 등의 항목에 대하여 종합적이고 정성적으로 사업이 어느 정도 매력적인가, 또 자사의 강점이 어느 정도인가에 대해 각 항목의 중요도에 대한 가중치를 반영한 정량적인 분석을 수행한다. 그 결과를 9개로 나누어진 셀에 자신의 SBU를 위치한 후 현 각 SBU의 산업 매력도 대비 경쟁력을 한눈에 파악할 수 있게 해준다. 일반적으로 GE 모델이 BCG 모델보다 더 세분화하여 분석을 진행하기 때문에 BCG 모델의 업데이트된 모델이라고도 한다.

그림 2.12
GE 모델
(GE Model)

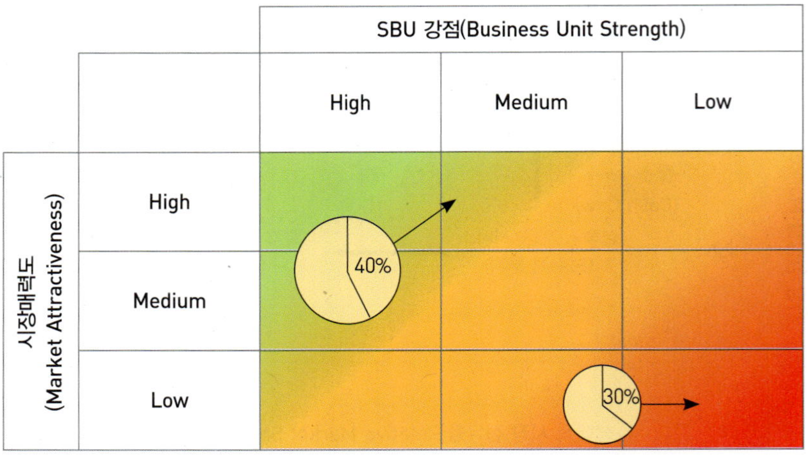

산업요소	A. 매력도	점수	B. 중요도	가중치	A×B 전체 점수	
연도	현재	미래	현재	미래	현재	미래
시장규모	.5	.7	25	20	12.5	14
성장률	.2	.4	10	15	2	6
경쟁강도	.9	.5	15	20	13.5	10
재무	.3	.3	20	15	6	4.5
기술	.7	.5	10	20	7	10
사회정치	.3	.1	20	10	6	1
합 계			100	100	47	65

표 2.6
GE 모델 분석의 매력도 평가 방식의 예시

GE 매트릭스에 의해 제시되는 전략은 사업 강점과 산업매력도가 높은 SBU에 대한 투자를 증가시키고, 사업 강점과 매력도가 낮은 SBU는 축소한다. 양 극단 사이에 있는 SBU에 대해서는 선택적 투자가 이루어지며, 산업매력도의 사업 강점 간 다양한 Trade-off를 반영한다. 이를 기반으로 다음의 6가지 전략들을 채택할 수 있다.

① 유지를 위한 투자 경쟁 포지션의 약화를 상쇄하는 데 필요한 한계량만큼만 제한적 투자

② 강화를 위한 투자 SBU의 사업 강점을 증대시키기 위해 투자 강화

③ 재건을 위한 투자 시장내에서 SBU를 매력적인 포지션으로 복구 및 손상을 회복하기 위한 투자

④ 선택적 투자 한계수익이 창출되는 SBU에 투자하고 한계수익이 창출 안되는 SBU의 투자는 약화

⑤ 투자 축소 현금회수를 위해 투자를 최소화하면서 수확전략(harvest strategy) 추진

⑥ 철수 SBU를 축소함으로써 시장에서 철수전략(divest strategy) 추진

Ansoff 모델(Ansoff Model)

Ansoff 모델은 시장-확장 모형(Product-Market Expansion Grid)라고도 하는데, 현 SBU들의 성과를 향상시키기 위해 혹은 새로운 사업을 위해 성장기회를 조사 및 분석하는 방법론으로써 어떤 새로운 성장기회에 대해 집중할 것인가에 대해 시사점을 제공한다. 본 모델은 가로축은 제품(기존제품-신제품), 세로축은 시장(기존시장-신시장)을 분류하는 총 네 가지의 셀을 구분하고 있다. 첫째, 기존제품으로 기존시장에서의 시장점유율을 더 확대하도록 집중하는 것이 시장침투전략(market penetration strategy)이다. 둘째, 기존제품에 대한 새로운 시장 기회를 발견 및 개발하여 집중하는 시장개발전략(new market development strategy)이다. 셋

그림 2.13

Ansoff 모델: Product-Market Expansion Grid

	기존제품 (current product)	신제품 (new product)
기존시장 (current market)	1. 시장침투전략 (market penetration strategy)	3. 제품개발전략 (new product developement strategy)
신시장 (new market)	2. 시장개발전략 (new market developement strategy)	4. 다각화전략 (diversification strategy)

째는 기존시장에서 새로운 니즈 및 잠재력 발굴하여 신제품을 통해 공략하는 신제품개발전략(new product development)이다. 마지막으로, 다각화전략(diversification strategy)은 다양한 공략 방식들이 존재하는데, 한 기업이 다양한 시장기회들을 동시에 확대하기 위해 다양한 제품들을 가지고 다양한 시장을 전략적으로 공략하는 것을 의미한다. 신제품 개발을 통한 시장 잠재력 공략과 함께 동시에 신시장 개척을 통해 시장 확대를 도모할 수도 있고 혹은 신시장을 위해 신제품 개발을 통해 공략하여 지금 사업과는 관련 없는 매력적인 시장 진입을 위한 신 사업 추진 등 그 접근들이 다양하다.

시장진입 모델

시장진입은 중요한 경영 결정이다. 시장진입의 시점에 따라서 기업의 우위 원천이 달라지디 때문이다. 이에 다양한 경영전략이 개발되고 실행되고 있다. 진입 유형(자생적인지 파트너 주도인지), 시장 상황(신시장 vs. 확립시장, 국내 vs. 다국적), 그리고 진입 시기(선도, 후발, 초기, 후기)를 고려한다. 이러한 선택은 기업의 성과와 생존에 영향을 미치며, 그림을 통해 시장진입 시기와 관련된 중요한 경영 변수와 경영성과 사이의 역학관계를 한눈에 볼 수 있다. 진입 시기 결정의 선행 요인으로는 산업/시장 조건, 기업의 특징, 제품 요인 등이 있으며, 이들이 경영성과에 미치는 영향을 고려할 때 다양한 사항들을 검토해야 한다.

선도자 우위 전략

특정 시장에서 가장 먼저 제품이나 서비스를 도입함으로써 선도적인 위치를 확보하여 그 혜택을 얻는 전략이다. 이는 해당 시장의 기준을 제시하는 기업으로써 업계 표준을 설정하고 후발 기업의 진입을 어렵게 만들어 진입 장벽을 높이고, 경험을 통해 원가 우위를 확립할 수 있다. 또한, 고객들은 선도 기업으로 인식하게 되어 좋은 평판과 강력한 브랜드 이미지를 형성할 수 있다. 이는 사실상 새로운 시장을 개척하는 효과가 있다. IBM, 아이폰, 코카콜라, 제록스, 맥도날드 등의 기업은 선도자 우위 전략을 통해 해당 카테고리에서 선도적인 위치를 유지하고 있다.

후발자 우위 전략

선도자가 개척한 시장에 후속 기업이 진입하여 선도자가 겪은 위험을 피하고 특정 시장에서의 혜택을 누리는 전략이다. 후발자는 선도자의 초기 연구 및 마케팅 비용을 줄일 수 있으며, 선도자가 경험한 시행착오를 반복하지 않고 효율적으로 시장에 진입할 수 있다. 선도자가 기업 규모로 인해 능동적 대처가 어려울 때 새로운 기회를 찾을 수 있다. 후발자들은 주로 선도자의 전략을 모방하며, 차별화나 선도자의 미해결된 문제를 해결하려고 노력한다. 사례로는 넷스케이프와 같은 서도바 웹브라우징 시장에 후발로 진입한 마이크로소프트의 인터넷 익스플로어(Internet Explorer), 애플의 아이폰에 이어 스마트폰 시장에 후발로 진입한 삼성전자, My Space와 같은 소셜네트워크 시장에 후발로 진입하여 선도자인 위치를 차지한 페이스북 등이 있다.

Brandz 모델(Brandz Model)

Brandz 모델은 Millward Brown이 개발한 브랜드 자산가치 측정 도구로서 매년 45여 개 국가 대상의 100,000여 개의 브랜드들을 본 측정도구를 이용하여 평가하고 발표한다. Brandz 모델은 존재인식(presence), 연관성(relevance), 성과기대(performance), 상대적 이점(advantage), 긴밀한 유대감(bonding) 총 5개로 구분하여 자사브랜드와 고객과의 관계를 파악할 수 있도록 해준다. 이 다섯 단계는 존재인식부터 시작하여 연관성, 성과기대, 상대적 이점, 긴밀한 유대감으로 고객과 브랜드 간의 관계가 심화되고 형성된 관계를 브랜드 다이나믹 피라미드 형태로 비주얼화함으로써 한눈에 파악할 수 있는 장점이 있다. 이 브랜드 다이나믹 피라미드의 하단부는 브랜드의 고객관계가 약한 것을 의미하며 상위 단계인 상단부로 올라갈수록 브랜드의 고객관계가 강함을 의미한다. 상위단계로 갈수록 고객은 해당 카테고리의 지출 비중이 높은 특징을 가지고 있다.

이러한 브랜드 관점의 브랜드 자산가치의 평가는 각 브랜드의 다이나믹 피라미드 형태에 따라 관련한 경쟁 브랜드 대비 자사 브랜드의 강점 및 보완점 등을 파악할 수 있고 기업의 각 SBU 단위의 포트폴리오의 현황을 파악할 수도 있고 더 나아가 미래 수익의 흐름도 예측하여 브랜드 중장기 전략 수립에 활용할 수 있다.

본 Brands 모델을 통한 분석의 이점은 현 자사의 브랜드가치는 단계별로 한눈에

그림 2.14

Brand Dynamics Pyramid

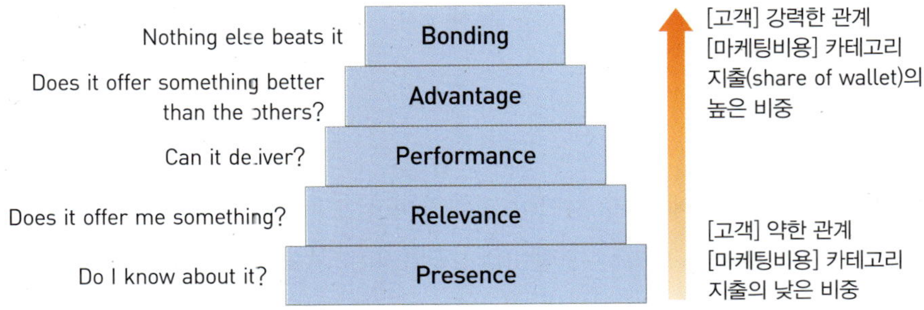

쉽게 파악할 수 있다는 점, 브랜드 미래 수익 흐름을 예측할 수 있다는 점, 그리고 미래 수익에 기여하는 강력한 브랜드를 구축하기 위해 현 브랜드의 고객 관계를 기반으로 한 브랜드 관계 강화에 관한 시사점을 제공한다는 점이다. 본 모델을 통한 분석결과를 기반으로 마케터는 상위 단계인 상대적 이점 및 긴밀한 유대감을 강화하도록 노력해야 한다. 이러한 상위 단계 비중을 높이는 작업은 궁극적으로 해당 브랜드의 미래 수익 흐름을 전달하는 강력한 브랜드 개발할 수 있도록 돕는다.

9 캔버스 모델(9 Canvas Model)

9 캔버스 모델의 특징

오스왈더와 피구니어(Osterwalder and Pigneur)의 책 〈*Business Model Generation*〉에서 제시한 9 캔버스 모델은 하나의 조직이 가치를 포착, 창조, 전파하는 방법을 논리적으로 설명한 것으로 9개 블록의 중요 고려사항들을 포함하고 있다(〈그림 2.15〉). BM 캔버스에 포함된 9가지 항목들은 다음 흐름에 따라 순차적으로 연결되어 있으며, 〈표 2.7〉의 9 캔버스의 9가지 빌딩 블록의 정의를 이해하고 각 블록의 중요 질문에 대한 답을 캔버스에 mapping하여 완성하는 과정을

그림 2.15

9 캔버스 모델의 9 블록의 기본개념

출처: Osterwalder, A. & Pigneur, Y. (2010), "Business Model Generation: A Handbook for Visionaries, Game Changers, and Challengers"

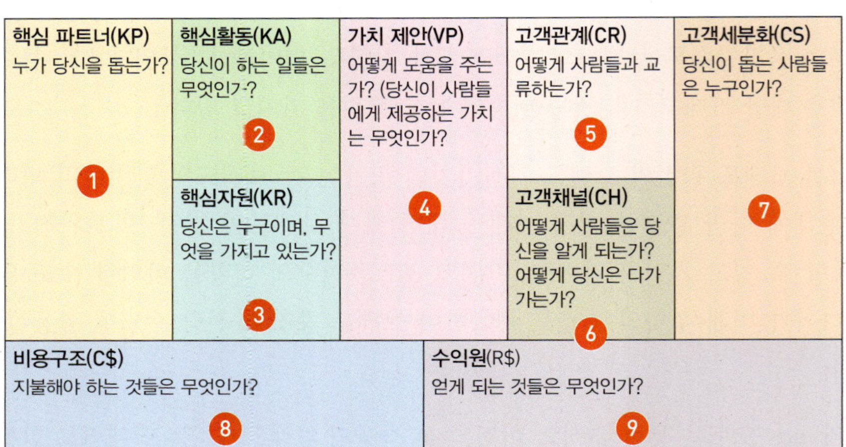

표 2.7

9 캔버스의 9가지 빌딩 블록의 정의

	블록 명칭	정 의
1	핵심 파트너 (Key Partners)	비즈니스 모델을 원활히 작동시켜줄 수 있는 공급자-파트너 간의 네트워크
2	핵심 활동 (Key Activities)	기업이 비즈니스를 제대로 영위해 나가기 위해서 꼭 해야 하는 중요한 활동들
3	핵심 자원 (Key Resources)	비즈니스를 원활히 진행하는 데 가장 필요한 기업이 보유한 중요 자산들
4	가치 제안 (Value Propositions)	특정한 고객 세그먼트가 필요로 하는 가치를 창조하기 위한 고유한 상품과 서비스의 조합
5	고객 관계 (Customer Relationships)	특정 고객 세그먼트와 어떤 형태의 관계를 맺을 것인가에 대한 정의
6	채널 (Channels)	기업이 고객 세그먼트에게 가치를 제안하기 위해 커뮤니케이션을 하고 상품이나 서비스를 전달하는 방법(마케팅 커뮤니케이션 채널과 유통채널을 구분하여 정의해야 함)
7	고객 세그먼트 (Customer Segments)	기업이 제각기 얼마나 상이한 유형이 고객 세그먼트를 타깃하는지를 규정
8	비용 구조 (Cost Structure)	비즈니스 모델을 운영할 때 발생하는 비용들과 비용 발생의 구조
9	수익원 (Revenue Streams)	기업이 각 고객 세그먼트로부터 창출되는 수익 구조(수입-비용=수익)

수행한다. 9 캔버스 모델은 2가지 차원에서 활용할 수 있다. 첫째, 비즈니스 수익성 모델을 진단하는 분석도구로서, 즉, 한눈에 비즈니스 수익성 모델을 분석, 파악할 수 있다는 장점을 가지고 있는 것이다. 둘째, 비즈니스 모델을 도식화할 수 있는 실천적 도구로서 이해, 토론, 창의력 및 분석 도모하고 궁극적으로 새롭고 혁신적인 비즈니스 모델을 개발할 수 있도록 돕는다.

9 캔버스 활용 사례: KFC 중국

KFC 미국은 미국시장 외식소비자 특성만 반영, 소비자 특성 고려하지 않은 무차별 마케팅, 저렴하고 건강에 좋지 않은 패스트푸드 이미지, 미국 지역적 특성 반영한 대도시 위주의 개점 전략 등의 문제점을 가지고 있었다. 이에 KFC 중국은 9 캔버스를 통해 변경된 새로운 중국시장을 위한 비즈니스 모델을 현지화에 필요한 영역들인 핵심자원, 핵심활동, 콘셉트 및 고객 블록에서 변형을 하여 새로운 비즈니스를 구축하여 KFC는 중국시장 공략에 성공한 것이다(〈그림 2.16〉). 구체적인 실행으로는 중국 외식소비자 특성 반영한 현지화 메뉴(총 50개), 대도시보다는 소도시 우선 개점 전략 시행, 어린이 놀이시설, 장난감용품 및 넓은 인테리어 제공, '중국켄터키 식품건강정책 백서' 등의 발간으로 건강식 이미지 제고 등을 하였다. 그 결과, 2012년 기준, KFC 중국은 총 매출액 7조 2천억원('08년~'12년 연평균 25.1% 증가), 총 매장 수 4,260개('12년 기준, '08년~'12년 연평균 14.3% 증가)가 되었다.

그림 2.16

9 캔버스 활용 예시: 중국시장 타깃의 KFC 새로운 비즈니스 모델

출처: 삼일 PwC 한국프랜차이즈산업협회 정책위원회 발표자료 "비즈니스 모델 분석 모형과 Biz. Service Transformation 방법론 소개" 2014. 2. 25.

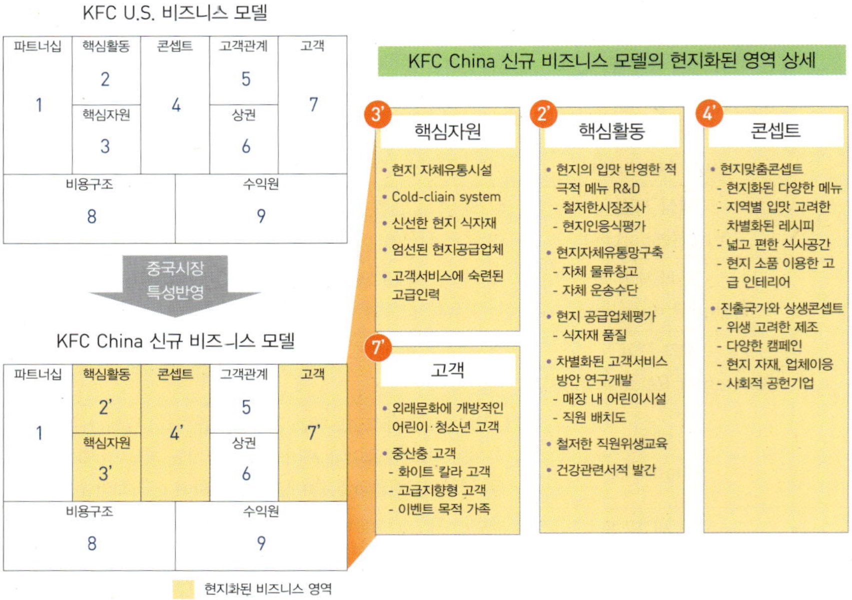

CASE STUDY

펩시의 사업 포트폴리오 변화를 위한 다각화 전략

펩시는 경쟁상대인 코카콜라보다 12년이 뒤진 1898년에 출시하였다. 이후 근 100년에 걸쳐 끊임없는 콜라전쟁을 치렀고 그 결과는 만년 2등 기업의 자리었다. 코카콜라는 1996년 미국 콜라시장 MS 42%로 펩시(31%)와의 격차를 벌였으며, 그동안 펩시에 뒤처져 있던 러시아, 중남미 시장에서도 펩시를 역전하는 등 콜라시장에서 펩시는 코카콜라에 판정패 당하였다. 그러나, 종합식음료 회사로서 변신 중인 펩시는 2004년 펩시의 매출(292억 달러)이 코카콜라(220억 달러)를 앞서면서 콜라시장의 왕좌를 차지하였다. 2005년 12월 12일에는 1980년 말 코카콜라의 3분의 1에 불과했던 펩시의 시가총액이 984억 달러로 코카콜라의 979억 달러를 넘어섰다. 급기야 2006년 순이익에서 펩시는 56억, 코카콜라는 50억 달러를 기록하여 명실상부한 1인자가 된 것이다. 2000년 이후 코카콜라의 매출 증가율은 연평균 2.3% 성장하는 데 그친 반면, 펩시는

7.5%의 고성장을 지속하고 있다. 절대 매출액은 음료 외 식품 외식사업을 병행하는 펩시가 코카콜라를 이미 추월한 것이다. 이런 성공은 펩시가 콜라시장에서 거시적, 미시적 시장 변화를 선제적으로 명확하게 인식하고, 장기적 관점에서 다음과 같은 사업 포트폴리오 및 마케팅 전략의 변화를 구현했기 때문이다.

사업구조 혁신: ① 외식 분야 매각

우선 펩시는 콜라분야에서 코카콜라와의 승부보다는 콜라시장이 아닌 다른 잠재력이 있는 시장에서 사업 기회를 모색하는 전략을 선택하였다. 이에 비탄산음료 및 스낵에 사업에 집중하는 사업 포트폴리오를 구성하기 위해 1997년에 매출의 36%, 영업이익의 19%를 점하던 '피자헛', 'KFC', '타코벨' 등 외식사업 부문을 트리콘 글로벌 레스토랑으로 분리시켰다. 이 분리 매각은 펩시 사업 전반의 운영효율성을 높이고 비탄산음료에 투자할 재무적 자원을 확보할 수 있었다. 또한 맥도날드, 버거킹 등 다른 외식업체가 펩시를 경쟁사로 여겨 음료구매를 꺼리던 심리적 반감을 제거함으로써 콜라 판로 확대가 용이하게 되었다. 한편 '피자헛', 'KFC', '타코벨'과는 전략적 제휴를 통해 음료 판매의 손실은 최소화되도록 노력하였다.

사업구조 혁신: ② 비탄산음료 및 스낵에 집중하기 위한 웰빙 식품업체 인수

펩시는 앞서 외식분야 매각으로 확보된 자원을 기반으로, 1998년에 주스업체 트로피카나, 2001년에는 스포츠음료 브랜드 '게토레이'를 소유한 퀘이커오츠를 인수하여 탄탄한 포트폴리오를 구축하였다. 트로피카나와 퀘이커오츠 인수는 펩시가 '건강에 좋지 않은 음료를 만드는 기업'이라는 부정적 인식을 완화시키고 동시에 건강에 대한 관심을 새로운 기회로 파악하여 종합음료, 스낵업체로 포지셔닝을 위한 성공적인 인수라고 평가되고 있다. 이러한 사업다각화는 월마트 등 대형유통업체들이 장악하고 있는 소매시장에서도 유리하게 작용했다. 다양한 브랜드를 보유한 펩시가 코카콜라보다 유통사들과 강한 협상력을 지닐 수 있기 때문이다.

제품 포지셔닝 전략: 웰빙(Well-being)

펩시는 콜라회사가 태생적으로 갖게 되는 부정적 이미지를 최소화하고 '웰빙제품' 이미지를 전달하는 데 집중하는 포지셔닝 전략을 구사하였다. 스낵회사로서는 최초로 2003년부터 전 스낵제품에서 트랜스지방을 제거하였고 2007년에는 해바라기油를 사용함으로써 포화지방 함량을 50% 이하로 낮추는 등의 노력을 했다. 또한 '트로피카나', '오트밀' 등 FDA 기준에 적합한 제품 100여 개를 뽑아 스마트 초이스 라벨을 붙이는 「스마트 스폿」 프로그램을 2004년부터 시작하였다. 스마트 초이스 라벨과 함께 지방, 당분, 콜레스테롤 등의 함유량을 제품 포장에 직접 표기하여 소비자들에게 신뢰감을 부여하여 스마트 초이스 제품비율이 2004년 36%가 2008년 48%로 증가하였다.

마케팅 전략: ① 젊은 층을 핵심고객으로

펩시는 젊은 세대설정, 집중 공략하는 'the choice of next generation'을 타깃 전략으로 하여 기성세대를 타깃으로 하는 코카콜라와 정면출동을 피했다. 청소년들이 이후 사회에 진출하면서 펩시에 대한 선호도 및 브랜드 가치 증대시킬 수 있었다. 젊은 층을 타깃하기 위해 독특하고 이국적인 크로스오버 스낵제품을 빠르게 출시하며 신시장 및 젊은 층을 공략하였다. 다양한 소비자의 요구에 맞추어 '카페인 스낵', '딸기맛 치토스' 등 연간 200종 이상의 신제품들을 지속적으로 출시하였다. 히스패닉 시장을 겨냥해 출시했던 스낵 '도리토스 과콰몰리'는 백인소비자들에게도 큰 반향을 일으키며 전체시장으로 확대되었다. 마케팅은 젊은 층에 특화해 웹사이트와 UCC(손수제작물) 등 뉴미디어를 적극 활용했다. 예를 들면, 오바마 미국 대통령 취임식에 맞춰 전하고 싶은 메시지를 UCC로 올리는 '디어 미스터 프레지던트' 사이트를 오픈해 23일간 600만 명이 방문하기도 했다.

마케팅 전략: ② CSR과 브랜드 전략을 통한 이미지 변화

'현지에서 팔리는 스낵은 현지에서 조달한 원료로 만든다'는 원칙을 지킴으로써 우호적인 소비층을 늘리고 있으며, 이를 신흥시장 확대의 원칙으로 활용하여 신흥시장에 감자칩 '레이'의 원료인 감자 재배방법을 전수해주고, 쌀, 보리 등 감자 이외의 농산물 판매를 대행해주는 등 현지농가의 소득증대를 돕는 방식을 취하는 CSR을 통해 브랜드 이미지를 향상시켰다.

이와 아울러, 브랜드의 이미지 변경을 위해, 2008년에는 50년 동안 '펩시'를 상징했던 로고마저 과감하게 바꿈으로써 고객에게 새로운 모습을 선보이기 위해 브랜드 리뉴얼도 수행했다.

기업문화 전략: 개방적이고 도전적인 조직문화를 구축

단순한 다양한 성별과 인종의 인력 확보라는 차원을 넘어서, 각 문화의 전통을 존중하며 전사적으로 공유하는 기업문화의 다양성을 추구하였다. 이는 세계시장의 다양한 고객들의 상이한 니즈들을 효과적으로 공략하기 위한 것으로 펩시는 인력의 다양화를 핵심 전략과제로 설정하였다. 사내이사, 종업원 중 여성, 소수민족의 비율이 30% 이상이며, 이를 지표로써 관리하고 있다.

2006년에는 인도 출신 여성 CEO 인드라 누이가 발탁되면서 개방적이고 도전성이 더욱 강화되었다. 인드라 누이가 스스로 회사 공식 석상에 인도 전통복장을 입고 나타나 다양한 문화가 공존하는 펩시 기업 문화를 보여주었다. 2007년 중국 시장 공략을 위해서 펩시의 상징인 파란색을 포기하고 중국인이 좋아하는 빨간색을 콜라캔의 주색상으로 과감히 도입한 것도 다른 문화를 존중하는 기풍에 기인한 것이다.

::: 마케팅 전략과 관리의 체계

중요 마케팅 전략 프레임워크

〈그림 2.17〉은 중요한 마케팅 전략 프레임워크(marketing strategy framework)를 한눈에 파악할 수 있도록 보여준다. 마케팅 전략 수립과 마케팅 실행을 위한 의사결정은 기본적으로 기업(Company), 소비자(Consumer), 경쟁자(Competitor)의 3C 분석을 통해 획득한 인사이트에 의한 마켓콘셉트(market concept)를 기반으로 한다. 이후 STP 마케팅 전략을 수립해야 한다. STP 마케팅 전략은 시장세분화(Segmentation)–타기팅(Targeting)–포지셔닝(Positioning)으로 구성되어 있는데, 마케팅 전략의 가장 기본이 되는 프레임워크로서 마케팅 실행 및 관리의 기본 기둥과 같은 중요한 역할을 한다. STP 마케팅 전략이 수립된 후에는 마케팅 4P Mix 관점에서 마케팅 전략 혹은 마케팅 실행계획을 수립하고 관리한다. 마케팅 4P Mix란 제품(Product), 가격(Price), 유통(Place), 촉진(Promotion)의 가장 중요한 기본 네 가지 구성요소들을 적절히 결합 혹은 조화롭게 사용하여 마케팅 목표를 달성하는 기본 마케팅 전략이다. 이러한 전략체계 구성요소들은 독립적으로 분리될 수 없으며 순차적으로 일련의 과정을 통해 수립해야 한다. 일반적으로 전

그림 2.17
중요 마케팅 전략 프레임워크

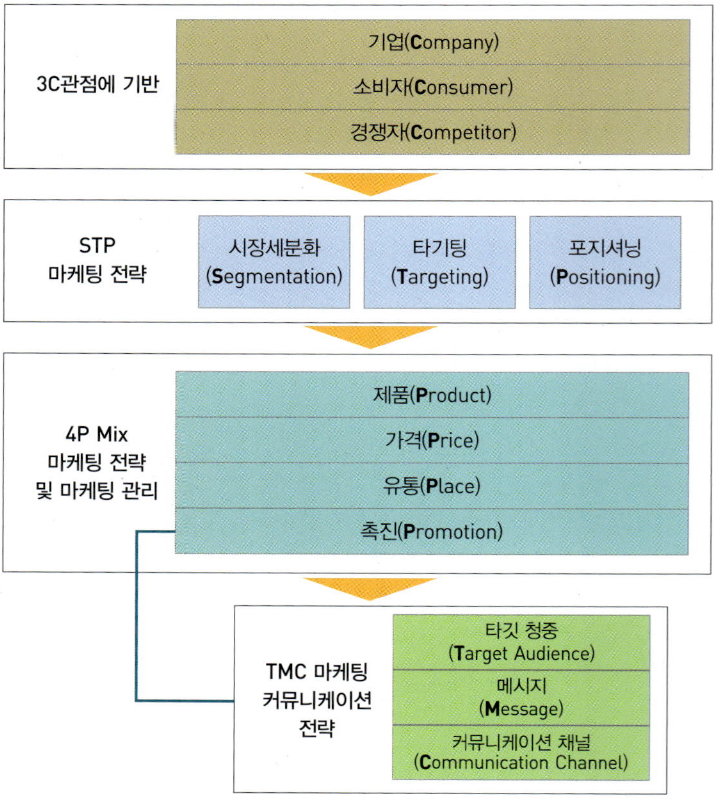

략적 관점에서 그 영역의 범위가 구체적으로 점점 좁혀 나가는 마케팅 깔대기(marketing funnel)의 형태를 띤다.

STP 마케팅 전략과 TMC 마케팅 커뮤니케이션 전략과의 상관 관계

4P Mix 전략 중 마지막 구성요소인 촉진전략은 TMC 마케팅 커뮤니케이션 전략 프레임워크가 주로 활용되고 있다. TMC 마케팅 커뮤니케이션 전략 프레임워크는 커뮤니케이션을 하고자 하는 타깃 청중(Target audience)-커뮤니케이션 메시지(communication Message)-커뮤니케이션 미디어 채널(communication media Channel)의 세 가지의 구성요소로 구성되어 있으며 이 구성요소들은 일련의 과정을 통해 순차적으로 결정되어야 한다.

마케팅을 마케팅 커뮤니케이션으로 국한하여 협의적으로 정의하는 경우가 간혹 있는데, 이는 마케팅 전략과 마케팅 커뮤니케이션 전략을 잘 구분 못하는 경우이다. 〈그림 2.17〉에서 보듯이 마케팅 커뮤니케이션은 마케팅 전략의 중요 구성요소인 촉진활동 중 하위의 구성요소이다. 마케터는 STP 마케팅 전략 프레임워크와 TMC 마케팅 커뮤니케이션 전략 프레임워크를 구분할 수 있어야 하며, 어떻게 이 두 전략적 프레임워크들이 연결되는지에 대해 명확히 이해해야 한다. STP 마케팅 전략 프레임워크를 기본 지침 기준으로 하여 마케팅 관리 대상인 4P Mix 영역이나 그 하위 영역인 마케팅 커뮤니케이션과 관련한 전략 수립 및 실행에 관한 의사결정을 해야 한다.

Do Marketing과 Run Marketing의 순환 마케팅 관리

기본적으로 마케팅의 관리 영역 중에 Do Marketing과 Run Marketing은 서로 명확히 구분되는 개념이다. Do Marketing은 고객 라이프스타일의 관찰을 통해 고객 경험 연계를 창조하는 것이다. 따라서 이러한 여정은 고객에 흥미를 끌어내어 고객을 획득하고 이후 고객을 유지하는 일련의 과정을 진행한다. 이와 반대로, Run Marketing은 마케팅 비즈니스를 관리하고 최적화하는 것으로써, 기획을 하고 이에 대한 예산을 설정하고 실제 측정하고 분석하여 측정결과를 통해 다시 기획을 하는 일련의 과정을 진행한다. Do Marketing와 Run Marketing 둘 다 모두 마케팅의 핵심적인 활동요소로써 이 일련의 과정들은 반드시 공존해야 하는 개념과 활동이다. 만약에 Run Marketing하지 않으면 Do Marketing을 효과적으로 수행할 수 없으나, 실질적으로 기업 현장에서 Do Marketing과 Run Marketing이 유기적으로 순환구조를 갖추는 것이 쉬운 것은 아니다. 더욱이나 AI·디지털시대는 보다 이러한 유기적 순환구조를 통한 섬세하고 기민한 브랜드

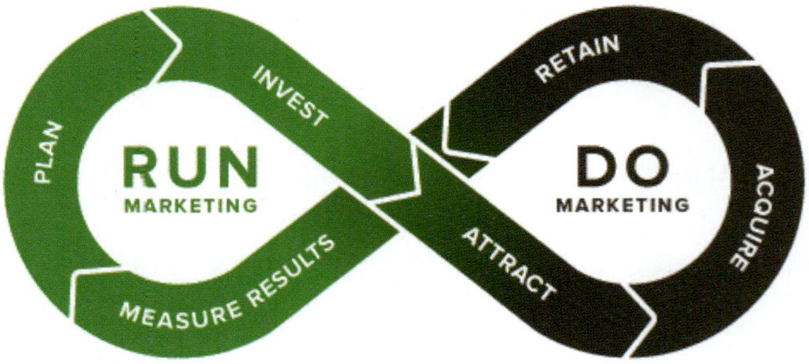

그림 2.18
마케팅 관리의 순환 구조

마케팅이 요구되고 있다. 따라서, CMO나 GMO와 같은 고위 직급 마케팅 관리자는 이 두 업무들을 〈그림 2.18〉과 같이, 성공적으로 결합하여 순환구조를 갖추어 새로운 고객의 라이프스타일과 브랜드를 성공적으로 관리할 수 있는 체제를 갖추도록 해야 한다.

::: 사업단위의 전략적 계획화 과정

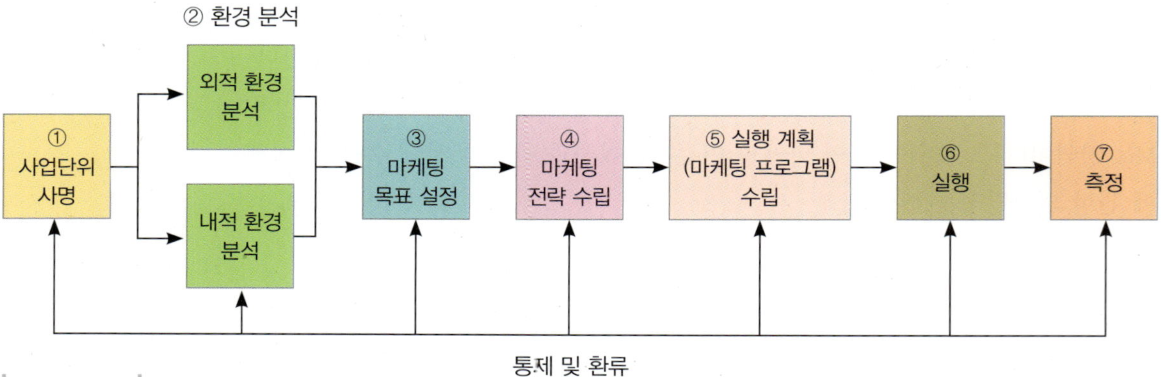

그림 2.19
사업단위의 전략적 계획화 과정

사업단위(SBU)의 전략적 계획화 과정은 다음과 같이 총 7단계로 구성되어 있다.

① 1단계는 사업단위의 사명을 정의해야 한다. 명확한 사명은 마케팅 목표의 방향성 선정의 기본 기준이 된다.

② 2단계는 사업단위와 둘러싼 외적 환경 및 내적 환경을 분석하는 단계이다. 이 단계에서는 앞서 설명한 SWOT 분석, 5 Force 분석, PEST 분석, BCG 모델, GE 모델, Ansoff 모델, Brandz 모델, 9 캔버스 모델 등 다양한 환경 분석 도구들을 활용하여 사업단위가 처해진 환경을 통해, 사업단위가 보유하고 있는 장점, 단점 및 시장의 기회 및 위협 등을 명확히 파악하여 보다 구체적인 마케팅 목표 및 전략 수립의 기초 자료가 된다. 또한 이 단계는 사업단위의 재원 할당의 계

획을 위한 분석 및 전략적 방향성이 설정되는 단계이다. 이를 위한 사업단위 포트폴리오 모델(portfolio model)을 이용하여 각 SBU의 분석을 시행해야 한다. 일반적으로 많이 활용되고 있는 포트폴리오 모델들은 BCG 모델, GE 모델, Ansoff 모델 등이 있다.

③ 3단계는 마케팅 목표 설정 단계로서, 대개 사업단위들은 시장점유율 증대, 수익성 향상, 판매 성장, 기업이나 브랜드의 혁신성이나 명성 증대 등이 포함한 목표들을 추구한다. 사업단위의 마케팅 목표를 설정하고 이 목표를 달성하기 위해 해당 목표 기준으로 관리를 하는데, 이를 MBO(Manages By Objectives)라고 한다. 마케팅 MBO 시스템을 효율적으로 운영하기 이해서는 마케팅 목표들은 다음의 4가지 원칙들을 준수해야 한다. 첫째, 중요도에 따른 목표들의 우선 순위화를 통해 사업단위의 광범위한 목표로부터 각 부서별 구체적인 목표로 명료화하는 과정이 되어야 한다. 둘째, 모든 목표들은 구체적으로 표시하되 가능한 계량화하여야 한다. 이를 통해, 마케팅 구성원들에게 구체적인 목표 제시를 제시하고 그 목표의 달성 여부 또한 측정이 가능해야 한다. 셋째, 실현 가능한 현실적인 사업단위 목표를 수립해야 한다. 넷째, 기업의 목표는 일관성이 있어야 한다.

④ 4단계에서는 STP 마케팅 전략을 수립하는 단계로써 명확한 시장세분화, 타깃 선정 및 시장 포지셔닝 전략 수립을 통해 시장 내에서 차별화되고 경쟁 우위 전략을 수립해야 한다.

⑤ 5단계는 마케팅 실행 계획, 즉 마케팅 프로그램을 세부적으로 개발하고 실행 계획을 수립하는 단계이다. 예를 들면, 이전 전략단계에서 사업단위의 선도적 기술력을 전략으로 선정하였다면, R&D 파트는 선도적 기술력 확보 및 강화를 위한 연구 및 관련 기술 확보를 위한 작업들을 진행할 것이다. 이러한 상황에서 마케팅 파트 혹은 마케터는 새로운 기술에 대한 동향 및 정보들을 수집하고 기술 선도적인 제품을 개발하고, 기술적인 부분을 보다 전문적으로 설명할 수 있도록 기존 판매사원들을 교육 훈련하고, 기술 선도적인 기업임을 알리는 광고, PR, 이벤트 등이 포함된 마케팅 커뮤니케이션 프로그램을 계획해야 한다. 이러한 마케팅 계획에 필수 항목으로는 가장 중요한 것은 주어진 마케팅 예산이 얼마인가를 확인하는 것이다. 상황에 따라서는 얼마의 마케팅 예산이 필요한가부터 계획 수립이 필요할 수도 있다.

⑥ 여섯 번째, 앞서 계획한 마케팅 프로그램 계획에 따라 실행하는 실행단계이다. 실행 시, 계획과 달리 다양한 변수들이 존재할 수 있고 이를 마케팅 전략의 큰 그림 안에서 수정 및 조정의 과정들을 겪게 된다. 특히 최근의 불확실성

이 높고, 시장의 다변화와 함께 빠른 변화로 인해 기업의 계획단계 상황과 달리 실행 시 시장 환경이 변화할 정도로 급속한 시장 변화들이 이루어지고 있다. 이에 마케터는 시장 변화에 능동적으로 실시간 대응할 수 있는 리얼타임 마케팅(real-time marketing)을 실행해야 한다.

⑦ 마지막으로 환류와 통제 단계이다. 마케팅 실행 후, 전략 기반의 실행들의 결과를 추적 조사하고 내외적 환경에서 변화 내용이 있는지 조사해야 한다. 기업 및 산업에 따라서 이러한 환경 변화의 속도가 매우 상이하므로 이러한 조사들을 정규적으로 혹은 필요시 비정규적으로 시행하여 마케팅 성과 평가를 시행해야 한다. 성과 평과 결과에 따라 마케팅 실행 프로그램들을 조정 및 변경을 하고 경우에 따라서는 마케팅 전략까지도 조정 및 변경할 수도 있다.

::: DISCUSSION QUESTIONS

1. 마케팅 전략의 프레임워크와 마케팅 커뮤니케이션 전략 프레임워크와의 상관관례를 설명하시오.
2. 최근에 외부환경의 변화 예측이 더욱 어려워졌다. 이런 거시적 시장 환경의 변화에 마케터는 어떻게 대응해야 하는지 논하시오.
3. 마케팅 사례에서 소개한 펩시의 다각화 전략의 성공을 대항하기 위한 코카콜라의 사업전략과 마케팅 전략 방향성에 대해 논의하시오.

::: TEAM WORKSHOP

1. 도입사례에서 소개한 코닥 사례를 본 장에서 학습한 사업 포트폴리오 분석 도구들 중 적절한 분석 도구를 선택하여 분석하시오.
2. 코닥 몰락의 중요 원인들을 구체적으로 나열하시오. 본인이 코닥의 경영의사결정자라면, 어떠한 사업전략을 펼쳤을지 제시하시오.
3. 특정 기업을 선택하여 현 사업 포트폴리오 분석을 하시오. 이후 1인 가구의 등장으로 인한 사회적, 경제적 변화, 정치적 변화들을 반영하여 이 기업의 새로운 사업 포트폴리오를 제시하시오.
4. 특정 브랜드를 선정하여 SWOT 분석과 9캔버스 모델을 이용하여 각각 분석하고 분석결과 얻어진 인사이트를 제시하시오.
5. 디지털 뱅킹서비스들이 시장에 많이 출시되었고 그 경쟁은 날로 심화하고 있다. 특정 디지털 뱅킹 기업을 선택하여 본 장에서 학습한 산업, 시장 분석 방법론들을 활용하여 분석하고, 분석결과 획득한 인사이트를 제시하시오.

PART

2 마케팅 통찰력 확보

마케터는 소비자행동을 다양한 방식들로 관찰하고 분석하여 깊게 이해를 해야 한다. 이를 통해 얻어진 통찰력은 마켓에서 혁신을 만들어 내는 가장 중요한 원천이다. 성공한 마케터는 소비자행동에 대한 충분한 이해를 기반으로 예언가와 같이 미래의 소비자행동을 예측하고, 혹은 조물주와 같이 미래의 소비자행동을 만들어 내기도 한다.

three

인플레이션이 바꿔 놓은 소비자 행동 3가지

경제 상황이 정확히 어떻게 변화할 것인지에 대해 전 세계 경제학자들의 의견이 분분하다. 일부 학자들은 물가 상승세가 점진적으로 누그러질 것이라고 내다보고 있고, 일부는 가파른 하락세를 보일 것이라고 예측하고 있다. 미래는 불확실하지만, 인플레이션이 소비자들에게 미친 영향의 여파는 수그러들 기미를 보이지 않고 있다.

크리테오는 더 스마트해진 구매자들 보고서에서 인플레이션이 고객들의 구매 선호도와 행동에 어떤 영향을 미치는지 파악하기 위해 전 세계 소비자 12,400여 명과 한국 소비자 1,300명을 대상으로 설문조사를 실시했다. 조사 결과, 고물가 시대에 소비자들은 더 스마트하게 구매하는 방법을 찾는 동시에 자신이 좋아하는 것을 구매할 여력을 만들고 있는 것으로 밝혀졌다. 고려해야 할 몇 가지 주요 사항을 소개한다.

소비자들은 최고의 딜을 찾기 위해 온라인으로 향하고 있다.

전 세계적으로 71%의 고객이 구매하기 전에 가격 대비 최고의 가치를 얻을 수 있는 오퍼를 검색하는 데 더 많은 시간을 소비하고 있다. 이러한 행동은 한국(69%), 미국(73%), 스페인(76%), 프랑스(76%) 등 모든 국가에서 일관되게 나타났다. 호주(80%)와 이탈리아(81%)의 경우는 그러한 추세가 특히 두드러졌다. 결과적으로, 전 세계 온라인 고객 중 57%는 현재 온라인 구매를 더 많이 하고 있다. 온라인 구매를 더 많이 한다고 답한 소비자의 비중은 미국(64%), 호주(66%), 한국(70%)에서 높게 나타났다. 사람들이 더 나은 딜을 검색하고 이를 위해 더 많은 시간을 온라인에서 보내고 있기 때문에, 광고주는 구매가 가능한 모든 순간에 모든 곳에서 영향력 있는 광고를 통해 적절한 고객의 관심을 유도해야 한다.

더 많은 온라인 고객들이 여러 리테일러에서 구매를 하고 있다.

동일한 리테일 파트너 그룹에서 나타난 구매 행동을 기반으로 한 크리테오 데이터에 따르면, 2022년 말 5개 이상의 리테일러로부터 구매를 한 글로벌 온라인 고객의 비중은 전년 대비 28% 증가했다. 같은 기간 동안 일본(32%), 미국(48%), 한국(59%)에서는 5개 이상의 리테일러에서 구매한 온라인 고객의 비중이 대폭 늘어났다. 많은 온라인 고객이 여러 리테일러에서 상품을 구매한다는 것은 광고주들이 충성도 높은 구매 고객을 확보하고 고객 생애 가치를 높일 수 있는 더 큰 기회가 있다는 것을 의미한다. 기존 고객 보유 전략을 활용하면 한 번 구매를 한 고객의 재관심을 유도하고 이들이 좋아하는 상품을 더 많이 찾을 수 있도록 만들 수 있다.

일부 소비자들은 미래를 생각해 미리 구매를 하고 있다.

소비자들은 구매력을 극대화하기 위해 창의적으로 구매하고 있다.

가격이 오를 것을 대비해 기전제품, 가구 등 고가의 물품을 예정보다 빨리 구매하고 있다.	30%
가격이 오를 것을 대비해 연말연시 선물이나 생일 선물을 미리 장만해두고 있다.	40%
인플레이션 가격 상승으로 인해 일부 상품의 구매 계획을 취소/연기했다.	56%
가격 대비 더 많은 가치를 얻기 위해 생필품(예: 세제, 화장지)을 대량으로 구매한다.	64%

출처: 크리테오 구매자 설문 조사, 11월 20-12월 13, 2022, 호주, 독일 스페인, 프랑스, 이탈리아, 일본, 한국, 영국, 미국, N = 12,424. 설문 조사 응답자들은 인터넷 사용자 및 온라인 구매자

전 세계 40%의 고객들이 가격이 올라가는 홀리데이와 앞으로 다가오는 생일을 대비해 선물을 미리 구매하고 있다. 이러한 추세는 독일(39%), 미국(43%), 이탈리아(44%), 호주(44%), 프랑스(54%), 스페인(59%)에서 나타났다. 아시아태평양 지역에서는 이러한 추세가 두드러지지 않았다. 일본과 한국의 경우, 가격이 오를 것에 대비해 미리 선물을 구입하는 고객의 비중은 각각 17%와 23%였다.

이외에도, 전 세계 소비자의 64%는 가격 대비 더 많은 가치를 얻기 위해 세제나 화장지 같은 생필품을 대량으로 구매하고 있다. 특히 스페인(68%), 미국(69%), 호주(71%)에서 그러한 추세가 두드러졌다. 구매하려는 상품을 미리 생각해 두는 소비자는 광고주가 관심을 끌 수 있는 좋은 잠재 고객이다. 광고주는 신규고객 확보 전략에 투자함으로써 적극적으로 구매에 나선 고객과 구매를 할 준비가 된 관련성 높은 고객을 타기팅할 수 있다.

출처: CRITEO 데이터 트렌드, 2023.3.9.

::: 소비자행동에 영향을 미치는 요인들

〈그림 3.1〉에서 나타낸 바와 같이, 소비자행동은 중요 4대 요인인, 문화적, 사회적, 개인적 그리고 심리적 요인에 의해 영향을 크게 받는다.

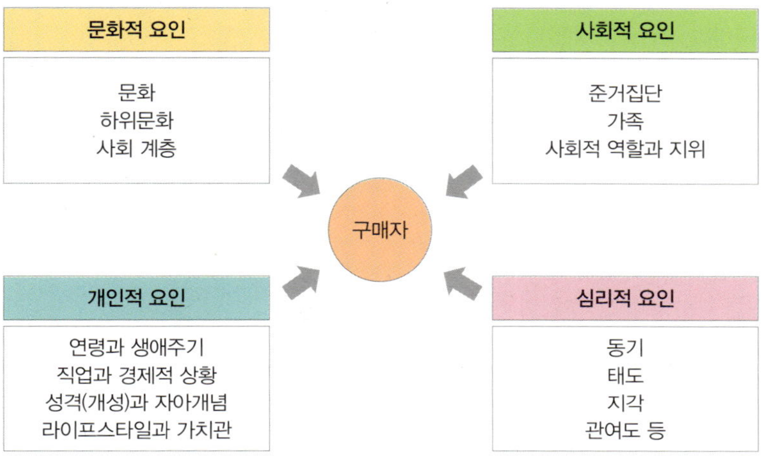

그림 3.1
소비자행동에 영향을 미치는 중요 4대 요인들

문화적 요인(Cultural Factor)

문화, 하위문화 및 사회계층은 소비자행동 및 구매행동에 중요한 영향을 미친다. 문화는 개인의 욕구와 행동을 결정하는 가장 기초적인 요인으로써 일반적으로 개인은 성장하면서 가족과 주변 기관들의 영향을 받으면서 가치관, 지각, 선호 및 행동을 습득해가면서 문화를 익힌다. 각 문화는 소속된 구성원들에게 타 그룹과 구분되는 동질화와 사회화를 제공한다. 이러한 관계들이 더 작은 단위로 명확한 특성들을 보이게 되면 하위문화(sub-culture) 집단을 형성하게 된다.

오늘날 마케터들은 다양한 문화 집단들이 새로이 형성되고 진화하면서 소비자행동과 구매행동의 급진적 변화를 경험하고 있다. 예를 들면, 로컬 마케팅 차원에서 단일 민족에 의해 유사한 문화에 익숙했던 대한민국은 다문화가족 구성 비중이 커짐에 따라 다양한 하위문화들을 기반으로 한 시장의 세분화들을 경험하고 있다.

사회적 요인(Social Factor)

문화적 요인 외에도 소비자행동에 영향을 미치는 중요 요인은 사회적 요인인데, 그 중요 요인으로는 준거집단, 가족, 사회적 역할 및 지위 등이 있다.

MARKETING **REPORT**

2024년, 소비자가 주도하는 슬기로운 불황 트렌드

전례 없는 인플레이션과 금리 인상, 그리고 불안한 국제정세로 인해 세계 경제가 보릿고개를 넘고 있다. 국내 시장 역시 경제 전반에 대한 소비자들의 인식을 나타내는 소비자심리지수가 2023년 11월 말 기준으로 4개월 연속 하락하며 적신호가 켜졌다. 한 마디로 쉽지 않은 상황이다. 그러나 불황은 늘 때가 되면 찾아오는 손님이다. 마치 오르막이 있으면 내리막이 있듯이 호황과 불황은 늘 되풀이된다. 이러한 불황기 비즈니스에서는 소비자의 심리를 이해하는 것이 무엇보다 중요하다.

사실 불황기 소비심리에는 전형적인 법칙이 있다. 소비지출이 줄고, 저렴한 상품에 대한 수요가 늘고, 추억의 복고가 뜨고, 자극적인 상품이 뜨는 식이다. 다만 최근 몇 년 사이 주된 소비층의 세대교체가 이뤄지면서 불황을 슬기롭게 넘어가기 위한 전에 없던 소비자의 변화가 눈에 띈다. 전반적으로 소비가 다소 위축되었다는 점은 닮아 있지만, 무조건 아끼기보다는 자신의 소비지출을 주도적으로 관리한다는 점에서 최근 불황 소비는 과거와는 차원이 다른 기세가 느껴진다. 그렇다면 또다시 찾아온 불황에 우리 소비자들은 어떤 변화를 보이고 있을까? 지금부터 최근 진화된 불황기 소비 트렌드를 살펴보자.

자기계발 트렌드: 불안한 상황 속 '나'를 통제한다

불황기의 가장 중요한 소비심리는 바로 '불안감'이다. 경기 침체의 시그널은 소비자의 불안감을 증폭시킨다. 모든 것이 불확실한 시대에 개개인의 소비자가 통제할 수 있는 유일한 대상은 바로 자기 자신이다. 이에 최근 스스로에게 투자하는 자기 계발이 주요 소비 트렌드로 부상하고 있다. 꾸준히 운동하기, 독서하기, 전시회 가기, 영어 공부하기 등 최근 자기 계발에 몰입하는 젊은 세대가 눈에 띄게 증가하고 있다. 실제로 잡코리아가 2030세대 직장인을 대상으로 진행한 직장인 자기 계발 현황조사에서는 응답자의 66.5%가 요즘 공부하거나 자기 계발하는 것이 있다고 답했다. 도서 시장 역시 자기계발서가 큰 인기다. 예스24가 발표한 '2023년 베스트셀러 트렌드 및 도서 판매 동향'에 따르면 자기계발서가 꾸준한 인기를 보였으며, 비슷한 맥락에서 취업 · 이직을 위한 실용서들도 상위권에 오른 것으로 나타났다.

무엇보다도 한눈에 보이는 소비지출 관리로 불안감을 줄일 수 있는 일상 챌린지가 돋보인다. 지출을 0원으로 줄이는 극단적인 절약 행동인 '무지출 챌린지'에서부터 하루 식비 1만원을 초과하지 않고 쓰는 '1만원 챌린지'까지, 그 방식도 다양하다. 그뿐만 아니라, 최근에는 신용카드를 사용하지 않고 오로지 현금만 쓰면서 불필요한 지출을 줄이는 '현금 챌린지'도 유행이다. 마치 다이어리를 꾸미듯 현금 바인더를 꾸미고 요일별로 봉투에 예산을 챙겨 넣는데, 이러한 행동을 짧은 영상으로 편집해 SNS에 올리는 챌린지로 하나의 놀이문화로 자리 잡고 있다.

고자극 콘텐츠 트렌드: 단순하고 자극적인 것에 끌린다

두 번째로 주목할 불황기 소비심리는 바로 '스트레스 해소'다. 일반적으로 불황기 소비자들은 스트레스가 많기 때문에, 이를 해소해 줄 수 있는 단순하고 원초적이며 자극적인 콘텐츠가 주목받는다. 그런데 이러한 경향성이 최근 숏폼 콘텐츠와 OTT 서비스의 발달로 인해 높은 수위의 고 자극 영상이 제작되면서 더욱 강해지고 있다.

대표적인 예로 드라마나 영화의 경우, 답답한 갈등 스토리가 진행되다가 막판에 실마리가 풀리고 해결되는 '고구마'식 서사는 크게 주목받지 못하고 단순한 선악 구도와 즉각적인 응징을 다룬 '사이다'식 서사가 인기를 끈다. 불황기일수록 소비자는 답답한 현실을 잠깐이나마 떠나 대리만족을 느낄 수 있는 콘텐츠를 원하기 때문일 것이다. 이뿐만 아니다. 최근 진행자와 출연자가 함께 술을 마시며 대화하는 술 먹방 예능이나 코미디 콘텐츠 역시 뜨거운 감자다.

실제로 최근 인크로스가 만 15세~69세 남녀 2,000명을 대상으로 실시한 미디어 이용 행태 조사에 따르면 전체 응답자 중 약 90%가 숏폼 콘텐츠를 시청하는 것으로 나타났는데 이는 작년 대비 8.4% 포인트 증가한 수치다. 자극적인 재미를 항상 손에 들고 다니는 세상이 된 것이다. 이처럼 고자극 콘텐츠가 시장에 많이 등장하면서 최근 이에 빠진 도파민 중독 소비자들이 늘고 있다.

소비 양극화 트렌드: 전략적 실속으로 진화한다

마지막으로 주목할 소비심리는 '양가감정'이다. 일반적으로 불황이 닥치면 실속 · 알뜰 · 가성비 소비 행태가 확산되며 소비지출을 줄이려 노력하지만, 동시에 내 소비 수준을 유지하고픈 욕구 역시 가슴 한편에 존재한다. 경제학에서는 이를 '톱니효과'라 부르는데, 소비자가 자신의 소비 수준이 올라가면 다시 이전 상태로 되돌아가고 싶지 않기 때문에 지출을 단번에 줄이기 어렵다는 뜻이다.

특히 최근 국내 소비 수준이 꾸준히 성장한 덕분에, 소비자는 불황기를 맞아 지출을 줄여야 하면서도 동시에 줄이기 싫은 양가감정에 직면하기 쉽다. 따라서 이들은 한정된 자원 속에서도 선택과 집중을 통해 자신의 욕망을 어떻게든 채워가려는 '양극화 소비'를 선보인다. 즉, 불경기에 무조건 모든 소비가 위축되는 것만은 아니라는 의미다.

매일 소비해야 하는 먹거리나 생활필수품은 가성비를 따지지만, 연말이나 기념일과 같은 특별한 날에는 가격이 나가더라도 고가의 상품을 택하는 경우가 대표적이다. 최근 유통업계 마케팅의 핵심 전략은 '초저가 · 초대형' 상품이다. 전례 없는 고물가로 편의점 도시락과 저가 커피가 인기를 끌고 저렴한 PB 상품에 대한 소비자 선호도가 뚜렷하게 나타난다. 반면, 다른 한쪽에서는 크리스마스를 맞이하여 수십만 원을 호가하는 호텔 케이크가 품절 대란을 불러일으키고, 호텔 뷔페 역시 예약이 일찍이 마감된다. 연말을 특별하게 기념하고자 하는 '스몰 럭셔리(작은 사치)' 수요가 꾸준한 덕이다. 이처럼 한정된 자원 속에서도 선택과 집중을 통해 자신의 욕망을 채워가는 전략적 실속 소비가 시장을 장악하고 있다.

위기를 기회로 만드는 불황 비즈니스 전략

"호황은 좋지만 불황은 더 좋다. 준비된 자에게 위기는 오히려 기회다."

일본 파나소닉의 창업자이자 경영의 신으로 불리는 마쓰시타 고노스케가 남긴 한마디다. 불황을 위기가 아닌 기회로 삼기 위해서는 어떠한 고민이 필요할까? 무엇보다도 소비심리와 그에 따른 행동 변화를 적확히 파악하고 그에 적절히 대응하는 기업 전략을 수립하는 것이 중요하다. 특히 지금까지 살펴본 '불안, 스트레스, 양가감정'은 어떤 불황기라 할지라도 늘 관찰되어 온 소비심리이지만, 우리는 이에 대응하는 소비자의 행동이 늘 변화한다는 것에 주목해야 한다. 결국 핵심은 기술 진보, 인구감소, 소비 세대교체 등과 같은 추세적 변화가 '불황'이라는 주기적 변화와 만나 어떤 트렌드를 만들어 낼 것인가를 추론하는 일일 것이다.

출처: Cheil magagin, 2023.12.26.

준거집단(reference group)

준거집단은 중요한데 이는 개인의 태도 행동에 직접적, 간접적 전방위적으로 영향을 미치기 때문이다. 한 개인에게 직접적으로 영향을 미치는 집단을 회원집단이라고 하는데 이는 1차적 집단과 2차적 집단으로 구분된다. 1차적 집단(primary group)은 지속성이 좀 더 강하고 비공식적 상호작용을 하는 가족, 친구, 이웃 및 직장동료들이 해당되고, 2차적 집단(secondary group)은 덜 지속성이 있고 좀 더 공식적으로 상호작용하는 전문가단체 및 노조 등이 해당된다. 준거집단은 개인에게 새로운 행동과 라이프스타일을 노출시키고, 그 개인의 자아와 특정 제품 및 브랜드의 태도에 영향을 미치며, 실질적인 브랜드 선택에 영향을 미치기도 하기 때문에 마케팅 관점에서 매우 중요한 집단이다.

특히, 준거집단 중 의견선도자(opinion leader)는 특정 제품에 대한 소개, 사용방법, 충고 및 정보를 제공하는 비공식적 커뮤니케이션을 하는 사람이다. 일반적으로 특정 분야의 전문가나 연예인들이 의견선도자 역할을 많이 하여 마케터는 이러한 의견 선도자 역할을 활용하여 마케팅 매체 선택을 결정하고 이러한 의견선도자들이 광고나 PR을 통해 직접 메시지를 전달해왔다.

최근의 AI·디지털시대에서는 다양한 커뮤니케이션 매체의 등장과 발달로 의견선도자들의 직·간접적 영향이 더욱 커졌다. 마케팅 관점에서 의견선도자의 중요성은 여러 사례들에서 확인할 수 있다.

인플루언서 마케팅(Influencer Marketing)

인플루언서(influencer)의 사전적 의미는 '영향을 주는 사람'으로 최근 소셜에서 활동하는 연예인에 비해 인지도는 낮지만 친근하고 매력적인 콘텐츠를 제공함으로써 소비자들이 귀를 기울이게 하는 사람들이다. 일반적으로 기존 연예인 중심의 셀러브리티 마케팅(celebrity marketing)과는 본질적으로 달라서 신(新) 셀러브리티 마케팅이라고 한다. 셀러브리티 마케팅은 유명 연예인을 특정 제품이나 브랜드의 아이콘이나 마케팅으로 활용하는 방법이다. 이와 반대로, 인플루언서들은 다양한 소셜미디어 플랫폼과 채널에서 스포츠부터 엔터테인먼트까지 다양한 분야를 다루고 영상, 이미지, 웹툰소설, 웹툰만화 등 다양한 형태의 콘텐트들을 창작하는 창작자이다. 최근에는 이러한 소셜 파괴력이 있는 인프루언서들을 전문적으로 관리하고 지원하는 연예인 기획사와 같은 유형의 기업들이 많이 등장했는데 이들이 일명 MCN으로 불리우는 멀티채널 네트워크(Multi-Channel Network)이다.

최근 기업들이 단순 온라인 및 모바일 미디어로는 고객의 인게이지먼트(engage-

MARKETING REPORT | 2023년 인플루언서 마케팅 현황

인플루언서 마케팅의 인기

디지털 마케팅 영역이 성장함에 따라 인플루언서 마케팅이 인기를 얻고 있다. gen.video와 지오메트리 글로벌의 인플루언서의 영향력 보고서에 따르면, 소셜미디어 사용자는 인플루언서가 홍보한 여행지를 보고 여행지를 선택하거나 전자제품, 의류, 식음료, 건강 및 미용 제품을 구매할 가능성이 더 높다고 한다.

인플루언서 마케팅의 인기를 보여주는 통계는 다음과 같다.

- 소셜미디어 인플루언서는 소셜미디어 사용자의 90%가 신뢰할 수 있는 출처로 간주할 뿐만 아니라 비즈니스의 판매를 촉진하는 효과적인 방법이기도 하다.
- 인플루언서 마케팅은 효과적인 브랜드 커뮤니케이션의 한 형태로 인식되고 있으며, 70% 이상의 브랜드가 마케팅 전략의 일부로 인플루언서를 활용하고 있다.
- 마케터의 86%는 인플루언서 마케팅 캠페인의 가장 중요한 목표를 브랜드 인지도 구축으로 생각한다.
- 인플루언서 마케팅은 신규 또는 타깃 오디언스 도달(74%), 브랜드 옹호도 향상(69%), 매출 증대(46%) 등 다양한 목적을 위해 사용된다.

브랜드를 위한 인플루언서 마케팅의 이점

1. 참여도 및 충성도 높은 오디언스

기존 광고 채널과 디지털 광고 채널은 여전히 브랜드 잠재 고객에게 도달하는 데 효과적이지만, 도달 범위와 참여도를 동시에 달성하기는 어렵다. 인플루언서 마케팅은 타깃 오디언스에게 도달하고 오디언스가 참여하는 동안 제품이나 서비스를 보여줌으로써 브랜드가 이 문제를 해결할 수 있도록 도와준다. 인플루언서 마케팅을 통해 브랜드는 창의적인 캠페인을 진행하고 챌린지를 개최하는 등 참여도를 높일 수 있다.

2. 타깃 오디언스에게 자연스럽게 다가갈 수 있는 방법

인플루언서 마케팅은 브랜드(기업)가 광고를 통해 소비자와 직접 소통하는 것과 달리 인플루언서(사람)가 개인 추천을 통해 진행하기 때문에 브랜드와 소비자 사이에 더 나은 관계를 구축할 수 있다. 즉, 유명하고 가치가 있으며 오디언스에게 중요한 의견을 가진 개인을 통해 주요 오디언스에게 도달하는 것. 대부분의 인플루언서는 오디언스를 잘 알고 있기 때문에 광고주가 최상의 결과를 얻을 수 있는 캠페인을 만드는 데 도움을 줄 수 있다.

3. 인플루언서 마케팅은 신뢰와 신뢰를 구축

인플루언서는 특정 분야의 전문가로 간주되기 때문에 팔로워들은 그들의 의견, 추천, 제품 또는 서비스 선택을 선호한다. 인플루언서는 단순히 브랜드 인지도를 높이려는 브랜드에 비해 팔로워의 결정에 더 큰 영향을 미칠 수 있다. 인플루언서는 팬들과 영감을 주고 존중하는 관계를 구축하기 위해 노력하기 때문에 사람들은 인플루언서의 추천에 의존하고 이를 가치 있는 것으로 여긴다. 소비자의 80%가 소셜미디어에서 인플루언서가 해당 제품을 추천하는 것을 본 후 구매한다. 또한 소비자의 절반 이상이 입소문과 소셜미디어 커뮤니케이션이 새로운 브랜드와 제품에 대해 알아보는 데 가장 선호하는 방법이라고 답했다.

4. 콘텐츠 전략을 강화

인플루언서는 브랜드의 제품이나 서비스를 다른 시각에서 바라보고 브랜드 이미지에 긍정적인 영향을 미치는 매력적이고 양질의 콘텐츠를 제작하는 방법에 익숙하다. 90% 이상의 소비자가 매주 인스타그램, 유튜브, 틱톡 등에서 인플루언서와 소통하고 있다. 사람들은 자신만의 독특한 접근 방식을 가진 인플루언서만이 제공할 수 있는 독특하고 영감을 주는 콘텐츠를 기대하고 있다.

5. 인플루언서 마케팅으로 SEO 및 ROI 향상

인플루언서 마케팅은 검색 엔진 최적화 결과와 SEO 측면에서 브랜드에 도움이 되는 것으로 간주된다. 퀵스프라우트(QuickSprout)의 분석에 따르면, 소셜미디어 상호 작용이 브랜드의 SEO 성과를 직간접적으로 향상시킬 수 있는 것으로 나타났다. 인플루언서 마케팅은 브랜드가 소셜미디어에서 활발한 프로필을 갖도록 도와주며, 이는 새로운 팔로워, 여러 번의 언급, 제품 또는 서비스 추천이 지속적으로 증가하여 브랜드 인지도를 구축하는 것을 의미한다. 팔로워가 브랜드가 제공하는 특정 제품이나 서비스를 보게 되면 브랜드 웹사이트를 방문할 가능성이 높아지며, 이는 웹 트래픽 증가로 이어진

다. 그리고 모든 규모의 브랜드가 인플루언서와 협력한다는 것은 브랜드 인지도와 가시성을 높여 더 많은 고객을 유치하고 규모를 확장할 수 있다는 것을 의미한다.

그리고 인플루언서 마케팅은 인플루언서는 고객의 구매 결정 과정에 긍정적인 영향을 미치는 경우가 많다. 인플루언서는 브랜드에 대한 긍정적인 반응을 이끌어 내는 방식으로 브랜드의 상품과 서비스를 소개한다. 또한 인플루언서는 마케팅 퍼널의 각 단계에서 팔로워의 의사결정에 영향을 미칠 수 있는 것으로 나타났다. 디지털 마케팅 연구소에 따르면, 응답자의 49%가 인플루언서의 추천으로 인해 구매를 결정했다고 답했다. 10대의 경우 그 수치는 70%에 달한다. 설문조사에 따르면, 응답자의 40%가 유튜브, 페이스북 또는 페이스북에서 제품이나 서비스를 본 후 구매한다고 한다. Think with Google의 통계에 따르면 사용자 10명 중 6명은 자신이 좋아하는 콘텐츠 크리에이터의 추천에 따라 구매를 결정한다.

출처: MADTimes, 2023.5.14.

ment) 및 광고효과 증다의 한계가 있다는 것을 경험하였다. 이러한 단점을 극복하기 위해서 네이티브 콘텐츠와 인플루언서를 활용한 캠페인이 마케팅의 중요한 대안모델이 되었다. 실제로 인플루언서 마케팅 캠페인은 소셜미디어 캠페인과 비교했을 때 16배나 더 높은 인게이지먼트를 보여준다. 평균 클릭률은 일반 디스플레이 배너가 0.1%, 페이스북 게시물 0.14%인 데 반해, 인플루언서의 게시물은 15%에 달한다. 이렇게 효과가 높은 인플루언서 마케팅은 일반적으로, 다음의 6개 단계의 프로세스를 가지고 있다

인플루언서 마케팅 6단계 프로세스

(1) 기업의 전략과 적합한 중요 인플루언서를 파악
(2) 인플루언서가 속한 특정 커뮤니티의 성격을 분석
(3) 기업의 인게이지먼트 전략을 수립
(4) 수립한 전략을 실행
(5) 본 실행의 효과를 측정 및 분석
(6) 파급력을 높이기 위한 확장 인플루언서 마케팅 전략을 수립

가족

가족은 가족 구성원들에게 가정 영향을 미치는 1차적인 준거집단으로써, 가족 성향(family orientation)과 가족 구성(family structure)이 중요하다. 가족 성향은 말 그대로 부모가 가진 종교, 집단, 경제, 정치, 개인적 성향이나 자아 가치 등이 그 자식들에서 전달되면서 가족생활을 통해 자연스럽게 내재화되는 과정을 경험한다. 이후 성장하여 자식이 독립되고 또 다른 세대를 구성하여도 그 가족 성향이 이어지게 되는 것이다. 가족 구성이란 대가족, 확대가족, 직계가족(핵가족), 1인 가족 등으로 구분될 수 있는데 가족구성이 경제적, 주거적 그리고 자녀

교육 및 양육 환경 등의 변화에 따라 대한민국은 Marketing Report처럼 극적인 변화를 경험하고 있다.

이러한 가족구성 변화는 국가별로 다른 경험들을 하고 있다. 예를 들면, 미국의 가족 구성은 기혼부부 가정이 1950년대와 비교할 때 약 80%에서 50%로 급감하여 독신 혹은 미혼이 50%를 차지하고 있다. 또한 가족 단위가 동반자와의 동거, 자녀양육권을 공동 부담하는 이혼부부, 선택에 의한 독신부모, 동성부부 등 다양한 가족단위의 문화와 가치관을 보이고 있다. 마케터는 이러한 가족 범주에 따른 고객의 상이한 니즈를 반영하고 표적시장화 시 면밀한 분석 및 이해가 필요하다.

마케팅 관점에서 가족이 중요한 이유는 대부분의 구매가 주부에 의해 이루어지고, 주부의 구매 관련 의견과 경험들이 가족 구성원들에게 강력하게 영향을 미치지 때문이다. 이러한 배경 때문에 많은 연구자들은 가족 구매 시, 구매 동반자의 영향 및 청소년 구매에 미치는 부모의 역할 등 다양한 연구들이 진행되었다. 그러나 최근에 이러한 전통적 가족의 구매패턴이 급격히 변화하고 있다. 남편들이 본인 관련 제품들을 직접 구매하기 시작했고, 어린이와 10대들은 직접적으로 본인의 요구사항과 구체적인 브랜드 구매를 부모에게 요구하고, 더 나아가서는 부모의 자동차, 오디오 등의 구매 및 휴가장소 선택들에서 과거보다 더욱 능동적인 역할을 하는 것으로 나타났다.

개인적 요인(Individual Factor)

연령과 생활주기

소비자행동의 중요한 요인 중에 하나는 연령과 생활주기이다. 특히 생활주기는 가족 구성원의 수, 연령, 성별 및 가족구조에 따라 매우 상이한 라이프스타일을 갖게 된다. 또한 인간의 생애주기에 따라, 결혼, 출산, 육아, 교육, 자녀 진로 및 출가, 본인의 은퇴 및 배우자와의 결혼 상태 등에 따라 인생의 중요한 사건이나 전환점을 경험하게 된다. 마케터는 이러한 각 단계별, 전환점별 욕구를 충족시킬 뿐만 아니라 새로운 욕구를 불러일으키는 마케팅 활동들을 전개해야 한다.

직업과 경제적 상황

이외에도 개인적 요인으로는 직업과 경제적 상황이 중요한데 이는 직업집단별 다른 라이프스타일을 보유하며 경제적 상태는 소비능력과 직결하기 때문이다. 경제 수준에 따라, upper, upper-middle, middle, lower-middle, lower class 등으로 세분화가 가능하다. 그러나 명시해야 할 점은 최근의 소비 행동들을 경제적 수준과 비례해서 소비하는 것이 아니라 본인이 추구하는 소비 가치를 더 중요시하여 소비하기 때문에 단순 소비수준에 의한 타깃 세분화는 한계가 있을 수 있다.

개성과 자아개념

개성(personality)는 환경 자극에 일관적이고 지속적인 반응을 일으키게 하는 독특한 심리적 특성으로써 일반적으로 여러 연구들에서 자기과신, 우월감, 자율성, 복종, 사회성, 방어성, 사회적응성 등 다양한 속성들로 구분해왔다. 반면, 자아개념(self-concept)은 능력, 태도, 느낌을 포함한 자신에 대한 주관적인 인식 개념을 말한다. 본인을 대한 판단의 관점에 따라 실제적 자아개념(스스로 자기를 어떻게 보는가), 이상적인 자아개념(어떻게 보이기를 희망하는가), 타인적 자아개념(타인들이 본인을 어떻게 보는가) 등으로 구분된다. 이러한 자아개념에 따라 이상적인 자아개념이나 타인적 자아개념을 실제적 자아개념보다 높게 생각하는 소비자는 상표의 개성이 본인의 개성으로 투영되길 희망하며 경제적 가치보다는 개성적 가치의 적합도를 판단하여 상표를 선택하는 경우가 높다.

라이프스타일과 가치관

라이프스타일은 자신의 활동, 관심, 의견 등으로 표현되는 것으로 한 개인이 살아가는 방식이라 하겠다. 동일한 문화, 사회계층, 직업 및 인구통계적 요인들이 비슷하여도 다른 라이프스타일을 가지게 된다. 즉 라이프스타일은 본인을 둘러싼 환경과의 끊임없는 상호작용을 하기 때문에 마케터는 자가 제품과 타깃 라이프스타일 집단과의 관계 형성이기도 한 것이다.

예를 들면, 정재윤의 〈나이키 상대는 닌텐도다〉라는 책에서 언급된 바와 같이, 나이키의 주 소비자 타깃인 청소년들이 닌텐도 게임에 정신이 팔려 집밖에서 운동을 하는 시간이 줄어들면 운동화의 매출이 자연스럽게 줄어들 수밖에 없게 된다. 이처럼 이제는 동종 간의 경쟁이 아니라, 스포츠 업체와 게임 업체 등의 완전히 상반된 이종업체 간에도 누가 고객의 시간을 더 많이 차지하는가를 놓고 경쟁해야 하는 것이다. 과거의 치열한 경쟁이 주로 같은 업종 내의 업체들 간에 특정 제품에 관한 시장점유율(Market Share: M/S)을 높이기 위해서였다면, 업종 간의 장벽이 붕괴되고 있는 오늘날의 시장환경하에서는 고객의 시간점유율(Time Share: T/S)을 높이기 위한 경쟁이 보다 큰 의미를 갖게 되었다. 결국은 기업의 수익은 고객의 시간에서 나온다는 것임을 간과해서는 안 된다. 본 저자는 고객의 시간 점유율을 제고하는 방법으로는 시간 연장, 시간 단축, 적시 대응, 시간 창출이라는 네 가지 방안을 제시하였다. 즉 마케터는 고객과 함께하는 시간을 늘리고, 고객의 불필요한 시간을 줄여 주며, 고객이 필요할 때 적시적소에 대응하고, 고객에게 의미 있는 새로운 시간을 제공해야 한다.

MARKETING **REPORT** | Ice Bucket Challenge

자기제시 및 인플루언서 마케팅을 심리적으로 이용하고 소셜미디어가 확산시킨, 성공한 기부 캠페인 "Ice Bucket Challenge"

자기제시를 소셜 마케팅에 적용해 보면, 타인의 마음속에 있는 개인의 인상을 설정하고 유지하거나 개선하기 위한 목적을 가지고 타인에게 좋은 인상을 창출하고자 동기에 기반 한 자기제시를 활용하고 자극하는 마케팅 캠페인이 필요할 것이다. 예를 들면, 성공적인 소셜 기부 캠페인으로 평가받는 ALS협회가 2014년에 사회 운동을 펼친 "Ice Bucket Challenge"가 있다. 병마와 싸우고 있는 사람들을 위해 유명 셀러브리티 중심으로 아이스 물의 가득 담긴 바스켓을 머리에 뒤집어 쓰는 방식으로 릴레이 기부를 펼친 결과, 전 세계적으로 약 1억 달러 이상의 기부금을 모은 놀라운 성과를 거두었다고 한다. 본 캠페인은 근본적으로 근위축성 측색 경화증(일명, 루게릭병)에 대한 관심을 환기시키고 기부를 활성화하기 위해 시작되었다. 참가자는 우선 동영상을 통해 이 도전을 받을 세 명의 사람들을 지목하고 이 도전을 받아 24시간 내에 얼음물을 뒤집어 쓰던가 100달러를 ALS협회에 기부하던가를 선택할 수 있도록 유도하였는데, 소셜미디어를 통해 실제 하나의 사회 유행으로 퍼져 나갔고 기부도 하고 얼음물도 뒤집어 쓴 참가자가 다수였다고 한다.

이는 마케팅관점에서 자기제시와 인플루언서 마케팅을 성공적으로 수행한 결과이다. 자기제시(self presentation)란 타인의 마음속에 개인이 목표한 인상을 설정하고 유지하거나 개선하는 것을 말한다. Ice Bucket Challenge의 소셜기부를 통한 긍정적인 자기제시와 함께, 유명 셀러브리티를 통해 확산되면서 인플루언서 효과로 더욱 극대화되었다.

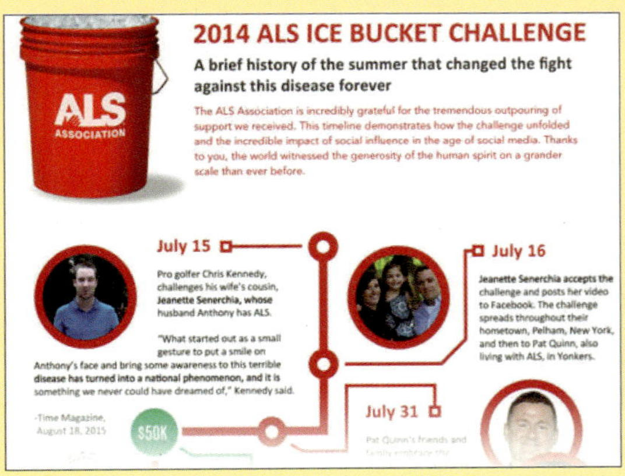

출처: http://www.alsa.org/fight-als/edau/ibc-history.html

출처: : http://blog.kebhana.com/572

출처: http://www.venturesquare.net/548357

MARKETING **REPORT** "세계의 젊은이 마음을 다시 낚다" 늙은 구찌 화려한 부활

연매출 20%씩 줄던 2014년, 새 CEO 영입… 무명 디자이너를 내부서 파격 발탁

보수적인 디자인을 화려하게 바꿔 온라인 제품군 출시 디지털 젊은층도 잡아

자료=구찌

이탈리아 명품 기업 구찌(Gucci)는 지금 제2의 전성기를 누리고 있다. 수많은 명품 기업이 판매 감소와 인지도 하락으로 어려움을 겪는 가운데 구찌는 연간 40~50%씩 성장하고 있다. 지난해 구찌의 매출은 50% 가까이 증가해 처음으로 60억 유로를 넘어섰다. 같은 기간 명품 산업은 5% 성장하는 데 그쳤다. 구찌의 성장에 힘입어 모회사 케링(Kering)의 지난해 매출도 25% 늘었고, 주가도 84% 뛰었다.

구찌는 2014년까지만 해도 경영난에 시달리고 있었다. 연 매출은 감소하던 중이었고 구찌 특유의 로고가 박힌 디자인은 '식상하다'는 평가를 받고 있었다. 여기에 당시 구찌 최고경영자(CEO)와 크리에이티브 디렉터가 연달아 사임하면서 2014년 말에 경영 공백이 생겼다. 2014년 말 구찌의 구원투수로 마르코 비자리(Bizzarri · 56) CEO가 급하게 투입됐다. 이듬해부터 구찌는 파격적인 디자인과 색다른 이미지로 화려하게 복귀했다. 더 놀라운 점은 구찌 소비자의 50% 이상이 35세 미만이라는 것이다. 대다수 명품 기업이 젊은 소비자를 끌어들이지 못해 전전긍긍하고 있는 것과 대조되는 모습이다. 컨설팅업체 베인앤드컴퍼니에 따르면 지난해 명품 시장 매출에서 밀레니얼 세대(1980년 이후 출생)가 차지한 비중은 30%에 그쳤다. 구찌가 3년이라는 짧은 기간 내 재기에 성공할 수 있었던 비결은 무엇일까.

마르코 비자리(Bizzarri · 56)

1962	이칼리아 레지오 에밀리아 출생
1993~2004	만다리나 덕 그룹 총책임자
2005~2009	스텔라 매카트니 CEO
2009~2014	보테가 베네타 CEO
2014	케링그룹 쿠튀르 및 가죽 부문 사장
2015	구찌 CEO

CEO, 무명 디자이너를 파격 발탁

2014년부터 구찌 수장을 맡은 비자리 CEO는 기업 회생에 일가견이 있는 경영자다. 이탈리아 출신인 그는 2005~2009년 영국 명품 브랜드 스텔라 매카트니의 흑자 전환을 주도했다. 2009~2014년 사이에는 이탈리아 명품 브랜드 보테가 베네타의 연 매출을 4억 유로에서 10억 유로로 키워놓았다. 경영 성과를 인정받아 모회사 케링의 쿠튀르 및 가죽 부문장으로 승진한 지 8개월도 채 안 됐을 때 그는 프랑수아 앙리 피노 케링 회장으로부터 구찌를 맡아달라는 부탁을 받았다. 그는 흔쾌히 수락했다.

비자리 CEO는 다른 명품 기업처럼 이름이 알려진 '스타 디자이너'를 영입해오는 대신 미켈레를 크리에이티브 디렉터로 발탁하는 파격 인사를 감행했다. 미켈레는 임명되자마자 명품 시장에 돌풍을 일으켰다. 그가 선보인 구찌는 다채로운 색상의 의류와 장신구에 꽃, 호랑이, 나비, 뱀 문양 등 현란한 장식으로 가득했다. 이전의 보수적인 디자인의 구찌와는 완전히 달랐다. 소비자는 장난스럽고 화려한 구찌에 열광했다. 첫 패션쇼 직후부터 주문이 쇄도하고 판매가 급증했다. 그는 "극단적이어도 좋으니 (알레산드로에게) 원하는 대로 다 해보라고 했다"면서 "오늘날은 애매하면 살아남기 어렵기 때문에 독특하고 개성이 있어야 한다"고 설명했다.

비자리 CEO는 기업문화 개혁에도 나섰다. 그는 30세 미만 직원들로 구성된 '그림자 위원회'를 운영하며 젊은 직원들의 의견을 듣는 시간을 정기

적으로 갖는다. 그는 여기서 나온 의견을 반영해 가죽 낭비를 줄이는 공정을 도입하고, 기업의 윤리적 책임을 중요시하는 젊은 세대의 가치관에 맞춰 모든 제품에 모피를 사용하지 않겠다는 방침을 내렸다. 비자리 CEO는 "밀레니얼 세대가 변덕스럽고 브랜드 충성도가 낮다고 하는데 구찌 고객을 보면 전혀 그렇지 않다"면서 "젊은 층을 사로잡으려면 그들의 언어로 소통해야 한다"고 말했다.

구찌의 혁신을 가져온 알레산드로 미켈레

디자이너, '팔리는 파격' 만들다

비자리 CEO와 구찌의 부활을 이끈 알레산드로 미켈레는 "스토리텔링에 탁월하다"는 평가를 받는다. 미켈레는 르네상스 시대 이탈리아 그림과 도널드 덕 같은 만화 캐릭터를 접목한 의상과 장신구를 선보이고, 할머니가 입을 것만 같은 복고풍 치마에 두꺼운 뿔테 안경과 반짝이는 구두를 조합하는 등 '명품은 지루하다'는 선입견을 깼다. 그는 1980년대 뉴욕 할렘가의 재단사였던 흑인 대퍼 댄과 손잡고 남성복을 출시하고, 16세기 화가가 그린 것 같은 화폭을 연상시키는 광고를 찍는 등 파격 행보를 이어가고 있다.

미켈레의 장점은 자칫 과할 수 있는 디자인을 팔리는 제품으로 만드는 능력이다. 일부 디자이너는 무대에서는 눈길을 사로잡지만 일상에서 입기 난해한 전시품 같은 의상을 만든다. 이와 달리 미켈레는 누구나 입을 수 있는 의상을 구현해낸다. 비결은 소통이다. 그는 비자리 CEO와 구찌에서 판매를 총괄하는 야코포 벤투리니와 끊임없이 의견을 나누면서 작업한다. 그 결과 상업성과 예술성이 적절히 조화된 결과물을 만들어낸다.

디지털에 익숙한 젊은 층을 사로잡다

구찌는 시장조사업체 가트너 L2가 매년 집계하는 '디지털IQ 지수'에서 오랜 기간 1위였던 버버리를 제치고 2016년 1위에 올랐다. 대다수 명품 기업들이 매장에 중심을 두고 기껏해야 웹사이트를 정비하는 데 그쳤다면, 구찌는 오프라인 판매를 온라인에 매끄럽게 통합하는 방법을 터득했다. 구찌는 스마트폰으로 제품을 소비하는 젊은 층의 성향을 반영해 매장에서는 구할 수 없고 온라인에서만 구매가 가능한 제품군을 출시하는 등 디지털 전략을 강화했다. 지난해부터는 명품 쇼핑몰 파페치와 손잡고 뉴욕, 런던, 도쿄 등 주요 도시에서 스마트폰으로 주문한 구찌 제품을 90분 내 집으로 배송해 주는 서비스를 운영하고 있다.

소셜미디어와 모바일 앱으로는 다양한 예술가와 인플루언서(influencer)와 협력해 젊은 층을 겨냥한 만화, 영상, 화보 등의 콘텐츠를 생산하고 있다. 일례로 스페인 출신 예술가 이그나시 몬레알이 그린 최근 구찌 광고의 경우 구찌 모바일 앱으로 광고 이미지를 스캔하면 3D 효과가 나도록 만들어졌다. 장 프랑수아 팔루 케링 부사장은 전자상거래와 모바일의 중요성을 강조하면서 "구찌가 올린 이익을 다양한 디지털 채널에 재투자하고 있다"고 했다.

미래 위해 연구센터 '아트랩' 설립

구찌는 최근 피렌체 본사 인근에 구찌의 미래를 책임질 3만7,000㎡ 크기의 연구센터 '아트랩'을 설립했다. 이곳은 수공예와 디자인, 신기술을 연구하는 공장형 실험실이다. 구찌는 아트랩에서 제조 공정 기술을 발전시키고 생산 시스템과 공급망을 개선해 제품의 품질을 높이겠다는 계획이다. 당장 올해 안으로 가죽과 신발 제품을 만드는 직원 900명을 신규 채용할 방침이다. 비자리 CEO는 "구찌 아트랩은 기술을 배우고 창의적인 아이디어를 떠올릴 수 있는 곳으로 자리매김할 것"이라고 했다.

출처: WEEKLY BIZ, 2018.5.5

::: 동기

동기(motivation)는 한마디로 정의 내리기 어렵지만 일반적으로 인간이 행동을 하고 행동을 하도록 유도하는 요인으로 개인의 내부에 있는 욕구, 필요, 추진력, 충동 등으로 정의되며, 동인(motive)이라고도 한다. 인간의 동기에 대해 연구한 여러 이론들이 있으나, 그중 가장 대표적인 동기 이론은 프로이트 이론, 매슬로 이론과 허즈버그 이론이다.

프로이트 이론(Freud Theory)

프로이트(Freud)는 사람들의 행동을 형성하는 심리적인 힘은 무의식으로부터 오는 것으로, 본질적으로 인간은 본인의 동기를 완전히 이해 못하고 무의식적인 단서에 반응함을 설명하였다. 프로이트는 인간의 의식 수준을 전의식, 의식, 무의식으로 나누었다. 전의식은 억압되어 있지만 주의를 집중하면 의식으로 회상될 수 있는 정신세계로 의식과 무의식 사이에 존재한다. 의식은 인간의 감각기관을 통해서 인식하는 모든 것으로 감각기관으로 인식할 수 없는 마음 깊은 곳에 감추어져 있는 정신세계로 본능, 열정, 억압된 관념과 감정 등이 잠재해 있다. 즉 프로이트 이론의 기본가정은 인간 행동의 대부분이 무의식적 과정에 의해 지배되고 있으며 이 과정은 인간행동에 영향을 주는 사고, 숨겨진 동기, 욕망, 공포 등을 뜻한다. 드한 인간의 마음에는 본능(id)이 있다고 보고 이를 자아(ego)와 초자아(super-ego)가 통제하려 하나 완전하게 통제하지는 못한다고 본다. 프로이트에 의하면 무의식적 충동은 무심결에 나오는 실언이나 꿈, 습관적 행동, 신경증적 증상, 때로는 사회적으로 용납되는 예술이나 문학, 과학적 활동으로 표현된다고 한다.

프로이트는 정신상담 치료의 일환으로써, 본인의 괴로운 과거를 회상하기 괴로워하거나 어려워하는 환자들 대상으로 대화법에 자유연상(free association)을 최초로 사용하였다. 자유연상은 기초적인 마케팅에서 많이 사용되는 정성조사방법 중에 하나로, 기본적으로 기업의 제공물들(제품, 디자인, 브랜드 로고, 매장 환경 등)은 특정 연상과 감정을 유발시키며 자유연상을 통해 아무 제한 없이 응답자의 특정 자극물에 대한 연상 내용과 감정들을 자연스럽게 최대한 추출해 낼 수 있도록 도와준다. 본 기법은 기본적으로 모든 연상들은 연결되어 있다는 가정을 기반으로 하고 있는데, 이후 사다리기법(laddering) 등을 통해 응답자들이 연상들과 그들 간의 연결 관계를 비주얼화하는 과정을 통해 말초 동기부터 동기 부여 요인들까지 추적하고 추출해 낼 수 있다. 특정 동기, 원인 및 중요 영향과 미치는 요인 등을 파악하고 풍부한 정성적 정보를 제공하기 때문에 마케팅 실무 분야에서 소비자 U&A(Usage & Attitude) 조사나 브랜드 반응 조사 등에 적극 이용되고 있다.

매슬로우의 욕구 5계층이론(Maslow's Hierarchy of Needs)

매슬로우(Maslow)는 1943년에 생리적(physiological), 안전(safety), 소속감(belongingness), 존경(esteem), 자아실현(self-actualization)의 하위욕구에서 상위 욕구의 일련의 단계를 제시하였다. 앞서 두 단계는 신체적 욕구에 기반하며, 나머지 3단계는 심리적 단계를 기반한다. 본 이론으로 인간은 무엇인가를 필요로 하는 결핍의 존재로서, 충족되지 않은 욕구가 행동을 유발함을 설명하고 있다. 인간의 욕구가 그 중요도에 따라 낮은 수준의 욕구에서 높은 수준의 욕구로 일련의 계층을 구성한다는 내용이다. 즉 낮은 단위의 욕구가 충족되면 그 다음단계의 욕구를 충족하고자 하는 심리 상태가 사람의 의사결정의 동기가 되는 것이다. 예를 들면, 대학교를 졸업할 쯤에 취업전쟁에 처해 있는 졸업예정자의 경우 인턴십 자리라도 취업이 되었으면 희망하지만, 인턴으로 채용된 후에는 안정된 정규직 전환이 되기 위해 노력하고, 정규직이 된 후에는 팀 내 소속감과 자기 역할 등에 대한 욕구가 생긴다. 이것이 충족된 후에는 사회적으로 알아주는 직책으로의 승진이나 사회적 지위나 명예에 대한 관심이 높아진다. 이후 최종적으로는 본인이 사회에 미치는 영향이나 본질적으로 본인이 가진 재능이나 잠재력을 최대화하여 성취하고자 하는 욕구가 강하게 된다.

본 이론은 사람이 어떻게 동기를 갖고, 목표를 실현시키려는 힘을 품게 되는지에 대한 유용한 설명을 제공했다는 평가와 함께, 사람의 욕구를 단순히 5단계로 제한적으로 정의했다는 비판도 있다. 본 이론은 일반적으로 교육, 행정, 사회 등 많은 분야에서 중요하게 거론되나, 마케팅에서 중요한 이유는 소비자는 소비 상황이나 삶의 단계에 따라 각각 다른 욕구 우선순위를 가지며 각 욕구 단계별로 다른 유형의 제품 혜택들을 추구하는 동기에 대해 설명해 주기 때문이다.

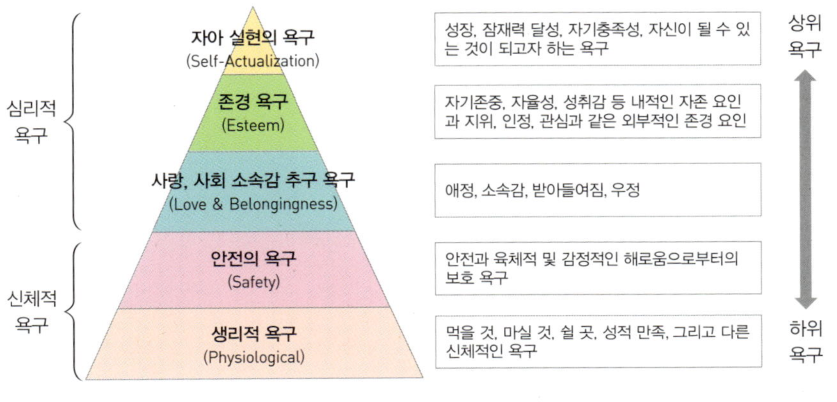

그림 3.2 매슬로의 욕구 5계층이론 (Maslow's Hierarchy of Needs)

허츠버그 이론(Herzberg's 2 Factor Theory)

허츠버그(Herzberg)의 2요인 이론(Two-Factor Theory)을 원래 직장에서 만족을 제공하는 요인들을 파악하기 위해 개발한 동기이론으로써, 동기부여-위생이론(Herzberg's Motivaticn-Hygiene Theory)이라고도 한다. 허츠버그는 다음 〈그림 3.3〉과 같이 2가지 요인의 동기를 발견하였는데, 불만족을 일으키는 위생요인(hygiene)인 불만족을 일으키는 요인(dis-satisfiers)과 동기요인(motivation)인 만족을 일으키는 요인(satisfiers)이다. 기본적으로 불만족에 속하는 요인들은 직무환경에서 불만족을 유발하나, 그 요인들이 해결된다고 해서 직무 만족에는 크게 영향을 미치지 않는다. 반대 상황도 마찬가지로 만족에 속하는 요인들은 부족하게 인식된다고 해서 직무의 불만족까지는 느끼지 않는 것이다.

이 이론은 마케팅 관점에서 다양하게 활용할 수 있다. 첫째, 상시적인 고객 만족 추적조사를 할 때, 세부속성별로 어떤 영역에 속하는지 파악해야 구체적으로 어떤 후속 마케팅활동을 수행해야 하는지 결정할 수 있다. 예를 들면, 특정 명품 브랜드의 제품 구매 상황에서 서비스 요인이 불만족 요인에 속한다고 가정하자. 아무리 서비스의 질 향상을 위해 여러 마케팅 역량들을 총동원해서 서비스의 질을 높여도 고객 불간족은 해결되지 않는 것이다. 따라서 그 특정 명품 브랜드의 마케터라면 본 브랜드의 특정 불만족요인이 무엇인지 심층적인 고객의 동기 조사를 통해 파악해야 하는 것이다. 둘째, 2요인 이론은 마케팅 커뮤니케이

그림 3.3

허츠버그 2요인 이론 (Herzberg's Two Factor Theory)

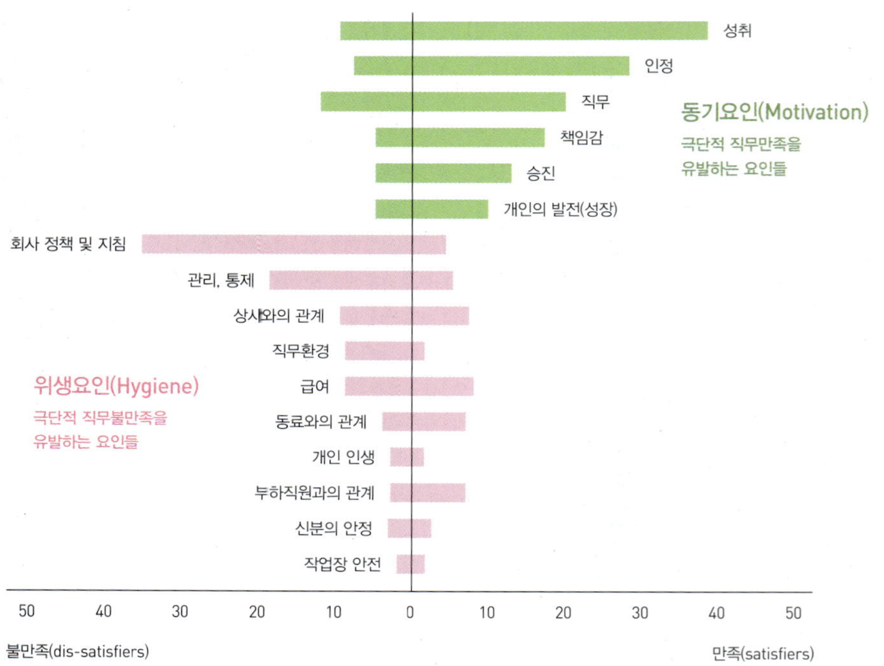

션의 메시지 개발 시에도 적극 적용할 수 있다. 메시지 개발 시, 해당 메시지 후보가 고객의 불만족요인을 해결하는 것인지, 만족요인을 해결하는 것인지, 어떤 특정 동기를 유발하는 것인지 조사하여 마케팅 커뮤니케이션 기획 시 반영할 수 있다. 셋째, 신제품 개발 과정에서 출시 전 고객 반응 조사를 통해 실제 구매에 영향을 미치는 만족요인 또는 동기부여 요인이 경쟁 브랜드 대비 무엇인지 파악할 수 있다. 이를 통해 신제품 속성들을 보완 및 강화하여 마켓에서 좀 더 경쟁력 있는 신제품을 출시할 수 있도록 한다.

동기이론 중 중요한 사회현상의 하나로 거론되는 것이 디드로 효과이다. 디드로 효과(Diderot effect)는 문화적으로 연결이 강하다고 여겨지는 소비재에 관한 사회현상을 일컫는 말이다. 프랑스의 학자 드니 디드로(Denis Diderot)의 〈나의 오래된 가운을 버림으로 인한 후회〉라는 에세이에서 디드로 효과가 가장 먼저 언급되었다. 그는 어느 친구가 선물로 받은 우아하고 멋진 붉은 색의 가운이 오래된 가운을 대체하면서 그 멋진 가운에 어울리도록 책상을 바꾸게 되고 그 다음에는 벽걸이, 결국에는 모든 가구와 인테리어가 바뀌게 된 유명한 일화를 소개하였다. 이 디드로 효과는 이후 소비 패턴을 연구하는 인류학자 그랜트 맥크래켄의 1988년 연구 "문화와 소비"에서 소개되었다. 맥크래켄은 "디드로 효과는 디드로 통일성 혹은 제품간 연결성이라고 할 수 있는데 물체 간의 상호작용의 결과가 소비자에게 느껴지는 사회현상이다"라고 정의하였다. 즉, 디드로 통일성은 어떤 하나가 다른 하나와 문화적 연결성을 가지고 묶음으로써 어울리는 경향이다. 특히, 복장, 가구, 자동차 등에서 많이 나타나는데 소비자가 이러한 연결성을 통해 자신의 주변환경을 구축해나가는 방향으로 사회적 활동, 특히 소비활동을 하는 경향을 말한다.

::: 태도

태도(attitude)는 소비자의 제품 선택과 관련되는 핵심적 개념으로써, 피시바인과 아젠(Fishbein and Ajzen)은 태도를 "특정 대상에 대하여, 호의적 또는 비호의적으로, 일관성 있게 반응하려는, 후천적으로 체득된, 편경향(predisposition)"으로 정의하였다. 솔로몬(Solomon)은 "사람들(자신 포함), 대상, 광고, 혹은 이슈들에 대한 지속적이고 일반적인 평가(general evaluation)"로 태도를 정의하였다. 태도는 기본적으로 자아방어적 기능관점과 가치표현적 기능 관점을 가지고 있다. 태도의 자아방어적 기능 관점은 소비자는 내적·외적 위협요인들로부터 자아를 보호하기 위해 제품에 대한 태도를 부정, 억압 등과 같은 일종의 방어기제(defense mechanism)로 사용하는 것이다. 가치표현적 기능 관점은 소비자는 태도를 통해 스스로가 중요하게 생각하는 신념, 가치 그리고 자아이미지 등을 다른 사람들에게 표현하는 역할을 한다고 본다.

태도와 동기는 기본적으로 마케팅에서 소비자행동의 가장 중요한 핵심 중에 하나이기 때문에 여러 마케팅 학자들을 통해 소비자의 제품 선택과 관련된 태도와 동기의 형성과 관련하여 다양한 모델들이 제안되었다. 이는 소비자가 갖는 특정 기업이나 제품 및 서비스에 대한 태도와 구매 동기가 어떻게 형성되는지를 알아야 하고 또한 이들을 어떻게 측정하냐가 중요한 이슈였던 것이다. 여기에서 중요 의사결정 이론들을 소개하자면 다음과 같다.

태도의 기능적 이론(Functional Theory of Attitudes)

심리학자인 카츠(Katz)는 태도의 기능적 이론을 통해 태도가 소비자의 사회적 행동을 어떻게 용이하게 하는지를 설명하였다. 이는 태도의 네 가지 기능들을 제시하였는데, 첫째, 소비자 자신에게 혜택이나 원하는 속성들을 최대로 제공하는 제품을 구매하여 자신의 실리를 충족하는 '실리충족의 기능(utilitarian function)', 둘째, 소비자 자신의 자아 이미지와 가치관을 반영하는 '가치표현의 기능(value-expressive function)', 셋째, 소비자 자신을 내부적 불안감 혹은 외부적 위협으로부터 보호하는 '자기방어의 기능(ego-defensive function)', 넷째, 다양한 정보를 하나의 덩어리로 이해하는 '지식조직의 기능(knowledge function)'이다.

다속성 태도 모델(Multi-attribute Attitude Model)

Fishbein 모델은 피시바인(Fishbein)이 1963년에 제안한 이론으로서, 제품의 속성에 대한 신념(belief)과 각 속성의 중요도 평가를 고려하여 태도 측정하여 소비자의 행동을 예측할 수 있도록 한 최초의 모델이다. 소비자 구매 결정 과정 중 소비자의 욕구를 충족시켜줄 수 있는 대안을 선택하게 되는데 소비자는 탐색한 정보를 제품의 특성, 중요성, 상표 이미지, 효용 함수, 구매 과정 등에 입각하여 최종적인 상표 선택에 이르게 되는 대체안을 선택한다. 즉, 소비자가 각 대안별로 기대 가치를 구하여 기대 가치가 극대화되는 대안을 선택함을 설명한 모델이다. 그래서 이를 다속성 태도 모델이라고도 한다.

합리적 행동이론(Theory of Reasoned Action: TRA)

이후, 피시바인과 아젠(Fishbein and Ajzen)은 1975년에 태도뿐만 아니라 주관적 규범(subjective norm)를 모델에 포함하여 행동의도를 예측을 정교화하였다. 본 모델은 태도가 궁극적으로 행동에 영향을 미치기 때문에 그러한 정의 상관관계를 명확히 파악하고 그 중간에 다른 영향을 미치는 매개체(mediator)로서 주관적 규범(subjective norm)을 새로이 제안했다는 점에서 큰 학술적 의미를 갖는다. 따라서, 이들이 본 모델을 통해 제안한 태도와 행동 간 상관관계의 향상 방법을 정리해 보면, (1) 태도를 정의할 때 '태도 구체성의 원리'를 적용하여 소비자 태도를 구체화시켰고; (2) 규범적 신념과 순응동기로써 "주관적 규범(subjective norm)"을 새로이 포함시켰고; (3) 태도의 행동반응 중 하나인 실제 제품사용이나 구매행위에 대한 소비자의 의지인 행동의도나 구매의도를 측정하였다.

학습이론, 기대가치이론, 귀인이론 등을 이론적 바탕으로 하고 있는 본 이론은 사람들이 특정 행동에 대해 긍정적인 태도를 가지고 있고, 자신에게 중요한 주변 사람들이 그 행동을 잘 용인할 수 있을 때(주관적 규범), 행동의도(동기)가 높아짐을 설명하고 있다. 그러나, 합리적 행위이론은 행동과 행동의도는 일치한다고 가정하고 행동이 자기통제하에서 실행될 경우로 한정하고 있다. 그러나, 실제 상황은 자기통제 능력, 행위를 실행하는 데 필요한 정보, 기술 및 능력의 보유 정도, 의지력, 감정이나 충동에 의한 영향력이나 시간이나 기회의 부족, 다른 사람들과의 의견불일치와 같은 원인 때문에 자기통제하에서 행동을 할 수 없는 경우가 존재한다. 인간이 그들이 활용할 수 있는 정보를 합리적이고 체계적으로 사용하며, 대부분 인간의 사회적 행위가 의지에 의해 통제될 수 있다는 가정에 근거하고 있기 때문에 의지에 의하여 완전한 통제가 불가능한 행동을 설명하는 것에는 한계가 있다.

계획된 행동이론(Theory of Planned Behavior: TPB)

아젠(Ajzen)은 1985년과 1991년에 합리적 행동이론의 문제점을 보완하여 Fishbein의 확장된 모델인 '계획된 행동이론'을 제시하였다. 행위 의도를 행동과 주관적 규범으로 설명했던 기존의 합리적 행위 이론에 행동에 대해 '지각된 행동 통제(perceived behavior control)'라는 제3의 변수를 추가해 태도와 행동의 관계를 조금 더 정교하게 예측하고자 한 것이다. 행동에 대한 지각된 통제감은 자신이 대상 행동을 실제로 얼마나 잘 수행하고 통제할 수 있는지에 대한 주관적 평가로서, 상황적인 제약 등에 의해 행위 의도가 행동을 온전히 설명할 수 없다는 한계를 극복하기 위한 것이다. TPB에서 행동은 행동의도와 지각된 행동통제에 의해 결정되고, 행동의도는 행동에 대한 태도, 주관적 규범, 지각된 행동통제 등에 의해서 결정된다. 행동에 대한 태도는 어떤 대상(사람, 사물, 사안)에 대해 일관성 있게 호의적 또는 비호의적으로 반응하려는 학습된 경향을 의미한다. 행위적 신

그림 3.4

TRA과 TPB의 비교

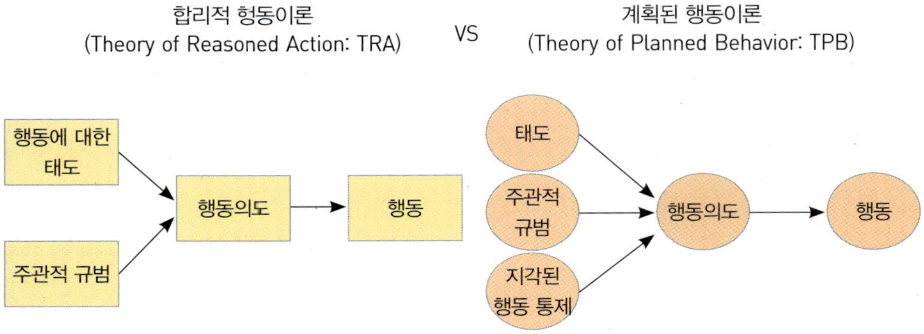

념(behavior beliefs)은 행위에 대한 신념으로 특정 행위가 특정 결과를 가져올 것이라는 주관적 확률을 의미하고, 특정 행위결과에 대한 평가는 특정 행위 결과가 바람직한가에 대한 평가, 즉 특정 행위결과가 중요한 정도를 의미한다.

행동하고자 하는 의도를 실제 행동으로 옮기기 위해서는 동기적 요소뿐 아니라 행동을 하기 위한 기회나 자원들(시간, 돈, 기술, 타인과 협동 등)도 중요한데, 이러한 요소들은 행동에 대한 개인의 통제감에 영향을 미치기 때문이다. 또한, 행동이 실제로 발생하려면, 행동을 하고자 하는 동기(행위 의도)뿐 아니라 실제 행동을 할 수 있는 능력도 필요하며, 이를 계획된 행위 이론에서는 행동에 대한 지각된 통제감이라고 한다. 이와 같은 지각된 통제감의 개념은, 사회 학습 이론에서 많이 거론되는 반두라(Albert Bandura)의 '지각된 자기 효능감(perceived self-efficacy)'과도 연결될 수 있다. TRA & TPB가 동일하게 주장하듯이, 행동에 영향을 미치는 두 가지 요인인 태도와 규범이 상호 배타적인 개념이 아니라, 태도가 규범에 의해 구성되거나 혹은 규범이 태도에 의해 구성될 수 있다는 것이다. 본 계획된 행동이론은 사람(소비자)의 태도와 행동 사이의 관계를 보다 합리적으로 설명하기 때문에 다양한 분야에서 광범위하게 사용되고 있다. 본 이론을 통해 행동하고자 하는 의도를 실제행동으로 옮기기 위해서는 동기적 요소뿐만 아니라 행동을 하기 위한 기회나 자원 및 지각된 통제감이 중요한 영향을 미침을 알 수 있다.

::: 관여도

관여도(involvement)는 소비자가 특정 상황에서 자극에 의해 유발되어 지각된 개인적으로 인식하는 중요성이나 관심도의 수준을 뜻한다. 소비자들이 느끼는 관여도의 수준에 따라 지속적 관여와 상황적 관여로 나누어진다. 지속적 관여는 개인적으로 제품과 관련성이 높은 경우에 나타나는데, 수단 목적 사슬에서 제품의 속성을 수단으로 하여 그 제품의 결과를 가치로 연결시킨다. 상황적 관여는 사람, 대상, 상황에 따라 달라지는 관여를 말한다. 예를 들면, 운동화 수집 매니아들은 특정 브랜드들의 리미티드 에디션 출시나 특정 브랜드에 대해 지속적 관여를 보인다. 상황적 관여는 평소 오가닉 식품에 관심이 없던 소비자가 GMO 달걀이 인체에 미치는 영향 뉴스를 본 이후 갑자기 오가닉 달걀에 높은 관심을 갖게 되어 달걀 구매 시 고관여를 갖게 되고 달걀 구매 시 상대적으로 일반 제품보다 고가격인 오가닉 제품만 구매하게 된다.

따라서, 마케터는 마켓과 기업의 제품에 주어진 상황 안에서 지속적 관여와 상황적 관여를 적절하게 마케팅 요소로 사용하여 원하는 소비자행동을 이끌어 낼 필요가 있다. 관여도를 결정하는 요인들은 많으나 일반적으로 다음과 같이 중요 세 가지 요인들이 있다.

(1) 개인적 요인 욕구와 동기가 활성화되지 않으면 관여도가 존재하지 않으나 제품이나 서비스가 자아를 높여줄 때 관여도가 높아지는 경우

예 일반 직장인들의 간단한 점심은 본인의 자아를 드러낸다고 인식하지 않기 때문에 저관여를 보이나, 식사 후 커피는 스타벅스와 같은 특정 브랜드가 본인의 자아를 드러낸다는 인식하에 점심 후 커피 브랜드 선택에는 고관여를 보임

(2) 제품 요인 욕구와 가치를 만족시키는 제품에 높게 나타나며, 선택 대안 사이에 차이가 많이 있다고 여길수록 관여도가 증대되는 경우

예 드립커피나 사향커피와 같이 특정 제품에 대한 선호가 강하고 다른 대안의 커피들과의 제품의 가치가 매우 차이 난다고 인식하는 경우, 특정 커피 제품에 고가를 지불하거나, 주문 후 오랜 시간을 기다려야 하는 수고로움을 기꺼이 수용하는 경우

(3) 지각된 위험요인 구매와 사용에 있어서 지각된 위험이 있는 경우

예 과거 중국에서 가짜 분유 사건 이후, 중국 분유에 대한 높은 불신과 지각된 위험 인식으로 중국 소비자들은 주요 해외 브랜드 분유만을 고집함

(4) 상황적 요인 일정한 상황에서 관여도는 변동의 가능성이 있는 경우

예 어머니 선물을 위해 중장년층을 위한 편한 신발을 선물용으로 구매하고자 할 때는 중장년층용 편한 신발에 대해 높은 관여 수준을 일시적으로 갖게 되나, 선물 구매가 이루어진 후에는 평상 시의 본인의 낮은 관여도 수준으로 되돌아가게 됨

고관여 구매행동(high-involvement buying behavior)

고관여 구매행동은 특정 제품이나 서비스에 대한 개인적 관심을 가지고 있는가 하는 개인적 요인이 클 경우, 구매하고자 하는 제품의 중요성과 지각된 위험이 높을수록, 구매가 긴급한 상황일 경우 등에 나타난다. 제품 유형의 예시로는 명

품 핸드백이나 시계, 자동차, 기초화장품, 고가 가전제품, 고가 의류 및 고가 여행 등의 고가 제품 및 서비스가 해당된다. 가끔 구매하는 내구성이 높거나 고가 제품인 경우, 특정 제품이나 서비스에 대한 개인적 관심을 가지고 있는가 하는 개인적 요인이 클 경우, 구매하고자 하는 제품의 중요성과 지각된 위험이 높을수록, 구매가 긴급한 상황일 경우 주로 나타난다.

고관여 구매행동의 주요 특징은 복잡하고 신중한 구매 의사결정과정 및 구매행동 부조화 감소를 위한 구매행동을 한다는 것이다. 복잡한 구매행동(complex buying behavior)은 구매 의사 결정을 위해 다양한 정보들을 수집하고 대안과 함께 평가하는 일련의 구매의사결정 과정에 본인의 노력과 시간을 적극적으로 투자하여 합리적인 선택을 위해 복잡한 구매의사결정 과정을 겪는다. 이러한 과정에서 축적된 지식을 기반으로 주관적으로 형성된 생각인 신념(belief)을 갖게 되고 그 다음으로 그 제품을 좋아하거나 싫어하는 인지적, 감정적 반응인 태도(attitude)가 형성되고, 최종적으르 가장 합리적인 구매대안을 선택하는 학습과정(learning curve)을 경험하게 된다. 부조화 감소 구매행동(dissonance-reducing buying behavior)은 구매 후, 구매한 제품의 문제점이나 더 나은 가격 조건의 거래나 구매를 고려했었으나 구매하지 않은 제품에 대한 호의적 정보 등을 접하면 소비자는 부조화를 경험하게 된다. 소비자는 심리적 부조화를 감소시키기 위해서 본인의 구매 판단이 옳았다는 것을 합리화하기 위해 추가 정보를 수집하는 행동들을 하게 된다. 이를 테면, 구매 후 온라인 가격 비교 사이트에서 최저가격 정보를 찾는다던가 다른 경쟁브랜드 매장에 방문에 유사한 조건의 제품이 있는가 등의 구매 후 행동(post-purchase behavior)을 한다.

따라서, 고관여 제품을 담당하는 마케터는 이러한 고관여 소비자 특성을 고려하여 그 일련의 구매의사결과 과정상에서 적절하고도 충분한 정보, 자극 및 체험들을 제공하여 신념과 태드를 변경해야 한다. 또한 본 제품의 혜택 속성을 강화, 혹은 새로운 속성들을 제시하던가, 혹은 경쟁브랜드 대비 이점들을 전달하고, 판매 시점에 판매사원들의 충분한 동기 부여 및 제품교육을 통해 구체적인 제품 편익 제공 및 좋은 제품 및 브랜드에 태도가 형성되도록 촉진활동을 해야 한다. 또한 구매 후 경험하는 소비자의 부조화를 줄이기 위해 구매 후 구매에 대한 확신을 제공하기 위한 구체적인 촉진 활동을 펼쳐야 한다.

저관여 구매행동(low-involvement buying behavior)

저관여 구매행동은 일상적으로 빈번히 구매하는 제품일 경우, 특정 제품이나 서비스에 대한 개인적 관심이 적던가 개인적 요인이 적을 경우, 구매하고자 하는 제품의 중요성과 지각된 위험이 낮을수록, 구매가 긴급한 상황이 아닌 경우 등에 나타난다. 일상적으로 구매하는 제품일 경우, 특정 제품이나 서비스에 대한 개인적 관심이 적을 경우, 별로 중요한 구매 의사결정이라고 생각 안할 경우, 구매가 긴급한 상황이 아닌 경우 주로 나타난다. 제품의 유형의 예시로는 생수, 음료수, 식료품, 휴지, 세탁세제, 남성 헤어 컷 등의 저가 제품 및 서비스가 해당된다.

저관여 구매행동의 주요 특징은 다양성 추구를 위한 구매행동과 습관적인 구매 의사결정과정 및 구매행동을 한다. 다양성 추구를 위한 구매행동은 제품의 브랜드 차이가 뚜렷할 때 다양성 추구를 위해 별 고민 없이 브랜드 전환(brand switching)을 하게 된다. 예를 들면, 특별히 생수에 대한 관여가 낮을 경우, 편의점에 들려 생수를 구매할 때, 특정 브랜드를 고집하지 않고 다양한 브랜드들을 사보겠다는 생각만으로도 다른 브랜드를 구매하게 된다.

따라서 이러한 저관여시장에 다양성 추구 구매행동이 일어나는 시장에서는 각 브랜드가 처해진 상황에 따라 상이한 브랜드 전략이 구현되어야 한다. 시장 선도 브랜드(market leader brand)의 경우는 소비자로부터 상습적 구매가 이루어지도록 지속적인 광고와 넓은 매장 진열대 확보가 중요하다. 반면, 추종 브랜드(follower brand)는 상대적으로 저렴한 가격 정책이나, 프로모션 행사, 무료샘플 제공 등 다양한 시험적 경험(trial experience)을 제공하여 소비자로부터 시험구매하도록 하여 궁극적으로 상표전환이 이루어지도록 유도해야 한다.

표 3.1

관여도에 의한 소비자 구매행동 유형 분류

	중요 요인	제품유형의 예시	구매행동 주요 특징	
고관여 구매행동	• 가끔 구매하는 내구성이 높던가 고가 제품인 경우 • 특정 제품이나 서비스에 대한 개인적 관심 등의 개인적 요인이 클 경우 • 구매하고자 하는 제품의 중요성과 지각된 위험이 높을수록 • 구매가 긴급한 상황일 경우	명품 핸드백, 시계, 자동차, 기초화장품, 고가 가전제품, 고가 의류, 고가 여행 등 고가 제품 및 서비스	제품의 차이 뚜렷할 때	복잡하고 신중한 구매 의사결정과정 및 구매행동
			제품의 차이 뚜렷하지 않을 때	부조화 감소를 위한 구매행동
저관여 구매행동	• 일상적으로 구매하는 제품일 경우 • 특정 제품이나 서비스에 대한 개인적 관심이 적을 경우 • 별로 중요한 구매 의사결정이라고 생각 안할 경우 • 구매가 긴급한 상황이 아닌 경우	생수, 음료수, 식료품, 휴지, 세탁세제, 남성 헤어 컷 등 저가 제품 및 서비스	제품의 차이 뚜렷할 때	다양성 추구를 위한 구매행동
			제품의 차이 뚜렷하지 않을 때	습관적인 구매 의사결정과정 및 구매행동

::: 소비자 반응 행동 관련 모델

마케팅 커뮤니케이션의 미시적 모델들을 기업의 마케팅 커뮤니케이션에 대해 구매자들은 인지적, 감정적 및 행위적 단계의 순서를 거쳐 반응한다는 공통적 가정을 기반하고 있다. 세 가지 유형으로 연속과정이 있을 수 있는데, 첫째, 자동차나 가정제품 등을 구입할 때와 같이 타깃청중들이 브랜드의 차이가 크다고 지각하고 제품에 따라 관여도가 큰 경우는 '학습-느낌-행동'의 연속과정을 거친다. 둘째, '행동-느낌-학습'의 유형은 브랜드의 차이가 크다고 인식을 못하고 크게 관여하는 경우로서 항공권이나 PC 구입이 해당된다. 마지막으로 세 번째는 '학습-행동-느낌'의 유형으로 브랜드의 차이가 크다고 인식도 못하고 크게 관여하지도 않은 경우인 배터리나 전문 스피커 구입 등이 해당된다.

AIDA 모델

AIDA 모델은 가장 초기에 개발된 고전적인 구매 단계를 심리학적으로 설명한 모델로써, 주의(attention)-관심(interest)-욕망(desire)-행동(action)으로 기업의 자극에 순차적인 고객의 반응을 설명하고 있다.

효과계층 모델(Hierarchy of Effects Model)

효과계층 모델은 대부분의 표적청중들이 표적물을 모른다는 가정하에 우선 상표 이름부터 인식시키고 그 상표에 대한 지식들을 숙지시켜서 우호적 태도를 가지게

그림 3.5

고전적인 반응계층 모델들

출처: Kotler & Keller(2014). Marketing Management 14th edition, p.734

단계	모델			
	AIDA 모델	효과계층 모델	혁신채택 모델	의사소통 모델
인지적 단계	주의	인식 → 숙지	인식	노출 → 수용 → 인지적 반응
감정적 단계	관심 → 욕망	호의 → 선호 → 확신	관심 → 평가	태도 → 의도
활동적 단계	행동	구매	사용 → 채택	행동

하고 더 나아가 경쟁사 대비 선호를 형성 시켜서 그 제품을 구매하겠다는 확신을 심어서 궁극적으로 구매의 최종단계로 이끌어내야 한다는 것을 설명하고 있다. 이러한 과정이 얼마나 어려운가를 이해하기 위해 간단한 시뮬레이션을 해보면, 이 6단계 각각이 성공적으로 이루기 위한 가능성을 70%라고 아주 우호적인 가정을 하자. 각 6단계가 독립적인 사건이라고 가정했을 때, 6단계가 모두 성공할 가능성은 0.7×0.7×0.7×0.7×0.7×0.7이므로, 11.76%의 낮은 성공률을 낳는다.

혁신채택 모델(Innovation Adoption Model)

혁신채택 모델은 혁신의 확산(diffusion of innovation)에 대해 설명하는 모델로써 혁신제품에 대한 소비자들은 인식적 단계에서 인식하고 감정적 단계로 넘어 가서 관심, 평가의 단계를 겪어서 행동의 단계인 혁신제품의 사용과 채택의 순서로 반응함을 설명하고 있다.

의사소통 모델(Communication Model)

의사소통 모델은 다양한 문헌들에서 공통적으로 설명된 모델로써, 소비자들은 자극에 노출이 되면 선택적으로 수용을 하고 이러한 과정에서 인지적 반응을 보이고, 이후 특정 태도와 행동의 의도가 형성되고 궁극적으로 행동을 하는 과정을 겪는다.

::: 구매의사결정과정

소비자의 구매행동들은 매우 복잡한 의사결정 과정을 겪기 때문에 다양한 학술적 연구들이 지난 수십 년간 진행되어 왔다. 선행연구들에서 구매의사결정과정(buying decision making process)은 〈그림 3.6〉처럼 필요인식, 정보의 탐색, 대안의 평가, 구매의사결정 및 구매 후 행동의 5단계 과정을 겪는다는 공통된 결과들을 보고하고 있다. 신제품이나, 고가 제품, 복잡한 제품 혹은 내구성이 길어서 신중한 구매 의사결정 등이 필요한 제품 등의 구매 시, 이 5단계 과정을 모두 거친다. 반면, 특정 구매 상황이나, 특정 제품의 관여도 및 소비자의 소비경험에 따라 다음의 단계 중 일부가 생략되기도 한다.

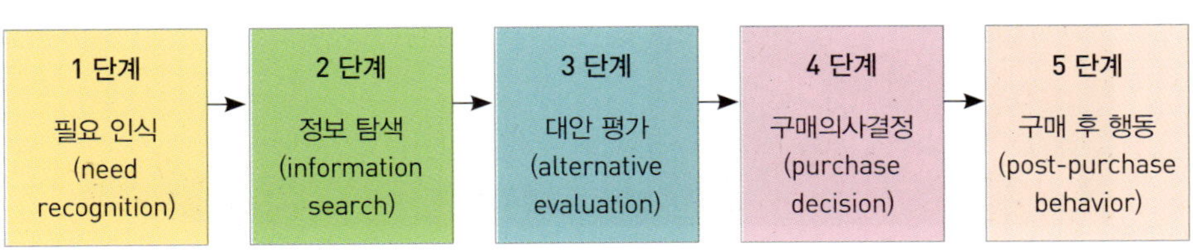

그림 3.6
구매의사결정과정의 5단계

[1단계] 필요 인식(need recognition)

소비자들은 다양한 형태와 방식으로 필요를 인식한다. 첫째, 현재 본인이 처해져 있는 상황과 이상적인 상황과 거리(gap)가 있을 때, 둘째, 광고나 제품 진열 등과 같은 외부의 자극에 의해 인식되기도 한다. 셋째, 오감을 통한 지각, 예를 들면 배고프다, 연예인의 공항패션 사진을 보고 그 옷을 구매하고 싶다 등의 필요를 인식하게도 된다. 상품 필요 인식이 마케팅의 구매 촉진의 첫 번째 과정이다. 마케터는 소비자로부터 상품이 필요하다고 인식하도록 다양한 외부적 자극과 내부적 자극을 제공해야 한다. 예를 들면, 하이마트는 마케팅캠페인 슬로건인 "전자제품 살 땐 하이마트로 가요"를 주축으로 김장철에는 김치냉장고를, 여름이 다가오는 시점에는 에어컨을, 신학기 초에는 노트북 등 특정 전자제품이 필요한 시점에 시즌성 광고를 하고 있다. 광고를 통해 특정 가전제품이 필요하다는 인식을 제공하면서 자연스럽게 이런 전자제품의 모든 브랜드들이 하이마트에 있다는 가전제품의 카테고리킬러 면목을 강조하고 있다.

[2단계] 정보 탐색(information search)

앞 단계에서 필요를 인식한 소비자들은 그 필요를 충족시킬 제품을 머리에 떠올리는 내적탐색(internal search) 과정을 경험한다. 이에 만족스러운 결과를 얻지 못한 소비자는 다음 단계로 외부에서 정보를 찾는 외적탐색(external search) 과정을 경험한다. 외적탐색은 여러 형태로 이루어질 수 있는데, 인터넷에서 관련 정보나 댓글을 찾아 본다던가, 관련 카탈로그나 정보지를 찾던가, 직접 매장을 방

사전 광고 캠페인 예시: 하이마트의 갤럭시 신제품 출시를 알리는 사전 광고

문한다던가 관련 박람회를 방문하던가 주변 사람들의 경험과 평가를 묻기도 한다. 이런 과정을 통해 소비자들은 다양한 형태의 정보들은 획득하는 데 정보 원천에 따라 다음의 4개 정보유형으로 구분할 수 있다.

- 개인적 정보원천(personal sources): 개인이 주변 가족, 이웃, 친구 등으로부터 획득
- 상업적 원천(commerce sources): 기업이 직접적으로 제공하는 광고, 판매사원, 판촉물, 매장 디스플레이 등을 통한 획득
- 공공적 원천(public sources): 신문기사나 소비자리포트 등을 통한 획득
- 경험적 원천(experiential sources): 본인의 직접적인 제품 조사 및 경험, 시험구매 등을 통한 획득

특히 오늘날 AI·디지털시대는 소비자관점에서 정보 탐색이 더욱 용이하고, 기업관점에서도 수많은 형태로 정보제공이 가능하게 되었다. 마케터는 본 정보 탐색 단계가 구매의사결정과정에서 매우 중요한 단계임을 인식해야 한다. 정보 제공 단계부터 고객의 니즈에 맞는 정보 제공, 고객의 시점에 맞는 정보의 시의성 그리고 인지적, 감정적으로 모두를 공략할 수 있는 다양한 유형들로 가공된 정보들을 제고하기 위해 면밀한 마케팅 실행 계획이 필요하다.

[3단계] 대안 평가(alternative evaluation)

소비자는 정보 탐색 과정을 거친 후 어떤 브랜드를 구매할지 결정하기 전에 더 나은 구매 의사결정을 위해 대안 평가 단계를 거친다. 대안 평가과정을 이해하기 위해서는 선택집합의 결과과정을 먼저 이해해야 한다. 선택집합의 결정과정은 소비자가 전체시장의 특정 제품(혹은 브랜드)의 전체 집합(total set)에서 인지하는 제품군인 인지집합(awareness set), 그 안에서 특별히 구매를 고려하는 대안집합(consideration set), 그 안에서 구매선택의 대상인 선택집합(choice set)으로 구매의사결정이 좁혀져서 최종 구매의사를 결정하는 일련의 마케팅 깔대기(marketing funnel) 형태로 설명된다.

예를 들면, 본인이 새학기를 맞이하여 노트북을 구매한다고 가정하자. 〈그림 3.7〉과 같이 마켓에서 시판하고 있는 노트북이 전체집합이라면, 이 중 본인이 알고 있는 브랜드들은 인지집합에 해당된다. 본인을 위한 노트북 구매를 고려하고 있기 때문에 구체적으로 특정 선호 사양이나 디자인, 가격대, 특정 브랜드 등 구체적인 속성들을 고려하여 고려대안집합 내 브랜드들을 평가한다. 소비자들은 각 속성별 중요하게 인식하는 비중이 다르기 때문에, 각 속성별 평가 시 중요도까지 반영하여 고려하는데, 여기서 중요한 점은 속성 중요도와 속성 현저성의

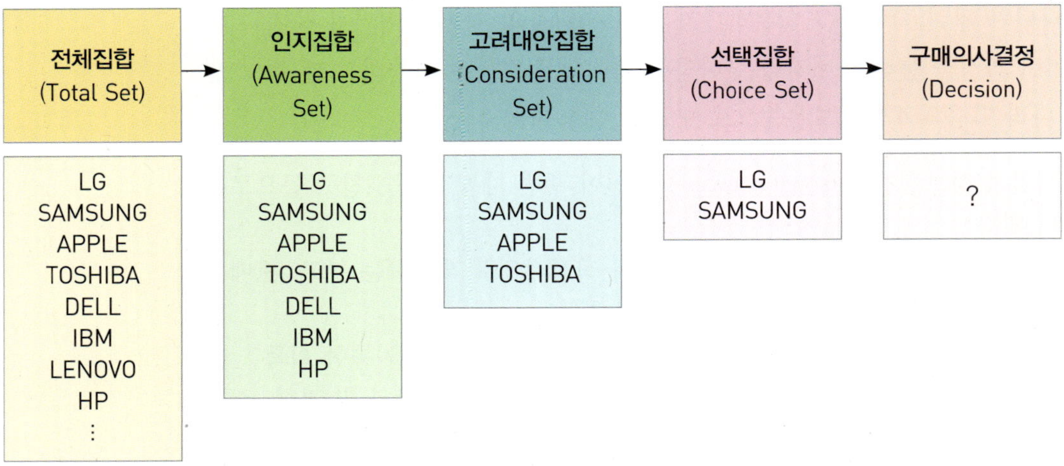

그림 3.7

노트북 구매의사결정 시 선택집합 결정과정의 예

개념을 명확히 구분하여야 한다.

속성 현저성(attribute salience)이란 소비자들에게 제품의 속성들을 질문했을 때 쉽게 마음속에 떠오르는 속성들로서 속성 현저성이 높다고 해서 속성 중요도가 동일하게 높은 것은 아니다. 예를 들면, LG노트북의 경우 15.6인치의 대형 모니터임에도 불구하고 980g이라는 경량성을 강조하여, LG노트북 브랜드하면 소비자들은 쉽게 가벼움을 떠올린다. 물론 노트북의 경량성이 중요한 속성이긴 하나, 일부 특정 소비자에게는 1.2kg이던 980g이던 무게가 꼭 중요한 속성이 아닐 수도 있는 것이다.

〈표 3.2〉는 전영준 대학생의 노트북 속성 평가의 가상의 예로써, 브랜드명성, 속도, 메모리, 무게, 디자인, 가격, 6개 평가 속성을 가지고 마켓 내 다양한 노트북 브랜드들이 있지만, LG, 삼성, 애플, 도시바를 고려대안 집합으로 두고 각 속성별 10점 만점으로 평가한 것이다. 총 점수로는 LG와 삼성이 54점으로 공동 1위, 애플이 48점으로 3위, 도시바가 45점으로 4등이다. 그러나, 전영준 대학생

표 3.2

노트북 속성 평가 예

노트북 브랜드	속성						합계	주관적 가치
	브랜드 명성 (15%)	속도 (CPU) (20%)	메모리 (10%)	무게 (10%)	디자인 (35%)	가격 (10%)		
LG	8	10	8	10	10	8	54	9.3
삼성	10	9	10	8	8	9	54	8.8
애플	10	8	6	9	10	5	48	8.6
도시바	6	7	8	7	7	10	45	7.25

LG의 주관적 가치: .15(8) + .2(10) + .1(8) + .1(10) + .35(10) + .1(8) = 9.3
삼성의 주관적 가치: .15(10) + .2(9) + .1(10) + .1(8) + .35(8) + .1(9) = 8.8
애플의 주관적 가치: .15(10) + .2(8) + .1(6) + .1(9) + .35(10) + .1(5) = 8.6
도시바의 주관적 가치: .15(6) + .2(7) + .1(8) + .1(7) + .35(7) + .1(10) = 7.25

은 노트북의 속성 중 디자인을 가장 중요하게 생각하고 속도와 브랜드 명성의 순으로 중요하게 생각한다. 이러한 주관적 가치를 반영하여 각 속성별 중요도를 가중하여 계산해보면 LG가 평균 9.3으로 1위로 평가되었다. 이 분석결과에 의하면 전영준 대학생은 주관적 총 가치가 가장 높은 LG를 최종적으로 구매 선택을 할 것으로 예측할 수 있다.

[4단계] 구매의사결정(purchase decision)

소비자 선택의 보상적 모델(compensatory model)

여기서 전단계의 각각의 속성에 대한 평가는 명확히 얘기하자면 객관적인 평가가 아니고 브랜드 신념(brand beliefs)에 의한 평가의 결과로써 소비자가 가지고 있는 특정 브랜드에 대한 신념의 구조를 보여주고 있는 것이다. 즉, 소비자는 특정 제품이나 브랜드에 대한 속성 평가 과정을 통해 그 브랜드들에 대한 태도, 판단, 선호성 등을 갖게 된다. 즉 일련의 신념이 수립되는 것이다. 기대-가치 모델(expectancy-value-model)은 소비자의 중요성 인식에 따라 각 브랜드별 신념에 그 제품과 서비스가 결합하여 그 제품 및 서비스에 대한 평가한다는 것을 설명하는 것으로써 소비자 선택의 대표적인 보상적 모델이다. 즉 보상적 평가 모형이란 특정 속성에 낮은 점수를 받는다 하더라고 전체 총점 방식의 계산 과정에서 높은 점수가 상대적 낮은 점수를 만회하게 하는 방식이다.

소비자 선택의 비보상적 모델(non-compensatory model)

보상적 모델을 통해 선택의 과정을 진행하려면 브랜드 평가를 위한 많은 시간과 에너지를 투자해야 한다. 앞서 소비자행동의 여러 이론들에서 여러 차례 언급된 바와 같이, 소비자들은 어려운 의사결정의 과정을 회피하고 효율성 극대화를 추구하는 경향이 높기 때문에 자주 선택 자기발견법인 선택 휴리스틱(choice heuristic)을 통해 심리적 지름길(psychological shortcut)을 택한다. 즉, 선택 휴리스틱은 긍정적 혹은 부정적인 속성 고려가 이루어지지 않은 비보상적 모델로서, 소비자 선택의 다양한 휴리스틱 메커니즘들이 있으나 이 중 중요한 네 가지 메커니즘들을 소개하자면 다음과 같다.

(1) 결합적 휴리스틱(conjunctive heuristic) 어떤 속성의 최소 수준의 분리점 수준을 설정하고 그 이상을 만족하는 브랜드를 선택

예 디자인에서 9점 이상만 대안으로 선정하는 결합식 모형 평가 방식이라면 LG와 애플만 선택되고 나머지 두 브랜드는 평가에서 제외

(2) 분리식 휴리스틱(disjunctive heuristic) 어떤 속성의 정한 최고 기준에 부합하

는 경우의 브랜드를 선택

예 메모리 속성에서 9점 이상만 선정하는 분리식 모형 평가 방식이라면 유일하게 삼성노트북만 선택

(3) 사전편집적 휴리스틱(lexicographic heuristic) 소비자 기준 가장 중요한 속성을 기준으로 최상의 브랜드를 선택

예 가격을 가장 중요한 속성으로 선정한 사전편집적 자기발견법이라면, 도시바만 선택

(4) 요점기준 제거 휴리스틱(elimination by aspects heuristic) 속성의 중요도와 함께 긍정적으로 평가된 것을 기반으로 최소한 수용 불가한 브랜드들을 제거해 나가는 방식으로 브랜드를 선택

예 가격 기준 5 이하는 최소 수용이 불가능한 기준으로 브랜드들을 제거해 가면, 애플은 처음부터 평가에서 누락

[5단계] 구매 후 행동(post-purchase behavior)

구매 후 구매 만족을 설명하는 대표적인 만족 이론은 기대-성과 이론(Expectation-Performance Theory)이 있다. 소비자의 기대(E) 대비 해당 제품이나 서비스의 성과(P) 결과가 클수록 소비자의 만족은 커지고 반대로 기대 대비 성과결과가 낮으면 불만족한다는 이론이다. 이 이론에 근거하여 기업들은 제품이나 서비스의 성과를 높이기 위한 노력들을 주력하였다. 그러나 실제 성과를 높이는 것에는 한계가 있다. 아무리 성과를 높인다 해도 너무나 기대가 높은 경우는 만족할 수 없기 때문에 어떻게 하면 소비자가 기업의 제품이나 서비스에 적절한 기대수준을 갖게 하느냐가 관건이다. 제품 구매 이후 만족이나 불만족은 차후 행동에 영향을 미치며 만족한 고객은 재구매 의향이 높고 그 브랜드에 대한 충성도 또한 있을 수 있기 때문에 기업은 구매 후 행동을 면밀히 파악해야 한다. 그래서 최상의 광고물은 만족한 고객들이라는 말이 있을 정도이다.

일반적으로 고객은 제품 구매 이후에 본인의 구매 의사결정이 바람직했는지를 확인하기 위해 추가 정보를 수집하고 구매 후 행동을 하기도 한다. 이러한 행동은 구매 후 갈등으로 인한 심리적 불편함, 즉 인지적 부조화(cognitive dissonance)에 의해 발생하는 것이다. 이를 테면, 이미 구매한 제품이나 유사한 제품이 다른 매장에서는 어떤 가격과 조건으로 파는지 확인하기 위한 추가 정보 탐색 및 확인의 과정을 겪기도 한다. 혹 이런 과정에서 본인의 이전 구매가 더 높은 가치를 가졌을 경우 구매 후 만족이 더 증가하기도 하고, 반대로 더 나은 조건의 구매가 가능하다고 판단되면 환불을 하기도 한다. 혹자는 이러한 불균형적인 심리적 상태를 유지하기 싫어하는 사람의 기본적 성향 때문에 차후 발견한 거래에 있어서

본인에게 불리한 조건들이 있을 것이라는 자기 합리화를 통해 심리적 타협의 과정을 겪기도 한다. 혹 구매에 불만한 고객들은 기업에게 불만을 토로하던가 주변에 불만 내용을 적극적으로 전파하기도 한다. 실제 만족한 고객보다 불만 고객이 다른 고객에 미치는 영향이 더욱 크다는 보고도 있고 불평 고객이 기업이 적극적으로 문제 제기한 문제를 성공적으로 대응했을 경우, 만족 고객으로 전환되기 쉽다는 연구 등 불평 고객에 대한 다양한 연구들이 진행되고 있다. 따라서 고객과 장기적인 관계를 구현하기 위해 노력하는 기업이라면 더욱더 불만 고객에 대한 적절한 대응 관리가 필요하다. 예를 들면, 지속적인 고객의 소리(Voice of Customer: VOC)의 수집 및 분석을 통한 적절한 대응 매뉴얼 개발 및 실행 그리고 애프터 서비스(After Service: A/S)의 보강 등이 필요하다.

::: 그 외 소비자행동에 미치는 요인들과 관련 이론들

자기제시동기(Self-Presentation Motivation)

사람들은 타인에게 긍정적인 인지 및 평가를 통해서 좋은 이미지를 심어주고자 전략적으로 자기 자신의 말과 행동을 통제를 하고, 맞이하는 다양한 커뮤니케이션 상황에서 타인에게 끊임없이 조절된 자기제시(self-presentation)를 하면서 관계를 맺으며 살아간다. 고프만(Goffman)의 정의에 의하면 자기제시를 자신에 대한 타인의 지각에 영향을 미치려는 무의식적 혹은 의식적으로 이루어지는 일련의 과정이라고 정의하였다. 자기제시는 타인에게 자신의 아이덴티티를 표현하는 행위로, 자기 자신에 관한 정보를 다른 사람들과 커뮤니케이션하기 위한 행동을 의미하며 사회적 세계에서 자기 자신에 대한 고유성을 타협해가는 기본적이고 중요한 과정이다. 이러한 자기 자신에 대한 다른 사람들의 지각에 영향을 미치려는 시도는 의식적으로 혹은 무의식적으로 이루어진다고 한다. 특정한 제품 및 서비스와 관련된 구매활동 그리고 그에 대한 소비과정도 자기 자신을 표현하려는 자기제시(self-presentation)의 한 유형이라 하겠다.

자기조절초점(Self-Regulatory Focus)

히긴스(Higgins)와 그의 동료학자들은 사람들이 단순히 쾌락을 추구하고 고통을 회피하는 것이 아니라 어떠한 전략을 통해 쾌락추구와 고통회피를 스스로 조절한다는 '자기조절초점(self-regulatory focus)'이론을 제시하였다. 조절초점(regulatory focus) 개념을 통해 소비자의 심리와 행동을 이해하고 설명할 수 있는데 일반적으로 사람은 향상초점(promotion focus)과 예방초점(prevention focus)의 두 그룹으로 구분할 수 있다.

향상지향 사람들의 삶의 목표는 성취, 진보, 열망을 달성하는 것으로 달성하고자 희망하는 이상들을 추구하고, 긍정적 성과를 얻기 위해 행동한다. 이를 위해 다양한 기회와 정보를 탐색하고 성공이나 성장, 이익, 진보를 추구하는 과정에서 발생할 수 있는 잠재된 위험들은 감수하고자 하고, 변화에 개방적이라는 특징이 있다. 반면, 예방지향 성향의 사람들은 자신의 삶에서 안전함과 안정감을 느끼는 것을 좋아하기 때문에 현재 상태보다 나빠지지 않도록 예방하는 것을 중요하게 생각한다. 자신에게 주어진 의무나 책임과 같은 당위적인 것들을 중요시하고 부정적 결과가 발생할 수 있는 위험을 회피하는 행동을 하며, 부정적인 결과를 피하기 위해 잠재적인 실수 가능성을 줄이고자 노력하기 때문에 보수적인 경향이 높다.

프레이밍 효과(Framing Effect)

사람들은 세상의 모든 자극들을 받아들이고 해석하고 저장하는 인지적 능력의 한계를 가지고 있기 때문에 주관적인 특정한 관점을 통해서 보는 '틀(frame)'을 가지고 있다. 물이 반쯤 담겨져 있는 물잔을 보고 어떤 사람은 물이 반 잔밖에 안 남아 있네라고 하고 어떤 사람은 물이 반이나 남아 있네라고 하는 경우인 것이다. 〈그림 3.8〉의 유명한 비트겐슈타인의 오리와 토끼에서 보여주듯이 어떤 관점, 어떤 틀에서 보냐에 따라 동일한 그림이 어떤 이에게는 오리로, 어떤 이에게는 토끼로 보이는 것이다. 루빈의 잔처럼 검은 부분 중심으로 보면 두 사람이 마주 보는 또는 입맞춤을 하는 이미지로 인식되고, 흰 부분 중심으로 보면 서양식 꽃병이나 술잔으로 보인다.

이 프레이밍 효과는 기업의 마케팅 커뮤니케이션 메시지를 전달할 때 직접적으로 활용할 수 있는데, 가령 육가공 식품인 햄이나 소시지 제품의 경우는 살코기 80%, 지방 및 기타 첨가물 등이 20% 들어 있다고 하면, 지방 및 기타 첨가물 등

그림 3.8

비트겐슈타인의 '오리와 토끼'와 '루빈의 잔'

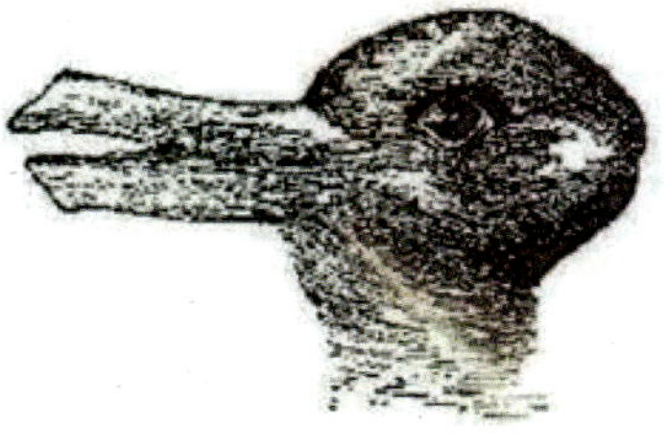

오리와 토끼

루빈의 잔

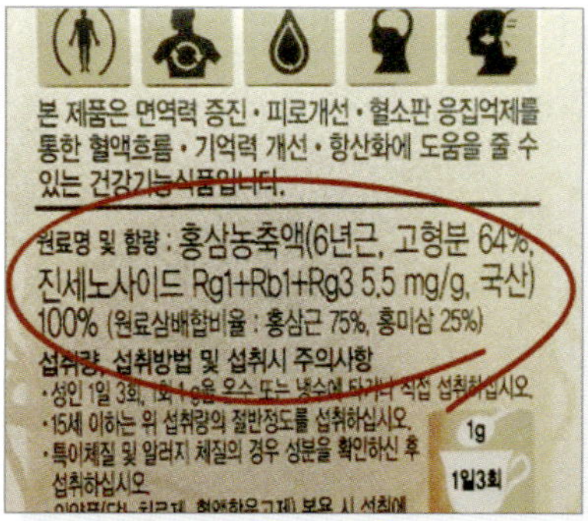

홍삼농축액 제품의 원료명 및 함량 표시

다운재킷의 솜털 비중의 품질기준 설득

이 20% 함유된 햄보다는 살코기가 80% 함유된 햄'이라고 표현하는 것이 소비자들로부터 긍정적인 평가를 받을 수 있다. 사람의 주의를 살코기 한쪽만으로만 제한을 둠으로써 강력한 프레이밍 효과가 발생하게 하는 것이다. 이러한 프레이밍 효과를 전략적으로 이용한 마케팅 사례들은 많다.

예를 들면, 홍삼농축액 제품의 구매 시, 소비자들은 원료명 및 함량을 꼭 확인한다. 일반적 비율은 홍삼근 : 홍미삼=70% : 30%인데 판매사원은 홍삼근과 홍미삼 비율을 꼭 강조한다. 고급 제품의 경우는 홍삼근 비율이 높고 저렴한 제품일수록 홍미삼 비율이 높다고 소비자들을 설득한다. 패딩점퍼의 경우도 유사하게 솜털과 깃털의 논쟁이 있다. 일반적으로 깃털에 비해 솜털의 보온력이 우수하기 때문에 솜털의 함량이 높아질수록 보온력이 높아진다고 한다. 하지만 솜털이 100%인 패딩은 있을 수가 없다. 깃털이 솜털이 충분히 부풀어지도록 내부 공간을 확보하는 뼈대 역할을 해야 하기 때문에 이상적인 솜털과 깃털의 비율이 8대 2 이상이 되어야 하는 것이다. 그러나 소비자들의 솜털 비중을 통해 제품의 품질을 평가하는 잘못된 프레임 때문에 실제 판매시 100% 솜털로 충전되어 있다고 고객을 설득한다.

프로스펙트 이론(Prospect Thoery)

전통적인 경제학관점에서 많이 활용된 기대효용 이론(Utility Theory)은 불확실한 상황에서 합리적인 경제 주체의 판단은 효용의 기대치에 입각해서 의사결정을 한다는 경제적 개념이다. 사람은 합리적인 의사결정을 한다는 것을 뒷받침하는 대표적인 이론이다. 본 이론에 근거하면 사람은 제품이나 서비스의 유용성을 측정하는 것은 불가능하지만 일반적으로 선호하는 순서로 대안을 순위 매김하는 것이 가능하다. 이러한 선택은 소비자의 가격과 소득에 의해 제한되기 때문에,

합리적인 소비자는 그 한계 효용이 다른 제품의 단위의 효용과 같거나 그 이상인 경우를 제외하고는 제품 및 서비스의 추가 단위에 돈을 지출하지 않는다.

프로스펙트 이론은 심리적 관점에서 객관적인 효용이 아니라 개인이 지각하는 주관적인 효용과 주관적 가치 결정이 더욱 중요하게 작동하는 것을 설명한 것으로 기대효용 이론을 대체하는 기술적 이론이다. 개인이 주관적으로 비교하는 기준을 '준거점(reference point)'이라고 한다. 프로스펙트 이론은 1985년 탈러(Thaler)가 제안한 심리회계(mental accounting)와 밀접하게 연관되어 있다. 심리회계란 사

CASE STUDY

서울우유의 제조일자 마케팅

프레이밍 효과의 대표적인 마케팅 사례로는 서울우유의 제조일자 마케팅이다. 과거 모든 우유 브랜드들은 유통기간 표기를 통해 신선도를 파악하여 가장 유통기한이 오래 남은 우유를 선택하게 하였다. 서울우유는 2009년도 7월부터 유통기한이 아닌 제조일자를 전면에 표기함으로써 신선도 기준에 대한 소비자 인식의 틀인 프레이밍을 새롭게 만들도록 하여 대성공을 거두었다. 서울우유는 자사 모든 유제품에 최고 등급인 1급A 원유를 사용하면서 품질의 우월성과 차별화를 꾀왔으나 경쟁사들에 밀려 고전을 해오던 상황에서 시행한 마케팅 캠페인이다. 새로운 신선도의 기준인 제조일자를 우유 시장내 준거점으로 제시하여 소비자로부터 신선도를 지각하게 했다. 이를 통해 제조일자를 처음 시작한 서울우유에 대해 신선한 우유를 만드는 기업, 우유 신선도에 자부심이 있는 전문기업의 이미지를 형성함으로써 궁극적으로 매출 향상이 되었다. 제조일자 표기제도는 단순히 우유 겉면에 한 줄 넣는 것을 의미하지 않는다. 제조 즉시 제품을 배송해야 하는 제조일자 중심의 시스템으로 전면 개편해야 했고 재고를 최소화하기 위해 필요한 물량만큼만 주문을 받아 생산 후 바로 배송할 수 있는 물류 인프라를 새롭게 구축해야 했다. 서울우유는 제조일자 표기제도 도입 후 두 달만에 4일 연속 일평균 우유 판매량 1,000만 개 판매하는(M/S 44%) 등 2009년 1조 5천억원이라는 총 매출을 기록했다. 서울우유 측에 의하면, 판매가격(1000㎖ 기준)을 100원 할인하면 시장점유율이 5.5% 증가하고, 제조일자를 하루 앞당기면 4.7%가 늘어나는 효과가 있어서 제조일자 마케팅 시행 시작 당시 기준, 제조일자를 하루 앞당기는 것이 8,200여만원의 이익(1일 기준) 증대도 함께 가져오기 때문에 가격할인보다 매출증진 효과가 더 있었다고 한다. 서울우유가 본 제조일자 마케팅 시행 일년 후 자체 진행한 소비자조사 결과에 의하면 응답자의 64%가 우유 구매 시 실제 제조일자를 확인한다고 답했으며, 이 중 98%는 제조일자 표기가 구매 결정에 영향을 미쳤다고 응답했다고 하여 우유 선택의 새로운 기준에 대해 고객들 역시 높은 만족도를 보였다

람들이 같은 결과라도 의사결정 결과에 따르는 이득과 손실을 어떻게 머릿속에 입력하냐에 따라 가치 자체가 달라진다는 내용이다. 광고 메시지 전략에 적용해 설명하자면, 특정 신제품의 편익이 가령 세 개가 있다면 한 번에 합쳐서 제시하기보다는 1개씩 나누어서 제시하는 것이 소비자들은 총 이득이 더 높다고 생각한다. 반대로 특정 구매 관련해서 여러 손실들이 일어나는 경우라면 각각의 손실들을 제시하는 것보다는 한꺼번에 제시하는 것이 고객은 총손실의 지각이 상대적으로 낮아진다. 예를 들면 놀이공원의 개별 놀이기구 비용을 각각 지불하는 것보다는 자유이용권 구매로 통합해서 지불하게 하는 것이 더 바람직한 것이다.

지각된 위험(Percieved-Risks)

소비자의 구매의사결정 과정상에서 구매 결정을 연기하던가, 회피하던가, 혹은 수정하는 등의 다양한 예측치 못한 행동들은 소비자의 지각된 위험에 의해 비롯된 경우가 많다. 소비자가 제품 구매 및 소비하는 데 지각하는 위험들 중에 중요 지각된 위험들은 다음과 같다.

- **기능적 위험**(functional risk): 제품이 기대만큼 기능을 수행하지 못할 것에 대한 위험 인식
- **신체적 위험**(physical risk): 사용자나 타인의 신체나 건강에 위험을 초래할 것인지에 대한 위험 인식
- **재무적 위험**(fianntial risk): 제품을 위해 지불할 만큼의 가치를 제공할 것인지에 대한 위험 인식
- **사회적 위험**(social risk): 다른 사람들이나 사회적으로 어떠한 평가를 받을지에 대한 위험 인식
- **정신적 위험**(psychologial risk): 제품이 사용자에게 정신적으로 만족감을 제공할 것인지에 대한 위험 인식
- **시간 위험**(time risk): 잘못된 제품 선택으로 인한 시간 낭비, 다른 제품을 추가 구매하기 위해 사용되어야 하는 시간에 대한 기회비용에 대한 위험 인식

이러한 지각된 위험은 관련된 구매 금액, 세부 속성들의 불확실성 정도 그리고 소비자들의 본 구매에 대한 확신, 관련 정보의 양 등에 따라 매우 상이하다. 마케터는 우선 소비자의 지각된 위험을 파악하고 제거 혹은 낮추는 노력을 해야 하는데 일반적으로 다양한 관련 정보를 제공하고, 지각위험 정도를 낮추기 위한 부차적인 지원들(예를 들면, 시험 사용, 보증기간 증대)을 제공한다.

::: DISCUSSION QUESTIONS

1. 소비자행동에 영향을 미치는 외적 요인들을 기업이 다 통제하기는 절대 불가능하다. 그러나 마케터는 소비자들을 둘러싼 외적 요인의 영향이 기업에게 유리하게 만들기 위해서는 어떠한 활동들을 해야 하는지 논하시오.

2. 본 장은 자기제시욕구, 자기조절초점, 프레이밍 효과, 프로스펙스 이론 및 지각된 위험 등 소비자행동에 영향을 미치는 중요 이론들을 소개하였다. 이 이론들에 부합하는 기업의 마케팅 성공사례들을 제시하고 성공원인을 이론에 입각해서 설명하시오.

3. 소비자의 구매의사결정의 각 단계별로 구체적으로 어떠한 마케팅 노력들을 해야 하는지, 관심 있는 제품 브랜드를 한 개 선택하여 해당 제품시장을 예시로 들어 토론하시오.

4. 저관여제품시장에서 특정 제품의 관여도를 높이는 방법과 고관여제품시장에서 특정 제품의 관여도를 낮추는 방법을 특정사례를 선정하여 구체적으로 토론하고 정리하시오.

::: TEAM WORKSHOP

1. 도입사례에서 지시한 바와 같이 불황기에 브이는 세 가지의 특정 소비자행동들을 정리하시오. 본 장에서 학습한 개념과 이론들을 기반하여 해당 소비자행동들이 나타나는 원인이나 동기들을 설명하시오.

2. 팀원들과 논의하여 특정 시장을 선택하고 선택집합 결정과정 5단계들을 작성하시오. 고려대안집합에는 포함되었으나 선택집합에 포함되지 못한 브랜드(들)를 선택하시오. 본 장에서 배운 소비자행동의 특성들을 고려하여 선택집합에 포함될 수 있는 방안들을 토론하여 제시하시오.

3. 서울우유의 제조일자 마케팅은 소비자의 신선도 기준을 바꾸어 준 소비자행동 관점에서 매우 성공적인 마케팅이라 평가된다. 특정 상품을 한 개 선택하여 소비자행동 관점에서 소비자의 인식을 변경하기 위한 새로운 접근의 마케팅을 제시하시오.

PART

2 마케팅 통찰력 확보

마케터가 시장과 소비자에 대한 분석결과 데이터를 가지고 회의를 안 한다면, 당신이 그의 상사라면 당장 해고해야 한다. 마케터는 시장과 소비자의 데이터를 방패 삼아 전쟁에 나서는 군인과 같다. 가장 최악의 군인은 조사업체가 보고한 조사결과의 조사설계와 통계적 분석방법을 모르는 경우이고, 더 최악의 군인은 그 조사결과의 데이터를 해석하지 못하는 경우이다. 마켓조사 결과는 여러 해석들이 항상 가능한데 가장 합리적으로 해석할 수 있는 사람은 바로 그 마케팅 캠페인을 기획하고 실행한 마케터이다.

four

허니버터칩 사례 I

'허니버터칩'이 대박 난 5가지 이유는?

여대생 김지혜 씨(22)는 최근 친구가 페이스북에 올린 '허니버터칩' 사진을 보고 편의점을 찾았다. 기존의 짭조름한 맛에서 탈피한 감자칩에 대한 극찬 때문이었다. 하지만 어찌된 일인지 편의점에서 '허니버터칩'을 구경할 수 없었다. 편의점 직원은 "허니버터칩이 맛있다는 글이 SNS와 인터넷을 통해 퍼지면서 지난 주말에 매진되어 다시 발주를 했지만 우리도 구경을 못하고 있다"고 말했다. 해태제과가 내놓은 '허니버터칩'은 소비자들이 사재기를 할 정도로 폭발적인 인기를 끌고 있고, 경쟁사들도 꿀을 첨가한 허니 마케팅으로 톡톡한 재미를 보고 있다. 실적 악화로 고전하고 있는 식품업계에 '허니'가 꿀맛 같은 단비를 내려주고 있다. 이처럼 '허니' 관련 제품이 인기를 끌고 있는 이유는 5가지로 요약된다.

◆ SNS 마케팅 = 기존에는 단순히 광고나 구전마케팅을 통해 제품의 홍보가 이뤄졌다. 하지만 해태제과가 SNS 마케팅에 주력하면서 제품 홍보가 자연스럽게 이뤄지면서 '허니 열풍'에 불을 지폈다는 분석이다.

◆ 맛에 혁신을 던진 원초적 질문 = 감자칩은 짜야 한다는 기본 속성에 원초적 의문을 던져 개발했다는 점이다. 과자 개발에 혁신을 더한 것이다. 천편일률적인 기존의 짭조름한 감자칩 맛에서 벗어나 단맛을 가미한 제품 개발 전략도 소비자의 니즈를 충분히 충족시켰다. 자극적이고 단맛을 좋아하는 한국인 입맛을 사로잡은 마케팅이 성공했다는 평가다.

◆ 적절한 타이밍 = 적절한 타이밍에 단맛으로 소비자의 입맛을 공략한 것이 '대세 과자'가 될

수 있었던 요인이다. 불경기로 소비심리가 위축되는 등 서민 경제가 어려워지는 상황에서 단맛을 내는 '허니'가 소비심리를 끌어올렸다 분석이다. '초콜릿 등을 통해 당분을 섭취하면 기분이 좋아진다'는 말처럼 소비자들이 심리가 위축된 상황에서 더욱 단맛을 찾고 있다는 것이 '허니 마케팅'의 또 다른 성공요인이라는 것이다.

◆ 매진 마케팅 = 여의도에 있는 한 증권사 부사장은 19일 직원에게 '허니버터칩' 구매를 부탁했다. 직원은 여의도 내 7개의 편의점을 들렀지만 전혀 구할 수가 없었다. 부사장에게 "아침에 일찍 오라고 합니다"라는 말만 남겼다. 상품의 매진은 소비심리를 더욱 부추기는 법이다. 다양한 요인으로 인기를 얻은 '허니버터칩'이 편의점과 마트에서 동이 났고, 이 같은 소식이 SNS를 통해 소비자들에게 전달되면서 소비심리를 더욱 부추겼다는 평가다. 이로 인해 '허니버터칩'은 8월 출시 이후 110일 만에 순매출 103억원을 달성했다. 통상 과자는 1개월에 10억원 매출이면 성공했다는 평가를 받는다.

◆ 고가 마케팅 = 기존 국민 과자인 새우깡(1,100원), 포카칩(1,200원)에 비해 고가 전략을 내세운 것도 소비 심리를 끌어올리는 데 주효했다는 평가다. 불황일수록 고가 마케팅이 성공한다는 통설이 과자업계에서도 통하고 있는 모습이다. 1,500원짜리 '허니버터칩'은 불경기에 고전하고 서민들에게 '프리미엄'이라는 꿀맛 같은 자기만족을 느끼게 한 것으로 풀이되고 있다.

식품업계 관계자는 "선발 대형사들이 현재의 점유율에 안주하고 있는 사이 '왜 감자칩은 짜야 하는가'라는 근본적인 의문에서 혁신 시도한 것이 성공요인이었다"며 "문제는 허니버터칩이 일시적 유행에 그친 나가사키 짬뽕이 될지, 아니면 장수제품 새우깡, 초코파이가 될지 지켜봐야 할 것"이라고 말했다.

출처: 아주경제, 2014.11.20

허니버터칩 사례 Ⅱ

연매출 2천억 장담하더니…허니버터칩 매출 '반토막' 위기(종합)

한때 '없어서 못 팔던' 해태제과 허니버터칩의 인기가 급속히 사그라지면서 예상 매출이 반 토막 날 위기에 놓였다. 업계에선 벌써 정확한 시장 예측 실패로 생산시설 증설과 동시에 인기가 추락한 '팔도 꼬꼬면'의 전철을 밟는 게 아니냐는 전망이 나온다. 해태제과가 지난 5월 증권거래소 상장을 앞두고 '허니버터칩' 생산시설 증설 효과를 지나치게 과장해 결과적으로 투자자들에게 큰 피해와 혼란을 줬다는 지적도 있다.

◇ 상장 전 증설효과 '과장' 논란…실제 연 1천억도 힘겨워

해태제과는 상장을 불과 하루 앞둔 지난 5월 10일, 강원도 원주시 문막읍 허니버터칩 제2공장 준공 사실을 보도자료 등을 통해 대대적으로 홍보했다. 당시 보도자료에서 해태는 "품귀 현상이 여전한 허니버터칩 공급에 숨통이 트였다"며 "풀(100%) 가동되면 허니버터칩 공급량은 1일 1만5천 박스에서 3만 박스로, 월 생산량도 75억원에서 150억원으로 두 배가 된다"고 선전했다. 해태는 "(허니버터칩 인기로) 생산량이 곧바로 매출로 이어지는 상황이므로 2공장 증설로 공급이 두 배로 늘어도 (그만큼 증가하는) 매출을 자신한다"며 2016년과 2017년 허니버터칩 매출 예상 값을 각각 1천400억원, 1천800억원으로 제시했다. 1천800억원은 2015년(900억원대) 매출의 거의 두 배에 이르는 규모다.

하지만 이후 5개월여가 지난 지금, 허니버터칩의 현실은 해태의 기대와 큰 차이를 보이고 있다. 해태에 따르면 현재 1, 2공장에서 생산하는 허니버터칩의 월 매출은 1공장만 가동했을 때(75억원)보다 불과 4억~5억원 안팎 늘었다. 현재 허니버터칩의 월 매출을 최대 80억원(75억+5억원)으로 보고, 내년에도 현재 수준의 수요는 유지된다고 최대한 긍정적으로 가정해도, 내년 전체 허니버터칩 매출은 960억원(80억×12개월)에 그칠 전망이다. 해태가 5월에 내놓은 2017년 매출 목표(1천800억원)의 거의 절반에 불과하다. 이런 차이는 한때 '품귀' 현상까지 보이던 허니버터칩에 대한 소비자의 관심이 크게 줄었기 때문이다. 시중 소매 현장, 개별 유통 채널에서는 허니버터칩 매출이 '전성기'보다 오히려 급감했다. 3대 편의점 중 하나인 A 편의점에서 지난 9월 허니버터칩 월 매출은 2015년 6월 최고 매출의 43% 수준에 불과했다. 1년여 만에 무려 60%나 허니버터칩 수요가 축소됐다는 얘기다. B 슈퍼마켓 체인에서도 허니버터칩 매출은 2015년 6월을 정점으로 줄어 올해 9월에는 2015년 6월보다 41%나 적은 것으로 집계됐다. 출시 초기였던 2014년 하반기 중고 사이트 등에서 5~6배까지 뛰었던 허니버터칩의 소비자 가격(정상가 60g 1천500원·120g 3천원)도 폭락한 상태다.

◇ 주가 70%↓ 시총 1조4천억 증발…투자자들 '어쩌나'

이처럼 해태제과가 주식 상장에 앞서 강조했던 '간판 품목' 허니버터칩 증설 효과가 기대에 미치지 못하자, 실망이 주가에 그대로 반영되고 있다. 허니버터칩 증설 홍보 등에 힘입어 해태제과(상장 종목명 해태제과식품) 주가는 5월 11일 상장 후 7일 만에 공모가(1만5천100원)의 4.5배에 이르는 6만8천원까지 치솟았다. 하지만 이후 계속 내리막을 달려 18일 종가 기준 1만9천600원까지 추락했다. 불과 5개월 만에 주가가 71%나 빠져 무려 1조4천억원(1조9천800억-5천707억원)의 시가총액이 날아간 셈이다.

출처: 연합뉴스, 2016.10.19

::: 마케팅 조사의 개요

마케팅에서 마켓 정보 및 소비자의 욕구 등의 정보 수집은 마케팅 통찰력을 확보한다는 차원에서 대우 중요한 업무이다. 마케팅 조사는 마켓의 인사이트를 얻기 위한 사전조사인 마켓조사와 마케팅 계획 및 활동을 한 후 그 성과를 정확히 파악하기 위한 사후조사인 성과조사로 크게 분류할 수 있다. 본 장은 기업에서 이루어지는 마케팅 조사의 조사유형, 조사설계 방법 및 최근 특히 주목 받는 새로운 조사방법론 등을 설명하겠다.

마케팅 조사의 범위는 매우 넓다. 우선적으로, 소비자의 욕구 변화 추세를 이해하기 위해서는 마케터는 일시적 유행, 추세, 대추세, 전통 간의 차이를 구분하는 것은 매우 중요하다. 일시적 유행(fad)은 예측이 불가능하고 아주 단기간 지속되며 사회적, 경제적 및 정치적인 의미를 부여되지 않는 일시적 마켓 내 변화를 의미한다. 추세(trend)는 특정 계기에 의해 일정 기간 동안의 영속성을 가지는 마켓 내 변화로서, 일시적 혹은 일부 사회적, 경제적, 정치적 및 기술적 변화를 의미할 수도 있으며 일시적 유행과 달리 미래 예측도 가능하다. 대추세(mega trend)는 앞서 언급한 추세보다 더 천천히 형성되면서 그 파장이 사회 전반에 더 크게 나타나는 것으로, 사회적, 경제적, 정치적 및 기술적 변화, 그 자체를 의미한다. 이러한 변화는 오랜 기간 우리에게 영향을 미친다. 마지막으로, 전통(classics)은 일시적 유행이 추세로 진화하여 매우 장기간 지속되어 안착하면서 생활양식을 변화하고 하나의 전통으로까지 인식되는 것이다. 이해를 돕기 위해 일시적 유행과 추세, 대추세 및 전통을 확산 정도와 시간 기준으로 그래프로 표현하면 〈그림 4.1〉과 같다.

그림 4.1

유행, 추세, 대추세, 전통의 차이

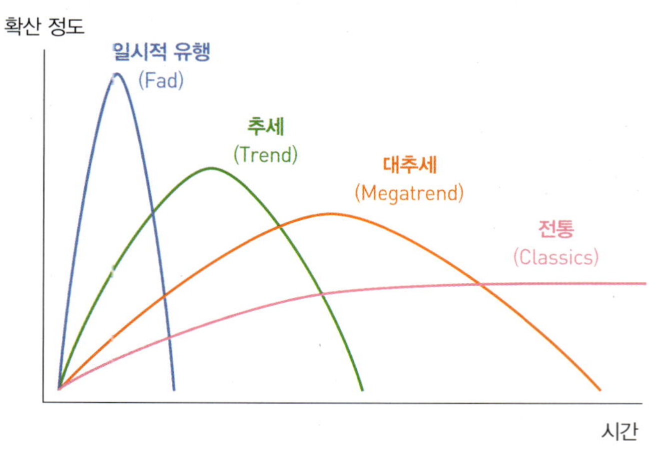

트렌드 본질의 이해

일시적 유행, 추세, 대추세 그리고 전통으로 진화하는 과정을 폴로셔츠의 기원과 기업의 대응의 사례를 통해 쉽게 이해를 할 수 있다. 원래 폴로(polo)는 티베트어로서 공이라는 풀루(pulu)에서 유래된 것으로 티베트에서 인도로 전해진 인기스포츠였다가 영국식민지 시기에 영국으로 전파된 스포츠이다. 폴로셔츠는 폴로경기 때 폴로선수가 입는 셔츠로서, 말 위에 장시간 타고 있다 보면 목 주변이 햇빛에 너무 많이 타는 것을 예방하기 위해 칼라가 있는 반팔셔츠의 형태였다. 1926년에 프랑스의 전설적인 테니스선수 르네 라코스테(René Lacoste)가 테니스의 공식 유니폼인 긴팔 드레스셔츠 대신 폴로경기복을 입고 경기에 등장하면서 상류사회 중심의 대표 보수적인 테니스계에 엄청난 파란을 일으켰다. 이러한 보수에 대항한 진보적 시도를 통쾌히 여긴 다른 테니스선수들도 라코스테를 따라 폴로셔츠를 입으면서 결국은 테니스 공식 유니폼으로 정착되었다. 라코스테의 폴로 경기복에 영감을 얻은 의류사업가 앙드레 질리에(André Gillier)는 라코스테 별명인 크로커다일을 로고화하여 테니스복을 제작하여 판매해 큰 성공을 거두어 들었다. 피케라는 여름용 이중직 소재로 제작하여 일명 피케셔츠라고도 한다. 이후 1972년 미국의 랄프 로렌(Ralph Lauren)은 폴로 경기에서의 소프트 칼라의 반소매 셔츠를 폴로경기 모습의 로고를 넣어 유럽 상류층 중심으로 즐기는 폴로의 고급 이미지를 활용하여 클래식 캐주얼웨어의 대표 브랜드가 되었다. 즉 정리하면, 르네 라코스테의 튀는 폴로셔츠 복장에 의해 주변 테니스 선수들이 따라 입는 것은 fad일 것이다. 이후 라코스테 브랜드 등장으로 프랑스 전역에 유행했던 것은 트렌드라 할 수 있을 것이다. 이후 미국으로 연결되는 이러한 폴로셔츠의 유행이 한 장르를 형성하여 클래식 캐주얼이라는 새로운 의복 장르로 형성하게 된 것은 클래식이라 하겠다.

1930년대 르네 라코스테의 테니스컷, 피켓 코튼셔츠는 당시 엄청난 파장을 일으키는 Fad 현상을 불러일으킴

폴로셔츠의 사례로 볼 때, 앙드레 질리에나 랄프 로렌과 같은 의류 사업가가 없었다면 폴로셔츠가 오늘날처럼 일반인이 즐겨 입는 옷 스타일로 정착이 안 되었을 것이며 오늘날의 클래식 캐주얼의 의복 장르도 형성되지 않았을 것이다.

1920년대 수잔 렝글렌, 하얀 슬리브리스카디건, 플리츠스커트, 헤어밴드를 통한 Flipper 여성의 대표 이미지를 제시한 트렌드세터였음

출처: Ralph Polo 홈페이지

2023년 'Old Money Look'이라는 복고 트렌드로 1920~1930년대의 노스텔지어 현상으로서 과거 미국과 유럽 등 서구의 상류층이 승마와 요트 등 부유한 취미 생활을 즐길 때 활용한 패션을 모태로 한 스타일이 등장함

이렇듯 마케팅은 fad를 형성하고 이를 통해 trend로 확장하도록 만드는 과정이라도 할 수 있다. 마케터는 끊임없이 fad를 형성하기 위한 새롭고 흥미로운 차별화된 제품, 서비스를 개발할 뿐만 아니라 다양한 마케팅 요소들을 활용하여 혁신적인 POD(Point of Difference)를 구현해야 한다.

도입 사례에 소개한 허니버터칩의 사례는 시장 규모 예측과 일시적 유행과 트렌드 구분의 중요성을 지적하고 있다. 초기 허니버터칩의 폭발적인 열풍은 SNS 마케팅을 통한 구전효과와 품귀현상이 오래가면서 일시적 유행의 폭발성이 더욱 커진 것이다. 전통적 짭조름하고 아삭거리는 식감을 자극하는 감자칩에 허니버터의 이색적인 시즐링을 가미한 이색적 맛은 다른 스낵들에게도 확산되어 다양한 me-too 제품들이 봇물처럼 출시되었다. 초기 허니버터칩의 성공은 일시적 유행이 트렌드로 발전되었다고도 볼 수 있는데 이런 me-too 제품들은 해당 특정시장의 전체 규모를 키우는 데 중요한 역할을 한다. 그러나, 해태제과는 정확한 미래 예측의 부족과 본 유행을 트렌드로 이어갈 수 있도록 하는 후속 마케팅의 부족으로, 허니버터칩의 일시적 유행을 지속적인 트렌드로 이어나가지 못하여, 짧은 성공과 실패를 단기간에 경험한 것으로 보인다.

::: 마케팅 조사 영역과 분류

마케팅 조사 활용 영역

마케터에게는 마케팅 프로그램 실행 및 마케팅 활동을 위한 마케팅 정보를 수집하는 것이 중요하다. 기업이 수행하는 마케팅 활동에 대한 소비자의 반응이 어떨지, 어떤 성과를 거두게 될지, 시장에서의 경쟁 상황은 어떻게 변화할지 등에 대해 예측하기 어렵다고 불확실성이 내재된 곳이 시장이기 때문이다. 따라서 시장의 수요를 정확히 예측하고 고객을 위한 가치 창출을 위해서 체계적인 마케팅 조사를 통해 다양한 정보를 수집하고 그에 따른 통찰력을 얻는 것은 필수적이다. 다음 〈표 4.1〉은 기업이 일반적으로 시행하는 마케팅 조사 활용 영역이다. 크게는 고객 분야, 제품 분야, 가격 분야, 유통 분야, 촉진 분야 및 시장예측 분야에서 마케팅 조사가 이루어지고 있다.

표 4.1

마케팅 조사 활용 영역

분야	조사 활용 영역
고객 분야	U&A(Usage & Attitude) 조사 브랜드 조사 고객 만족도 조사
제품 분야	경쟁상품 조사 신상품 반응조사, 수용도 및 잠재력 조사 기존 제품 고객 반응조사 제품포장 조사 시장 테스트(pre-test, pilot test)
가격 분야	경쟁상품 가격 조사
유통 분야	유통채널 조사(본사 입점 유통 현황, 직영점 및 대리점 현황조사 등) 공장 및 창고 입지 조사 상권 조사 Mystery shopper 유통 만족도 조사
촉진 분야	광고 효과 조사 광고매체 조사 본사 운영 매체 현황 조사 쿠폰, 이벤트 등 촉진활동의 효과 조사 광고물 사전 반응 조사
시장예측 분야	시장잠재력 조사 시장점유율(Market Share: M/S) 조사 시장 특성 조사 판매 분석 단기/ 장기 수요 예측 산업동향 분석

조사 목적에 따른 분류

마케팅 조사는 그 목적에 따라 탐색적 조사(exploratory research), 기술적 조사(descriptive research), 인과관계 조사(casual research)로 나눌 수 있다. 탐색적 조사를 실행하는 목적은 찾고자 하는 문제가 불명확하여 정확한 가설을 설정하기 위해서 본격적인 마케팅 조사 전에 사전적으로 진행하거나, 혹은 기존에 많은 정보를 찾을 수 없을 경우 진행한다. 주로, 문헌 조사나 전문가인터뷰, 마케터가 찾고자 하는 문제에 해당되는 표적집단을 대상으로 하는 인터뷰 등이 사용된다. 기술적 조사는 탐색적 조사를 바탕으로 문제가 정의되거나 가설이 세워지고 난 후에 실제 시장에 어떤 문제가 있는지, 어떤 상황인지, 특성을 보다 정확하게 조사할 때 사용된다. 고객 만족도, 제품에 대한 태도, 구매 의도 등을 분석하는 것이 포함된다. 이를 위해 많은 소비자 표본을 대상으로 설문 조사를 실시하고, 수집된 데이터를 분석하여 결과를 도출한다. 인과관계 조사는 특정 마케팅 상황에서 특정 현상과 결과가 왜 일어났는지에 대한 원인을 조사하는 방법이다. 이를 위해 먼저 원인과 결과 관계를 설정하고, 실제 조사를 통해 결과에 대한 원인이 맞았는지를 파악한다. 도입사례에서 소개한 허니버터칩 사례를 들어 설명하자면, 기술조사는 허니버터 스낵 관련 소비자의 브랜드 인지, 선호 및 충성도 혹은 브랜드 연상 및 충성도나, 구매 및 관련 유통 경험 등을 조사하고자 할 때 사용된다. 인과관계 조사는 허니칩의 열풍이 왜 일어났는지, 여러 원인들 중에 어떤 원인이 브랜드 선택 시 어떻게 영향을 미쳤는지 등의 원인관계를 알고자 할 때 사용된다.

데이터 성격에 따른 분류

1차 자료 vs 2차 자료

조사목표에 따른 조사계획을 수립한 후 조사를 시작할 때 통상적으로 먼저 기존에 다른 목적에 의해 사전에 분석되어 존재하는 자료인 2차 자료(secondary data)를 이용한다. 2차 자료는 통계청 및 정부, 유관기관들 및 연구소들 등이 발표하는 자료, 기업 내부자료인 매출자료, 고객자료, 외부기관이 발표하는 시장자료 등이 해당된다. 2차 자료를 통해 조사에 필요한 정보를 미리 분석함으로 인해 비용 및 시간을 절감할 수 있을뿐더러 2차 자료를 기반으로 1차 자료를 수집하는 원천이 될 수 있다. 2차 자료는 조사 문제나 조사 목적을 명확히 파악할 수 있는 기본 정보 원천이 될 수 있지만, 대부분의 경우 기업이 원하는 구체적인 특정 정보를 답해주지 못할 때가 많다. 이에, 특정 목적으로 조사하여 정보를 얻기 위해 1차 자료(primary data)를 수집하게 된다. 1차 자료는 필요에 의해 원하는 자료를 직접 수집한 자료를 의미한다. 1차 자료 수집을 위해서 조사 목적에 따라 다양한 조사 방식이 사용된다.

정성 조사와 정량 조사

1차 자료는 기본적으로 정량 조사(quantitative research)와 정성 조사(qualitative research)로 구분되는데 정량 조사는 계량 조사라고도 하고 정성 조사는 질적 조사라고도 한다. 각각의 조사목적과 특성은 〈표 4.2〉와 같다.

표 4.2

정성 조사와 정량 조사의 목적 및 특징

	조사 목적	본질적 질문	특성
정성 조사 (Qualitative Research)	이해(understand) 발견(discover) 진단(diagnose) 통찰(insight)	• 소비자의 브랜드 구매 선택에서 무엇이 중요하고 어떤 과정을 거치는가? • 최근 TV 광고의 선호도가 낮은 것은 왜 그런가?	• 반응 중심적 (Why, How 중심의 질문 필요) • 정량화가 어려우나 소비자의 숨은 욕구 파악, 원인 및 이유 파악과 같은 심층적 탐구가 가능함
정량 조사 (Quantitative Research)	측정(measure) 감시(monitor) 추정(estimate) 예측 (forecast)	• 소비자의 브랜드 선택에서 어떤 요인이 가장 중요한가? • 어떤 인구통계적 특성을 가진 소비자가 우리 브랜드를 최근에 구매했는가?	• 질문 중심적 (what, who, when 중심의 질문 필요) • 정량화, 계량화가 가능하기 때문에 방대한 정보 수집 및 처리가능 • 트렌드 변화 감지 및 변화 추이 분석에 의해 예측이 가능

접촉 방식에 따른 분류

조사방법은 설문 조사, 면접법, 관찰법, 실험법, 인터넷서베이, 빅데이터분석, 뉴로마케팅 등 다양하다. 이 중 가장 많이 사용되는 마케팅 정량 조사방법은 설문 조사이다 설문(survey)은 조사원이 어떤 방법으로 응답자와 접촉하는가에 따라 우편, 전화, 일대일 개별 인터뷰, 인터넷 서베이 등 세부적으로 구분된다.

우편 서베이(mail survey) 비교적 저렴한 비용으로 많은 응답자로부터 데이터를 얻을 수 있다는 장점이 있지만, 회수율이 적을 수 있고 응답자로부터 완성된 설문지가 빠르게 회수되지 않을 가능성이 크다는 단점을 가지고 있다. 즉 낮은 응답률로 인해 조사결과를 일반화하기 어려운 점이 있다. 전화 서베이(telephone survey) 경우는 우편 조사와는 달리 직접 조사원이 응답을 받을 수 있기 때문에 빠르게 조사 결과를 얻을 수 있다는 장점이 있지만, 시각적인 자료를 활용해야 하는 경우는 사용할 수 없다는 한계점을 가지고 있고 모르는 전화번호의 전화 회피로 인한 낮은 응답률의 문제를 가지고 있다. 일대일 개별 인터뷰(one-on-one survey)는 일반적으로 정형화된 설문지를 가지고 진행하는 경우인 일대일 개별 설문법과 정형화된 설문지 없이 자유롭게 심도 있는 정보를 수집하기 위해 개별 인터뷰하는 경우로 나뉘어진다. 이에 일대일 개별 설문은 정량조사에 해당되고 개별 인터뷰의 경우는 정성조사에 해당된다. 인터넷 조사(Internet survey)는 최근 가장 많이 이용되는 정량 조사방법 중의 하나로서, 전화나 우편조사 방식에 비해 빠르게 데이터를 수집할 수 있을 뿐 아니라 저렴한 비용으로 많은 응답자를 대상으로 조사를 실시할 수 있다는 장점을 가지고 있다. 특히, 일반 조사를 꺼려한다던가 바빠서 조사에 응하기 어려운 소비자 집단인 전문가 집단, 10대 소비자 집간이나 직장을 가진 주부 등에게 온라인을 통해 용이하게 도달할 수 있다.

실험 조사(experimental research) 인과관계를 알아보기 위해 가장 많이 사용하는 방법으로, 가설을 증명하기 위해 인과관계에 영향을 미치는 요인을 통제한 상황과 그렇지 않은 상황을 비교하여 원인과 결과를 설명한다. 마케팅에서 일반적으로 신제품 반응조사나 광고 문구 및 광고 시안 등을 평가할 때 주로 진행된다.

정성적 연구로는 대면 인터뷰, 소비자 좌담회, 전문가 델파이, 에스노그라피 등이 있는데 일반적으로 심도 있는 정보를 수집하기 위해 비정형화된 형식으로 대면하여 조사 진행된다. 이러한 정성연구는 정량조사 이전에 연구자가 가지고 있는 잠재적 가설이나 질문에 대해서 정성적으로 확인을 하기 위해서라든가, 정량조사 이후에 특정 결과의 원인 파악이나 추가 해석을 위해 보완적으로 사용되기도 한다. 인터뷰의 대상에 따라 조사원이 응답자 1인과 진행하는 경우를 대면 면접법(face-to-face interview)이라고 하며, 6~8명 정도의 응답자 그룹 대상으로 특정 질문들에 대해 의견을 교류하는 경우를 소비자좌담회(Focus Group Interview: FGI 혹은 Focus Group Discussion: FGD)라고 한다.

대면 면접법(face-to-face interview) 조사원들에게 충분한 설명을 제공함으로써 어렵고 긴 조사내용을 수행할 수 있고 다른 조사대비 심도 있는 조사와 정확한 조사를 진행할 수 있다는 장점이 있다. 반면, 이에 대한 높은 조사비용과 많은 시간이 소요되며, 면접자가 조사가 용이한 대상자 중심으로 진행할 가능성이 높기 때문에 표본 선정의 오류가 일어날 수 있는 확률이 상대적으로 높은 단점이 있다.

전문가 델파이(expert delpi) 전문가의 경험적 지식을 통한 문제해결 및 미래예측을 위한 기법으로서 전문가 합의법이라고도 한다. 일반적으로 전문가들의 의

견수립, 중재, 타협의 방식으로 반복적인 피드백을 통한 문제해결 방안을 도출하던가, 종합된 의견을 도출하는 기법으로 직접 모여 토론하기도 하고 우편이나 이메일을 통해 의견을 취합하고 공유함으로써 진행하기도 한다. 일반 소비자 조사의 경우는 조사대상자의 특정 집단이 대표성이 있는가가 중요한 사안이라면 전문가 델파이는 특정 주제에 대한 전문가들이 대상으로 진행하는가가 중요한 사안이다.

에스노그라피(ethnography) 보다 인문주의적이고 자연적으로 창의성과 함께 직관적 방식으로 정보를 수집하는 것으로 마케팅 조사방법 중에서도 가장 질적인 연구에 해당된다. 그 방식에 따라, 해당 현장에 직접 나가서 진행하는 질적 연구인 현장 조사(field research), 제3자적 관찰자 시점에서 진행되는 관찰 조사(observational research) 그리고 본인이 해당 조사대상 그룹의 일원으로 참여하여 직접 경험하면서 관찰하는 참여 관찰(participant observation) 등이 있다. 불확실성이 높아지고 예측하지 못한 다양한 현상들이 일어나고 있는 최근의 마켓 상황을 고려할 때, 소비자들의 반응을 정형화된 방식으로 계량화하는 것이 오히려 지금의 현상을 정확히 조사하지 못한다는 반성과 함께 전통적 방식의 조사법에 대한 한계점 인식이 높아짐에 따라 상대적으로 에스노그라피에 대한 관심이 높아지고 있는 상황이다.

관찰 조사(observation) 주로 매장에서 이루어지는데, 조사목적에 해당되는 대상자들의 행동패턴, 특정 상황 등을 직접 관찰함으로써 결과를 얻는 방식이다. 일반적으로 특정 브랜드 매장이나 유통점에서 얼마나 많은 고객들이 유입되고 체류하는지, 시간, 동선 및 종업원이나 매장환경들과의 상호작용 등을 관찰할 때 많이 사용된다. 이러한 매장관찰은 CCTV와 입구에서 유동인구 카운팅, 혹은 미스터리 쇼퍼 등 다양한 방식으로 가능하다. 이 중 미스터리 쇼퍼(mystery shopper)의 경우는 많은 유통회사들이 주로 많이 사용하는데, 교육한 조사원을 소비자처럼 가장하여 특정 종업원들의 고객 대응을 평가하는 방식으로 고객 만족 경영을 위해 많이 사용된다. 그 외에도 빅데이터 분석, 실험, 뉴로마케팅 등이 최근 기업에서 관심이 높아져서 그 활용이 다양하게 이루어지는데, 이는 다음 세부 장에서 관련 사례와 함께 상세히 설명하겠다.

::: AI·디지털시대의 중요 마케팅 조사방법

빅데이터 분석

오늘날 사람들은 다양한 SNS, 블로그, 커뮤니티와 같은 온라인상의 소셜미디어를 통해 세상과 소통하고 있고, 그 소통의 결과물은 수많은 사람들이 생성하고 기록한 방대한 양의 소셜 버즈(buzz) 데이터를 생성하고 있다. 그러한 방대한 빅데이터(big data)들을 수집하고, 분석 가능한 대상으로 통계처리하고 분석결과를 쉽게 알 수 있도록 시각화 및 인사이트를 도출하는 일련의 과정을 빅데이터 분석이라 한다. 맥락에 따라서, 소셜 분석(social analysis) 혹은 SNS 분석이라고도 부른다. 최근 빅데이터 분석은 산업 전반에 여러 분야들에서 영향을 미치고 4차 산업혁명의 중요 분야이기도 한데, 특히 마케팅에서 빅데이터 분석이 다양한 방식으로 활용되고 기업 전반의 의사결정에 중요 자료로서 활용되고 있다.

마케팅에서의 빅데이터 분석의 활용을 이해하기 위해서는 SNS 분석 이해하기 이전에 소셜 네트워크의 이해가 우선되어야 한다. SNS(social network system)는 노드(node), 접속점이라고 불려지는 개인 또는 집단이 상호의존적인 관계에 의해 연결되는 사회적 관계 구조를 말한다. 이 구조는 상호의존적인 관계로서, 사람들은 친분, 친족관계, 취향, 비즈니스, 종교, 지식, 학연 등 다양한 공통점을 나누는 성향을 가지고 있다. 이렇게 연결된 사회적 관계구조를 분석하는 것이 SNS 분석이다. 최근 빅데이터 분석은 계속 진화 중이고 마케팅 분야에게 적극적으로 빅데이터 분석을 활용하고 있다. 방대한 비정형 데이터들을 다양한 분석방법들을 활용하여 마켓 인사이트를 얻고 있는데, 이 중 대표적인 빅데이터 분석 기법들을 소개해 보면 다음과 같다.

그림 4.2

마켓 바스켓 분석 (market basket analysis)의 예시

출처: Analytics Magazine, 2016. 2.16 비즈니스 가치를 만드는 7가지 빅데이터 기법

Q. 차(tea)를 구매하는 사람은 탄산음료를 구매할까 아니면 구매하지 않을까?

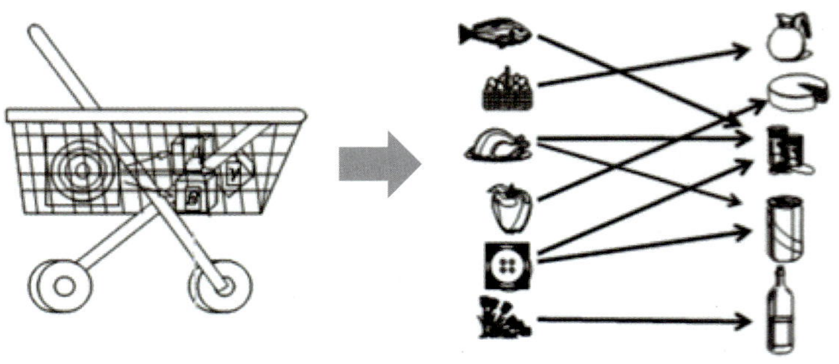

연관성 분석(association rule learning) 방대한 데이터 속에서 변수들 간의 흥미로운 연관성을 찾아내는 기법으로 제품 간의 흥미로운 관계를 찾아내기 위한 것으로 대형마켓이나 슈퍼마켓의 point-of-sale(POS)의 데이터를 주로 활용한다. 본 분석을 통해 (1) 매출을 올리기 위한 각 제품 간의 더 나은 근접 배치 선정, (2) 웹사이트 방문자의 정보 추출, (3) 맥주를 구매하는 사람이 기저귀를 구매할 가능성이 높은가 등과 같은 특정 제품들의 구매 간의 연관성 파악을 통해 고객의 구매 행동 이해를 통한 묶음상품(bundling product) 기획 및 유통점의 상품기획(merchandising assortment) 등에 도움을 줄 수 있다.

분류 트리 분석(classification tree analysis) 새로운 관측값이 속하는 카테고리를 파악하는 통계적 기법으로 정확히 파악된 관측값의 데이터 세트로서 과거 데이터가 반드시 필요하다. 본 분석을 통해 (1) 신규고객 데이터의 CRM 시스템에서 자동 카테고리 분류를 통한 집중 신규 고객 관리, (2) 본사 서비스를 이용하는 고객의 고객 프로필을 체계적으로 관리할 수 있다.

유전 연산법(genetic algorithms) 유전 연산법은 생태계에서 돌연변이 발생, 자연도태(natural selection)와 같은 메커니즘을 통해 진화가 이루어지는 방법에서 영감을 받은 기법이다. 이러한 메커니즘은 최적화를 필요로 하는 문제에 대한 유용한 해결방법을 진화시키는 것에 사용될 수 있는데, (1) 서비스기업의 front desk 인력 배치 스케줄의 최적화 조정, (2) 최적의 물질 조합 및 반환작업을 통해 연료 효율이 최적화된 신차 개발 시 공학적 시뮬레이션, (3) TV 프로그램 시청률 최대화를 위해 어떤 TV프로그램이 어느 시간대에 방영되어야 할지에 대한 매체 의사결정 등에 사용될 수 있다.

기계 학습(machine learning) 기계 학습은 데이터를 통해서 학습을 할 수 있는 소프트웨어를 포함한 것으로 해당 소프트웨어는 컴퓨터에게 학습할 수 있는 능력을 부여하고, 이전에 알고 있는 속성을 기반으로 미래를 예측한다. 딥러닝(deep learning)은 기계학습의 한 영역으로서 인간의 신경망 이론(Neural Network Theory)을 토대로 인공신경망(artificial neural network)을 구축한 것이다. 일반적으로 알려진 바에 의하면, 인간의 뇌는 250억 개 이상의 신경세포들이 연결되어 지능을 갖추게 된다. 이를 모방하여, 딥러닝은 다수의 노드들로 구성된 신경망을 통해, 정보를 전달하고 처리하며 데이터의 패턴을 찾아냄으로써 인간의 뇌가 문제를 해결하는 방식과 유사하게 구현해 내는 것이 딥러닝인 것이다. 본 방식은 다양한 분야에 적용되고 있는데 마케팅 분야에서는 (1) 사용자 선호 및 기호를 기계학습을 통해 추천 시스템을 구축하여 고객 맞춤형 추천, (2) 잠재 고객을 사로잡기 위한 최고의 콘텐츠 결정, (3) 특정 시장 진출 시 성과 예측, (4) 고객 VOC

에서 스팸 메시지와 비스팸 메시지 분류 등에 사용될 수 있다.

감성 분석(sentiment analysis) 감성 분석은 소셜 데이터에서 나타난 방대한 정보들의 감성들을 구분 분류하여 감정을 판단하는 데 도움을 준다. 일반적으로 크게 긍정 vs 부정 vs 중립으로 체계를 구분하여 분석하기도 하고, 기업의 추구하는 목표 감성들이 나타나는가 등을 분석한다.

- 고객의 의견 분석을 통한 호텔체인점 서비스의 개선
- 고객이 진정으로 원하는 것을 처리하기 위한 고객 맞춤 우대 조치 및 서비스 제공
- 소셜미디어상의 의견을 기반으로 고객들이 정말로 무엇을 생각을 하는가에 대한 결정

사회 연결망 분석(SNS analysis) SNS 분석 중 초기에 가장 많이 사용되었던 분석 방법으로서, 초기는 사람과 사람 간의 대인관계 파악에서 시작되어 특정 기업, 제품, 브랜드와 연상 이미지, 표현들이 어떤 구조로 연결되어 있는지를 분석하는 데 응용되고 있다. 노드(nodes)는 연결망에서의 각 개인, 기업, 제품 브랜드 및 연상 이미지일 수 있으면, 이를 연결하는 연결선(ties)은 그들 간의 관계를 말하며, 연결선이 굵을수록 가까울수록 그 관계가 더 강한 것을 의미한다. 어떤 노드는 많은 연결선으로 연결되고 사회 연결망의 중심이 되는 경우가 종종 있는데, 이런 노드를 슈퍼노드(supernode)라 하고 사람의 관계 상황이라면 주변에 큰 영향을 주는 가장 중요한 핵심 인물이라 할 수 있다. 따라서 사회 연결망 분석에서는 다음과 같은 내용들을 중심으로 분석한다.

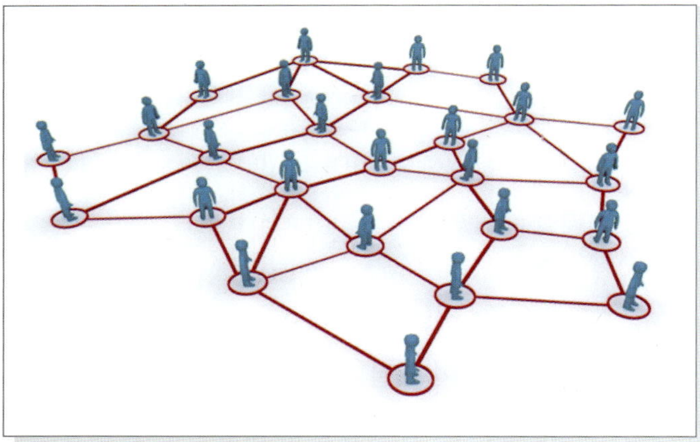

- 다른 집단의 사람들은 외부인과 어떤 연결관계를 형성하는가?
- 특정 집단 내에서 중요하거나 영향력이 있는 개인은 누구인가?
- 두 명의 개인이 연결되기 위한 최소한의 거쳐야 하는 연결 수는 몇 개인가?
- 고객의 사회 구조 이해하기

빅데이터의 장단점

빅데이터 조사의 장점은 첫째, 다변화된 현대 사회와 소비자의 니즈를 파악하는 데 효율적이며, 둘째, 실시간성이 높아 다른 어떤 조사보다도 시스템을 구현한

기업이라면 실시간 모니터링도 가능하다. 셋째, 이렇게 축적된 고객 및 마켓에 대한 인사이트를 기반으로 맞춤형 정보 및 제품을 제공하고 보다 편리한 서비스 제공이 가능하다. 반면, 빅데이터 분석의 단점은 첫째, 개인이 소셜 네트워크상에서 거래되는 텍스트, 사진, 동영상 등 무방비하게 수집되어서 분석에 활용되기 때문에 사생활 침해 요소가 높고, 둘째, 기업들은 개인정보보호에 대한 보호장치들이 있다고 주장하나 실질적으로 개인의 정보가 보호 받는지에 대한 소비자들의 위험지각이 높아서 정확한 정보 제공을 의도적으로 피하는 경우도 많다는 점이다. 셋째, AI·디지털시대가 도래했다 하여도 여전히 소셜 네트워크나 인터넷에 익숙한 일부의 특정 소비자 집단에만 국한되기 때문에 분석결과를 일반화하기에는 한계점이 있다. 넷째, 엄청난 양의 정보를 분석하나 그 결과에 오류가 여전히 높다. 예를 들면, 빅데이터에 대한 관심이 커지던 2008년에 구글에서 독감과 관련 있는 검색어의 검색 빈도를 추적해 독감 유행 시기를 예측하는 독감 트렌드(Google Flu Trend) 서비스를 발표했다. 하지만, 2009년의 신종 인플루엔자의 전 세계적 유행이나 2013년 실제 독감발생률의 2배로 잘못된 예측률을 제시하는 등 예측 오류가 높아 결국 서비스를 종료하였다. 마지막으로 다섯째, 빅데이터 결과가 제한적으로 실제 기업이 목표로 한 문제에 답을 찾는 1차 자료와 달리, 2차 자료를 분석하고 해석하는지라 분석자의 자의적, 개인적 차원의 결과 해석이 들어갈 수밖에 없어 객관성 확보의 한계가 있다.

뉴로 마케팅

뉴로 마케팅의 소개

뉴로 마케팅(neuro marketing)은 신경세포를 뜻하는 '뉴런(neuron)'과 '마케팅(marketing)'의 합성어로서, 신경과학기술을 통해 소비자의 뇌 반응을 측정하여 소비자의 심리나 행동의 매커니즘을 밝히기 위해 신경과학적 시도가 마케팅에 접목한 것이다. 이는 최근의 21세기 공학기술이 뇌생리학, 뇌신경학과 만나면서 지금까지의 일반 조사방식으로 설명하지 못했던 인간의 무의식 영역까지 측정할 수 있게 되었다는 점에서 큰 장점을 가지고 있다.

그림 4.3

인간의 뇌 구조

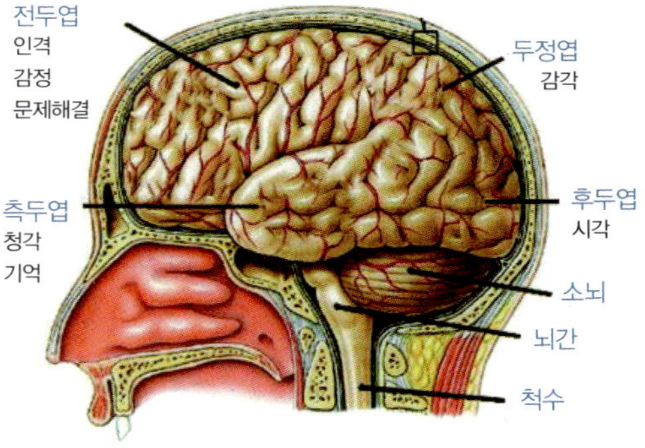

인간의 뇌는 크게 대뇌, 소뇌, 뇌간으로 구성되어 있고 일반적으로 알려진 뇌의 반응은 머리표면 아래의 약 140억 개의 신경세포로 구성된 대뇌 피질을 측정함으로써 알 수 있다. 대뇌피질은 다음 〈그림 4.3〉과 같이 전두엽(frontal lobe), 측두엽(temporal lobe), 후두엽(occipital lobe), 두정부엽(parietal lobe) 등으로 크게

나뉘며 담당 역할이 조금씩 다르다. 전두엽은 고차원 기능들인 사람의 인성, 성격, 언어, 논리, 기억 등의 사고 기능을 담당한다. 측두엽은 후각, 미각, 청각 기능을 담당하고 언어와 기억, 감정 조절에도 일부 관여하는 것으로 알려져 있다. 뒤통수에 해당하는 후두엽에는 1차시각 피질이 있어 눈을 통해 전달되는 1차적 시각정보 처리를 담당하며, 정수리 근처에 해당하는 두정부엽에는 체성감각 피질이 있어 공간, 운동, 감각관련 정보처리를 담당하는 것으로 알려져 있다.

중요 뉴로 리서치 기법

뉴로 마케팅에서는 다양한 뉴로 리서치(neuro research) 기법들을 활용하고 있는데 이 중 보편적으로 널리 사용되는 것을 소개하면 다음과 같다.

시선추적(eye tracking) 분석 일명, 아이 트래킹 기법은 눈동자를 정밀하게 측정하여 무엇을 보고 있는지 추적하여 분석하는 방법이다. 이는 '동선추적 방법'이나 '고객행동추적 방법'을 통해 소비자의 움직임과 행동을 정밀하게 조사하는데 뉴로 리서치 중 가장 보편적으로 널리 사용되는 조사방법 중에 하나이다. 쇼핑하는 고객들의 눈 깜박임 빈도, 피부전도반응, 뇌파 반응까지 다양한 신경·행동 측정을 통해 시선과 감정을 분석함으로써 매장의 최적 동선과 디스플레이 효과 등을 분석할 수 있다. 또한 매장에서 이루어지는 쇼퍼연구나 온라인 쇼핑몰 구매 조사 등에 많이 사용된다. 시선추적 조사는 통계적으로도 정량적 데이터를 추출할 수 있는 장점이 있어 홈페이지 사용자 편의성 측정과 광고 효과 분석 등에 널리 쓰인다. 이외에도 소비자의 행동, 성과, 효율, 인지부하 등에 대한 정성 및 정량조사, 시각적 주의도와 인지도(웹디자인 개선, 정량결과), 행동연구(사용성 테스트, 행동패턴 등), 제품 및 포장디자인 등에 대한 의사결정 과정 등 자연스럽고 직관적이고 객관적인 소비자행동 관찰이 가능하다.

그 적용 예로 네이버는 시선추적 분석을 시행하였는데, 분석결과, 일반적인 사용자들이 검색결과를 볼 때 최상단에 노출되는 것을 우선으로 확인함을 파악하였다. 이에, 네이버 웹페이지 상단에 사용자가 원하는 정보와 광고를 효율적으로 배치할 수 있도록 조정하여 네이버 광고 효과성을 증대하였다. 또 다른 예로, 〈그림 4.4〉는 화장품 광고의 다양한 시안들에 대한 소비자들의 시선을 eye tracking 분석에서 의해 분석한 결과를 보여주고 있다. Heat map에 의하면 광고 모델의 얼굴부분이나 화장품에 시선이 주로 머물렀고 상품명이나 제품의 기능성을 설명하는 광고카피에는 시선이 상대적으로 적게 머물렀음을 알 수 있다. 이러한 분석결과에 따라 좀더 효과적인 광고시안은 어떤 것인지, 소비자의 시선을 끌기 위해서는 디자인적으로 혹은 광고 카피상에서 변화를 주어야 한다는 인사이트를 제공한다.

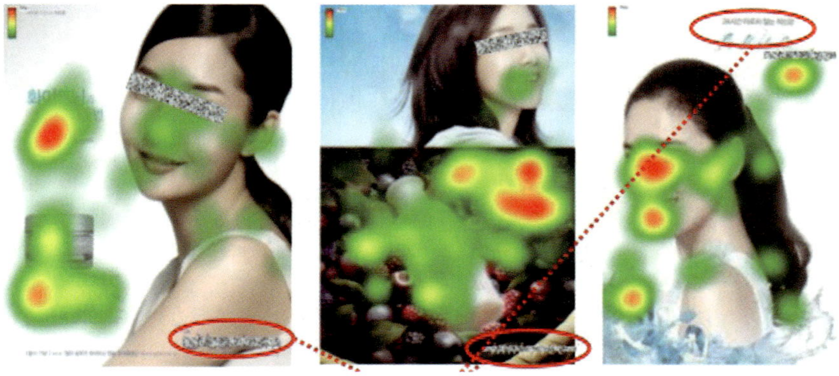

그림 4.4

광고시안의 시선추적 결과 예시

출처: Thinkuser, Korea
www.slideshare.net/seesaw_service/eye-tracking-v10

뇌파(electroencephalogram: EEG) 분석 뇌파 분석은 신경계에서 뇌신경 사이에 신호가 전달될 때 생기는 전기의 흐름을 분석하는 것이다. 뇌파는 주로 신경세포에 의해 발생하며 심신의 상태에 따라 그 파워와 뇌의 반응 위치가 각각 다르게 나타난다. 뇌파는 매우 복잡한 패턴으로 진동하는 파형형태로 보이는데, 이는 주파수에 따라 분류하는 파워 스펙트럼 분석을 이용하여 볼 수 있다. 뇌파는 진동하는 주파수의 범위에 따라 델타파, 쎄타파, 알파파, 베타파, 감마파로 구분하여 부른다. 델타파는 주로 정상인의 깊은 수면 시나 신생아의 경우 두드러지게 나타나며, 쎄타파는 정서안정 또는 수면으로 이어지는 과정에서 주로 나타나는 파로 성인보다는 어린이에게 더 많이 분포한다. 쎄타파는 기억력, 초능력, 창의력, 집중력, 불안해소 등 많은 다양한 상태와 관련되어 있다고 보고되고 있다. 알파파는 긴장이완과 같은 편안한 상태에서 주로 나타나며, 베타파는 주로 전두부에서 많이 나타나는데, 깨어 있을 때나 말할 때와 같이 모든 의식적인 활동을 할 때 나타난다. 특히, 불안한 상태나 긴장 시, 복잡한 계산처리 시에 우세하게 나타난다. 감마파는 베타파보다 더 빠르게 진동하는 형태로 정서적으로 더욱 초조한 상태이거나 추리, 판단 등의 고도의 인지정보처리와 관련 깊다고 보고되고 있다. 뇌파분석은 이러한 생리적 반응원리를 기반으로 각 주파수 성분의 파워와 머리표면의 측정부위별 반응을 관찰한다.

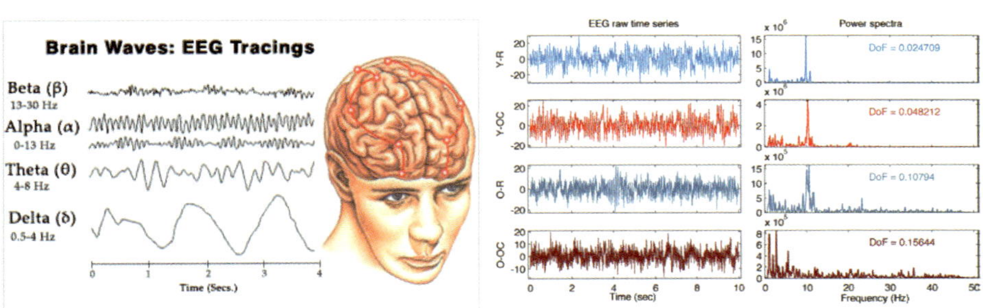

그림 4.5

뇌파 분석 상황과 분석결과 예시

'치토스'로 유명한 프리토레이의 뇌파(EEG) 측정은 선진적으로 적용한 사례로 꼽힌다. 프리토레이는 2008년에 치토스 광고 제작 시 뇌파 측정을 통해 소비자의 반응을 살펴보았다. 치토스를 먹고 있는 사람의 뇌전도를 측정한 결과는 놀라웠다. 과자를 집을 때 손에 묻기 마련인 끈끈한 오렌지색 양념이 더럽고 찜찜한 인식 때문에 싫어할 것이라는 일반적인 예상과 달리 뇌가 강렬하게 반응한 것이다. 이에 치토스는 본 뇌파조사 결과를 토대로 광고뿐만 아니라 제품 포장지도 오렌지색으로 바꿔 출시할 정도로 변화를 주었다.

fMRI(기능성 자기공명영상) 분석 fMRI는 뇌의 특정 구역이 활성화되면서 산소 공급을 위한 혈액량이 증가하는 것을 사진(영상)을 통해 직접 확인할 수 있다. 이는 일반적으로 신제품 개발 과정에서의 개발 제품 디자인 반응 조사나 신제품 출시 전 다양한 시장 반응 조사, 신제품 브랜드 개발 등에 많이 사용된다. 그 대표적인 예로는 맥클루레(McClure)와 그의 연구자들이 2004년에 실행한 영원한 라이벌인 코카콜라와 펩시콜라에 대한 fMRI 분석 실험이다(〈그림 4.6〉). 우선 본 실험연구에 들어가기 전에 피실험자들에게 어떤 콜라 브랜드를 좋아하는지 설문조사한 후, 블라인드 테스트(blind test)를 시행하여 맛이 더 좋은 쪽을 선택하게 하였다. 그 결과, 절반 이상의 피실험자들은 본인이 좋아한다고 사전에 응답한 브랜드가 더 맛이 좋다고 응답했다. fMRI 분석 결과(1), 두 브랜드 모두 달콤한 맛에 대해 보상심리(reward center)를 담당하는 복내측전 전두피질(ventromedial prefrontal cortex)이 동일하게 반응하였다. 즉 음료 맛의 차이는 없었던 것이다. 그러나 이후 브랜드 정보를 제공하고 시음하게 했을 때는 확연히 다른 결과를 보여주었다. fMRI 분석 결과(2)에서 보여주듯이, 펩시보다 코카콜라를 마신 사람의 뇌는 정서, 감정을 담당하는 중뇌(midbrain)와 기억을 담당하는 해마(hippocampus)가 확연하게 더 활성화되었다. 즉, 코카콜라를 마실 때, 단순히 콜라라는 제품을 소비하는 것이 아니라, 코카콜라의 높은 브랜드 파워는 인간의 쾌락 중추를 더 반응하게 하고 뇌에 저장된 그 브랜드와 관련된 소비, 기억, 경험들의 정보들을 작동하게 하는 것이다. 즉, 브랜드 파워가 소비자의 감정적인 선입견(affective bias)으로 작용하여 영향을 준 것으로 해석되며, 브랜드 파워를 뉴로 조사 방법으로 다시 한번 확인할 수 있었던 사례이다.

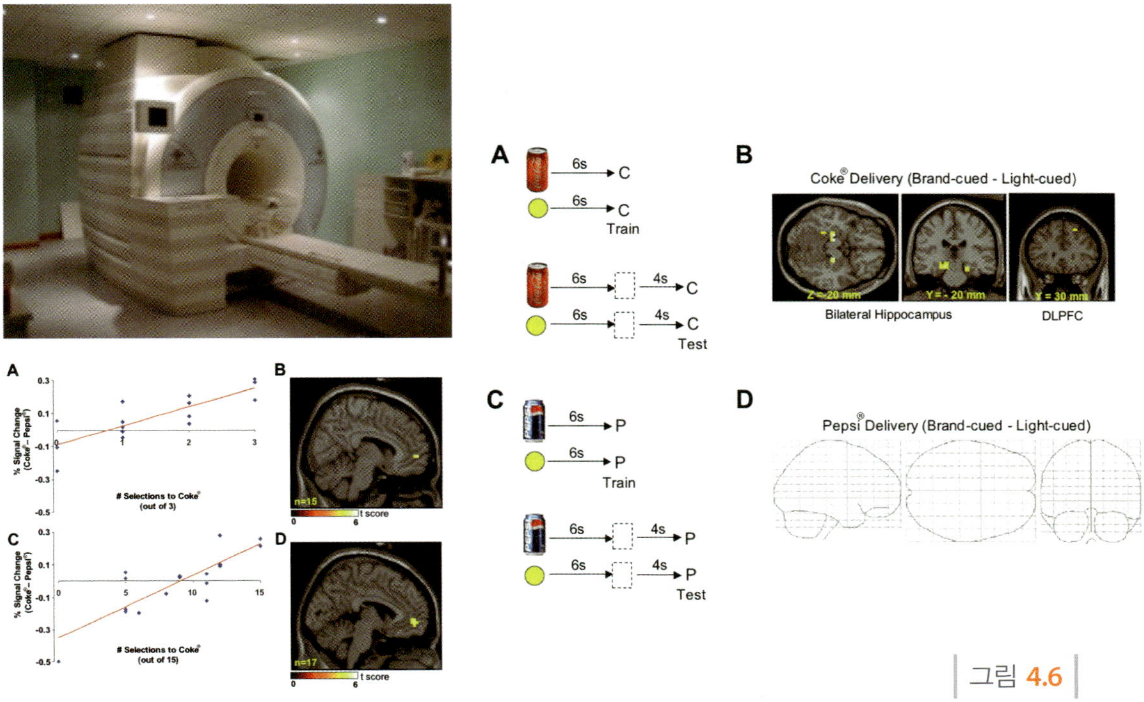

그림 4.6

fMRI 기계와 콜라실험(2004)의 분석 결과

출처: McClure, S.M., Li, J., Tomlin, D., Cypert, K. S., Montague, L. M. and Montague, R. (2004). "Neural correlates of behavioral preference for culturally familiar drinks," Neuron, 44, 379-387.

뉴로 마케팅의 장단점

뉴로 마케팅의 장점은 첫째, 다른 조사방식들에서 응답자가 인위적으로 응답을 회피하던가 정확하게 기억을 떠올리지 못한다던가 등의 문제점을 해결하며, 둘째, 의식적인 부분뿐만 아니라 무의식 부분까지 측정할 수 있다는 장점이 있다. 많은 연구결과에서도 보고된 바와 같이, 무의식은 오랜 기간 형성된 의식이 무의식으로 넘어간 것이기 때문에 소비자들에게는 훨씬 강력하게 인식하고 느낀 산출물이라고 볼 수 있다. 따라서 무의식 측정할 수 있다는 점에서 뉴로 마케팅은 매우 강력한 조사방법론이라 할 수 있다. 그러나 뉴로 마케팅도 많은 한계를 가지고 있다. 첫째, 최근 측정 장비의 발전이 비약적으로 이루어졌으나 장비와 측정 상황에 따라 결과의 편차가 큰 폭으로 존재하여, 여전히 측정 정확도가 60~70%밖에 안 된다. 둘째, 인간이 생리학적으로 어떻게 인지적, 감정적 반응을 했는지는 알 수 있으나 왜 이런 반응을 했는지의 원인을 알 수가 없다. 셋째, 고가의 장비 사용 및 제한된 고급인력을 통해 측정하기 때문에 매우 고가의 조사비용이 발생하고, 조사시간도 오래 걸린다. 넷째, 통상 20, 30명에서 100여 명의 인원 대상으로 조사하기 때문에 적은 수의 표본집단으로 인해 조사결과를 일반화하기에는 매우 큰 제약점이 있다.

::: 마케팅 조사 설계

성공적인 마케팅 조사를 위해서는 과학적인 마케팅 조사 설계와 체계적인 조사 실행이 중요하다. 다음은 마케팅 조사 설계에 앞서, 앞서 소개한 다양한 조사방식들의 장단점을 살펴보고 표본추출 방식들의 장단점을 이해해야 한다.

접촉방식에 따른 조사별 장점과 단점

〈표 4.3〉은 앞서 소개한 조사 방식들을 접촉 방식에 따른 장점과 단점으로 정리한 것이다. 각 조사별로 조사의 유연성, 수집할 수 있는 데이터의 양, 면접자의 영향력 통제 및 표본에 대한 통제 가능성, 데이터 수집의 신속성, 응답률 및 비용이 매우 상이하다. 전통적으로 많이 사용되어왔던 우편 조사는 면접자의 영향력의 통제 가능성이 상대적으로 매우 높은 편인 데 반해, 조사 진행상의 유연성 및 응답률은 상대적으로 매우 나쁘다. 전통 방식의 조사방법인 우편, 전화, 대인면접 등과 달리, 최근 온라인, 매장관찰, SNS 분석 및 뉴로 조사 등이 기업들에서 다양하게 사용되면서 이는 절대적 기준치라기보다는 각 접촉방식별 상대적 장점과 단점이라고 이해하는 점이 더 합리적일 것이다.

표 4.3 접촉방식에 따른 조사별 장점과 단점

	우편 조사	전화 조사	대인면접 조사	온라인 조사	매장 관찰	SNS 분석	뉴로 조사
조사 유연성	매우 나쁨	좋음	매우 좋음	좋음	매우 좋음	좋음	좋음
수집할 수 있는 데이터의 양	좋음	보통	매우 좋음	좋음	보통	매우 좋음	매우 나쁨
면접자 영향력의 통제 가능성	매우 좋음	보통	나쁨	매우 좋음	매우 좋음	매우 좋음	매우 좋음
표본에 대한 통제 가능성	보통	매우 좋음	보통	보통	매우 나쁨	나쁨	보통
데이터수집의 신속성	나쁨	좋음	좋음	좋음	매우 좋음	매우 좋음	매우 나쁨
응답률	매우 나쁨	나쁨	좋음	보통	매우 좋음	–	매우 좋음
조사 비용	좋음	보통	나쁨	매우 좋음	매우 좋음	나쁨	매우 나쁨

표본 추출(sampling)

표본 추출이란 전체 조사 대상자인 모집단(population)에서 모집단의 특성을 나타낼 수 있는 대상자를 일부 추출한 것을 의미한다. 이때는 어떤 표본의 대상을 추출할 것인가, 표본의 크기는 어느 정도로 할 것인가, 표본을 추출할 때 어떤 방식으로 추출할 것인가가 결정되어야 한다. 표본 대상이나 표본의 크기는 조사 목적과 성격에 부합할 수 있도록 설정되어야 하며 조사결과 데이터의 신뢰도를 높이고 그 결과를 일반화하는 데 매우 중요한 결정이기도 하다. 미국의 대선 사례에서 소개된 바와 같이, 어떤 조사설계이냐에 따라 그 결과가 완전히 다르게 나올 수 있어서 기업의 존폐에 영향을 미치고, 때로는 한 국가의 대선결과가 국제사회까지 큰 영향을 미칠 수도 있음을 보여주고 있다.

표본추출 방법으로는 모집단 내에 대상자가 뽑힐 확률이 얼마인지 알 수 있는 확률표본 추출방식(probability sampling)과 그렇지 않은 비확률표본 추출방식(non-probability sampling)이 있다. 확률표본 추출의 경우 확률을 알 수 있기 때문에 조사 결과에 대한 일반화가 가능하여 신뢰도를 확보할 수 있지만, 비용, 시간 및 인력이 많이 든다는 단점이 있다. 비확률표본 추출방식은 표본 추출방식을 임의로 정하기 때문에 확률표본 추출방법보다는 상대적으로 비용, 시간, 인력 면에서 경쟁력을 가지고 있어서 산업체에서 비교적 많이 사용된다. 그러나 조사자의 경험이나 목적을 기반으로 표본 추출방식을 임의로 정하기 때문에 조사자의 경험이 매우 중요하며 조사결과에 대해 일반화의 한계점이 존재하는 단점을 가지고 있다. 확률표본 추출방식의 단순 무작위 표본 추출, 층화 무작위 표본 추출, 군집(지역) 표본 추출 등이 있다. 비확률표본 추출방식은 편의 표본 추출, 판단 표본 추출, 할당 표본 추출, 누적 표본 추출 등이 있다. 각각의 방식의 특성과 장단점이 〈표 4.4〉와 〈표 4.5〉에 상세히 정리되어 있다. 앞서 거론된 바와 같이, 각 조사방법과 표본 추출방식에 따라 매우 크게 장점과 단점이 존재하기 때문에 마케터는 해당 조사목적과 상황에 따라 최대한 비용, 시간 및 인력 등의 제약점들을 고려하면서도 통계적으로 샘플조사 결과의 일반화가 가능하도록, 조사 설계 단계에서 조사방식 및 표본 추출방식을 합리적으로 선택하여 설계하는 것이 매우 중요하다.

표 4.4

표본 추출 유형
: 확률 표본 추출

확률 표본 추출 (probability sampling)	
단순 무작위 표본 추출 (random sampling)	모집단의 모든 구성원이 추출될 확률이 동일하며 그 확률이 알려져 있는 경우 (장점) ① 모집단의 모든 요소가 동일하고 또 독립적인 추출기회를 가지므로 적어도 이론적으로는 추출된 표본이 모집단을 잘 대표함 ② 다른 표본추출방법에 비해 모집단에 대한 사전지식을 필요로 하지 않음 ③ 표본오차의 계산이 용이 ④ 층화표본추출과 같은 다른 확률적 표본추출에 비해 모집단의 모수나 특성을 잘못 분류함으로써 나타나는 모든 오차를 줄일 수 있음 ⑤ 확률적 표본추출 중 가장 적용하기가 용이할 뿐만 아니라, 다른 확률표본추출방법과 결합하여 사용할 수 있음 (단점) ① 조사자가 모집단에 대하여 가지고 있는 지식을 충분히 활용할 수 없음 ② 보통 동일한 크기의 표본일 경우, 층화표본추출보다 표본오차가 큼 ③ 모집단에서 그 수가 적은 요소는 표본으로 추출될 보장이 없으며 따라서 비교적 표본의 규모가 커야 한다는 문제점이 있음
층화 무작위 표본 추출 (stratified random sampling)	모집단을 상호 배타적인 그룹으로 나누고(성별, 연령별, 지역별), 각각의 그룹으로부터 무작위로 표본을 추출하는 경우임 모집단에 대한 기존지식을 활용하여 모집단을 몇 개의 소집단으로 구분하고, 각 소집단 내의 구성요소들이 전체로서 모집단의 구성요소들보다 더욱 동질적이 될 수 있도록 구분한다는 개념 예 1,000명의 고객 중에서 100명에게 고객 선물 배송하기로 했는데, 60명은 실버 그룹 이하, 20명은 실버, 10명은 골드, 다이아몬드 10명을 무작위로 추출하여 각각 그룹별 다른 고객에게 선물 발송 (장점) ① 중요한 집단을 빼지 않고 표본에 포함시킬 수 있음 ② 동질적 대상은 표본의 수를 줄이더라도 정확도를 기할 수 있음 ③ 우편조사의 경우에는 회수율이 상당히 높아질 수 있음 ④ 단순무작위표본추출보다 지역적으로 더 좁은 지역에 조사를 집중시킬 수 있으므로 시간, 노력, 경비가 절약 (단점) ① 층화 시 모집단에 대한 지식이 요구되며 무엇에 초점을 두어 층화하는가 하는 문제가 있음 ② 층화 시 근거가 되는 전체 집단의 명부가 필요
군집(지역) 표본 추출 (cluster sampling)	모집단을 여러 가지 이질적인 구성요소를 포함하는 여러 개의 집단으로 구분한 다음, 구분된 집단을 표본추출단위로 하여 이들 집단들 중에서 무작위적으로 몇 개의 집단을 표본으로 추출한 다음, 표본으로 추출된 집단에 대하여 그 구성단위를 전수조사하는 방법 각 집단이 모집단의 구성요소를 대표할 수 있는 이질적인 요소로 구성되고 집단과 집단들 사이에는 거의 차이가 없는 경우에 적용됨 (장점) ① 시간과 비용을 절약할 수 있음 ② 전체 모집단의 목록표를 작성하지 않아도 됨 ③ 선정된 각 군집은 다른 조사의 표본으로도 사용될 수 있음 (단점) ① 집락의 요소가 동질적이면 오차의 개입가능성이 높음 ② 단순무작위표본추출보다 특정집단을 과대 또는 과소 표현할 위험이 더 많음

표 4.5
표본 추출 유형
: 비확률 표본 추출

비확률 표본 추출 (non-probability sampling)	
편의 표본 추출 (convenience sampling)	모집단에 대한 정보가 전혀 없는 경우이거나 모집단 구성요소 간의 차이가 별로 없다고 판단될 때 표본 선정의 편리성에 기준을 두고 조사자가 마음대로 표본을 선정하는 것 예 길거리에서 만난 사람을 대상으로 표본조사를 하는 것으로 조사자는 단지 그 시간 내에 그 장소를 지나가게 된 사람만을 표본으로 선정하게 되는 것 하나의 아이디어나 가설을 추출하기 위한 탐색연구나 설문지의 사전조사에 주로 이용되며, 기술적 조사나 설명적 조사를 위한 표본추출방법으로는 부적당함 (장점) ① 다른 표본추출방법에 비해 표본추출의 과정 용이 ② 시간, 비용면에서 경제적 ③ 여러 가지 제약으로 엄격한 표본추출계획이 어려울 경우, 임의표본추출 방법으로 수집된 자료가 조사자가 필요로 하는 기초적인 정보를 제공 가능 (단점) ① 접근하기가 쉬운 조사대상만을 표본으로 선정하게 되어 표본의 편중이 생기기 쉬움
판단 표본 추출 (judgment sampling)	조사자의 판단에 따라, 정확한 정보를 제공해 줄 것으로 예상되는 구성원들을 조사대상으로 선정하는 경우 모집단의 구성요소들 가운데 표본에 포함되어야 할 항목을 선정하는 데 있어서 연구자의 주관적 판단이 중요한 기준이 되는 표본추출방법이며, 조사자가 모집단에 대한 지식이 많을 경우에 유용하게 쓰일 수 있음 예 경쟁회사의 동태파악을 하려는 목적에서 회사 판매원들 통해 조사 실시 시, 판매원의 수가 많지 않고 표본프레임도 완벽하게 갖추고 있는 경우에는 확률적 표본추출방법이 상용될 수도 있으나, 조사자가 판매원들 개개인에 대한 지식이 있을 경우 판단표본추출방법이 조사목적에 더 부응할 수 있음(경쟁회사의 동태를 잘 파악하고 있는 판매원들을 표본으로 추출하고 잘 모르는 신입사원들은 표본에서 제외시킬 수 있기 있음) (장점) ① 비용이 적게 들고 표본추출을 하는 데 편리 ② 조사설계에 관련이 있는 요소는 틀림없이 선정할 수 있음 (단점) ① 표본의 대표성을 확신할 방법이 없음 ② 모집단에 대한 상당한 사전지식이 필요 ③ 표본추출오차의 산정이 곤란
할당 표본 추출 (quota sampling)	모집단을 일정한 카테고리로 나눈 다음, 이들 카테고리에서 정해진 요소를 작위적으로 표본추출하는 방법으로, 첫째, 모집단의 제 속성, 특히 주요속성을 대표할 수 있는 일정수의 범주를 결정 후 연구자는 모집단에 대한 사전지식을 기초로 하여 모집단을 일정수의 범주(연령, 성, 교육수준, 직업, 지리적 조건 등)로 분류하여 선택. 둘째, 각 범주를 대표하는 표본의 수, 즉 할당량을 결정하여 할당표를 작성. 셋째, 각 범주마다 할당된 수의 표본을 추출. 넷째, 조사자의 임의적 판단에 따라서 표본을 선택하며, 이 때 조사자는 할당표에 따라서 각 범주의 구성비율만 유지하면 됨 할당표본추출은 모집단을 일정한 기준에 따라 분류한다는 점에서는 층화표본추출과 유사하나, 할당표본추출은 작위적 표본추출임에 비해 층화표본추출은 무작위적 표본추출 방식임 (장점) ① 같은 크기의 무작위표본추출보다 적은 비용으로 표본을 추출할 수 있음 ② 조잡하나 신속한 결과를 원할 때 적절함 ③ 어떤 형태의 대상자도 표본으로 포함시킬 수 있음 (단점) ① 무작위성을 보장하는 수단의 결여로, 결과의 일반화에 문제가 있음 ② 분류방법이나 분류에 영향을 미치는 관련변수에 대한 지식이 부족하여 또는 분류의 무작위성으로 인해 분류오차가 개입할 가능성이 높음
누적 표본 추출 (snowball sampling)	첫 단계에서 연구자가 임의로 선정한 제한된 표본에 해당하는 사람으로부터 추천을 받아 다른 표본을 선정하는 과정을 되풀이하여 마치 눈덩이를 굴리듯이 표본을 누적해 가는 방법 연구자가 특수한 모집단의 구성원을 전부 파악하고 있지 못할 때, 즉 표본추출 프레임이 없을 때 적합한 표본추출방법임 (장점) ① 소규모의 사회단체나 중소기업들을 조사할 경우에 유용하게 쓰일 수 있음 ② 모집단을 잘 모르는 경우나 조사대상자의 파악이 쉽지 않아 일상적인 표집 절차로는 현실적으로 조사를 쉽게 수행해 나가기 어려운 경우에 적합함 ③ 확률적인 방법으로 최초 표본을 선정한다면, 확률적 표집법과 겸하여 사용할 수 있음 (단점) ① 누적표본추출도 비확률적 표본추출방법이므로 통계적 추론이 불가능 ② 표본의 크기가 일정수준을 넘는 경우에는 적용하는 데 어려움이 따름

마케팅 조사 설계 (market research design)

마케팅 조사 설계는 마케팅 활동에 필요한 자료를 수집하기 위해 이루어지는 일련의 조사 설계 과정을 의미한다. 기업이 현재 진행 중인 마케팅 활동이 효과적인지, 새로운 마케팅 프로그램이 필요한지, 다른 변화가 필요한지 등 다양한 마케팅 이슈에 대한 대응책으로서 마케팅 조사가 필요할 수 있다. 뿐만 아니라 세부적으로는 마케팅 환경 분석을 통해 마케팅 프로그램 방향을 설정하고, 이에 따라 마케팅믹스 프로그램을 개발하고 실행하기 위해서 이루어진다. 이에 마케팅 조사 설계는 다음 〈그림 4.7〉처럼 체계적인 조사 계획 수립 및 정보 수집과 분석을 수행하는 조사계획의 실행, 마지막으로 조사 결과의 해석과 보고서 작성 등의 4단계 과정으로 진행된다.

그림 4.7

마케팅 조사 과정

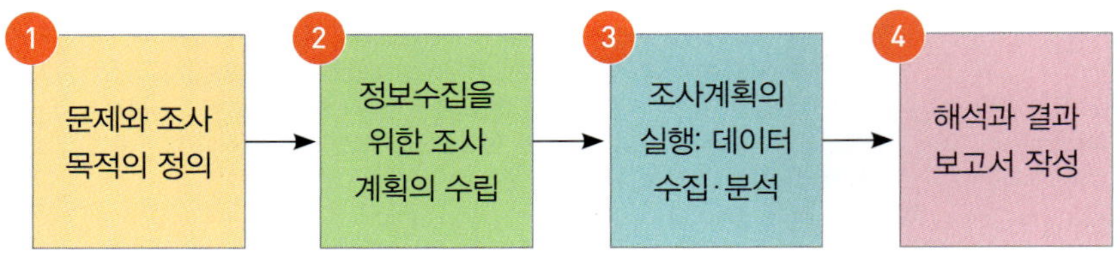

1단계: 마케팅 조사 문제 파악 및 조사 목표 설정

마케팅 조사를 실행하는 문제가 정확히 설정되어야 그에 따라 명확한 문제 해결책이 도출될 수 있을 것이다. 분명한 조사목적(research objectives)은 성공적인 마케팅 조사에 필수적이다. 이 단계에서는 마케팅 조사를 통해 최종적으로 어떤 정보를 얻어서 그로 인해 어떠한 해결책을 얻으려고 하는가에 대해 명확하게 정의해야 한다.

2단계: 마케팅 조사 계획 수립

마케팅 조사의 문제를 파악하고 목표가 수립되었다면 이를 어떻게 진행할 것인가에 대한 조사계획을 세워야 한다. 조사계획에는 2차 자료 수집 결과와 1차 자료의 수집 방법, 자료수집도구, 표본선정 방식 등이 포함된다. 마케팅 조사를 위한 수집 방법, 자료수집도구가 결정되었다면 누구를 대상으로 조사할 것인가에 대한 표본을 설정해야 한다.

3단계: 조사 실행 및 분석

위의 조사 계획을 바탕으로 마케팅 조사를 실행한다. 이 단계에서는 마케팅 조사를 실시하는 것뿐 아니라 데이터를 가지고 실제 분석하여 결과를 얻게 된다. 기술적 조사나 인과관계에서 얻은 데이터를 SPSS, AMOS 등과 같은 통계분석

프로그램들을 사용하여 필요한 결과를 얻을 수 있다. 결과를 얻는 과정은 의사결정에 직접적인 영향을 미치기 때문에 꼼꼼히 자료를 처리하고, 관련 전문가의 분석을 통해 정확도와 완성도를 높여야 한다.

4단계: 조사 결과 보고서 작성

조사 결과를 바탕으로 조사자는 결과 보고서를 작성해야 한다. 마케팅 조사의 목적과 문제에 해당되는 결과를 중심으로 마케팅 의사결정에 도움이 될 수 있는 정보를 분명하게 제시해야 한다. 또한 이 결과를 통해 마케팅 의사결정자에게 마케팅 프로그램을 실행하기 위한 통찰력을 제공할 수 있어야 한다. 조사 결과는 다양한 의견을 가져올 수 있기 때문에 보고서를 작성하는 과정에서 조사자의 개인적인 의견에만 편중되지 않도록 주의해야 한다. 따라서, 마케터는 분석결과에 대한 적절한 결론 도출 및 해석이 포함되도록 관련 담당자들의 긴밀한 논의를 통해 최선의 조사 결과보고서 작성이 되도록 유념해야 한다.

::: 마케팅 정보시스템 구축

마케팅 정보시스템의 구성요소는 〈그림 4.8〉과 같다. 기업마다 상황이 다르기는 하지만, 일반적으로 마케팅 의사결정 지원 시스템은 내부정보 시스템, 고객정보 시스템, 마케팅 조사 시스템 및 마케팅 인텔리전스 시스템의 4개 세부 지원시스템들으로 구성되어 있다. 이러한 지원 시스템하에 기업은 마케팅 환경인 다양한 사회, 정치, 경제 등의 거시환경 요소와 타깃, 잠재시장, 마케팅 유통채널 및 경쟁자 등의 미시환경 요소로부터 마케팅 유관자료들을 수집한다. 마케팅 의사결정을 위해 마케팅 의사결정 지원 시스템에서 획득된 정보들을 분석하고 계획 집행 및 통제한다. 마케팅 의사결정 지원시스템의 그 세부 시스템을 각각 알아보면 다음과 같다.

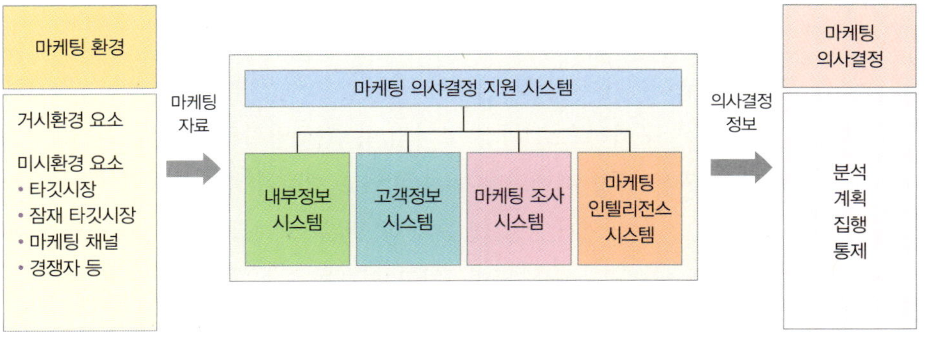

그림 4.8 마케팅 정보시스템의 구성요소

내부정보 시스템(internal information system)

내부정보 시스템은 본부 부서별, 상품별, 지역별, 기간별, 거래조건별(외상거래, 수입, 수출 등), 점포유형별(직영, 대리점, 특수점포 등) 판매실적 및 비용 정보 등의 내부 정보를 포함하고 있다. 또한 매출 및 원가 부분의 회계부서 정보나 생산라인의 가동률, 불량률, 재고 수준 등의 제조부서 정보도 포함한다. 이에 본 시스템을 통해 매출성과, 시장점유율, 가격반응, 광고 등의 마케팅 현황 파악을 통해 영업, 마케팅, 회계, 생산 전 부서에서 분석 및 제공되는 내부 정보들은 마케팅 의사결정자들에게 가장 중요한 기본적인 정보 원천이다.

고객정보 시스템(customer information system)

고객정보 시스템은 IT 기술의 발전과 소비패턴이 온라인 및 모바일로 확장되면서 막대한 양과 질의 고객 개개인의 정보를 취득하고 활용하게 되었다. 기업들은 축적된 고객 개인 및 구매 관련 다양한 자료들의 체계적인 분석을 통해 고객 특성과 욕구에 더욱 부합하고 맞춤화를 통한 차별화를 구현하기 위해 노력하고 있으며, 이러한 데이터 기반의 활동들을 일반적으로 데이터베이스 마케팅(database marketing)이라고 한다. 고객정보시스템은 금융기업, 백화점과 슈퍼마켓과 같은 소매업, FMCG(Fast Moving Consumer Goods) 및 다양한 서비스 기업들까지 전 업종들이 활발하게 활용하고 있다. 고객정보 시스템은 일반적으로 고객의 인구통계적인 특성, 라이프스타일, 특정 구매 행동 및 POS시스템에 의한 구매 내역(구매일자 및 시각, 구매빈도, 구매금액) 등의 다양한 정보들을 포함하고 있다. 유통의 변화와 함께 IT기술의 발전으로 더욱 세분화된 정보들을 획득할 수 있게 되었다. 예를 들면, 특정시간에 주로 온라인 혹은 모바일 서치하는 제품군이나 브랜드, 서치빈도에 따른 구매율, 구매 시 고려한 다른 브랜드들, 주변인에게 추천 하는 방식이나 추천 내용 등 다양한 세분화된 정보 획득이 가능하게 된 것이다. 이러한 정보들을 통해, 기존 고객의 충성도를 제고하고 이탈을 방지하며, 잠재성이 높은 고객 발굴 및 신규고객으로 유인이 보다 효과적으로 수행될 수 있게 되었다.

또한, 지금까지는 고객에게 다양한 혜택을 제공할수록 만족할 것이라는 가정에 활동해왔던 기업들은 구체적으로 특정 고객의 욕구를 명확히 파악할 수 있게 되었고 만족 제고를 위한 특정 혜택만을 맞춤형으로 제공할 수 있게 되었다. 이는 기업뿐만 아니라 고객입장에서도 고객 본인이 받을 혜택들을 스스로 선택하여 맞춤화할 수도 있게 되었다. 예를 들면, 최근 현대카드는 '디지털 네이티브(Digital Native)' 세대를 겨냥하여 '현대카드 디지털 러버(DIGITAL LOVER)' 카드 출시 및 브랜드 캠페인을 진행했다. 디지털 네이티브는 인터넷과 PC, 모바일 등이 일반화된 디지털 환경에서 성장한 이들로, 다양한 디지털 기기와 기술을 자유롭게 활용하는 세대를 의미하며 최근 확산되고 있는 '언택트(un-tact)' 소비와 '홀로라이프' 트렌드의 주축이다. 디지털 러버 카드는 고객의 소비성향과 생활방식 등 정보를 현대카드의 빅데이터 기술로 분석해 사용자별로 개인화된 맞춤형 혜택을 제공하는 점이 특징이다. 회원별 소비 성향 분석을 통해 맞춤 혜택을 선별하여 제공 및 추천하고, 고객은 현대카드 앱을 통해 이를 신청 및 이용할 수 있다. 또한, 디지털 생활의 필수 혜택이라고 할 수 있는 다양한 콘텐츠 스트리밍 서비스와 온라인 결제서비스 등이 기본 탑재되어 있다.

현대카드의 마이데이터 서비스: 정보 주체인 고객의 자신 정보를 적극 관리·통제하고, 이를 신용관리·자산관리·건강관리(신용점수 조회, 총자산 현황, 부동산·자동차 시세 조회, 신용점수 등) 개인 생활에 능동 활용하는 일련의 과정 서비스를 제공

마케팅 인텔리전스 시스템 (marketing intelligence system)

마케팅 인텔리전스 시스템은 기업을 둘러싼 환경에서 지속적으로 발생하는 다양한 정보들을 체계적으로 수집하기 위한 시스템을 말한다. 이들 정보들은 2차 정보인 신문, 잡지, 관련기관 보고서 등과 1차 정보로서, 관련 도소매 유통들인 중간상, 재판매업자, 경쟁기업의 종업원, 본사의 판매원으로부터 획득된 정보가 있다. 또한, 홈페이지·블로그 등의 기업 자체를 운영하는 커뮤니케이션 채널과 일반 포탈 사이트 등의 댓글부터 직접 매장 현장에서 수집되는 미스터리 고객에서 획득되는 정보 및 VOC(Voice of Customer) 등 다양하다. 마케팅 인텔리전스에 포함될 수 있는 정보원은 너무도 방대하고 다양하기 때문에 이를 기업을 위한 인텔리전스가 될 수 있도록 체계적이고 지속적으로 수집하고 분석할 수 있는 효율적인 시스템을 구현하는 것이 중요하다. 또한 기존의 2차 정보 중심에 획득한 정보의 한계점을 보완하기 위해서 체계적인 1차 정보 획득을 위한 마케팅 조사 시스템과 연동된 마케팅 인텔리전스 시스템 구현이 필요하다.

마케팅 조사 시스템 (marketing research system)

마케팅 조사 시스템은 기업이 처한 특정 마케팅 상황에 대한 자료와 현황을 시스템적으로 계획하여 자료 수집, 분석 및 보고를 체계화한 것을 말한다. 일반적으로 기업들은 마케팅 조사팀을 상시 운영하면서 시스템 관점에서 상시적 마케팅 조사를 진행하고 있다. 이와 함께 특정 상황에 따라 별도로 마케팅 조사를 진행하기도 한다. 또한 내부 인력에 의한 조사 진행만을 하는 것이 아니라 외부 마켓조사 기관에서 지속적으로 진행하여 발표하는 유료 조사결과를 구매하기도 한다. 이런 소비자정보와 업계 동향을 주기적으로 수집하여 유료시장자료 형태로 거래되는 대표적인 예로는 AC 닐슨의 닐슨미디어리서치나 소매업조사가 있다. 그 외에도 특별한 이슈를 가지고 조사전문업체에게 조사 대행하여 조사서비스를 받기도 하는데 대표적인 리서치 기업들로는 갤럽, 한국리서치, 리서치&리서치 및 AC닐슨 등이 있다.

기업의 마켓조사는 매우 광범위한 범위에서 일어나는데, 크게는 거시환경 조사분석, 미시환경 조사분석, 기업 내부정보 분석 및 소비자 조사분석 등으로 구분할 수 있다. 특히 요즘은 정보통신 기술의 발달로 인해 facebook, 블로그 등 다양한 미디어 채널을 통해 수없이 많은 정보의 홍수 속에 살고 있다. 이른바 디지털 경제의 확산으로 인해 그 규모조차 가늠할 수 없을 정도로 많은 정보와 데이터가 발생되는 빅데이터 환경이 더 이상 낯설지 않다. 이로 인해 기업은 다양한 정보를 쉽게 얻을 수 있지만, 그러한 정보들이 실제 소비자가 원하고 있는 것인지에 대해서는 마케터의 정확한 판단과 통찰력이 더욱 필요하게 되었다. 일부의 정보만으로 고객이 원하는 것을 파악하는 것은 위험이 따르기 때문에 다양한 종류의 정보 원천을 통한 마케팅 정보의 효과적인 관리가 필수적이다. 마케팅 정보를 효과적으로 관리한다면, 기존에 마케팅 정보를 수집하고 분석하는 데 필요했던 비용보다 저렴한 비용과 노력으로 큰 효과를 거둘 수 있을 것이다.

마케팅 조사 시스템의 예시로 〈그림 4.9〉는 글로벌 전문 조사기업인 AC닐슨이 제안하는 옴니채널 인텔리전스 시스템을 소개하고 있다. AC닐슨은 방대한 규모의 소비재, 특히 소매업 조사를 위한 전수조사 및 패널조사를 장기간 수행해왔다. 최근의 옴니채널 쇼핑이 보편화되면서 이러한 오프라인 소매 중심의 1차 정보를 기반으로 이커머스 관련 2차 데이터와 고객 내부 데이터를 병합하여 옴니채널 성과측정 및 옴니채널 쇼퍼 및 리테일러에 대한 마켓 인텔리전스를 제공하는 마케팅 조사 시스템을 제안하고 있다.

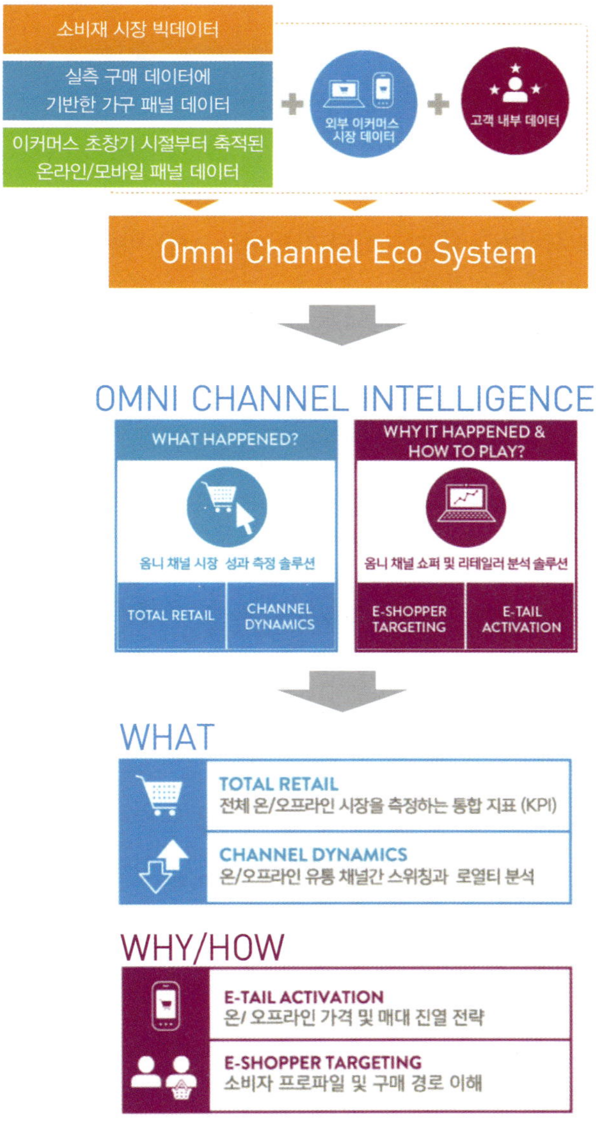

그림 4.9

마케팅 조사 시스템 예: 닐슨의 옴니채널 인텔리전스 시스템

출처: 닐슨 홈페이지

::: 마케팅 리서치의 도구로서 AI

AI를 업무에 접목했을 때 업무의 효율성이 증가하고 고객 경험을 보다 증진시킬 수 있으며, 혁신을 촉진하고, 종업원들의 생산성을 높이는 등 다양한 효과들이 있다. 이에 따라, 경영 전반에서 AI 활용이 급증하고 있는데, 마케팅 분야에서도 다양한 생성형 AI 서비스들이 고도화되고 있어서 AI를 마케팅 리서치의 도구로 활용이 늘어나고 있는 상황이다.

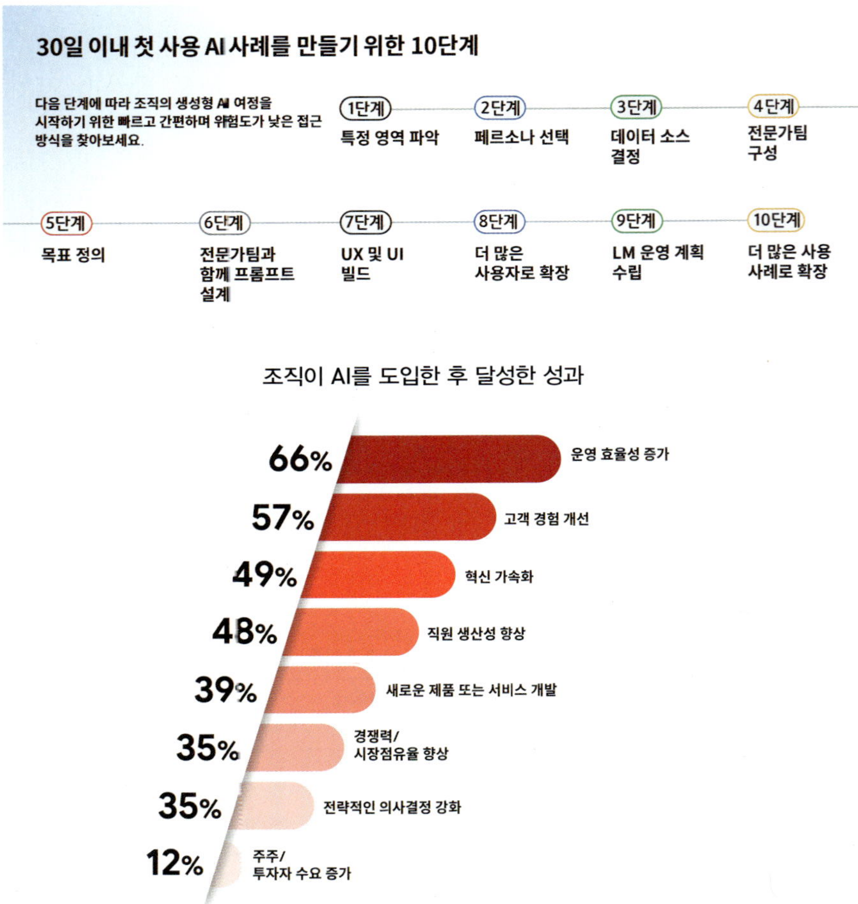

그림 4.10

30일 안에 첫 번째 AI 사용 사례를 시작하기 위한 AI 가이드

출처: Google Cloud, 여러분의 프롬프트는 무엇인가요? '경영진을 위한 생성형 AI 가이드, 2023.9.27

생성형 AI에서 프롬프트(prompt)

생성형 AI에서 프롬프트(prompt)는 매우 중요한 역할을 한다. 프롬프트는 모델에게 사용자가 원하는 작업 또는 생성할 내용을 지시하는 텍스트 또는 문구이다. 이는 모델이 생성할 내용의 방향성과 내용을 결정하는 데 결정적인 영향을

미친다. 이에 프롬프트를 효과적으로 생성하는 것을 프롬프트 엔지니어링이라고도 하는데, 생성형 AI에서 결과물의 품질, 일관성 및 사용자 만족도에 직접적인 영향을 미치는 핵심적인 요소인 것이다.

구체적인 프롬프트의 중요성은 다음과 같다.

방향 제시 프롬프트는 모델에게 어떤 종류의 내용을 생성해야 하는지 방향을 제시한다. 이는 모델이 생성할 내용에 대한 일반적인 주제나 목적을 제공하여 모델이 이에 따라 적절한 내용을 생성할 수 있도록 돕는다.

원하는 결과 도출 사용자가 원하는 특정한 종류의 결과물을 얻기 위해서는 명확하고 구체적인 프롬프트가 필요하다. 이는 모델이 원하는 형식, 스타일, 주제 등을 이해하고 그에 맞게 생성할 수 있도록 한다.

성능 개선 프롬프트를 통해 모델이 생성할 내용의 품질과 일관성을 개선할 수 있다. 명확하고 명시적인 프롬프트는 모델이 오류를 줄이고 더욱 정확한 결과물을 생성할 수 있도록 돕는다.

사용자 피드백 통합 프롬프트는 사용자가 모델의 출력물에 대한 피드백을 통합하는 데 도움이 된다. 사용자는 원하는 내용이 생성되지 않았을 때 프롬프트를 조정하여 모델이 원하는 결과물을 생성할 수 있도록 도와줄 수 있다.

역동적인 상호작용 프롬프트는 생성형 AI와 사용자 간의 역동적인 상호작용을 촉진한다. 사용자가 프롬프트를 수정하거나 조정함에 따라 모델이 생성하는 내용도 변화하며, 이는 더 나은 결과물을 얻기 위한 과정으로 이어질 수 있다.

개인의 서사가 중요해지는 시대

사회의 메가 트렌드 중 하나는 '개인'이 중요해지고 있다. 이는 콘텐츠뿐만 아니라 사회 전반에서 나타나는 현상으로, 한 사람씩 개별적으로 중요시되는 추세를 의미한다. 이러한 개인 중심의 트렌드를 '나노사회'라고 불린다. 나노사회는 각 개인이 중심이 되어 사회를 형성하며, 이러한 특징이 다른 여러 트렌드를 이끌 것으로 예측된다. 특히, 통신사는 모바일과 인터넷, 미디어를 이용하는 고객을 중점적으로 연구하고 있다. 이를 통해 고객의 복잡한 마음과 그 이유를 파악하기 위해 다양한 방법을 사용하고 있다. 전통적인 방법인 설문조사나 인터뷰뿐만 아니라 CRM, 빅데이터, 딥러닝 등의 기술을 활용하여 고객조사를 진행하고 있으며, 이로써 지난 10년 동안 고객조사 방법론에 상당한 변화가 경험하고 있다.

AI와 정성조사 병행의 필요

AI는 기본적으로 다수가 올바르다는 전제하에 학습한다. 따라서 다수의 고객이 이루는 시장에 대한 조사 및 정량적인 고객조사는 혁신적인 발전을 이루었다. 이전에는 주로 고객 설문 조사에 의존했지만, 지금은 정형 및 비정형 데이터 분석 도구가 개선되어 다양하고 방대한 고객 관련 빅데이터를 효율적으로 분석할 수 있다. 구글이나 페이스북과 같은 기업은 인공지능 기반의 무료 온라인 시장 조사 도구를 제공하여 몇 분 안에 트렌드 키워드나 고객 관심사를 식별할 수 있다.

그러나 데이터만으로는 여전히 "왜?"라는 질문에 대답하기 상당히 어렵다. 따라서 고객의 이야기를 직접 듣는 고객 인터뷰나 FGD(Focus Group Discussion)와 같은 정성 조사는 여전히 중요한 가치를 제공한다. 연구 목적에 맞는 조사 대상자와 문항이 설계된 상황에서 고객들의 이야기는 데이터에게 의미 있는 시사점을 도출할 수 있다. 예를 들어, 최근 미디어 이용 상황에 대한 질문에 대해 고객은 자신의 일상을 이야기할 수 있지만, 이를 듣는 연구자나 마케터는 그 이야기에서 20대 1인 가구나 입시생 자녀를 둔 엄마 등을 파악할 수 있으며, 이를 통해 미디어산업의 변화도 예측할 수 있는 것이다. 아직은 AI가 이러한 통찰력을 제공할 수 있는 수준은 아니기 때문에 트렌드나 현상을 AI를 통해 빠르게 확인한 후, 그 원인에 관한 탐색은 정성조사를 병행함으로써 통찰력을 확보하도록 해야 할 것이다.

AI를 통한 '일상성'은 고객 통찰의 기회 제공

1·2·3차 산업혁명의 기술은 주로 국가와 기업 조직의 생산성을 높이는 데 초점을 맞추었다. 그러나 4차 산업혁명은 기술 발전의 혜택이 평범한 개인의 일상에까지 확장되는 '일상성'이 특징이다. 이에 따라 개인 중심의 데이터 통합과 분석을 통해 고객 통찰이 AI를 통해 가능할 것으로 기대된다. 특히 고객 접점 채널에서 AI의 혁신이 지속적으로 이루어지고 있다. 텍스트 분석, 이미지 분석 및 음성인식과 같은 자연어 처리 기술의 발전으로 많은 서비스 업체가 인공지능 챗봇을 도입하고 있다. 현재는 자동화에 초점을 맞춘 비즈니스가 강조되고 있지만, 챗봇을 통해 수집된 데이터는 개인의 히스토리, 감정, 성향과 같은 정보로 이어질 수 있다. 또한 메타버스는 현실 세계의 행동 흐름을 데이터로 연결하는 플랫폼으로서, AI 성능의 폭발적인 성장에 기여할 수 있는 양질의 데이터를 제공한다.

AI 기반 고객조사 분석 솔루션을 활용

미국의 스타트업인 Remesh는 AI 기반 고객조사 분석 솔루션을 활용하는 사례 중 하나이다. Remesh는 전통적인 고객조사 패러다임에서의 시간과 인력 등의 제약을 극복하기 위해 자연어 처리 및 컴퓨터 비전 기술을 활용한 AI 솔루션을 제공한다. 이를 통해 연구자가 조사 설계에 따라 정성조사를 자동화하거나, 조사 설계 자체를 AI로 자동화할 수 있다.

데이터 확보 방법과 분석 기술은 계속해서 발전하고 있다. 중요한 것은 다양한 채널을 통해 수집된 다양한 형태의 고객 데이터를 한 명의 고객을 중심으로 통합하고 분석하는 전략적 관점이다. AI가 고객 다수의 정보를 단순한 합이나 평균이 아닌 개별 고객의 선호도, 맥락, 감정 등을 분석하고 통찰할 수 있다면, 새로운 차원의 고객 서비스 혁신이 가능할 것이다.

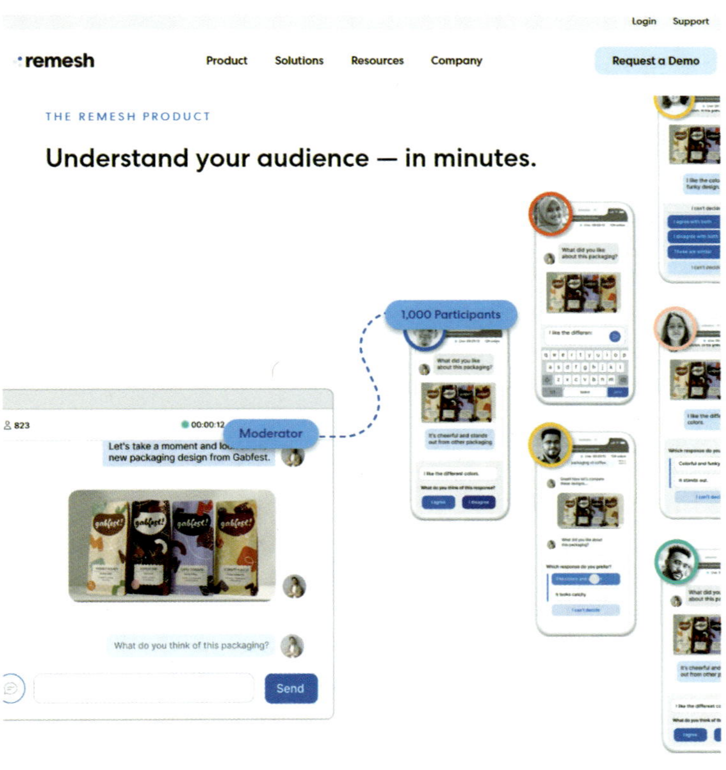

출처: remesh 홈페이지

MARKETING REPORT | AI가 사람의 지능을 넘어섰을 때, 고객 연구가 해야 할 일

생성형 AI가 빠르게 발전하고 있다. 여론조사를 포함해 다양한 용도로 이를 채택 활용하고 있는 회사가 점점 많아지고 있다. ChatGPT 검색 결과, 생성형 AI를 활용해 여론조사를 수행하고 있는 사례는 다음과 같다.

○ **SurveyMonkey**: 생성형 AI를 제품에 통합한 온라인 여론조사 플랫폼. 이 회사의 AI 기반 "Survey Builder"는 목표 집단과 원하는 목표에 따라 여론조사 질문과 답변을 자동으로 생성할 수 있다.

○ **Typeform**: 생성형 AI를 활용해 제품을 향상시킨 또 다른 온라인 여론조사 플랫폼. 이 회사의 "Smart Polls" 기능은 각 응답자마다 여론조사 질문과 답변을 자동으로 개인화할 수 있다.

○ **Qualtrics**: 생성형 AI를 활용해 여론조사 기능을 제고한 선도적인 경험 관리(XM) 플랫폼. 이 회사의 "Insight Assist" 기능은 여론조사 데이터에서 핵심 트렌드와 패턴을 식별하는 등의 통찰력을 자동으로 생성할 수 있다.

○ **Google Forms**: 사용자가 여론조사를 만들고 배포하기 쉽게 해주는 무료 온라인 플랫폼. "Smart Suggestions" 기능은 여론조사 질문과 답변 옵션 및 후속 이메일을 자동으로 생성할 수 있다.

○ **Microsoft Forms**: 여론조사 생성 프로세스를 단순화하기 위해 생성형 AI를 사용하는 또 다른 무료 온라인 플랫폼. "Suggested Questions" 기능은 선택한 주제에 따라 여론조사 질문을 자동으로 생성할 수 있다.

ChatGPT에 의하면, 생성형 AI 활용 여론조사의 경우 몇 가지 잠재적인 이점이 있을 것으로 예상하고 있다.

○ 작업 속도 및 효율성 향상: 생성형 AI는 질문지를 만들고 배포하는 데 필요한 많은 작업을 자동화할 수 있다. 여기엔 질문과 답변 생성, 각 응답자에 대한 여론조사 경험 개인화, 데이터 분석 등이 포함된다. 이로 인해 연구원은 더 전략적인 작업에 집중할 수 있는 시간을 가질 수 있다.

○ 데이터 품질 향상: 생성형 AI는 여론조사 설계에 따른 잠재적 편향을 식별하고 제거함으로써 데이터 품질 향상에 도움을 줄 수 있다. 또한 명확하고 간결한 질문은 물론 답변 옵션이 관련성 있고 포괄적인지 확인하는 데 도움을 제공할 수 있다.

○ 통찰력 향상: 생성형 AI는 기존 방법으론 식별하기 어려운 데이터에서 통찰력을 뽑아내는 데 도움을 줄 수 있다. 데이터에서 패턴과 추세를 식별할 수 있으며 이러한 패턴의 근본 원인에 대한 가설을 생성할 수도 있다.

전반적으로 생성형 AI는 여론조사 수행 방식을 혁신할 수 있는 잠재력이 있다. 작업을 자동화하고 데이터 품질 향상 및 통찰력 제고를 통해 응답자로부터 보다 정확하고 의미 있는 정보를 수집하는 데 유용할 것으로 기대하고 있다.

출처: 퍼블릭 오피니언, 2023.12.12

::: DISCUSSION QUESTIONS

1. 본인이 속한 기업에서 신제품을 출시하기로 했다고 가정하자. 마케팅팀에서 해당 신제품의 시장 반응 조사를 위해 설문지법과 인터넷 서베이 및 소비자 좌담회를 진행한 결과, 그 조사분석 결과가 서로 매우 상이하게 나왔다면, 마케팅팀은 어떻게 해야 할지 토론하시오.
2. 1번의 신제품 개발 시 AI 조사방법을 활용한다면, 어떻게 구체적으로 진행할 수 있을지, 생성형 AI인 ChatGPT에 어떤 프롬프트를 사용해야 할지 제시하시오.
3. 다른 조사분석법들에 비해 가장 최근에 개발되고 성장 중인 빅데이터 분석과 뉴로 마케팅의 장점과 단점을 나열하고 단점을 보완하기 위해 다른 조사방법들과 함께 어떻게 병행하면 좋을지 제시하시오.
4. 영업팀에서 매출자료에만 근거로 해서 이번 마케팅 캠페인의 성과가 저조하다고 주장하고 있다. 본인이 마케팅팀의 팀장이라면 영업팀의 주장을 어떻게 전문적으로 반박할 것인지 제시하시오.

::: TEAM WORKSHOP

1. 도입사례에서 소개한 해태제과의 허니버터칩은 일시적 품귀현상을 잘못 예측하여 과다한 생산시설 증설 의사결정을 하였다. 이러한 잘못된 예측을 피하기 위해서 해태제과는 어떠한 마케팅조사를 수행했어야 하는지 조사방법 및 표본추출방법 등이 포함된 구체적인 조사방법론을 제시하시오.
2. 1인 크리에이터(유튜버)의 미디어 채널이 급성장하고 전통 미디어 채널들을 급속히 대체하고 있다. 1인 크리에이터의 성과를 객관적으로 측정하기 위해 어떠한 마케팅 조사를 진행할지 조사기획을 하시오.
3. 분야가 다른 성공한 1인 크리에이터 3개를 선정하여 앞서 2번에서 조사기획에 따라 분석 및 결과 보고서를 만드시오.
4. 성공 브랜드를 한 개 선정하여 그 성공 브랜드의 성공 원인을 면밀히 파악하고 지속적인 성공을 위한 마케팅 조사 방법을 설계하시오.
5. 실패 브랜드를 한 개 선정하여 실패 원인을 면밀히 파악하기 위한 마케팅 조사 기획을 하시오.

PART

3

STP 마케팅 전략 수립과 관리

너무도 넓고 다양한 시장들이 존재함을 마케터는 잊어서는 안 된다. 시장은 살아 움직이는 생물체와 같아서 지금도 끊임없이 진화하고 달라지고 있다. 과거에 시장을 세분화했던 세분화 요소들 자체도 달라지고, 우리 고객의 눈에 보이는 요구들과 보이지 않는 잠재 요구들도 계속 변화하고 있다. 그렇기 때문에 우리 마케터는 끊임없이 다양한 방식들로 시장을 세분화하고 현재의 타깃시장을 재정의해야 한다.

five

[브랜드 이야기] 시장 세분화로 성공한 '인앤아웃 버거'

만족되지 않은 고객 욕구 파악

일관된 품질관리·서비스로 승부

매장 확장보다 매출 극대화 전략

성장전략에는 여러 방법이 있지만 기존시장에서 고객의 핵심 욕구를 충족시키고, 이를 토대로 지속해서 성장한 유명 햄버거 업체 '인앤아웃버거(IN-N-OUT BURGER)'의 사례를 살펴보자. '인앤아웃'은 70여 년 전 하나의 매장에서 출발해 현재는 380개 매장에 직원 2만 7,000여 명, 연 10억 달러가 넘는 매출액을 기록하고 있다. '인앤아웃버거'는 어떻게 고객들의 엄청난 사랑을 받는 전설과도 같은 햄버거 기업이 될 수 있었을까?

해리 스나이더와 그의 부인은 1948년 남가주의 볼드윈파크 지역에서 햄버거 가게를 열었다. 이 가게의 이름이 '인앤아웃버거'다. 당시 햄버거 업계에는 강력한 경쟁자들이 많았다. '인앤아웃버거'가 한정된 인력, 그리고 자금력에도 불구하고 지속해서 성장할 수 있었던 것에는 경쟁자들과는 다른 몇 가지 운영 전략이 있었기 때문이다.

첫째, '인앳아웃'은 모든 햄버거 재료의 신선도를 최고 기준으로 고집했다. 이 기준 때문에 재료 대부분은 가게와 근접한 지역에서 구입했으며 햄버거 빵도 당일 생산된 것만 사용했다. 또 패티용 소고기는 유통센터에서 48시간 이내에 가게로 배송되어야 하며, 소고기는 냉장만 사용하고 냉동은 절대 사용하지 않았다. 이런 신선함을 고객들이 원하는, 그러나 당시 충족되지 않았던 욕구라는 것을 스나이더 부부는 인지하고 있었다. 다른 경쟁 햄버거 기업들은 그 당시, 그리고 지금도 이 신선함에서 '인앤아웃'과 비교가 되지 않는다.

둘째, '인앤아웃'은 극히 한정된 인적 자원과 재정자원 때문에 드라이브인(Drive-In) 시스템을 도입한 첫 번째 기업이었다. 이 방법은 상당히 효율적인 고객 서비스로 제2 그리고, 제3의 가게를 여는데 상당히 중요한 역활을 하였다. 또 지금까지도 '인앤아웃'은 개인소유 기업을 고집하며 프랜차이즈 운영체계를 거부하고 있다. 일관된 품질관리와 최상의 고객서비스를 위해서는 기업의 절대적인 컨트롤이 필요하기 때문이라는 것이 이유다.

셋째, 스나이더 부부는 안정된 가게 운영을 위해 종업원들과의 원활한 관계 유지에 많은 노력을 기울였다. 가족같은 노사관계를 만든 것이다. 참으로 놀랄 만한 점은 1948년부터 1950년 사이에 일했던 직원 3명은 2010년까지도 '인앤아웃'의 일원으로 관계를 유지했다는 점이다. 이러한 스나이더 부부의 철학은 '인앤아웃'의 기업 철학으로 계승되어 지금도 임직원 평균 고용 기간은 햄버거 기업 중에서 가장 긴 것으로 나타났다.

넷째, 스나이더 부부는 기존 고객들의 만족이 그들의 성공에 절대적인 요인이라 생각하였으며 고객들을 만족시킬 수 있는 모든 요소를 점검하고 집행하고 결과를 분석하는 철저함을 몸소 실천했다. 특히 품질의 중요성을 강조하여 창업주 스나이더가 깨알같이 쓴 제품 제조 방법은 '인앤아웃'의 성경책으로 불리며 본사 캐비닛에 소중히 간직되어 있다. '인앤아웃'은 지속적인 성장을 위해 나름대로 독특한 성장전략을 구사했다. '인앤아웃'은 매장 숫자를 늘려 성장을 시도하기보다는 기존 매장에서 가능한 최고의 매출을 올리면서 서서히 그러나 체계적으로 성장하는 방법을 택했다. 고객들의 절대적인 사랑과 입소문이 이러한 성장 방법을 가능하게 했다. '인앤아웃'은 건강과 직원 배려라는 점 때문에 칭찬을 받는 극소수의 패스트푸드(Fast Food) 기업 중의 하나다. 또한 줄리아 차일드, 앤소니 보데인 등 세계적인 유명 요리사들이 자신의 소셜미디어를 통해 '인앤아웃 햄버거'를 소개도 하였다. 따라서 '인앤아웃' 매장의 오픈은 그 지역의 이벤트가 되었다. 예를 들어 애리조나주 스코츠데일에 인앤아웃 매장이 오픈할 때 고객들은 4시간이나 기다렸고 TV 방송 헬기들이 매장 주차장 위를 촬영하기도 했다. 신선한 재료의 햄버거를 최상의 서비스로 제공한다는 전략은 고객들로부터 찬사를 받고, 경쟁자들은 따라 할 수 없다는 장점이 있지만 동시에 빠른 성장을 막는 약점도 된다. 신선한 패티용 소고기의 냉장 유통이라는 한계 때문이다. 유통센터에서 24시간 또는 48시간 이내에 패티용 소고기가 매장에 공급되려면 많은 제약 조건이 따른다. 따라서 현재까지 6개 주에만 인앤아웃 매장이 있고 총 380개 매장 가운데 69%는 아직도 캘리포니아에 집중되어 있다. 그러나 과도한 자신감과 절제되지 않은 성장전략으로 많은 기업이 실패한 사례들을 볼 때 '인앤아웃'은 좋은 반면교사의 사례가 될 수 있겠다.

출처: 중앙일보, 2022.11.23

∴ STP 마케팅 전략의 필요성

소비자들의 소비패턴, 라이프스타일, 특성 등은 매우 다양하고 그들이 원하는 제품이나 서비스 역시 광범위하다. 따라서 마케터는 자신의 제품이 소비자들에게 매력적으로 다가갈 수 있는 소비시장을 파악하고 그에 알맞은 마케팅 전략을 구축하고 실행해 나가야 한다. 현실적으로 기업은 기업이 보유하고 있는 제한된 재원과 역량으로 인해 시장에 존재하는 다양한 소비자 욕구를 모두 수용할 수 없다. 그렇기 때문에 소비자들의 욕구와 구매패턴을 상세히 파악하고 특정 세분시장을 설정해야 한다. 그 세분된 특정시장들 중 자신의 기업에서 가장 높은 수익률을 낼 수 있는 표적시장을 선정해야 한다. 그 다음으로 어떻게 자신의 제품이나 서비스를 다른 경쟁자보다 차별화시킬 것인가에 대한 결정을 수행해야 한다. 즉, 표적시장인 소비자들의 마음에 경쟁사와 비교하여 더 우월한 위치를 차지하기 위한 계획이 수행되어야 한다. STP 마케팅 전략은 전략적 마케팅 관리를 위한 대표적인 마케팅 전략 프레임워크로서, 〈그림 5.1〉에서 보듯이, STP 마케팅 전략은 시장세분화(market segmentation), 타기팅(targeting), 포지셔닝(positioning) 순으로 전략을 개발한다. 마케팅 전략 관점의 큰 프레임워크로 볼 때, STP 마케팅 전략은 마케팅 관련 전략들 중에 가장 핵심적 전략으로 이를 기반으로

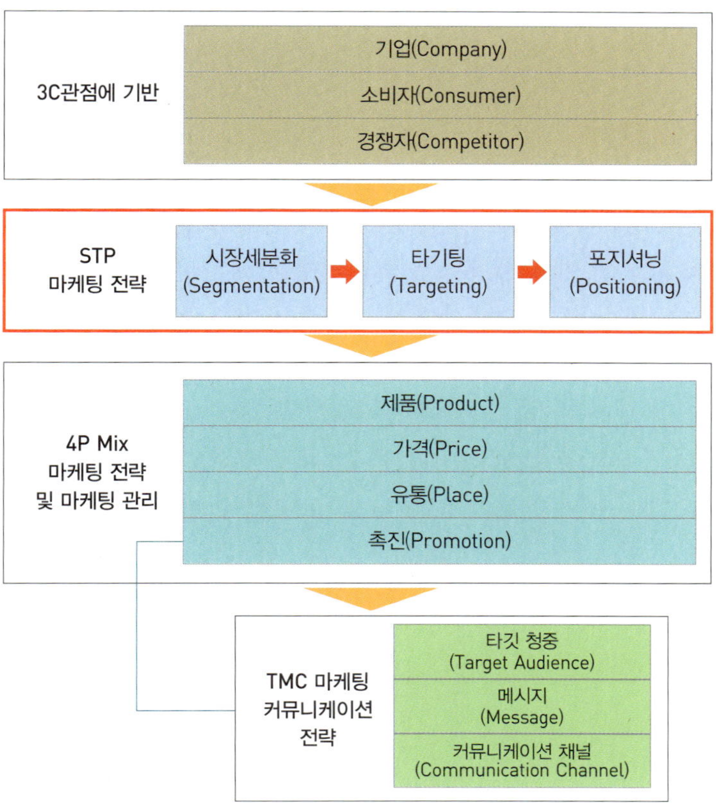

그림 5.1

STP 마케팅 전략과 다른 중요 마케팅 전략들과의 역학 관계

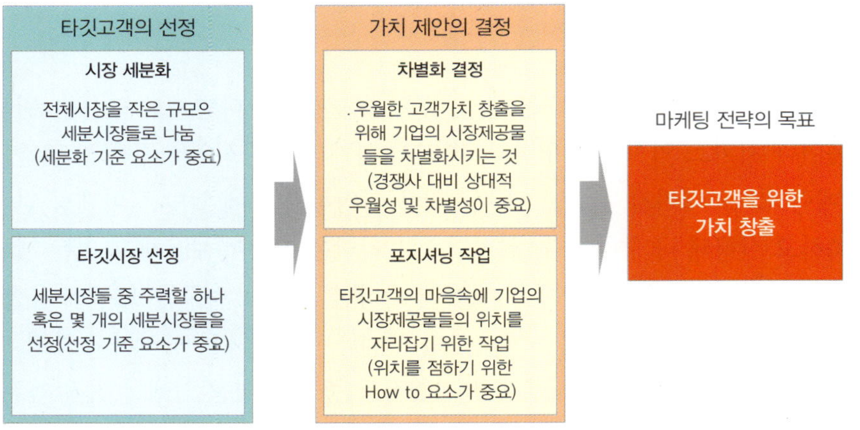

그림 5.2

고객 지향적 마케팅 전략의 개념과 수립과정

4P Mix 마케팅 전략 및 마케팅 관리를 하게 된다.

〈그림 5.2〉는 고객 지향적 마케팅 전략의 개념과 수립과정을 구체적으로 보여주고 있다. 기업이 타깃으로 하는 타깃고객을 위한 가치창출을 위한 마케팅 전략의 목표를 수립하기 위해서는 크게 2개의 과정, 타깃고객 선정과 가치제안의 결정의 과정을 겪는다. 타깃고객 선정 과정은 시장세분화와 타깃시장 선정의 세부과정으로 이원화되고 가치 제안의 결정은 세부적으로 차별화 결정과 포지셔닝 작업으로 이원화된다. 즉, 총 네 가지의 작업 과정을 통해 고객 지향적 마케팅 전략을 수립한다.

::: 시장 세분화

소비자들은 연령, 교육 수준, 사는 지역, 소비 심리, 개성, 라이프스타일, 소비행동, 구매 경험 등 여러 가지 요인들에 의해 서로 다른 특성들을 지닌다. 기업은 이러한 다양한 시장 환경에서 특정 요인들을 기준으로 하여 여러 세분시장들로 구분하고 표적시장을 선택한다. 시장 세분화(market segmentation)할 때는 다양한 이질적인 요인을 가지고 보다 동질적인 특성을 지니는 작은 규모의 세분시장들로 나누는 것이 중요하다. 이러한 세분시장 분석을 통해 특정 소비시장에서 원하는 제품 및 서비스를 보다 효율적으로 제공할 수 있기 때문이다.

시장 세분화는 지리적 의치에 따른 세분화, 인구통계적 특성에 따른 세분화, 소비자들의 심리에 따른 세분화, 소비자 행동에 따른 세분화 등이 있다. 〈표 5.1〉은 시장을 세분화하는 기초적인 세분화 변수들을 정리한 것이다. 이들은 가장 기본이 되는 세분화 기준들로서, 세분화에 앞서 기업에 처해진 상황에 따라 시장 세분화를 위한 세분화 요인들을 선택해야 한다. 일반적으로 기초적인 세분화

표 5.1
시장 세분화를 위한 주요 세분화 변수

세분화 변수	변수 예시
지리적 변수	
지역별	북미, 중남미, 동북아, 동남아, 서남아, 유럽, 중동, 환태평양 등
국가별	미국, 중국, 일본, 인도 등
국가 내 지역별(예: 한국)	수도권, 충청권, 경남권, 전남권, 제주도, 도, 시, 군 등의 행정구역
지역 크기(거주인 수)	5,000명 미만, 5,000~20,000명 미만, 20,000~50,000명 미만, 50,000~100,000명 미만, 100,000~250,000명 미만, 250,000~500,000명 미만, 500,000~1,000,000명 미만, 1,000,000~4,000,000명, 4,000,000명 이상
인구밀도	도시, 교외, 시골
기후	북반구, 남반구, 아열대, 지중해성, 온대 등
통신망 보급 수준	인터넷망 보급률, 모바일 보급률, 3G, 4G, 5G 보급률 등
인구통계적 변수	
나이	미취학 아동, 초등학생, 중학생, 고등학생, 대학생, 20대, 30대, 40대, 50대, 60대 이상
성별	남, 여
가족 구성원	1인 가구, 2인, 3~4인, 5인 이상
가족생애주기	미혼/기혼, 청년, 기혼(자녀 없음), 기혼(자녀 있음), 편부모, 장년 기혼, 18세 이하 자녀 없음, 장년 독신, 독거노인 등
소득	개인소득/가족 총소득 월 100만원 미만, 월100~200만원 미만, 월200~300만원 미만, 월 300~500만원 미만, 월500~1,000만원 미만, 1,000만원 이상
직업	사무직, 영업직, 기능직, 공무원, 자영업, 전문직, 농림/수산업, 대학(원)생, 중고등학생, 주무, 무직 등
교육	중졸 이하, 고졸 미만, 고졸, 대학중퇴, 대졸, 대학원 졸 이상
종교	가톨릭, 개신교, 불교, 이슬람교, 힌두교, 유대교 등
인종	아시안, 백인, 흑인, 히스패닉 등
세대	베이비붐 세대, X세대, Y세대, 밀레니엄 세대 등
국적	국가별 국적
심리묘사적 변수	
사회계층	최상위층(upper class), 하위층(lower class), 중상층(upper middle class), 중하층(middle lower class) 등
개성	이성적, 사교적, 충동적, 권위적 등
행동적 변수	
사용 상황	일반적 사용 상황/특별한 사용 상황(생일선물, 기념일 등)
소비자 추구 혜택	품질, 서비스 질, 경제성, 편리성, 신속성, 트렌디성, 디자인 중심 등
사용 및 구매 경험	주사용자 (main user), 다빈사용자 (heavy user), 첫 시도 소비자 (trial consumer), 잠재적 소비자 (potential consumer), 과거 소비자(past consumer), 비사용자(non-user)
충성도 수준	없음, 조금, 중간, 강함, 절대적인
(특정 브랜드 혹은 상품에 대한) 구매 반응 단계	인지하지 못함, 인지함, 관심 있음, 원함, 구매의사 있음, 주변 추천의도 있음
제품에 대한 태도	긍정적, 부정적, 무관심한, 열정적 등

요인들을 활용하여 세분화하는 경우, 새로운 세분시장들을 발견하기 어렵다. 예를 들어, 치즈시장은 연령(어린이용 치즈), 지방함유율(저지방 치즈), 칼슘 등의 첨가물(칼슘보강 치즈) 등의 세분화 요인들로 시장세분화를 해왔다. 예를 들어 치즈시장을 연령을 기준으로 시장 세분화를 하면, 어린이용, 성인용, 실버용 등의 세부시장들이 도출되겠다. 그러나, 실제 어린이용으로 칼슘보강 어린이 치즈와 같은 경쟁 브랜드가 선점하고 있는 세부시장을 공략하기에는 전략적으로 성공 가능성이 낮던가 또 후발주자로서 새로운 경쟁 우위점을 찾기가 어렵다. 따라서, 새로운 세분시장을 발견하는 것부터가 마케팅 전략의 시작인 것이다. 시장 세분화에는 정해진 틀이 있는 것이 아니라, 시장 세분화를 위한 새로운 세분화 요인들을 발굴하고 활용하는 것이 중요하다. 성공적인 새로운 요인들을 발굴하기 위해서는 마케터의 특정시장에 대한 이해, 시장 경험 및 통찰력 등을 기반으로 높은 수준의 창의적 작업이 요구된다. 우선적으로 기존에 존재하는 지리적, 인구통계적, 소비자 심리변수 및 소비자행동 등에 여러 시장 세분화 요인들을 참고하면서 자신의 경험이나 통찰력에 따라 여러 요인들을 조합해 봄으로써 인사이트를 얻는 과정이 중요하다.

지리적 세분화(geographic segmentation)

지리적 세분화란 세분시장을 소비자들의 거주 국가 및 지역, 인구 밀도, 지역 크기 등의 지리적 요인으로 나누는 것이다. 국가마다 소비자 특성이 다를 뿐 아니

CASE **STUDY** | **맥도날드의 지리적 세분화 전략**

청정우가 손꼽히는 호주답게 호주 맥도날드에서는 100% 호주산 프리미엄 앵거스 비프를 사용한 버거를, 네덜란드 맥도날드는 치즈와 쇠고기에 빵가루를 입혀 바삭하게 튀겨낸 크로켓을 햄버거에 넣은 맥크로킷을 판매한다. 1986년 처음 터키에 진출한 맥도날드는 번 대신 터키 전통 빵인 얇은 피타 빵을 사용하고 향신료와 요거트 마요네즈를 첨가했다. 이스라엘 맥도날드는 육즙이 가득한 쇠고기를 케밥 스타일로 구워 바삭한 치아바타 빵과 함께 내놨다. 1996년 인도에 처음 진출하면서는 현지인의 입맛을 사로잡기 위해 100% 야채 버거에 으깬 감자와 병아리콩을 섞어 패티를 만들었다.

출처: 매일경제, 2015.12.17

라 한 국가 내에서도 지역별로 소비자들의 특성이 다를 수도 있고 경쟁상황도 다를 수 있다. 앞서 도입사례에서 소개된 바와 같이, 팔도라면은 라면시장에서 후발주자로서, 농심과 같은 막강한 경쟁자와 차별하기 위해 지리적 세분화에 따른 공략을 하여, 러시아 지역을 집중하여 큰 성공을 거두었다. 지리적 특성에 따른 세분화는 이외에도 수많은 사례들이 있다. 예를 들면, 글로벌 식품회사가 각 나라의 지리적 특성에 맞는 제품을 개발하여 차별화된 가치를 제공하는데, 맥도날드의 경우는 사례연구에서 보듯이 각 국가별로 현지에 특화된 버거를 만들어 현지화에 주력해 왔다.

인구통계적 세분화(demographic segmentation)

인구통계적 세분화는 소비자의 연령, 성별, 교육 수준, 임금 수준, 직업, 종교 등으로 시장을 나누는 것이다. 인구통계학적 특성은 세분시장을 나누고 이해하는 데 있어서 가장 기본적인 요인이면서도 가장 쉽게 사용되는 중요한 요인이다. 아무리 마케터가 다양한 요인을 토대로 세분시장을 분석했다 하더라도, 소비자의 연령대, 성별, 직업, 소득 수준 등 기본적인 인구통계적 변수의 이해 없이는 세분시장의 소비자 특성을 완전하게 이해했다고 볼 수 없다. 그만큼 인구통계적 변수는 제품에 대한 소비자들의 욕구와 니즈(needs)에 밀접한 관계가 있다. 또한 다른 변수에 비해 측정하기가 쉽기 때문에 세분시장 분석에 가장 많이 사용되는 요인이기도 하다. 다음에서 중요 인구통계적 세부요인들을 살펴보도록 하겠다.

첫째, 연령에 따른 시장 세분화하는 방법은 연령에 따라 필요로 하는 제품 및 서비스가 달라지기 때문에 마케터는 생애주기별 소비자 집단을 기준으로 그에 맞는 제품이나 서비스를 제공할 수 있는 장점을 가지고 있다. 예를 들어, 화장품의 경우는 연령대별로 소비자들이 추구하는 욕구가 달라지고, 그에 따라 제품의 성격이나 특성도 달라진다. 연령대가 높아질수록 기능성 중심의 고가 화장품에 대한 소비가 높아진다. 생애주기별로 소비하는 제품이 달라진다. 가정에 어린 영유아 자녀들이 있는 경우 장난감, 기저귀, 유모차 등을 구매한다. 최근에는 65세 이상의 노년층 인구가 증가함에 따라 이들을 대상으로 한 다양한 제품들이 나오고 있다.

둘째, 남자와 여자는 타고난 체질 및 성별 상이한 사회화 과정으로 태도와 행위적 지향성이 매우 다르다. 성별의 차이가 개인의 의사결정, 라이프스타일 및 쇼핑 행동까지 큰 차이를 보이기 때문에 수많은 성별차이에 대한 연구들이 보고되었다. 일반적으로 남성은 목표지향적이어서 이성적 의사결정을 하기 때문에 쇼핑도 목표 중심적 쇼핑 성향(goal-oriented shopping pattern)을 주로 가지고 있고, 여성은 과정지향적이고 감성적 의사결정을 하기 때문에 쾌락 중심적 쇼핑 성향(hedonic-oriented shopping pattern)을 주로 가지고 있다. 잘 알려진 쇼핑몰에서 실행된 'Go to Gap, Buy A Pair of Pants' 실험결과에 의하면, 남성은 갭 바지를 사오는데 평균 6분이 걸리고 33달러를 지불했다. 반면, 여성은 평균 3시간 25분이 소요되었고, 갭 바지 외에 다른 여러 가지 구매들로 총 876달러를 지불하여 성별의 큰 차이를 보였다.

최근 들어서는 왜 이러한 성별의 차이가 있는가에 대한 신경과학자나 문화인류학자들의 보고들이 잇따르고 있다. 뇌과학자들의 8~22세의 989명의 대규모 샘플 대상으로 신경세포들의 연결인 커넥톰(connectome) 확산 분석한 결과에 의하면, 〈그림 5.3〉처럼 실제 남성과 여성의 뇌의 커넥톰은 매우 상이하다. 남성의 뇌는 대부분이 좌뇌 또는 우뇌의 앞뒤 신경세포끼리 밀접하게 연결되어 있는 형태로서, 공간지각 능력, 근육조절 기능이 발달하여 길을 잘 찾고 운동 능력이 뛰어난 인류 원시시대부터 남성들에게 요구되었던 사냥에 유리한 뇌의 특징을 가지고 있다. 반면, 여성의 뇌는 이성을 관장하는 좌뇌와 감성을 관장하는 우뇌를 좌우로 연결하는 뇌량이 발달하고 좌우 커넥톰이 많아 좌우 뇌를 동시에 쓴다. 이 때문에 언어와 직관 능력 및 상대방의 감정을 읽는 능력이 발달하여 복잡한 작업이나, 스트레스가 심한 작업 및 공동작업에 능하다. 원시시대에 채집활동에 유리한 뇌로서 이를 주로 담당한 여성 뇌가 진화해 온 증거라는 주장이다. 호주 과학자들의 대형마트에서의 성별 쇼핑형태 분석 결과에 의하면, 여성은 특정 상

그림 5.3

남성뇌와 여성뇌의 커넥톰의 차이

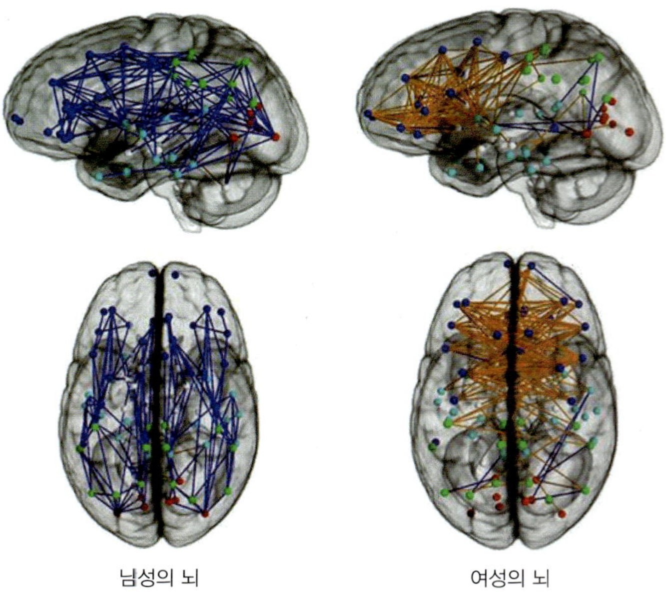

MARKETING **REPORT** '음식 취향 다양·세분화' 수입식품 변화 이끌어

아보카도·올리브유 국내 반입 급증 '눈길'

식약처 '식품 등 수입현황으로 알아본 식생활 트렌드'

해외에서 수입하는 식품들이 국내 소비자들의 '음식 취향의 다양·세분화'를 잘 반영하고 있는 것으로 분석됐다. 식품의약품안전처가 해외 식품 수입량이 점차 증가하는 추세에 따라 수입식품 안전관리 방향을 설정하는데 도움을 얻고자 최근 몇 년간(2015년~2021년)의 식품 등 수입 현황을 분석한 결과, '음식 취향의 다양화·세분화'라는 식생활 변화 경향이 나타났다고 설명했다.

28일 식약처 발표에 따르면 해외식품 수입건수는 지난 2015년 59만 8,082건에서 2018년 72만 8,114건, 2020년 75만 993건 등으로 해마다 크게 늘어나는 추세다.

다양한 요리에 활용할 수 있는 식품 수입 증가 두드러져

다기능 조리 기구뿐 아니라 소비자의 취향에 맞게 다양한 요리에 식재료로 활용할 수 있는 식품의 수입도 증가했다. 대표적인 품목으로 덮밥, 샌드위치, 샐러드 등 다양한 요리에 사용되는 열대과일인 아보카도의 수입 증가가 두드러졌다. 아보카도는 2015년에 수입량이 1,500여 톤에 불과했으나, 수입량이 꾸준히 증가하여 올해에는 1만 6,000톤 이상 수입되어 6년 전에 비해 10배 이상 증가했다. 주요 수입국으로는 페루, 멕시코 등 중남미 국가이며 계절별로는 4월부터 6월까지 많이 수입됐다.

샐러드, 파스타, 감바스 등 다양한 요리의 풍미나 맛을 내는데 취향에 맞게 첨가할 수 있는 올리브유의 수입도 크게 증가한 것으로 나타났다. 전체 식용유 수입량이 2015년 이후로 증가와 감소를 반복하는 상황에서도 올리브유는 6년 전에 비해 올해 수입량이 2배 이상 늘어났다. 특히, 올리브유 등급에 있어서도 세분화된 취향이 반영되어 최상급인 '엑스트라버진 올리브유'나 '트러플향 올리브유' 등 프리미엄 올리브유에 대한 수입량이 크게 늘어났다.

조리기구 수입 증가… 다양한 음식 취향 반영

식약처에 따르면 최근 소비자들의 음식 취향이 다양해

아보카도(왼쪽)와 올리브유

지고 세분화되어갈 뿐 아니라 사회적으로 홈쿡·홈카페 문화가 확산되고 있다. 이러한 요인들은 식품 수입에도 영향을 미친 것으로 보이는데 개개인의 취향에 맞는 다양한 요리를 집에서 손쉽게 할 수 있도록 도와주는 다기능 조리기구의 수입이 전반적으로 늘어났다.

우선 튀기기, 굽기, 볶기, 찜기 등 다양한 용도로 활용 가능한 조리기구인 에어프라이어, 멀티쿠커 등의 수입량이 크게 늘어났다. 특히 에어프라이어의 2021년 수입량은 2015년에 비해 100배 이상 증가했으며 수입건수도 1,000건 이상 늘어났다.

커피머신의 2021년 수입량도 6년 전에 비해 2배 이상 증가했다. 이는 소비자들의 커피 취향이 세분화되면서 취향에 맞게 원두 추출부터 온도 조절까지 가능한 커피

에어프라이어 [이미지=스마트 스토어 '아날로그모듈러']

머신에 대한 수요가 증가한 결과로 보인다.

이외에도 다양한 요리에 곁들여 먹을 수 있는 주류인 와인 등 과실주, 커피나 음료, 케이크 등 다양한 디저트 음식에 토핑으로 사용되는 식물성 크림의 수입도 2015년부터 꾸준히 증가했다. 최근 5년간 전 세계 약 166~170개 국가로부터 다양한 가공식품, 농축수산물, 식품첨가물, 식품용 기구 · 용기 · 포장 수입이 이루어지고 있었으며, 그중에는 보스니아(탄산수, 주방용품), 콩고민주 공화국(커피원두), 말리(참깨) 등 우리에게는 다소 생소한 국가들도 포함되어 있다.

출처: e프레시뉴스, 2021.12.28.

품을 찾아 카트에 담는 것이 남성보다 13초나 덜 걸렸는데 이는 30%나 더 빨리 찾고 고른 것이다. 반면 남성은 빈 카트를 찾고 나중에 계산대를 통과하는 데 평균 10분 24초가 걸리는 데 반해 여성은 14분 6초가 걸렸다. 크루거(Kruger)는 이러한 마트에서의 남녀의 행동차이를 진화론으로 설명하였는데, 남성은 원시시대의 사냥꾼, 여성은 처집자에 맞도록 진화해 왔기 때문이라고 주장하였다.

이러한 성별 차이에 대한 연구들에 대한 반론도 만만치 않다. 최근 들어 성별의 차이보다는 개인적 차이가 더 크다는 연구들도 잇따르고 있고, 실제 업계들의 연구들이나 판매데이터들은 남성들의 소비 태도나 행동 및 쇼핑에 대한 관심들이 여성에 못지 않게 많이 높아졌음을 보여주고 있다. 일반적으로 많은 산업체, 제품 카테고리에서는 성별에 따른 세분화가 주를 이루었다. 패션 의류 제품, 화장품, 잡지 등의 제품을 위한 시장 세분화에 많이 사용되어 왔는데, 과거에는 여성이 주 타깃이었지만, 최근에는 남성들도 패션에 대한 관심이 높아짐에 따라, 남성 세분시장 공략이 늘고 있다. 따라서, 단순히 성별의 차이로 시장 세분화를 한다기보다는, 시장 세분화할 때 성별의 차이를 참조하고 그 차이를 만드는 원인들도 함께 파악해서 보다 정교한 시장 세분화를 진행하고 추가 세분화를 위한 새로운 전략적 세분화 요인들을 찾는 것이 중요하다.

셋째, 소득 수준에 따라 시장을 세분화하는 방법은 아주 오래전부터 사용되어 온 전통적 방식으로 금융 서비스, 자동차, 패션 의류, 여행 등 제품 및 서비스에서 많이 사용되어 왔다. 예를 들면, 대다수의 금융기관들은 고객의 해당 기업과의 거래금액 기준으로 고객들을 분류하는데, 〈그림 5.4〉의 현대카드사가 운영하고 있는 카드종류를 보면, 현대카드는 소비자군을 basic, alphabet, platinum, premium, solution(business사업용)으로 구분하고 있다. Alphabet은 라이프스타일 기준으로 M, K, O, Y, V로 구분하고 제공하는 혜택의 레벨 수준에 따라 2 Series(M2, V2, E2, A2, K2), 3 Series(M3, H3, R3, T3)로 다시 세분화하였다. Premium 카드는 color에 의한 구분으로 the Red, the Purple, the Black으로 세

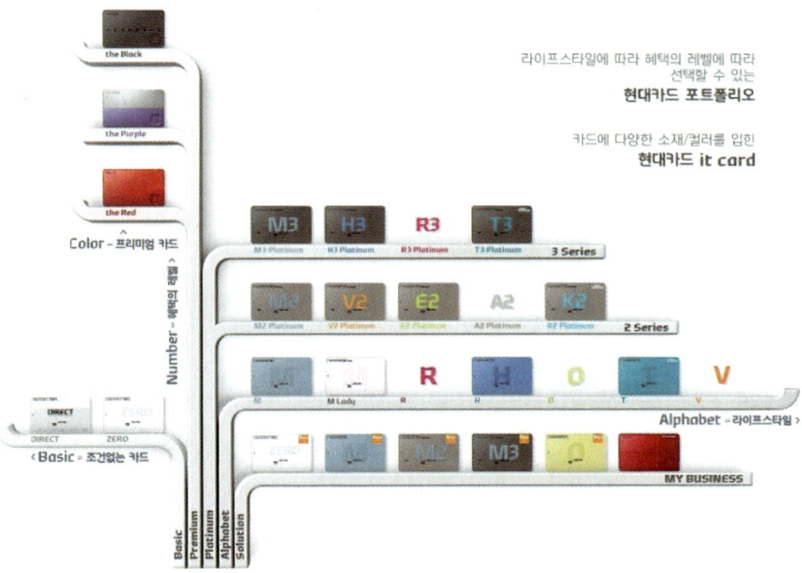

그림 5.4

현대카드의 고객 분류 기준

분화하였다. 프리미엄 카드의 기준은 금융회사마다 상이하고 구체적으로 카드의 발급기준을 상세히 밝히지 않는다. 일반적으로, 대부분의 금융기업들은 프리미엄급 카드의 경우 '대기업 차장급 이상, 신용등급 3등급 이상, 연봉 실수령액 6,000만원 이상' 등 세 가지 조건을 모두 충족시켜야 발급이 가능하며, 이외에도 소득, 직업군, 신용등급 두루 고려해서 발급한다.

그러나, 여기서 중요하게 생각해야 하는 점은 시장 세분화에 주로 사용되는 세분 요소 중에 하나인 소득 수준은 객관적인 기준이 아니라는 점이다. 실제 소득 수준이 지리적 위치에 따라 상대적으로 체감하는 것이 다르기 때문이다. 예를 들면, 맥도날드는 진출한 국가별로 경제 수준이 상이하기 때문에 그 해당국가의 물가 수준을 고려한 상대적인 가격정책을 쓰고 있다. 이러한 배경하에, 영국의 이코노미스트 경제잡지는 1986년부터 1년에 두 번씩 각 나라의 구매력 평가를 비교하는 경제지표로써 빅맥 지수(Big Mac Index)를 발표하고 있다. 이는 맥도날

표 5.2

빅맥지수 Top 5

빅맥이 가장 비싼 5개국	빅맥이 가장 싼 5개국
스위스: $6.71	남아프리카공화국: $2.15
노르웨이: $5.97	러시아: $2.2
미국: $5.67	루마니아: $2.21
스웨덴: $5.44	터키: $2.21
캐나다: $5.18	말레이시아: $2.33

* 2020년 1월 기준

드의 대표적인 햄버거인 빅맥은 전 세계 어느 매장에서나 살 수 있고 크기와 값이 비슷하기 때문이다. 빅맥 지수는 현실적으로 각국에서 팔리는 빅맥의 값을 통해서 그 국가의 실질 물가를 예측할 수 있다는 측면에서 환율보다 더 현실적인 지표로도 인정받고 있다.

심리적 세분화(psychographic segmentation)

심리적 세분화는 소비자들의 라이프스타일, 개성 등과 관련된 특징으로 나누는 것을 말한다. 지리적 요인이나 인구통계적 요인은 비교적 정확한 수치나 기준을 계량적으로 측정이 가능하고 분석이 가능하지만, 심리적 요인의 경우는 수치화하거나 측정이 다소 어려운 부분이 있다. 특히 지리적 특성이나 인구통계적 요인이 같은 소비자 집단이라 할지라도 심리적 요인이 다르면, 표적시장이 완전히 달라질 수도 있다. 따라서 심리적 요인은 마케터의 경험이나 통찰력 등에 따라, 어떤 심리적 요인을 세분화하느냐에 따라, 그 분석 결과가 달라질 수 있다. 마케터는 심리적 요인을 고려할 때, 시장의 트렌드나 시장의 변화에 민감히 반영하여 시장 세분화하여야 한다.

앞서 도입사례에서 소개한 팔도라면 '도시락'의 용기면 시장에서의 큰 성공의 원인 중에 하나가 용기 디자인이었다. 안정적인 모양의 사각형 용기 덕에 멀리 이동할 때 휴대하기 편리함이 있다. 대부분 이동 중이거나 편하게 식사할 수 없는 외부 및 편의점에서 사발면 식사가 이루어지기 때문에 대다수의 다른 경쟁사의 원형 용기면들보다 도시락의 안정적인 사각형 용기는 심리적 안정감을 제공하였다. 또한, 러시아인들은 먹고 남은 도시락 용기를 버리지 않고 반찬그릇이나 화분 등으로 재활용하는 사용 후 행동 때문에 도시락의 용기를 지속적으로 접하고 이를 통해 심리적으로 친근감 형성이 더욱 용이했을 것이다. 따라서, 이 특정 시장을 세분한다면, 용기형태(사각형 vs 원형)나 친근감 등이 중요 세분 요소들이라 할 수 있다.

행동적 세분화(behavioral segmentation)

소비자들의 제품에 대한 사용 상황, 사용률(사용물량), 추구 혜택, 사용 경험, 의사결정의 역할, 충성수준 등 소비자의 태도 및 행동과 특정제품에 대한 지식, 태도, 사용 및 반응 등 다양한 행동적 요소들로 시장을 세분화할 수 있다. 앞서 소득수준에 의한 세분화에서 소개한 현대카드의 경우를 계속하여 예를 들자면, AI·디지털시대 도래에 맞추어 데이터 사이언스에 의해 지금까지의 소득 수준이나 라이프스타일 기준어 의한 세분화에서 좀 더 진화하여 소비자들의 사용 상

CASE STUDY

현대카드, 데이터 사이언스 기업으로 탈바꿈

인공지능 알고리즘 '피코', 결제 데이터 분석해 맞춤 서비스

현대카드가 4차 산업혁명 시대에 발맞춰 디지털 혁신에 박차를 가하고 있다. 실용성과 혁신성이라는 명확한 두 가지 목표를 설정하고, 기업 경영의 모든 DNA를 근본적으로 변화시키기 위한 작업을 진행하고 있다.

현대카드는 2015년 10월부터 '디지털 현대카드' 시리즈를 선보이고 있다. 디지털 기술을 활용해 고객들이 바로 체감할 수 있는 실제적 편익을 제공하자는 취지다. 고객이 현대카드 앱에서 신용카드 사용조건을 자유롭게 설정하는 '락(Lock)'과 '리밋(Limit)', '가상카드번호'와 온라인 간편결제 서비스 '페이샷(PayShot)', 플레이트 한 장에 여러 카드 혜택을 담는 '현대카드 Chameleon(카멜레온)', 실시간 상담해주는 인공지능 챗봇 서비스 '현대카드 버디(Buddy)' 등의 서비스를 선보이며 실용성을 강화했다.

현대카드는 데이터 사이언스(Data Science)라는 확실한 분야를 설정해, 혁신성도 추구하고 있다. 카드 결제 데이터라는 사람들의 라이프 스타일과 직결되어 있는 순도 높은 데이터를 활용해 차별화를 꾀하고 있는 것이다. 대표적인 것이 지난 4월 인공지능 알고리즘을 이용한 '피코'다. 카드 회원의 결제 데이터를 분석해 취향을 분석한 뒤 이를 바탕으로 해외의 2,000여 개 패션 사이트 중에서 회원이 가장 좋아할 만한 아이템을 가진 패션 사이트를 연결해주는 서비스다. '인기 있는', '최근 뜨는', '내게 맞는' 등 카테고리가 3가지 형태로 분류돼 이용자에 맞는 최적의 결과를 제공한다.

현대카드는 기업 내부에서도 데이터 사이언스라는 새로운 패러다임을 통해 사업을 재정의하고 확장해 나가고 있다. 현재 대다수 국내 기업의 데이터 기반 마케팅은 고객 정보를 바탕으로 진행된다. 성별, 나이, 지역, 소득, 직업 등에 기반해 고객을 분류하고, 분류된 각 그룹에 어울리는 마케팅을 진행하는 방식이다. 예컨대 50대 서울 강남지역에 거주하는 고소득 전문직 고객들에게는 모두 골프나 해외여행 혜택을 제공하는 식이다. 현대카드는 머신러닝 등을 통해 700만 회원의 행동정보를 정교하게 분석하고, 개별 고객에게 최적화된 마케팅을 시행할 수 있도록 준비하고 있다.

DIGITAL Hyundai Card

사진=현대카드

현대카드가 구축 중인 AI 기반 정보분석 시스템은 고객들의 결제 정보를 1,500가지 항목으로 분류하고 분석, 이를 사업 전반에 활용할 수 있도록 하는 것이다. 현대카드는 시스템 구축을 위해 매년 수백억원씩 투입하고, 디지털 전문 인력 350명을 추가 채용했다. 특히 현대카드는 지난 2년간 기존 데이터를 사람이 아닌 기계가 읽어낼 수 있는 형태(불필요한 데이터가 제거된)로 변환하고, 머신러닝과 딥 러닝 등에 최적화한 분류 체계를 갖추는 데 매진했다. 지난 1년여간의 테스트 결과, 한가지 이슈에 대한 내부 프로세싱 기간이 평균 6개월에서 2~3개월 정도로 절반 이상 감축되는 효과를 거뒀다.

정태영 부회장은 "5년 전부터 현대카드를 AI(인공지능), 머신러닝 등 '데이터 사이언스(Data Science)'를 하는 기업으로 탈바꿈시키는 작업에 올인(all-in)해왔다"며 "연내에 인프라 구축이 끝나면 내년부터 차원이 다른 새로운 서비스를 선보일 수 있을 것"이라고 말했다.

버디 [사진=현대카드]

출처 : 뉴스핌, 2018.7.27

황, 추구혜택 및 사용 경험 등에 의해 시장을 세분화하여 최적화되고 맞춤화된 고객 혜택을 제공하기 위해 노력 중이다.

사용 상황(occasion)에 따른 세분화란 소비자가 제품 및 서비스를 사용하는 상황에 따라 시장을 세분화하는 것이다. 특정 제품을 언제 필요로 하는지, 실제로 언제 구매를 하는지, 구매한 제품을 어느 상황에서 사용하는지 등을 분석한다. 예를 들어, 카페인 함유량이 높은 음료는 학생들이 시험 기간 중에 있을 때 가장 필요로 하고 구매하게 된다. 시리얼의 경우는 아침에 간편하게 먹을 수 있는 식사 대용으로 촉진되어 왔지만, 최근에는 20대 여성들의 다이어트 식단으로써 소비시장이 세분화되고 있다.

사용량(usage rate)에 따른 시장 세분화란 제품을 사용량이 적은 소비자, 중간 소비자, 많은 소비자로 나누는 것이다. 특정 제품을 대량으로 소비하는 대량 소비자(heavy user) 집단은 작지만, 이들이 차지하는 소비 빈도나 구매율 등 소비량이 높다. 즉, 같은 소비자라 하더라도 기업에 미치는 영향이 다르기 때문에 기업은 이러한 대량 소비자를 확보하고자 노력한다. 이러한 대량 소비자들의 특성을 분석하여 이들에 대한 혜택을 제공하는 등의 마케팅 전략이 필요하다.

추구 혜택(benefit)에 따른 세분화란 소비자가 어떤 제품을 통해 얻고자 하는 혜택이나 편익에 따라 소비자를 구분하는 것이다. 예를 들어 스마트폰을 사용하는 소비자들은 스마트폰을 실용적 가치(functional value)와 쾌락적 가치(hedonic value)의 목적으로 각 혜택을 추구하는 성향이 다르다. 스마트폰의 실용적 가치를 목적으로 하는 소비자들의 경우, 스마트폰을 구입할 때 요금제, 단말기 가격, 어플리케이션의 활용 정도 등을 더욱 고려한다. 반면 쾌락적 가치를 추구하는 경우, 스마트폰의 다양한 기능, 디자인 등을 더욱 고려할 수 있다.

사용자 경험(user status)에 따른 세분화란 제품을 한 번도 구매한 적이 없는 비사용자, 이 중에서도 앞으로 구매 가능성이 있는 잠재적 구매자, 현재 꾸준히 제품을 사용하고 있는 구매자, 과거에는 구매했지만 현재는 사용하고 있지 않은 구매자 등으로 세분화하는 것이다. 사용 경험에 따라 빈도수가 높은 구매자들의 경우는 브랜드나 제품에 높은 충성도(loyalty)를 보이기 때문에 이들과 긍정적 관계를 지속 및 강화하는 노력이 필요하다. 제품을 과거에는 사용했지만, 현재는 사용하고 있지 않은 구매자들의 경우는 그 원인을 파악하여 다시금 제품을 구매할 수 있는 전략을 실행해야 하고, 또 비구매자나 잠재적 구매자 역시 그들의 특성을 파악하여 자사의 제품이 매력적으로 다가갈 수 있도록 해야 한다.

구매의사 결정 시, 사람들은 다섯 가지의 역할, 발안자(initiator), 영향자(influ-

MARKETING **REPORT** | 작년 식품 소비 트렌드 변화 민감 반응 제품 호실적

식품기업들은 소비자 요구에 적극적으로 순응하면서 각 기업별 시그니처 제품들의 판매량을 신장시켰다. ©시사포커스DB

가성비·프리미엄 등 양극화, 헬시플레저, 모디슈머 등 트렌드 형성

코로나19 기간 동안 식품 소비 트렌드는 빠르게 변화했고 식품기업들은 소비자 니즈에 밀접하게 반응했다. 변화의 시기에 소비 트렌드에 발맞춰 성장한 식품들은 작년 눈에 띄는 실적을 보였다. 작년 식품시장에서는 소비자 요구가 세분화로 가성비와 프리미엄 양극화 현상이 나타났고 코로나19 기간 동안 헬시플레저 성향이 강해졌으며 모디슈머가 늘어나기도 했다. 또 오래된 전통을 보유한 식품들은 현재 주요 소비층인 2030세대에 어필하는 마케팅을 펼치기도 했다.

하이트진로 참이슬 후레시 작년 판매량은 지난 2021년 대비 9% 증가한 역대 최다 판매량을 기록했다. 특히 지난 10년간 연평균 성장률은 5% 정도였는데 작년엔 2배 가까이 신장한 것. 특히 작년 사회적 거리두기 해제 이후 유흥시장에서 판매량이 지난 2021년 보다 23% 상승하며 역대 최다 판매를 경신한 것. 하이트진로에 따르면 참이슬 브랜드 제품은 지난 1998년 10월 출시 이래 작년 12월까지 누적 375억 병이 판매됐다. 이는 1초당 49병 판매된 꼴이다.

하이트진로가 차음료 시장에서 새로운 트렌드를 만들었던 블랙보리가 지난 2017년 12월 출시 이래 작년 말 340ml 기준으로 누적 판매량 3억 병을 돌파했다. 지난 2020년 2월 누적 판매 1억 병을 돌파한 바 있고 매년 두 자릿수 성장을 이어가고 있으며 지난 2020년 헛개차와 옥수수수염차를 제치고 차음료 시장에서 1위로 올라섰다고 했다.

팔도가 지난 2017년 소비자 요구에 따라 출시한 만능비빔장 누적판매량 2,000만 개를 돌파했다. 만능비빔장은 팔도 비빔면 액상스프를 별도로 파우치나 용기 등에 넣어 제공했다. 작년에는 지난 2021년 대비 판매량이 115% 증가했는데 사회적 거리두기 해제에 따른 야외활동이 증가한 영향인 것으로 보인다. 아울러 코로나19 기간 모디슈머 증가가 판매량 증가를 견인한 것으로 보인다.

팔도는 소비자 선택권 강화를 위해 매운맛, 버터간장 등을 출시했고 휴대 편의성 강화를 위해 스틱형 제품도 선보였다. 팔도의 비락식혜가 작년 말 누적 판매량 18억 개를 돌파했다고 밝혔다. 작년 11월 기준 7천만 개, 월평균 판매량은 600만 개를 넘어서며 작년보다 약 15% 증가한 것으로 나타났다. 팔도에 따르면 할매니얼 트렌드가 판매량 증가를 견인했다고 밝혔다.

작년 10월 기준 팔도 왕뚜껑은 누적 판매량 8,000만 개를 기록하며 자체 판매량 최대치를 경신하며 지난 2021년보다 20% 판매량이 신장했다. 출시 이후 누적 판매량은 22억 개를 기록했으며 올해 호실적은 1인 가구 증가 및 런치플레이션 영향인 것을 분석됐다.

작년 출시 40주년을 맞은 농심 육개장 사발면은 누적

판매량 52억 개를 돌파했다. 작년 10월 기준 누적 매출액은 930억원으로 지난 2021년보다 14% 신장했다. 작년 매출은 1,200억원가량이 예상됐다. 농심에 따르면 컵라면 단일 제품 중 유일하게 연 매출 1,000억원 이상을 유지하는 제품이다. 농심은 "최근 수년간 전체 라면시장 규모가 2조원 안팎을 횡보해 온 것과 비교해볼 때, 출시 40년이 된 장수 브랜드가 지속적으로 성장세를 기록하는 것은 매우 드문 경우"라고 말했다.

한국 맥도날드의 로컬라이징 전략으로 판매된 한국의 맛 메뉴는 작년 12월 초 누적 판매량 1,000만 개를 돌파했다. 한국맥도날드는 2020년부터 ▲나주배 칠러 ▲제주 한라봉 칠러 등 지역 특산물을 사용한 음료 메뉴를 선보였다. 지난 2021년에는 한국의 맛 프로젝트를 통해 ▲창녕 갈릭 버거 ▲보성녹돈 버거 ▲허니 버터 인절미 후라이 등을 선보였다. 창녕 갈릭 버거는 지난 2021년 2초에 1개씩 팔리며 작년까지 약 300만 개 이상의 판매고를 기록했다.

아울러 맥카페 누적 판매량이 4,000만 잔을 돌다하면서 작년 12월 19일 맥카페 드립커피 무료 증정 행사를 진행하기도 했다. 맥도날드는 "지역상생과 고품질 메뉴 개발 등을 올해도 이어갈 것"이라고 밝혔다.

오뚜기는 작년 오뚜기 피자 누적 판매량 1억 개를 돌파했고 누적 매출액 2,700억원을 넘어선 것으로 확인됐다. 오뚜기는 다양한 형태의 피자를 선보이면서 냉동피자 시장에서 강자로서 입지를 다지고 있다. 코로나19 확산으로 냉동피자 시장 경쟁이 치열해졌지만 프리미엄화 전략으로 승부수를 띄우면서 소비자 니즈에 더 밀접하게 다가갔다.

CJ제일제당은 작년 10월까지 플랜테이블 누적판매량이 300만 개를 돌파했다고 밝혔다. 플랜테이블은 작년 12월 론칭한 비건 브랜드로 비건 김치, 떡갈비, 햄버그스테이크, 주먹밥 등을 아시아, 유럽, 아프리카 등 30개국에서 판매 중이다. CJ제일제당은 "채식주의자는 물론 채식을 선호하거나 관심을 가진 일반인들에게도 '맛있는 건강 메뉴'로 자리매김 중"이라고 밝혔다.

동원F&B의 동원참치는 작년 출시 40주년을 맞았고 누적 판매량 70억 캔을 돌파했다. 동원참치 브랜드 이미지는 헤리티지를 갖고 있는 만큼 오래된 이미지도 있었지만, 최근 몇 년간 새로운 소비 세대인 MZ세대와의 소통을 위해 다양한 이미지 전략을 펼쳐왔다. 작년 8월엔 맑은 눈의 광인이라고 불리는 아이브 리더 안유진을 모델로 발탁했다. 또 중국 숏 동영상 플랫폼 틱톡에서 챌린지를 진행했고 캠페인 해시태그 조회수는 공개 일주일 만에 3,000만 회를 돌파했다고 했다.

서울우유협동조합의 '앙팡치즈 까요까요'가 작년 12월 2016년 출시 이래 누적 판매량 1,300만 개를 돌파했다. 이 제품은 아이들의 호기심을 자극할 수 있도록 동글납작한 모양의 치즈를 까먹을 수 있게 만들었다. 서울우유는 "까요까요는 자연치즈 함유로 부드러운 맛과 영양을 모두 충족하는 동시에 귀여운 모양과 낱개 포장으로 하나씩 까먹는 재미까지 더한 제품"이라고 밝혔다.

BGF리테일이 작년 1월 선보인 연세우유 크림빵 시리즈는 작년 말 누적 판매량 1900만 개를 돌파하며 CU 디저트 매출에 큰 기여를 했다. 60여 종 디저트 중 연세우유 크림빵 시리즈가 매출에서 차지하는 비중은 47.2%다. 작년 3분기까지 누적 CU 디저트 전체매출은 지난 2021년보다 116.8% 상승한 것으로 나타났다. CU는 제품이 흥행 가도를 달리자 다양한 라인업을 내놓았다. CU측은 "다양한 맛의 연세우유 크림빵 상품들이 잇따라 히트를 치면서 올해 연세우유 크림빵 시리즈가 편의점 디저트 대표 상품으로 자리 잡았다"고 밝혔다.

작년 이마트24는 라크라사드 까베르네시라 · 샤도네이 2종이 100만 병 판매됐다고 밝혔다. 이마트24에서 최근 단일브랜드 2종으로 100만 병 판매 돌파 와인은 라크라사드가 유일하고 글로벌 판매량에서 한국이 70% 비중이다. 이마트24 연간 와인 판매량이 2년 연속 300만 병을 돌파한 것으로 나타났다. 작년에는 323만 병이 판매된 것으로 집계됐다. 지난 2021년에는 300만 병이 판매됐다.

이랜드이츠가 운영하는 프랑제리의 사과빵이 출시 1년 만에 누적 판매 70만 개를 돌파했다. 사과빵은 프랑제리의 브랜드 아이덴티티를 담아낸 시그니처 빵으로, 지난해 경주 켄싱턴 리조트점에서 진행된 지역 특산물 활용 시그니처 개발 프로젝트의 결과물이다. 이랜드 프랑제리는 "사과빵을 사기 위해 경주 리조트 프랑제리에 오픈런 현상이 일어나는 등 인기가 상당해 전국 매장으로 확장했다"고 말했다.

출처: 시사포커스, 2023.1.4.

encer), 결정자(decision-maker), 구매자(buyer) 및 사용자(user)의 복합적 역할을 한다. 예를 들면, 노르웨이 프리미엄 유모차 브랜드 스토케(Stokke)는 몇 년 전에 한국시장에서 센세이션을 일으켰다. 그 이유는 낮은 출산율의 대한민국 가정 내 아기의 높은 위상과 함께, 이전 한국 내 주로 소비되던 유모차들과 달리 스토케는 부모와 얼굴을 마주하도록 아기 시트가 배치되어 있어서 부모가 아기 상태를 더 주의 깊게 살필 수 있고 아기와 교감이 더 용이한 장점이 있었다. 이에 당시 한 대에 1백~2백만원이 넘는 고가격임에도 불구하고 웬만한 중산층 가정에서 must have item으로 포지셔닝되었다. 이러한 유모차 구매에 있어서 다양한 역할들이 작동하는데, 우선 해당 프리미엄 구매의 발안자이면서 영향자는 주변 육아의 선배들, 육아 커뮤니티, 육아 전문가 등이고, 구매 결정자는 아기엄마가, 구매자는 아기의 조부모들이 그리고 사용자는 엄마와 함께 요즘 육아의 역할을 엄마와 나누어 담당하는 아빠도 해당된다. 따라서 유모차시장에서 의사결정자를 세분요소로 시장 세분화해도 약 5개 세부시장들이 존재할 수 있는 것이다.

소비자의 의사결정 전략에는 어떤 브랜드를 선택할 때 개개인이 추구하는 속성 계층들이 있다. 예를 들면, 중형 자동차를 구매한다고 가정하자. 구매 고려자 A는 경제적인 측면과 디자인을 중요시 생각한다면, 동급 내 차량 가격, 연비 등이 우수한 중형 자동차 브랜드들을 선정하고(경제적 지배계층) 다음으로 본인이 선호하는 스타일 및 색상(디자인 지배계층) 등을 평가하게 된다. 다른 구매 고려자 B는 외국 브랜드를 선호하고 짐을 많이 실을 수 있는 해치백을 선호한다면, 우선적으로 해치백 제품이 없는 브랜드들은 고려 대상에서 제외하고 자동차 생산국을 우선 정하고(제조국가 지배 계층), 구체적인 제품 세부사양들을 평가할 것이다(특정 제품사양 지배계층). 이 두 구매고려자들은 서로 다른 우선순위에 따라 서로 다른 세부 속성들을 중요시 하고 이에 따라 의사결정하는데 이러한 소비자 각 세부 그룹의 추구하는 속성 계층을 조사 분석하는 과정을 시장 분할화(market partitioning)라고 한다.

구매자들의 상표 충성도(brand loyalty) 수준에 따라 일반적으로 다음과 같은 4개 세부그룹으로 나눌 수 있다. 일관성 있게 한 개 상표를 꾸준히 구매하는 핵심적 충성 고객, 2~3개의 상표만을 구매하는 유연한 충성적 고객, 특정상표를 선호하다가 다른 상표로 선호가 변한 이동적 충성 고객 그리고 어떤 상표에도 충성도를 보이지 않고 언제든지 전환이 용이한 소비자인 전환 고객(switcher)이다.

AI·디지털시대의 도래로, 기술의 발전과 함께 정보의 투명성은 더욱 증가하여 소비자들은 과거 그 어느 때보다 더 많은 지식과 선택권을 갖게 되었다. 반면,

미디어 채널의 파편화로 인해 브랜드는 메시지를 명확히 전달하는 데는 높은 제약점을 가지게 되었다. 또한 고품질 제품의 제조에 대한 진입 장벽이 낮아짐에 따라 제조업체뿐만 아니라 유통을 중심으로 한 자체 상표 제품의 시장 진입이 증가하여 경쟁이 더욱 심화되고 주로 특정지역 내의 업체인 소규모의 경쟁업체가 니치 마켓으로 진입하는 현상이 증가하고 있다. 이러한 혁신적인 기술, 미디어의 파편화 그리고 고품질 대체재의 이용 가능성 증가로 인해 소비자행동은 크게 변화하고 있다. 특히, 소비재에 있어서 브랜드 충성도가 크게 변화하고 있다는 기관들의 보고가 잇따르고 있다.

::: 타기팅

STP 전략의 두 번째 단계로서, 시장 세분화를 통해 각 세분시장에 대한 기회 및 위협 요인 등을 파악했다면, 그 다음으로는 마케터는 어떤 세분시장을 택할 것인가를 고려해야 한다. 타기팅(targeting)이란 타깃시장을 선정하는 일련의 과정을 의미하는 것으로 시장 세분화를 통해 파악된 기업에 기회 요인이 되는 잠재적 시장 중에서 기업의 한정된 마케팅 자원을 투자하게 될 한 개 혹은 여러 개의 시장을 선정하는 것을 의미한다. 세분시장 중에서 선택된 타깃시장은 추후 기업의 이익과 직접적인 영향을 미치기 때문에 매우 신중을 기해야 한다. 이 단계에서 가장 중요한 것은 타깃시장을 선정하기 위해서는 여러 가지 요인들을 고려하여 종합적으로 평가해야 한다.

타깃시장 선정요인

첫째는 세분시장의 소비자 요인 매력도이다. 세분시장의 크기가 어느 정도 큰지, 미래 성장 가능성이 얼마나 되는지, 세분시장의 리스크가 어느 정도인지 등이다. 여기서 주의할 점은, 세분시장의 규모가 크거나 성장률이 높다고 해서 모든 기업에게 매력적인 것은 아니다. 시장 규모가 큰 경우, 수익 규모도 큰 반면에 경쟁수준이 높을 수 있다. 마찬가지로 성장률이 빠른 시장이라도 기업의 역량이나 자원이 부족하다면, 보다 규모가 작거나 성장률이 높지 않아도 자사의 중장기적인 목적과 수익가능성 등 요인을 종합적으로 고려하여 시장을 선정하는 것이 바람직하다. 또한 세분시장의 리스크도 충분히 검토되어야 하는데, 국내외적의 다양한 환경 요인을 통해 표적시장이 얼마나 안정적인 기회를 제공하는가를 고려해야 한다. 둘째는 시장의 경쟁자 수, 경쟁자의 역량, 잠재경쟁 강도 등 구조적 요인에 대한 매력도를 평가할 필요가 있다. 만일 이미 시장에 많은 경쟁자들이 진출해 있고 그 경쟁자들이 강력하게 시장을 점유하고 있다면, 그 시장은 덜 매력적이다. 또한 유통 구조가 단순하고 진입장벽이 높지 않아서 미래에 참여 가능한 경쟁자가 많다면, 그 세분시장의 매력도는 낮아질 것이다. 셋째는 자사의 자원량이 충분한지, 전략은 적합한지 등의 자사에 대한 적합성을 고려해야 한다. 세분시장이 적정한 규모를 가지고 있고, 성장률이나 경쟁요인 등으로 매력적일지라도 기업의 장기적인 목표나 전략, 자사가 보유하고 있는 인력 및 자원 등을 조달할 수 없다면 그 세분시장은 고려 대상에서 제외해야 한다. 단기적으로 기업의 수익가능성을 높일지라도 자사의 핵심 역량이나 중장기적 전략과 부합되지 않으면 장기적으로는 어려움에 직면할 수 있기 때문에 신중하게 판단해야 한다. 넷째는 구매자나 공급업체들의 교섭력이다. 만약 구매자들의 교섭력이 강할 경우, 경쟁사들 간의 제품 및 서비스의 가격 인하 경쟁을 붙여서 기업의 수익 악화에 영향을 미치게 된다. 또 원자재나 부품 등에 대해 강한 통제권을 가진 공급업체가 존재한다면 그 시장은 덜 매력적일 것이다.

타깃 선정

기업은 시장 세분화를 통해 선정된 다수의 세분시장들을 얼마나 많은 세분시장들을, 어떤 세분시장들을 타깃화할 것인가를 결정해야 한다. 즉, 단일타깃, 특정타깃, 복수타깃, 혹은 메인타깃과 서브타깃에 대한 결정이 필요하다. 〈표 5.3〉은 타깃 선정을 위한 분석표의 예시로서 앞서 제시한 중요 4개 대분류의 선정 요인, 세부 11개 평가요인을 기반으로 평가한 것이다. 우선 각 세부 항목의 중요도에 따라 가중치를 산정하고, 앞서 도출된 세분시장 4개의 평가요인별 점

표 5.3

타깃시장 선정을 위한 분석표 예시

세분시장 평가요인	세분시장 세부평가목록	가중치	제1 세분시장	제2 세분시장	제3 세분시장	제4 세분시장
세분시장 소비자요인 매력도	세분시장 크기	10	2	7	5	2
	세분시장 성장성	10	4	8	4	3
	세분시장 리스크	10	2	7	6	3
세분시장 경쟁요인 매력도	경쟁자 수	10	6	3	9	8
	경쟁자 역량	10	7	2	8	4
	잠재경쟁 강도	5	6	3	7	5
자사에 대한 적합성	자원량 적합도	15	7	6	9	3
	전략 적합도	15	8	5	7	2
세분시장 내에서 자사의 교섭력	구매자와의 교섭력	10	7	6	9	3
	공급업체와의 교섭력	5	7	5	8	4
총합		100	570	535	730	350
우선순위			#2	#3	#1	#4

수를 매긴다. 그 결과에 가중치 반영하여 총계를 산출한 결과이다. 총합의 높은 순에 따라 세분시장의 타기팅 적합도의 우선순위가 산출되게 된다. 기업은 어떤 세분시장을 선택할 것인지, 몇 개의 세분시장을 선택할지에 대한 의사결정을 해야 한다. 기업이 한 개 세분시장을 선택해서 본 분석결과에 근거하여 결정한다면, 제3세분시장이 단일타깃으로 선정될 것이고, 혹 2개의 세분시장을 선택한다면, 메인타깃(main target) 시장으로 제3세분시장이, 서브타깃(sub-target) 시장으로 제1세분시장이 선정되게 된다.

시장표적화 전략

앞 단계에서 세분시장이 선정되면 표적시장별 시장표적화 전략을 결정하고 어떤 표적시장에 얼마큼 집중하여 투자할 것인지 등을 결정해야 한다. 시장표적화 전략은 대량 마케팅 전략(비차별화), 세분화 마케팅(차별화), 틈새시장 마케팅(부분 집중화) 그리고 지역 혹은 개인마케팅(미시마케팅) 전략들이 주로 사용된다. 〈그림 5.5〉에서 보듯이, 기업은 실질적으로 특정 타깃시장을 선정하지 않고 소비자 개개인에게 맞추는 미시적 마케팅인 지역 혹은 개인마케팅부터 폭넓게 비차별적으로 접근하는 대량마케팅까지 광범위한 타깃시장의 표적화 전략을 선택해야 한다.

그림 5.5

시장표적화 전략

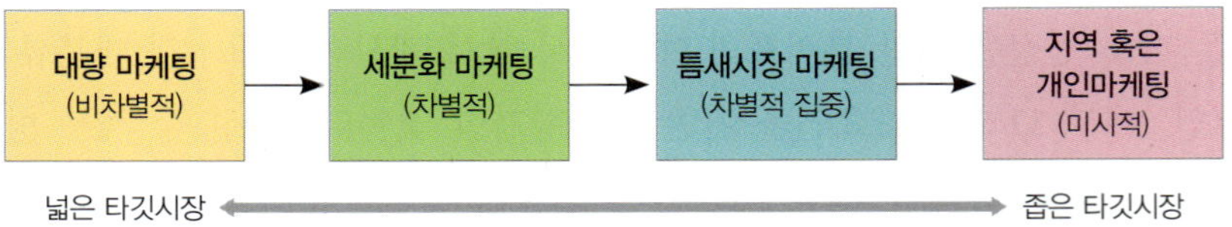

대량 마케팅 (mass marketing)

세분시장 간의 차이와 상관없이 가장 규모가 큰 세분시장이나 혹은 전체 시장을 대상으로 제품 및 서비스를 제공하는 전략으로 비차별적(un-differentiated) 특성을 가지고 있다. 세부적으로 고객의 특성을 살피기보다는 대중적이고 공통적인 특징에 보다 초점을 맞춰서 최대한 많은 소비자들이 만족할 수 있을 만한 보편적인 제품과 서비스를 제공하는 것을 목표로 한다. 소비자들의 일반적인 특성에 맞는 제품을 제공하기 때문에 연구 개발이나 리서치, 제품 촉진 전략 등에 있어서 비용 절감성이 높고 표준화된 대규모 생산 및 출시를 통해 규모의 경제를 구현하는 것이 경쟁력이 있을 시 큰 장점이 있다. 반면, 소비자들의 요구가 다양해지고 세분화되는 시장환경에서는 한 가지 제품으로 고객의 입맛을 충족시키기에는 큰 어려움이 있기 때문에 자사의 제품 및 서비스의 특징에 따라 적절하게 구사해야 하는 전략이다. 비차별적 마케팅의 사례로 구글(google), 마이크로소프트(Microsoft)는 '합리적이며 비차별적인 방식으로 누구에게나 제공한다'는 프랜드(FRAND) 원칙을 타기팅 전략으로 삼고 있다.

세분화 마케팅(segment marketing)

앞서 차별적인 매스 마케팅과는 달리, 세분화 마케팅은 차별적 마케팅(differentiated marketing)으로서, 다수의 세분시장을 표적시장으로 삼고 각 세분시장마다 각각 차별적인 마케팅을 실행하는 전략이다. 차별적 마케팅에는 선택적 전문화, 제품 전문화, 선택적 전문화, 시장 전문화 등이 있다. 첫째, 선택적 전문화(selective specialization)란, 여러 개의 세분시장과 제품을 취급하는 경우가 이에 해당된다. 기업에 매력적인 여러 세분시장을 선택하는 경우 위협요인을 분산시킬 수 있고, 각 세분시장마다 다른 마케팅 전략을 실행함으로써 보다 높은 매출을 기대할 수 있다. 둘째, 제품 전문화(product specialization)란, 다양한 소비자들의 욕구에 맞는 제품 및 서비스를 개발하여 제공한다. 예를 들어 핸드폰의 경우 초등학생, 20~30대, 40~50대, 노년층 등에 따라 제공되는 서비스가 다르다. 초등학생을 타깃으로 하는 저가폰의 경우는 저렴한 가격의 요금제나 사고 방지를 위한 알림 서비스 등에 제공되고 있다. 노년층의 경우는 일반 핸드폰보다 기능적인 측면을 줄인 대신 넓은 키패드와 쉬운 버튼 조작, 한손에 들어오는 크기 등의 제품사양을 차별적으로 구성하여 일명 '효도폰'으로 고령층을 타깃한다. 셋째, 계층적 전문화(hierarchical specialization)는 한정된 마케팅 자원의 전략적 배분을 위한 것으로 기업에게 영향을 미치는 시장의 중요도에 따라 핵심 표적시장(primary target)과 확장 표적시장(extended target)으로 구분하는 전략이다. 계층적 전문화는 다수 타깃시장들에서도 우선 순위에 의해 계층이 나누어지는 것으로 중요도에 따라 우선적으로 핵심 타깃시장을 공략하고 이후 타깃을 확장하여 확장된 타깃시장을 후차적으로 공략하는 경우이다. 마지막으로, 시장 전문화(market specialization)는 하나의 고객 집단을 대상에게 여러 가지 제품군들을 공략하는 전략이다. 예를 들면, 주부 대상의 동일한 세부시장을 대상으로 가전제품들부터 집에서 사용하는 세제, 비누, 샴푸 등의 생활용품들까지 다양한 제품군을 가지고 전문적으로 공략할 수 있다.

집중적 마케팅(concentrated marketing)

집중화 전략은 큰 시장에서 작은 시장 규모를 차지하는 것보다는 적은 수의 세분시장에서 높은 점유율을 차지하는 전략을 의미한다. 집중적 마케팅을 활용할 경우, 해당 표적시장의 소비자들에 대한 폭넓은 지식과 경험을 바탕으로 경쟁사와 비교되는 독점적 지위를 확보할 수 있다. 특정 소비자 시장만 표적으로 하기 때문에 이들의 특성에 맞는 제품, 가격, 마케팅 프로그램 등을 가장 효율적으로 계획하고 실행할 수 있다.

니치마켓(niche market)은 여러 시장 세분화 및 집중화 과정에서 다른 경쟁자들이 모르던가 투자비용이나 효율성 측면에서 너무 작은 시장을 집중하기 어렵기 때문에 진입을 하지 않아서 경쟁이 비어 있는 틈새시장이다. 니치마켓은 새로운 시도, 발상의 전환 등을 통해 존재하지 않던 세부 틈새시장이 새로이 발굴될 수도 있는데, 발견된 좁은 틈새시장을 집중하는 것이 니치마케팅이다. 니치마케팅의 장점은 첫째, 시장 공략이 아직 혹은 미처 되지 않은 작은 틈새시장이기 때문에 다른 세부시장보다는 경쟁이 없다시피한 시장이기에 집중적 마케팅의 성과

MARKETING **REPORT**

틈새시장을 노리다 '니치마케팅'

포화시장 내에서도 새로운 기회를 발견하다

니치(Niche)란 '틈새'를 의미하며, 대중적이지 않은 틈새 시장을 의미하기도 한다. 니치마케팅이란, 특정 성격을 가진 소규모의 소비자들을 타겟으로 시장에 진입하는 마케팅이다. 니치마케팅은 포화된 시장 내에서도, 세분적인 고객 확보와 다양성을 목표한다.

식용유 시장은 대표적인 니치마케팅의 예다. 식용유는 과거에 콩으로 만든 하나의 종류만 있었다. 그러나 최근 더욱 건강한 요리를 원하고, 다양한 요리를 원하는 소비자들이 많아짐에 따라 여러 종류의 식용유가 출시됐다. 올리브유, 포도씨유, 카놀라유 등 식용유의 종류에 따라 가격은 천차만별이며, 소비자들의 선택의 폭은 넓어졌다.

저가 항공사 역시 성공적인 니치마케팅 사례다. 과거 미국의 사우스웨스트 항공사는 고가의 항공사들 사이에서 저가의 항공료를 제시하며 틈새시장을 공략했다. 항공료를 절감하기 위해 비행기 탑승 과정을 여러 단계로 세분했고, 그 과정에서 불필요한 단계를 제거함으로써 비용을 절감했다. 또한 단거리 노선을 원하는 고객들을 위해 저비용의 노선을 신설했다.

사우스웨스트 항공사는 저비용의 항공료를 추구하는 소비자들에게 많은 인기를 얻은 반면, 프리미엄 서비스를 추구하는 고객들을 사로잡지는 못했다. 니치마케팅은 특정 소비자 계층을 타깃으로 하기 때문에, 큰 이익을 기대하기 힘들고 대중성을 잃기 쉽다. 기업의 성공적인 니치마케팅을 위해서는 시장 트렌드에 대한 신속한 반응이 중시된다.

다양한 종류의 식용유 / 국민건강보험공단

출처: 소비자평가, 2019.10.16

가 바로 나타날 수 있다. 둘째, 일반 기업들이 여러 이유로 진입을 안 한 시장일 수 있기 때문에 상대적으로는 진입장벽이 높은 시장일 수도 있다. 셋째, 니치마케팅으로 성공한 기업들은 그 해당 니치마켓에서는 전문적 기업으로서 포지셔닝이 쉽다는 장점이 있다. 그러나 여기서 주의할 점은 니치마켓이라 해서 장점만 있는 것은 아니다. 너무 틈새시장인 경우는 그만큼 타깃하는 세부시장 규모 자체가 너무 작을 수 있고, 이에 따라 투자대비 성과가 낮을 수 있다. 더욱이나 다른 경쟁자들이 진입을 안한 세부시장이라는 것은 가치가 없는 혹은 실질적으로 수요가 존재하지 않는 시장일 수도 있는 것이다. 예를 들면, 스팀청소기라는 신제품을 처음으로 한국시장에 선보인 한경희생활건강의 경우, 초기에 스팀을 이용한 청소의 작은 니치마켓의 선점으로 큰 성공을 거두었으나, 니치마켓 규모 자체가 매우 작고 스팀청소기 전문업체로서의 강한 이미지로 인해 다른 소형가전 제품으로 사업을 확장하는 데 있어서 오히려 제약점이 되기도 하였다. 따라서, 마케터는 니치마켓을 찾는 것도 중요하지만, 왜 니치마켓인지에 대한 원인 또한 면밀히 파악하여 실질적으로 가치가 있는 틈새시장을 분별할 수 있는 능력을 갖추어야 한다.

개인화 마케팅(individual marketing)

개인화 마케팅은 개별 고객의 욕구나 선호에 따라 제품이나 서비스, 마케팅 프로그램 등을 맞추는 것이다. 개인화 마케팅은 세분시장의 가장 극단적인 형태로서, 고객에게 가장 만족스러운 제품과 서비스를 제공할 수 있다. 특히 인터넷 전자상거래의 발전, 빅데이터 분석의 발전, SNS와 같은 고객과의 일대일 상호작용 커뮤니케이션 미디어의 발전 등으로 인해 앞으로 고객과의 관계를 강화하기 위한 개별 고객화는 더욱 가속화될 것으로 보인다. 예를 들어, 금융업계의 경우는 프라이빗 서비스를 통해, 개인에게 필요한 서비스나 콘텐츠를 빅데이터를 활용하여 분석한 결과를 토대로 고객 맞춤형 서비스를 제공하고 있다. 최근 디지털 기술의 발전으로 디지털 기기 사용 시에 경험하는 UX들도 개인화가 심화되고 있다. 클릭, 브라우저, 디바이스, ID, 위치와 시간을 추적하는 실시간 분석 기능을 기반으로 개개인에서 적절하고 정확히 대상화된 동적 콘텐츠 제공이 가능하게 되었다.

MARKETING **REPORT**

초개인화 – 클릭을 넘어, 발자국을 짚어내는 마케팅의 진화

맞춤형 광고, 개인화 서비스, 고도화된 타기팅…. 최근 소비자 대상 마케팅에서 빼놓지 않고 언급되는 용어들이다. 얼핏 보면 다 다른 말 같지만, 결론적으로 '개인화(personalization)'로 응집된다고 볼 수 있다. 그런데 어느 순간 개인화를 넘어서 '초개인화(hyper-personalization)'라는 말이 심심치 않게 들려오고 있다. 4차 산업혁명 근간 중 하나인 인공지능이 소비자의 행동을 더욱 정확하게 파악함으로써, 기획부터 마케팅에 이르는 비즈니스 전반을 새로운 차원으로 이끄는 원동력으로 초개인화가 조명되고 있는 것이다.

"기본적인 인적사항 및 온라인 행동 데이터를 기반으로 사용자를 이해하고 이를 바탕으로 사용자의 경험을 최적화하는 것"

즉, 이 사람의 나이나 성별, 직업 등 사용자가 직접 제공하는 데이터와 어떤 소셜미디어를 주로 이용하고 얼마나 웹사이트에 머무는지 등 온라인 행동 데이터를 바탕으로 사용자를 우선 이해하고, 이러한 사용자 개개인에게 수용력이 높은 맞춤형 콘텐츠를 제공하는 일련의 과정까지를 '개인화'로 보고 있다.

초개인화는 여기서 한 발자국 더 나아간다. 개인화 단계에서 파악할 수 없었던 스크린 밖 행동까지 아울러 사용자를 더욱 세밀하게 그려내는 것을 의미한다. 이를 토대로 메시지를 전달할 때 맞춤형 콘텐츠를, 소비자가 필요로 하는 적절한 순간에 제공해 새로운 경험을 제공하는 것이다.

"사용자의 온라인 데이터는 물론 실제 생활 패턴 및 취향 정보를 바탕으로, 적절한 상황과 타이밍에 적절한 메시지로 사용자의 소비 경험을 가이드 하는 것"

온라인 활동뿐만 아니라 어떤 곳을 주로 방문하고, 어떤 음식을 좋아하며, 여가 시간 동안 무엇에 몰두하는지 등 오프라인 행동 데이터를 파악한다. 마케터는 이러한 데이터를 통해 타깃 사용자를 보다 세밀하게 이해할 수 있다. 무엇보다 초개인화는 사용자를 주요 구매 시간대나 평균 구매 금액 등 동질 특성에 따라 나눠 '집단'으로 취급하는 것이 아니라, 온전히 개별적 라이프스타일을 지닌 '개인'으로 바라보는 새로운 시각

을 함의한다. 이렇게 초개인화를 바탕으로 구현되는 소비자와 기업간 커뮤니케이션은 '적절한 정보를 바탕으로', '적절한 순간에' 이루어지기에, 정보 전달자와 수용자 모두가 윈윈(win-win)할 수 있다.

모바일 마케팅 자동 플랫폼 기업 '린플럼(Leanplum)'이 발표한 2018년 조사에 따르면, 기업이 사용자 행동 패턴을 기반으로 최적의 시간을 추론해 메시지를 보낼 때, 메시지 오픈율은 8배 이상 증가한다고 한다. 예를 들어, 모 스포츠 브랜드 마케팅팀에서 신상 런닝화를 프로모션하기 위해 잠재고객에게 푸시 알림을 보낸다고 가정해 보자. 이 캠페인으로 얻고자 하는 단기적인 목표는 최대한 많은 고객이 메시지를 열람하게 하는 것이고, 궁극적으로는 푸시 알림 메시지 정보를 바탕으로 런닝화 구매까지 이르게 하는 것이다.

소비재 프로모션 시, 일반적으로 초기 타깃 고객은 구매할 확률이 가장 높고, 자발적으로 입소문 낼 수 있는 고객으로 선정된다. 이 스포츠 브랜드가 초기 프로모션 단계에서 푸쉬 알림을 [온라인 및 오프라인 쇼핑몰에서 최근 3개월 간 스포츠 용품을 구매한 이력이 있는 고객들] 중 [일주일에 3번 이상 조깅]을 하며, [SNS 접속시간이 일일 1시간 이상]인 고객에게 [자사 브랜드 매장의 10분 내 거리에 있을 때] 보내는 전략을 세웠다고 하자.

초개인화 타기팅으로 가는 여정의 첫 단추는 '모바일 시그널(signal) 수집'에서 시작된다. GPS, 와이파이, 시간과 같은 기본적인 시그널에서부터 날씨, 미세먼지, 유튜브와 같은 외부 API 연동을 통한 시그널 등을 수집해 이를 비식별 조치 즉, 특정 개인을 식별할 수 없도록 암호화하는 작업을 시행한다. 이후 비식별 조치된 사용자 데이터를 행동 데이터(activity data), 개인 프로

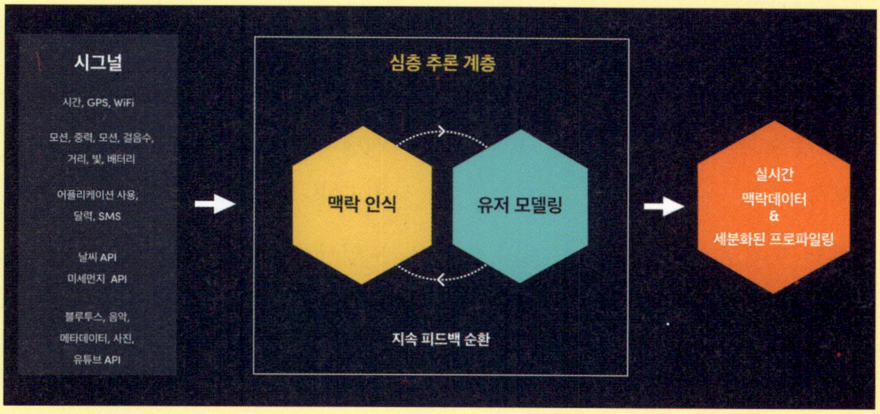

스켈터랩스의 초개인화 기술 구현 컨셉

필 및 취향 데이터(profile & preference data)로 분류한다. 이어서 각 데이터들을 가지고 사용자가 처한 상황을 파악한다. 보다 정확한 표현으로는 '맥락(context) 인식', 그리고 '사용자 모델링(user modeling)'으로 구성된 심층 추론 계층을 구성한다. 이 과정 속에서 인공지능은 사용자가 방문하는 '장소' 등 몇몇 개체(entity)에 대해서 자동적으로 추론할 수 있는 모델을 만드는 데 쓰이기도 하고, 자주 가는 지역, 식당, 음식, 주로 방문하는 시간대, 요일 등 평소 활동 패턴을 학습하다가 자주 하지 않는 행동이 나왔을 때 이를 특징적으로 잡아내 새로운 맥락을 인식하는 데에도 활용된다. 이렇게 파악된 맥락 인식과 사용자 모델링은 서로 피드백을 주고받으며 지속적으로 학습하고 이에 따라 심층 추론 계층 정확도는 점차 높아진다.

이처럼 초개인화는 인공지능 기술을 기반으로 소비자 취향과 오프라인 행동 패턴을 지속적으로 파악하고, 타깃 페르소나(persona)를 구체적으로 그릴 수 있도록 돕는다. 평소에 스팸으로 취급하거나 나와 관련 없는 메시지라고 여겼던 푸시 알림이 오프라인 데이터를 바탕으로 최적의 순간에 전달될 때, 타깃 고객에게 이는 점차 유용한 정보로서 받아들여질 것이다. 마침 잦은 조깅으로 인해 새 운동화를 구매하려고 알아보던 고객이, 브랜드 매장을 지나가는 길에 신상 런닝화의 세부 정보와 할인 쿠폰을 받아본다면 고객은 이를 가치 있는 메시지로 인식하지 않겠는가.

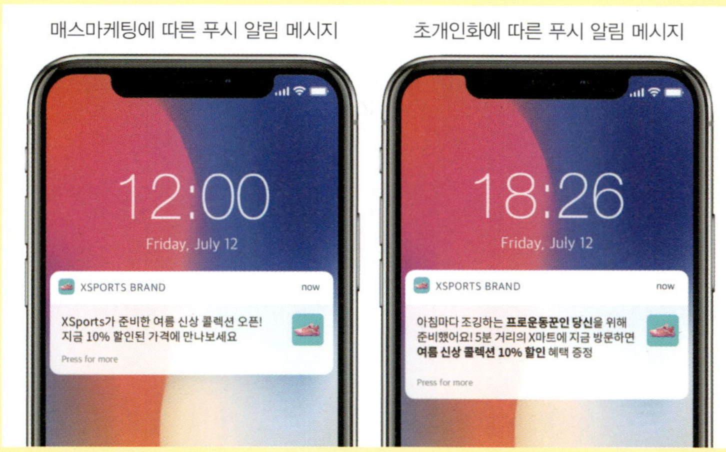

매스마케팅 및 초개인화 푸시 알림 메시지 비교

출처: IT 동아, 2019.6.28; 2019 7.29

::: DISCUSSION QUESTIONS

1. 표적마케팅이 시장 세분화, 타기팅, 포지셔닝의 세 가지 마케팅 중요 전략과 어떻게 연관되어 있는지 정리해보자.

2. AI·디지털시대의 도래로 많은 기업들이 보다 세밀한 시장 세분화 및 개인 맞춤화 마케팅에 주력하고 있는 상황이다. 본인의 상사인 CMO(Chief Marketing Officer)는 대량마케팅을 통해 규모의 경제 효과를 늘리라고 계속적으로 지시하고 있다. 보다 세밀한 시장 세분화를 통한 맞춤화 마케팅이 필요함을 마케팅 이론과 실증사례를 들어 CMO를 설득하라.

3. 도입사례에서 소개한 팔도 도시락 라면은 용기 디자인으로 인해 러시아의 특정시장에 차별화를 구현한 경우이다. 도시락 라면처럼, 제품의 속성들 중에 하나가 특정시장에서 차별화가 되어 성공한 사례들을 제시하시오.

::: TEAM WORKSHOP

1. 특정 브랜드 한 개를 설정하여 현재 기업이 타깃하는 집단을 파악해라. 이후 인구통계적 요소들로 시장 세분화를 하여 메인타깃집단과 서브타깃집단을 선정하여 기존의 타깃집단과 비교하여라.

2. 1번에서 분석한 브랜드를 새로운 심리변수나 행동적 변수를 이용해서 새로이 시장세분화하여 발견된 타깃집단과 이전 타깃집단을 제시하시오.

3. AI·디지털시대의 고도화된 정보화 시대와 미디어 세분화 발달로 인해 일부 사람들은 대량마케팅의 시대는 죽었다고 주장한다. 이에 대한 반론을 제기하기 위해 왜 대량마케팅이 지속적으로 필요한지 마케팅 이론과 실증사례를 들어 설명하라.

4. 본인이 탄산음료시장의 마케터라고 가정하자. 웰빙트렌드로 탄산음료시장이 전반적으로 매출이 저조한 상황에서 새로운 타깃마케팅을 전개하기로 했다. 본 장에서 배운 바를 토대로 타깃 선정 과정을 수행하여 혁신적 타깃마케팅 계획을 수립하라.

PART

3

STP 마케팅 전략 수립과 관리

눈에 보이는 상품은 그 위치를 쉽게 언제든지 옮길 수 있지만, 소비자 마음속에 상품의 위치는 쉽게 옮길 수가 없다. 포지셔닝은 소비자의 마음속에 이미지를 위치시키는 것으로, 그 대상은 상품뿐만 아니라 서비스, 기업, 심지어 사람에게도 해당된다. 마케터는 이러한 대상들의 이미지를 정하고, 소비자의 마음속에 위치시키고, 필요시 그 위치를 바꾸는, 불가능을 가능으로 만들어 내는 사람이다.

CHAPTER 06 ::: 포지셔닝 전략과 관리

six

맥도날드의 브랜드 회생, 사업 다각화, 이를 통한 브랜드 리포지셔닝

1955년 조그만 가게로 시작한 맥도날드는 50년 후 1,500만 명의 직원과 일일 4,000만 명 이상의 방문고객을 갖게 되었다. 50년간 전 세계 1등 외식업체의 자리를 놓치지 않은 맥도날드에 위기가 찾아왔다. 2000년대 초, 웰빙 트렌드와 '슈퍼사이즈미'라는 반(反)맥도날드 영화 등장 등 사회 전반에 안티 맥도날드가 형성되면서 매출은 급감했다. 주가도 1/4로 폭락하며 창업 이래 최초로 적자를 기록했다. 하지만 맥도날드는 2년 만에 재기에 성공하여 연평균 10% 이상의 매출 성장률을 달성하고 주가도 최고점을 경신했다. 이러한 신화적인 리포지셔닝을 '2달러의 기적'이라고들 한다. 2002년 맥도날드의 최고 마케팅 책임자(CMO)로 영입된 래리 라이트가 재설정한 맥도날드의 브랜드 목적은 '맥도날드를 고객이 먹고 마시는 데 있어 가장 좋아하는 곳으로 만들자'로 재정의하였다. 여기서 주목할 것은 '마시는 것'도 포함되어 있다는 것이다. 이를 실현하기 위해, 맥도날드는 고품질에 상대적으로 저렴한 가격(2달러)인 '맥카페(McCafe)'로 커피시장에 공격적으로 진출했다. 커피 라인을 따로 분류하여 커피 전문성을 제공하고 테이크아웃도 용이하도록 했다. 또한, 어린이 취향의 매장을 대대적으로 리모델링과 함께 24시간 영업으로 보다 질 높은 서비스를 제공할 수 있도록 재정비하였다.

래리 라이트가 조안 키든과 함께 제시한 브랜드 재활성화를 위한 여섯 가지 원칙은 (1) 조직 재조명, (2) 브랜드 관련성 회복, (3) 브랜드 경험 재창조, (4) 성과주의 문화 강화, (5) 브랜드 신뢰성 재구축, (6) 글로벌 조직 정렬이다.

또한, 맥도날드는 창업 후 50년간 한 번도 전 세계적으로 통일된 IMC 캠페인을 하지 않았으나, 맥도날드가 새롭게 천명한 브랜드 목적에 맞게 'i'm lovin' it'이라는 짧고도 강력한 캠페인 슬로건 아래, 맥도날드가 진출해 있는 118개국에서 동시에 IMC 캠페인을 전개하여 전 세계 4,700만 명에 이르는 맥도날드 고객에게 통일된 브랜드 메시지를 전달해 다시 한번 맥도날드의 붐을 일으켰다. 이 캠페인은 단지 고객에게만 전하는 B2C 캠페인 메시지가 아니라 맥도날드에서 일하는 직원들을 먼저 사랑해야 직원들이 회사를 사랑하게 되며 따라서 고객에게 더 나은 서비스를 제공하게 된다는 원리도 함께 전달하는 B2B 브랜드 메시지이기도 하다. 맥도날드는 모든 직원들이 맥도날드를 사랑할 수 있도록 올바른 성과와 그에 상응하는 보상을 통해 1,600만의 직원들을 홍보대사로 만드는 데 성공했다는 평이다.

맥카페 한국시장 론칭 광고 캠페인을 통한 POP와 POD 차이

지속적인 커피시장이 성장하고 있는 시장에 맥도날드는 후발주자로서 맥카페를 론칭하면서 "이제 별도 콩도 잊어라"라는 은유적 표현의 광고카피와 함께 2010년 1월에 고급 커피시장에서 선두 브랜드인 스타벅스와 커피빈과 비교 광고를 내세우며 공격적인 마케팅을 시작했다. 그 당시 스타벅스는 고급커피 시장의 절대적 위치를 누려오고 있는 시장 상황에서 맥카페는 스타벅스가 주는 고급커피 이미지를 즐기는 고객을 주된 타깃으로 하고 스타벅스의 높은 가격과 가장 차별화되게 파격적으로 2천원의 저가 가격 전략을 내세웠었다.

소비자 대상으로 맛 시음의 블라인드 테스트(blind test) 진행과정과 결과를 보이는 맥카페 출시 광고 캠페인은 시장에서 큰 주목을 받았다. 이 광고에서는 4천원짜리 커피와 2천원짜리 커피를 피실험자에게 각각 시음하게 하고 그 맛에 대해 평가하게 하였더니, 피실험자 모두 4천원짜리 커피가 향도 맛도 우수하다고 평가한다. 동일한 커피에 저가와 고가의 가격 정보만 제공했을 뿐인데 맛이 아니라 가격 정보만을 보고 커피의 품질을 선택한다는 것을 꼬집으면서 커피전문점 못지않은 커피를 맥카페에서 그것도 저렴한 가격에 맛볼 수 있으니 "스마트 초이스 하세요"라는 메시지를 광고에 담고 있다. 처음 이 광고가 나왔을 때 소비자들은 저렴하지만 맛있는 커피라는 호기심을 느꼈고 소비자로 하여금 궁금증을 유발하는 데 성공하였다.

이러한 맥도날드의 사업 다각화전략은 기존의 스타벅스와 커피빈과 같은 프리미엄 커피시장으로서의 POP를 성취하고 이를 통해 카테고리 회원쉽을 획득한 것이다. 경쟁사 대비 거의 반값인 2천원이라는 가격 경쟁력을 강조함으로써 POD 또한 성공적으로 전달하였다.

앞서 장에서 마케팅의 중요 전략 프레임워크인 STP전략 중 첫 번째 단계인 시장세분화와 두 번째 단계인 타기팅에 대해 배웠다. 이번 장에서는 STP전략 프레임워크에서 마지막 단계인 포지셔닝 전략을 설명하겠다. 본 장을 시작하기 전에 가장 중요한 부분을 먼저 언급하자면, 성공적인 포지셔닝 전략은 선행된 시장 세분화와 타기팅의 각 단계가 성공적으로 순차적으로 수행되어서 가능한 것이다. 충분한 시장세분화와 타기팅의 이해를 기반으로 포지셔닝 전략의 중요성 및 기업의 제공물들이 효과적으로 시장에 위치화하고 차별화할 수 있는 구체적인 포지셔닝 방법론들을 학습하도록 하자.

::: 포지셔닝의 개요

포지셔닝(positioning)의 정의

시장 세분화를 통해 다양한 시장 환경을 파악하고, 자사에 가장 적합한 표적시장 선정이 완료되었다면, 선택된 표적시장의 소비자들에게 어떤 가치를 제공하고, 어떻게 소비자들의 마음속에 제품을 인식시킬 것인가에 대한 결정이 이루어져야 한다. 소비자들은 기업의 제품이나 서비스, 혹은 브랜드에 대해서 여러 요인들을 근거로 소비자 스스로 정의 내리게 된다. 예를 들어, 'A기업은 B기업에 비해 가격은 비싸지만 성능이 좋다.' 혹은 'C브랜드는 D브랜드에 비해 디자인 측면이 뛰어나다.' 혹은 'E제품은 고급스럽다.' 등이다. 왜냐하면, 소비자들은 제품이나 서비스를 선택할 때 소비자 스스로의 마음속에 있는 그 기업에 대한 인식, 지각, 과거 경험 등을 바탕으로 구매과정을 단순화시켜서 선택하기 때문이다. 즉, 소비자들은 마음속에서 기업의 제공물에 대해 심리적인 위치를 정하게 되고 그에 따라 구매의사를 결정한다. 브랜드는 다른 경쟁 브랜드들과 상대적으로 비교되어 소비자 마음속에 심리적인 위치를 차지하게 되는데, 이를 시장 포지셔닝(market positioning)이라고 한다.

포지셔닝의 단순 정의는 브랜드가 소비자의 마음속에 다른 경쟁 브랜드들과의 상대적 경쟁 위치에서 심리적 위치를 자리잡는 것이다. 포지셔닝 전략(positioning strategy)은 기본적으로 소비자의 기대, 필요, 욕구들과 시장 경쟁상황을 적극적으로 고려하여, 브랜드와 관련하여 전략적으로 바람직한 연상작용을 일으키는 것이다. 따라서, 마케터는 자사가 제공하는 제품이나 서비스를 소비자의 마음속에 어떻게 인식시킬 것인가, 어떤 내용으로 소비자들의 마음속에 자리잡게 할 것인가, 어떻게 하면 경쟁사보다 경쟁적인 위치에서 소비자들의 마음속에 경쟁우위를 차지할 것인가 등을 결정해야 한다. 이들을 결정하는 일련의 가치제안(value proposition) 과정을 포지셔닝(positioning) 혹은 상표위치화라고 한다. 특히, 포지셔닝 전략을 기반으로 추후 마케팅 믹스의 계획과 실행을 계획하기 때문에 포지셔닝은 시장 세분화와 표적시장의 결정 이후 4P 마케팅 믹스를 설계하기 전 과정으로서 중요한 의미를 가진다.

카테고리 멤버십(category membership)

포지셔닝을 위해 가장 먼저 정의해야 하는 것은 경쟁적인 준거의 틀을 정의하는 것인데, 이를 위해서는 카테고리 멤버십을 우선적으로 결정해야 한다. 카테고리 멤버십이란 어떤 상표가 다른 특정 경쟁제품이나 대체 제품들이 한 카테고리로 인식되는 것을 의미한다. 예를 들면, 배달음식을 시켜 먹자고 가정하자. 많은 사람들은 치킨을 먼저 떠올리면, 치킨 카테고리 안에서 교촌치킨, 네네치킨, 페리카나치킨 등 다양한 치킨 브랜드들을 회상하게 된다. 반면, 배달음식을 시켜 먹자고 한다면, 배달에 중점을 두어 치킨 외에도 배달이 가능한 식품들인 중화요리, 피자 등이 회상될 것이다. 이처럼 어떤 카테고리 멤버십을 연계할 것인가를 해당 브랜드의 가치제언에 명확하게 전달해야 한다. 그 예로, 냉동피자의 선도 브랜드인 디지오노(DiGiono)는 데우기 위해 집에서 피자를 구우면 빵 껍질을 부풀어 오르는 갓 구운 피자 상태를 제공함으로써 배달피자와 비교시 경쟁 우위를 확보하였다. 디지오노의 포지셔닝 전략은 해당 제품이 냉동피자의 카테고리 멤버십에 포함되지 않고 배달피자 카테고리 멤버십에 포함되게 하는 것이다. 이를 위해 마케팅 캠페인의 메인 슬로건 “It's not delivery. It's DiGiono”를 통해 배달피자 시장에서 차별화된 위치화를 수행하였다. 이러한 사례는 수많이 발견되는데, 에이스침대의 “침대는 가구가 아닙니다. 침대는 과학입니다”라는 유명 광고카피를 통해 일반 가구 카테고리 멤버십 내에서 차별적 경쟁력으로 단순히 소구한 것이 아니라, 과학이라는 완전히 다른 카테고리 멤버십을 제시함으로써 다른 침대 브랜드와의 다른 위치화에 성공하였다.

카테고리 멤버십을 전달하는 주요 방법들과 예시는 다음과 같다.

(1) 범주 이점(예: 특정 맛, 내구성, 효과성)을 근본적인 이유와 함께 커뮤니케이션

예 여름철 가전이 아니라 4계절 필수가전으로 자리 잡고 있으며 방방마다 설치하고자 하는 소비자 욕구를 반영하여 삼성전자는 2016년 세계 최초 ‘무풍에어컨’을 선보임

(2) 관련 예시를 들어 비교

예 Tommy Hilfiger 브랜드가 유명하지 않은 초기 때, 캘빈 클라인, 페리 엘리스와 같은 미국의 유명 패션디자이너들과 연관시킴으로써 유명 미국 디자이너로서의 카테고리 멤버십이 있음을 보여줌

(3) 브랜드 수식어(brand modifier)의 활용

예 냉장고의 대형화, 프리미엄화 기조에 따라 2012년에 900리터를 표방하는 세계 최대 용량이라는 냉장고의 용량전쟁이 LG전자와 삼성전자 간에 시

작됐다. 모델명으로 LG전자는 '디오스 V9100'을 삼성전자는 '지펠T9000'을 사용하였는데, 과거 700리터 용량이 대세인 국내 냉장고시장에서 매년 용량을 늘려나가는 경쟁이 심화되어 실제 800여 리터 용량이나 900리터 용량을 선점하기 위해서 삼성전자는 9000를, LG전자는 이보다 더 용량이 크다는 것을 강조하기 위해 9100의 브랜드 수식어를 사용

::: 유사점과 차이점

유사점(POP)과 차이점(POD)의 차이

마케터는 차별화 결정시, 유사점과 차이점을 명확히 이해하고 각각을 실현하도록 노력해야 한다. 유사점(Points-of-Parity: POP)은 평형점이라고도 하는데, 다른 브랜드들과 차별화되지 않고 독특하지는 않지만, 동일한 카테고리 멤버십 안에 다른 브랜드들과 공유하는 연상들(associations)로서, 기본적으로 해당 브랜드가 관련 카테고리 멤버십 내에 포함되기 위해 추구된다. 쉽게 말하자면 그린피와 같은 것으로 같은 게임을 뛰기 위해 기본적으로 갖추어야 하는 요소들인 것이다. 예를 들면, 승용차 시장 내 주요 브랜드 카테고리 멤버십에 포함되기 위한 안정성, 최소 기준에 부합하는 연비 등과 같은 브랜드 연상들이 유사점에 해당된다.

반면, 차이점(Points-of-Difference: POD)은 고객이 브랜드와 함께 연상하고 느끼고 긍정적으로 평가되는 경쟁브랜드에서는 발견할 수 없다고 믿는 속성 또는 혜택을 말한다. POD를 구성하는 강하고, 호의적이며, 독특한 브랜드 연상은 차별화되고 독특한 속성이나 혜택에 기반한 것이다. 예를 들면, BMW가 1980년 초에 미국을 처음으로 공략할 때, 성능이 좋으면서 고급스러운 유일한 자동차로서 포지셔닝을 했다. 그 당시 미국의 소비자들은 고급 자동차 시장은 성능이 떨어지고, 성능이 좋은 자동차는 고급스러움이 떨어진다는 인식을 하고 있었다. 이러한 배경하에 BMW는 자동차는 독일의 우수한 기술이 전통과 함께 자동차의 디자인도 뛰어남을 강조하는 마케팅의 일환으로 '최상으로 운전하는 기계(the ultimate driving machine)'라는 슬로건으로 미국시장에서 새로운 범주를 창출해내어 성공적으로 장악하였다.

1980년대 BMW 광고

또 다른 예를 들자면, VISA 카드와 Master 카드의 비교되는 캠페인은 흥미롭다. VISA 카드는 과거 'go 캠페인'을 통해 세계 어디를 가던 VISA 카드 하나면 모든 것이 가능하며 VISA 카드 사용의 범용성을 강조하였다. 66년에 설립된 대표적인 글로벌 신용카드

VISA 카드 'go 캠페인'

Master 카드의 'Priceless 캠페인'

그림 6.1 VISA 카드 'go 캠페인'과 Master 카드의 'Priceless 캠페인'

협회인 VISA 카드이기 때문에 그 당시 다양한 국가들에서 사용이 가능한 범용성이 VISA 카드의 POD였던 것이다. 이와 달리, 미국을 중심으로 70년에 설립된 후발주자 Master 카드는 'Priceless 캠페인'을 통해 돈으로 살 수 없는 다양한 경험들을 커뮤니케이션하면서 Master 카드를 통한 돈으로 살 수 없는 경험을 POD로 강조했다. 이후 시간이 지나, 대부분의 신용카드사들의 서비스가 전 세계로 확대되어 어느 지역이든 결제가 가능하게 됨에 따라, VISA 카드의 POD였던 범용성이 더 이상은 POD가 아닌 신용카드의 일반적으로 공유되는 속성인 POP가 되었다. 이에 VISA 카드의 새로운 POD 개발이 필요하였고 2009년에 'GO with VISA 캠페인'을 통해 다양한 지역들에서 VISA와 함께 경험하는 도전과 열정들을 새로운 POD로 소구하였다.

POP와 POD의 역동적 변화

〈그림 6.2〉 POP연상과 POD연상과의 상관관계를 그림으로 보여주고 있다. POP연상은 동일한 카테고리 내 공통적으로 공유되는 기본적인 브랜드 연상으로서 시장 내에서 기본으로 요구되는 속성이기도 하다. POD연상은 이를 뛰어

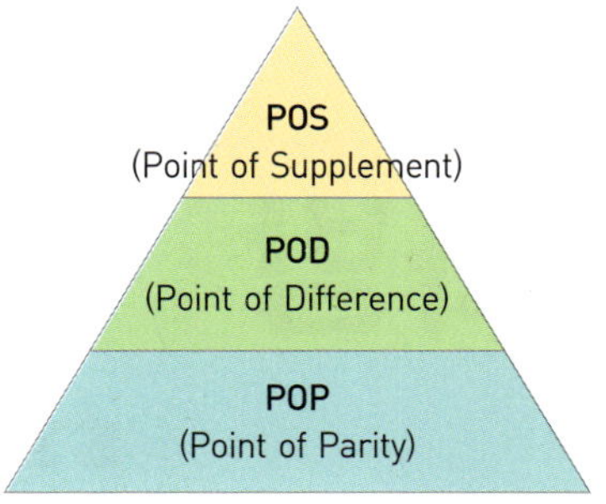

그림 6.2

POP-POD-POS의 체계

넘어 다른 경쟁브랜드들과 비교할 때 본 브랜드만이 가지고 있는 독특하고 차별화된 브랜드 연상들이다. POD연상 중 강력한 차별된 브랜드 연상들을 궁극적으로 기존의 브랜드를 보완하기 위해 브랜드 이동(brand switch) 행동까지 이어지게 하는데 이를 POS(Point of Supplement)라고 한다.

기본적으로 브랜드 마케팅의 소비자가 가지고 있는 우리 브랜드의 연상들을 파악하던가, 새로운 연상을 구현하던가, 기존의 강력한 차별화된 연상들을 유지 관리하는 기능이다. 따라서, POP-POD-POS의 체계는 공통적으로 공유되는 POP연상들이 소구되어지면 그 다음의 차별화된 POD연상을 소구하고, 더 나아가 POS연상을 소구하도록 해야 한다.

특히, 여기서 중요한 점은 POP와 POD는 고정된 소비자의 인식이 아니라 계속 변화하는 역동성을 가지고 있다는 점이다. 그렇기 때문에 마케터는 고객 관점에서 기업이 운영하고 있는 상품들의 POP와 POD을 파악하고, 그 변화 추이를 모니터링하여 이 두 개념 사이에서 적절한 위치 조정을 해나가야 한다. 국내 커피전문점 시장 내에서 가장 후발주자인 빽다방은 2006년 서울 논현동의 먹자골목에서 스타벅스를 모방한 브랜드 로고의 원조벅스라는 상호로 론칭하였다. 2007년에 원조커피, 2008년에 지금의 빽다방 상호로 "싸다, 크다, 맛있다"는 슬로건 아래 수많은 대형 커피 프랜차이징 브랜드들과 경쟁하여 단기간에 급격한 매장 확대를 이루었다. 빽다방의 성공요인은 다른 경쟁브랜드 대비 반 가격 수준밖에 안 되는 초저가 가격정책을 기반으로 take-out 중심의 운영으로 빠른 회전율 확보, 소규모 창업을 원하는 가맹점수의 요구에 맞추어 상대적으로 저렴한 가맹비, 기존 경쟁 브랜드들이 들어가기 힘든 입지에 입점 등이 꼽힌다. 물론 언제나 커피시장에서는 저가 커피 브랜드들은 존재해왔었으나, 대형 사이즈에 일반커피의 반값인 빽다방의 초저가 정책은 국내 커피시장에서 새로운 POD를 창출해 내었다. 점심 가격보다 커피값이 더 비싼 다소 아이러니한 우리나라 커피소비를 합리적인 소비로 변화하게 한 브랜드들 중에 하나로 평가되고 있다.

빽다방 브랜드 로고 스타벅스 브랜드 로고

반면, 스타벅스 코리아는 프리미엄 커피 시장을 형성시키고 커피가 아닌 문화를 판다는 기업 정신 아래, 커피시장을 선도하는 기업의 이미지를 확고히 포지셔닝 하였다. 프랜차이징이 아닌 100% 직영 체제로 운영하면서 2009년에 업계 최초 선불식 충전카드 론칭, 2011년 모바일 결제서비스와 2012년 애플리케이션 서비스를 통해 주문 및 결제를 간소화하였다. 2014년에 나만의 음료를 저장하고 선주문 및 결제를 할 수 있는 스마트 주문 시스템인 '사이렌 오더' 서비스를 개시하였다. 그러나, 스타벅스의 프리미엄 커피를 즐기는 문화를 POD로 한 포지셔닝은 시간이 흐름에 따라 커피소비가 변하고 유사 콘셉트의 다양한 경쟁 브랜드들이 등장하면서 스타벅스만의 POD가 다른 브랜드들과 공유하는 POP로 변화하였다. POD를 잃어버린 스타벅스는 디지털 기술을 기반으로 한 혁신적 서비스들을 접목시켜 또 다른 POD로 선도적 기업 이미지를 유지하기 위해 노력하고 있는 것이다. 이렇듯, 타사가 따라올 수 없는 강력하고 월등한 POD라도 시장 및 소비자 상황의 변화에 따라 POP로 변환될 수 있다. 마케터는 이러한 POP와 POD 간의 역동성을 인식하여, 끊임없이 해당 시장 내 경쟁브랜드들과의 자사 브랜드 간의 소비자들의 인식을 추적하여 현 브랜드의 POD를 유지 및 강화하고, 혹은 새로운 POD를 창조하는 리포지셔닝 전략(repositioning strategy)이 끊임없이 필요하다.

::: 포지셔닝 맵 분석

포지셔닝 맵 분석(positioning map analysis)의 필요성

포지셔닝 맵(positioning map) 혹은 지각도(perceptual map)는 경쟁 시장 내에 있는 자사 및 경쟁 제품(서비스)들에 대해 소비자들이 어떻게 지각하고 있는가를 보여준다. 현 시장 내 경쟁 상황 및 향후 경쟁구도에 대한 전략적 의사결정을 위해 포지셔닝 맵을 활용하여 분석한 것을 포지셔닝 맵 분석이라고 하는데 이는 마케팅 실무 현장에서 적극적으로 활용되는 기법이다. 포지셔닝 맵 분석은 일반적으로 네 가지 목적들에 의해 실행된다. 첫 번째, 자사의 제품 및 서비스의 소비자 마음속의 위상을 구체적으로 파악하기 위한 것이고, 둘째, 경쟁사의 제품 및 서비스의 소비자 마음속의 위상을 구체적으로 파악하기 위한 것이다. 셋째, 소비자가 요구와 필요가 있는 구체적인 위상이나 충족되지 않는 요인들을 파악하기 위함이다. 넷째, 신제품이나 신서비스를 출시한 때, 현 시장 내에서 목표 위상을 명확히 한눈에 가시화하기 위함이다.

포지셔닝 맵 분석을 위해서는 경쟁 시장 내에 어떤 기업을 포함시킬 것인가, 어떠한 제품 속성 차원(예: 고급 지향적과 성능 지향적)에서 분석을 할 것인가, 누구를 대상으로 조사할 것인가 등을 고려해야 한다. 포지셔닝 맵 활용은 추후 마케팅 믹스 결정에 유용한 정보를 제공한다. 먼저, 자신의 기업이 시장 내에서 경쟁사와 비교하여 어느 위치에 있는가를 알 수 있다. 이를 통해 소비자가 무엇을 원하고 있고, 기업이 어떠한 방향으로 포지셔닝해 나가야 할 것인지에 대한 정보를 제공해 준다. 또한 포지셔닝 맵을 통해 틈새 시장 및 경쟁이 심한 시장이 어디인가에 대한 정보도 제공하기 때문에 어디에 포지셔닝해야 할 것인가에 대한 전략적 위상을 결정할 수 있도록 돕는다. 포지셔닝 맵을 통해 경쟁 상황 및 시장 상황을 분석했다면, 다음으로는 자신의 기업이 어떤 위치에 포지셔닝할 것인가를 결정하게 된다. 이는 지속적인 이익실현 여부, 실행 가능성, 적합성, 적합한 포지셔닝 메시지의 전달 가능성 등 경쟁사와 대비하여 자사의 포지셔닝이 강력한 경쟁우위를 차지할 수 있는가에 대한 평가한 후에 목표 포지션을 선정하게 된다.

포지셔닝 맵 분석의 방법론

대표적인 포지셔닝 맵 분석 방법은 다차원척도법(Multi-Dimensional Scaling Analysis: MDS)이다. 다차원 공간상에서 특정 브랜드들의 위치를 각각 혹은 동시에 표시하는 통계적인 방법으로서, 경쟁분석의 중요한 분석 방법 중에 하나이다. 다차원척도법은 소비자의 브랜드 간의 유사성 혹은 소비자의 선호도 판단에 근거하여 2차원 혹은 3차원 공간상에 벡터(vector) 혹은 점(point)으로 브랜드들의 위치를 표시하는 방법이다. 이를 위해서는 분석 대상인 브랜드들 대상의 측정하고자 하는 브랜드의 유사성 및 선호 이미지에 대한 평가 항목들이 포함된 설문조사를 소비자 대상으로 수행한 후 통계분석해야 한다. 분석결과, 이상점 모형(ideal point model)이 도출되는데, 소비자가 가장 원하는 가상적 위치인 이상점에서 해당 브랜드가 가까이 위치하면 소비자에게 선호되는 브랜드이고, 이상점과 멀수록 소비자에게 선호되지 않는 브랜드라 할 수 있다.

다음 〈그림 6.3〉은 신용카드 브랜드의 마케팅 전략 수립을 위해 기능적 속성에 따른 브랜드 포지셔닝을 다차원척도로 분석한 활용사례이다. 일반적으로 포지셔닝맵은 기능적(물리적) 속성에 의한 맵과 소비자 지각(인지도)에 근거한 맵으로 구분할 수 있는데, 본 포지셔닝맵의 경우 총 10개 브랜드 30개 신용카드 모델을 대상으로, 약 18개의 기능적 속성을 대표변수로 분석을 진행하였다. 이후 요인분석을 통해 9개의 기능적 속성을 할인요인과 포인트적립요인 군집으로 차원1(할인요인)과 차원2(포인트적립요인)에 배정하였다. 이 2차원 포지셔닝맵 상에서 신용카드 모델들의 위치는 유클리디안 거리개념을 활용한 상대적 거리개념이다. 이를 통해 신용카드 브랜드 모델 간의 유사성 및 경쟁관계를 나타내었다. 즉, 차원1의 오른(+)쪽으로 갈수록 할인 기능이 강한 것이고, 왼(−)쪽으로 갈수록 할인 기능이 약한 것이다. 또한, 차원2의 위(+)로 갈수록 포인트적립 기능이 강한 것이고, 아래(−)로 갈수록 포인트적립 기능이 약한 것이다. 따라서, 본 포지셔닝맵 분석 결과를 해석하면, 전체 30종의 신용카드 모델 중 포인트적립 기능과 할인 기능이 강한 모델은 4종이며, 포인트적립 기능은 강하지만 할인 기능이 약한 모델이 6종, 할인 기능은 강하지만 포인트적립 기능이 약한 모델이 12

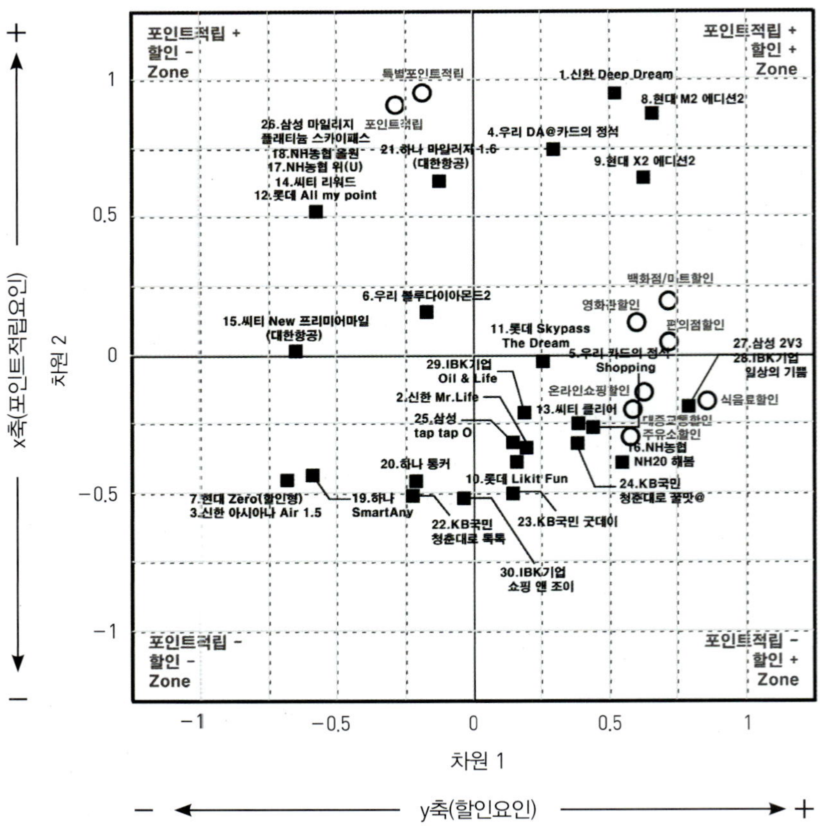

그림 6.3

다차원척도에 의해 도출된 신용카드의 포지셔닝맵

출처: 정병국(2018). 포지셔닝맵을 활용한 신용카드 브랜드의 다차원척도 연구. 한국디자인리서치학회. 3(3). 157-166.

종으로 분석된다. 나머지 8종의 신용카드 모델의 경우 포인트적립 기능과 할인 기능면에서 두각을 나타내지 않거나 약한 것으로 보인다. 이런 분석 결과를 토대로 신용카드 브랜드 기획자들은 신용카드 브랜드의 시장 내 현 위치를 정확하게 인식하고 유사한 기능적 속성을 가진 경쟁 브랜드를 파악할 수 있다. 더 나아가 본 분석결과을 통해 파악된 이상점 모형을 기반으로 기존 또는 신규 신용카드의 차별화된 기능들과 혜택들을 기획할 수 있다.

본 예시는 기능적 속성만 평가한 것으로 기능적 속성 외에도 브랜드 관련 다양한 속성들과 연상들을 평가하여 다양한 포지셔닝 맵 분석을 수행하여 더 많은 마켓 시사점을 도출하는 것이 바람직하다. 그러나, 다차원척도법에 의한 포지셔닝 맵 분석은 조사 및 전문 분석 비용과 시간이 요구되기 때문에 모든 기업들이 이러한 소비자 조사와 통계적 분석 방법을 통해 포지셔닝 맵 분석을 실행하지 않는 것이 현실이다. 실제, 마케팅 현장은 담당자들의 직관에 의해 임의로 포지셔닝 맵을 그리는 경우가 많다. 이는 실질적인 소비자의 지각에 근거하지 않고 가격대나 표방하는 브랜드 이미지를 임의로 축을 설정하고 각 브랜드별 위치를 직관에 의해 표시한 것으로 주관적 평가에 근거하기 때문에 그 정확도를 신뢰할 수 없다. 무엇보다도, 가장 마케팅의 근간이 되는 고객 관점에서 평가하지 않았다는 점에서 문제점을 가지고 있다.

::: 포지셔닝 전략

앞서 5장 〈그림 5.1〉에서 언급한 바와 같이, 시장 세분화를 통해 나누어진 여러 세분시장 중에서 주력할 세분시장, 즉 타깃시장에게 공략할 기업가치를 결정해야 한다. 포지셔닝은 기본적으로 차별화 전략(differentiated strategy)을 기반으로 하는데, 소비자의 마음속에 위치를 여러 기업이나 브랜드가 위치할 수 없고 일반적으로 한 기업이나 브랜드에 의해 위치된 자리에 다른 브랜드가 동일 위치에 위치하는 것이 현실적으로 어렵기 때문이다. 그래서 마케팅 관점에서 포지셔닝 전략은 근본적으로 차별화를 전제로 한 전략이다. 이 단계에서 우월한 고객가치 창출을 위해 기업의 시장 제공물을 차별화시켜야 하는데, 이 때 경쟁사 대비 상대적 우월성 및 차별성을 발굴 및 확정하여야 한다. 포지셔닝 전략, 즉 위치화 전략은 상표들 간의 유사점과 차이점을 정의하고 이를 커뮤니케이션하는 것이다. 특히 포지셔닝 위치 결정을 위해서는 다음의 세 가지 과업 단계를 진행해야 한다.

[1단계] 타깃시장과 경쟁 분석을 통한 브랜드 포지셔닝의 목표 설정

포지셔닝 전략 수행어 있어서 우선 기업의 특정 브랜드에 대한 타깃시장과 경쟁 분석이 수행되어야 한다. 분석 결과에 따라, 명확한 타깃시장을 정의 내리고, 포지셔닝할 세부 특정시장의 경쟁 역학에 대한 분석을 통해 명확한 정의가 우선 되어야 한다.

〈포지셔닝 맵 A〉 결과 분석과 인사이트

〈포지셔닝 맵 A, B, C〉는 국내 주요 커피 프랜차이즈 브랜드의 포지셔닝 맵 분석 결과의 예시이다. 우선 〈포지셔닝 맵 A〉는 X축을 가격으로 하고, Y축을 커피 중심 vs 다양한 메뉴하여 분석한 결과로써, 국내 주요 커피 프랜차이즈 브랜드시장은 크게 4개 세부 시장으로 구성되어 있음을 알 수 있다. 소비자들은 일반적으로 스타벅스와 투썸플레이스를 다양한 메뉴를 제안하는 고가 브랜드로서 인식하고 있다. 반해, 빽다방, 맥카페, 던킨도너츠는 저가로 커피 중심 메뉴를 제안하고 인식하고 있다. 이디야커피는 론칭 초기에는 저가로 시장 포지셔닝했으나 최근 저가 브랜드들이 많이 등장함에 따라 중가 포지셔닝으로 소비자들은 인식하고 있음을 알 수 있다.

4사분면에서 저가이면서 다양한 메뉴를 제공하는 니치마켓(niche market)이 존재함을 알 수 있

그림 6.4

커피전문점의 다양한 포지셔닝 맵

〈포지셔닝 맵 A〉

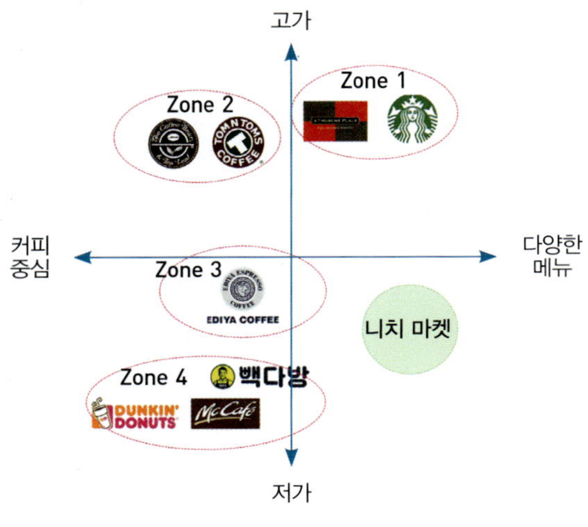

〈포지셔닝 맵 B〉

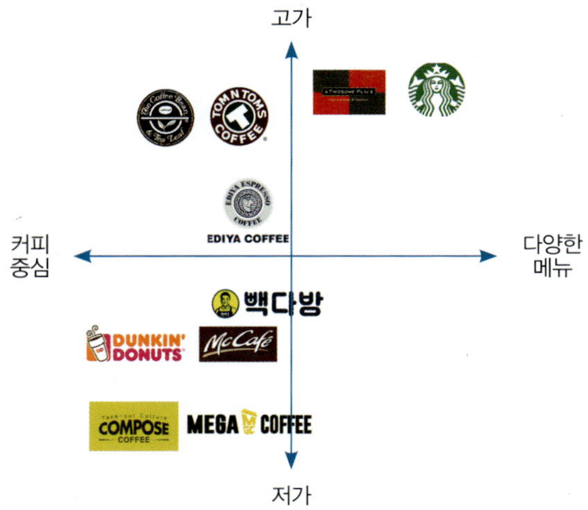

〈포지셔닝 맵 C〉

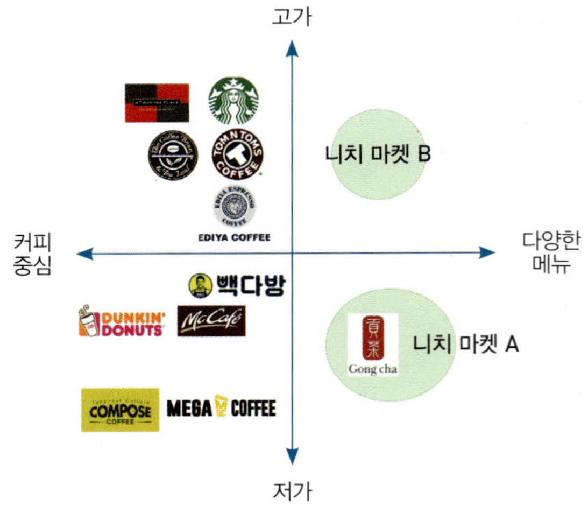

다. 5장에서도 언급한 바와 같이 니치마켓만은 분명히 기업에게 있어서 경쟁이 치열하지 않고 새로이 진출할 수 있는 기회의 시장, 즉 블루오션일 수 있다. 그러나 지금까지 시장이 비워져 있다는 것을 실제 시장이 존재하지 않는 시장일 수도 있다. 다양한 메뉴들을 제공하면서 저가로 운영한다는 것을 실질적으로 매우 높은 운영비용이 발생하기 때문에 수익성이 있는 매력적인 브랜드 포지션이 아닐 수도 있기 때문이다. 따라서 니치마켓의 해석과 타기팅에 있어서 주의가 요한다.

〈포지셔닝 맵 B〉 결과 분석과 인사이트

〈포지셔닝 맵 B〉는 〈포지셔닝 맵 A〉와 동일하게 X축(가격), Y축(커피 중심 vs 다양한 메뉴) 기준점으로 분석하였다. 이는 〈그림 6.5〉의 Z세대가 가장 좋아하는 카페 프랜차이즈 브랜드 서베이를 반영한 것이다. 2020년 대비, 2023년에 매장수와 매출이 급성장한 컴포즈커피와 메가커피 브랜드가 Z세대 선호도도 급성장함을 반영하여 분석한 결과이다.

〈포지셔닝 맵 B〉에서 보듯이, 컴포즈커피와 메가커피를 함께 고려함에 따라 기존의 저가 포지셔닝된 빽다방, 맥카페, 던킨도너츠의 위치가 중가로 인식되는 것을 알 수 있다. 즉, 포지셔닝은 브랜드들 간의 상대적 위상이기 때문에 경쟁 브랜드의 범주에 따라 그 결과가 완전히 달라진다. 다양한 시장조사 결과들을 반영하여 우리 기업의 현재 경쟁하고 있는 상대 브랜드들을 규정하는 것이 무엇보다도 선행되어야 한다. 이후 포지셔닝 분석에 실질적 경쟁브랜드를 포함하여 분석해야지 정확한 경쟁 상황과 브랜드의 위상을 명확히 파악할 수 있는 것이다.

그림 6.5

Z세대가 가장 선호하는 카페 프랜차이즈 브랜드

출처: 대학내일20대연구소, 'Z세대가 가장 좋아하는 카페 프랜차이즈 브랜드 서베이'결과, 2023.4.

이디야커피는 중가 포지셔닝은 컴포즈와 메가커피를 함께 고려하니 고가 브랜드와 가까워져서 애매한 포지셔닝이 된 것으로 보인다. 이 점은 매우 중요한 브랜드 포지셔닝 전략의 변화가 필요한가에 대한 경고 사인을 보낸다. 이디야커피는 브랜드 리포지셔닝이 필요한 상황인지, 리포지셔닝한다면 어느 위치로 이동해야 하는지의 고민이 필요해 보인다.

〈포지셔닝 맵 B〉는 X축과 Y축을 동일하게 적용함에 따라 상대적 차별점 요소를 발견하기 어렵다. 일반적으로 포지셔닝 맵 분석 시, 몇 개 안 되는 기준점으로 분석을 한다. 이는 매우 잘못된 분석 방법이다. 다양한 기준점들을 적용하여 분석해야지 경쟁 상황의 다이내믹한 동태성을 파악할 수 있기 때문이다. 본 분석처럼, X축의 '가격' 기준점은 너무도 뻔한 결과를 보여준다. 당연히 상품 가격이 비싸니 고가격 이미지가 있는 것이다. 포지셔닝은 우리 타깃고객이 가지고 있는 다양한 복합적인 여러 이미지의 결과이다.

예를 들면, 오랜 시간 공부하고 있어도 편안한, 편한 복장으로 가볍게 들리기 쉬운, 좀 격식을 갖추고 가야 하는 카페, 인스타그램 사진에 올리기 좋은, '인스타그래머블'한 카페 등 소비자의 복합적인 이미지를 구성하는 다양한 하위 구성요소들을 반영해서 분석해야 구체적인 인사이트를 제공하는 결과를 보여줄 것이다. 즉, 새로운 분석 기준점은 새로운 마케팅 차별점일 수 있다. 따라서 끊임없이 마켓과 소비자 트렌드를 모니터링하면서 새로운 포지셔닝 기준점을 개발하고 이를 포지셔닝 분석에 반영하는 것이 매우 중요하다.

인스타그래머블(instagramable): 인스타그램(Instagram)과 할 수 있는(-able)의 합성어로 '인스타그램게 올릴 만한'이라는 뜻의 신조어로 '시각적으로 독특하고 인스타그램 유저에게 주목받을 만한 트렌디'이다. 인스타그래머블은 일시적인 현상이 아닌 AI AI·디지털시대으 소비자의 행동의 중요한 촉발 요인과 동기로 자리잡고 있다.

〈포지셔닝 맵 C〉 결과 분석과 인사이트

〈포지셔닝 맵 C〉는 X축(가격)은 동일하게 하고, Y축(커피 중심 vs 커피음료가 아닌)으로 분석한 결과이다. Z세대가 가장 선호하는 카페 프랜차이즈 브랜드 서베이 결과를 고려하여 커피브랜드가 아닌 티 전문브랜드 공차를 분석에 반영하였다. 이에 따라 기준점을 Y축(커피 중심 vs 커피음료가 아닌)으로 한 결과, 기존의 커피브랜드들은 다 왼쪽 커피 중심으로 포지션이 더욱 이동한 것으로 보이게 되고 공차는 유일하게 오른쪽에 위치한 것으로 보이는 결과가 도출되었다. 상대적 착시 효과가 매우 크기 때문에 해석시 매우 주의해야 한다. 유일하게 2사분면에 포지션한 공차와 경쟁하기 위해 기존 커피 프랜차이즈 브랜드들이 니치마켓 A존에 세컨 브랜드를 론칭해야 하는지, 기존 메뉴를 커피 중심에서 티 중심으로 확장해야 하는지, 혹은 티 중심의 고가 시장 니치마켓 B도 매력적인 니치마켓인지 등을 고려해야 한다.

[2단계] 소비자 및 기업관점의 중요 기준에 부합한 포지셔닝

유사점(POP)은 기본적으로 카테고리 멤버십의 자격 획득의 필요조건과 같은 것이다. 이와 달리, 차이점(POD)은 소비자가 바람직하다고 생각하는 것을 기업이 제시해야 하며 기업은 이런 차이점을 제시할 능력이 있어야 한다. 따라서 특정 타깃시장의 진입 시 경쟁력을 확보하기 위해서는 소비자 관점에서도 기업 관점에서도 다음과 같은 중요한 세 가지 기준을 부합하는 것이 중요하다.

바람직한 차이점에 대한 소비자의 중요한 세 가지 기준

관련성(relevance) 타깃 소비자에게 개인적으로 관련되고 중요한 것을 POD로 발굴 혹은 창조해야 한다. 앞서 소개한 비자카드처럼 세계 어디서나 사용할 수 있다는 'go 캠페인'은 국내사용에서 많은 할인 혜택만을 중요하게 생각하는 타깃 소비자에게는 전혀 POD로 인식될 수 없다. 반면, 다양한 국가 방문이나 해외 여행이 많은 소비자의 경우는 마스터카드의 POD인 돈으로 살 수 없는 소중한 경험에 대한 중요성의 인식보다는 세계 어디서든지 사용이 가능한 편리성이 중요한 POD로 느껴질 것이다.

독특함(distinctiveness) 타깃 소비자가 기업이 제시하는 차이점이 독특하고 월등하다는 것을 인식할 수 있어야 한다. 덴마크 프리미엄 스피커 브랜드인 뱅앤울룹슨(Bang & Olufsen)은 고품질의 스피커이긴 하지만, 시장에는 다른 전문가용 더 고가의 다양한 스피커 브랜드들이 존재한다. 스피커는 대표적인 제품분류 중 전문품이기 때문에 스피커에 전문지식이 없는 일반소비자의 경우는 아주 세심한 품질의 차이를 실제 구분할 수가 없다고 한다. 이에 뱅앤울룹슨은 다른 프리미엄 스피커들과의 차이를 시각적으로 구분할 수 있는 혁신적 외형 디자인을 통해서 POD를 제시하여 상대적으로 대중화된 프리미엄 스피커로서 마켓 포지셔닝이 가능했다.

믿음성(believability) 타깃 소비자가 기업이 제시한 POD에 대해 믿음과 신뢰를 가지고 있어야 한다. 이러한 신뢰는 타깃 소비자가 그 해당 브랜드를 선택하게 하는 가장 중요한 동인이다. BBQ치킨의 POD는 건강에 좋은 엑스트라 버진 올리브유로 튀겼다는 점이었다. 그래서 다른 경쟁사 대비 가격도 비싸고 배달 치킨시장에서 프리미엄 치킨으로 성공적으로 포지셔닝하여 경쟁이 심한 국내 배달치킨시장에서 1위를 지켜왔다. 이는 타깃 소비자에게 엑스트라 버진 올리브유로만 사용했다는 믿음을 제공하고 올리브유는 건강에 좋다는 기본 인식을 활용하여 프리미엄 치킨의 POD를 공고히 한 결과이다. 그러나 실제 엑스트라 버진 올리브유는 발연점이 80도밖에 안 되어서 튀김에 절대 사용할 수 없는 기름이고 실제 튀김을 위해서는 180도 온도까지 발연점이 높아야 하기 때문에 BBQ 주장처럼 여러 정제 과정을 거쳤다면 그 과정상에서 올리브유의 좋은 성분들은 잃게 되어 더 이상은 올리브유가 아니다 등 BBQ치킨의 엑스트라 버진 올리브유를 둘러싼 여러 논쟁들이 대두되었다. 이러한 올리브유의 진실 공방은 진위 여부를 떠나서라도 지금까지의 BBQ치킨이 제공한 POD에 대한 믿음에 크게 손상을 입혔을 것이다.

바람직한 차이점을 전달하는 데 있어 기업의 중요한 세 가지 능력

실행성(feasibility) 기업은 타깃 소비자에게 제시하는 차이점을 실질적으로 창조해내야 한다. 제품의 구성, 디자인, 관련 서비스 등과 함께 마케팅 제공물은 앞서 소비자에게 중요한 세 가지 요소인 관련성, 독특성 및 믿음성을 구현할 수 있는 실행력이 기반해야 한다. 예를 들면, 앞서 소개한 맥도날드의 맥카페를 통한 리포지셔닝 전략은 먹고 마시는 것에 브랜드 목적을 두었다지만 실제 이를 구현하기 위해서 단순히 커피 메뉴 하나를 추가하는 것이 아니라 전사적으로 스토어 환경에서부터 인사관리까지 대대적인 변혁을 구현하는 실행력과 리더십이 수행되어야 함을 알 수 있다.

의사 소통성(communication capability) 새로이 목표로 하는 차이점을 구현하기 위해서는 상황에 따라, 기업이 제공하는 제품 혹은 서비스 자체를 바꾸어야 할 수도 있고 혹은 소비자의 기존의 인식을 바꾸어야 하는 어려운 작업일 수 있다. 이에 새로운 POD의 전달 및 소비자 지각을 효율적으로 바꾸기 위해서는 전략적 커뮤니케이션 전략 및 실행이 수반되어야 한다. 합리적으로 기존의 소비자 지각과 인식 변화가 이루어지기 위해서는 기업이 전달하고자 하는 메시지를 뒷받침할 강력한 이유, 증거 등을 적극 활용해야 한다. 예를 들면, 관련한 특허의 보유, 전문가의 보증, 실제 경험한 고객들의 증언, 구전마케팅 등 기업의 다양하고 효과적인 커뮤니케이션 능력이 요구된다.

유지 가능성(sustainability) 기업이 포지셔닝하고 싶은 차이점은 시간이 흘러도 유지할 수 있는지 혹은 더욱 강화할 수 있는지에 대한 끊임없는 고객 관점의 분석을 통해서 현 포지셔닝을 파악해야 한다. 유지가능성은 외부 환경적 요인에 크게 영향을 받기 때문에 기업이 지속적으로 유지하고자 하는 의지와 능력도 요구된다. 실제 2000년대 들어 한국, 중국을 중심으로 한 국가들의 명품소비가 급증하면서 많은 명품들은 호황을 경험했다. 과거 명품 브랜드의 포지셔닝은 많은 소비자들의 소비확대에 따라 기본적으로 희귀성, 차별적 위치의 포지셔닝을 가진 명품 브랜드의 위상이 상대적으로 떨어지고 대중적 브랜드로 인식되는 시장상황에 직면하게 되었다. 이에 샤넬과 같은 명품 브랜드는 기존의 POD를 강화하기 위해 대대적으로 가격 인상을 하고 고가 리미티드 라인을 선보이는 등 대중화가 이루어지고 있는 다른 명품브랜드들과의 거리를 두기 위한 노력을 하였다.

[3단계] 브랜드관련 연상의 바람직한 POP과 POD 창조

기업은 표적 고객의 마음속에 경쟁사보다 높은 위치에 위치하고 더 많은 가치를 제공할 수 있어야 한다. 경쟁사와 대비되는 차별적인 가치를 제공함으로써 기업은 다른 경쟁사보다 경쟁우위(competitive advantage)를 얻을 수 있다. 특히 동일한 제품군에 많은 경쟁사가 위치해 있다면 다른 기업과 대비되는 자신만의 차별화 포인트 및 시장 내 포지셔닝 위치를 찾을 수 있어야 한다. 차별화 요인으로는 제품이나 서비스의 차별화로 디자인, 기능, 가격 등을 차별화시킬 수 있다. 또한 유통 경로, 사용 상황, 사용자그룹, 이미지 등이 차별화 요인으로 활용할 수 있다.

제품 및 서비스 차별화

제품 차별화의 경우 기업은 제품의 특성, 기능, 디자인, 스타일 등으로 차별화시킬 수 있다. 초기 애플의 iPod은 이전에 시장에 없었던 혁신적인 디자인과 기능으로 큰 성공을 거뒀다. 샤오미의 경우 일명 '메이드 인 차이나'에 대한 부정적인 인식을 깨고 시장에서 큰 성공을 거두고 있다. 샤오미는 좋은 품질과 디자

켈로그 체중조절용 시리얼 스페셜K의 고구마&바나나

인의 제품을 합리적인 가격으로 제공한다는 가치를 소비자들에게 전달하고 있다.

제품의 사용 상황에 따라 소비자가 어떤 특정한 상황에 처했을 때 떠올릴 수 있도록 포지셔닝할 수도 있다. 예를 들어, 스포츠 음료의 경우는, 운동 후에 갈증을 해소할 수 있는 가장 빠른 방법으로 포지셔닝하였다. 핫식스와 같은 에너지 음료는 시험 전, 수험생들에게 졸지 않고 공부하는 데 필요한 제품으로 포지셔닝하였다. 또 켈로그의 스페셜K는 특히 여름철에 여성들의 다이어트를 위해 건강하고 균형있는 영양소를 제공하는 체중조절용 시리얼로 포지셔닝하고, 기존 켈로그의 시리얼 제품과도 차별화를 하였다.

인적 차별화

제품 자체로부터 오는 차별화뿐 아니라 서비스 영역에서도 경쟁사와 대비되는 차별적인 가치를 전달할 수 있다. 주문이나 배송을 쉽고 간편하게 할 수 있는 서비스, 주문한 제품을 빠르게 배송하는 서비스, 편리함, 혹은 철저한 사후 서비스 등을 통해 차별화시킬 수 있다. 쿠팡의 경우 '로켓 배송' 서비스를 실시하여 신속하게 주문한 제품을 제공하는 것으로 자신을 차별화시켰다.

쿠팡의 '로켓 배송'이라는 빠른 서비스 제공을 통한 포지셔닝

그 외에도 사우스웨스트항공의 서비스 차별화는 매우 알려진 사례이다. 댈라스에 근거를 둔 사우스웨스트항공은 저가항공사로서, 기본적인 기내서비스인 식사, 음료, 영화 등 모든 서비스가 없고 신속하게 회항을 통해 최대한 비용을 줄여 낮은 원가를 통해 이윤을 창출한다. 그러나, 사우스웨스트항공은 단순히 저가가격으로만 경쟁한 것이 아니라, 차별화된 서비스를 구현하기 위해 '재미있는 항공사'로 포지셔닝 전략을 수립하고 조종사부터 승무원에 이르기까지 익살스러운 멘트와 재미를 유발하는 서비스를 통해 높은 인기를 얻었다. 또한, walkin based로 먼저 탑승한 사람 순서대로 좌석표를 제공함으로써 탑승이 빠르게 완료되게 하였다. 이를 통해, 여객 운송 기준으로 세계 3위 달성, 40여년 연속 흑자 달성 등 차별화된 포지셔닝을 통해 우수한 재무성과도 만들어내고 있다.

사우스웨스트항공의 서비스 차별화 성과
출처: 뉴시스, 글로벌기업 '혁신'을 배워라, 사우스웨스트항공, 2016.1.21

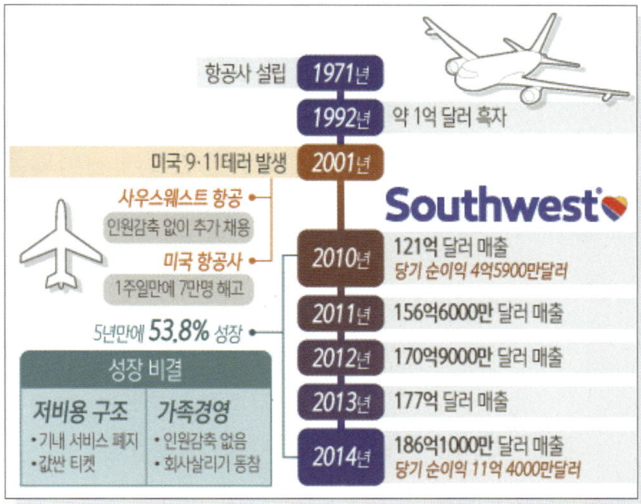

유통 경로 차별화

많은 소매점들이 PB(Private Labeled-Brand, 혹은 Private Brand)를 출시하여 소매유통의 차별화를 모색하고 있다. 다른 경쟁사에서는 구매할 수 없는 본 유통만이 취급하는 PB를 통해 소매점의 차이점을 극명히 전달하고 있다. 예를 들면 2010년에 출시하여 큰 반향을 일으킨 롯데마트의 '통큰 치킨'의 경우, 앞서 이마트의 반값 피자를 대응하기 위해 나온 PB이다. 워낙 그 파급효과가 커서 사기 위해 길게 늘어선 줄과 그 인기만큼, 대형마트들이 영세 자영업자들의 영역까지 침범한다는 비판이 상당했다. 당시, 치킨 한 마리가 2만원을 향해 달려가는 상황에서 롯데마트의 5,000원짜리 치킨은 지지하는 소비자들과 '골목상권 침해'라는 큰 비판을 받았다. 결국 남아 있는 통큰 치킨 수만 마리를 기부하는 형태로 통큰 치킨 판매를 중단했었다. 이후 2015년에 창립기념으로 통큰을 빼고 그냥 큰치킨으로 잠시 출시하였었다. 비록 일시적 이벤트성일 수밖엔 없었지만, 롯데마트가 가장 저렴한 가격 경쟁의 상대적 우위를 보유하고 있다는 것을 지속적으로 커뮤니케이션함으로써 포지셔닝 강화한 사례이다.

관여도를 통한 포지셔닝

자사 제품 자체보다 관여도(involvement)가 높은 대상을 통해서 소비자들의 관심을 높이는 방법이다. 관여도 제고를 통한 포지셔닝에 대한 다양한 성공사례들이 존재한다. 엔진오일 지크엑스큐(ZIC XQ)의 사례를 소개하자면, 과거 자가용을 운전하는 많은 소비자들에게 엔진오일은 선택의 대상이 아니었다. 정비소에 가서 "엔진오일 갈아주세요"라고 했을 때 정비소 직원이 "어떤 오일로 갈아드릴까요"라고 물으면 대부분이 "아무거나 넣어주세요"라고 하는 정도로 소비자들은 엔진오일의 브랜드를 따지지 않았었다. 이러한 소비형태를 인식하고 지크엑스큐는 브랜드의 중요도나 관여도를 높이는 것에 한계가 있다고 판단을 하고 운전자들의 엔진오일 자체의 관여도를 높이는 것에 집중하였다. 그리고 지크엑스큐를 넣는 차는 적어도 중형차 이상의 고급차 운전자들이라는 점과 고급차를 모는 사람들이 관심을 갖고 있는 것은 엔진오일이 아니라 자동차에 대한 애정이라는 것에 집중하였다. 고급차를 지닌 소비자들은 본인의 차에 조금만 상처가 나도 '이게 얼마나 비싼 차인데…'라는 식의 반응에서 힌트를 얻었다. 이에 엔진오일의 성능을 강조하기보다는 '그렇게 좋은 차를 타면서 왜 엔진오일은 아무것이나 넣습니까' '차 값이 얼만데'라는 광고카피를 선보였다. 그 결과, 소비자들이 엔진오일을 넣을 때 지크엑스큐를 구체적으로 지명하도록 관여도를 제고하여 구매하도록 유도하는 데 성공을 거두었다.

또 다른 사례로 하이트맥주의 론칭전략은 이전 경쟁 브랜드들이 맥아 함유를 강조하면서 보리에 관여도가 집중되었던 것을 지하 암반수를 가지고 맥주를 만들었다는 집중적 커뮤니케이션으로 맥주의 관여도를 맥아 함유량에서 물로 이동시켜 성공하였다. 파스테르우유의 론칭전략은 다른 우유 경쟁 브랜드들이 신선도를 통한 POD에 집중할 때, 우유공정 과정에 대한 관여도에 집중하였다. 최초 저온살균 우유임을 강조하여 기존의 우유는 어떤 공정과정을 통해 생산되는지에 대한 관여도를 증대함으로써 파스퇴르가 특허를 통해 보유한 저온살균의 기술의 가치에 대한 소비자의 인식을 제고하여 론칭 초기에 큰 성공을 거두었다.

94년 하이트 론칭 광고

87년 파스퇴르 론칭 광고

::: 포지셔닝을 위한 다양한 기법

브랜드 스토리텔링

브랜드 스토리텔링의 중요성

첫째, 인간의 뇌는 우뇌와 좌뇌로 구성되어 있다. 좌뇌는 사실(fact)을 중심으로 한 논리적 비교와 순차적으로 판단하는 이성적 중심의 체계를 가지고 있다. 우뇌는 스토리(story)와 맥락을 근거하여 다양한 정보들을 동시적으로 감정적 판단을 하고 처리한다. 스토리는 서사형태의 인물, 등장, 배경과 함께 관련 정보를 다양한 감정과 느낌들을 함께 포함하고 있기 때문에 좌뇌와 우뇌 모두가 좋아하는 콘텐츠 구성인 것이다.

둘째, 스토리텔링은 기억이 용이하다. 실제 인간의 우뇌는 서사형태의 인물, 등장, 배경 등의 관련 정보와 함께 어우러지는 감정 및 느낌들이 포함되어 있는 기승전결의 이야기 구조를 선호할 뿐만 아니라 이러한 서사형태 스토리를 좌뇌보다 더 쉽게 그리고 장기간 기억을 저장한다. 이런 뇌 구조 때문에 소비자들은 사실을 기반으로 한 커뮤니케이션의 메시지는 정보 나열로 쉽게 잊지만, 스토리를 기반으로 한 메시지는 보다 쉽게 연상하고 기억 속에 오래 저장하는 것이다. 예를 들면, 애플 아이패드 에어 광고는 아이패드 에어의 7.5mm란 얇은 두께를 강조하기 위해 숫자를 강조한 것이 아니라, 지극히 단순하고도 친숙한 연필과 함께 더 얇고 더 가볍고 더 강력해진 애플 아이패드 에어를 비교함으로써 연필과 같이 얇은 두께라는 사실을 강조하였다. 이를 통해, 더 얇고 더 가볍고 더 강력해진 아이패드 에어를 인상 깊게 포지셔닝하였다. 이와 아울러 장소와 맥락에 구애 받지 않고 연필이 가지고 있는 무궁무진하게 펼칠 수 있었던 작업들과 그 가능성들에 대한 기대를 자연스럽게 스토리를 통해 아이패드 에어에 연결시켰다.

셋째, 스토리텔링은 공감이 용이하다. 사실을 기초로 한 객관적인 메시지는 인지적 프로세스를 통해 소비자의 이해를 만들지만, 스토리를 기초로 한 메시지는 마음을 움직이고 감정을 형성시키기 때문에 쉽게 공감을 형성시킨다. 일명 공감마케팅(empathy marketing)이라고도 하는데 예를 들면, 2013년에 시행된 도브의 'Real Beauty Sketches' 캠페인이 해당된다. 본 캠페인은 2004년부터 시작된 'Real Beauty' 캠페인의 연속선상에서 시작되었다. 도브는 10여 개의 국가 18~64

애플 아이패드 에어 광고
출처: www.youtube.com/watch?v=kOEa-rmiwwg

세의 3,200명의 여성을 대상으로 실행한 설문조사를 진행하였는데 그 결과는 놀라웠다. 단 4%의 여성만이 자신이 아름답고, 87%의 여성은 자신의 아름다움에 만족하지 못하고, 68%의 여성은 광고가 비현실적인 미의 기준을 제시한다고 응답했다. 이 연구결과를 바탕으로 도브는 2004년부터 'Real Beuaty' 캠페인을 시작하였다. 인공적인 허구적인 아름다움과 정형화된 미의 정의를 지적하고 현실적이고 자연스러운 아름다움을 강조하면서 여성의 미에 대한 자신감과 자존감을 높이는 캠페인을 지속적으로 진행해왔다. 이러한 배경하에서 'Real Beauty Sketches' 캠페인은 영상에서 몽타주 전문가가 한 여성이 설명한 그 자신에 대한 묘사에 근거해서 그 상대 여성을 보지 않은 상태에서 첫 번째 몽타주를 완성한다. 그다음, 다른 사람이 같은 여성의 얼굴을 설명하여 두 번째 몽타주를 완성하였다. 이 두 몽타주를 비교한 결과, 본인이 묘사해서 완성된 몽타주는 매우 못생긴 자신감 없는 외모인데 반해, 타인이 묘사한 몽타주는 아름답고 훌륭한 외모였다. 여성들이 본인들의 미에 대해 예쁘지 않고 자신감이 없는가를 보여주는 일련의 실험을 보여주는 동영상으로 마지막으로 "You are more beautiful that you think"의 메시지로 그 영상은 마무리된다. 이 캠페인은 여성의 자신감과 본연의 진정한 아름다움이 무엇인가에 대한 메시지를 효과적으로 전달하였다고 높게 평가되어졌는데, 폭발적인 공감의 반응을 불러일으킨 성공적인 바이럴 캠페인 중의 하나이다.

본 캠페인의 성공의 원인은 첫째, 적은 비용과 빠르고 넓은 파급효과를 파생하는 온라인 매체를 효과적으로 이용하였고, 둘째, 기존의 SNS 마케팅에 대한 대중의 피로감을 감소하기 위해 스토리텔링 기법을 사용하여 그 효과를 극대화시켰다는 점이다. 셋째, 지루함을 느끼지 않도록 영상의 길이를 3분, 6분의 두 가지 형태로 게시하고 다양한 시간과 내용으로 편집하여 25개국 언어로 제공하는 등 콘텐츠 세분화에 신경을 썼다. 넷째, 이후 도브는 'Real Beauty Sketches' 전용 홈페이지를 만들고 이외에 다양한 온라인 채널들에서 연동하여 사람들이 영상을 공유하고 토론할 수 있는 공간을 제공함으로써 자연스러운 버즈(buzz)가 이루어지는 환경을 만들었다. 그 결과, 단 2주 만에 오직 온라인 영상 하나로, 유튜브에서 7,340만 회 조회, 도브페이지 구독자 1,652% 증가, 20회당 한 번씩 공유가 되고 98% LIKE의 성과를 거두었으며, 페이스북 310만 공유, 611,238명의 새로운 도브 페이지 팬을 확보하고, 트위터에서 2억 4천만 번 보여지고, 트위터수 14,368% 증가 및 구글 플러스 팔로워가 275,000명 증

도브의 'Real Beauty Sketches' 캠페인
출처: www.youtube.com/watch?v=Sn1dv3pVgs8

가했다. 이외에도 다양한 광고제 수상 및 세계 30억 매체에 38억 회 기사 노출의 전무후무한 마케팅 성과를 거두었다.

브랜드 스토리텔링의 소스

표 6.1 브랜드 스토리텔링의 소스와 중요 예시

스토리텔링 소스	예시	
(1) 창업자의 철학 /기업의 비전	메르세데스 벤츠 최고가 아니면 만들지 않는다는 창업자의 정신에 기초하여 상품을 개발하고 이를 브랜드 슬로건으로 활용하여 적극적인 커뮤니케이션 진행함	
(2) 브랜드 네임	Rolex Oyster 굴 껍질을 닫으면 물이 들어가지 않는 굴의 특성을 이용하여 손목시계에 사용된 세계 최초의 방수 케이스로 브랜드 네이밍을 함	
(3) 창조된 이야기	Vitamin Water 각 제품마다 각각의 고유의 스토리가 담겨져 있음 소비자에게 친근하게 다가가기 위해 구술체를 사용한 스토리텔링을 비타민워터 라벨에 표기함	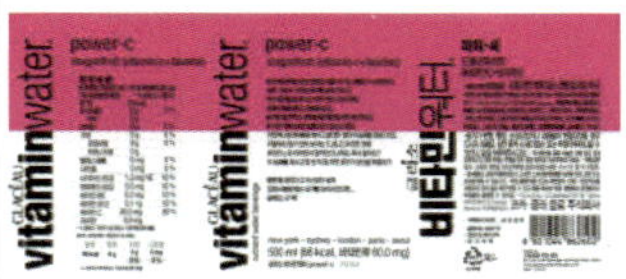
(4) 물리적 증거	이니스프리 다른 중저가 화장품들과의 차별화를 위해 기존의 브랜드 콘셉트인 자연주의 콘셉트를 청정섬 제주도의 이미지와 연계 스토리텔링함 제품 패키지에 제주원료에 대한 스토리들을 담고, 제주에서만 재생하는 혹은 제주에서만 즐길 수 있는 라이프스타일 등의 헤리티지를 선점하여 제품 개발 및 브랜드 스토리텔링함 그결과, 2010년 초반에 업계 5위 안에 들지도 못했던 이니스프리가 2016년 기준 1위로 부상함	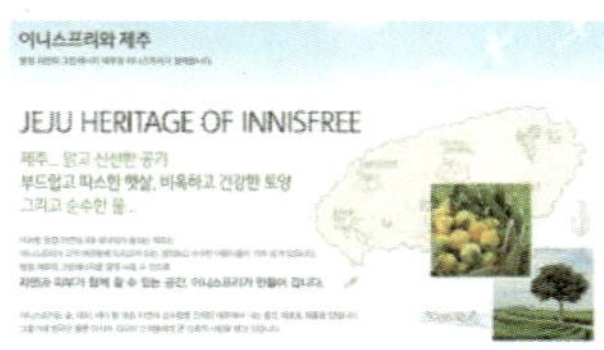

사회적 책임활동

기업의 사회적 책임활동(Corporate Social Responsibility: CSR)

CSR의 중요성에 대한 기업들의 인식이 확대되면서 기업들의 적극적인 Eco IMC 캠페인들이 진행되고 있다. 예를 들면, 코카콜라가 2012년에 진행했던 'Recycle

코카콜라의 'Recycle Happiness' 캠페인

Happiness'는 플라스틱 재활용률이 낮은 싱가포르에서 플라스틱 재활용 인식을 높이기 위해 진행된 캠페인으로서 코카콜라 자판기에 페트병을 넣으면 랜덤하게 작은 선물을 전달함으로써 플라스틱 재활용의 노력이 예상못한 즐거움을 제공한다는 메시지를 전달하고 있다.

이러한 ECO IMC 캠페인의 성공을 기반으로 코카콜라는 이후 더 진화하여서 'Happiness Arcade 캠페인'은 다카라는 지역에서 분리수거가 잘 진행되지 않는 코카콜라 페트병을 기계에 넣으면 오락을 할 수 있도록 기계를 설치하였다. 오락을 통해 사람들의 흥미를 유발하고 사람들의 참여를 적극적으로 유도한 것이다. 이렇게 모아진 수천 개의 페트병들을 펠릿(pellet)으로 재탄생하여 다양한 디자인의 페트병의 캡의 역할을 업그레이드 시켰다. 예를 들어서 캡에 브러쉬를 끼우고 페트병 안에 페인트를 넣어서 뚜껑을 닫고 뒤집어서 사용하는 페인트 브러시로 사용할 수 있게 만들었다. 연필을 깎을 수 있도록 깎는 부분을 캡에 설

코카콜라의 'Recycle Happiness' 캠페인

치하여 연필을 깎으면 깎인 잔해가 페트병 안으로 들어가는 구조로도 만들었다. 이 외에도 분무기, 램프, 비누통, 양념통, 비누방울 등 다양한 생활 제품으로 재탄생시켜서 베트남, 인도네시아, 태국 등과 같은 나라의 장난감 및 생필품을 구매하기가 쉽지 않은 나라들에 이런 캡을 제공함으로써 사람들은 쉬운 방법으로 행복함을 느낄 수 있고 코카콜라를 마심으로써 단순히 음료만 마시는 것이 아니라 새로운 가치로서 다시 사용할 수 있는 의미 있는 도구라고 커뮤니케이션을 하였다. 즉 "2nd lives"는 단순히 리사이클링을 넘어서서 자연친화적 방법을 통해 행복을 나눌 수 있다는 메시지를 전달한 것이다. 코카콜라는 지속적으로 콜라사업의 부정적인 인식을 개선하고 플라스틱병이 미치는 환경적 문제점을 적극적으로 인식하여 다소 교과서적일 수 있는 환경의 문제를 소비자들에게 재미와 행복이라는 키워드로 적극적인 참여를 이끌어 내어 성공적인 에코 IMC 캠페인이라고 평가되고 있다.

코즈 마케팅(caused marketing)

CJ제일제당의 미네워터 바코드롬 캠페인 CJ제일제당은 아프리카의 어린인에게 깨끗한 물을 공급하기 위한 기부 마케팅을 시작하면서 미네워터의 패키지를 기부 수단의 매체로 활용하였다. 〈표 6.2〉에서 보여주듯이 미네워터는 2007년 출시 당시 울릉 미네워터라는 제품명으로 울릉도의 심층해양수를 소구하는 제품 콘셉트 아래 제품명과 패키지 디자인 및 미네랄 프리미엄 생수를 강조하는 마케

표 6.2 미네워터 제품 콘셉트와 마케팅의 변화

<table>
<tr><th></th><th>2007년 10월 ~2008년 6월</th><th>2008년 7월 ~2009년 7월</th><th>2009년 8월 ~2012년 2월</th><th>2012년 3월~</th></tr>
<tr><td>제품명</td><td>울릉 미네워터</td><td>울릉 미네워터</td><td>미네워터</td><td>미네워터</td></tr>
<tr><td>용량(ml)</td><td>500</td><td>330</td><td>500</td><td>500</td></tr>
<tr><td>가격(원)</td><td>1,200</td><td>2,000</td><td>1,200</td><td>1,200</td></tr>
<tr><td>패키지 디자인</td><td></td><td></td><td></td><td></td></tr>
<tr><td>콘셉트</td><td>깨끗한 맛과 다양한 미네랄 등의 건강 성분이 들어 있는 프리미엄 생수</td><td>미네랄(칼륨, 마그네슘 등) 함량 기존 제품 대비 33% 강화</td><td>천연 미네랄의 균형을 최적화</td><td>천연 미네랄의 균형을 최적화</td></tr>
<tr><td>주요 마케팅 활동</td><td colspan="3">피부 미용 효과 소구
아토피 질환 개선 소구</td><td>대의명분 마케팅 실행(바코드롬 캠페인)</td></tr>
</table>

팅활동을 하였다. 이후 2008년, 2009년 두 차례 제품 콘셉트의 변화를 주었다. 이후 2012년에 CJ그룹의 CSV(Corporate Social Value)의 경영철학을 구현하기 위해 CSV팀을 발족하고 기존 미네워터에 사회적 가치를 심어 선택형 대의명분 마케팅 프로그램을 개발하고 실행하였다. 대의명분 마케팅이란 사회적 가치가 실현될 수 있다는 대의명분이 실현될 수 있도록 기업이 독자적 혹은 비영리 기관과 협업하여 기업의 매출액 및 수익의 일부분을 기부하거나 공익을 위해 지원하는 마케팅 활동을 의미한다.

미네워터 바코드롭 캠페인은 비를 간절히 바라는 흑인 남녀 아이들의 머리 위에 물방울 모양의 기부를 위한 바코드를 패키지에 삽입하였는데, 물방울 바코드가 희망의 빗물이 되어서 아프리카 어린이에게 희망이 될 수 있다는 강한 메시지를 전달하였다. 그리고 혹 기부를 희망하지 않으면 그 물방울 바코드를 떼어내면 되는데 그러면 그 안에 흙탕물이 그려져 있어서 다시 기부에 참여하는 마음을 재미있고 기발한 방식으로 독려하게 하여 고객의 선택성을 제공하였다. 미네워터 구매 시 물방울 바코드를 한번 더 찍으면 아프리카 어린이에게 깨끗한 물을 공급하는데 100원이 기부되고 이런 소비자의 기부에 추가로 제조사 CJ제일제당이 100원을, 유통사(CJ올리브영, 훼미리마트)가 100원을 매칭하여 기부하는 시스템으로, 병당 총 300원의 기부금액이 모아져서, 소비자 1명의 기부가 실제 아프리카 300명의 어린이에게 전달되는 효과가 발생한다. 전 세계적으로 기부 및 윤리 등을 강조하면서 다양한 CSR 활동들이 진행되고 있지만 이런 재미있고 참신한 방법으로의 기분 캠페인은 착한 소비를 유도하여 실제 기업의 매출도 전기 대비 3.5배 매출이 증대된 성공적인 새로운 형태의 사회공헌 프로젝트이며 코즈 마케팅(cause marketing 혹은 caused marketing)이라 평가되었다. 코즈 마케팅이란 환경, 보건, 빈곤 등의 다양한 사회적 이슈, 즉 코즈(cause) 기업의 이익 추구를 위해 활용하는 것을 말한다. 기업이 경제적 가치와 함께 사회적 가치, 즉 공익적 가치도 동시에 추구하는 것으로 공익활동이나 기부 등을 통해 윤리적 소비, 사회적 가치 소비, 착한 소비 등의 동기를 유발하여 궁극적으로 사회적 가치 실현과 함께 기업의 매출을 증대하는 마케팅이다.

미네워터 바코드롭 캠페인

통합적 마케팅커뮤니케이션 관점에서 미네워터는 프리미엄 생수의 낮은 인지도를 제고하기 위해 성공적으로 엠비언트 미디어를 활용하였다. 엠비언트 미디어(ambient media)란 우리의 일상에서 만나는 패키지,

"당신은 이 아프리카 아이와 깨끗한 물을 나눌 수 있습니다. 미네워터 물방울 바코드를 찍는 것만으로도 세상을 바꾸는 작은 물방울 미네워터!" 메시지를 전달

전봇대, 벤치 등 모든 사물들을 광고 매체로써 활용하는 것을 말한다. 기존 전통적인 옥외 광고의 개념에서 벗어나 매체의 형식을 파괴하거나 소비자의 생활환경 깊이 파고들어 일상 속에서 만날 수 있는 각종 사물들을 광고 매체로 활용하는 커뮤니케이션의 방식 중 하나이다. 즉 미네워터 패키지 디자인에 코즈 마케팅의 개념을 전달하여 기존 생수제품들과의 차별화를 할 뿐 아니라 커뮤니케이션 미디어 패널로서도 활용한 사례이다.

ESG 마케팅

ESG 마케팅은 환경(Environmental), 사회(Social), 지배(Governance)의 세 가지 핵심 요소를 고려하여 제품이나 브랜드의 가치를 강화하고 고객들에게 전달하는 마케팅 전략을 의미한다. 기업이나 브랜드가 사회적 책임을 다하고 환경적, 사회적으로 지속 가능한 비즈니스를 추구한다는 메시지를 강조하여 고객들의 인식과 호감을 얻고 궁극적으로 기업의 사회적 가치를 높이는 것을 목표로 한다. ESG 마케팅은 기업의 비즈니스 모델, 제품 생산과 공급체인, 사회적 참여 등 다양한 측면에서 ESG 요소를 고려하여 전략을 수립하고 마케팅 활동을 통해 이를 강조한다. 이는 기업의 이미지를 개선하고 브랜드의 신뢰성을 높이며, 결과적으로 소비자들의 선호도와 충성도를 높일 수 있게 된다. 예를 들어, 기업이 친환경 제품을 생산하거나 탄소배출을 줄이는 노력을 기반으로 마케팅을 진행할 수 있다. 또는 사회적 가치를 실현하기 위해 노력하는 기업의 사회공헌활동을 강조하여 소비자들에게 메시지를 전달할 수도 있다. 또한, 기업의 지배구조나 윤리적 경영에 대한 노력을 강조하여 투자자들이나 고객들의 신뢰를 얻을 수도 있다.

ESG 마케팅의 성공 사례로는 톰스(TOMS)가 있다. 톰스는 신발 브랜드로, "일대일" 비즈니스 모델을 통해 신발을 구매한 만큼 신발을 필요로 하는 사람들에게 기부하는 활동을 펼치고 있다. 이러한 사회 공헌 활동을 중심으로 마케팅을 진행하여 소비자들에게 사회적 가치를 전달하고, 동시에 제품에 대한 인식을 높이는 데 성공하고 있다. 또 다른 사례로는 미국 의류 기업인 파타고니아(Patagonia)가 있다. 파타고니아는 환경 보호와 사회적 책임을 중시하는 기업 문화를 가지고 있으며, 이를 고객들에게 널리 알려 공감을 넓히고 있다. 회사는 제품 생산부터 판매까지의 모든 과정에서 친환경 소재와 생산 방법을 사용하고 있으며, 또한 환경 보호 단체와의 파트너십을 통해 환경 보전 활동에 참여하고 있다. 파타고니아의 마케팅은 이러한 환경 보호 및 사회 공헌 활동을 강조하며, 고객들에게 브랜드의 고유한 사회적 가치를 전달한다.

MARKETING **REPORT** | **유통업계, ESG 경영 강화 … "체험형 마케팅 늘린다"**

도미노피자·오비맥주·스타벅스 등 다양한 고객 참여형 캠페인 전개

도미노피자 제로 웨이스트 캠페인 이미지
출처: 도미노피자

유통업계가 ESG(환경, 사회, 지배구조) 경영의 일환으로 친환경 캠페인을 강화하고 있다. 최근에는 고객 참여형 캠페인이 늘어나며 업계에 선순환 구조를 구축하고 있다. 유통업계에 따르면 도미노피자, 스타벅스, 오비맥주 등이 참여형 환경 마케팅을 전개하고 있다. 맥주캔을 찌그러트려 인증하면 환경 마일리지를 주거나, 피자 배달 시 일회용품을 받지 않는 사람들에게 혜택을 주는 식이다.

도미노피자는 2021년부터 '제로웨이스트' 캠페인을 시작했다. 최근에는 체험형 이벤트로 보폭을 넓혔다. 오비맥주는 SNS에서 재미를 가미한 체험형 환경 이벤트를 진행 중이다. 포장 및 배달 주문 시 '환경을 위해 모두 받지 않기'를 선택한 다음, 주문 화면을 캡처하고 자신의 스토리에 올리면 이벤트에 응모된다. 당첨자에게는 추첨을 통해 도미노콘을 제공한다.

이런 체험형 이벤트는 점진적인 소비자 인식 변화를 가져오고 있다. 도미노피자가 제로웨이스트 캠페인 관련 설문조사를 진행한 결과, 참가자 중 88%의 고객이 환경보호를 위해 '필요한 일회용품만 받겠다'고 답했다. 오비맥주는 알루미늄 캔의 재활용률을 높이기 위해 한 달간 '캔크러시' 캠페인을 진행 중이다. 참여형 캠페인인 '캔크러시'는 빈 알루미늄 캔을 완전히 밟거나 찌그러뜨린 후 사진을 찍어서 '코드그린스퀘어' 앱에 인증하면, 건당 3,000마일리지를 받는다. 적립된 마일리지는 '코드그린스퀘어'에서 판매하는 제품 구매 시 사용할 수 있으며, 인증을 완료한 10명을 추첨해 무알코올 맥주인 '카스 0.0' 한 상자를 제공한다.

출처: 아주경제, 2023.4.29

::: 포지셔닝 관리

유사점(POP)과 차이점(POD) 사이에서의 전략적 균형

경쟁사와 대비되는 명확한 차이점을 인식시키는 것도 중요하지만, 그에 못지 않게 중요한 속성이 유사점이다. 유사점(POP)이란, 시장에 있는 경쟁사의 제품과 완전히 다른 제품군이 아니라, 유사한 속성을 지닌 제품군에 있다는 것을 인식시키는 것이다. 만약 제품범주 내에서 기본적으로 갖춰야 할 속성에 대해 인식되지 않으면, 다른 기본적인 속성들이 무시될 수 있다. 따라서, 신제품인 경우는 이 점에서 두 가지 전략방안을 고려해야 할 것이다. 첫 번째는 동일한 범주에 있는 제품군이라는 카테고리 멤버십을 우선적으로 확보하고, 이후 차별화된 속성을 인식시켜 포지셔닝하는 것이다. 두 번째는 기존의 카테고리 멤버십의 유사성을 확보하기보다는 새로운 준거점을 발굴 개발하여 차이점을 강조함으로써 선도적으로 위치화하여 새로운 경쟁시장을 만들어 내는 방법이다.

음식배달시장의 마켓리포트에서도 보여주듯이, 음식배달 중개시장은 다양한 서비스앱들이 각자의 차이점을 소구하면서 시장 세분화를 가속화하고 있다. 초기에 '배달의민족'이나 '배달통', '요기요'와 같은 배달 대행 중개플랫폼 기반의 배달앱들이 등장하였다. 바로 이어 배달이 안 되는 맛집의 음식을 배달 대행하는 '띵동', '푸드플라이', '배민라이더스' 등과 같은 기업들이 등장하였다. 이후 더 많은 기업들이 이 시장에 뛰어들면서 새로운 USP(Unique Selling Point)들이 등장하였는데, 각종 반찬과 식자재를 배송하는 배민 프레시, 신선 식자재를 다듬어 레시피와 함께 아주 간단한 손질만으로 먹을 수 있게 해주는 서비스를 제공하는 '블루에이프런', '마켓컬리' 등이다. 음식배달시장에 너무 많은 진입자들이 등장하면서 고정된 파이를 여럿이 나누어야 하는 ZERO SUM 게임에 진입한 것이 아니냐는 비판도 대두되고 있다. 이런 레드오션 시장에서 차별화를 구현하기 위해 다양한 2세대 모델들이 등장하고 있다. 인공지능을 통한 큐레이션 기능이나 스토리텔링을 가미한 음식배달서비스나, 단순 중개를 넘어서 식자재, 가공 및 배달 전 단계의 수직적 통합으로 식품 및 음식을 배달하는 형태이다. 이는 소비자들에게 새로운 USP를 제공함으로써 음식배달시장 자체의 규모를 키우고 있는 중이다.

USP 개발

마케터는 브랜드나 제품에 대한 독특하고 쉽게 소비자의 마음속에 위치시킬 수 있도록 USP를 개발해야 한다. 즉, 독특한 판매 제안(Unique Selling Proposition:

[테팔(Tefal)] 150년 전통의 프랑스 테팔은 96년에 프라이팬이나 냄비에서 손잡이를 자유자재로 떼어내고 붙이는 '매직핸즈' 제품을 USP 전략으로 선보임. 프라이팬과 냄비마다 붙어있는 손잡이로 인해 주방 공간 활용이 어렵다는 소비자의 불편함을 해결한 유일무이한 제품을 개발한 것임.

[m&m 초콜릿] 초콜릿은 보통 어린아이들이 즐겨 먹는 간식이지만 먹고 나면 몸과 옷이 온통 더러워지는 불편함을 개선함. m&m은 캔디는 손에 녹지 않고 입에서 녹는다("m&m candies melt in your mouth instead og your hand")라는 슬로건을 내건 USP 광고 전략을 전개하여 성공한 사례임.

USP)을 통해 경쟁시장의 수많은 정보의 바닷속에서 확실한 메시지를 전달해야 고객의 머릿속에 각인될 수 있는 것이다. 예를 들면, 대한항공의 경우는 "비행기는 행복입니다"와 같은 슬로건을 통해 비행기가 운송 수단이라는 개념에서 벗어나 삶을 윤택하게 해주고 행복하게 하는 수단으로 따뜻한 감성을 유발했다. 지금까지의 일반 항공사들이 전달하는 기능적 혜택들인 새로운 비행기 기종의 도입, 다양한 도시로 출항하는 노선, 훌륭한 서비스 등뿐만 아니라, 일상생활의 소소한 행복이라는 감성적인 USP를 통해 친근한 따뜻함으로 대한항공을 포지셔닝하였다.

Revlon의 창업자는 "공장에서 우리는 립스틱을 만들고 있습니다. 하지만 광고에서 우리는 희망을 팔고 있습니다."라고 한 유명한 말을 남겼다. 기본적으로 마케터는 제품 자체에만 집중하는 것이 아니라 최종적으로 우리 구매자들에게 제공하는 가치에 집중해야 한다. 따라서 경쟁력이 있는 USP를 개발하기 위해서는 다양한 마켓 분석을 통해 아래의 질문들에 답할 수 있어야 한다.

- 우리 고객들은 언제 우리 제품을 사용할까?
- 우리 고객들은 우리 제품을 통해 어떠한 경험을 기대하고 실제 어떠한 경험을 하는가?
- 우리 고객들은 왜 다른 경쟁 제품 대신 우리 제품을 선택했을까?
- 고객들의 구매 결정에 촉발을 시켰던 메시지는 무엇이었을까?

준거점 진화의 선제적 대응과 새로운 준거점 창조

시장의 포지셔닝에 기준이 되는 준거점(reference point)은 동태성을 가지고 시간 흐름에 따라 계속 변화한다. 또한 소비자의 니즈와 시장 환경의 변화에 대응하기 위해 새로운 준거점은 기업들에 의해 계속 창출된다. 마케팅리포트에서 소개하듯이 국내소주시장은 저도수를 차이점의 준거점으로 경쟁하고 있다. 2009년부터 2013년까지 다소 정체되어 있는 소주시장에 2014년 저도주 트렌드가 시작되어 가벼운 술문화, 혼술, 여성음주인구 증대 등의 음주문화의 변화로 저도주에 대한 시장 니즈는 지속되고 있다.

기업들은 부드럽고 순한 소주를 원하는 고객니즈가 높아진 점을 고려하여 경쟁사 간에 경쟁적으로 소주의 도수를 낮추고 저도수 소주들을 론칭하였다. 롯데주류의 '처음처럼'은 '부드러움'을 차이점으로 포지셔닝한 브랜드이기 때문에 이를 더 강조하기 위해서 출시 당시인 2006년 21도가 주류였던 시장에서 '20도 처음처럼'으로 부드러운 소주시장을 열었다. 이후 2007년 도수를 19.5도로 낮추면서 1위 업체까지 동참하는 '19.5도 소주시대'를 이끌었고, 7년 만에 주력제품의 '19도 벽'을 무너뜨리며 18도 소주를 선보여서 국내 소주시장을 강하게 흔들었던 부드러운 소주의 브랜드 차이점을 더욱 강화하였다.

한때는 저도수 시장 트렌드의 대응으로 과일맛 서브브랜드가 러시를 이루었다. 2015년에 들어서는 알코올도수를 14도, 13도까지 낮추면서 유자맛, 블루베리, 석류, 자몽맛 등의 과일맛을 첨가하여 경쟁적으로 기존 소주 브랜드의 서브 브랜드인 과일맛 소주들이 론칭된 것이다. 소주시장을 거의 50%의 시장점유율로 확보하고 있는 선도기업인 하이트진로의 '이슬'에 대응하기 위해, 추종브랜드인 롯데주류는 '처음처럼'의 서브브랜드인 유자맛의 '순하리 처음처럼'이 처음 선보였고, 무학의 '좋은데이'는 유자맛을 확장하여 다양한 과일맛으로 대응했다. 이러한 추종브랜드의 공격에 대응하기 위해 하이트진로는 자몽맛의 '자몽에이슬'을 론칭함으로써, 국내소주시장의 준거점이 2010년 초반에는 저도수에서 2014년 넘어서면서 과일맛소주로 확대 및 이동하였다. 이후 다시 하이트진로에서 2019년에 '진로이즈백'(16.9도)이 복고열풍과 함께 출시되었고, 처음처럼(20도),

MARKETING **REPORT** | 소주 왜 자꾸 순해지나…'도수 16.9'의 경제학

진로이즈백 이어 처음처럼 16.9도… 회식문화 저물며 도수 낮추기 경쟁
"원가 절감 꼼수" 비난 목소리도… 17도 미만, 방송 광고에도 유리

"기분 좋게 적당히 즐기는 데 쓴 소주는 부담스럽죠. 원래 쳐다보지도 않던 술이었는데 순하고 부드러운 소주가 나오면서 음주 스타일이 바뀌었습니다."

국내 이커머스기업에서 일하는 이기원(27 · 가명) 씨는 주말마다 친구들과 야외에서 바비큐파티를 즐긴다. 이들은 고기와 야채를 비롯해 라면, 즉석음식, 술 등 분담한 먹거리를 각자 온라인몰이나 대형마트에서 쇼핑한 뒤 모인다. 최근 이 모임에 변화가 생긴 건 술이다. 맥주 · 와인이 대세였던 주종에 소주가 포함되기 시작했다. 이씨는 "소주는 '쓰고 맛없는 술'로 생각했는데, 요즘 순한 소주를 알게 됐다"고 말했다. 지난 4월 16.9도로 출시된 하이트진로의 '진로이즈백'이 대표적이다.

순하고 부드러운 술을 선호하는 20,30대 밀레니얼 세대의 음주 문화에 따라 알코올 16도 소주가 속속 등장하고 있다. 롯데주류도 다음달 '처음처럼'(17도)의 알코올 도수를 16.9도로 낮춰 출시한다. 1950~60년대만 해도 '독주'로 여겨지던 소주가 젊은 소비층을 겨냥해 도수가 낮아지며 '저도주'가 대세로 자리잡고 있는 것이다.

국내 소주의 역사를 살펴보면 거의 절반 수준으로 알코올 도수가 낮아졌다. 하이트진로에 따르면 1924년 출시된 것으로 알려진 '진로'의 알코올 도수는 35도였다. '희석식 소주'가 등장한 1965년 이후 30도 밑으로 내려갔다. 박정희 정권 시절인 1965년 쌀 수요를 억제하기 위해 '양곡관리법'이 시행되면서 나타난 소주의 변화였다. 1998년 23도의 '참이슬'이 등장하면서 20년 넘게 이어진 '25도 시대'가 마감했다. 이후 2006년 롯데주류의 '처음처럼'(20도)과 하이트진로의 '참이슬 후레쉬'(19.8도)가 출시되면서 두 회사의 소주 '도수 낮추기' 경쟁이 본격화됐고, 결국 16도 소주까지 등장하게 됐다.

16.9도의 진로이즈백은 출시 두 달 만에 1,000만 병이 팔려 화제가 됐다. 일반적인 녹색병 대신 1970년대 판매되던 투명한 병을 되살린 디자인이 '뉴트로' 열풍으로 이어지며 젊은 층의 호기심을 자극했다. 주류 업계 관계자는 '순한 술' 트렌드에 대해 "최근 회식이 줄어든 대신 '혼술'이나 친구 · 가족 등 소규모 모임에서 술을 즐기는 문화가 자리잡으면서 생긴 변화"라고 설명했다. 주 52시간 근무제로 '워라밸(일과 삶의 균형)'을 추구하는 젊은 층이 늘어나고, 부정청탁금지법(김영란법), '직장 내 괴롭힘 금지법' 등이 시행되면서 접대나 강요된 회식이 사라지는 사회적 분위기도 영향을 줬다는 분석이다. 50대 직장인 박성범씨는 "요즘은 부서 회식도 상, 하반기에 한 번씩 할 정도로 꺼리는 분위기"라며 "2차, 3차는 없어진 지 오래"라고 말했다.

다만 일각에선 트렌드에 편승한 주류 업체들의 원가 절감 방안으로 보는 시각도 있다. 희석주인 소주가 원료인 주정(알코올)보다 물의 양이 늘어나면 원가를 절감할 수 있다는 것이다. 업계에선 소주 도수가 0.1도 내려가면 주정 값을 0.6원 절감할 수 있다는 이야기가 돌 정도다. 16도 소주는 지금보다 적극적인 방송 광고가 가능해진다. 1995년 제정된 국민건강증진법에 따르면 17도 이상의 주류 광고는 지상파 방송에서 오전 7시~오후 10시까지 방영할 수 없다. 그런데 16도 소주는 이런 규제를 적용 받지 않게 된다.

출처: 한국일보, 2019.11.27

참이슬 후레쉬(16.9도)가 출시되면서 다시 저도수 소주 경쟁이 재가열되었다.

국내 소주시장의 준거점이 저도수였다가 과일맛으로 변하였다가, 다시 저도수로 변화하였듯이, 포지셔닝 전략의 준거점은 매우 다이나믹한 동태성을 가지고 있어서 소비자의 니즈변화, 시장환경변화 및 경쟁사들의 시장대응에 의해 지속적으로 이동하고 진화한다. 따라서 마케터는 이러한 전략의 준거점 이동을 선제적으로 파악해야 하면 더 나아가서는 새로운 준거점을 창조하고 확산시키는 포지셔닝 전략을 전개해야 한다.

리포지셔닝(Repositioning)

브랜드의 포지셔닝은 브랜드가 보유한 고유한 차이점을 상실하는 경우가 발생하여 경쟁브랜드 대비 더 이상 매력적이지 않을 때, 리포지셔닝의 필요성이 생긴다. 이러한 고유한 차이점을 상실하는 경우는 다양한 원인들에 의해 발생할 수 있다. 일반적으로는 (1) 고객의 성향, 수요, 니즈 등의 변화, (2) 사회적, 법률적, 정치적, 거시경제적 시장환경들의 변화, (3) 새로운 유행이나 새로운 구매력을 가진 세대의 등장, (4) 경쟁사의 브랜드나 상품의 변화로 인해 바람직한 위치점(desirable point)의 변화 혹은 경쟁의 준거 틀(reference frame)의 변화 등의 원인들이 있다. 리포지셔닝의 방법으로는 (1) 가치제안의 근간이 되는 제품이나 서비스 관련한 기능, 품질, 가격 등의 기본 속성들을 변경하던가, (2) 타깃 소비자나 타깃 시장을 변경하던가, (3) 해당 기업, 상품 혹은 브랜드와 관련된 인식의 변화 등이 시도될 수 있다.

예를 들면, 말보로는 리포지셔닝으로 성공한 브랜드이다. 필립모리스사가 말보로를 론칭할 1924년 당시, 여성운동이 활발했던 사회적 상황을 반영하여 주 타깃 고객을 여성으로 하였다. 저니코틴, 저타르의 제품속성과 함께 'Mild as May'

말보로의 리포지셔닝 마케팅

1920년 초반 론칭 시 광고이미지

1950년경 리포지셔닝 시 광고이미지

라는 브랜드 슬로건 아래 여성 전용 담배 브랜드로 포지셔닝하였다. 그러나 시장의 반응은 신통치 않은 상황에 시간이 지나 1950년에는 담배의 유해성이 사회적 중요한 이슈로 떠오르면서 큰 위기에 봉착했다. 이 때, 필립모리스가 선택한 리포지셔닝 전략은 유해성 논란을 피해가기 위해 필터 개발을 열중하고 있는 다른 경쟁사와 달리 말보로 담배를 더 독하게 만들었다. 또한 말보로 맨이라 부르는 고독한 카우보이를 모델로 하여 남성성에 대한 욕구를 자극하는 커뮤니케이션을 통해 반항심과 야성성을 강조하였다. 말보로는 진정한 남자의 담배로 성공적인 리포지셔닝하였고, 오늘날까지 대표적인 남성용 강한 담배로서 포지셔닝을 유지하고 있다.

푸마(PUMA)의 경우는 브랜드 리포지셔닝을 통해 브랜드를 재활성화한 성공사례이다. 푸마는 독일 브랜드로써 과거 남성고객 타깃의 아웃도어 스포츠 전문 브랜드 포지셔닝을 하였다. 각종 세계대회에서 유명 축구선수들이 신어서 축구 전문 운동화로서의 포지셔닝이 굳건하게 이루어졌으나, 시간이 흐름에 따라 브랜드 노후화가 심각하게 이루어지고 매출이 급락하면서 위기에 처했다. 2000년에 과감하게 선택된 29세의 젊은 CEO인 요헨 차이츠는 푸마가 나이키나 아디다스와 동급으로 경쟁해서는 승부수가 없을 것을 알고, 폭스바겐이 아닌 포르쉐가 되라고 목표를 제시하면서 대대적인 구조조정을 했다. 그 결과, 패셔너블하고 감각적인 고가 이미지의 푸마로 성공적인 리포지셔닝을 이루어 냈다. 푸마의 구체적인 리포지셔닝 전략은 첫째, 타깃을 기존의 남성 위주의 전문 스포츠시장에서 여성고객 및 10대 고객으로 변경을 하였다. 둘째, 이러한 타깃들이 밀집되는 쇼핑몰 중심의 대형상권과 유통 중심으로 유통망을 변경하였다. 셋째, 스포츠 의류 분야도 강화하고 기존에 품질 중심에서 디자인을 강화하였고 특히, Xuly Bet, Jil Sander, Mihara 등의 유명 패션디자이너들과 콜라보레이션(collaboration)을 통해 혁신적인 디자인 슈즈를 출시하였다. 넷째, 체계적인 브랜드 관리가 없었던 푸마의 문제점을 인식하고 브랜드 로고 및 엠블럼을 통일하고 매장 내 모든 요소들은 '푸마스럽게' 바꾸었다. 이는 타깃고객인 젊은층은 제품의 품질과 완성보다는 브랜드 이미지에서 구매결정을 하는 특성을 고려하여 매장 VMD를 변화한 것이다.

푸마의 '푸마스럽게' VMD 정책에 의한 구현된 매장

::: DISCUSSION QUESTIONS

1. 유사점(POP)과 차이점(POD)의 차이를 극명히 보여주는 특정 시장 내 다른 두 개의 브랜드 사례를 제시하시오.
2. 니치마켓의 장점과 단점을 제시하시오.
3. 포지셔닝 분석 시 일반적으로 많이 범하는 오류가 무엇이며 이러한 오류를 제거하기 위해서는 어떠한 작업들을 해야 하는지 제시하시오.
4. CJ제일제당의 미네워터와 같이 제품의 콘셉트와 마케팅을 변경하여 리포지셔닝한 성공사례를 제시하시오. 제품과 마케팅활동의 변경된 내용들을 상세하게 제시하시오.

::: TEAM WORKSHOP

1. 도입사례에서 소개한 바와 같이, 맥도날드는 맥카페를 통해 성공적인 마켓 리포지셔닝을 이루었다. 그러나, 맥도날드는 비만의 원인으로 지목되고, 햄버거병에 의한 사건사고 등 패스트푸드의 문제점들을 여전히 지적받고 있다. 이러한 상황에서 본인이 맥도날드의 마케터이고 맥카페 성장이 둔화되어 리포지셔닝이 필요한 상황이라고 가정하자. 구체적인 관련 증거와 함께 맥도날드를 위한 리포지셔닝 전략을 제안하시오.
2. 〈MARKETING REPORT〉에서 보여준 바와 같이, 한국 소주시장은 최근 몇 년 동안 저도주의 준거점을 기준으로 포지셔닝 전쟁을 하고 있다. 이러한 한국소주시장에 합당한 구체적인 근거를 기반으로 새로운 준거점을 제시하시오.
3. 커피 브랜드 시장의 마켓 포지셔닝 분석을 위해 포지셔닝 척도들(최소 6개 이상)을 활용하여 분석하시오. 도출된 다양한 포지셔닝 맵 분석들을 통해 얻은 해당 브랜드 시장의 인사이트를 제시하시오.
4. 유사점(POP)과 차이점(POD)의 동태적 변화를 경험한 특정 브랜드를 찾으시오. 현시점의 시장변화들을 고려하여 이 특정브랜드의 새로운 POD를 제시하시오.

PART

4 AI·디지털시대의 4P Mix 마케팅 전략 수립과 관리

기업들의 끊임없는 경쟁 속에서 무형의 서비스와 유형의 제품 간의 구분, 그리고 기업들과 산업들 간의 구분이 날로 모호해지고 있다. 소비자가 직접 찾아가야 경험할 수 있던 제품들을 집에서 경험할 수 있고, 과거의 갑과 을의 관계는 공동개발자가 되고, 과거의 경쟁자들은 오늘의 협력자들이 된다. 경계가 모호해지는 AI·디지털시대, 마케터는 그 경계에서 코디네이터가 되어야 한다.

seven

하림의 '프리미엄' 전략, 국내 라면시장서 통하지 않은 까닭

소비자들은 라면을 왜 사 먹을까. 한국농수산식품유통공사 식품산업통계정보에 따르면 지난해 6월 소비자 조사 결과, 봉지라면을 먹는 이유로는 △간편한 식사 대용(53.4%) △밥 차리기 귀찮을 때(48.0%) △혼자서 간단히 취식(46.4%) 등의 응답이 나타났다. 이어 봉지라면을 구입할 때 가장 중요하게 고려하는 요인으로는 '익숙한 맛'이 48.2%로 가장 높게 나타났다. 이어서 △판촉할인 행사(43.2%) △국물 맛(40.6%) △저렴한 가격(38.6%) 등의 응답이 나타났다.

간편하게 식사를 대신할 수 있는 저가의 서민 음식. 이처럼 라면은 소비자와 매우 가까운 제품이다. 이에 따라 라면에 대한 소비자들의 가격 민감도도 높을 수밖에 없다. 이번 달 1일부터 업계 1~4위를 차지하는 라면업체들이 일부 제품에 대해 잇따라 가격을 인하한 것도 일부 여기서 비롯된다. 지난달 정부는 지난해 급등했던 국제 밀 가격이 올해 들어 안정됨에 따라 라면 제품 가격을 다시 내리라고 압박한 바 있다. 체감물가 수준을 낮추고자 한 것으로 풀이된다. 라면업계는 결국 백기를 들고 제품 가격 인하를 결정했다.

그러나 대표적인 프리미엄 라면이라고 일컬어지는 하림의 더미식 장인라면은 별다른 움직임 없이 기존 가격을 고수하고 있다. 장인라면은 현재 2021년 10월 출시 당시 책정된 2,200원이라는 가격에 판매되고 있다. 일반 라면보다 가격이 두 배가량 높은 수준이다. 하림에 따르면 장인라면의 가격이 상대적으로 비싼 이유는 제품 품질에 있다. 장인라면에는 사골과 소고기·닭고기 등 육류 재료와 버섯·양파·마늘 등 각종 양념 채소를 20시간 끓인 국물로 만든 액상 스프가 들어있다. 흔히 저가 인스턴트식품이라고 알려진 가공식품에 대해 품질을 높이고 가격도 높이는 프리미엄 전략이다.

그러나 시장의 반응은 차갑기만 하다. 지난해 기준 장인라면이 라면시장에서 차지하는 점유율은 1%에 불과하다고 알려진다. 게다가 더미식 브랜드를 통해 장인라면을 내놓고 있는 하림산업은 적자가 계속되고 있다. 지난 2022년 하림산업의 연간 매출액은 461억원으로 그 전년도(216억)보다 늘어났다. 그러나 영업손실은 2021년 589억원에서 지난해 868억원으로 확대됐다.

업계서는 이에 대해 재구매율이 떨어지기 때문으로 풀이하고 있다. 장인라면은 출시 당시 두 달 만에 500만 봉지가 팔리는 등 관심을 끌어모았지만, 이후 비싼 가격 대비 다른 저가 제품과 다를 것이 없다는 냉혹한 평가를 받게 됐다. 최근의 소비자 반응만 살펴봐도 "맛이 없다기보다는 가격에 비해서 기대에 미치지 못한다. 재구매하지 않을 것 같다"는 평들이다.

프리미엄 전략이 잘못된 것은 아니다. 그러나 값싼 가공식품이라는 시각이 강하고 익숙한 제품에서 변화를 잘 주지 않는 라면의 특성상 프리미엄 전략이 성공하기 어렵다. 특히 지난해까지 소비자물가는 고공행진을 하는 모양새였다. 올해도 아직 가공식품 물가 상승률은 안정되지 않은 가운데, 하림의 프리미엄 가격정책이 시장에서 실패했다는 관측이 제기되고 있다. 게다가 이미 프리미엄으로 선보인 이상 가격을 움직이기도 어려운 상황이다. 원재료 가격으로 인해서도 가격을 낮추기 어렵지만, 프리미엄 제품 특성상 가격을 낮추면 제품의 가치가 낮아진다고 인식될 수 있기 때문이다. 그야말로 진퇴양난인 상황이다.

하림은 라면 및 가정간편식 사업을 통해 종합식품기업으로 거듭나고자 하고 있다. 하림이 이러한 상황을 타개하고 소비자 재구매율을 끌어올릴 수 있을지 귀추가 주목된다.

출처: 시사위크, 2023.7.21

소비자들의 소비패턴, 라이프스타일, 특성 등은 매우 다양하다. 또한 소비자들이 원하는 제품이나 서비스 역시 광범위하다. 마케터는 자사의 제품이 소비자들에게 매력적으로 다가갈 수 있는 소비시장을 파악하고 그에 알맞은 마케팅 전략을 실행해 나가야 한다. 기업은 현실적으로 시장에 존재하는 다양한 소비자 욕구를 모두 수용할 수 없다. 이들의 욕구와 구매패턴을 파악하고, 또 자신의 기업에서 가장 높은 수익률을 낼 수 있는 제품을 선택적으로 개발하고 제공해야 한다.

앞서 2장에서 설명했었던 중요 마케팅 전략 체계 내에서, 마케팅 4P Mix(marketing 4Ps mix) 전략은 가장 마케팅 전략의 기본이 되는 STP전략의 세 개의 기둥들을 기반으로 세부적으로 전략을 수립하고 관리하는 중요한 네 개의 영역이다(〈그림 7.1〉). 마케팅 4P 믹스는 고객에게 우월한 가치를 제공하기 위해 마케팅과 관련된 여러 전략과 전술을 종합적으로 실시한다. 여기서 기업에서 통제 가능한 요소는 4P라고 하는데, 제품(Product), 가격(Price), 유통(Place), 촉진(Promotion)이 포함된다. 다음 〈그림 7.2〉와 같이, 최근에는 기업 경쟁의 심화와 마케팅 관련 의사결정의 복잡성으로 인해, 마케팅 관련 의사결정의 범주 확대가 되어, 사람(People), 과정(Process), 프로그램(Program), 성과(Performance)의 4P Mix가 추가되어 마케팅 8P Mix를 논하기도 한다. 본 장에서는 전통적 마케팅 4P 믹스 중에 가장 첫 번째로 의사결정해야 하는 제품전략과 관리에 대해 자세히 살펴보도록 하겠다.

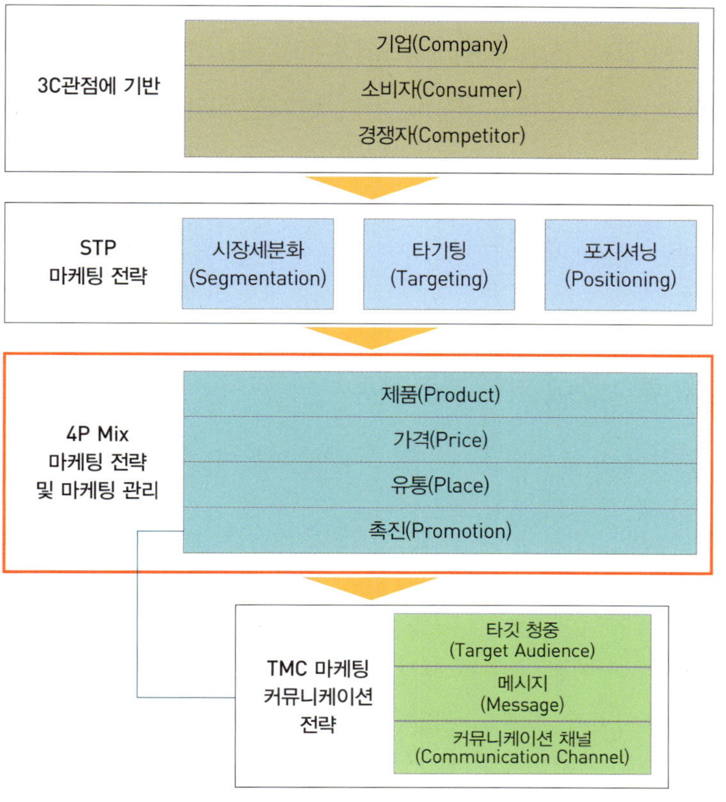

그림 7.1

4P Mix 마케팅 전략과 다른 마케팅 전략 체계와의 상관관계

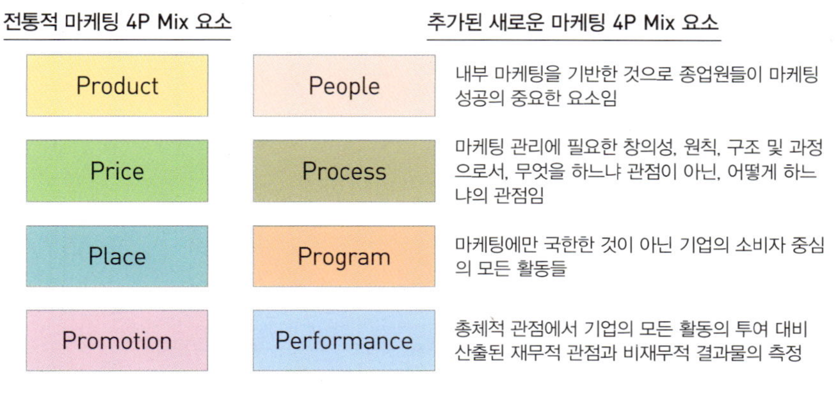

그림 7.2

새로운 마케팅 8P Mix

::: 제품의 정의와 분류

제품(product)의 정의와 분류는 굉장히 광범위하다. 코틀러와 암스트롱(Kotler and Armstrong)은 '제품에 대해 시장의 욕구를 충족시키기 위해 주의 유발, 획득, 사용 혹은 소비의 목적으로 제공되는 대상물'로 정의하고 있다. 일반적으로 기업이 판매를 목적으로 만들어낸 생산품이라는 좁은 개념에서 벗어나, 소비자의 관심을 유발하고, 사용되거나 혹은 소비 대상이 될 수 있도록 누군가에 의해 시

장에 제공되는 폭넓은 의미로 사용된다. 결국 시장에서 원하는 제공물로 내놓는다면 그것이 모두 제품(product)이 될 수 있는 것이다. 따라서 제품은 유형재(tangible goods)(예: 가전제품, 자동차, 가구, 핸드폰 등)와 무형재(intangible goods)(예: 금융 서비스, 미용 서비스, 의료 서비스 등)에 이르는 모든 것들을 포함한다. 제품의 종류는 다양하고 제품 종류를 규정하는 여러 가지 분류기준들이 있는데 제품구성에 의한 분류, 제품차원에 의한 분류에 의한 제품 종류들을 자세히 살펴보도록 한다.

제품구성 분류 기준에 의한 제품 종류

제품구성 분류에 의한 제품은 〈그림 7.3〉에 보듯이, 제품은 핵심제품, 유형제품, 확장제품의 3단계로 구성되어 있다.

첫째, 핵심제품(core product)이란 가장 근본적으로 제품이 제공하는 혜택으로서, 예를 들면, 소비자는 집안에서 갈증 해결을 안전하게 하기 위한 것이 기본 욕구라면, 소비자는 이 기본 욕구를 해결하기 위해서 보리차를 끓어 마시던가, 생수를 구입해서 마시던가, 생수를 배달해서 마시던가, 정수기를 설치하여 수돗물을 정수해서 마신다. 여러 방식들에 의해 집에서 안전하게 갈증해결이 핵심혜택이고 핵심혜택이 원만한 기능을 제공할 때 소비자의 기존의 기능적 욕구를 충족하게 된다. 즉 핵심제품은 핵심혜택을 제공한다.

둘째, 유형제품(tangible product)은 핵심제품을 구체화한 것으로 제품기능, 제품품질, 제품디자인, 브랜드, 포장 등이 포함된다. 보리차, 생수, 정수기 등이 이에 해당된다. 기업들은 경쟁 제품들과 차별화하기 위해서 유형적 제품의 특징들을 개발 혹은 차별적 결합을 통해 소비자들의 감각적, 상징적 욕구들을 충족시

그림 7.3

제품구성 분류에 의한 제품 종류

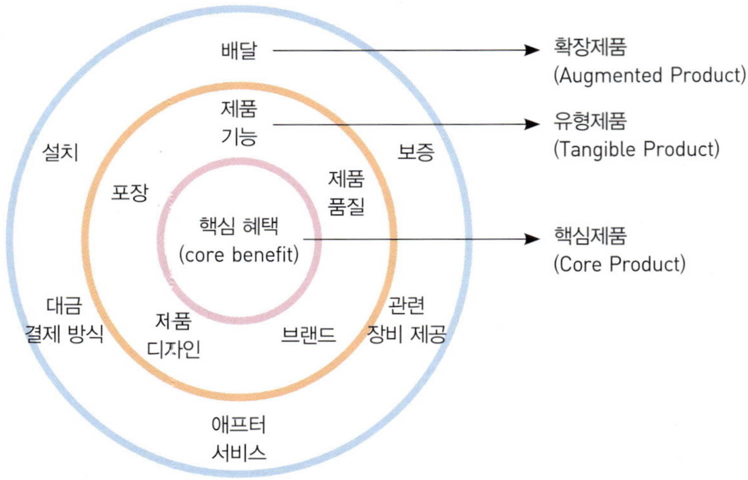

키는 차별화를 구현하기 위해 노력한다.

마지막으로 확장제품(augmented product)은 유형제품에 무형의 서비스들이 포함된 포괄적 콘셉트로, 대금결제방법, 배달, 설치, 애프터서비스, 보증, 관련장비 제공 등이 포함된다. 유형적 제품 속성 이외에 무형적 제품 속성들을 포함시켜 소비자에게 새로운 혜택들을 제공하고 만족을 증대하기 위함이다. 기업은 경쟁이 심화된 시장에서 유형제품의 차별화 구현이 어렵기 때문에 확장제품 속성을 이용하여 차별화 구현을 적극적으로 모색하고 있다. 예를 들면, 생수의 정기적 배달 서비스를 제공한다든지, 정수기를 판매하는 것이 아니라 월 사용료를 지불토록 하고 지속적인 유지 관리 서비스까지 포함한 렌탈 서비스를 제공하는 등 4P mix의 총체적 관점에서 확장제품 개발 및 관리가 중요하다.

특히, AI·디지털시대에는 확장제품에 다양한 IT 기술들이 결합하면서 제품관점에서의 확장만이 아니라 더 나아가 제품의 서비스화인 서비타이제이션 구현이 중요 화두이다. 서비타이제이션(servitization)이란 제품에 서비스를 결합하던가 서비스에 제품을 결합하는 융합형 서비스의 상품화를 포괄하는 개념이다. 서비타이제이션은 전통적 제조업의 패러다임 변화로서 제품과 서비스 통합을 통해 제품에 최적화된 서비스 제공을 제공함으로써 기업의 새로운 부가가치 및 차별성을 구현하는 다양한 시도들이 이루어지고 있다. 예를 들면, 조명전문기업인 필립스 라이트닝은 단순히 LED 전등을 제조, 판매하던 것에서 'Light as a service' 서비스 프로젝트로 네덜란드 암스테르담 스키폴공항의 공항터미널과 체결하여 LED 전등을 설치하고, 유지·관리하는 토털 서비스를 제공하고 있다.

제품차원 분류 기준에 의한 제품 종류

기업의 입장에서 어떤 제품이나 서비스를 고객에게 제공할 것인가를 결정하는 것은 중요하다. 단순히 제품의 의미를 넘어서 소비자는 제품을 편익의 집합(bundles of benefits)으로 인식하기 때문이다. 따라서 기업은 어떤 핵심제품을 통해 소비자에게 핵심편익(core benefits)을 제공할 것인가가 중요한 문제이다. 핵심제품은 곧 제품 결정에 따라 설계될 다양한 마케팅 전략 및 방향을 규정하는 마케팅목표(marketing goal)가 될 수 있으며, 소비자가 원하는 가치를 제공하는 시발점이 되기 때문이다. 이를 위해 소비자를 이해를 기반으로 자사의 타깃 소비자 집단은 어떤 편익을 추구하고 있는지, 어떤 가치를 제공받기를 원하는지를 정확하게 파악해야 한다.

진로는 저알콜소주 시장을 공략하기 위해 기존의 스테디셀러 브랜드인 참이슬을 확장하여 저알콜소주인 '참이슬 프레쉬' 서브브랜드를 론칭하였다. 이 브랜

표 7.1

제품을 통한 소비자 추구 편익 유형들과 해당 편익 제공 단서의 예

유 형	개념 및 특징/ 해당 편익 제공 단서의 예
기능적 편익 (functional benefits)	• 제품의 물리적, 기능적 성과를 의미함 구체적이고 유형적인 제품 속성(product attributes)에서 파생되는 편익으로 소비자가 소비과정에서 직접 체험이 가능함 • 각 소구하고자 하는 기능적 편익을 계량적 단서로 제공하는 것이 중요함 예 유기농 인증 식품, 미백치약, 강황을 강화한 카레 등
사회적 편익 (social benefits)	• 사회 계층, 지원, 집단 등과 관련된 제품의 연상과 함께 지각되는 편익으로 패션, 보석, 시계, 자동차 등의 일반적으로 시각적 자극을 제공하는 제품류가 많음 • 해당 제품 구매를 통해 타인으로부터 긍정적인 평가를 받던가 소비자 자신의 정체성을 표현하는 데 도움이 되는 경우 • SPA, Personal Training, 프리미엄 건강진단 등의 개인 고급 서비스를 통해 사회적 편익 추구가 증대되고 있음 • 프리미엄화, 개인 맞춤화, 소수 한정품(limited edition), 사회적 요구와 명목 제공 등을 통해 구현 가능함 예 대형 고급 수입차, 골프 회원권, 공정무역거래(fair trading) 표방 제품들, 에코백 등
감정적 편익 (affective benefits)	• 제품을 통해 불러일으키는 느낌(feeling)이나 감정상태(affective state)를 통해 지각되는 편익임 • 크리스마스 때 케이크 구매가 폭증하는 것과 같은 문화적인 요소와도 밀접한 관계가 있음 예 아이폰은 화상폰의 기능을 강조하는 것이 사랑하는 사람들과 마음을 나누고 사랑을 나눌 수 있는 통화가 가능함을 소구함. LG디오스의 '여자라서 행복해요' 광고 캠페인은 기존의 냉장고 기능 중심의 광고에서 주부의 마음을 읽어 주는 감성을 건드리는 광고로 다양한 패러디를 양산하며 이슈가 됨
지적 편익 (epistemic benefits)	• 호기심이나 지식 욕구를 충족시키는 새로운 제품 요소들을 통해 얻어지는 편익으로서 신제품이나 하이테크 혁신제품을 예약 주문하고 새로운 것에 대한 탐색과정을 즐기고 새로운 제품 정보들을 공유하는 등의 지적 편익을 추구함 예 서적 구매, 하이테크 신제품 구매
미적 편익 (aesthetic benefits)	• 본인의 미적 기준에 부합하던가 제품을 통해 본인이 추구하는 이미지를 통해 얻어지는 편익으로서 제품 디자인에 높은 관심과 함께 패션 추구 성향이 높고, 디자인 관련한 정보 수집에 적극적임 예 디자이너 브랜드 구매, 디자이너와 콜라보레이션한 제품 구매, 빈번한 패션물 및 인테리어 관련 제품 구매, 패션 및 인테리어 관련 전문잡지 구독, 패피(패션피플) 정보에 높은 관심
쾌락적 편익 (hedonic benefits)	• 즐거움이나 기쁨을 증진시키던가 스트레스 및 괴로움을 경감시킬 수 있는 제품을 통해 얻어지는 편익임 • 쾌락적 편익에 익숙해지면 쉽게 상실할 수도 있기 때문에 쾌락적 편익을 지속적으로 제공하기 위해서는 지속적으로 오감을 자극할 수 있도록 새롭고 이색적인 제품요소들을 지속적으로 강화해야 함 예 뮤지컬 관람, 스포츠 관람, 특이한 헤어스타일 변경, 계획 없던 쇼핑, 온라인 게임 등
상황적 편익 (situational benefits)	• 특정 환경 상황들에서 얻어지던가 증진되는 편익으로서, 주관적이고 상대적인 기준임 • 일반적으로 사회적 편익이나 다른 특정 편익들을 증가시키는 상황을 통해 함께 지각됨 예 원자력 전력발전이 한국의 원전기술 수출이나 다른 대체 에너지 생산비용이 증대할 때는 높은 경제적 편익을 제공하는 에너지 생산방법으로 지각됨. 반면, 원전 폐기물 처리 및 정치적 이슈 상황의 변화되면 이러한 편익 인식은 급감함. 특정 명품브랜드의 소비가 대중화가 되면 그 명품브랜드의 사회적 편익이 감소하기 때문에 주타깃소비자의 구매가 줄어듦
총체적 편익 (holistic benefits)	• 특정 편익에 의해 인식하는 것이 아니라, 관련 모든 편익들을 결합하여 총체적 관점에서 인식되는 편익으로서, 각 편익 간의 보완성(complementarity), 어울림(compatibility), 일관성(consistency)을 통해 지각됨 • 즉 제품이 가지고 있는 여러 편익들이 결합되어 시너지 발생을 통해 얻어짐

출처: Lai, Albert W. (1995) ,"Consumer Values, Product Benefits and Customer Value: a Consumption Behavior Approach", in NA - Advances in Consumer Research Volume 22, eds. Frank R. Kardes and Mita Sujan, Provo, UT: Association for Consumer Research, pp. 381~388.

드는 부드러운 맛, 좋은 원료, 깨끗함, 색 다른 병 디자인 등 다양한 제품속성들을 가지고 있지만 실제 지각되는 편익들은 소비자에 따라 다를 것이다. 예를 들어, 남성소비자에게는 목 넘김이 부드러울 수도 있고, 여성소비자에게는 다음날 숙취가 없어서일 수도 있다. 맛집 덕후 소비자에게는 맛집의 요리와 곁들이기에 적합한 주류일 수도 있다.

〈표 7.1〉에서 보여주듯이, 소비자들은 제품 구입과 사용을 통해 다양한 편익들을 추구하고 있다. 추구 편익(benefits)의 종류로는 기능적 편익(functional benefits), 사회적 편익(social benefits), 감정적 편익(affective benefits), 지적 편익(epistemic benefits), 미적 편익(aesthetic benefits), 쾌락적 편익(hedonic benefits), 상황적 편익(situational benefits), 그리고 총체적 편익(holistic benefits)이 있다. 모든 편익들은 주관적 혜택으로써 소비자의 개인적 특성, 경험 및 상황들에 따라 중요하게 느끼는 편익의 종류들과 크기가 달라진다. 따라서, 구매 관련 의사결정은 추구하는 편익들의 묶음이라고 할 수 있다.

기능성 편익을 강조한 제품으로는 대표적으로 아웃도어 관련 제품을 들 수 있다. 소비자들은 아웃도어 제품을 구매할 때 땀 흡수, 방수 및 발수 등이 잘 되는지 등 기능을 우선적으로 고려하기 때문이다. 이에 따라 많은 아웃도어 관련 기업은 앞다투어 기능을 강조한 제품을 선보이고 있다. 그러나 흥미로운 점은 이러한 아웃도어 관련 제품들이 단순히 기능성만을 강조하는 것만은 아니다.

한국 아웃도어 시장은 고가 가격 정책과 기능성을 강조한 한국의 아웃도어 캐주얼시장은 프리미엄 이미지와 함께 사회적 편익과 상황적 편익이 함께 소구되면서 폭발적으로 성장할 수 있었던 것이다. 이후 아웃도어패션을 운동과 레저를 결합한 애슬레저(Athleisure)룩이 주목 받으며 아웃도어업계가 스포츠웨어로 탈바꿈하는 시장 변화를 보여주었다. 이러한 변화는 여성들도 운동을 즐기면서 스포츠웨어에 패션성을 더한 애슬레저룩 수요가 꾸준히 증가한 것에 기인한 것이다. 즉, 이전 아웃도어 시장을 키웠던 소비자의 사회적, 상황적 편익 추구의 내용이 변화되었고 심미적 편익 추구가 더욱 강해졌기 때문이다.

마케터는 제품의 편익성을 잘 전달하기 위해 명확한 편익 서술문(benefit statement)을 개발해야 한다. 제품을 위한 명확한 편익 서술문을 위한 가이드 라인은 다음과 같다.

① 편익 서술문은 짧고 포인트만 간결하여 고객에게 명확하게 전달할 수 있어야 함
② 개발한 편익성은 측정이 가능한 것이어야 함

③ 편익들은 기업이 고객에게 약속하는 바람직한 미래지향적이나 현실성이 있는 약속이어야 함

④ 명확히 무엇을 팔려고 하는지 정확히 집중해야 함

⑤ 기업의 전략적 우위요소들(competitive advantages)을 강조해야 함

MARKETING **REPORT** | **'1,000조원 시장' … 해외 눈돌린 애슬레저 빅3**

국내 애슬레저 기업, 글로벌 시장 성장 맞춰 해외 진출
젝시믹스, 중국 진출·대만 법인 설립 등 동북아 집중 공략
안다르, 싱가포르 전초기지 삼아 동남아 전역 공략 채비
뮬라웨어, B2B 사업 지속 추진으로 서구권 진출 꾀해

팬데믹 기간 몸집을 키운 국내 애슬레저 기업이 이제는 세계 시장으로 눈길을 돌리고 있다. 특히 체형이 유사한 아시아 시장을 시작으로, 미국과 프랑스 등 서구권 공략을 꾀하고 있다. 국내 애슬레저 시장은 지난 2020년 당시 홈트레이닝과 헬시 플레저(Healthy Pleasure) 트렌드에 힘입어 가파른 성장세를 보였다. 2016년 1조 5,000억원 규모였던 애슬레저 시장은 2020년 3조원대로 2배가량 증가했다. 시장 규모를 전 세계로 확대하면 그 성장세는 더욱 극적이다. 미국의 사모펀드인 인사이트 파트너스에 따르면 2021년 세계 애슬레저 시장 규모는 약 533조원 수준으로 추정했다. 이어 2028년에는 1,000조원 규모로 성장할 것으로 전망했다.

이처럼 세계 애슬레저 시장의 폭발적인 성장이 예고되자 국내 애슬레저 기업은 적극적인 해외시장 공략으로 외형 확장을 시도한다.

젝시믹스는 올해 애슬레저 열풍이 불고 있는 중국을 중심으로 동북아 시장 진출을 추진하고 있다. 젝시믹스는 지난 4월 상하이의 대형 쇼핑몰 '글로벌 하버(Global Harbor)'에 매장을 오픈하며 본격적인 중국 진출의 신호탄을 쐈다. 젝시믹스는 현지 대리상과의 영업활동을 시작으로 베이징, 광저우 지역 등 주요 도시에 연내 5개 매장 출점을 목표로 중국 사업을 진행한다. 또 향후 현지에 생산기지를 건설해 원가 경쟁력을 제고한다는 계획이다.

젝시믹스는 이전에도 일본 시장의 유망성을 포착하고 지난 2019년 일본법인을 설립한 바 있다. 일본 진출 당시 젝시믹스는 온라인 시장을 주요 유통채널로 선정하고 현지 소비자가 선호하는 고객 대응 체계를 마련하는 등 맞춤 전략을 선보였다. 그 결과, 젝시믹스는 라쿠텐 입점 3개월 만에 '요가 · 필라테스웨어' 카테고리 1위에 등극하는 등 진출 초기부터 입지를 확보했다. 이 같은 입지를 바탕으로 젝시믹스 일본법인은 올해 1분기 매출이 전년 대비 30.7% 상승하며 성장세를 보이고 있다.

최근 3년 간 가파른 성장세를 보여온 국내 애슬레저 기업이 해외시장 공략에 박차를 가하고 있다. 사진은 젝시믹스의 대만 브리즈 난샨 백화점 팝업스토어 전경 /사진=젝시믹스

한편, 젝시믹스는 대만 타이베이에 법인을 설립하고 현지 경쟁력 강화에 나선다.

대만은 일본에 이어 젝시믹스 해외매출 2위를 차지하고 있는 시장으로, 올해 1분기에 매출이 전년 동기 대비 84% 증가하며 가파른 성장세를 보이고 있다. 젝시믹스는 이 같은 성장세에 시장 확대 가능성을 확인하고, 기존 거래처를 자회사로 편입했다. 대만법인은 연 매출

안다르는 싱가포르에 글로벌 매장 1호점을 오픈하며 향후 동남아 시장 공략의 기반을 다지고 있다. /사진=안다르

뮬라웨어는 지난해 일본에 단독 매장을 개장하는 한편, 누적된 해외 소비자 데이터를 기반으로 글로벌 시장 확장에 나선다. 사진은 도쿄 '카메이도 클락'의 뮬라웨어 단독 매장 /사진=뮬라웨어

100억원 달성을 목표로, 판매 채널 다각화와 현지 소비자와 접점 확대를 위해 쇼룸과 팝업스토어 등 다양한 마케팅에 주력한다.

국내 시장에서 젝시믹스와 1위 경쟁을 벌이고 있는 안다르 역시 해외시장으로 시선을 옮기고 있다. 특히 안다르는 싱가포르를 전초기지 삼아 동남아시아 시장으로 진출을 준비하고 있다. 안다르는 지난 14일 싱가포르 중심 상권인 마리나 베이에 위치한 쇼핑몰 '마리나 스퀘어'에 1호 글로벌 매장을 오픈했다. 싱가포르 1호 매장은 개장 1일 차부터 새벽부터 현지 소비자가 줄을 서며 개장을 기다리는 등 많은 인파가 몰리며 안전요원이 추가 배치되기도 했다. 이어 2일 차에도 일부 품목이 품절되고 현지 인플루언서가 매장을 방문하며 진출 초기부터 화제성을 확보했다. 안다르는 이번 싱가포르 진출을 시작으로 인도네시아, 말레이시아 등 동남아시아 시장 전역으로 영역을 확대할 계획이다.

또 안다르는 국내 유통채널 확장으로 해외 소비자와 접점 확대에 나선다. 안다르는 지난달 신세계면세점 명동점에 입점하며 엔데믹 전환 후 국내를 방문한 외국인 관광객을 공략한다. 이와 함께 자체 R&D 조직인 '안다르 AI랩'을 통해 외국인 구매자가 원하는 제품을 전면 배치해 글로벌 트렌드에 맞춰간다는 전략이다.

젝시믹스와 안다르를 추격하는 뮬라웨어는 다양한 유통채널을 바탕으로 아시아 외에도 서구권 시장 진출을 준비하고 있다. 뮬라웨어는 2021년 싱가포르 만다린갤러리와 푸난몰에 오프라인 팝업 스토어를 오픈한 데 이어 같은 해 대만 원더랜드에서 브랜드데이 행사를 진행하며 현지 특성을 고려한 마케팅 전략을 실행했다. 지난해에는 일본 가고시마의 '센테라스 텐몬칸'과 도쿄 '카메이도 클락'에 단독 매장을 개장했다. 또 지난 4월 싱가포르의 큐텐과 일본의 라쿠텐 등 이커머스 플랫폼에 입점하며 온라인 시장 공략에도 박차를 가하고 있다.

뮬라웨어는 2년 동안 파악된 해외 소비자의 니즈를 기반으로 글로벌시장 확장의 박차를 가한다는 계획이다. 특히 일본과 홍콩 내 피트니스센터와 제휴 계약을 맺는 등 B2B 사업을 꾸준히 이어가는 동시에 미국과 프랑스 등 서구권 국가의 바이어와 논의를 통한 진출을 이어갈 계획이다.

국내 기업의 잇따른 해외 시장 진출에 패션업계의 분위기는 낙관적이다. 한 패션업계 관계자는 "애슬레저 시장의 유망성은 이미 증명된 부분이다. 전 세계적으로 웰니스 열풍이 지속되고 있으며 활동적인 라이프스타일을 지향하는 인구가 증가하는 점 역시 수요 증가로 이어질 것"이라고 말했다. 이 관계자는 "특히 국내 기업이 진출한 아시아 시장의 경우, K콘텐츠에서 비롯된 한류 열풍이 불고 있기에 K애슬레저의 선전이 기대된다"고 말했다.

출처: 이뉴스투데이, 2023.7.22

제품의 분류

제품은 내구성, 유형성 및 용도 등의 제품 특성에 따라 다양한 방식으로 분류된다.

내구성과 유형성

제품의 내구성 및 유형성을 기준으로 제품은 비내구재, 내구재, 서비스 세 가지로 분류될 수 있다. 비내구재란 몇 차례 사용되면 소모되는 유형제품이다. 예를 들면, 비누, 샴푸 등이 포함되며 이는 빈번한 구입이 이루어지기 때문에 소액의 이윤이 포함된 가격 정책이 필요하다. 또한 다양한 유통채널들에서 구매가 가능해야 하므로 대량 공급 중심의 프로모션이 수반되는 유통정책이 요구된다. 내구재란 비내구재와 상반되게 상당기간 동안 여러 번 사용하는 유형제품으로 가전제품, 자동차, 패션이 이에 해당된다. 보통 많은 인적 판매와 서비스가 함께 수반되기 때문에 상대적으로 높은 이윤이 포함된 가격정책, 각 제품의 특성에 따른 선별적 유통과 프로모션이 수반된다. 서비스는 무형제품(intangible product)으로 미용서비스, 법률, 금융서비스, 교육 서비스 등이 그 예이다.

서비스는 무형성, 비분리성, 소멸성, 변동성의 네 가지의 고유한 특성을 가지고 있다. 첫째, 무형성(intangibility)은 말 그대로 만지거나 볼 수 있는 형태가 아니어서 서비스 가치를 파악하거나 평가하는 것이 어렵다. 둘째, 비분리성(inseparability)은 서비스 제품은 생산과 소비가 동시에 일어난다. 즉 서비스 제공자가 해당 제품을 제공하는 것과 동시에 고객이 소비하는 성격을 가지고 있는 것이다. 이로 인해 서비스 전달과정에서 고객참여가 중요하고 유형제품처럼 집중화된 대량생산이 불가능하다. 셋째, 소멸성(perishability)은 서비스는 앞서 언급한 비분리성을 가지고 있기 때문에 재고도 없고 보관도 불가능하다. 따라서 과잉생산이나 과소생산으로 인한 이익기회를 상실하기도 쉽다. 넷째, 서비스는 서비스의 생산과 인도 과정에서 다양한 가변적인 요소들이 많아서 동일한 수준의 서비스를 제공하려 해도 현실적으로 가능하지 않는 변동성(이질성: variability or heterogeneity)을 가지고 있다. 이에, 서비스 질의 균질화 및 표준화의 어려움이 있다.

소비재 분류

소비재(consumer product)는 최종소비자가 개인적인 목적으로 구매하는 제품 및 서비스를 의미한다. 이는 소비자의 행동적 특징에 따라 편의품, 선매품, 전문품, 미탐색품 등으로 나눌 수 있다. 편의품(convenience product)은 보통 쉽게 구매할 수 있고 비교적 저렴한 가격으로 구매할 수 있는 빈번히 구매하는 제품들이다. 치약, 세탁세제, 샴푸 등 일상생활에서 빈번히 구매하는 저관여 제품들이

마케팅 고려요인	소비재 분류			
	편의품	선매품	전문품	미탐색품
고객구매 행동	빈번한 구매, 구매계획을 하지 않음, 대안 비교노력 혹은 쇼핑노력을 기울이지 않음, 고객의 관여수준이 낮음	덜 자주 구매됨, 상당한 구매 계획 및 쇼핑노력을 기울임, 가격·품질·스타일 등에 근거하여 브랜드 대안을 비교함	강한 브랜드 선호도와 충성도, 특별한 구매노력, 브랜드대안 간 비교가 이루어지지 않음, 가격민감도가 낮음	제품에 대한 인지도와 지식이 별로 없음
가격	저가격	고가격	고가격	다양함
유통	광범위한 유통, 편리한 점포위치	비교적 소수의 소매점을 통한 선별적 유통	판매지역별로 하나 혹은 몇 개 점포에 의한 전속적 유통	다양함
촉진	제조업체에 의한 대량촉진	제조업체와 유통업체에 의한 광고와 인적 판매	제조업체와 유통업체에 의해 특정 고객층을 겨냥해 신중하게 수행되는 촉진활동	제조업체와 유통업체에 의한 적극적인 광고와 인적 판매
예시	치약, 잡지, 세탁세제	주요 내구재, TV, 가구, 의류	Rolex 시계, 고급 크리스털 제품 등의 사치품	생명보험, 적십자 헌혈

표 7.2 소비재 분류별 마케팅 고려 요인

해당된다. 이런 특징 때문에 소비자들은 편의품을 구매할 때 최소한의 구매노력으로 구매하고자 한다. 선매품(shopping product)은 편의품보다 구매빈도가 낮고 비교적 가격이 비싼 가구, 항공권, 가전제품 등과 같은 제품이 포함된다. 소비자들은 고관여 제품인 선매품을 구매할 때는 품질, 가격 등 다양한 정보를 찾아 비교하는 구매의사결정에 많은 노력을 기울인다. 전문품(specialty product)은 제품이나 브랜드 고유의 특징을 갖고 있기 때문에 소비자에게 상당한 구매노력을 요하는 제품이다. 예를 들면, 고가의 자동차나 가전 제품, 디자이너 의류 등이 포함된다. 미탐색품(unsought product)은 소비자가 알지 못하는 제품이나, 알고 있어도 통상적으로 구매하지 않게 되는 제품이다. 소비자가 알지 못하거나, 알고 있어도 구매하려고 하지 않기 때문에 기업이 혁신제품을 처음 시장에 선보였을 때 더욱 강도 높은 광고 및 마케팅 전략으로 많은 노력이 필요하게 된다.

산업재 분류

산업재(industrial product)는 생산과정에 투입되는 제품으로써 추가적인 가공이 필요한 제품으로 대체로 기업에 의해 구매되는 B2B(business to business) 제품이다. 원유, 광석류, 목재 등의 원자재와 시멘트, 철 등의 자재(materials), 기업 사무실, 공장 등의 고정재와 공장에서 사용되는 설비, 기계 등의 이동재가 포함한 자본재(capital items), 그리고 업무에 사용되는 소모품과 유지 및 보수에 사용되는 자재·재료 등의 소모품(supplies) 등이 포함된다. 일반적으로 산업재의 4P Mix 전략은 일반 소비재와는 매우 상이하다. B2C(business to consumer)

제품인 소비재는 브랜드, 광고 커뮤니케이션의 중요성은 높으나, B2B 제품인 산업재는 이러한 커뮤니케이션의 중요성이 상대적으로 낮고, 가격, 납기 신뢰성, 수선 및 유지 서비스 등의 판매 후 서비스(after sales marketing) 등이 보다 중요하다.

제품 개념과 관련한 새로운 접근

제품 개념의 이해, 제품 종류별 주로 진행되는 마케팅 접근들에 대한 이해는 중요하다. 그러나, 기업의 제품에 대한 정의와 종류에 대한 이슈를 너무 협의적 좁게 판단하면 마케팅 근시안(marketing myopia) 문제에 빠지기 쉽다. 마케팅 근시안이란 주변의 작은 것들에 매몰되어서 거대한 변화의 물결들을 보지 못하는 마케터가 빠지기 쉬운 오류 중에 하나이다. 이를 처음 제안한 레빗(Levitt)은 마케팅 근시안의 예시로 1920년 미국의 철도업의 몰락을 들었다. 당시 철도업 기업들은 본인의 사업을 운송사업이라 생각하고 더 많은 레일을 깔고 기차 운영에만 몰두하다 보니 많은 고객들이 비행기를 장거리 이동수단으로 선택한다는 것을 간과하였다. 결국 비행기라는 엄청나게 빠른 대체재가 등장하여 순식간에 고객을 잃어버렸다. 즉, 기업의 제품의 경쟁구조를 너무 협소하게 규정하여 제품의 기능이나 제공혜택에만 중점을 두어 개발 및 관리하다 보면, 경쟁구조의 큰 변화를 놓칠 수도 있다. 앞서 소개한 다양한 제품종류들은 기본적으로 참고해야 하는 개념이지만 반드시 해당 제품종류에 따른 마케팅이 아닌, 다른 접근들이 오히려 새로운 소비를 선도하고 시장경쟁 상황에 변화를 줄 수 있다. 예를 들면, 편의품을 선매품이나 전문품처럼 혹은 선매품을 전매품의 4P Mix 전략으로 접근해야 새로운 시장 기회가 발생할 수도 있는 것이다. 따라서, 해당 제품의 유형과 이에 따른 4P Mix 전략에 대한 충분한 이해를 기반으로 경쟁사와 다른 접근과 시도를 통해 새로운 블루오션(blue ocean)을 찾는 것이 중요하다.

예를 들면, 패션은 해당 분류에 의하면 선매품에 해당되어 일반적으로 소비자는 편의품보다 상대적으로 자주 구매하지 않고 구매의사결정에 상당한 시간과 비용을 투자한다고 가정한다. 그러나, 1990년대부터 세계 패션 시장의 구도를 변화시켜 온 자라, H&M, 망고와 같은 패스트 패션(fast fashion) 기업들은 패션생산의 염색, 방직, 봉제 등 편파된 각 생산공정들의 수직적 통합(vertical integration)을 통해 빠른 MD, 다품종 소량 생산과 저가격을 구현할 수 있었다. 또한 다양한 소비자의 수요를 빠르게 대응하여 의류구매를 구매 후 해당 시즌만 소비하고 빈번히 구매하도록 그 구매주기를 빠르게 변경했다. 즉, 패스트 패션은 선매품 패션을 빠른 패션주기의 소비패턴을 변경하여 편의품화하였다고 볼 수 있다.

ZARA 매장 전경

H&M 매장 전경

또 다른 사례로는 앞서 도입사례에 제시한 웅진코웨이의 룰루 비데가 해당된다. 이웃나라 일본의 경우는 1960년대부터 비데가 보급되면서 매우 일반적인 제품이었으나, 비데는 그 당시 우리나라에서는 매우 생경한 제품과 생활습관이었다. 웅진코웨이가 룰루를 론칭하던 2002년도에는 B2B 제품으로 비데 보급이 막 되고 있던 초기시장 상황이었다. 그러나, 웅진코웨이는 공격적인 대중 마케팅을 통해, PUSH 중심의 제품을 PULL 중심의 B2C 제품으로 제품의 유형을 변경하였다. 웅진코웨이는 비데제품 출시를 이전부터 계획해왔으나 그 당시 한국에서는 존재가 미비한 시장이었기 때문에 그 출시 시기도 늦추었다고 한다. 룰루의 론칭 후에도 시장 반응이 바로 일어난 것은 아니라서 웅진코웨이는 다른 경쟁자들이 비데시장에 진출하여 한국비데시장 자체의 규모가 어느 정도 커지기를 기다렸다. 시장에서 너무 생소한 제품의 경우, 소비자들에게 해당 제품의 필요성을 알리고, 소비자들이 이를 수용할 수 있도록 하는 충분한 시간을 가져야 한다. 또한 적정 수의 경쟁사들이 해당 시장에 진입을 해야, 실제 존재하는 시장이 되는 것이다. 한국 비데시장의 경우도, 룰루 론칭 이후 3년이나 지나서야 4,000억 규모의 시장으로서 형성되었다.

이러한 사례들은 특히 국제 마케팅에서 많이 찾아볼 수 있다. 질레트는 1998년 3중날 면도기인 마하3를 처음 출시해 면도기 시장의 프리미엄화를 이끌었고 지금까지도 판매되고 있는 장수 히트 상품이다. 처음에는 3중날의 혁신으로 프리미엄 제품으로 시작했지만 4중날, 5중날의 더 프리미엄 제품이 나오면서 3중날 면도기 마하3는 내구성도 좋고 가격도 괜찮고 성능도 무난한 제품으로 포지셔닝되었다. 이러한 질레트는 히트제품 마하3를 글로벌로 판매 확대했는데 인도에서는 초기 마케팅의 타깃으로 도시 부유층, 정식 면허가 있는 이발소 등에 주로 판매했으나 예상 외로 판매가 늘지 않았다. 2008년 기준 시장점유율이 20% 선으로 글로벌에서 1위 기업인 질레트에게는 형편없는 성과였다. 그 이유를 분

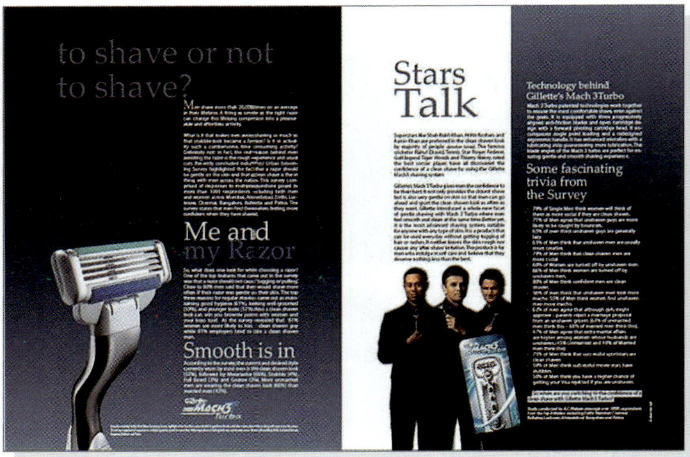

질레트의 "India votes: To shave or not" 캠페인에 대한 홍보 영상

질레트 가드 인쇄 광고

석한 결과, 그 당시 인도남자들은 수염이 있어야 더 섹시하고 멋지다고 믿었고 면도를 기피하고 있었기 때문이다. 이에 인도시장을 공략하기 위해서는 본질적인 면도에 대한 인도인의 인식을 먼저 변경하는 것으로 전략을 수립하였다. 인도인이 토론을 좋아하는 특성을 고려하여, 수염을 깎는 것에 대한 찬성과 반대의 원론적 토론을 통해 쟁점화하는 "India votes: To shave or not" 캠페인을 전개하였다. 이를 통해 많은 미디어들의 뜨거운 관심 아래 면도가 인도 사회 전반의 이슈화가 되면서 인도인들의 면도에 대한 인식이 바뀌기 시작했다 이후, 2010년 인도 시장을 겨냥한 최초의 면도기인 기본 25개 부품에서 4개 부품만을 사용한 저가의 질레트 가드가 출시하여 질레트는 인도 면도기 시장을 장악하게 되었다. 그 결과, 인도 시장에서 시장점유율 50%를 달성하고 인도에서 2억 명 이상 사람들의 생활습관을 바꾸는 데 성공한 것이다.

::: 포장과 보증

포장화(packaging)

대부분의 유형적 제품들은 물리적으로 포장이 필요하다. 실제 소비자들은 제품 그 자체보다는 포장에 먼저 직면하기 때문에 잘 설계된 포장은 제품의 가치를 높이고 이외에도 편리성의 가치 및 촉진적 가치들을 창조할 수 있다. 특정 제품의 특성에 맞게 용기를 디자인하고 제작하는 전반의 활동을 포장화라고 한다. 포장화는 비주얼 커뮤니케이션의 가장 기초이기도 하다. 특정 제품에 대한 마케팅 목표를 달성하기 위해서 소비자의 다양한 욕망과 니즈들을 충족시키기 위해 포장에 기능적, 미학적, 상징적 요소 등이 전략적으로 반영되어야 한다.

포장화는 다음의 마케팅 목표들을 달성해야 한다.

① 상표를 명확히 확인시켜 줘야 한다.
② 설명적이고 설득적인 정보전달성이 높아야 한다.
③ 제품 유통이 용이하도록 제품 보호 및 수송이 용이해야 한다.
④ 제품 소비가 용이해야 한다.
⑤ 소비자의 보관이 용이해야 한다.

빙그레 바나나맛우유하면 가장 먼저 떠오는 것인 단지형 용기 디자인 포장이다. 항아리 모양의 포장은 소비자에게 고향의 향수와 함께 친근감을 쉽게 형성하게 하였고, 독특한 용기 디자인으로써 바나나맛우유를 다른 브랜드들 가운데에서도 한눈에 알아볼 수 있게 하였다. 또한 배 불뚝한 항아리 형태이기 때문에 소매 매장 내 선반에 바나나맛우유가 실제 차지하는 공간은 실제 더 넓게 된다. 즉, 소매점 선반에 제품이 차지하는 공간의 면적이 바로 마켓에서 차지하는 시장점유율과 비례한다는 여러 연구결과들을 고려해 볼 때, 시장점유율에도 긍정적인 영향을 주었을 것이다.

단지형 용기디자인　　테트라 팩

바나나맛우유 패키지 디자인

그러나, 시간이 흐름에 따라 긍정적인 항아리 단지 용기의 단점들이 논의되기 시작했다. 앞서 언급한 포장화의 세 번째 목표인 제품 유통의 용이성에 부합하지 않는 것이다. 유제품은 냉장유통하는 제품인지라 유통비용이 높은데, 배 불뚝 항아리 형태는 공간을 많이 차지하여 유통비용이 상대적으로 높다. 또한 마켓 트렌드가 달라져서 240ml의 배부른 많은 용량에 대한 소비자의 부담감과 함께 날렵한 경쟁 브랜드들의 용기에 비해 폴리스틸렌 용기는 덜 고급스럽게 보인 것이다. 결정적으로, 바나나맛우유의 대표적인 상징인 배 불뚝한 항아리 모양 용기는 해외로 진출 시 걸림돌이 되었다. 해외시장을 진출하려면, 현 폴리스틸렌을 사용한 단지형 용기로서 유통기간이 너무 짧아 해외 수출에 가장 큰 걸림돌이 된 것이다. 빙그레는 전통을 고수하느냐 현실적으로 포장의 기능적 문제를 해결하느냐 하는 고민 속에 결국 최장 6개월까지 유통이 가능한 멸균 테트라팩으로 포장을 변경하는 대신 기존 항아리 모양 용기 사진을 전면에 배치했다. 소비자의 항아리 모양 용기에 대한 친숙한 이미지는 고수하면서도 기능적으로 보완을 한 것이다.

포장 디자인

포장 디자인은 제품 포장 자체의 디자인부터, 제품에 부착하는 꼬리표처럼 달던가 스티커 형태로 붙이는 다양한 형태의 라벨(label)까지 그 종류도 매우 다양하다. 포장 디자인은 여러 기능을 수행하는데, 제품의 상표를 식별하도록 하고, 제품의 상세 정보들을 제공해 주며, 제품의 등급이 있는 경우는 등급 정보를 전달해 주는 등의 기능적 기능과 함께 심미적인 가치를 제품에 부여함으로써 촉진 기능을 수행한다.

티파니의 헤리티지와 로맨틱한 영감을 제공하는 티파니의 포장

예를 들면, 미국 티파니(Tiffany) 주얼리 브랜드는 브랜드 CI 컬러인 민트 컬러를 제품 포장에 일관성 있게 반영하여 티파니 브랜드의 정체성을 공고히 하여 많은 여성소비자들은 티파니 선물박스만 봐도 설레임을 경험하고 있다. 이러한 일관성 있는 포장 디자인의 컬러 실행은 민트 컬러를 티파티 컬러라고 불릴 정도로 효과적인 비주얼 브랜드 커뮤니케이션이라 평가되고 있다.

앤디 워홀의 '캠벨수프캔' 작품

미국의 캠벨수프는 1960년에 팝 아티스트인 앤디 워홀(Andy Warhol)이 캠벨수프의 캔 패키지 디자인을 모티브하여 실크스크린 작품으로 승화시켰다. 이로 인해 캠벨수프의 친숙성과 수프의 대표 브랜드로서의 명성은 더욱 높아졌고 그 캠벨수프의 포장을 1999년 말까지 지속하였다.

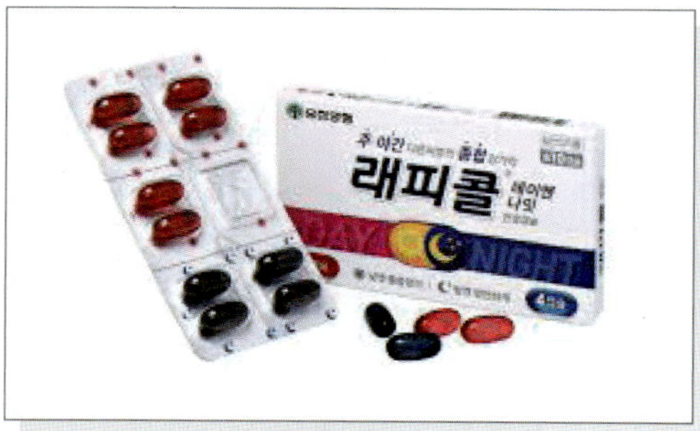

유한양행의 '래피콜 데이앤 나잇' 제품 포장

포장을 통해 제품의 기능을 더욱 강화할 수도 있는데, 유한양행의 종합감기약인 래피콜 데이앤 나잇은 주간용, 야간용의 약 성분을 달리하여 '데이앤 나잇'을 서브 브랜드로 출시하였다. 주간용과 야간용 구분을 강조하기 위해 주간용은 빨간색, 야간용은 초록색으로 제품 컬러를 달리하고 한눈에 구분이 되도록 포장하였다.

보증과 보장

보증(warrantee)은 제조업자가 공식적으로 제품의 성능에 대해 법적 책임을 제시하는 설명서이다. 보증 내용에 따라, 제품의 수선, 대체, 또는 환불이 가능하다. 실제 일부 소비자들만이 보증 내용에 따라 제품을 수선, 대체 및 환불의 경험을 한다. 그러나 보증경험이 없더라도 보증은 그 자체로 묵시적 제품의 성능에 대한 확신을 제공하고, 제품의 긍정적 이미지를 전달하며, 궁극적으로 그 제품 구매 관련한 소비자의 지각된 위험(perceived risk)을 낮추어 주어 구매를 촉진한다.

보증의 대표적인 성공사례로는 현대자동차에 대한 소비자의 품질 인식을 변경하게 한 미국시장에서의 '10년 10만 마일 무상보증수리제'가 있다. 이 공격적인 보증의 결과는 실제 예상보다 더욱 강력했는데, 현대차의 품질에 대한 자신감으로 소비자에게 비춰져, 미국 시장에서 '저품질의 싸구려 차'라는 이미지를 개선하는 획기적인 계기로 작용했다. 현대자동차가 자체 조사한 구매자 조사에 따르면, '10년 10만 마일 보증수리제'를 실시한 후 미국 고객의 연평균 소득은 7만7,492달러를, 기아차 고객의 연평균 소득도 6만3,665달러를 기록했다. 이는 현대·기아차가 미국 중산층(연간 소득수준 5만~7만5천 달러)의 패밀리카로 확실히 자리잡았음을 보여준다. 2000년대 중반까지만 해도 연소득 5만 달러 이하의 소비자가 주류를 이루던 상황에서 크게 달라진 것이다. 미국 시장에서 현대·기아차의 재구매율도 토요타와 포드를 제치고 업계 최고 수준으로 뛰어올랐으며, 소형차 중심의 판매에서 중형차 이상의 판매 비중도 60%로 크게 높아졌다.

반면, 보장(guarantees)은 보증과 달리, 법적 효력은 없으나, 기업들이 구체적인 보장을 고객들에게 약속하는 것이다. 이를 통해, 구매자의 기각된 위험을 줄여줌과 동시에 해당 제품의 고품질과 서비스의 성과에 대한 신뢰성을 제시한다. 또한, 보장을 제시하는 기업은 보장을 제시하지 않는 기업보다 더 높은 가격을 부가할 수도 있다. 예를 들면, 도미노피자는 30분 이내 배달을 보장하고 혹 30분이 초과되면 무료 피자를 제공한다고 하여, 신속한 배달을 통해 막 만든 따뜻한 피자 제공을 보장했다. 많은 할인형 슈퍼마켓들은 최저가를 보장하면서 혹 자사가 제공하는 가격보다 더 낮은 가격이 있으면 그 가격에 제공한다는 보장을 한다고 강조하여, 최저가에 대한 고객의 믿음을 확고히 하였다. 일반적으로 보장은 다음 세 가지 상황에서 가장 효과적이다. 첫째, 기업이나 제품의 인지도가 낮을 때, 둘째, 기업의 제품의 품질이 월등히 경쟁력이 있을 때, 셋째, 고객이 가장 중요하게 고려하는 특정 부분(예: 가격이나 안정성)을 기업이 구체적으로 보장했을 때이다.

CASE **STUDY**

미국방송이 현대차 품질 형편없다 조롱하자
10년·10만 마일 보증승부수… 작년 품질 1위

현대차가 80마일 이상 달릴 수 있나' 미국의 인기 토크쇼 데이비드 레터맨 쇼의 진행자 데이비드 레터맨은 다음과 같은 말로 현대차를 조롱했다. "현대자동차를 80마일(128㎞) 이상 달리게 하는 방법은 절벽에서 밀어 떨어뜨리는 것뿐이다." 이러다가는 미국 시장을 포기해야 할 판이었다.

정몽구 회장이 되자마자 전 직원에게 품질 경영을 선언했다. 품질을 경영의 최우선으로 삼았다. '라인스톱제'를 도입했다. 불량이 발견되면 생산라인 전체를 멈추게 하는 제도였다. '오피러스'의 소음을 잡기 위해 수출품 선적을 40일간 미루기까지 했다. 정몽구는 현대자동차에 입사해 맡은 첫 일이 전국을 돌며 고장 난 현대차를 고쳐주는 것이었다. 나중에 사장직을 맡았던 것도 현대자동차서비스였다. 자동차가 왜 고장이 나는지, 어떻게 고쳐야 하는지를 현장 경험을 통해서 알고 있었다. 그 경험을 가지고 그는 생산현장을 누볐다. 사장과 고위 임원들에게도 현장으로 내려가서 노동자들과 호흡을 같이하게 했다. 그러면서 한편으로는 큰 모험을 강행했다. 미국 시장에서 현대자동차의 무상보증기간을 10년 10만 마일로 늘린 것이다. 그전까지는 3년 5만 마일이었다.

사람들은 현대차가 3년도 못 넘기고 망할 거라고 수군거렸다. 막대한 수리비를 감당할 수 없을 것이라고 봤다.

모듈화로 품질 향상

하지만 세간의 예상은 빗나갔다. 수리비가 아니라 매출이 폭발적으로 늘었다. 품질이 좋아졌기 때문이다. 미국 제이디파워(J D Power)사의 '신차품질조사(IQS)' 에서 현대차는 2000년 37개사 중 34위였지만 2004년 38개사 중 7위, 2006년 3위로 뛰어오른다. 2016년에는 포르쉐를 누르고 1위를 차지했다.

돌이켜보면 10년 10만 마일 무상보증은 배수의 진이었다. 1999년 당시의 품질로는 망하는 선택이었다. 망하지 않으려면 수리비가 들지 않도록 품질을 높여야만 했다. 그리고 그 작전이 성공했다. 모듈화도 품질 향상에 크게 기여했다. 자동차 생산 은 2만~3만 개의 부품이 필요하다. 과거에는 이 부품들을 완성차 업체가 받아서 직접 조립했다. 모듈화는 개별 부품을 직접 납품받는 대신 섀시, 운전석, 도어 등 6~7개의 덩어리(모듈)로 조립해서 납품하게 하는 방식이다. 완성차업체는 그 모듈만 조립하면 된다. 이 방식 덕분에 품질은 높이고 원가는 낮출 수 있었다. 원래는 유럽의 자동차 기업들이 1990년대 시작했지만 이제는 현대·기아차가 세계 최고 수준에 도달했다.

기로에 선 자동차 산업 경쟁력

현대·기아차의 품질이 향상되고 해외 수요 기반이 탄탄해지자 글로벌 생산 체제를 갖추기 시작했다. 2005년 미국 앨라배마에 이어 러시아, 브라질, 멕시코, 중국 등에 생산기지를 구축했다. 현대·기아차는 연산 800만 대(2016년) 규모, 세계 5위의 자동차 기업이 됐다.

지난 20년간 가장 성공적으로 성장을 이룬 자동차 메이커가 현대자동차다. 자동차의 성공을 기반으로 해서 현대제철을 세웠고 법정관리 중이던 현대건설도 인수했다. 정몽구 회장이 현대자동차 회장이 됐을 때 많은 사람들이 현대자동차가 망할까봐 걱정했다. 정 회장은 그럴 정도로 어눌해 보였다. 그런 그가 세계가 놀라는 성공을 이뤄냈다. 경영은 말이 아니라 행동으로 하는 것임을 입증한 셈이다. 이제 자동차산업은 커다란 변화의 기로에 서 있다. 우리가 아는 자동차의 시대는 저물어 가고 있다. 구글은 자율주행자동차를 내놓았고 테슬라는 전기차로 세상을 매혹시키고 있다. 지난 20년 동안 기적을 일으켜온 정 회장은 지금 어떤 모험을 계획하고 있을까.

출처: 한국경제, 2017.7.10

::: 제품계열 및 제품믹스

제품계열과 제품믹스의 정의

제품계열(product line)이란 동일한 고객집단에게 제공되거나 유사한 제품특성을 가지고 있거나 유통경로가 동일하거나 가격이 비슷하게 판매되는 제품들의 집합을 말한다. 기업은 전략적 측면과 관리 측면에서 동일한 타깃 소비자 대상을 위한 동일한 유통경로를 가진 제품군들을 그룹화하여 관리하는 것이다. 일반적으로, 물리적, 기술적 특징이나 용도가 비슷한 제품으로 그룹화하고, 동일한 타깃 소비자를 대상으로 동일한 유형의 유통경로로 그룹화하기도 하고, 일정한 가격 범위로도 그룹화하여 관리한다.

제품믹스(product mix)는 제품분류(product assortment)라고도 하는데, 한 기업이 생산하고 판매하는 모든 제품계열들의 총합의 수로써, 기업이 제공하는 제품계열들과 각 제품계열별 품목들의 배합을 말한다. 예를 들면, A 가전회사는 컴퓨터 관련 기기(데스크 탑, 노트북, 모니터, 프린터), 영상/음향(TV, DVD, 오디오, 디지털 카메라), 휴대폰/통신기기(휴대폰, 유무선 전화기), 생활가정(에어컨, 공기청정기, 세탁기, 청소기, 가습기), 주방가전(냉장고, 김치냉장고, 전자레인지, 가스오븐레인지, 식기세척기)의 제품계열을 취급하고 있다. 그러면 A 가전회사의 제품믹스 현황은 다음과 같다.

- **제품믹스의 너비(product mix width)**: 제품 계열의 수(5개)
- **제품믹스의 길이(product mix length)**: 제품믹스 내 취급하는 모든 제품품목의 수(21개)
- **제품믹스의 깊이(product mix depth)**: 제품 계열 내 품목의 수(컴퓨터 관련 기기 4개, 영상/음향 5개, 휴대폰/통신기기 2개, 생활가전 5개, 주방가전 5개)

제품믹스 전략

제품믹스 전략(product mix strategy)은 기업의 목표 및 경쟁 전략에 따라 기업이 취급하고 있는 제품계열들과 품목들에 변화를 주는 것으로 기존 제품믹스의 확장, 축소, 기존제품의 수정 등을 통해 제품믹스의 너비, 길이, 깊이에 변화를 준다.

일반적으로 사용되는 제품믹스 전략은 첫째, 제품믹스 확대 전략으로 일명 제품의 다양화 전략이라 할 수 있다. 소비자들의 끊임없는 새로운 제품의 니즈를 대응하기 위해 꾸준히 제품 개발하여 다양한 제품을 출시하는 전략이라 하겠다.

이런 확대 전략은 하향 연장 방법과 상향 연장 방법의 두 가지 방법으로 가능하다. 우선 하향 연장 방법(top-down extension)은 가장 일반적으로 많이 사용하는 방식으로 기존의 고급품을 상대적으로 낮은 품질과 가격으로 품목을 확대하여 대량 타깃시장을 공략하는 방법이다. 이는 경쟁사의 저가품의 시장침투를 대응하기 위해서나 기존 고급품의 성장이 둔화되거나, 성장이 정체되었을 때, 고급 제품의 명성의 후광효과를 이용하여 이익의 극대화를 누리고자 할 때 사용된다. 상향 연장 방법(bottom-up extension)은 기존의 제품보다 상대적으로 높은 품질과 가격으로 품목을 확대하여 현 시장보다 상대적 고급시장을 타깃으로 하는 것이다. 이는 개념상 가능하나 실제로는 앞서 하향 연장 방법의 소비자 수용은 용이한 데 반해, 상향 연장 방법은 실제 시장에서 소비자 수용이 용이하지 않아 현실적으로 성공하기가 어렵다.

두 번째, 제품믹스 전략은 제품믹스를 축소하는 전략이다. 현재 운영 중인 제품을 폐기함으로써 제품믹스의 깊이와 폭을 축소하는 선택과 집중 전략으로서 일반적으로 제품이 성숙기에서 쇠퇴기로 접어들던가 브랜드 노후화로 브랜드 재활성화가 필요하여 제품 품목들을 축소해야 할 때 사용된다. 어떤 특정 제품들을 축소할지에 대한 결정시 활용되는 방법들은 다양하다. 일반적으로 사용하는 방법들로는 첫째, 앞서 2장 마케팅 전략에서 사업단위전략 수립을 위해 소개한 SWOT 분석도 특정 제품 분석에 효과적으로 활용될 수 있다. 둘째, BCG 모형이나 GE 모형 등도 산업 내 특정 사업부의 경쟁력 평가뿐만 아니라 특정 제품 평가를 통해 현재 상황을 파악하고 퇴출시기인가를 확인하여 제품 품목 수를 축소할 수도 있다. 셋째, 이후 소개할 제품 수명주기를 활용하여 특정 제품이 어떤 수명주기 단계에 처해 있는가를 파악하여 퇴출시기를 정할 수 있다.

협동 상표화(co-brancing)

기업은 다양한 형태로 타사의 제품들과 결합하여 공동의 목표로 협동 상표화하고 공동의 브랜드 마케팅을 수행한다. 협동 상표화는 이중 상표화(dual branding)라고도 하는데, 잘 알려진 두 개 이상의 브랜드들이 결합된 형태의 제품을 시장에 선보이던가, 각각의 제품을 그대로 유지하되 공동 마케팅 목표를 설정하고 브랜드 마케팅을 수행하는 것을 말한다. 예를 들면, 대한항공의 씨티프리미어마일카드나 아시아나항공의 씨티프리미어마일카드와 같이 특정서비스 기업과 신용카드의 협동 상표화가 있다. 과거 큰 인기를 얻었던 프라다폰은 LG전자의 핸드폰 기술과 프라다의 디자인과 브랜드 명성이 결합된 협동 상표화 사례이다. 협동상표화는 다양한 형태로 이루어지는데, 대표적인 형태로는 동일기업의 협동 상표화(same company co-branding), 협동조합 상표화(cooperative branding) 등의 유형들이 있다.

동일 기업의 협동 상표화는 한 기업 내 두 개 이상의 브랜드들 간에 공동 마케팅을 수행하는 것이다. 가령, 오뚜기의 진라면 마케팅 시, 진짬뽕도 함께 공동 마케팅을 수행하는 경우이다. 합자 공동상표화는 서로 다른 기업들이 공동의 마케팅 목표를 위해 공동으로 마케팅하는 제품과 상표를 출시한 경우이다.

협동조합 상표화는 일반적으로 농축산물 중심의 협동조합 형태로 많이 진행된다. 협동조합 상표화는 다양한 생산자들이 협동조합 형태로 규모의 경제를 이루기 때문에 시장성과를 높이기가 용이하다. 예를 들면, 선키스트는 1893년 미국의 남부 캘리포니아 농민들이 중간유통에 대항하여 그들의 횡포로부터 이익을 보호하고자 생겨난 협동조합이다. 당시 미국의 서부 과일생산 농가들은 대륙횡단 철도의 개통으로 인해 동부의 대도시로 각종 신선식품들을 손쉽게 유통될 수 있게 되어 생산량과 물동량이 크게 늘었다. 그러나, 유통상들은 실제 판매된 금액만 농민들에게 결제해주는 불리한 위탁판매 방식에 의해 농민들의 삶은 개선되지 않았다. 이에 대항하기 위해 캘리포니아 오렌지 생산 농가들이 연합하여 공동마케팅을 위한 협동조합을 설립하고 합동 브랜드를 론칭한 것이 선키스트이다. 지금은 오렌지뿐만 아니라 과일을 사용한 각종 파생상품인 음료, 사탕, 비타민, 주스 등에 라이선스까지 판매하면서 세계에서 가장 성공적인 협동조합 브랜드 사례로 알려졌다.

선키스트 브랜드 로고

국내 성공사례로는 우유 협동조합 브랜드인 서울우유이다. 직접 목장을 운영하던 낙농인 21명이 1937년에 서울우유협동조합 전신인 경성우유동업조합을 창립하였다. 낙농인들이 직접 근대식 우유 처리장을 갖춘 조합을 만들며 국내 우유산업을 일구기 시작한 것으로, 우수 젖소 종자 확보를 위한 종부사업, 균질기와 초고온순간살균법, 중간유통 전 과정의 콜드체인시스템을 최초로 도입하여 국내 낙농의 품질을 증대하고 고급 우유생산의 토대를 만들었다. 2009년 '제조일자 병행 표기제'의 혁신적 도입으로 제조일자와 유통기간을 동시에 보고 구매하는 우유 소비의 객관적 기준을 제공하여, 당시 경제 불황 속에서도 하루 평균 서울우유 판매량이 15% 이상 늘어났다. 이러한 서울우유의 지속적인 품질 증대 노력은 국내 우유시장 점유율 약 33%, 생산실적 1조원 이상, 국내 식품업체 7개 중 유가공 업체로는 유일하게 4위에 들도록 하였다.

서울우유 브랜드 로고

구성부품 상표화(ingredient branding)

산업재에서 소비재 다케팅 방식의 접근으로 성공사례가 많은데 대표적인 방식이 구성부품 마케팅(ingredient marketing) 혹은 구성부품 상표화이다. Ingredient 마케팅은 다른 상표화된 제품 내에 포함된 구성부품들인 원재료, 부품에 대한 상표권리를 창조하여 본 산업재 소비자뿐만 아니라 최종소비자인 일반 소비자에게까지 풀(pull) 전략과 푸시(push) 전략을 동시에 구사하여 마케팅 촉진활동을 하는 것을 말한다.

그 대표적인 사례로 INVISTA를 소개하자면, INVISTA는 크게 섬유, 화학제품, 산업소재, 폴리머, 합성수지 사업영역으로 사업을 전개하고 있다. 각 사업별로 inbrand들을 론칭하여 적극적으로 마케팅을 진행해왔다. 전형적인 B2B 제품인데도 불구하고 B2C 소비자에게도 널리 알려진, LYCRA, Cool MAX 등이 이에 포함된다. 〈그림 7.4〉에서 제시한 것처럼 INVISTA는 B2B와 B2C 마케팅을 함께 병행한 일관성 있는 브랜드 커뮤니케이션을 전개하고 있는데, B2C 소비자 대상의 인쇄매체 중심 ATL 마케팅과 세일즈 프로모션, 이벤트 및 브랜드 후원 등의 BTL 마케팅을 전개하고 있다. 이외에도, 〈그림 7.5〉에서 제시한 바와 같이 인텔의 Intel Inside, 고어사의 Gore-Tex, 듀퐁의 Teflon 등이 Ingredient 마케팅의 대표적인 B2B 브랜드들이다.

그림 7.4

Ingredient 마케팅 실행 예시: INVISTA

그림 7.5

Ingredient 마케팅의 대표적인 B2B 브랜드들

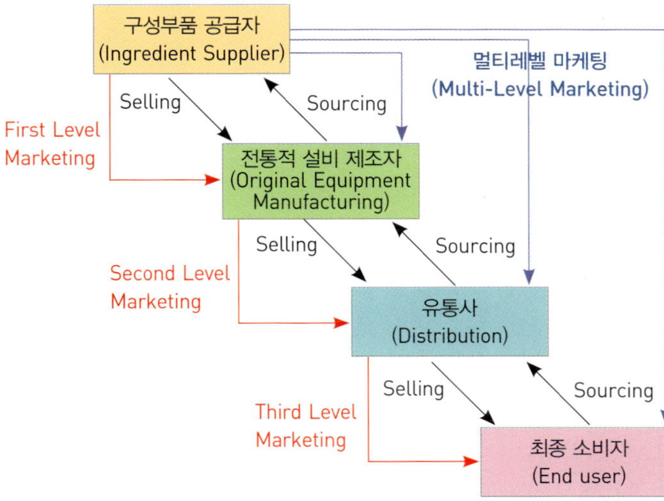

그림 7.6

Ingredient 마케팅의 구조

출처: Baumgath(2001)

구성부품 마케팅은 바우가드(Baumgarth)가 제안한 〈그림 7.6〉처럼, 최종 소비자(end users)에서부터 모든 하향 시장들(downstream markets)까지 커버하는 멀티레벨 마케팅(multi-level marketing)전략과 원칙을 수립하는 것이 중요하다. 각 레벨별 상세 마케팅 전략 수립을 통해 해당 시장의 가치사슬(value chain)상의 고객들(부품 공급자, 전통적 설비제조사, 유통사, 최종소비자 등)의 니즈들을 반영한 마케팅 방안을 수립하고, 기존 영업 및 영업지원을 검토하여 마케팅과 연계된 전략 수립이 필요하다. 공급체인망(supply chain)에는 단계별로 다양한 많은 부품회사들이 존재하기 때문에 각각의 레벨에 맞는 B2B 마케팅이 필요하고, 최종 소비자 대상의 B2C 마케팅도 병행한다. 이를 멀티레벨 마케팅(multi-level marketing)이라고 하며, 결과적으로 B2B2C 마케팅을 수행한다.

::: AI·디지털시대의 새로운 제품전략

AI·디지털시대의 새로운 제품전략은 기존의 전통적 제품전략과는 기본적으로 접근하는 방식과 생산 및 마케팅이 다르다. AI·디지털시대 도래로 인한 시장 환경의 변화, 시장의 새로움에 대한 요구 및 기업의 새로운 가치 창출의 목적으로 새로운 제품전략들이 많이 등장하고 있다. 새로운 제품전략들 중에서 오픈소스를 통한 제품 혁신 전략, 제품 큐레이션을 통해 새로운 가치 창출 전략, 외부자원을 적극 활용한 기민한 시장대응 전략을 상세히 알아본다.

오픈소스를 통한 제품 혁신 전략

AI·디지털시대에 개발, 공유, 참여가 함께 이루어지기 위해서는 오픈소스가 매우 중요하다. 오픈소스는 모든 혁신을 주도하고 있다고 말해도 과언이 아니다. 오픈소스의 예로는 Android, Sendmail, Apache, Wordpress 등이 있는데, 실제 슈퍼컴퓨터의 97%가, 스마트폰의 85%가 오픈소스로 운영되고 있을 정도로 그 규모 또한 매우 크다. 기본적으로 시장에서 오픈소스에 열광하는 이유는 다음과 같은 다섯 가지 이유 때문이다.

① 오픈소스는 구축뿐만 아니라 유지보수까지 무료라는 큰 장점을 가지고 있다.
② 버그 수정 및 빠른 업데이트에 빠른 성장속도에 의해 제품 완성도가 더욱 높을 수밖에 없다.
③ 일반적으로 SW프로그램의 이해가 없이는 사용할 수 없었던 프로그램들이 OS, 시스템, 데이터베이스 등 관련하여 전문지식이 없어도 일반 소비자도 구현이 가능할 정도로 개발환경이 쉬워졌다는 점이다.
④ 오픈소스를 활용한 개발은 프로토타이핑에 최적화되어 있기 때문에 빠른 개발이 가능하여 린스타트업 경영이 가능하게 만들어 주기 때문이다.
⑤ 오픈소스는 필요성에 따른 단계별 맞춤화 개발이 가능하도록 단계별 모듈화가 되어 있다는 점이다. 이는 맞춤화도 용이하게 하고 더 나아가 시장 반응에 따라 수정보완이 용이함에 따라 기민한 경영이 가능하게 해준다.

여기서 린 스타트업(lean startup) 경영이란 제품 및 고객 개발을 하는 애자일(agile) 방식과 프로세스의 경영을 말한다. 성공적인 경영을 위해 개발한 시장 가정(market assumptions)을 신속하게 프로토타입(rapid prototype)으로 만들어 고객 피드백을 받는 일련의 환류 시스템을 말하며, 이러한 환류 시스템을 최대한 신속하게 진행하여서 시장 선도력을 확보하는 경영이다. 최근에는 단순히 SW 소스를 오픈하는 것만이 아니라 기업이 보유한 관련 특허들을 일반인들에게 무료로 사용하게 하기도 한다. 과거에는 독점적 기술을 최대한 확보하고 노출하지 않고 독점적으로 사용해야만 그 가치가 높다는 기업경영 철학과 완전히 반하는 개념이다. 〈발명의 민주화(*The Democratization of Invention*)〉 책의 저자인 조리나 칸(Zorina Khan) 교수는 "더 많은 사람들이 기술을 사용할수록 시장에서 기술의 가치는 높아진다"라고 언급했다. 이처럼, 독점적 기술을 오히려 개방함으로써 그 가치를 높이는 전략이 필요하다. 무료로 상품을 마켓에 제공하는 오픈소스의 대가 없는 개발과 공유라는 차원은 경제논리로는 절대 해석이 불가능하나, 이러한

CASE **STUDY**

특허를 공개하는 기업은? 테슬라 전기차 판을 키우자…오픈소스공개

테슬라는 2014년 6월 보유하고 있던 200여 건에 달하는 특허를 모두 무료로 공개했다. 다른 자동차회사들이 사용하는 것도 막지 않는다. 오픈소스 정책을 통해 전기차 시장을 키우는 것이 특허 수입보다 훨씬 더 중요하다는 게 테슬라의 CEO 엘론 머스크의 논리다. "우리의 모든 특허는 여러분께 있습니다." 2014년 6월 12일, 테슬라 자동차의 최고경영자 엘론 머스크는 공식 블로그를 통해 세상을 깜짝 놀라게 할 발표를 했다. 테슬라가 보유하고 있던 200여 건에 달하는 특허를 모두 무료로 공개한다고 선언했다. 심지어 그는 "다른 거대한 자동차 회사가 우리 기술을 베껴도 상관 없다"라며 배짱을 보이기도 했다.

시장 확대를 위한 통 큰 결정

엘론 머스크가 이런 결정을 내린 데에는 여러 가지 이유가 있다. 우선 그가 블로그에 밝힌 대로 '시장 확대'를 위해서다. 테슬라는 배터리와 전기모터로 달리는 순수 전기차만 만든다. 이 점이 테슬라와 다른 자동차 회사를 구분 짓는다. 우리가 알고 있는 대부분의 자동차 회사는 석유로 움직이는 엔진으로 구성된 내연기관이 달린 자동차를 주로 만든다. 요즘 서서히 판매량을 늘려가는 하이브리드 자동차에 조차 내연기관이 들어간다. 전기차에 힘을 쏟고 있는 회사라 할지라도 전기차 생산량은 1% 수준이다. 즉 현재 상황에서는 순수 전기차를 팔 만한 시장 자체가 아주 작다. 전기차만 만드는 테슬라가 처한 현실이다.

이 과정에서 특허를 개방해 테슬라의 기술로 도로를 달리는 차가 늘어난다면 테슬라 방식이 표준으로 자리잡을 확률이 커진다. 전기차 확산의 가장 큰 걸림돌은 충전 인프라의 확충이다. 테슬라의 독자적인 배터리 충전 방식인 '슈퍼차저'(Supercharger) 기술을 쓴 전기차가 늘어난다면 충전 네트워크를 공유할 수 있어 시장 확대에 큰 도움이 된다. 전기차 시장 확대의 가장 큰 걸림돌을 제거하는 데 도움이 된다는 뜻이다. 물론 현재 전체 자동차 시장의 0.1%도 되지 않는 시장점유율을 가진 테슬라가 잃을 것은 전혀 없다. 게다가 공개한 특허는 이미 테슬라가 몇 년에 걸쳐 충분히 활용한 기술들이다.

특허 개방으로 예상되는 두 번째 효과는 부품 사업 확대다. 현재 테슬라는 2010년 인수한 캘리포니아 북부의 누미(NUMMI) 공장을 사용하는데, 현재까지 연간 생산 능력은 5만 대가 채 되지 않는다. 생산된 모든 차를 열심히 팔아 치운다 한들 4조원이 넘는 부채를 갚아 나가기에는 역부족이다. 수익률을 높이기 위해서는 결국 자동차뿐 아니라 배터리팩이나 모터 같은 부품 판매도 최대한 늘려야 한다. 특허 개방으로 손쉽게 다가가게 된 덕에 테슬라 기술을 채택하는 회사가 늘어나면 그에 따라 부품 매출도 증가한다. 더불어 부품 생산량 증가는 원가 하락으로 이어져 궁극적으로 테슬라 자동차의 생산 단가를 줄이는 데 도움을 준다.

특허를 개방한다는 파격적인 조치로 누릴 수 있는 또 하나의 장점은 엄청난 홍보효과다. 엘론 머스크의 용감한(?) 모험에 세계 각국의 언론이 기사를 쏟아냈고 대중은 찬사를 보냈다. 실제로 주가 역시 상승세를 이어갔다. 일반적인 기업과는 전혀 반대의 전략을 취함으로써 자신들이 가진 기술력에 대한 자신감을 비쳤다. 동시에 '선의'라는 명분을 내세워 요즘 트렌드에 걸맞은 '착한 기업' 이미지를 확고히 했다. '테슬라는 혁신의 아이콘'이란 인식을 한층 더 공고히 한 셈이다.

테슬라 특허 공개에 대한 표면적인 이유를 몇 가지 언급했다. 특허 공개를 택한 진짜 이유는 엘론 머스크가 진행 중인 다른 사업과의 연관성을 살펴봐야 알 수 있다. 그는 현재 테슬라 CEO인 동시에 '솔라시티'(Solar City)라는 친환경 에너지 기업의 회장과 '스페이스X'라는 민간 우주선 회사의 CEO이다. 즉, 엘론 머스크가 진행하고 있는 일련의 사업은 인류의 생활 방식을 결정짓는 에너지와 이동수단에 초점을 맞춘다. 테슬라가 보유한 200여 건의 특허 중 관심을 끌 만한 부분도 배터리 관련 기술이다. 배터리 충전과 관리 기술만으로도 충분한 경쟁력을 인정받는다. 이 기술이 테슬라 특허의 70%에 달한다. 전기 모터나 섀시 설계 등에 대한 기술은 이미 다른 회사들도 기술력을 축적한 상태다.

테슬라의 특허를 이용한다는 얘기는 결국 테슬라가 가진 배터리 충전 및 관리 기술을 사용한다는 의미다. 별도 비용 없이 최고의 배터리 관련 기술을 사용할 수 있다는 면에서 장점으로 볼 수 있다. 슈퍼차저 충전 기술을 사용해야만 하는 수요가 늘어나면 충전소를 보급하는 데 탄력을 받는다. 슈퍼차저 네트워크의 확장은 솔라시티의 에너지 공급 인프라 사업의 확대로 연결된다. 현재 많은 슈퍼차저 스테이션에는 에너지 재생을 위한 태양광 패널이 달려있고 이는 솔라시티에서 공급한다.

테슬라 역시 전기차 사업뿐만 아니라 에너지 저장 사업에도 박차를 가하고 있다. 2015년 4월에는 전기 차 배터리 기술을 활용해 '파워월'(Powerwall)이라 불리는 벽에 세워 두는 리튬-이온 배터리팩을 출시했다. 태양광 패널이나 심야전기 등을 활용해 최대한 값싼 전기를 충전해둘 수 있는 가정용 에너지 저장장치다. 일반 가정 하루 전기 사용량의 절반 정도를 충전해둘 수 있다.

테슬라가 2015년에 받은 2.7조원의 대출금도 대부분 기가팩토리의 건설에 들어갈 예정이다. 기가팩토리는 테슬라가 네바다 주에 건설중인 초대형 배터리 공장으로 2020년 완공을 목표로 한다. 테슬라는 2020년까지 연간 50만 대의 전기차 판매를 목표로 한다. 기가팩토리의 규모도 50만 대의 전기차에 배터리를 공급할 수 있는 수준이다. 기가팩토리가 본격적인 운영에 들어가면 배터리 가격은 최소 30% 이상 낮아진다. 앞으로 테슬라의 충전 인프라를 사용할 다른 회사까지 합해 최소 50만대 이상의 전동 이동수단이 보급되고, 기가팩토리에서 저렴한 패터리팩을 생산하기 시작하면 친환경 에너지를 다루는 솔라시티의 지배력도 높아진다.

일반 자동차 회사로서는 생각도 하지 못할 사업 형태다. 그러나 전기차 회사와 배터리 공장, 친환경 재생 에너지 사업을 함께 진행하고 있는 사업가라면 이런 생활의 변화를 추구하는 것이 자연스러울 것이다. 테슬라의 특허 개방은 단순히 전기차 시장을 키우고 홍보 효과를 누리는데 있지 않다. 모빌리티와 에너지에 관련한 일련의 생활 방식 자체를 바꿈으로써 인류 역사에서 가장 중요한 부분을 차지하고자 하는 역발상이다. 일견 무모해 보이지만, 이 계획이 성공을 거둔다면 에너지에 대한 엄청난 지배력을 확보할 수 있다. 그리고 에너지 사업에서 수익을 내기 시작하면 그 자금은 스페이스X로 흘러간다. 지구에서의 인류뿐만 아니라 지구를 넘어서 우주시대에서의 주도권을 잡기 위해서다.

특허 개방 이면에 감춰진 엘론 머스크의 꿈은 원대하기 그지없다. 인류 역사상 가장 큰 꿈을 꾸는 사람일지도 모른다. 그런데 이 원대한 모험에 박차를 가할 특허 개방 전략에 허를 내두를 만한 안전 장치가 달려있다. 앞서 언급한 특허 개방에 대한 엘론 머스크의 원문을 다시 해석하면 이렇다. "선의를 갖고 우리 기술을 사용하는 것이 아니라면 언제든 법적인 문제를 제기할 수 있다." '선의'라는 애매한 단어는 누가, 어떻게 해석할 것인가? 그간 테슬라가 쌓아온 '착한 기업' 이미지까지 실익을 챙기는 기가 막힌 전략이 아닐 수 없다.

출처: 카가이, 2016.12.21

독점적 기술을 개방함으로써 새로운 시장을 형성시키고 그 안에서 선도한다는 차원에서 혁신적인 시장 선도 전략이다.

지금까지 오픈소스라 하면 일반 SW 개발자나 R&D 파트가 고민하는 관점이라면, 지금과 같은 AI·디지털시대에는 마케팅 전략에 하나가 되었다. 오픈소스를 통한 R&D 개발의 참여를 개방함으로써 전략적 차원에서 신시장 자체를 혁신적으로 형성하는 마케팅 전략을 오픈소스 마케팅 전략이라 정의할 수 있다. 오픈소스 마케팅 전략은 오픈소스 마케팅을 통해 신시장 장악력을 높이고 새로운 혁신시장의 규모 자체를 키워 그 안에 선도기업으로서의 포지셔닝하는 전략인 것이다. 경제적 관점에서는 기업만이 고유하게 보유한 기술이나 아이디어로서 소유에 대한 권리행사를 보장받을 수 있는 배타적 상품(exclusive goods)을 기업 스스로 공공재(public goods)로써 오픈하는 것인데 기본 경제학의 원리를 깨는 흥미로운 시도라 할 수 있겠다. 오픈소스 마케팅 전략의 장점들은 다음과 같다.

① 오픈소스를 통해 마켓에서 다양한 피드백을 수집할 수 있게 하며 수정 및 보완하는 과정 속에서 기술향상을 이룰 수 있다. 즉 집단지성의 시너지효과를 적극 활용하는 것으로써, 집단지성(collective intelligence)이란 소수의 우수한 지식과 능력보다는 다양성과 독립성을 가진 집단의 통합된 지성과 의견들이 더 최적화된 의견에 도달하기 때문이다.

② 오픈소스 개발과 관련된 투자비용 및 관련 특허 등의 독점적 우위를 포기하는 대신, 그 이면의 다른 수익성 모델을 챙기기 위한 전략이 가능한 장점이 있다. 즉, 단기적으로는 높은 기회비용이 발생하는 것으로 보이나 중장기적으로는 손쉽고 빠르게 시장을 장악할 수 있는 장점이 있는 것이다. 안드로이드 운영체제가 오픈소스 제품전략의 대표적인 성공사례로 꼽히고 있다. 구글은 리눅스에 기반을 둔 안드로이드를 외부 스마트폰 업체에 무료로 공개했지만 이를 통해 모바일 검색에서 상상할 수 없는 이득을 챙겼다는 게 전반적인 평가이다.

③ 혁신시장의 초기단계나, 경쟁자 진입이 더디어 마켓이 형성이나 성장이 더딜 때, 오픈소스 마케팅은 시장형성을 촉진하는 장점도 가지고 있다. 마켓사례에 소개한 테슬라 전기자동차 사례처럼 전기자동차와 같은 초기 시장의 경우, 본격적으로 시장형성하기 위해서는 적정한 시장 참여자들(market players)이 존재해야지 규모가 있는 시장으로서 형성될 수 있다.

④ B2B상품의 경우는 다양한 기업들과 협력의 관계가 매우 중요한데 오픈소스 마케팅을 통해 유관 타 기업들과 타 산업과의 협력관계의 강화 및 확대를 용이하게 해준다.

제품 큐레이션을 통한 새로운 가치 창출 전략

AI·디지털시대에 도래하면서 수많은 콘텐츠와 상품들 홍수 속에서 소비자들은 양질의 콘텐츠와 상품을 분별하고 선택하는 제품 큐레이션이 중요하게 되었다. 큐레이션(curation)의 원래 단어 뜻은 보살피다라는 라틴어(curare)에서 유래된 것으로, 이탈리아 베네치아공화국의 고위관료를 프로큐레이터(procurator)라고 불리기도 했었다. 그 당시 교회에서 목사가 신도를 영적으로 큐레이션하다고 표현하는 등, 과거 큐레이션은 정치적, 종교적으로 보살피다의 의미로서 잘 관리하고 보존하는 것을 의미했었다. 2000년대에 들어서면서 개념미술의 새로운 영역이 발전하면서 개인적 선택의 의미인 큐레이션이 강화되기 시작하면서 과거 단순히 전시품을 잘 보살피는 정도의 관리자 개념에서 때로는 미술가로서, 기획

CASE STUDY

제품 큐레이션의 사례: 마켓 컬리(Market Kurly)

2015년 5월에 론칭한 마켓 컬리는 '손 안에서 장 보는 나만의 마켓'이라는 슬로건 아래, 잠들기 전 주문해도 아침이면 문 앞에 배달해 준다. 유기농 채소부터 소포장 상품들, 다이어트식품, 반찬, 간식, 백화점 식품관의 수입 식재료 등 모바일 식료품 시장에 새로운 혁신 배송을 최초로 국내마켓에 지안하여 시장을 선도하고 있는 스타트업이다. 유기농 음식재료에서부터 유기농 재료로 만든 음식, 가공식품까지 건강한 삶은 지향하는 이들에게 원스톱 쇼핑을 제공 중인데 전반적으로 MD 구성은 미국의 유기농 전문 소매점인 홀푸드(Wholefood)와 유사하나 소비자가 웹이나 앱을 통해 밤 11시 이전에 주문하면 다음날 아침 7시에 배송(일명, 샛별배송 시스템)이 완료되는 서비스를 제공한다는 점에서 매우 차별화되어 있다. 배송의 신속성과 함께 한국의 일반 소매점에서 구하기 다소 어려운 미국 홀푸드만 가지고 있는 독점적 제품들(exclusive products), 예를 들면, 연어 크림치즈 베이글 샌드위치, 바질페스토 파스타 등을 한국에 선보인다는 점에서 MD 구성의 차별화도 이루고 있다. 즉 다른 온라인·모바일 마켓은 다수의 공급자와 플랫폼에 입점시켜 단순 유통하는 채널 스루(channel through) 형태가 아닌 전문 머천다이저가 선별된 제품을 직접 구입하여 재포장하여 판매하는 머천다이징(merchandising) 형태이다. 식료품의 구매에 있어서 제품 신뢰성을 제공하기 위해 마켓 컬리는 인하우스 디자이너, 푸드 스타일리스트, 에디터를 통한 잡지 형태의 콘텐츠를 소비자에게 제공하고 있다. 그래서 마켓 컬리의 온라인 쇼핑몰은 마치 라이프스타일 잡지 내 기획홍보처럼 제품 큐레이션이 돋보인다.

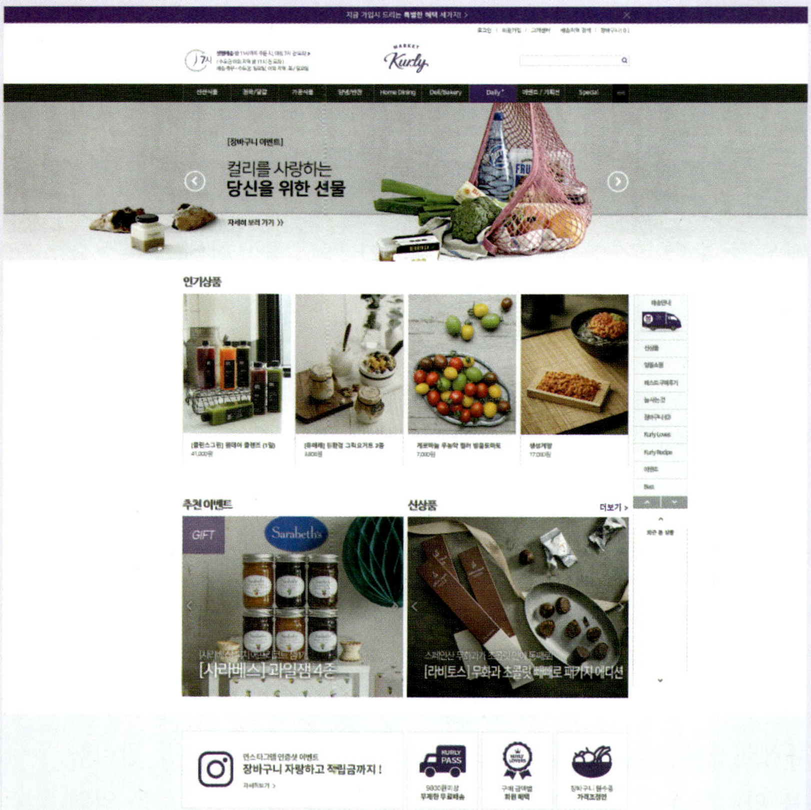

마켓 컬리 홈페이지

자로서, 작품을 선별, 배치, 전시하는 기능으로 확장되었다. 즉, 과거 미술분야에서 우수한 작품이나 특정 주제에 맞는 작품을 모아서 전시하는 것을 의미했는데, 지금은 모든 분야에서 양질의 콘텐츠를 선별하고 조합해서 특정한 의미를 부여하고 새로운 가치를 창출하는 관련 행위들을 포괄하는 넓은 의미로 쓰이고 있다. 이렇듯 양질의 콘텐츠와 제품들을 선별, 조합하고 새로운 가치를 부여하여 전달하는 기능들이 매우 중요하게 된 것이다. 큐레이션의 의미가 확대되면서 콘텐츠 큐레이션, 디지털 큐레이션, 데이터 큐레이션, 소셜 큐레이션, 미디어 큐레이션 등 다양한 용어들도 등장하였다.

본 장에서 전통적 마케팅의 가장 중요한 체계라 하는 4P Mix 중 제품의 전략과 관리에 대해 집중하여 논의하였다. 전략적인 제품 기획, 제품 생산 지원 그리고 체계적인 제품 관리는 매우 중요한 마케터의 주 영역이며 업무이다. 어떤 제품을 만들고 어떻게 관리하느냐에서, 어떠한 제품라인을 구현하고, 어떤 상품은 어디서 구입하고, 어떤 상품은 자체적으로 어떻게 생산할지를 정해야 하는

표 7.3 AI·디지털시대의 제품 큐레이션 가이드라인

큐레이션 가이드라인	마켓 컬리의 실행 예시
생산지, 생산자 및 구제적인 생산방식 등의 물리적 증거의 제시로 신뢰성을 제공해야 함	파주 DMZ 청정지역에서 수확한 깨끗한 쌀 [강대인 생명의 쌀, 유기농 오색미] 왕겨만 벗기고 도정하지 않은 오색 현미쌀 [강대인 생명의 쌀, 유기농 현미 3종] 쌀겨와 씨눈이 살아있는 고품질 쌀
다양한 정보 제공을 통해 인지적 차원에서 설득해야 함	식자재나 식품 판매뿐만 아니라 다양한 레시피 제공을 통해 다양한 새로운 식자재 활용과 정보 제공
광고카피와 같은 오감을 자극하는 상품 네이밍과 상품사진을 통해 감성적 차원에서 설득해야 함	오감을 자극하는 제품사진과 함께 동일한 시기에 판매 중인 복숭아의 다양한 소개글 [GAP 천도복숭아] 진한 향이 그득한 천도복숭아 [GAP 황도 복숭아] 여름과일 국가대표! 복숭아 향 물씬! [오가닉 피치, 프리미엄 유기농 황도 복숭아] 자연 그대로 전해드리는 유기농 복숭아
초기에는 특정상품에 초점을 두다가 브랜드 명성을 획득한 후 특정 카테고리 내에서 상품범주로 천천히 확장해야 함	혁신적 유통과 감각적인 큐레이션으로 성공적인 벤처투자 유치, 안전 먹거리와 마켓 컬리에만 있는 독점적인 상품으로 인기, 식료품에서 생활용품의 라이프스타일 제품으로 상품범주로 확장
다양한 방식들로 고객에게 차별화를 넘어선 감동을 제공해야 함	단일 아이템을 주문해도 오늘 11시까지만 주문하면 내일 아침 7시까지 배송해주는 감동적인 샛별배송
비주얼 머천다이징이 매우 중요함	단순 제품 이미지가 아닌, 고감도의 상품 프리젠테이션과 다양한 비주얼 정보를 활용
기업이 구현하고자 하는 기업가치를 말하는 상징적 인물을 통해 스토리텔링함	운영자, 창업자, 대표의 전문 경력이나 이색 경력 등을 강조하면서 전문성과 세심한 관리를 강조 기업 가치인 유기농 안전한 식자재와 식품을 제공하기 위한 노력의 과정을 자연스럽게 스토리텔링함

데, 이는 머천다이징(merchandising)의 기능과 유사하다. 또한, 선보이는 제품을 어떤 감도로 소비자에게 제안하고 제안한 제품의 소비를 통해 소비자는 어떠한 가치를 체감하게 할 것인가에 집중해야 하는데, 이는 기존의 비주얼 머천다이징(visual merchandising)의 기능과 유사하다. 특히, 그 안에는 그 제품의 차별화된 가치를 인지적 차원에서 감성적 차원에서 소비자들을 설득하기 위해서는 다양한 물리적 증거와 스토리와 감동의 콘텐츠로 연계해야 하는데, 이는 콘텐츠 기획의 기능과 유사하다. AI·디지털시대의 마케터는 단순한 제품기획과 관리자에서 머천다이징, 비주얼 머천다이징 및 콘텐츠 기획 기능 등의 복합적 기능들을 수행해야 하는 것이다.

〈CASE STUDY〉에서 소개된 스타트업 기업인 마켓 컬리는 유기농 식재료와 식품의 큐레이션과 함께 새벽배송의 혁신적 유통을 최초로 국내마켓에 제안함으로써 시장선도기업(first mover)이 되어 대부분의 기존 유통업체들이 새벽배송서비스를 제공하도록 국내 시장기준을 바꾸었다. 또한 마켓 컬리는 제품 큐레이션의 중요성을 잘 설명해주는데, AI·디지털시대의 성공적인 제품기획을 위한 큐레이션 가이드라인은 〈표 7.3〉과 같다.

외부자원을 적극 활용한 제품 개발 전략

AI·디지털시대의 제품전략은 외부자원을 적극 활용하여 기민하게 시장을 대응하는 것이 중요하다. 이마트의 피코크와 노브랜드의 경우는 소매유통에서 PB(Private- labeled Brand)의 성공사례이다. 이 두 PB는 제품화 전략이 매우 상이하다. 피코크의 경우는 급성장하고 있는 HMR(Home Meal Replacement: 가정간편식)의 고급화전략으로써, 외부 유명 제품 혹은 브랜드 명성과 노하우를 활용하여 전문화된 혹은 색다른 제품을 시장에 제공함과 동시에 이마트의 자체 제품개발의 투 트랙의 제품개발을 통해 제품 다양화를 구현하고 있다. 이러한 다품종 소량생산 방식의 고가전략은 외부 유명 제품 혹은 브랜드와의 협업이 중요하며, 협업 브랜드의 명성을 적극 활용하면서 품질에 초점을 두는 것이 중요하다.

반면 노브랜드의 경우는 '세상에 없던 가격'이라는 슬로건 아래, 초저가 전략으로써 핵심기능을 강조하고 이외의 부가기능들은 모두 빼 비용을 최소화하여 초저가를 구현하는 것이다. 단일 브랜드 정책 아래 제공하는 여러 가지 생활용품들을 '노브랜드' 이름으로 통일하였다. 모든 패키지의 디자인 요소들을 빼고 오직 노란색 컬러로만 통일하여 비주얼 커뮤니케이션의 일관성 확보를 통해 마케팅 및 생산비용을 최소화했다. 노브랜드 경우는 식품부터 생활용품에 걸쳐 폭넓은 상품군을 제공하고 있으나 단일 제품당은 1품종 대량생산 시스템으로써 규모의 경제를 구현하는 것이 중요하다.

성공적인 PB의 론칭과 관리를 위한 가이드라인은 다음과 같다.

① PB는 품질에 초점을 두는 것이 매우 중요하다. 특히 PB가 식품류를 많이 취급하기 때문에 생산에 있어서 식품의 품질을 확보하고 고객에게 품질에 대한 신뢰를 전달할 수 있도록 식품안전성 테스트, 관련 식품인증 등의 구체적인 품질 확보 방안들을 가지고 있어야 한다.

② 소비자의 다양한 니즈와 욕구를 파악하고 시장을 선도하기 위해서는 조직이 유연하고 기민해야 한다. 이에 최대한 작은 조직을 구현하고 신속한 자율적인 의사결정이 가능하도록 시스템을 만들어야 한다.

③ PB는 기민한 시장대응을 위해서는 자체 공장을 운영하지 않는다. 이러한 100% 주문생산의 원활함을 확보하기 위해서는 다양한 아웃소싱 업체들 개발과 유기적 작업이 중요하다. ODM(Original Design Manufacturer: 제조자 설계생산), OEM(Original Equipment Manufacturer: 주문자 상표부착 생산자) 등의 생산 효율성을 극대화해야 한다.

④ PB는 광고 및 마케팅을 안 하던가 최대한 최소화하고 구전 마케팅 및 디지털 마케팅에 주로 의존한다. 이에 고객의 실제 제품 구매 제품을 경험한 체험담, 주변인의 추천 등의 구전효과가 매우 중요하다. 긍정적인 구전이 이루어지도록 지속적인 구전 모니터링 및 긍정적 구전 형성을 위한 이벤트, 블로거 및 체험단 운영 등의 BTL 마케팅을 전개해야 한다. 또한 PB 브랜드는 소매점 내 구내시점에서 직접적 촉진활동이 중요하다. 이에 매장 내 다양한 POP(Point of Purchase) 광고를 통해 비주얼 커뮤니케이션 및 시식행사 등 다양한 체험을 제공해야 한다.

::: DISCUSSION QUESTIONS

1. 제품 유형별 특성과 마케팅 방안을 설명하시오.
2. AI·디지털시대의 제품 큐레이팅을 성공적으로 수행할 수 있는 마케터가 되기 위해서 대학생으로서 어떠한 것들을 준비해야 할지 논의하시오.
3. 산업재 마케팅과 소비재 마케팅과의 공통점과 상이점을 표로 완성하고, 성공적인 산업재 마케팅을 위한 방안들을 제시하시오.

::: TEAM WORKSHOP

1. 본 팀이 식품회사 마케팅팀이라 가정하자. 도입사례에서 소개한 비빔면시장에 후발주자로서 신제품을 출시하려고 한다. 후발주자이지만, 시장을 선도하기 위한 혁신적 신제품을 론칭하기 위한 제품전략과 실행 계획을 수립하여 제시하시오.
2. 팀원들이 좋아하는 특정 브랜드의 제품을 한 개 선택하고, 일반 고객들이 인식하고 있는 해당 제품의 편익들은 무엇인지 정리하시오. 본인이 해당 제품의 마케터로써, 현재 고객이 인식하고 있는 편익들을 수정 혹은 변경하여 새로운 가치 제안을 하려고 한다면 어떤 새로운 가치와 추구하는 편익들을 정리하고 편익 서술문을 개발하시오.
3. 특정 유형제품을 한 개 선택하여 확장제품화하는 서비타이제이션 전략을 수립하시오. (본 서비타이제이션 전략은 고객의 요구 분석 및 기회 요소, 서비타이제이션을 통해 제공하는 새로운 편익, 서비타이제이션의 개념도 등이 포함되어야 함)
4. 제품 큐레이팅 성공사례들을 3개 발굴 선택하여, 각각의 세부 특징들을 분석한 표를 완성하시오. 본 분석 결과를 통해 제품 큐레이팅의 공통적 성공 요인들을 정리하여 제시하시오.

PART

4 AI·디지털시대의 4P Mix 마케팅 전략 수립과 관리

기업은 신제품이나 서비스를 개발할 때 방대한 시장자료와 소비자조사 자료들을 검토하고 많은 투자를 하여 소비자의 니즈에 부합한 제품과 서비스를 출시하기 위해 노력한다. 그러나, 흥미로운 점은 소비자가 원하는 니즈들 중에 많은 니즈들은 소비자 자체도 그것이 무엇인지 명확히 모른다는 점이다.
소비자의 미대응 니즈 발견 후에 이를 만족시키기 위한 기존의 대응적 방식보다는 실제 현재 존재하지 않은 니즈를 만들어내고 소비자에게 그 니즈의 필요성을 강조하고 그 니즈를 해결하는, 보다 선제적 마케팅을 해야 한다. 새로운 콘셉트와 가치를 제안하여 지금까지 없었던 새로운 카테고리를 만들어 내는 것이 마케터의 창조적 작업이다.

eight

유통업계, 'N극화' 트렌드 겨냥한 신제품 '봇물'

최근 유통업계가 잇달아 신규 브랜드를 론칭하거나 제품군을 확대하며 소비자 눈길을 끌고 있다. 이는 취향과 라이프스타일에 따라 더욱 개인화된 소비 경험을 추구하는 MZ세대 소비자를 겨냥한 움직임으로 분석된다. 점차 세분화되고 있는 소비자 취향을 반영하겠다는 의도다.

개인 취향의 세분화를 일컫는 'N극화' 현상이 트렌드로 떠오르는 것도 소비자 요구가 매우 다양해졌음을 의미한다. 업계는 보다 많은 소비자 요구를 충족시키기 위해 전문 브랜드를 새롭게 론칭하거나 제품군을 확대하는 등 적극적인 활동을 펼치고 있다.

코카콜라는 식물성 음료에 대한 소비자 수요가 증가함에 따라 든든하고 간편하게 즐길 수 있는 '고:굿 오트'를 새롭게 선보였다. 고:굿 오트는 유럽산 오트에서 추출한 오트시럽과 쌀겨로 만든 미강유 블렌딩으로 깊고 고소한 맛을 즐길 수 있는 귀리 음료다. 고소한 맛의 '플레인'과 진한 풍미의 '리치' 2가지 맛으로 출시돼 취향에 따라 선택해 마실 수 있다. 패키지는 가볍게 가지고 다니기 좋은 195㎖ 소용량으로 제작됐다. 기분 좋은 포만감으로 바쁜 아침이나 허기질 때 간편하고 든든하게 음용할 수 있다.

코카콜라 고굿오트

비거니즘 실천 소비자를 위한 전문 브랜드를 론칭하는 기업도 있다. 동원홈푸드는 지난 4월 비건 전문 브랜드 '비비드그린'을 론칭하고 첫 제품으로 비건 카레 2종을 선보였다. 비비드그린은 100% 식물성 재료로 만든 메뉴를 선보이는 비건 전문 브랜드다. 동물성 재료를 사용하지 않고도 음식 본연의 맛을 그대로 재현한 점을 강조하고 있다. 브랜드 론칭과 함께 선보인 비비드그린 비건 카레 2종은 비건표준인증원 비건 인증을 받았다. 순한맛과 매운맛 2종으로 만나볼 수 있다.

동원홈푸드 '비비드그린', 풀무원 '지구식단'

풀무원은 지난해 지속가능식품 전문 브랜드 '지구식단'을 론칭하고 론칭 1년 만에 약 430억원 매출을 달성했다. 기존 제품인 식물성 텐더, 두부면 등을 브랜드 론칭에 맞춰 리뉴얼 했으며 냉동만두, 볶음밥 등 소비자가 즐겨 찾는 간편식 메뉴 위주로 제품을 확장하며 시장을 공략하고 있다. 특히 지구식단 카테고리에서 가장 다양한 제품이 포진한 식물성 간편식의 올해 상반기 매출은 작년 동기 대비 55.7% 성장했다.

집에서 시간을 보내는 것을 선호하는 홈족들을 위한 브랜드도 주목받고 있다. SPC삼립은 홈베이커리 브랜드 '레디비'를 새롭게 선보이며 시장 확대에 나섰다. 집집마다 에어프라이어가 보급되면서 간편하게 즐길 수 있는 베이커리 제품에 대한 관심이 높아졌기 때문이다. '레디비'는 집에서 갓 구운 빵을 간편하게 즐길 수 있도록 빵 반죽을 80~90% 정도만 구운 뒤 급속 냉동한 '파베이크 제품'과 '냉장·냉동 제품'으로 구성됐다. 베이커리 전문점 수준의 빵을 합리적인 가격에 맛볼 수 있는 것이 장점이다.

SPC삼립 '레디비', 아워홈 '구씨반가', 이마트에브리데이 '생활의딜'

아워홈은 프리미엄 가정간편식(HMR) 브랜드 '구씨(氏)반가'를 론칭하고 첫 제품으로 '진주식 속풀이 해장국'을 출시했다. 구씨반가는 전통 한식 문화가 깃든 진주 명문가, 구씨가문의 음식 문화를 담은 프리미엄 간편식 브랜드다. 구자학 아워홈 선대회장 아이디어에서 시작해 오랜 연구 끝에 만들어졌다. 아워홈은 앞으로 구씨반가를 통해 양반들이 즐겨먹던 푸짐한 고깃국을 모티브로 독보적인 맛과 품질을 자랑하는 국·탕류 제품을 선보인다는 계획이다.

이마트에브리데이는 생활필수품 자체브랜드(PL) '생활의딜'을 공식 출시했다. 생활의딜은 고객 일상 가까이에서 합리적인 소비 생활을 돕는다는 목표로 기획됐다. 고객 장바구니 물가 부담을 덜 수 있도록 인기 일반 브랜드 상품 대비 최대 30%가량 저렴한 가성비를 기본으로 갖췄다. 우유·대용식·과자·반찬 등 다양한 가공 식품과 주방·욕실·리빙까지 아우르는 생활용품 등 다양한 제품군으로 구성돼 소비자 선택 폭을 넓혔다.

초록마을 '초록베베', 락앤락 '리틀럽' '스쿨핏'

자녀가 있는 부모를 타깃으로 한 제품도 인기다. 초록마을은 영유아식 전용 자체 브랜드(PB) '초록베베'를 선보였다. 안심 먹거리에 대한 수요가 높은 영유아식 시장에 집중하기 위한 결과다. '초록베베'에서는 생후 6~36개월 영유아를 위한 식품을 선보인다. 제품은 인공첨가물 사용을 최소화하고 친환경·유기농 원료를 사용한 것이 특징이다. 이유식용 가루, 소분 채소, 다진 채소, 다진 축·수산물 등 신선식품 42종과 간식, 음료, 반찬 등 가공식품 17종을 내놨다. 제품을 추가로 개발해 연내 26종을 더 출시한다는 방침이다.

락앤락은 영유아 전용 라인 '리틀럽' 시리즈와 유치원 및 초등학생이 사용하기 좋은 '스쿨핏' 시리즈를 보유하고 있다. 리틀럽 시리즈는 소재 안전성은 물론 내구성, 위생, 사용 편의성을 한층 강화했다. 최근에는 이유기 아이들을 위한 '리틀럽 푸드자'와 학령기 아이들을 위한 '스쿨핏 츄잉 원터치 텀블러'를 출시했다.

출처: 전자신문, 2023.9.7

::: 신제품 개발의 중요성과 고려사항

신제품 개발(New Product Development: NPD)은 일반적으로 마케팅만의 업무는 아니다. 기업과 해당산업에 따라 R&D팀(Research & Development), 디자인팀, 생산팀 등이 포함되어 협업 업무를 통해 신제품이 개발된다. 신제품은 시장에서 처음 선보이는 혁신적인 제품일 수도 있고, 품질이나 기능이 일부 향상된 제품이나 디자인이나 제품의 패키지가 변경된 경우, 재포지셔닝된 경우 등도 신제품에 포함된다. 어떠한 유형의 신제품일지라도, 기업에서 신제품을 개발하여 시장에 선보이기까지는 많은 시간과 비용이 소모된다. 성공적인 신제품 개발은 기업에게 수익뿐 아니라 높은 성장을 가져다 주고, 소비자들에게도 생활에 필요한 이점을 제공해 준다는 점에서 기업은 끊임없이 신제품 개발에 노력을 쏟는다. 그러나 자체적인 연구개발의 부족, 잘못된 시장 분석, 부적절한 가격 책정 등 다양한 이유로 인해 신제품 개발에 실패할 수 있다. 새로운 제품의 실패율은 매우 높아서 미국에서는 95%, 유럽에서는 90%라는 연구도 있다. 이처럼 위험하고 어려운 신제품 개발에 성공하기 위해서는 신제품 개발에 영향을 미치는 다양한 영향 요인들을 파악하고 체계적인 신제품 개발이 이뤄져야 한다.

신제품 개발 시 고려 사항

기업은 소비자들의 욕구, 트렌드의 변화, 기술의 발전, 시장의 흐름의 변화 등에 적절하게 대응하는 신제품을 지속적으로 개발해야 한다. 신제품 개발 시에는 여러 가지 고려해야 할 사항이 있다. 첫째, 마케터는 늘 변화하는 시장 흐름에 맞추어 소비자들이 원하는 것이 무엇인지, 소비자들의 특성이나 욕구가 무엇인지에 주의를 기울여야 한다. 이를 통해 새롭게 요구되는 기술이 있는지, 새로운 기술을 도입한 신제품을 개발할 수 있는지를 살펴봐야 한다. 둘째, 기업의 능력이 신제품 개발에 충분히 부합하는지 검토해야 한다. 신제품 개발에는 많은 비용과 시간이 소모되므로, 기업의 자산, 능력, 인적 자원 등 현재 개발 가능한가를 살펴봐야 한다. 셋째, 기존 제품보다 차별적 경쟁력이 있어야 한다. 품질이나 디자인, 기능, 새로운 기술 등 기존의 제품과 비교해서 경쟁력이 없다면, 막대한 비용을 들여서 신제품 개발에 노력을 쏟을 필요가 없을 것이다. 넷째, 충분한 시장 조사가 이뤄져야 한다. 소비자가 원하는 것이 무엇인지, 경쟁사가 판매하고 있는 제품은 어느 정도 시장의 반응을 보이고 있는지 등 종합적으로 시장 환경을 살펴본 후 거기에 해당되는 신제품 개발 과정이 이뤄져야 한다.

기업조직 관점에서는 우선적으로 신제품을 위한 적절한 예산을 확보해야 한다.

앞서 언급한 바와 같이 신제품에서 성공확률은 5~10%밖에 안될 정도의 어려운 작업이다. 제품종류에 따라 막대한 개발비와 개발시간을 요구하기도 하고, 제품 개발보다는 제품개발 후 신제품마케팅의 성공여부에 따라 그 성패가 결정되기도 하기 때문에, 일반 제품보다는 신제품은 상대적으로 많은 마케팅 비용을 지불해야 한다.

비용 설정 방법으로는, 첫째, 해당 산업의 해당 제품군에서 신제품 개발에 소요된 평균비용들을 산출하여 예산 설정 시 기준을 삼는 방법이 있다. 둘째, 자사의 유사 신제품 개발시 소요된 비용을 참조하여 결정하는 방법이 있다. 마지막으로, 전략적 비용 설정 방법으로 시장 경쟁상황에 따른 신제품 출시의 중요도에 따라 예산의 전폭적 투자가 필요할 수도 있음으로 전략적 관점의 예산 설정을 할 수도 있다.

예산이 결정되었으면, 신제품을 개발할 조직을 구성해야 한다. 일반적인 조직구성 형태로는, (1) 회사 조직 내 상설 신제품 개발팀을 운영하는 경우, (2) 회사 조직 내 소수들을 소집하여 별도의 신제품 개발 벤처팀을 한시적으로 만들어 특정 사업이나 제품 개발만을 집중하는 경우, (3) 외부 전문기업에 외주를 주는 경우 등이 있다. 일반적으로 FMCG(Fast Moving Consumer Goods)기업들과 같이 다수의 신제품들을 끊임없이 개발하는 경우들은 상설 신제품 개발팀을 운영하는 편이다. 반면, 혁신성이 더욱 요구되면서 빈번히 신제품 개발을 하지 않는 경우는 신제품 개발 벤처팀을, 외부 전문가의 전문적 지식과 경험이 더욱 요구될 때는 외부 전문기업의 외주 형태로 진행되는 것이 일반적이다.

신제품 사업 아이디어 승인과정은 기업에 따라 매우 다양하다. 신제품 관리자를 두고 카테고리 관리자들에게 신제품 아이디어를 보고하여 승인을 받는 기업들도 있고, 고위 관리자로 구성된 위원회를 통해 신제품 아이디어를 승인하는 경우도 있고, 혹은 최종경영자가 전권을 가지고 최종 의사결정을 하는 경우도 많다.

일부 다국적기업들은 혁신과정을 체계적으로 관리하기 위해 단계-관문 시스템(stage-gate system)을 운영하고 있다. 각 단계에서의 프로젝트 리더와 해당 팀의 책임을 명확히 규명하고, 초기단계 진행한 것들을 추가 비용 소요가 요구되는 다음 단계로 이전할지를 판단하는 문지기(gate) 기능을 두어, 진행/취소/보류/재순환의 4가지 사항 중 하나를 결정한다.

CASE **STUDY**

LG전자, 프리미엄 프라이빗 가전 'LG 오브제' 론칭

LG전자가 프리미엄 가구 가전 'LG 오브제(LG Objet)'를 새롭게 선보였다.

LG 오브제는 나만의 공간과 시간을 완성시켜주는 프리미엄 프라이빗 가전(premium private appliance) 브랜드다. LG 오브제는 가전(家電)과 가구(家具)를 결합한 신개념 융복합 가전으로, 예술작품 또는 인테리어의 일부가 돼 그 공간을 더욱 아름답게 만들어준다는 의미를 담았다.

LG전자는 ▲나만의 확실한 행복감과 만족감 ▲편안하게 쉴 수 있는 공간 ▲나를 위한 소비 등을 중시하는 프리미엄 고객들을 위해 냉장고, 가습 공기청정기, 오디오, TV 등 LG 오브제 제품 4종을 출시했다.

LG전자는 2016년 론칭 후 성공적으로 안착한 超프리미엄 'LG 시그니처(LG SIGNATURE)'에 이어 세상에 없던 혁신적인 제품을 잇따라 내놓으며 가전 명가의 위상을 더욱 높여갈 계획이다.

LG 오브제, 가전과 가구 모두 느낄 수 있는 디자인으로 기존 제품과 차별화

LG 오브제는 LG전자만의 차별화된 제품 기술력과 프리미엄 가구가 만나 제품 하나하나는 물론 공간 인테리어까지 빛내 준다. LG전자는 LG 오브제를 통해 가구와 가전이 공간을 위해 하나가 되고 공간 분위기를 함께 만들 수 있다는 것을 보여줬다.

LG전자는 가전의 설치공간 한계를 돌파하기 위해 나무, 금속 등 리얼 소재의 아름다움을 담은 가구 가전 개발을 진행해 2년여 만에 LG 오브제를 완성했다.

프리미엄 가전과 프리미엄 가구를 융복합한 LG 오브제에서 가구와 가전을 모두 느낄 수 있도록 가구와 가전 간 균형에 상당한 공을 들였다. 가구 트렌드 및 소재에 대한 심층 조사를 비롯, 최적의 원목 선정, 우수한 원목 확보를 위한 가공방법까지도 관리했다. 이를 통해 단순히 가구 소재를 채용한 것을 넘어서 가전을 품은 완벽한 가구 형태를 완성해 기존 제품들과 확실히 차별화했다. 세계적인 산업디자이너 스테파노 지오반노니는 LG 오브제 디자인에 참여해 소재 선정을 비롯, 디자인 완성도를 높이는 데 기여했다. 그는 "천연 소재인 나무와 첨단

기술의 만남은 매우 흥미롭고 성공적이었다"며 "이번 시도가 새로운 트렌드로 자리잡을 것"이라고 강조했다.

LG 오브제 디자인은 세계 3대 디자인상을 석권하며 디자인 경쟁력을 인정받았다. LG 오브제 냉장고는 'iF 디자인 어워드', '레드닷 디자인 어워드', 'IDEA'에서 각각 디자인상을 받았고, LG 오브제 가습 공기청정기는 'iF 디자인 어워드'와 '레드닷 디자인 어워드' 디자인상을 수상했다.

LG전자는 냉장고, 가습 공기청정기, 오디오, TV 등 LG 오브제 신제품을 1일부터 주요 백화점 및 LG베스트샵 매장을 중심으로 판매한다. LG 오브제 제품은 주문 제작 방식으로 생산되며 구입 후 최대 3주 소요된다.

LG 오브제 냉장고 / 가습 공기청정기

LG 오브제 냉장고와 LG 오브제 가습 공기청정기는 프리미엄 가구에 쓰이는 북미産 애쉬원목을 채택했다. 애쉬원목은 내구성이 뛰어나고 나뭇결이 살아있어 주로 고급 가구에 쓰인다.

두 제품은 하단에 조명을 탑재해 은은한 무드를 연출한다. 제품 상단에 스마트폰을 올려 놓으면 무선충전 기능을 이용해 간편하게 충전할 수 있다. 특히 LG 오브제는 고객들이 '나만의 시간, 나만의 공간'을 위해 침대, 소파 등 '나'와 가까운 곳에서 사용하는 점을 감안해 전자파에 대한 걱정 없이 안심하고 사용할 수 있도록 했다.

40리터 용량의 LG 오브제 냉장고는 어떤 공간에서도 어울리는 가구 디자인이라 냉장고를 주방에서만 사용한다는 고정관념을 탈피해 공간의 경계를 허물 수 있다. 사용하는 목적과 공간에 따라 화장대를 겸한 화장품냉장고, 거실의 미니바 등으로 활용할 수 있다. 열전소자

냉각방식은 컴프레서와 냉매가스를 사용하지 않고, 반도체에 전기를 흘려 보내 주변의 열을 흡수해 냉각한다. 진동이 발생하지 않고 소음을 최소화한다.

LG 오브제 오디오 / TV

LG 오브제 오디오와 LG 오브제 TV는 블랙 브라운 색상의 월넛원목을 적용해 고급스러운 디자인을 강조했다. 두 제품은 제품 컨셉, 안정성 등을 고려해 강도가 우수하면서도 자연스러운 나뭇결이 살아있는 월넛원목 소재를 사용했다. 고급 원목 테이블처럼 하단부를 월넛원목으로 제작해 전체적으로 가구 느낌을 살렸고 하단에는 조명 기능도 갖췄다.

오디오 본연의 기능도 탁월하다. LG 오브제 오디오는 원목 소재에 英 명품 오디오 브랜드인 '메리디안 오디오(Meridian Audio)'의 뛰어난 신호 처리 기술과 고도화된 튜닝 기술을 더해 최적의 사운드를 구현한다.

LG 오브제 TV는 65인치 슈퍼 울트라HD TV, 3단 수납장, 사운드바를 결합한 융복합 제품이다. 상단에는 중후한 다크 그레이 색상 목재를, 하단에는 블랙 브라운 색상의 월넛원목을 적용해 전체적으로 고급스러운 거실 장식장을 연상시킨다. 사용자가 대형 TV를 슬라이딩 도어처럼 좌우로 밀면 수납장을 이용할 수 있다. TV는 켜진 상태에서 좌우로 이동할 수 있다. 수납장은 필요에 따라 높이 조절이 가능하고 셋톱박스, 무선 공유기, 게임기기 등 TV와 연결해 사용하는 주변기기들을 보관할 수 있어 TV 주변을 깔끔하게 유지해준다.

출처: Social LG전자, 2018.11.1

::: 신제품 개발과정

신제품 개발은 〈그림 8.1〉과 같이 복잡하고 긴 과정들의 사슬형태를 띠는데, 각 과정별로 의사결정을 통해 그 다음 단계로 넘어가는 굴뚝과정(funnel process)의 특징을 가지고 있다. 이에 수많은 신제품 아이디어들 중에서 제품 개념화, 마케팅 전략 수립, 사업성 평가, 제품개발, 시장평가, 최종 상품화 단계까지 거쳐서 아주 소수의 제품아이디어가 최종적으로 시장에 선보이게 된다. 그러나, 이러한 과정들이 항상 철저하게 정형화된 것은 아니고, 시장 및 내부 상황의 변화, 추가 개선의 필요성 등에 의해 진행과정을 전단계로 되돌려 다시 하는 경우도 있어서 많은 기업들은 나선형 모양의 개발과정(spiral development process)을 이용하기도 한다.

성공적인 신제품을 개발하기 위해서는 신제품 계획 수립을 통한 철저한 신제품 개발 관리 과정이 필요하다. 신제품 개발을 위해서 가장 먼저 마케터는 통찰력을 가지고 시장 흐름을 파악해야 한다. 신제품 개발의 타당성을 위한 면밀한 시장 분석이 이뤄지기 전에 마케터는 시장 상황을 보고 신제품 개발에 대한 가능성을 볼 수 있어야 한다. 그러고 나서 어떤 신제품이 좋을지 체계적으로 탐색해야 한다. 이때는 마케터뿐 아니라 마케팅 부서, R&D 부서 등 기업 내부의 인적자원을 통해 아이디어를 수집할 수 있고, 또한 외부 소비자들이 제품에 대한 불

그림 8.1

신상품 개발과정

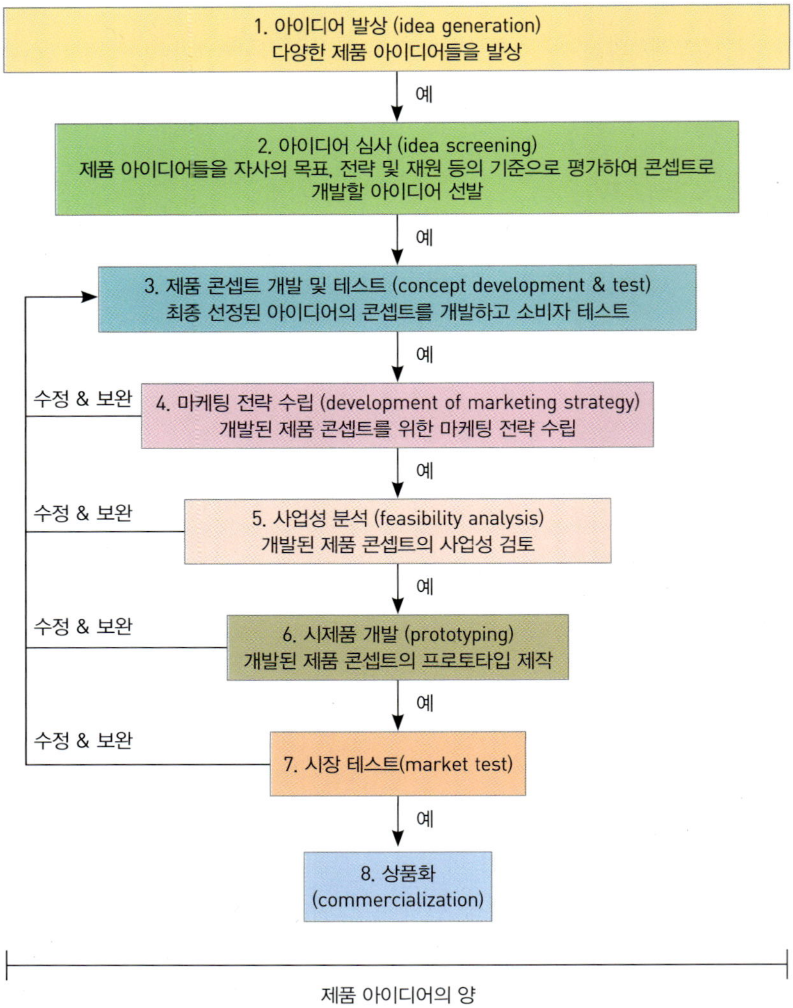

만이나 개선 사항 등을 파악하여 아이디어를 수집할 수 있다. 아이디어가 수집되었으면, 많은 아이디어 중에서 좋은 아이디어와 나쁜 아이디어를 분별하는 작업이 이뤄진다. 여기서 좋은 아이디어가 나왔다면, 그 아이디어를 가지고 제품 콘셉트(product concept)를 보다 구체적으로 서술한다. 여기서는 간략하게 어떤 소비자들이 사용할지, 어떤 상황에서 필요할지, 어떤 목적으로 사용하는지, 가격은 어느 정도일지 등의 개략적인 콘셉트를 잡는다. 이때 기업에서는 소비자를 대상의 소비자좌담회(Focus Group Interview: FGI)를 진행하고, 그때 ZMET(Zaltman Metaphor Elicitation Technique)과 같은 정성적 기법 등을 사용하여 소비자 욕구나 필요 등을 알아볼 수 있다. 어떤 제품의 콘셉트가 결정되었다면, 이를 토대로 보다 구체적인 마케팅 전략을 구축하고, 사업 타당성 분석을 실시한다. 이때는 신제품 개발에 따른 R&D비용, 원가와 비교하여 어느 정도 매출이나 이익이

발생할 수 있을지를 예측한다. 신제품 개발 사업이 타당할 것이라고 예측되면, 제품 콘셉트를 실제 제품으로 개발한다. 제품 콘셉트는 추상적인 아이디어 상태였다면, 시제품 개발은 물리적인 제품을 실제로 만드는 것이다. 제품 개발단계에서 논의되었던 신제품의 모습에 가장 적합한 제품이 만들어졌다면, 이를 일부 생산 및 판매를 통한 테스트 마케팅(test marketing)을 실시한다. 그리고 마지막으로 상품화(commercialization) 단계에서는 신제품을 실제 시장에 판매할 것인지를 결정한다. 이때는 판매 결정뿐 아니라, 신제품 출시와 관련된 다양한 의사결정이 함께 이뤄져야 한다.

특히, 신제품 개발에서 새로운 아이디어들을 발상하고 이를 검증하여 최종의 개발 아이디어를 선정하는 것은 매우 중요한 작업들이다. 아이디어 발상을 위한 창의적 기법, 아이디어를 스크리닝하는 기법 및 제품 콘셉트 개발과 테스트에 대한 좀 더 구체적인 설명은 다음과 같다.

아이디어 발상을 위한 창의성 기법

신제품 아이디어 발상 때 창의성을 배가하기 위한 다양한 기법들이 활용되고 있다. 이 중 많이 사용하는 기법들을 소개하면 다음과 같다.

속성 열거법(attribute listing) 특정 제품, 물건, 대상 등의 속성들을 구체적으로 열거한 후 특정 속성들의 일부 수정을 통해 새로운 속성을 개발하는 것

예 사람 대상을 반려견 대상으로 수정한 반려견 상조 서비스
피부 커버력과 함께 화사한 피부톤을 만들어 주어 히트상품이 된 색조화장품 BB크림에 기능성 에센스를 추가함으로써 색조화장품에 기능성까지 더한 CC크림

관계 강화법(forced relationship method) 여러 가지 아이디어들을 나열하고 각각의 속성들을 새로이 결합하여 새로운 콘셉트를 만들어 내는 것.

예 핸드폰+카메라+MP Player= 스마트폰; 프린터+스캐너+팩스= 복합기프린터;
시리얼+가벼운 식사= 시리얼 바

형태학적 분석법(morphological analysis) '선풍기는 바람개비에 모터를 달아 전기를 이용해 회전시킴으로써 찬 바람을 만들어 냄'과 같은 본질에서부터 출발해서, 바람개비 말고 찬바람을 만들어 내는 방법이 없을까 생각함

예 날개 회전이 아닌 흡입한 공기를 압축시켰다가 내뿜는 방식으로 공기를 내뿜는 제트 엔진의 원리를 활용하여 출시된 날개 없는 선풍기, 에어 멀티플라이어

역가설 분석법(reverse hypotheses analysis) 어떤 실체에 대한 모든 가설들을 나열한 후, 각 가설에 대한 반대가 되는 역가설을 제시함

CASE STUDY

롯데제과는 '빼빼로'를 AI 로 만든다

최근 롯데제과가 인공지능(AI)을 활용해 과자를 만들어 눈길을 끌고 있다. '꼬깔콘 버팔로 윙맛', '빼빼로 카카오닙스' '빼빼로 깔라만시 상큼요거트' 등이 대표적인 사례다.

이 과자들은 엘시아(LCIA: Lotte Confectionery Intelligence Advisor)라는 이름의 AI 트렌드 예측 시스템을 통해 탄생했다. 롯데제과는 IBM과 업무협약을 체결하고 소비자들이 원하는 맛, 소재, 식감 등을 파악하기 위한 트렌드 분석 시스템을 개발했다. 롯데그룹의 데이터 혁신을 이끌고 있는 김혜영 롯데쇼핑 e커머스본부 AI COE센터장은 5일 서울 삼성동에서 열린 IBM 데이터 앤드 AI 포럼(Data and AI Forum by IBM) 행사에서 이와 같은 롯데그룹의 AI 활용 사례를 소개했다.

앞서 언급한 롯데제과 사례는 소셜분석과 거래 데이터 분석이 결합된 것이 특징이다. 기존에도 소셜미디어를 분석해서 소비자의 숨겨진 니즈를 찾으려는 시드는 있었다. 그러나 소셜 데이터만으로 얻은 통찰력에는 한계가 있었다. 소비자가 많이 이야기한다고 반드시 소비자가 원하는 것은 아닐 수 있기 때문이다. 롯데제과는 이런 문제를 보완하기 위해 거래 데이터와 소셜데이터를 결합해 분석했다. 롯데그룹은 백화점부터 대형마트, 편의점까지 다양한 유통망을 가지고 있다는 점이 큰 힘이 됐다. 실제 거래 데이터를 가지고 있기 때문이다. 이를 통해 소비자가 소셜에서 어떤 제품에 대해 이야기하고 있는지, 소비자가 실제 어떤 제품을 구매하고 있는지 두 데이터의 관련도를 함께 분석했다. 이번 롯데제과 사례의 또 다른 특징은 '빼빼로'처럼 제품 단위가 아니라 소재, 맛, 포장 등 제품 하나가 이루고 있는 속성을 분해해서 속성 단위로 소셜트렌드를 분석했다.

롯데그룹은 또 '샬롯'이라는 이름의 인공지능 챗봇도 개발했다. 고객이 필요로 하는 상품을 추천해주는 쇼핑 어드바이저다. 옷가게에 들어갔을 때 점원과 나누는 것처럼 인공지능 챗봇과 대화를 사면서 상품을 구매할 수 있도록 하겠다는 의도다. 챗봇, 데이터베이스, 추천엔진 기술이 결합된 서비스로, 현재 누적 사용자는 200만 명, 월 대화건수는 30만 건이다.

김 센터장은 "아직 활발한 이용이라고 말하기는 어려운 수치지만, 샬롯을 통해 많은 교훈을 얻고 있다" "지금까지 공급업체로부터 제품과 서비스를 공급받고 유통하는 데에만 관심이 있었지, 제품 하나하나에는 큰 관심이 없었다"면서 "판매하는 제품은 많았지만 제품에 대한 양질의 데이터는 부족했다"고 말했다. 그는 이어 "데이터를 잘 정비해야 한다는 사실을 다시 한 번 깨달았다" 면서 "지금은 과제 내용을 계열사와 공유하면서 현업과 IT부서 가리지 않고 데이터를 모으고 있다"고 덧붙였다.

롯데그룹은 이처럼 AI를 통한 디지털 트랜스포메이션에 큰 관심을 가지고있다. AI를 통해 고객 경험을 향상시키고, 내부직원이나 협력사의 일하는 방식을 혁신해 생산성을 높이겠다는 전략이다. 김 센터장은 AI 혁신을 IT부서가 주도하면 실패한다고 조언했다. 그는 "AI와 데이터라는 기술을 결과에 따라 비즈니스에 큰 영향을 미치기 때문에 이루고자 하는 게 무엇인지 명확히 해서 현업부서가 이끌고, 기술조직은 어떤 기술이 적합한지 판단하는 역할을 해야 한다"면서 "롯데그룹은 롯데제과의 경우 마케팅 본부가, 롯데백화점은 옴니채널 사업본부가 AI를 이끌고 있다"고 전했다. 아울러 대기업의 경우 '스몰 스타트'가 적합하지 않을 수도 있다고 조언했다. 대부분의 전문가들은 AI와 같은 신기술은 작게 도입해서 성과를 거두면 크게 확장하라고 말한다는 점에서 특이한 조언이다.

김 센터장은 "대기업의 경우 작은 성공으로는 의사결정자를 설득하기 어려울 수 있다"면서 "크게 시작하면 (작은 실패에도) 지속적으로 시도하도록 만들기 쉽다"고 말했다. 매우 한국적인 조언이라고 할 수 있다. 물론 빅 스타트를 하기 위해서는 대기업 총수나 CEO의 관심과 의지가 중요하다. 김 센터장은 "대기업의 경우 위에서 내려오는 탑다운(Top-Down)의 접근이 효과적"이라고 덧붙였다.

출처: 이데일리, 2019.9.13

예 미숫가루음료는 배가 부르다, 다이어트에 해가 된다 등의 가설을 반대로 아침에 마시는 미숫가루음료는 배가 불러 식사대용이 된다는 역가설이 가능함. 실제, 웅진식품은 이런 역가설하에 곡물음료 카테고리를 선보이고 '아침햇살' 쌀음료를 출시함

새로운 맥락법(new context) 기존 제품이나 서비스 맥락에서 새로운 맥락에 적용해 보면, 새로운 제품이나 서비스 아이디어가 창출됨

예 얼굴 전면에 붙이던 마스크팩의 맥락을 국부적으로 축소하여, 눈이나 코 등의 특정부위에 붙이는 특수 마스크팩인 코 마스크팩, 다크써클용 팩을 출시함. 팬더, 고양이 등 다양한 동물 얼굴 디자인을 반영한 마스크팩을 통해 피부관리하면서 재미를 즐기는 아이디어상품이 되어 남에게 보이기 어색했던 마스크팩을 남에게 보이는 재미있는 제품으로 인식의 변화를 줌

마음 지도법(mind mapping) 특정 제품이나 생각에서 출발해서 순차적으로 떠오르는 것들을 종이에 적어나가면서 연결함. 그다음 연관성을 떠올리고, 각각의 새로운 단어들과 모든 연관을 맺어보면서 새로운 아이디어의 실체를 만듦

앞서 소개한 다양한 아이디어 발상 기법들은 사람들의 직관, 경험과 느낌에 의존하여 다양한 방식으로 아이디어 확장을 노력한 것이다. AI·디지털시대로 진입하면서 다양한 기술들은 신제품개발 단계 중 아이디어 발상 단계에서도 적극 접목되고 있다. 롯데제과 빼빼로의 Case Study에서 보여주듯이, AI(Artificial Intelligence) 인공지능을 방대한 자료 분석 능력을 이 신제품 개발 단계 중 새로운 아이디어를 도출하는 과정에서도 활용되기 시작했다. AI를 활용하여 고객 반응 빅데이터들을 분석하고 새로운 조합의 맛을 찾아낸 것으로 이러한 시도들은 더욱더 확대되고 있다.

SCAMPER 기법

SCAMPER 기법은 마케터에게 창의적 사고를 촉진하고 아이디어를 확장하는 데 도움을 준다. 이 기법은 제품 디자인, 마케팅전략, 그리고 창의적인 프로젝트를 수행하는 과정에서 유용하게 활용되는데 다음과 같은 단계로 구성되어 있다.

S	대체(Substitue)	무엇을 대신 사용할 수 있을까?
C	조합, 결합(Combine)	무엇을 결합시킬 수 있을까?
A	적용(Adopt)	조건이나 목적에 맞게 조절할 수 있을까?
M	수정(Modify), 확대(Magnify)	색, 모양, 형태 등을 바꿀 수 있을까?
P	다른 용도로(Put to other uses)	다른 용도로 사용할 수 있을까?
E	제거 혹은 축소(Eliminate or minify)	어떤 것을 삭제, 제거할 수 있을까?
R	뒤집기(Reverse, Rearrange)	순서를 바꿀 수 없을까?

표 8.1 SCAMPER

- **S**(대체): 기존 요소를 다른 것으로 대체해 본다.

  예 24시간 편의점을 무인화

- **C**(결합): 비슷한 기능이든 다른 기능이든 두 가지 이상의 기능을 혼합하여 새로운 것을 만들어 낸다.

  예 토스터기와 전자레인지가 결합된 all-in-one 제품

- **A**(적용): 다른 곳에서 아이디어를 빌려오거나 유사한 것에서 아이디어를 새로운 영역에 아이디어를 덧붙인다.

  예 얼굴 전체 사용 마스크팩에서 부위별 부분 마스크팩

- **M**(변형·확대·축소): 모양, 색깔, 크기 등을 변형하여 새로운 것을 찾아본다.

  예 휴대용 선풍기

- **P**(다른 용도): 기존 제품을 다른 용도로 사용할 수 있는 아이디어를 찾는다.

- **E**(제거): 필요 없는 기능이나 요소를 제거하여 단순화해 본다.

  예 결재 프로세스가 필요 없이 한번 등록하면 언제든지 편리하게 결재가 가능한 간편 결재

- **R**(역발상): 기존 방식과는 반대로 생각하여 새로운 아이디어를 찾는다.

  예 수익률이 아닌 광고 수익 중심의 알리 익스프레스의 비즈니스모델

아이디어 심사

다양한 발상 기법들을 활용하여 다양한 아이디어들을 개발하여 아이디어 풀(idea pool)이 완성되면 다음 단계로 넘어갈 일부 아이디어들을 추려내기 위해 심사를 하게 된다. 일반적으로 아이디어 심사 시 두 가지의 오류가 나타날 수 있는데, 첫째는 실제 좋은 아이디어를 심사과정에서 탈락시키는 탈락오류(drop-error)와 둘째는 좋지 못한 아이디어인데 채택이 잘못되어 개발이나 상품화 단계로 진행되는 채택오류(go-error)이다. 이들 오류들을 피하기 위해서는 직관에 의한 평가에 의존하지 말고 체계화된 심사과정을 거치는 것이 중요한데, 특히 정량화된 평가를 위해 아이디어 평가 시, 다음 〈표 8.1〉과 같은 아이디어 평가표를 활용한다. 기본적으로 평가 항목들별 상대적 가중치를 평가한 후, 각 아이디어별 평가항목들에 따라 평가를 한다. 그 결과, 각 항목별 가중치를 적용하여 점수를 산출하여 총합계를 산출한다. 이런 과정을 통해 일부 고득점 아이디어들을 스크린하고 총계 높은 순서대로 우선 순서화하여 이후 단계 검토를 진행한다. 본 평가표에서의 평가항목들은 한 예시일 뿐이며, 해당 신제품을 개발하고자 하는 특정 시장에 따라 평가항목들을 달리해야 한다.

평가 항목	상대적 가중치 (1)	평가 점수 (2)			소계 (3=1x2)		
		A안	B안	C안	A안	B안	C안
독특성/차별성	35%	80	90	60	24.5	31.5	21
고성능	20%	70	90	50	14	18	10
시장 경쟁력	15%	90	80	60	13.5	12	9
수익성	10%	90	80	80	9	8	6
관련 기술 보유여부	20%	40	70	80	10	14	14
	100%				71	83.5	60

표 8.2
제품아이디어 평가표 예시

제품 콘셉트 개발과 테스트

가장 기본적인 세 가지의 질문들을 통해 여러 제품 콘셉트들이 개발될 수 있는데, 예를 들면, 새로운 비누 제품 콘셉트를 개발한다고 하자. 첫째는 누구 대상인가(유아, 어린이, 10대 청소년, 20대, 청장년, 중년, 실버 등)이고, 둘째는 제공하는 이점이 무엇인가이며, 셋째는 언제(아침, 오전, 점심, 오후, 저녁, 밤) 혹은 어떤 상황들에서 사용되는가이다. 이들 질문들을 통해 다음의 여러 제품 콘셉트들이 개발될 수 있다. 여기서 중요한 점은 가치 제안(value proposition)은 정확히 타깃시장과 본 제품에 제공하는 경쟁 우위를 명료하게 한 개의 문장으로 전달해야 한다.

- **개념1**: 연약한 피부에 맞고 눈이 따갑지 않는 body wash & shampoo가 하나로 된 유아용 all-in-one 비누
- **개념2**: 여드름으로 고생하는 10대 청소년을 위한 여드름 피부용 특수 비누
- **개념3**: 피곤에 지친 중년들이 숙면할수록 도와주는 아로마 기능이 강화된 잠자리 들기 전 사용하는 밤 전용 샤워 비누
- **개념4**: 실버들의 건조한 피부를 촉촉하게 해주고 노인 특유의 냄새를 제거해주는 실버 전용 비누

제품 콘셉트 테스트 시에는 타깃 소비자 대상에게 콘셉트가 제시되고 그 반응을 조사해야 한다. 예를 들면, 개념2의 경우는 청소년 자체가 비누를 구매하기보다는 부모가 주로 구매한다. 또한 청소년도 구매에 대한 적극 의견 제시가 가능하기 때문에, 부모와 청소년 대상으로 콘셉트 테스트가 진행되어야 한다. 개념4의 경우는 실버타깃보다는 연로한 부모를 위해 구매하는 자녀들이 주 타깃소비자일 수 있다. 이에 연로한 부모가 있는 중장년층과 실버 대상으로 반응조사가 수행되어야 할 것이다.

콘셉트 테스트 시 중요하게 준비되어야 하는 것이 2가지인데, 첫 번째는 필요 시, 수정 보완작업 및 콘셉트 정교화 작업을 위해, 개발된 단일 가치제안만을 평

가받는 것이 아니라, 다양하게 변형화한 콘셉트 대안들과 함께 정교화된 내용도 함께 평가받아야 한다. 예를 들면, 위의 개념2를 활용한 신제품 콘셉트 설명문(new product concept statement)은 다음과 같다.

개념2의 신제품 콘셉트 설명문
본 제품은 청소년을 위한 여드름 전용 비누로서, 여드름 예방 비누, 여드름 치료비누 2개 종류가 있고, 청결을 지속적으로 유지하기 위해 어디서나 세안이 가능하도록 실내용과 외출용으로 구분되어 있다. 외출용은 휴대가 간편함과 동시에 세안 후 얼굴을 정돈하고 수분을 제공할 수 있도록 스킨과 함께 KIT로 선보일 예정이다. 실내용은 9,800원이고 외출용은 18,900원이다.

이렇게 개발된 신제품 콘셉트 설명문을 타깃소비자 대상으로 조사진행해야 하는데 해당 조사 시, 다음의 질문사항들이 포함되어야 한다.

- **의사소통 가능성과 신뢰성**: 이 제품의 이점들이 이해가 갔는가? 믿을 만한가?
- **욕구 충족 정도**: 이 제품이 본인의 욕구를 얼마나 충족하는가?
- **경쟁 혹은 대체 제품과의 차이 정도**: 최근에 본 제품의 이점들과 유사하여 만족한 제품들이 있는가? 있다면, 본 제품과의 차이는 무엇이고 얼마나 차이가 나는가?
- **가치 지각**: 제시한 가격은 합리적인가?
- **구매의도**: 본 제품을 구매할 의향 정도는?
- **타깃사용자, 구매상황, 구매빈도**: 누가 이 제품을 언제 얼마나 자주 사용할 것 같은가?

::: 신제품 개발 단계에서 사용되는 다양한 기법들

3차원 비즈니스 정의 프레임워크 (3 Dimensional Business Definition Framework)

Abell은 아이디어 발상을 위한 비즈니스 정의를 돕는 도구로서, 〈그림 8.2〉와 같이, 비즈니스 정의를 ① 목표 시장(who), ② 제품/서비스 가치(why), ③ 제품/서비스 공급형태(how or what)의 세 가지의 구성요소의 3차원적 구성할 것을 주문하고 있다.

〈그림 8.3〉 멘토스의 신상품 개발 결과를 보듯이, 기존의 제품 Wrigley는 모든 소비자 대상의 검의 보편적 가치를 제공하여 시장 m/s 80%를 장악하고 있는 상황이다. 이러한 시장 상황에서 멘토는 젊은 층 대상으로 fun이라는 새로운 가치

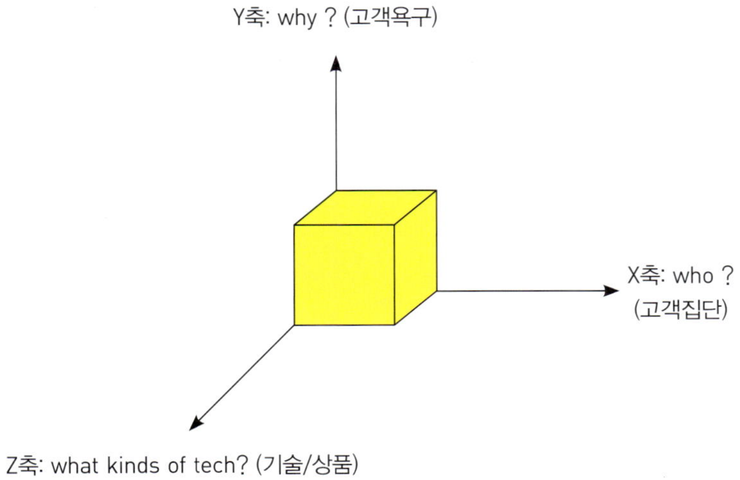

그림 8.2

Abell의 '3차원 비즈니스 정의 프레임워크'의 개념도

출처: 남윤정(2016). 창업아이템 개발. 마인드탭

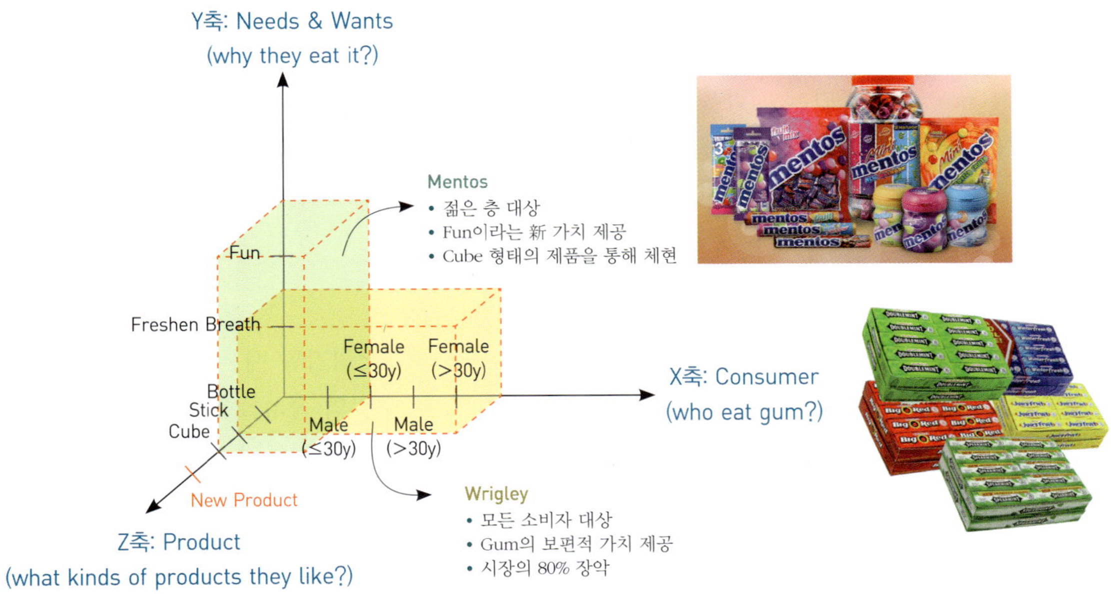

그림 8.3

Abell의 '비즈니스 정의' 프레임워크 적용: Mentos 브랜드 사례

출처: 남윤정(2016). 창업아이템 개발. 마인드탭

를 제공하고 제품의 형태도 혁신적으로 cube 형태로 변화를 주어 신제품을 출시함으로서 새로운 시장을 형성시켰다.

시간 세분화를 통한 창업아이템 탐색

목표시장을 정의할 때, 고객이 제품이나 서비스를 언제 소비하고 구매하는지를 고려하는 것이 중요하다. 이를 통해 고객의 특성과 구매 패턴을 더욱 세밀하게 이해하고, 이에 맞춰 마케팅전략을 개발할 수 있다. 고객 세분화와 시간대별 분

그림 8.4

판매 시간대에 의한 세분화 및 가격체계 수립: 아이스크림 사례

출처: 남윤정(2016), 창업아이템 개발, 마인드탭

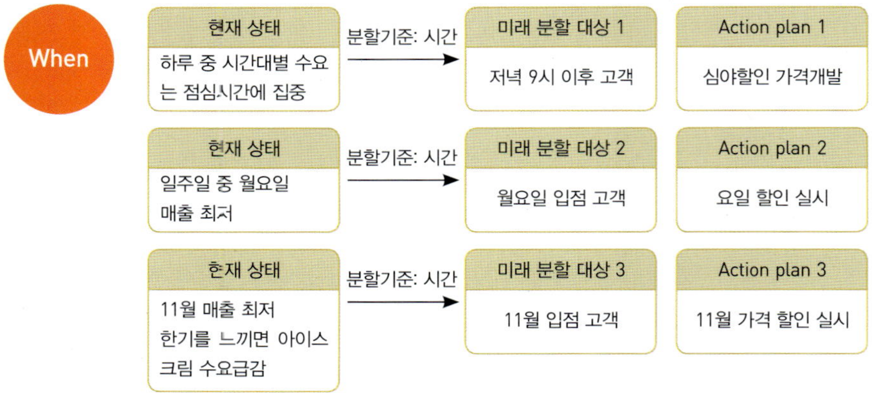

석을 통해 제품 또는 서비스에 최적화된 마케팅전략을 수립하는 것은 시장에서 성공을 거두는 핵심적인 전략이다.

예를 들어, 아이스크림의 경우 날씨가 더울 때 소비가 늘어나며, 주로 오후나 저녁 시간에 판매가 집중된다. 이를 고려하여 고객을 시간대별로 세분화하고, 이에 맞는 전략을 수립할 수 있다. 미래 분할 대상을 정의하고 가격정책을 수립할 때에도 이러한 세분화된 정보를 활용할 수 있다. 휴가철이나 주말에는 가격을 조정하거나 프로모션을 실시함으로써 고객의 소비욕구를 높일 수 있다.

결합 분석(Conjoint Analysis)

결합 분석은 여러 대안적인 제품 콘셉트들을 평가할 때 사용하는 통계적 분석방식으로써, 소비자가 특정 제품의 다양한 수준의 속성들에 부여하는 효용가치를 추론하여 궁극적으로 최대의 효용가치를 창출하는 특정 속성의 수준을 알 수 있다. 즉, 제품 대안들에 대한 소비자의 선호 정도로부터 소비자가 각 속성에 부여하는 상대적 중요도와 각 속성수준의 효용을 추정하는 분석방법이다. 특히, 이미 경쟁자가 존재하는 시장에서 기대되는 성과를 최대화시키기 위해서 신제품에 어떤 특성들이 반영되어야 하는지, 어느 세분시장에 진입하는 것이 가장 효과적인지를 결정하는 데 도움을 주는 분석기법이다.

〈표 8.3〉은 소비자의 핸드폰 선택에서 어떤 속성들이 효용을 극대화하는지를 파악하기 위해 컨조인트 통계 분석한 예시적 결과이다. 본 분석에 의하면 본 결과는 95.3%의 높은 설명력을 가졌는데, 브랜드가 가장 영향이 큰 요소이며 그 다음으로 성능, 가격 순이다.

표 8.3

컨조인트 통계분석의 결과 예시

속성	속성 수준	부분가치	범위	중요도
가격	30만원	0.4242	1.2617	24.39%
	40만원	0.4133		
	50만원	−0.8375		
성능	모바일뱅킹	−0.7322	1.5277	29.54%
	무선인터넷	−0.0633		
	카메라	0.7955		
디자인	폴더형	−0.1349	0.2698	5.22%
	슬라이더형	0.1349		
브랜드	브랜드 A	1.2971	2.1129	40.85%
	브랜드 B	−0.8158		
	브랜드 C	−0.4814		

페르소나(Persona) 기법

페르소나는 가면이라는 심리학 용어로써 잠재고객의 프로파일을 설정할 때 최근 많이 사용하는 방법이다. 주요 고객을 대표하는 특정 인물로 잡을 수도 있는데 최대한 자세하고 실제 인물과 같이 묘사해서 현실성을 부여하는 것이 중요하

잠재소비자 선정을 위한 사전 조사결과

미국 거주자 수 추정

- 미국에 거주하는 한국인 수 조사: 170만 명
- 타 한국 서비스 이용률 분석결과(유학생 통계 포함) : 250만 명 추산

총 잠재고객 수 분석 결과

유사 사이트 트래픽 분석 결과: 총 120만 명

- 남녀 비율이 6:4
- 20~35세 여성이 55%

잠재 고객 수 및 잠재 시장 규모 추정

1인당 월 광고비 수익 1.25달러이고 연 15달러 지출 가정에 의해, 40만 명의 잠재고객 및 600만 달러 시장 규모

페르소나 선정

- 한국의 TV드라마를 즐겨보는 재미 한인
- 연령: 20~35세
- 성별: 여성
- 국적: 대한민국
- 거주지: 미국
- 취미: 하루 평균 두 시간씩 불법 다운로드 사이트를 이용해 한국 드라마 시청
- 특징: 불법 사이트 서비스와 콘텐츠 질에 불만

그림 8.5

페르소나 선정 과정의 예시

다. 보편적 사용자가 아닌 특정 사용자 맞춤형 신제품이나 신서비스를 개발할 때 그 구체성을 확보하기 위해서 활용 사용한다. 즉 개발이 완료되어 시장에 출시될 때, 타깃 마케팅 관점에서의 잠재고객의 정의보다는 개발 단계에서 특정 제품 및 서비스 아이디어가 시장에서 타당한지 그 개념이 명확한지, 실제 누구를 타깃으로 하고 어떻게 무엇을 맞춤화하고 있는지 구체화하는 데에 가장 효율적으로 사용할 수 있는 방법론이다.

예를 들면, 미국 내에서 한국계 기업이 한국 콘텐츠 무료 사이트를 운용하려고 한다. 실제 미국 내 거주하는 다양한 한국계인들은 불법 콘텐츠 사이트에서 불법 다운로드해서 콘텐츠를 소비하고 있다. 이러한 시장을 공략한다고 하면 〈그림 8.5〉와 같은 기초적인 잠재고객의 프로파일을 설정해야 할 것이다.

디자인 사고(Design Thinking)

디자인 사고란 혁신적 아이디어 창출을 위해 적극적으로 활용이 시작된 방법으로써, 인간을 관찰하고 공감하여 소비자를 이해한 뒤, 확산적 사고를 통해 다양한 대안들을 찾고 수렴적 사고의 반복을 통해 주어진 상황에 최선의 방법을 찾는 과정에서 혁신적 결과를 창출하는 창의적 문제 해결 방법이다. 디자인 사고는 결과물에 초점을 두기보다는 생각하는 방법 및 과정에 초점을 더욱 두고 있다. 미국의 디자인회사 IDEO의 CEO인 팀 브라운(Tim Brown)은 "디자인 사고란 소비자들이 가치 있게 평가하고 시장의 기회를 이용할 수 있으며 기술적으로 가능한 비즈니스 전략에 대한 요구를 충족시키기 위하여 디자이너의 감수성과 작업방식을 이용하는 사고 방식이다"라고 설명했다. 즉, 디자이너처럼 어떤 문제에 대하여 광범위하고 엉뚱하기까지 한 다양한 대안들을 찾는 확산적 사고와 선택된 대안을 현실에 맞게 다듬는 수렴적 사고를 반복 사용하는 것이 중요하다고 보는 것이다. 이를 통한 디자인 사고는 문제에 관해 분석적으로 사고할 뿐만 아니라, 논리적 연관성을 뛰어넘는 직관적 사고를 하는 등 통합적으로 사고를 할 수 있도록 돕는다. 기본적으로 디자인 사고는 3I의 방법론을 적극적으로 활용한다.

① Inspiration: 관찰, 공감, 협력하여 영감을 얻음
② Ideation: 통합적 사고, 확산과 수렴을 통해서 구체적인 아이디어를 얻음
③ Implementation: 프로토타입을 만들어 테스트하고 실패하고 개선하는 것을 반복하여 최선의 답을 얻음

예를 들면, 실제 소비자가 세탁기를 통해 빨래하는 환경과 과정을 세심하게 관

찰하고 소비자들을 실제 공감하면서 새로운 세탁 방식이나 기존 세탁기의 문제점을 해결하기 위한 확산적 사고를 한다. 그 사이에서 필요한 아이디어를 추려내는 수렴적 사고를 통해 통합적 사고함으로써 혁신적 아이디어를 찾아내는 것이다. 특히, 팀 브라운은 빨리 만들어서 빨리 개선하는 것이 디자이너들이 사용하는 방법의 특징으로 어떤 문제를 듣는 순간, 벌써 손으로 무언가를 그리고 있다면 그는 디자이너라고 했다. 이처럼 직관에 의해 무언가 스케치하고 만들기를 시작하는 것부터가 중요한 디자인 사고인 것이다.

LG 시그니처 세탁기

상단의 드럼세탁기와 하단의 미니워시를 결합한 트윈워시로 '동시 세탁'과 '분리 세탁'이 가능함. 누르면 열리는 도어, 17도가량 뒤쪽으로 기울어져 있는 도어 상단으로 사용이 용이하고 터치 방식의 7인치 원형 디스플레이로는 상·하단 세탁기를 함께 제어가 가능함

AI·디지털시대에 특히 디자인 사고가 각광받는 배경과 원인은 다음과 같다.

- 기업의 외적 환경들의 불확실성이 어느 때보다도 커져서 기존의 경영 패러다임으로 예측 및 해결이 안 되는 것들이 많아졌다.
- 기술의 비약적 발전들은 과거 제품화가 어려웠던 것들을 현실에 구현할 수 있도록 하였다. 이에 기술력의 제약보다는 새로운 제품의 아이디어 발상이 더욱 중요하게 되었고 이를 위해서는 무한한 상상력이 먼저 요구되기 때문이다.
- AI·디지털시대의 소비자들이 더욱 스마트해지면서 웬만한 제품과 기술에는 만족과 감동이 덜해지고 있다. 이처럼 까다로워진 소비자의 요구에 대응하기 위해서는 더 높은 수준의 혁신과 새로움이 요구되고 있다.

삼성 플렉스워시 세탁기

상부의 전자동세탁기 '콤팩트워시'와 하부의 대용량 드럼세탁기 '애드워시'를 일체형으로 전면 도어 외에 별도의 창이 있어 세탁 도중 빨래나 세제를 넣을 수 있도록 한 3도어 시스템으로 세밀한 의류관리를 위해 여러 번 나누어 세탁해야 하는 불편을 해결함

2005년 말, 미국 뱅크 오브 아메리카(Bank of America)는 '잔돈은 가지세요(Keep the Change)'라는 디자인 사고를 통해 새로운 저축 통장 상품을 론칭하여 통장 가입자는 500만여 명, 5억여 달러를 성공적으로 유치했다. 일반적으로 사람들은 물건을 사고 받은 거스름돈을 저금통에 모아두었다가 저금통이 꽉 차면 이를 은행으로 가져가서 입금하는 행동을 한다. 즉, 작은 돈이라도 어딘가 손쉽고 보이지 않는 곳에 저축해두고 싶어 하는 인간의 본능적인 심리를 파악하고 이를 응용하여 저축 통장과 연계한 직불 카드를 출시했다. 이 직불 카드를 사용하는 고객은 지불해야 할 물건 값을 달러 대에서 반올림하여 남은 1달러 이하의 잔돈 차액을 다시 이 저축 통장으로 되돌려 받는 것이다. 어찌 보면 실제 본인의 돈을 다시 저금하는 꼴이어서 전체 저축한 금액의 변화는 없으나 소비자의 본능에 충실한 신제품

뱅크 오브 아메리카의 'Keep the Change' 저축 프로그램

아이디어인 것이다. 따라서, 신제품을 위한 최선의 아이디어와 궁극적인 우리를 둘러싼 산재된 문제들의 해결책을 찾기 위해서는 인간 중심적(human-centered), 창조적(creative), 반복적(iterative), 실용적인(practical)인 네 가지의 접근 방법들이 반드시 필요하다.

디자인 사고와 같은 불확정한 문제를 해결하는 경영 패러다임이라고 볼 수 있다. GE는 디자인 사고를 경영에 도입하기 위해 적극적인 교육을 진행했었다. 종업원들에게 만화책을 보게 하고, 자신의 가장 어려운 문제를 만화로 표현하는 것부터 디자인 연수를 시작했다. 2주간의 본 프로그램을 통해 종업원들의 '업무적 상상력'을 훈련시킨 것이다. 디자인 활동을 확대시킨 기업들이 보고에 의하면 5년 동안 다른 기업에 비해 매출이 평균 40% 늘어났다고 할 정도로 업무적 상상력을 보유하는 것은 기업의 성과에도 직접적으로 나타난 것이다. 따라서, AI·디지털시대는 신제품 개발자에게 진보된 기술과 경영에 대한 지식과 경험을 가지고 디자인적 사고를 통한 창의적 사고를 요구하는데, 이는 지속적인 교육을 통해서 학습될 수 있다.

::: 혁신 기술의 수용과 관련된 중요 이론들

바스(Bass)의 확산모델(Diffusion Model)

신제품이나 신기술 같은 혁신은 시간이 지남에 따라 매스미디어와 구전에 의해 의사소통경로를 따라 확산 전파된다. 바스의 확산모델은 이러한 혁신 수요가 시장에서 퍼져나가는 과정을 예측하는 모델로서 신상품 도입 초기에 판매량과 잠재 수요를 알면 쉽게 미래 수요확산을 예측할 수 있는 다음과 같은 수리적 모형이다.

$$\frac{dF(t)}{dt}=[p+qF(t)][1-F(t)]$$

확산모델은 초기에는 확산속도가 빨라지다가 일정 시점 이후부터는 확산속도가 느려지면서 안정화에 도달하는데 이러한 혁신에 대한 총수요는 S자형(또는 종모양이라고도 함)을 띤다. 바스모형은 구매자를 혁신구매자와 모방구매로 이원화하여 분류하였는데, 혁신구매자는 신제품 출시 시 먼저 구매 및 경험하고 다른 사람들에게 그 제품을 추천하는 구매자이다. 반면 모방구매자는 어느 정도 제품이 시장 내 확산된 후에 되어 남을 따라 구매하는 구매자이다. 본 모델은 이러한 구매자들의 구매성향에 따라 신제품 수용이 확산되는가를 수리적으로 예측한 모형이다. 실제 SK텔레콤의 이동전화 판매에 확산모형을 적용해서 분석한 결과에 의하면, 도입 초기부터 1997년까지 매년 발생한 신규가입자 데이터를 분석하여 추정한 결과, 혁신계수 값은 거의 0으로 나왔고, 모방계수는 0.917로 나왔다. 1998년에 최고점을 이루고 급감하는 것으로 예측되었다. 즉, SK텔레콤 이동전화 도입 초기의 확산은 거의 대다수의 모방구매에 의해 확산되었고 1998년에 그 당시 시장 수요가 가장 높았던 것을 알 수 있다.

로저스(Rogers)의 혁신확산이론(Innovation Diffusion Theory)

이후 2003년에 로저스는 혁신확산이론을 제시하였는데, 혁신의 수용자들을 다섯 가지 범주로 분류한 모델이다. 다음 〈그림 8.6〉과 같이, 혁신자(innovators)와 초기 수용자(early adopters)가 발생하고, 시간이 경과함에 따라 수용자의 수는 차츰 증가하여 초기 다수 수용자(early majority), 후기 다수 수용자(late majority), 후기 수용자(late adopters), 느림보(laggards)와 같은 수용자 집단이 형성되어 혁신제품의 가격이 하락하게 됨을 강조하였다. 따라서, 이러한 확산 과정에서 초기 수용자를 얼마나 많이 확보하는가를 알 수 있는 임계질량(critical mass)의 빠른 확보가 확산의 성패를 결정하게 된다. 여기서 임계질량이란 원래 물리학 용어로써 핵반응이 일어나는 데에 필요한 최소한의 질량인데, 혁신 신제품을 시장에 확산하기 위한 최소한의 초기 수용자의 수, 즉 임계질량이 확보되면 핵반응과 같이 폭발적으로 시장 내 확산된다는 의미를 담고 있는 것이다.

로저스는 개인이 새로운 제품이나 서비스를 수용하는 데 있어 중요한 요인을 다섯 가지로 정리하여 제시하였다. 첫째, 새로운 제품이 기존에 사용하던 제품보다 더 좋을 것이라는 지각의 정도를 의미하는 상대적 이익(relative advantage), 둘째, 사용자의 경험이나 욕구 혹은 소유 가치가 새로운 제품이나 서비스와 일치하는 정도를 뜻하는 결합성(compatibility), 셋째, 새로운 제품을 사용하기 쉬운 정도를 의미하는 복잡성(complexity), 넷째, 사용자가 확신이 설 때까지 새로운

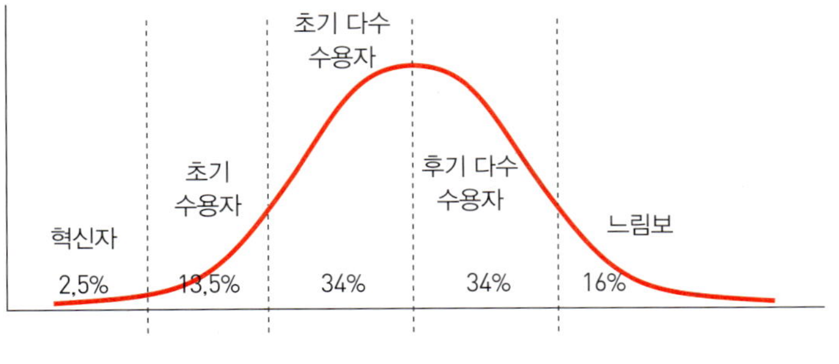

그림 8.6

혁신확산이론(Innovation Diffusion Theory)

제품이나 서비스를 이용하는 정도의 시도가능성(trialability), 마지막으로, 다른 사용자에 의해 제품이나 서비스 사용의 결과를 관찰할 수 있는 정도를 의미하는 관찰가능성(observability)이다.

본 혁신확산이론은 신제품을 마케팅에 시사하는 바와 많다. 혁신제품일수록 소비자의 수용확산을 위해 소비자 관점에서의 상대적 이익을 강조하고, 고객의 보유한 경험, 욕구, 혹은 소유 가치들과 해당 혁신제품과의 결합하는 것이 중요하다. 예를 들면, 아이폰이 경쟁사들처럼 단순히 카메라의 고기능을 강조하기보다는 소중한 사랑하는 이들과 함께했던 경험들을 사진을 통해 보관하던가 회상하는 가치들을 중심으로 커뮤니케이션하였다. 고객 관점의 가치 중심으로 간결하게 보여주는 광고 스타일을 애플 스타일이라고 부를 정도로 시장에서 큰 반향을 일으켰다.

네트워크 효과(network effect)와 메칼프(Metcalfe)의 법칙

이러한 확산 과정 중에 네트워크 효과가 발생하는데, 네트워크 효과란 특정 제품이나 서비스의 효용이 개인의 소비뿐만 아니라 다른 사용자들의 소비에도 영향을 미치는 것을 의미한다. 네트워크에 속한 사람의 수가 많을수록 개인 참여자의 효용과 가치가 높아지는 현상을 보인다. 즉, 어떤 신제품이나 신서비스의 초기 사용자 수가 그 제품이나 서비스의 네트워크 효과 여부를 판단하는 기준이 되고 추가 신규 사용자를 추가로 끌어들일 수 있는 조건이 되는 것으로서, 해당 신상품이나 신서비스의 잠재 사용자들에게 가치를 부여하게 하는 특성을 가지고 있다.

이러한 네트워크 효과를 설명한 이론이 '메칼프의 법칙'인데, 본 법칙에 의하면, 네트워크의 유용성은 사용자 수(n)의 제곱에 비례한다. 〈그림 8.7〉에서 보여 준 예시처럼, 3명의 사람들을 1대1로 연결가능한 방법은 3가지가 있다. 여기에 1명이 추가된 4명인 경우에는 6가지의 연결 가능한 방법이 있다. 즉, n명의 경우는 $n(n-1)/2$ 가짓수가 되는 것이다. 이러한 논리에 근거하여 네트워크의 가치가 사용자 수의 제곱에 비례하여 증가한다고 주장하였는데, 즉, 초기 혁신 제품 사용자 수가 10배 늘어나면, 그 네트워크의 가치는 100배로 증가하게 되는 것이

그림 8.7
메칼프(Metcalfe)의 법칙

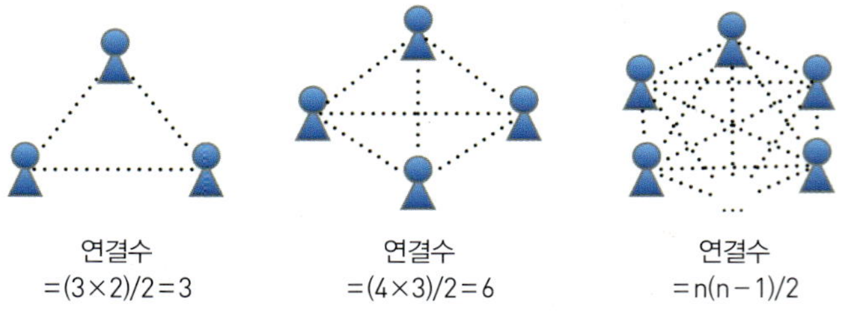

다. 이처럼 사용자의 수가 늘어날수록 그 네트워크의 가치는 기하급수적으로 증가한다. AI·디지털시대의 많은 신제품과 신서비스들은 플랫폼 비즈니스를 기반으로 하는데 이러한 네트워크 효과가 나타나도록 초기 사용자 혹은 초기 수용자를 증대하는 명확한 전략과 마케팅 방안이 절대적으로 필요하다.

기술수용모델(Technology Acceptance Model: TAM)

데이비스(Davis)가 주창한 기술수용모델은 개인의 신기술 수용여부를 예측하고 설명하는 데 있어서 보다 구체적인 설명이 가능하도록 한 초기 기술 수용이론으로서, 개인의 정보기술 수용행동을 설명하는 데 유용하여 다양한 맥락들에서 적용되고 있는 모델이다. 〈그림 8.8〉에서 보여주듯이 기술수용모델은 '지각된 유용성(perceived usefulness)'과 '지각된 용이성(perceived ease of use)'에 따라 특정 신제품이나 신기술에 대한 소비자의 태도가 형성되고 이후 그 제품이나 기술의 이용의도가 형성되어 궁극적으로는 실제 이용행동으로 연결됨을 설명하고 있다. 여기서, 지각된 유용성은 해당 기술을 사용함으로써 일의 성과를 높여 줄 것이라는 믿음의 정도이며, 지각된 용이성은 특별한 노력 없이 정보기술을 쉽게 사용할 수 있을 것으로 생각하는 믿음의 정도를 말한다. 따라서 기술 혁신형 제품이나 관련 서비스를 새로이 시장에 선보일 때, 고객의 유용성 지각과 용이성 지각을 제고하도록 우선적으로 노력하는 것이 중요하다.

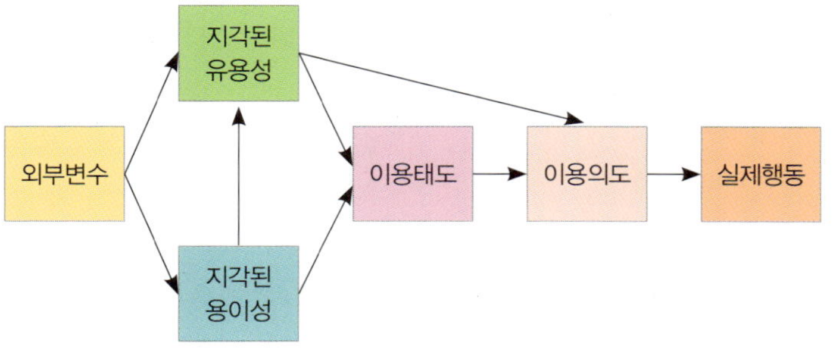

그림 8.8
기술수용모델(Technology Acceptance Model)

::: 제품의 수명주기와 마케팅 관리

제품수명주기

제품수명주기(Product Life Cycle; PLC)는 제품이 시장에 출시되는 순간부터 시장에서 사라질 때까지의 기간 동안 매출 및 수익의 변화를 주기별로 나타낸 것이다. 시장에 신제품이 출시되면 그 제품이 언제까지 팔릴 것인지는 알 수 없지만,

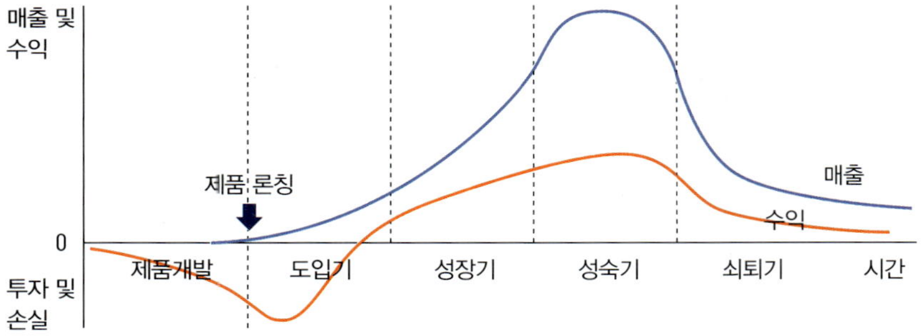

	제품개발	도입기	성장기	성숙기	쇠퇴기
매출 :	없음	낮음	고성장	성장세 완만	쇠퇴
원가 :	매우 높음	매우 높음	높음	낮음	낮음
이익 :	손실	매우 높은 손실	이익 발생	이익 최대	이익의 급격한 감소
고객 :	없음	innovator	early adopter	early majority	late majority
경쟁자 :	없음	소수	수 증가	수 다수(감소 시작)	수 감소

그림 8.9

제품수명주기에 따른 판매량과 수익의 변화

모든 제품에 일종의 수명주기가 있다는 것을 이해한다면 각 단계별로 효과적인 관리와 예측을 통한 수익 창출에 도움이 될 것이다. 제품수명주기는 일반적으로 신제품 개발과정을 거쳐서 도입기, 성장기, 성숙기, 쇠퇴기의 단계로 구분된다. 모든 제품이 동일하게 이러한 제품수명주기의 다섯 단계를 거치는 것은 아니다. 제품의 특성, 시장의 유행(fad)이나 트렌드(trend)의 변화, 새로운 기술의 등장 등에 따라 어떤 제품은 빠르게 쇠퇴기를 맞이할 수도 있고, 또는 오랫동안 성숙기에 머물면서 기업에 수익을 가져다 줄 수도 있다. 〈그림 8.9〉와 같이 제품수명주기 단계별 매출, 원가, 이익, 고객, 경쟁자 관점에서 매우 상이한 특징을 가지고 있는데 각 제품수명주기 단계별 특성과 이에 맞는 마케팅 전략과 마케팅믹스를 수행해야 한다.

도입기(introduction stage)

도입기는 신제품이 시장에 출시되어 소비자들이 구매할 수 있는 단계부터 시작된다. 대부분의 제품이 도입기에 들어서면서 즉시 매출이 증가하는 것이 아니라 시장의 반응을 얻어 매출이 성장세에 이르기까지 꽤 오랜 시간이 걸린다. 따라서 이 시기에는 많은 유통 비용이나 광고, 이벤트나 할인 쿠폰 등을 이용한 촉진관리 등 마케팅관리에 많은 비용이 소모되는 반면, 수익은 비교적 낮다. 소비자들이 신제품을 수용하고 제품에 대한 필요성을 인지시키기 위한 노력이 필요하다. 신제품에 대한 필요성을 느끼지 못한다면 그 제품은 더 이상 시장에서 존재할 수 없기 때문이다. 따라서, 마케터는 그 제품이 소비자에게 어떤 이점을 가져다 줄 수 있는지, 또는 그 제품을 사용함에 있어서 어렵지는 않은지 등을 고려함과 동시에 가장 구매가능성이 높은 타깃 소비자층에게 판매노력을 집중해야 한다.

도입기에 사용될 수 있는 가격전략으로는 고가격전략(skimming pricing strategy)과 침투가격전략(penetration pricing strategy)이 있다. 고가격전략은 신제품을 출시할 때 고가로 출시하고 시간이 지남에 따라 서서히 가격을 낮추는 전략이다. 초기에 고가격으로 출시하여 브랜드 충성도가 높거나 고가격을 수용할 만한 소수의 소비자 집단을 대상으로 제품을 판매한 뒤에, 가격을 낮추면서 구매의사가 있는 소비자층을 넓히는 전략이다. 이를 통해 초기에 신제품 개발에 들어간 투자비용을 단기간에 회수할 수 있다는 장점이 있다. 이와 반대로 침투가격전략은 초기에 낮은 가격으로 책정하여 많은 소비자들이 구매하며, 시장점유율을 높인 뒤에 시장이 성숙단계에 접어들수록 차츰 가격을 올리는 전략이다. 이는 초기투자비용을 빠르게 회수하기보다는 초기에 높은 시장점유율을 확보할 때 사용된다.

성장기(growth stage)

제품이 도입기 단계에서 시장 반응을 얻어 꾸준히 판매된다면 그 제품은 도입기에 접어들게 된다. 이때부터는 매출이 빠르게 성장하기 시작하게 된다. 적극적인 마케팅활동과 더불어 초기 제품 사용자들인 초기 수용자(early adopters)들의 구전(word of mouth)을 통해 일반 소비자들도 구매하게 된다. 성장기에 들어서면서 도입기에 소모되었던 많은 촉진 비용이 일부 감소하기도 하지만, 이 시기에는 시장이 성장하면서 다양한 경쟁자들이 나타날 수도 있기 때문에 경쟁사와 차별적인 홍보를 위한 마케팅 활동이 필요하다. 이 시기부터 기업은 제품의 매출 성장을 꾸준히 이어나가고 시장에서 오랫동안 판매를 유지하기 위해서 제품 품질이나 디자인의 변화, 새로운 특성을 추가하거나, 다양한 버전의 모델을 추가하는 등의 전략을 실행한다.

시장의 파이, 즉 시장 자체의 규모를 크게 만드는 것도 이 시기에 진행된다. 여러 경쟁업체들이 참여하게 되고, 보다 많은 소비자들이 제품을 구매하게 됨에 따라 경쟁 상황에서 경쟁 우위를 차지하기 위한 저가격 전략을 취하기도 한다. 많은 소비자를 확보하고 시장점유율을 높이기 위해 이때부터 기업은 제품의 기능이나 출시를 알리는 광고보다는 소비자에게 전달되는 가치, 혜택 등을 제공하면서 제품을 구매할 수 있는 전략을 사용하게 된다.

성숙기(maturity stage)

매출이 빠르게 성장하는 시기를 지나서 매출이나 성장률이 둔화되는 시기가 오면 성숙기에 접어든 것이다. 이 시기에는 대량생산을 통해 생산량이 꾸준히 유지되지만 판매 둔화로 인해 유통업체의 재고 비용이 증가하게 되고 이로 인해

CASE STUDY | 성숙기 사례 - 마케팅믹스 수정전략을 사용한 비타500

광동제약 '비타500' 꾸준한 인기몰이…그 이유는? 착한 캠페인 통해 긍정적

사람의 생로병사와 같이 제품과 브랜드에도 생명주기는 존재한다. 브랜드가 시장에 첫 등장하고 도입기를 거쳐 제품 판매가 급격한 성장기, 성숙기를 지나 소비자의 기억 속에서 잊혀지는 시기를 맞게 된다. 소위 말하는 '브랜드 라이프사이클'이다.

이 같은 흐름이 모든 브랜드에 적용되는 것은 아니다. 매출 정체기 이후 이색 광고나 경쟁제품과 차별화, 트렌드에 맞춘 제품 출시 등 기발한 마케팅을 통해 제2의 전성기를 맞이하는 제품들도 있다. 광동제약의 '비타500'이 대표적인 사례다

7일 광동제약에 따르면, 지난 2001년 출시된 비타500은 100ml 한 병에 비타민C 500mg이 들어 있는 고용량 비타민C 음료로, 비타민 음료의 효시이다. 비타500은 사과 35개와 맞먹는 비타민C를 음료 한 병으로 섭취할 수 있다는 점에 출시부터 많은 관심을 받았다. 그러나 이후 비타민 음료 열풍에 따른 미투 제품과 에너지음료의 출시로 매출 성장세는 둔화됐다.

이에 광동제약은 '착한 캠페인' 카드를 꺼내들었다. 광동제약은 착한 캠페인의 일환인 고3 수험생 응원 캠페인과 백혈병 소아암 어린이 치료비 지원, 장애 아동 복지시설 보수활동 등 사회공헌활동을 시작했다. 그 결과 비타민 음료의 대표주자로 재평가받은 것은 물론, 지금까지 독보적인 1위 비타민 음료로 자리잡고 있다. 비타500이 무방부제, 무색소 등 착한 성분과 더불어 사회에 기여하는 착한 음료라는 인식이 소비자들의 마음을 붙잡은 것이다.

한 마케팅 관계자는 "일반적인 브랜드의 라이프사이클로 볼 때 트렌드의 변화나 경쟁제품 난립 등의 요인으로 정체를 겪은 브랜드가 소비자의 사랑을 되찾는 경우는 매우 드물다"며 "비타500처럼 몸에 좋은 성분이 캠페인을 통해 재조명되거나, 네티즌의 유머코드를 정확히 파악해 광고를 내보낸 비락식혜 등의 사례는 기업의 브랜드 관리자들이 주목해야 할 의미 있는 사례"라고 전했다.

출처: 이투데이, 2016.1.7

업체 간의 심한 경쟁을 초래하게 된다. 광고, 촉진관리에 많은 비용이 소요되기도 하고 결국, 치열한 경쟁에서 밀린 업체는 시장에서 퇴출되기도 한다. 따라서 이 시기에 어떤 마케팅 전략을 취하느냐에 따라 매출을 증진시키거나 오랫동안 시장에 존재하며 수익을 창출시킬 수 있다.

이때는 시장수정전략(modifying the market), 제품수정전략(modifying the product), 마케팅믹스 수정전략(modifying the marketing mix) 등의 다양한 전략을 고려할 수 있다. 시장수정전략은 시장을 확대하여 기존의 제품을 수용할 만한 새로운 소비자 집단을 찾아 진출하거나, 기존 제품의 사용 빈도나 사용량을 증가시키는 방법이다. 제품수정전략은 기존의 제품에 새로운 기능을 추가하거나, 패키지 및 디자인의 변화, 제품 품질의 향상 등을 통해 제품을 새롭게 선보이는 방법이다. 마케팅믹스 수정전략은 새로운 마케팅 프로그램, 홍보나 이벤트 개발 등 판매촉

진이나 새로운 유통 채널로 확대, 가격 인하 등 다양한 마케팅믹스 요소에 변화를 주는 방법이다.

쇠퇴기(decline stage)

제품의 성숙기를 지나면 서서히 판매량이 줄어들고 시장점유율이나 시장의 파이 자체가 작아지게 된다. 이 시기에는 제품의 철수(dropping)를 결정하거나, 제품을 다시 재포지셔닝하여 매출을 올리는 노력을 하여 수확(harvesting)하거나, 현재의 매출 상태를 유지(maintaining)하는 방법이 있다. 시장 트렌드 및 소비자 욕구의 변화, 기술 발전, 경쟁사 상황 등을 파악하여 가장 합리적인 방법을 선택해야 한다. 아래는 인터넷의 발전 및 다양한 스마트 기기의 등장에 따라 점차 쇠퇴기에 접어들다가 제품의 철수를 결정하게 된 VHS 카세트 테이프의 사례이다.

〈표 8.4〉는 앞서 소개한 각 단계별 상이한 마케팅목표에 따라 수행해야 하는 마케팅믹스 전략을 간단히 정리한 것이다.

표 8.4

제품수명주기 단계별 특징과 마케팅 목표 및 믹스 전략

	도입기	성장기	성숙기	쇠퇴기
마케팅 목표				
	제품인지와 시범적 사용 및 구매 창출	시장점유율의 극대화	기존점유율을 유지하면서 이윤 극대화 추구	비용절감과 수확
마케팅믹스 전략				
제품	기본형태의 제품 제공	제품확장, 서비스, 품질보증 도입	브랜드와 모델의 다양화	경쟁력 없는 제품의 단계적 철수
가격	원가가산법 (고가격)	시장침투가격 (저가격)	경쟁사에 대응할 수 있는 가격	가격인하
유통	선택적 유통	집중적 유통	집중적 유통의 강화	선택적 유통 이윤창출 못하는 점포의 철수
광고	초기구매자와 중간상에게 제품인지도 구축	대중시장에서 인지도와 관심 구축	브랜드 차별화와 편익 강조	핵심적인 충성고객을 유지할 정도의 수준으로 줄임
판매촉진	시범적 사용 및 구매를 유도하기 위한 강력한 판매촉진	수요의 급성장에 따라 판매촉진 비중감소	자사브랜드로 전환을 촉구하기 위한 판매촉진 증가	최소수준으로 감소

출처 : Kotler and Keller(2012), Marketing Management, 14th ed., p.319

CASE STUDY | VHS 역사 속으로 사라져…'원조' 日서도 생산 중단

아날로그 비디오의 대명사인 VHS가 역사 속으로 사라졌다

일본의 닛케이 신문은 21일 후나이(船井) 전기가 이달 말 VCR(Video Cassette Recorders) 생산을 중단할 것이라고 보도했다. 후나이 전기는 1983년 VHS용 VCR을 생산해왔고, 현재 일본의 유일한 VCR 제조사다. VCR은 VHS 카세트 테이프를 사용하는 비디오 녹화 · 재생 장치다. 후나이 전기가 VCR 생산 중단을 결정한 이유는 경제성 악화 때문이다. 지난해 VCR 75만 대를 판매했는데, 이는 2014년의 판매치 150만 대의 절반 수준이다. 후나이의 VCR은 주로 중국의 산요 공장으로 납품됐다.

지난해 소니는 VHS의 경쟁자였던 베타맥스 베타맥스 비디오 카세트를 단종한다고 발표했다. VHS(Video Home System)는 일본의 JVC에서 1976년 처음 내놓은 가정용 비디오 테이프 규격이다. 74년 발표된 소니의 베타(Beta · 베타 맥스의 전신)를 누르고 아날로그 비디오의 표준이 됐다. 베타 방식이 VHS와 비교했을 때 고화질의 영상과 음질을 제공했지만 마케팅에서 VHS에서 밀렸다. VHS는 90년대까지 시장을 지배했지만, CD와 DVD와 같은 신기술이 도입되면서 점차 퇴출됐다.

VHS 카세트 테이프

출처: 중앙일보, 2016.7.22

제품수명주기 파악 및 사업성 분석

실제 특정 제품이 제품수명주기의 어떤 단계에 현재 처해져 있는지를 정확히 파악하는 것은 쉽지 않다. 대부분은 매출증가와 증감에 의해 시간이 지난 후에나 그 당시가 제품의 성숙기에 접어들었는데 적절한 대응을 못했다는 비판만을 쉽게 할 뿐이다. 따라서 마케터는 특정 제품의 제품수명주기를 명확히 파악하기 위해 상시적으로 중장기적 매출 예측, 비용과 이익의 추정, 정확한 경쟁자의 수와 잠재 경쟁자 진입 상황 파악 그리고 우리의 고객이 제품 수용상황 등을 트래킹하고 분석해야 한다. 즉, 매출액과 비용 예측을 통해서 제품수명주기 내 단계를 파악하고 다음 단계로 언제 진입할지에 대한 예측하여 선제적으로 제품수명주기 관리를 해야 한다.

매출액 예측

제품수명주기에서 마케터가 간과하는 것 중에 하나가 해당 매출의 성격을 명확히 파악하는 것이다. 총매출은 1회 판매, 대체판매액 및 반복판매액 세 가지 종류의 세부매출유형들의 합계이다. 기업과 제품의 상황에 따라 제품유형에 따라 제품 매출 유형의 비중이 상이하다. 예를 들면, 허니버터칩의 신제품 출시 시에

불었던 광풍은 대다수의 구매가 호기심에 일시적인 1회 구매를 통해 이루어진 것이며 반복구매 비중은 상대적으로 낮았다. 그러나 급증한 매출총액에 대한 정확한 매출유형을 분석하지 않은 해태는 생산설비를 과잉으로 구축하였다. 일반적인 신제품의 매출액 예측 방법은 기업의 유관제품의 판매실적, 경쟁제품의 판매실적, 유통의 반응 등을 고려해서 직관에 많이 의존한다. 이러한 문제가 발생하지 않도록 하기 위해서는 마케터는 해당 신제품을 실제 구매한 고객을 대상으로 해당 구매가 어떤 매출유형인지 실증조사하고 소비자의 각 매출유형의 요인이 무엇이었는지 상세적으로 파악하는 것이 중요하다. 매출유형 조사 시, 다음과 같은 질문들이 답해져야 할 것이다.

- 1회 구매라면 구매하게 된 구체적인 요인은 무엇이고 향후 구매의사 파악
- 대체구매였다면, 어떤 제품을 대체한 것인지, 왜 대체가 되었는지, 대체해서 사용해 본 결과 구매만족 정도와 향후 구매의사 정도 파악
- 반복구매라면, 해당제품의 반복 구매빈도와 반복 구매 원인을 우선적으로 파악하고, 이러한 충성고객의 미충족 욕구와 필요는 어떤 것이 있는지, 해당 제품에서 확장해서 새로운 추가 가치창출 기회의 여부 파악

비용과 이익 추정

비용추정은 기술개발팀, 생산팀, 마케팅팀 및 재무부서 등에서 진행하다. 일반적으로 자사의 시장점유율과 공장출고가격에 대한 가정치를 고려하여, 향후 5년간 추정 판매액을 기반으로 추정 5개년 현금흐름을 예측한다. 기업들은 신제품 개발시, 재무적 추정기법 중 가장 간단한 방법 중에 하나인 손익분기분석(breakeven analysis)을 주로 사용한다. 손익분기분석은 어떤 특정 가격과 원가구조에서 해당제품을 판매하면 출시 후 어느 시점에 투자금과 수익금이 만나서 손익이 0이 되는 손익분기점(breakeven point)을 만나는지 예측하는 방법이다. 이익을 예측하는 복잡한 방법으로는 위험분석(risk analysis)이 있는데, 계획기간 중 마케팅 환경을 일단 가정하고 해당 마케팅 환경과 전략에서 수익성에 영향을 미치는 불확실한 변수들에 대한 3가지 예측치(낙관, 중립, 비관)를 수집하여 수익률의 확률분포를 계산을 통해 예측하는 방식이다.

::: 제품수명주기 연장

제품수명주기 연장 전략

일반적으로 기존 제품의 판매를 증진하여 제품수명주기를 연장하는 경우는 마땅히 투입할 신제품이 없거나, 신제품 투입을 통해 얻을 수 있는 효과가 미미할 것으로 예상될 때, 또는 기존 제품이 충분히 다시 고수익 제품(cash cow)이 될 수 있을 것이라고 판단될 때 주로 이루어진다. 제품수명주기 연장전략의 상세 실행 방안 및 해당 예시를 정리해 보면 다음 〈표 8.4〉와 같다. 이 제품수명주기를 연장하는 4가지 전략들을 상세히 소개하겠다.

제품사용빈도 혹은 사용자수를 증가시키는 전략

기존제품의 대대적인 마케팅 커뮤니케이션을 통해 제품의 노출 빈도를 증가시켜서 해당 제품의 인지도(awareness), 회상도(recall), 선호도(preference) 등을 상승시키기 위한 새로운 접근의 마케팅 커뮤니케이션이 필요한 전략이다. 이는 기존 타깃이나 타깃하는 신규 고객집단의 현 인지도 수준에 따라 상이한 접근이 필요하다.

빙그레 '붕어싸만코'의 경우는 과거 성공제품이나, 시간이 흐름에 따라 사람들의 관심에서 멀어져 갔다. 이러한 붕어싸만코의 회생 방법은 붕어싸만코를 잘 모르

표 8.5 제품수명주기 연장 전략과 예시

연장 전략	상세 실행 방안	예시
제품사용빈도 혹은 사용자수 증가시킴	• 기존제품의 대대적인 마케팅 커뮤니케이션을 통해 제품의 노출 빈도를 증가시킴 • (신규)타깃 고객의 인지드 수준에 따라, 제품의 인지도, 회상도, 선호도 등을 제고하기 위한 새로운 접근의 마케팅 커뮤니케이션이 필요함	• 빙그레 '붕어싸만코' • 팔도 '비락식혜'
새로운 제품용도를 추가시킴	• 기존의 제품용도에 새로운 용도나 기능 등을 더하여 새로운 제품의 콘셉트나 가치를 생성시킴 • 이러한 새로운 용도나 기능에 전달하기 위해 구체적으로 새로운 용도나 기능을 전달하는 메시지 중심의 커뮤니케이션과 판촉활동을 진행 • 특히, 구전마케팅 실행이 효과적임	• 짜빠구리(짜파게티 + 너구리) • 빙그레 '스낵면' • iPhone + iGlass
제품용량, 레이블, 품질 등의 제품 구성요소들을 변경함	• 제품의 구성요소들 중 제품용량, 레이블, 품질, 디자인, 가격 등을 변경하여 소비자로 하여금 해당 제품에 대한 새로운 인식을 형성토록 함	• 삼성 '갤럭시 S8, S9, S10, S20, 갤럭시 노트 8, 9, 10, 20' • 동아제약 '박카스 D, 박카스 F, 박카스 D 카페 A'
브랜드 재포지셔닝을 함	• 기존 제품의 시장 내 브랜드 포지셔닝을 변경하여 새로운 제품으로써 위상 재정립하도록 함	• 동아제약 '박카스' 캠페인 • 오리온 '초코파이의 정' 캠페인

빙그레 '붕어싸만코' 광고

는 영 타깃을 대상으로 하기 위해 외계인인 붕어싸만코의 지구침공에 재미있는 스토리텔링을 BTL 마케팅 채널 중심으로 집중적으로 진행하여 큰 관심을 이끌어내었다. 이외에도 붕어싸만코를 맛있게 먹는 비법들을 온라인에서 고객들이 자연스럽게 나누는 등, 재미있고 흥미로운 커뮤니케이션으로 기존의 젊은층의 낮은 붕어싸만코의 인지도, 회상도, 선호도를 제고함으로써 매출증대를 이루고 성공적으로 제품수명주기를 연장한 사례이다.

또 다른 사례 비락식혜는 1993년 새로운 음료 카테고리인 전통음료를 선보임으로써 론칭 초기 당시 많은 사랑을 받았었으나, 한국야쿠르트가 1997년에 인수하고 2012년에 라면 및 음료 사업부가 분사한 팔도에서 생산 판매하는 말 그대로 이름만 유지해 오던 상황이었다. 이렇게 죽어가는 제품이 2014년 김보성의 의리 광고 캠페인으로 극적으로 살아났다. 팔도는 전통음료인 비락식혜가 명절 때 주로 판매되고 소비 연령층도 높은 한계점을 극복하기 위해, 젊은층을 공략하는

팔도 '비락식혜' 광고

전략을 수립하였다. 우선 젊은층을 공략하기 위해 제품 패키지를 컵, 파우치 등을 추가하였고, 그 당시 김보성의 유행어인 '으리'를 강조하는 재미있는 광고를 선보였다. '의리'를 활용한 언어유희와 재미있는 광고는 SNS를 통해 다양한 패러디로 확산되면서 구전효과까지 더 하여 젊은층을 성공적으로 공략하였다. 특히, 젊은층이 주로 사용하고 유행에 민감한 편의점 유통에서 이 광고캠페인 이후 20~50%까지 매출이 급증하였다.

새로운 제품용도를 추가시키는 전략

빙그레 밥 말아먹을 때 가장 맛있는 라면! '스낵면'

기존의 제품용도에 새로운 용도나 기능 등을 더하여 새로운 제품의 콘셉트나 가치를 생성시킨다. 이러한 새로운 용도나 기능에 전달하기 위해 구체적으로 새로운 용도나 기능을 전달하는 메시지 중심의 커뮤니케이션과 판촉활동을 진행한다. 특히 구전마케팅 실행이 효과적인데, 그 예로는 모방송의 리얼리티쇼에서 출연진이 농심의 짜파게티 짜장면과 너구리 우동면을 합한 새로운 레시피를 우연히 소개하면서, 일명 짜빠구리가 유행했다. 이로 인해 짜파게티와 너구리의 매출이 일시적으로 증대되는 현상이 있었다. 이렇게 기업이 의도하지 않은 우연을 통해 제품의 새로운 콘셉트가 생기기도 한다. 빙그레 '스낵면'의 경우는 모 방송에서 어떤 라면이 밥을 말아 함께 먹었을 때 가장 맛있는가의 평가에서 전문가가 뽑은 밥 말아먹기에 가장 맛있는 라면으로 스낵면이 1위로 선정되었다. 이후 빙그레는 스낵면의 기존 콘셉트인 '깔끔하고 개운한 맛'을 그냥 두되, "밥 말아먹을 때 가장 맛있는 라면"이라는 슬로건을 전면에 강조하여 새로운 라면 카테고리 내 1등 전략을 밀고 있다. 흥미로운 점은 이러한 라면시장 내 작은 카테고리에 진입들이 일어나고 있다는 점이다. 최근 편의점의 PL 식품제품 매출의 급성장과 함께 밥 말아먹을 식품군에 다양한 식품류 신제품들이 나오고 있다. 소비자들이 라면에 밥을 많이 말아먹는 행동이나, 최근 편의점 유통의 성장으로 라면, 김밥, 소시지 등을 자기만의 레시피로 즉석에 만들어 같이 먹는 새로운 식문화의 등장 등에 주목한 것이다. 오뚜기 경우도 새로운 식문화의 변화를 기회로 활용하여 햇반을 함께 결합구매를 적극 유도하여 매출 성과를 만들었다. 이러한 새로운 제품 소비 행동을 새로운 콘셉트를 제안하는 신제품전략은 기존 제품의 수명주기를 확장하는 차원에서도 의미 있는 시도이다.

또 다른 시도는 신제품에 혁신형 기능들이 새로이 개발 적용되어 확장되는 것으로 예를 들면, 구글은 발빠르게 2014년에 스마트 웨어러블 시장인 디지털 글라스시장에 진출하여 1세대 구글 글라스는 인류의 가장 혁신제품이라는 평가까지도 받았으나 고가격 및 일부 기술의 부족으로 판매를 중단하고 2세대 제품의 기술개발 중에 있다. 소니는 2015년에 스마트 아이글라스를 신제품으로 출시하였다. 스마트 글라스 시장은 아직 매우 초기단계여서 아직도 개발자 버전의 형식으로 시장테스트를 하고 있다. 애플 또한 iGlass로 스마트 웨어러블 시장에 진입이 예상되고 있다. 아이폰의 센서와 카메라 기능은 강화되고, 애플 데이터를 아이글라스에서 아이폰으로 보내고 연산처리는 아이폰이 함으로써 용량과 디자인의 문제를 해결함으로써 좀더 경쟁력 있는 상품이 나올 것으로 예상하고 있다. 애플의 경우는 기존의 제품용도에 새로운 용도나 기능 등을 더하여 새로운 제품의 콘셉트나 가치를 생성한다는 점에서 더욱 마케팅 전략적으로 바람직한 시도이다. 이들 기업들의 새로운 기술을 통해 제품외형이 변화하고 기존 하드웨어와 연동함으로써 더 높은 수준의 다양한 기능들과 사용자 경험과 제공한다는 점에서 그리고 이 AI·디지털시대에 계속 시도될 신제품 개발로 새로운 시장을 선도함과 동시에 기존 하드웨어와 소프트웨어 제품의 제품수명주기를 연장한다는 차원에서 전략적으로 의미 있는 확장작업이라 할 수 있다.

제품 구성요소들을 변경하는 전략

제품의 구성요소들 중 제품용량, 레이블, 품질, 디자인, 가격 등을 변경하여 소비자로 하여금 기존 제품에 대한 새로운 인식을 형성시켜 시장을 확대하는 것이다. 예를 들어, 동아제약의 장수브랜드 박카스는 론칭 당시, 1661년에는 종합강장영양제 콘셉트의 알약 형태로 판매하였다. 그러나 그 당시 열악한 제제 및 포장 기술로 인해 정제가 녹는 현상이 자주 발생하자 1963년부터는 정제 제형이 아닌 앰플 형태로 잠시 변경되었다가 현재의 제형인 액체로 변경되어 피로회복 드링크제로 포지셔닝하고 "활력을 마시자"라는 슬로건과 함께, 명칭도 마시라고 D(drink)가 붙어졌다. 이후 1980년대 후반, 명칭을 박카스D에서 박카스F로 변경했고, 시간이 흐름에 따라 박카스 판매량이 떨어지고 경쟁자 비타500의 거센 공격을 받던 2005년에 타우린을 1,000mg에서 2,000mg으로 증량한 박카스D를 신제품으로 출시하였다.

동아제약의 약국용 '박카스D'(왼쪽)와 일반 소매점용 '박카스F'(오른쪽)

이러한 박카스의 용량, 레이블 및 구성성분 등이 계속 바뀌게 된 배경은 유통과 소비 변화에 의한 것이다. 박카스는 원래 일반의약품이어서 약국에서만 판매가 가능했었으나, 많은 유사제품들이 일반 소매유통에서 판매되어 시장이 확대되는 것을 대응하기 위해 2010년에 "진짜 피로회복제는 약국에 있습니다"는 광고캠페인을 할 정도였다. 그러나 소매유통의 에너지음료시장이 급성장하고 있는 상황에서 동아제약이 약국 유통만을 고수하는 한계점에 봉착했다. 또한 일반 소매유통으로 시도하는 과정에서 약국의 엄청난 반대에도 부딪쳤다. 당시 박카스F는 약국에 소비자들이 빈번히 방문하게끔 하는 대표적인 유인 제품이면서 이와 아울러 다른 약 구매와 결합구매가 높은 제품이었기 때문이다. 결국, 2011년에 카르틴이 추가되고 용량을 20ml 증가하여 120ml에 타우린 1,000mg인 박카스F를 의약외품으로 출시하여 편의점을 포함한 일반 소매유통에서 판매를 시작했다. 그리고 기존의 박카스F는 타우린을 1,000mg에서 2,000mg으로 증량한 박카스D로 변경하여 약국전용으로 이원화하여 판매하고 있다.

브랜드 재포지셔닝 전략

기존 제품의 시장 내 브랜드 포지셔닝을 변경함으로써 새로운 제품으로써 위상 재정립을 한다. 앞서 소개한 제품구성 요소들을 변경하여 시장 경쟁력을 확보한 것뿐만 아니라, 적극적인 광고 캠페인을 통해 50여 년 브랜드의 위기 때마다 적절한 브랜드 재포지셔닝 전략을 통해 제품수명수기를 확장한 성공사례이기도 하다. 브랜드 재포지셔닝 전략 관점에서 보자면, 박카스는 초기에 중·장년층 대상의 피로회복제로서 시장 포지셔닝하고 "활력을 마시자"라는 슬로건과 함께 마케팅 커뮤니케이션을 하였다. 이후 1993년부터 1997년까지 '그날의 피로는 그날에 푼다'라는 슬로건 아래, 음지에서 묵묵히 일하는 사람을 주인공으로 새한국인 캠페인으로 소비자들의 큰 공감대를 이끌어내 높은 매출증대를 보였다. 그러나 브랜드의 노후화로 아저씨들이 마시는 음료로 인식이 되기 시작하여 브랜드의 지속적인 경쟁력을 유지하기 위해 20대 젊은이를 소재로 하되 기존 타깃인 40~50대도 공감할 수 있도록 1998년부터 2000년 중반까지 '젊음의 도전과 땀, 지킬 것은 지킨다, 젊은날의 선택'이라는 광고 카피 아래 지금까지의 피로회복, 활력이 아닌, 젊음에 초점을 두고 커뮤니케이션을 하였다. 현재는 2008년부터 이어지고 있는 '당신의 피로회복제는?' 캠페인을 진행하고 있다. 이는 건강음료의 강세 및 함께 과거 중요 타깃이었던 육체노동 인구 수요 감소 등의 시장변화 배경에 의한 것이다. 기존 타깃 범위를 확장하고 '피로회복제'라는 카테고리 핵심속성을 그대로 전달함으로써 피로회복제가 필요한 상황에 대한 공감을 이끌어 내고 카테고리 1등 브랜드로서의 성공적 재활성화하여 론칭한 지 56년 만인, 2015년에 단일 제약제품으로는 국내 최고 매출인 2,000억원의 연매출 신화를 만들어냈다.

롱테일 마케팅

롱테일 법칙(Long Tail Law)은 크리스 앤더슨(Chris Anderson)이 2004년에 제안한 개념으로, 통계적 분포에서 극단에 위치한 수요나 빈도가 낮은 상품들이 전체

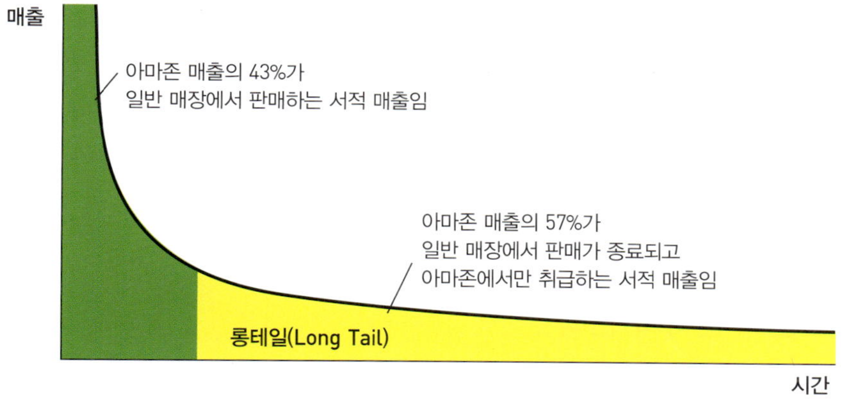

그림 8.10
롱테일 마케팅

수요의 큰 부분을 차지하는 경향을 말한다. 이는 일반적으로 상위 20%의 인기 있는 상품이나 서비스가 전체 매출의 80%를 차지하고, 그 외의 상품들이나 서비스들이 남은 20%의 매출을 차지한다는 것을 의미한다.

롱테일 마케팅은 이러한 롱테일 법칙을 기반으로 한 마케팅 전략으로, 상대적으로 적은 수의 인기 있는 상품이나 서비스뿐만 아니라 장기적으로는 이러한 꼬리 부분에서도 수익을 창출한다. 예를 들어, 온라인 서점인 아마존은 이론적으로 수백만 권의 책을 보유하고 있다. 이 중 상위 20%의 인기 있는 책들이 많은 매출을 차지하지만, 그 외의 책들도 많은 사람에게 소비되고 있다. 아마존은 롱테일 마케팅을 통해 서적 출시한 지 꽤 시간이 경과하여 다른 매장에서 더 이상 판매하지 않던가, 소량 생산된 서적 등은 이러한 꼬리 부분에 해당된다. 비록 매출은 적으나 꾸준히 수요가 있는 것을 롱테일 마켓이라고 한다. 롱테일 마케팅의 핵심은 이러한 롱테일 상품들의 마켓은 매우 작기 때문에 다양한 고객들의 요구를 충족시킬 수 있도록 상품구성을 다양화하고 마케팅 비용을 최대한 줄이는 것이 중요하다. 따라서 롱테일 마케팅은 상대적으로 적은 수의 인기 있는 상품이나 서비스뿐만 아니라 장기적으로는 다른 기업들은 신경 쓰지 않는 작은 시장인 롱테일에서도 수익을 창출하고자 하는 전략을 의미한다.

롱테일 마케팅의 성공 사례 중 하나로는 Netflix가 있다. Netflix는 수많은 영화와 TV 프로그램을 제공하며, 이는 롱테일 마케팅의 원칙을 따르고 있다. Netflix는 상위 20%의 인기 있는 콘텐츠를 제공하는 동시에 다양한 장르와 흥미로운 콘텐츠를 포함하여 롱테일 부분의 수요를 충족시키고 있다. 예를 들어, 대

중적인 드라마나 영화와 함께 독립 영화, 다큐멘터리, 외국 영화 등 다양한 장르의 콘텐츠를 제공함으로써 다양한 관객들의 취향을 충족시키고 있다. 이를 통해 Netflix는 롱테일에 해당되는 콘텐츠들로부터도 수익을 창출하고 있으며, 사용자들에게 보다 다양한 콘텐츠 선택지를 제공하여 다양한 이용자들의 만족도를 높이고 있다.

::: 브랜드 전략과 관리

브랜드의 정의와 필요성

브랜드는 협의적 정의로는 어떤 상품이나 기업을 나타내는 상표나 표시이며, 광의적 개념으로 광의적 정의로는 경제적 주체가 되는 상표의 총괄적 이미지와 경험이다. 브랜드라는 어원은 "불에 달구어 지진다", "화인(火印)하다"라는 뜻으로 사용된 노르웨이 고어 'brandr'에서 유래된 것으로 과거 가축을 키울 때 본인의 소유임을 나타내기 위해서 알아볼 수 있는 표식을 낙인을 찍던 것에서 비롯되었다.

브랜드는 단순히 로고, 이름, 디자인 이상의 의미를 지니는 기업 자산의 일종이다. 브랜드자산(brand equity)이란 특정 브랜드에 대해 축적된 브랜드 지식으로 인해 소비자 반응에 영향을 미치는 차별적인 효과를 의미한다. 어떤 브랜드에 대해 더욱 호의적인 반응을 보이고, 높은 긍정적인 태도와 구매의도를 보였다면, 그 브랜드는 높은 브랜드자산 가치를 지녔다고 볼 수 있다. 그렇기 때문에 긍정적인 브랜드자산을 갖는다는 것은 그 브랜드에 대한 충성도나 선호도에 큰 영향을 미친다는 의미로 이해될 수 있다. 브랜드의 중요성은 다음과 같다.

① 다른 제품과의 구별되는 표식으로 차별적 요소 소비자는 먼저 브랜드 기업의 마케팅 커뮤니케이션을 통해 브랜드 인지가 생기고, 브랜드 선호를 하게 되고 궁극적으로 구매로 이어진다. 이러한 과정에서 브랜드의 체험을 통해 확고한 브랜드 이미지를 갖게 되는데, 소비자의 지속적으로 호의적인 브랜드 이미지는 고객의 브랜드 로열티(brand loyalty)로 발전하게 된다. 소비자의 브랜드 로열티를 획득한 브랜드 제품은 그만큼 많이 팔리고 많은 이익을 얻게 되므로 궁극적으로 기업의 매출 및 이익에 크게 기여한다.

② 브랜드를 통한 마케팅 커뮤니케이션이 훨씬 효과적이고 상대적으로 작은 비용으로도 높은 효과를 달성할 수 있기 때문이다. 예를 들면, 벤츠에서 새로운 보급형으로 소형 승용차가 출시된다고 하면, 소형 승용차여도 벤츠에서 만들기 때

문에 특별히 마케팅 커뮤니케이션에 많은 비용을 지불하지 않아도 그 새로운 소형 승용차에 대해 높은 품질의 기대와 함께 우호적 평가를 하게 하고, 신규 브랜드임에도 불구하고 브랜드 신뢰성이 높게 인식되는 경우를 말한다.

③ 브랜드는 단순히 해당 제품뿐 아니라 기업의 이미지까지 미치는 영향이 광범위하기 때문에 중장기적으로 기업의 매출과 이익에 긍정적인 효과를 한다. 긍정적 브랜드 이미지는 세 가지 차원에서 이점들을 가진다. 첫째, 긍정적 브랜드 이미지는 그 브랜드를 운영하는 기업에 대한 소비자의 태도와 이미지에 직접적으로 영향을 미친다. 둘째, 직·간접적으로 기업의 신뢰와 명성에 영향을 미쳐서 궁극적으로 기업 매출에 영향을 미친다. 셋째, 더 나아가 매출 이외에도 기업의 재무적 성과들인 주가나 시장점유율 등에도 실제적으로 영향을 미친다.

이러한 개별 제품 브랜드(Product Identity: PI)와 기업 브랜드(Corporate Identity: CI) 간의 상호 역학관계 속에서 후광효과(halo effect)는 실제 많은 기업들 사례에서 발견할 수 있다. 삼성자동차는 1995년에 자동차산업에 처음 발을 들어 예상 외 부진으로, 2000년에 프랑스 르노자동차에 매각되어 정리된 브랜드이다. 그러나, 르노자동차는 한국 내에서 입지가 높은 삼성브랜드의 후광효과를 노리기 위해 삼성에게 브랜드 로열티를 지불하고 '르노삼성' 브랜드로 론칭하였다. CASE STUDY에서 보여주듯이, 로열티 사용 20년이 종료를 앞두고, 삼성전자와 르노자동차 두 기업 모두 르노삼성으로 계속 브랜드를 사용했을 때 각 회사 관점에서 어떠한 후광효과와 경제적 효과가 있는지를 계산한 것이다. 결국, 로열티 사용 20년이 종료된 후 르노자동차는 더 이상 삼성을 사용하지 않고 단독으로 르노자동차 CI로 한국 비즈니스를 할 것을 정했다.

브랜드 자산의 원천

브랜드는 그 브랜드의 로고, 심벌, 이름, 징글 등에 의해 브랜드 아이덴티티(brand identity)가 결정된다. 소비자는 이러한 브랜드 아이덴티티를 통해 특정 브랜드를 기억하고, 보다 친숙하게 여기게 된다. 브랜드 아이덴티티를 포함한 브랜드에 대한 다양한 정보, 즉 브랜드 지식(brand knowledge)이 축적되면 이것이 브랜드자산으로 연결된다. 여기서 브랜드 지식이란 소비자의 기억 속에 존재하는 다양한 지식 혹은 브랜드 정보들(brand node)이 연결고리(link)를 형성하여 일종의 네트워크를 형성하게 되는데, 이러한 정보의 구성체를 브랜드 지식이라고 한다.

〈그림 8.11〉의 브랜드 지식이 세부차원들의 체계를 설명한 것으로, 브랜드자

| 그림 8.11 |

브랜드 지식의 차원

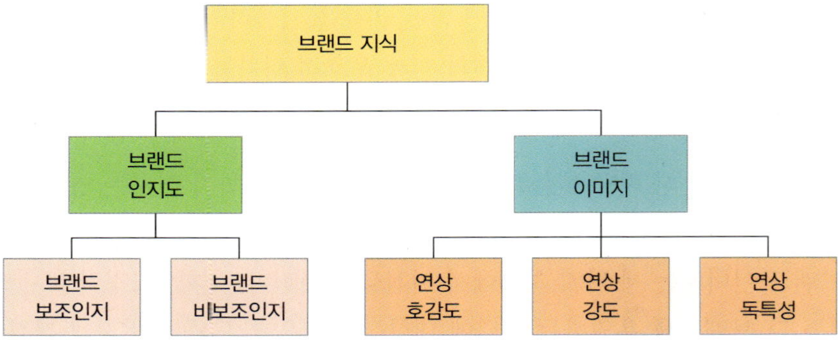

산을 형성하는 브랜드 지식은 브랜드 인지도(brand awareness)와 브랜드 이미지(brand image)의 두 가지 차원으로 구성되어 있다. 브랜드 인지도는 브랜드 보기를 제공했을 때 그 브랜드 인지 여부를 파악하는 브랜드 보조인지와 브랜드 보기 제공 없이 그 브랜드의 인지 여부를 파악하는 비보조인지로 구성되어 있다. 반면, 브랜드 이미지는 관련 브랜드 연상(brand association)의 호감도, 브랜드연상 강도(strength), 브랜드연상 독특성(uniqueness)으로 구성되어 있다.

브랜드 요소 개발

신제품 개발이 완성된 후에 절차로서 브랜드 요소들을 개발해야 한다. 브랜드 요소에는 브랜드 네임(brand name), 브랜드 로고(brand logo), 브랜드 상징(brand symbol), 브랜드 슬로건(brand slogan), 브랜드 캐릭터(character), 징글(jingle) 등이 있다.

브랜드 네임 개발

신제품을 개발한 후에는 브랜드 네임을 결정하는 단계가 중요하다. 소비자들은 브랜드 네임을 들었을 때 과거의 좋았던, 혹은 나빴던 사용 경험을 떠올리기도 하고, 혹은 특정 사용 환경에서 제품이 필요할 때 브랜드 네임을 떠올린다. 고로 브랜드 네임을 결정할 때는 소비자의 마음속에 기억이 잘 되고, 연상하기 쉬우며, 발음하기 쉽고, 긍정적인 의미를 가진 용어를 고려하여야 한다.

브랜드 로고와 상징

브랜드의 로고나 상징 역시 그 브랜드를 기억하는 데 중요한 요소이다. 브랜드 로고는 특정 브랜드가 자신을 표현하는 독특한 글자체나 그림을 말한다. 브랜드 상징은 자신의 브랜드를 표현하는 그림과 같은 다양한 상징이다. 이는 대체로 브랜드 로고와 함께 쓰인다.

브랜드 슬로건, 캐릭터, 징글

브랜드 슬로건은 그 브랜드가 가진 정체성(identity)을 드러내는 몇 개의 단어의 조합이나 한 문장 이내의 글을 의미한다. 소비자에게 강력하고 독특한 브랜드 이미지를 전달하기 위해 짧고, 쉬우면서, 함축적인 표현으로 나타낸다. 캐릭터란, 소비자들에게 브랜드를 친숙하게 여기고 보다 강력한 연상을 촉진하기 위한 수단으로 사용된다. 예를 들어 맥도날드의 로날드, 듀라셀의 토끼, S-Oil의 구도일 등이 있다. 징글(jingle)은 브랜드 슬로건이나 전달하고자 하는 언어적 메시지에 음률을 넣어 만든 것으로 TV나 라디오 등 광고에서 들을 수 있는 CM송이다 간단한 소리나 멜로디를 입힌 슬로건 등이 해당된다.

이러한 다양한 브랜드 요소를 선택할 때는 〈표 8.6〉과 같이 몇 가지 기준에 부합한지를 확인해야 한다. 첫째, 소비자들이 기억을 잘할 수 있는 기억용이성(memorability)을 갖추어야 한다. 둘째, 브랜드 네임, 로고, 슬로건 등이 전달하고자 하는 브랜드 정체성을 정확하게 전달할 수 있는 유의미성(meaningfulness)을 확보해야 한다. 셋째, 브랜드 요소가 시각적, 청각적, 미각적으로 즐거움을 전달할 수 있는 호감성(likability)을 가지고 있어야 한다. 넷째, 다른 제품 범주에도

다양한 브랜드 로고와 상징들

다양한 브랜드 캐릭터

다양한 브랜드 슬로건

표 8.6

브랜드 요소별 특성

	기억 용이성	의미 전달성	적응성	전이성	보호 가능성
브랜드명	브랜드 재인과 회상 제고 가능한 대안 선택 용이	때로 간접적이나 거의 모든 연상을 이끌어낼 수 있음	어려움	다소 제한적	양호한 편
로고, 상징	브랜드 재인 제고에 유용	때로 간접적이나 거의 모든 연상을 이끌어낼 수 있음	일반적으로 재디자인 가능	탁월함	탁월함
캐릭터	브랜드 재인 제고에 유용	비제품 심상과 브랜드 개성에 유용	경우에 따라 재디자인 가능	다소 제한적	탁월함
슬로건	브랜드 재인과 회상 제고 가능한 대안 선택 용이	대부분의 연상을 명확히 전달 가능	수정 가능	탁월함	탁월함

출처: Keller, Strategic Brand Management, 2nd ed., 2003.

다양하게 사용 가능한 전이성(transferability)을 가져야 한다. 다섯째, 시간이 지남에 따라 변화하는 시장 트렌드에서도 사용 가능한 적용가능성(adaptability)을 확보해야 하며, 마지막으로 시장의 다른 유사 브랜드 등으로부터 법적으로 문제가 없도록 보호가능성(protectability)을 확보해야 한다.

MARKETING **REPORT** | 캐릭터 마케팅은 왜 떠오르게 되었을까?

국내 캐릭터 시장규모 약 20조원 연평균 7.8%로 지속적인 상승세 보여

디지털 마케팅 기업 나스미디어에서 소개한 '2023년 상반기 급부상한 마케팅 트렌드'에 포함될 만큼 캐릭터 마케팅은 주목의 대상이다. 요즘 대부분의 기업이 캐릭터 마케팅을 하고 있다고 해도 과언이 아닐 정도이다.

'캐릭터 마케팅'이란 인기 있는 캐릭터를 활용하여 기업의 이미지를 만들거나 상표 및 제품을 알리는 마케팅 활동 중 하나다. 한국콘텐츠진흥원의 자료에 따르면 국내 캐릭터 시장 규모는 연평균 7.8%로 지속적인 상승세를 보이고 있다. 또한 국내 캐릭터산업 시장규모는 약 20조원에 달한다.

캐릭터 마케팅의 방식에는 크게 두 가지가 있다. 하나는 캐릭터 마케팅 전략이고 다른 하나는 캐릭터를 활용한 기업 마케팅이다. 캐릭터 마케팅 전략은 캐릭터 자체에 대한 마케팅이다. 새로운 캐릭터를 소비자들에게 인지시키고 인정하는 단계이다. 캐릭터를 활용한 기업 마케팅은 기존에 소비자들에게 친숙한 캐릭터와 기업이 콜라보레이션을 하고 홍보를 진행하는 것이다. 이것은 캐릭터가 가진 고부가가치를 극대화하는 '윈윈(wim-win)' 마케팅 방식이다.

그렇다면 이러한 캐릭터 마케팅은 왜 떠오르게 되었을까?

첫 번째로 기업 커뮤니케이션이 변화했다. 최근 소비자와 친근감을 중요시 여기며 양방향적인 소통을 하는 방식으로 미디어 환경이 변화했다. 기업들은 소비자들과 균등한 관계를 만들고자 캐릭터가 보유하고 있는 스토리와 디자인으로 친근감을 형성하여, 친화적 커뮤니케이션을 진행하고 있다.

두 번째는 비용을 절감할 수 있고 활용성이 높다. 실제 인물을 모델로 사용할 경우에는 많은 예산이 소비되고 활용 분야에서 제한이 생긴다. 그러나 캐릭터 마케팅의 경우에는 직접 캐릭터를 기획하여 기업의 이미지와 적합한 캐릭터를 개발할 수 있고 홍보영상 촬영, 콜라보와 같이 다양한 방면에서 제약 없이 활용할 수 있다.

은행 캐릭터(왼쪽 위부터 시계방향으로 신한은행의 쏠 익스플로러스, KB국민은행의 리브와 친구들, NH농협은행의 올원프렌즈, 우리은행의 위비프렌즈)

마지막으로는 소비자의 성향이 변화했다. 기업의 주요 소비자인 MZ세대는 브랜드가 가진 디테일한 스토리를 중요하게 여기는 성향을 가지고 있다. 따라서 귀엽고 유머러스한 캐릭터를 활용하여 마케팅을 할 경우, 기업은 소비자와의 친밀감이 형성돼 브랜드 충성도까지 기대할 수 있다.

실제로 한국 콘텐츠 진흥원이 발표한 자료에 따르면, 소비자는 캐릭터의 구매 결정 영향 여부를 묻는 질문에 과반수가 구매에 영향을 준다고 응답했다. 또한 캐릭터 부착으로 인한 비용을 추가 지불할 의사가 있다고 밝혔다. 이는 소비자들의 소비 트렌드에 캐릭터 마케팅이 큰 영향을 미치고 있다는 뜻이다.

앞으로 기업은 기업만의 개성 있고 차별화된 캐릭터를 만들고 이에 대한 자세한 스토리텔링을 갖춘다면 더욱 큰 마케팅 효과를 볼 수 있을 것이다.

출처: 소비라이프, 2023.11.28

브랜드 개발 과정과 전략

강력한 브랜드를 구축하기 위해서는 먼저 브랜드를 어떻게 포지셔닝할 것인가에 대해 결정해야 한다. 브랜드 속성, 브랜드가 전달하는 편익(benefits)이나 목표 소비자들이 가진 신념이나 가치를 기반으로 포지셔닝할 수 있다. 그 다음으로는 브랜드 네임을 선택한다. 제품의 편익, 속성, 가치를 전달하면서도 부르기 쉽고 기억하기 용이한 브랜드 네임을 선택한다. 이 단계에서 각 국가별 상표 등록 상황을 검토하여 중복성 문제가 없는지 검토가 수행되어야 하며 최종적으로 브랜드 개발이 완료되면 법적 보호를 받기 위해 각 국가별 상표등록 절차를 밟는다.

그림 8.12

브랜드 개발 과정별 중요 의사결정

브랜드 포지셔닝	→	브랜드명 선택	→	브랜드 소유권자(후원자) 결정	→	브랜드 개발
속성 편익 소비자 신념 및 가치		선정 법적인 보호		제조업체 브랜드 유통업체 브랜드 라이선싱 공동 브랜딩		라인 확장 브랜드 확장 복수 브랜드 신규 브랜드

그림 8.13

브랜드 전략

브랜드명 \ 제품범주	기존	신규
기존	라인 확장	브랜드 확장
신규	복수 브랜드	신규 브랜드

브랜드 개발 시, 브랜드를 누가 소유할 것인가에 따라 브랜드 개발 유형이 다르다. 브랜드 개발 유형은 제품을 판매하는 도매업체나 소매업체에서 개발한 유통업체 브랜드(Private Brand: PB), 제조업체에서 개발하고 소유하는 제조업체 브랜드(manufacture's brand), 혹은 수수료를 지급하고 개발된 브랜드 네임이나 캐릭터 등을 사용하는 라이선싱(licensing) 등이 있다.

브랜드 전략은 라인 확장, 브랜드 확장, 복수 브랜드, 신규 브랜드, 네 가지로 나뉘어진다. 라인 확장(line extension)은 한 제품범주 내에서 신제품이 출시될 때 기존 브랜드 명을 모브랜드(mother brand)로 사용하여 서브브랜드(sub-brand)를 만드는 방법이다. 브랜드 확장(brand extension)은 라인 확장과 달리 기존 브랜드를 새로운 제품 범주의 신제품에 적용하는 방법이다. 복수 브랜드(multi-brand)는 같은 제품범주 내에 있는 제품들에 여러 개의 브랜드들을 사용되는 경우이다. 복수 브랜드의 경우 다양한 욕구를 가진 소비자들을 충족시킬 수 있다는 장점이 있지만, 여러 브랜드에 마케팅 자원이 분산될 수 있다는 단점이 있다. 신규 브랜드(new brand)는 기존 브랜드를 사용하지 않고 새로운 브랜드를 도입하는 것이다. 새로운 브랜드를 도입하는 데는 막대한 마케팅 비용이 초래하게 되므로 기존 브랜드의 문제를 면밀히 파악한 후 경쟁력 있는 브랜드를 출시해야 한다.

Coca cola 브랜드의 라인 확장 예시

신제품을 위한 브랜드 커뮤니케이션 가이드라인

신제품을 위한 브랜딩 작업이 완료되면 그 브랜드를 위한 브랜드 커뮤니케이션을 수행해야 하는데 우선적으로 브랜드 지식을 높이기 작업을 해야 한다. 첫째, 브랜드 인지도를 높이기 위해서는, 보조인지적 차원의 인식(recognition)과 비보조인지 차원의 회상(recall)을 제고해야 한다. 보조인지는 어떤 브랜드를 접했을 때, 전에 그 브랜드를 보거나 들은 적이 있어서 곧바로 떠올려 내는 과정이기 때문에, 보조인지를 높이기 위해서 반복적으로 미디어 광고, 지면 광고 등을 이용해야 한다. 반면, 비보조인지는 그 브랜드의 제품이 필요한 특정 상황이나 구매 상황, 사용 상황 등에 소비자가 있을 때 특정 브랜드를 떠올리는 과정이다. 따라서, 비보조인지를 높이기 위해서는 제품의 구매 및 사용 상황과 그 브랜드가 확실하게 연결되도록 커뮤니케이션을 해야 한다.

둘째, 브랜드 이미지는 브랜드와 관련된 경험, 기억 등 브랜드 연상들(brand associations)의 집합이다. 기업은 강력하고 호의적인 기업이미지나 브랜드 이미지를 구축하고자 노력해야 한다. 이는 얼마나 강력한 이미지를 전달하는가(strength), 얼마나 독특한 이미지를 전달하는가(uniqueness), 얼마나 호감있는가(favorability)의 세 가지 기준에 의해 호의적인 브랜드 이미지를 구축하도록 해야 한다.

브랜드 관리

기업은 자신의 브랜드에 대해 소비자들에게 지속적으로 커뮤니케이션하며 호의적인 브랜드 이미지를 위해 노력해야 한다. 이를 위해 먼저 기업은 소비자 마음속에 어떤 브랜드 지식이 자리잡게 할 것인가에 대해 결정해야 한다. 그리고 기업이 제공하고자 하는 명확한 브랜드 지식을 실제로 어떻게 소비자의 마음속에 창출시킬 것인가에 대해 고민해야 한다. 경쟁사와 구별되는 차별성, 독특성, 호감도를 전달하기 위한 마케팅 커뮤니케이션 전략이 실행되어야 한다. 실제 기업은 강력한 브랜드인지도나 이미지를 창출하기 위해 엄청난 규모의 광고비용 및 촉진비용을 지출하고 있기 때문이다. 따라서 다양한 대안을 모색하고 투자 대비 높은 효익을 창출할 수 있는 전략을 선택해야 할 것이다.

기업이 다수의 브랜드들을 운영할 때에 브랜드들 간의 특징과 운영들이 중복되는 것을 피하고 시너지효과를 창출하기 위해 각각의 브랜드들의 역할과 책임(role & responsibility)을 정의하고 브랜드 자산을 관리하는 것이 브랜드 포트폴리오 전략(brand portfolio strategy)이다. 성공적인 브랜드 포트폴리오 전략하에 브랜드 관리를 최적화하기 위해서는 브랜드 아키텍처(brand architecture)를 수립하

CASE STUDY

"기존 브랜드 전략 더는 안돼"… 변화 택한 하나금융

하나금융그룹의 브랜드 전략이 확 달라졌다.

'신뢰' 제고를 최우선으로 두고 정상급 연예인이나 배우, 스포츠 스타를 활용하는 데만 골몰했던 기존 문법과는 과감히 다른 길을 걷고 있다. 대신 하나금융은 '감성적 접근'과 '체험'의 가치를 내세워 브랜드 이미지를 고객 삶에 스며들게 하는 데 모든 초점을 맞춘다. 여기에는 보수적 이미지만을 쫓았던 기존 금융권의 브랜드 전략이 더는 효과를 내기 어렵다는 과감한 판단이 깔렸다.

13일 금융권에 따르면 지난 7월 7일부터 서울 성수동 카페거리 한 가운데 들어선 '성수국제공항' 트래블로그 팝업스토어에는 2주간 1만 7천여 명의 관람객이 밀려들었다. 카페로만 운영됐던 건물이었던 탓에 공간적 제약이 큰 상황에서도 역대급 '흥행몰이'에 성공했다는 평가를 받았다. 최근 하나금융 브랜드 전략은 '참여형'과 '세대통합', '상생', '글로벌' 등의 굵직한 가치를 궁극적 지향점으로 두고 있다. 성수 트래블로그 팝업스토어는 이러한 가치를 가장 잘 살린 사례다.

관람객들의 오픈런까지 이끌어냈던 트래블로그 팝업스토어의 시작은 결국 '호기심'이었다. 팝업 스토어에 전혀 정보가 없었던 행인들조차 성수동 중심지 한 가운데 들어선 정체 모를 공항 콘셉트의 건물을 한동안 주시하게 한 것이 브랜드 홍보의 시작점이었던 셈이다. 결국 행인들은 거리에 멈춘 채로 '성수 국제공항'과 '트래블로그' 등의 단어를 스마트폰에 검색하게 된다. 기획 의도를 단순히 주입하기보다는 호기심과 재미를 통해 고객들의 참여를 이끄는 방식이다. 이러한 방식은 복잡한 계산이 필요한 만큼 하나금융 브랜드 부문의 고민은 커질 수밖에 없지만, 고객 입장에선 체험을 통한 홍보 효과를 더 오래, 긍정적으로 간직한다.

특히, 하나금융은 향후 '손님'의 주축이 될 MZ세대(1980년대 초~2000년대 초 출생)에게 존재감을 어필하는 데도 주력했다. 일방적 접근이 아닌 자연스러운 방식을 선호하는 MZ세대의 특성을 고려해 "하나금융이 만든 팝업스토어에 오신 것을 환영합니다" 등의 일차원적인 문구는 모두 배제했다. 대신 원하는 여행지를 골라 15분가량의 공항 탑승 수속을 밟는 데만 집중할 수 있게 팝업스토어를 구성했다. 여행에 관심이 큰 MZ세대 입장에서는 관련 과정에 집중하다 보면 하나금융의 이미지와 트래블로그의 정체를 퍼즐처럼 인식하게 되는 식이다. 트

하나은행, 대한축구협회 공식 후원 파트너십 연장. 사진은 조인식에 참석한 함영주 하나금융그룹 회장(오른쪽)과 정몽규 대한축구협회 회장이 기념 촬영하는 모습 /하나은행 제공

래블로그는 환전 편의성을 극대화하고, 환율 우대 혜택을 통해 손님들의 해외여행을 지원하는 하나금융의 해외여행 전용 체크카드다. 체험 과정에서 여행지로 선택할 수 있었던 18개 국가 또한 트래블로그가 수수료를 받지 않는, 무료 환전이 가능한 국가들로 구성됐다.

자발적인 참여를 통해 자연스럽게 브랜드 전략을 노출하는 동시에, 주력인 MZ세대를 타깃으로 하나금융의 강점인 글로벌 역량까지 한꺼번에 어필해 낸 사례다. 효과도 확실했다. 6월부터 진행된 트래블로그 캠페인 결과 트래블로그 회원수는 50만 명 순증하는 흐름을 보였다.

이외에도 하나금융은 브랜드 전략을 한 차원 끌어올리

하나금융그룹, '하나뿐인 공항, 성수국제공항' 팝업스토어 오픈. 여행의 즐거움을 담은 팝업스토어 '하나뿐인 공항, 성수국제공항'을 성수동 쎈느(Scene)에 오픈. 사진은 팝업스토어 프리오픈 행사에 참석한 축구 국가대표 손흥민(왼쪽부터), 그룹 아이브의 안유진, 배우 이도현 /하나금융그룹 제공

기 위한 다양한 시도에 나서고 있다. '하나 뿐인 내 편'이라는 하나금융 캠페인 메시지와 연동해 생활 속에서 만날 수 있는 이벤트들로 고객들과 상생하려는 의도가 강하다. 모델 기용에도 고민에 고민을 거듭하고 있다. 단순히 '톱티어' 연예인을 고집하기보다는 전략을 바탕으로 이미지 분석에도 상당한 공을 들인다. 걸그룹 아이브의 멤버인 안유진 씨도 그렇게 영입됐다. '대전의 딸' 안유진이 참여한 시축 행사는 평일 경기임에도 불구하고 총 2만 592명의 유료 관람객을 끌어모을 정도로 인기를 끌었다. 이는 2023시즌 K리그 평일 경기 최다 관중 기록은 물론, 구단 홈경기 최다 관중 기록 등을 경신한 수치다.

출처: 연합인포맥스, 2023.9.13

고 해야 한다. 브랜드 아키텍처란 기업의 다수 브랜드들 간의 수평적, 수직적 구조를 총체적으로 한눈에 파악할 수 있도록 하는 브랜드 구조를 말한다. 이러한 구조 안에는 각 브랜드 간의 서열들이 존재하는데 이를 브랜드 계층구조(brand hierarchy)라고 한다. 브랜드 계층구조의 가장 최상위에는 기업 브랜드(corporate brand)가 있고, 여러 상품 카테고리들을 포함하는 패밀리 브랜드(family brand), 특정 상품에만 부여되는 것이 개별 브랜드(individual brand), 브랜드 수식어(brand modifier) 순으로 구성된다.

예를 들면, 대상은 기업브랜드이고, 청정원은 패밀리 브랜드이고, 종가집은 김치의 개별브랜드이다. 대상이 종가집을 인수한 후, HMR(home meal replacement) 시장을 강화하여 청정원은 '휘슬링쿡'이라는 서양가정식 전문 HMR 브랜드로 종가집은 한식 전문 HMR 브랜드로 육성하고 있어서 종가집이 개별브랜드에서 패밀리 브랜드로 변화하고 있는 중이다.

브랜드 전략 중에 많이 활용되는 것이 브랜드 확장 전략(brand extension strategy)으로서 상위시장으로 확장하는 것을 상향 브랜드 확장이라고 하며, 하위시장으로 확장하는 것을 하향 브랜드 확장이라고 한다. 프리미엄 브랜드인 모브랜드(mother brand)의 브랜드 후광효과를 이용하여 매스마케팅 목적으로 서브브랜드를 출시하는 하향 브랜드 확장 전략이 상향 브랜드 전략보다 성공 가능성이 높기 때문에 더 많이 사용되는 전략이다.

브랜드 전략은 단기적으로 성과가 창출되는 것이 아니라 중장기적으로 성과가 이루어지기 때문에 기업의 브랜드와 관련된 지속적인 평가와 관리가 필요하다.

기업이 전달하고자 하는 편익과 가치가 소비자 마음속에 위치하고 있는가, 경쟁사와 차별화되는 브랜드 이미지를 형성하고 있는가, 긍정적이고 호의적인 브랜드 연상을 가지고 있는가 등을 평가해야 한다. 이를 브랜드 감사(brand audit)라고 한다. 브랜드 감사를 통해 추후 브랜드 확장이 필요하거나 제거되어야 할 브랜드는 없는지 등 더욱 효과적인 마케팅 활동을 위한 통찰력을 얻을 수 있다.

DISCUSSION QUESTIONS

1. 제품 유형별 특성과 마케팅 방안을 설명하시오.
2. 제품 큐레이팅을 성공적으로 수행하기 위해서는 대학생으로서 어떠한 것들을 준비해야 할지 논의하시오.
3. 브랜드 전략의 4가지 유형들을 간단히 설명하고 이에 적절한 사례들을 찾아서 제시하시오.

TEAM WORKSHOP

1. 도입사례에서 소개된 특정기업을 선택하여 추가 식품성 비건 제품 출시를 준비한다고 가정하자. 어떤 신제품을 출시할지 논리적인 근거와 함께 신제품 전략과 마케팅을 제시하시오.
2. 제품 한 개를 선택하여 제품수명주기상 현재 어떤 단계인지 진단하고 본 제품의 제품수명주기를 연장하기 위해서 어떠한 제품 전략과 브랜드 전략이 필요한지 제안하시오.
3. 〈CASE STUDY〉 하나금융의 브랜드 사례와 같은 보수적 시장에서 새로운 브랜드 전략을 추진하는 유사 사례를 찾으시오. 하나금융 사례와 해당 유사 사례 간의 공통점과 차이점을 설명하시오.
4. 팀원과 논의하여 관심있는 특정 제품산업을 정하시오. Abell의 '3차원 비즈니스 정의 프레임워크'의 개념도를 활용하여 신규 제품의 비즈니스를 정의하시오.
5. 팀원과 논의하여 관심있는 특정 제품산업을 정하시오. SCAMPER 표를 활용하여 신상품 아이디어를 도출해 보자.

TEAM WORKSHOP 4.

〈Abell의 '3차원 비즈니스 정의 프레임워크〉

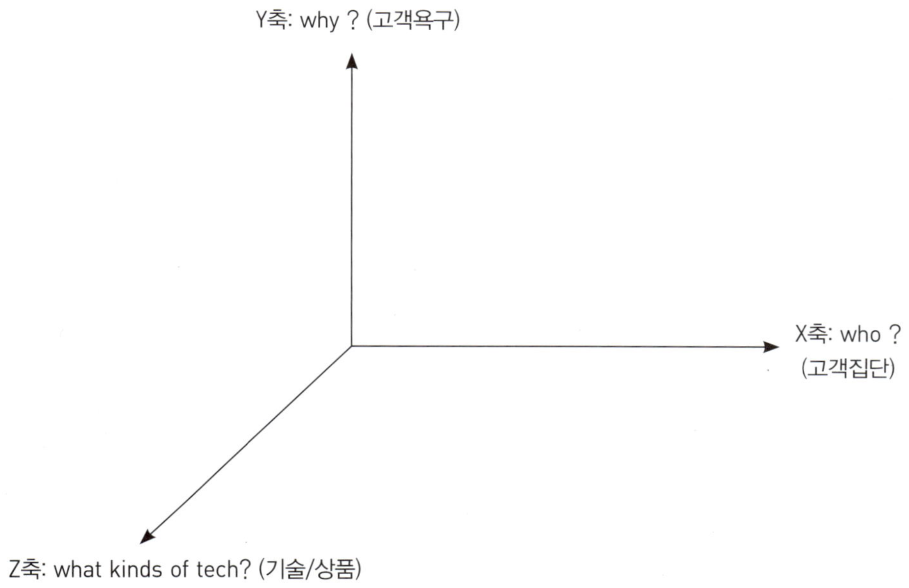

TEAM WORKSHOP 5.

〈SCAMPER〉

S		
C		
A		
M		
P		
E		
R		

PART

4

AI·디지털시대의 4P Mix 마케팅 전략 수립과 관리

눈에 보이지 않는 것을
눈에 보이게 하고,
눈에 보이는 것을
눈에 보이지 않는 것과 결합하고,
경험하는 사람마다
다른 경험을 갖도록 하고,
기쁜 마음으로 주저함 없이
지갑을 열게 하는 마법사,
마케터의 다른 이름이다.

nine

미술관 하나 지었더니, 도시가 살아났다

서비타이제이션(servitization)은 제조업의 서비스화를 의미한다. 제품만이 아니라, 서비스를 통해 더 큰 가치를 창출하는 것이다. 제조 중심의 사업이 수익성이 낮아지고 개별 고객의 욕구를 충족하는 능력이 중요해지면서 서비타이제이션이 가속화되고 있다.

서비타이제이션은 기존 사업의 위험을 분산하기 위한 전략일 수도 있고, 기존 사업을 근본적으로 바꿔 서비스 기업으로 변신하는 전략일 수도 있다. 과거에는 수직계열화나 제품과 관련된 사후서비스나 금융서비스를 위주로 서비스 사업을 추진했다. 최근에는 제품과 관련된 모든 서비스 부문으로 영역을 확대하고 있다.

대표적인 사례로 GE(General Electric)가 있다. GE는 제품을 판매하는 기업에서 서비스를 중심으로 솔루션을 제공하는 기업으로 전환했다. 가전사업에서 철수하고 헬스케어에 과감히 투자하는 등 서비스 비중을 높였다. 이제 전 세계 공장에 부착된 센서에서 발생하는 방대한 데이터를 모니터링하고 분석할 수 있다. 사물인터넷, 인공지능, 빅데이터를 적용한 산업인터넷 플랫폼인 프레딕스(Predix) 덕분이다. 스마트 팩토리를 이끌어 갈 소프트웨어를 제공하고 기계와 소프트웨어를 연결하여 시스템 운영을 최적화하며 가치창출에 기여하고 있다.

IBM은 수십년 간 컴퓨터 하드웨어와 소프트웨어 제조기업으로 큰 수익을 올렸다. 그러나 저비용 하드웨어 제조기업들과 오픈소스 소프트웨어가 등장하며 수익이 곤두박질치게 되었다. 이에 IBM은 PC사업도 매각하고 중점사업을 서비스 분야로 전환하며 통합 솔루션 회사로 변신했다. 또한 서비스 사이언스라는 개념을 도입해 컴퓨터공학, 경영전략, 사회과학 분야를 결합함으로써 고객 가치를 실현하고 있다. 하드웨어 제조회사에서 클라우드와 인공지능 서비스 회사로 거듭난 것이다.

항공기 엔진 제조사인 롤스로이스(Rolls-Royce)도 서비스 기업으로 변신했다. 기존 비즈니스 모델은 엔진을 생산해 고객에게 판매하면 끝나는 일회성 거래였다. 이제는 엔진 가동 시간에 비례해 요금을 받는 비즈니스 모델을 도입했다. 엔진을 사용한 시간만큼 비용을 청구하고 유지 및 보

쇠퇴하던 공업도시 빌바오가 문화도시로 탈바꿈하는데 크게 기여한 구겐하임 미술관

수를 책임지는 방식이다. 토털케어 서비스라는 이름으로 알려져 있다.

롤스로이스는 고객들이 가장 중요하게 생각하는 엔진의 정확한 가동에 집중한다. 단순히 고장이 난 후 수리하는 사후 정비가 아니다. 엔진이 제대로 작동하는지를 원격 감시해 고장이 나기 전에 부품을 수리하거나 교체하는 예측 정비를 제공한다. 센서를 통해 실시간으로 수집되는 데이터를 분석해 비행중인 엔진도 원격 개선이 가능하다. 엔진 수명이 다할 때까지 엔진 운용과 성능을 관리하는 서비스 회사가 된 것이다.

라벨 제조기업인 에이버리 데니슨(Avery Dennison)도 RFID 등이 포함된 지능형 라벨을 도입해 서비스 기업으로 전환했다. 사물인터넷 기술을 활용해 제품 데이터를 추적해 품질 관리, 재고 추적, 폐기물 관리 등의 솔루션을 제공하며 비즈니스 모델의 다변화를 이룬 것이다.

기업은 서비타이제이션을 통해 여러 가지 효과를 기대할 수 있다. 먼저, 제조 부문과 서비스 부문이 협력하고 지식을 공유하며 신규 사업 및 지식 기반 사업에 진출할 수 있다. 수익 구조를 다변화해 새로운 수익을 창출할 뿐만 아니라 수익 구조의 위험을 분산시킬 수 있다. 또한 제품 중심의 원가우위전략을 통해 성장하면서, 차별화된 서비스를 통해 고객과 장기적 관계를 구축하며 지속적인 수익을 확보할 수 있다.

하지만 서비타이제이션이 항상 성공하는 것은 아니다. 영국 캠브리지대 닐리 교수는 25개국 1만여 개 기업을 분석했다. 서비타이제이션이 뚜렷하게 나타나는 추세이지만, 재무 위험이나 수익 위험도 높다는 것을 발견했다. 몇 가지 이유가 드러났다. 우선 고객과의 상호작용은 대체로 비용이 많이 든다. 게다가 특정 산업이나 기술에 전문성이 있는 기업들도 고객과의 상호작용에는 전문성이 낮을 수 있다. 또한, 서비스 프로세스를 분석하거나 구현하는 역량이 취약할 수 있다. 따라서, 서비타이제이션은 경쟁우위를 확보할 기회이지만 동시에 위험도 따른다는 점을 명심해야 한다.

서비타이제이션은 기업뿐만 아니라 도시에도 적용된다. 빌바오는 스페인 북부 지역의 작은 도시다. 한때 철강산업이 발달했지만, 우리나라의 포항제철에 밀리면서 쇠락의 길을 걷게 되었다. 빌바오는 도시를 회생시키기 위한 방안을 모색하다가 문화산업을 통한 부흥을 계획하고 구겐하임 미술관을 유치했다.

미술관 하나 지었다고 지역 경제가 살아날까? 그런데 기적 같은 일이 일어난다. 바닥으로 추락했던 도시가 해마다 100만 경 이상의 관광객이 찾는 명소가 된 것이다. 쇠퇴하던 공업도시가 문화도시로 탈바꿈하며 회생한 것이다. 세계적인 건축가 프랭크 게리가 건축한 미술관 건물은 마치 손으로 주물러 만든 것처럼 유려한 곡선으로 이루어져 있다. 보는 각도에 따라 각기 다른 형태를 드러내는 건물 자체가 작품이다. 도시의 랜드마크 건축물이 도시경쟁력에 미치는 영향을 이르는 말인 '빌바오 효과'가 탄생한 배경이다.

출처: 한경 CMO Insight, 2022.7.23

::: 서비스의 개요와 특징

서비스의 개요

최근 서비스는 제조업자, 유통업자들이 차별화 및 부가가치 생성을 위해 부가서비스나 판매 후 관리 서비스 등 다양한 서비스들을 제공하고 함에 따라 서비스의 범주는 날로 확장되고 있다. 서비스산업은 여러 발표기관들의 기준과 국가에 따라 규모가 매우 상이하지만, 대부분의 선진국가들에게 있어서 국가 생산력의 약 60~70% 서비스산업이 차지할 정도로 그 규모가 매우 크고 그 종류도 매우 다양하다. 대부분의 선진국가들은 제조 성장이 정체로 인해 고용 또한 정체되어 있다. 이에 반해, 서비스부문은 많은 인력에 의해 생산 및 소비가 되는 산업의 특성을 가진지라 고용창출 및 새로운 일자리 창출도 용이하여 많은 국가들에서 전략적으로 육성하고 있는 산업 분야이기도 하다.

서비스산업은 크게 네 개의 서비스 산업으로 분류하는데, 첫째, 서비스 기업부문으로 항공사, 은행, 호텔, 은행, 보험 및 증권회사와 같은 금융회사, 의료기관, 영화사 등이 해당된다. 둘째, 제조부문에 포함되는 서비스 업무로써, 회계사, 법률고문, 컴퓨터 H/W, S/W 지원 등이 해당된다. 셋째, 민간 비영리 부문으로는 병원, 박물관, 미술과, 교회, 대학 등이 해당되며, 넷째, 정부부문으로 법원, 금융기관, 경찰, 소방서, 우체국, 학교 및 다양한 행정 서비스들이 해당된다.

서비스의 특징

서비스는 유형의 제품과 다른 무형성, 비분리성, 변화성 및 소멸성의 독특한 특징을 가지고 있는데 각각의 독특한 서비스 특징을 명확히 이해해야만 성공적인 서비스를 개발하고 관리를 할 수 있다.

① 무형성(intangible) 유형적 제품과 달리 서비스는 구매하기 전까지는 보지도, 만지지도, 듣지도, 냄새를 맡을 수 없는, 즉 인간의 오감을 통해 경험할 수가 없다. 이러한 서비스의 특성 때문에 구매관련 의사결정 시 불확실성이 높고 소비자의 지각된 위험이 높다. 예를 들면, 영어 교육을 받기 위해 영어학원을 선택한다고 하자. 영어교육의 서비스의 무형성 때문에 실제 영어학원 선택 시 그 해당 학원의 수업을 실제 받지 않고서는 교육 서비스 자체의 질을 사전에 평가할 수가 없다. 이런 서비스의 무형성 특성의 문제점은 첫째, 저장이나 진열이 불가능하고, 둘째, 가격 설정의 기준이 명확하지 않고, 셋째, 특허로 보호하기가 어려

우며, 마지막으로 서비스 무형성으로 인해 소비자에게 전달하기 어려워서 커뮤니케이션 활동의 한계가 있다.

② 비분리성(inseparability) 일반 유형제품들은 생산이 완료된 다음 창고에 보관되던가 유통되어 최종 소비자에게서 소비된다. 서비스는 이와 달리 생산과 동시에 소비가 되는 비분리성의 특징을 가지고 있다. 즉 서비스가 생산되는 그 시점과 장소에 고객 또한 함께 존재해야 하기 때문에 서비스 제공자와 고객 간의 상호작용은 매우 중요하다. 예를 들어, 동일한 극장의 동일한 연극일지라도 연극배우들이 그 날의 관객에 따라 서로 상이한 상호작용이 이루어지기 때문에 매번 다른 연극공연을 경험하게 된다. 또한 서비스의 비분리성으로 인해 서비스 제공시점에 소비자의 참여가 동시에 일어나기 때문에 집중화된 대규모 생산이 어렵다.

③ 변화성(variability) 동일한 서비스도 누가 언제 어디서 어떻게 제공하느냐에 따라 매우 달라진다. 앞서 제시한 영어교육의 사례에서도 동일한 학원 내, 동일한 커리큘럼을 강의한다고 해도 강사에 따라 수강생이 경험하는 교육의 품질 및 경험은 매우 상이하다. 동일한 강사가 진행한다 해도, 교육 서비스의 품질은 상황에 따라 매우 달라질 수 있고 교육품질 표준화가 어렵고 동일한 서비스품질을 유지하거나 통제하는 것이 쉽지 않다.

④ 소멸성(perishability) 서비스는 생산과 동시에 소비 및 소멸이 이루어지는 특성 때문에 보관 또한 불가능할 뿐만 아니라 재판매나 재고로 저장, 재이용 등이 불가능하다. 일반적으로 수요가 안정적일 때는 서비스의 소멸성이 문제가 되지 않으나 수요가 크게 변동하는 경우는 서비스기업들은 다양한 대응들을 통해 수요가 가능한 분산되도록 해야 한다. 예를 들면, 항공권이나 호텔들은 비성수기와 성수기와 가격 차이를 크게 하여 가능하면 성수기의 수요를 비성수기로 분산시키고 빈 좌석이나 빈 방이 생기지 않도록 노력을 하나, 빈 좌석과 빈 방, 즉 제공한 서비스가 소비되지 않고 소멸하는 경우가 종종 발생한다.

::: 서비스 관리

서비스가 가지고 있는 독특한 특성에 따르는 예기되는 문제점들은 다음과 같다. 이를 대응하기 위해서는 각 네 가지의 서비스특징을 고려한 서비스 강화전략이 필요하다. 〈표 9.1〉은 이를 간단히 요약 정리한 것으로 이 세부장에서 상세히 설명하도록 하겠다.

서비스의 특징	세부 특성 및 문제점	서비스 강화 전략
1. 무형성 (intangibility)	• 저장 및 진열 불가능 • 가격설정 기준이 명확하지 않음 • 특허로 보호가 곤란 • 커뮤니케이션 활동의 곤란	• 실체적인 것을 강조 (구체성, 시각화 등) • 가격설정에 구체성을 제공하여 설득력 제고 • 서비스기업의 이미지 관리 • 인적 접촉과 구전커뮤니케이션 강화
2. 비분리성 (inseparability)	• 생산과 소비의 동시성 • 소비자가 서비스 생산 및 제공 시점에 참여 • 집중화된 대규모 생산의 곤란	• 신중한 서비스 직원의 선발 및 교육의 강화 • 고객관리시스템 및 서비스시설 강화 • 여러 지역에 서비스망 구축 • 기계 도입을 통해 대인접촉에 의한 서비스를 최대한 축소
3. 변화성 (variability)	• 서비스품질의 표준화 작업의 어려움 • 품질통제의 어려움	• 기본적으로 위 비분리성의 서비스 강화전략과 동일 • 서비스의 개별화(맞춤화) 전략 시행 • 서비스 현장 관리자의 서비스 자율권 확보
4. 소멸성 (perishability)	• 재판매나 재이용을 위한 재고 저장 불가능	• 수요와 공급 간 조화에 노력이 중요 • 예약 시스템의 도입을 통해 수요의 사전 확보 • 탄력적인 가격 정책 • 마일리지, 누적 포인트제 등의 부가서비스 창출

표 9.1

서비스의 특징 및 중요 전략

비유형성에 대한 대응 관리

실체를 강조 고객의 내재된 불확실성과 위험지각을 낮추기 위해서는 무형성을 극복하기 위해 유형화, 즉 실체적이 것을 강조하는 물리적 증거와 구체적 정보를 통해 구체성과 시각화를 확보해야 한다. 앞서 예시의 영어교육의 품질이 높음을 보여주기 위해 첨단화된 학원 교육시설의 물리적 증거 제공, 체계적인 교육체계와 커리큘럼이 포함된 웹사이트나 브로셔 제공, 화려한 강사진의 구제적인 학력이나 교육 경력 공지 등이 이에 해당된다.

가격 설정의 구체성 제고 가격 대비 서비스품질의 불확실성을 제거하기 위해 서비스 가격 설정에 대한 구체성을 제고하여 고객 설득력을 높여야 한다.

기업이미지 관리 서비스기업의 이미지를 관리하여 제공하는 서비스에 대한 확신을 제공해야 한다. 즉 고객의 서비스 구매 의사 결정 시, 유형화된 제품이 아닌 무형의 서비스를 판단하기 때문에 기업의 이미지가 신뢰성에 크게 영향을 미치기 때문이다.

인적접촉 및 구전 커뮤니케이션 강화 인적접촉을 통해 서비스가 전달되기 때문에 인적접촉의 체계적인 서비스 매뉴얼에 의한 관리를 강화해야 하며, 무형의 서비스 경험이 구전을 통해 주로 전달되기 때문에 구전 커뮤니케이션의 관리 강화가 필요하다.

비분리성 및 변화성에 대한 대응 관리

서비스의 비분리성 특성에 의해 안정된 서비스품질의 확보가 어렵다. 이에 서비스기업들은 동질한 서비스품질을 제공하기 위한 집중적인 서비스품질관리가 다각적 관점에서 필요하다.

서비스 직원의 선발과 훈련과정에 적극적인 투자와 체계화 우수한 서비스 직원을 선별하여 채용하고 기업이 요구하는 수준의 서비스를 제공하도록 체계화된 훈련을 반복 실행해야 한다. 많은 서비스기업들은 입사 때부터 각 직급별로 다양한 상시 및 비상시 교육들을 받도록 되어 있으며, 반복적인 고객 대응 교육들을 통해 서비스 요원들의 서비스 마인드의 체화를 노력하고 있다. 높은 수준의 고객 대응 서비스를 요구하는 5성급 호텔인 리츠칼튼호텔의 경우, 모든 호텔 종사자들의 재킷의 왼쪽 가슴 포켓에 리츠칼튼호텔의 서비스 계명이 적힌 작은 수첩이 들어가 있다. 매일 아침 정해진 시간에 모든 직원들이 이 서비스 계명을 읽는 것으로부터 근무를 시작한다. 이러한 지속적이고 반복 교육은 서비스 마인드 확립에 큰 도움을 준다.

서비스 수행과정의 표준화 서비스가 이루어지는 일련의 과정을 표준화하기 위해서는 우선 서비스의 흐름을 한눈에 보여주는 서비스 청사진(service blueprint)을 개발해야 하고 표준화된 원활한 서비스 수행 과정이 되도록 서비스 청사진의 최적화 및 서비스요원들의 흐름을 추적하여 관리해야 한다. 많은 패스트푸드기업들은 주문이 들어오면 주방에서는 어떤 재료들 순서대로, 어떤 식재료와 소스들을 추가하며, 각 메뉴별로는 무엇을 먼저 준비하고, 어떤 순서대로 메뉴들을 포장하여 고객에 전달하는지에 대한 일련의 과정들을 직원의 동선들과 동작들까지 함께 상세히 서비스 청사진에 포함한다. 이러한 서비스 수행과정의 표준화는 서비스 수행과정의 최적화를 통해 구현될 수 있는 것으로 서비스의 범주, 동선, 동작 등을 얼마나 정교히 정의하냐에 따라 직원들의 피로감은 덜해지고 시간은 단축되어 서비스 생산력도 더욱 배가될 수 있다. 프랜차이징 레스토랑의 효시인 맥도날드는 이러한 서비스 수행과정을 성공적으로 표준화 및 실행한 대표적인 성공사례이다.

고객만족과 불만족을 추적조사 및 피드백을 반영 고객의 제안, 고객 불만 등의 VOC(Voice of Customer)를 정기적으로 조사하여 그 결과에 따라, 서비스 요원별

성과를 평가하고 인사고과 반영 및 고객 피드백을 반영하여 지속적인 서비스의 개선이 이루어져야 한다. 롯데백화점의 경우는 판매사원 대상으로 미스터리 쇼퍼(mystery shopper)에 의한 3진 아웃제도를 통해 엄격한 서비스 관리를 하고 있다. 정기적으로 고객을 가장한 조사원들에게 매장 판매사원들에게 불만, 환불, 교환들을 요청하게 하고 판매사원의 대응을 평가하여 낮은 점수를 3번 받는 경우 퇴사까지 시킨다.

변화성에 대한 대응 관리

기본적으로 앞서 언급한 비분리성의 서비스 강화전략과 동일하게 대응해야 한다. 그 이외에 변화성을 위한 대한 대응 관리는 다음과 같다.

고객별 개인화 및 차별화된 서비스 제공 철저한 서비스품질 관리를 한다고 해도 고객 개인별로 니즈와 요구가 매우 상이하기 때문에 고객의 온디맨드(on demand) 관점에서 서비스 제공이 중요하다. 이를 체계화하여 진행하기 위해서는 CRM(Customer Relationship Management) 시스템을 체계적으로 개발하여 고객 개인별 맞춤화를 구현하는 것이 중요하다.

서비스 현장 관리자의 서비스 자율권 확보 기업이 서비스현장에서 발생할 수 있는 다양한 변수들까지 가능한 포함하여 서비스 품질 관리 매뉴얼을 만들고 이를 기반으로 실행하는 것을 원칙으로 하지만, 실제는 서비스를 제공하는 과정상에서 통제할 수 없는 다양한 변수들이 존재한다. 단순히 매뉴얼에 의해서만 진행하다 보면 변화성 높은 서비스환경하에서 탄력적 대응이 부족할 수 있다. 따라서, 서비스 현장 관리자 및 종사자들에게 어느 한도까지의 자율권을 정하고 이 안에서 탄력적으로 고객 대응을 하는 것이 매우 중요하다.

소멸성에 대한 대응 관리

가격차별화 영화의 조조할인, 렌터카의 주말할인과 같은 가격의 차별화를 통해 기존 피크타임에 몰려 있는 수요를 다른 비피크타임대로 이동시킨다.

새로운 수요 창출 맥도날드의 블랙퍼스트 메뉴라던가 호텔의 주말 패지지 프로그램 등 기존 서비스 없는 새로운 서비스를 개발 운영하여 새로운 수요를 창출한다.

피크타임에 보완 서비스 제공 은행 피크타임에 창구에서 기다리고 있는 고객에게 ATM기 사용을 권하던가, 레스토랑에서 대기하고 있는 고객을 위해 대기 라운지를 운영하는 등의 피크타임 때 기다리는 고객에 보완 서비스들을 제공한다.

예약 시스템 병원, 호텔, 항공사 등이 사용한 사전 예약 시스템을 통해 수요를 명확히 예측 관리할 수 있다. 예를 들면 스타벅스는 '사이렌 오더' 앱을 통해 커피 주문도 예약뿐만 아니라 본인 맞춤화 메뉴 주문도 가능하다. 많은 소매 유통점들도 앱을 통해 배달 시간까지 선택이 가능한 예약 주문 시스템을 운영하여 추가 수요를 증대하고 있다.

::: 서비스품질 모형과 세부 속성

서비스품질 모형

파라수라만, 자이트할, 베리(Parasuraman, Zeithaml, and Berry)가 제시한 서비스품질 모형(Service Quality Model)은 고객의 과거경험, 구전, 기업의 커뮤니케이션 등에 의해 형성된 기대 대비, 서비스 경험 후 지각된 서비스를 비교 평가하여 만족 및 실망을 설명한 모형이다. 바람직하지 않은 서비스가 일어나는 격차(gap) 다섯 가지를 제시하였는데 이는 다음과 같다.

① 소비자의 기대와 경영자의 지각 간의 격차
② 경영자의 지각과 서비스품질에 대해 고객에게 제시한 내용 간의 격차
③ 서비스품질에 대해 고객에게 제시한 내용과 서비스 제공 간의 격차
④ 서비스 제공과 외적 마케팅 커뮤니케이션 간의 격차
⑤ 서비스 제공 후 지각된 서비스와 기대했던 서비스 간의 격차

이들은 서비스품질 모형을 바탕으로 고객이 평가한 중요도 순서대로 서비스품질을 결정하는 중요 다섯 가지 요인들을 다음과 같이 제시하였다.

① **신뢰성(reliability)**: 서비스제공자의 고객에게 약속한 서비스를 일관성과 정확도 있게 수행할 수 있는 능력
② **반응성(responsiveness)**: 서비스제공자의 고객 대응 및 신속한 서비스를 제공하려는 의지
③ **보증성(assurance)**: 서비스 제공 구성원들의 지식, 예의 및 신뢰를 전달할 수 있는 능력
④ **감정이입(empathy)**: 고객에게 서비스할 준비가 되어 있고 고객에게 개인적으로 주의를 기울임
⑤ **물리적인 것을 제시(tangibles)**: 서비스 제공을 위한 물리적인 시설, 장비, 요원 및 고객과 커뮤니케이션을 위한 물리적 설치물(다양한 POP, 디지털 디스플레이, 사인물 등) 등의 비치

서비스품질의 세부 속성

서비스기업은 고객에게 일관성 있고 높은 서비스품질을 제공하는지 파악하기 위해서는 지속적인 서비스품질 조사가 필요하다. 정확한 서비스품질을 측정하기 위해서는 서비스품질을 구성하는 세부 속성들에 대한 명확한 정의 또한 필요하다. 서비스품질을 측정하는 도구로는 가장 일반적으로 사용되는 것은 앞서 소개한 파라수라만과 그의 동료들이 제안한 서비스품질 모형의 SERVQUAL 척도이다. SERVQUAL 척도는 신뢰성, 반응성, 확신성, 공감성, 유형성의 다섯 가지 차원으로 구성되어 있다. 그러나, 이를 활용하여 진행한 수많은 실증연구들에서 이 다섯 차원들의 일반화의 문제점이 발견되었다. 워낙 서비스 영역이 넓어지고 더욱더 세분화되면서 서비스품질 측정이 복잡해지고 모호해졌다. 이후 그론루스(Gronroos)가 1984년에 제시한 2차원 모형(two-dimensional model)이 재평가가 이루어졌다. 2차원 모형은 기대된 품질과 경험한 품질 간의 차이를 분석하여 두 차원인 결과품질과 과정품질을 제시한 것으로 서비스품질 향상을 위한 6가지 기준으로 결과품질인 '전문성과 기술', 과정품질인 '태도와 행동', '접근성과 유연성', '신뢰성과 믿음직성', '서비스 리커버리', 이미지인 '평판과 신용'을 제안하였다. 반면, 올리버와 러스트(Oliver and Rust)가 1994년에 개념만 제안했던 것을 브레디와 크론닌(Brady and Cronin)의 실증연구 보고를 통해 3차원 모형이 널리 사용되기 시작했었다. 3차원 모형(three-dimensional model)은 상호작용 품질(interaction quality), 결과품질(outcome quality), 물리적 환경품질(physical environment quality)의 위계구조를 제안한 것으로, 이전 모형들에 없던 서비스품질에 위계구조까지 제안했다는 점에서 좀 더 진보된 형태라 볼 수 있다. 각 서비스품질 측정도구들은 세부 서비스시장별, 상황별 무엇이 더욱 우수한가에 끊임없는 논의가 있긴 하나, 이 중 가장 최근에 개발된 3차원 모형이 전반적으로 더 우수한 것으로 보고되고 있다.

e-서비스품질의 세부 속성

온라인의 발전으로 다양한 온라인서비스 비즈니스 모델들과 함께 수많은 온라인 전문기업들이 등장함에 따라 다양한 연구자들이 e-서비스품질의 세부 속성을 보고하였다. 자이트할, 파라수라만, 말호타(Zeithaml, Parasuraman, and Malhota)는 e-서비스품질을 11차원의 세부속성으로 제시하였는데, 접촉, 편리함, 효율성, 신속성, 신뢰성, 개인에 따른 변화, 보안/사생활, 책임간, 보증/믿음, 사이트의 미학 및 가격지식 등이 포함된다.

e-서비스품질을 본질적으로 오프라인과 동일하나, 일부 속성에 있어서 기능성의 강조와 보안/사생활보호 등의 다른 점들이 존재한다. 울핀바거와 질리(Wolfinbarger and Gilly)는 크게 14개 항목을 4개의 대분류 차원에서 세부속성들을 정리하였는데 다음과 같다.

- 온라인 사이트에서 이행하는 것들이 성취가 될 것이라는 믿음의 '신뢰성'
- 정보제공, 신속한 이용 및 적절한 개인화 등을 포함한 기능적 차원의 '웹사이트 디자인'
- 사생활 보안 및 거래 안전을 포함한 '보안/사생활'
- 고객 대응의 준비, 고객문제를 해결하고자 관심 및 신속 대응의 '고객서비스'

::: 서비스 믹스

서비스 7P Mix

서비스 7P Mix는 1980년대에 붐스와 비트너(Booms and Bitner)는 서비스 특성을 고려하여 전통적 4P Mix에 과정, 사람, 물리적 증거의 세 가지의 P를 추가한데서 비롯되었다. 추가된 3개의 P개념의 설명은 다음과 같다.

과정(Process) 서비스가 수행되는 과정과 흐름을 말하는 것으로 소비자의 욕구에 맞추어 개별화 혹은 표준화 정도를 정하는 것이 중요하며, 서비스품질을 제고하기 위해 과정의 흐름(flow)을 원활하게 하고 효율성을 제고하기 위한 상세한 서비스 과정 흐름표(flow chart)를 개발해야 한다.

사람(People) 서비스 성과에 영향을 주는 모든 인적요소를 말하는 것으로 서비스 전달과정에서 일어나는 인적 주체들(직원, 고객, 서비스 환경 내의 모든 사람들)의 각각의 역할을 정의하고 관리하는 것이 중요하다.

물리적 증거(Physical evidence) 서비스가 전달되는 과정에서 기업과 고객이 접촉하는 환경 및 서비스 성과나 커뮤니케이션을 용이하게 하는 유형적 요소들(매장 위치, 매장 인테리어, 키오스크 등)을 의미한다.

유형화-무형화 혼합 서비스 믹스

기업은 시장에 제공하는 형태는 단순히 유형제품, 서비스의 이원화된 구분이 아니라, 다음 〈그림 9.1〉과 같이 순수 유형재화, 서비스가 일부 수반되는 유형재화, 서비스와 유형재화의 혼합, 서비스가 주제품에 무형재화가 일부 추가 그리고 순수 무형재화(서비스) 범주로 제공된다.

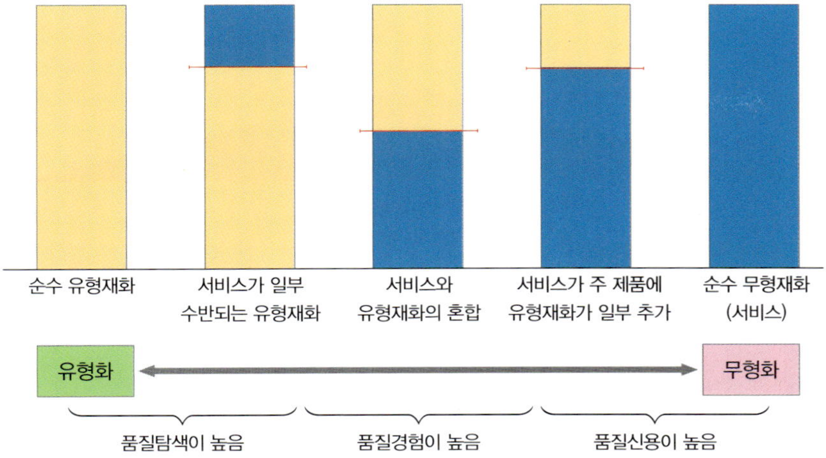

그림 9.1

유형화-무형화 혼합 범주를 통한 서비스 믹스

순수 유형재화 서비스가 전혀 수반되지 않는 유형재화들 예 식품류(라면, 음료수, 스낵 등), 생활용품류(비누, 치약, 타올 등)

서비스가 일부 수반되는 유형재화 유형재화에 일부 서비스가 추가되어 가치를 창출하는 경우에 해당됨. 보다 기술적 서비스가 추가된 일반제품은 고객서비스의 품질과 소비자의 이용가능성에 의해 판매가 결정된다고 연구보고가 있을 정도로 서비스가 중요함 예 전자제품에 설치서비스나 유지관리 서비스가 추가 제공, 자동차 구매한 고객에게 자동차 네트워크를 통해 관리 정보 제공 및 정비 및 관리 서비스 제공

서비스와 유형재화의 혼합 유형재화와 서비스의 혼합 비중의 거의 같은 수준인 경우 예 식당의 음식과 서비스, 호텔의 숙소와 서비스

서비스가 주 제품에 유형재화 일부 추가 서비스가 주이나 일부 유형제품이 추가 서비스 차원에서 제공되는 경우 예 항공사의 서비스가 전달되는 과정에 기내서비스로서 음료, 식사, 잡지 등의 유형제품이 제공

순수 무형재화(서비스) 순수 서비스로만 구성된 무형재화들 예 의료서비스, 상담, 법률, 회계 서비스

유형화-무형화 스펙트럼에서 보여주듯이, 왼쪽으로 갈수록 유형화에 집중하는 것이고 오른쪽으로 갈수록 무형화에 집중하는 것으로써, 서비스믹스는 이러한 적절한 유형화-무형화의 스펙트럼의 최적화를 만드는 것이다. 각 서비스믹스 단계별 제품평가 과정이 상이하다. 유형화가 높을수록 품질평가 과정에서 품질탐색이 높고, 무형화가 높을수록 품질신용이 높다. 서비스와 유형재화 동일 비중으로 혼합되어 있는 경우는 품질경험이 가장 높다. 즉, 고객의 품질경험을 높이기 위해서 서비스와 유형재화를 적절히 혼합하는 서비스믹스가 가장 바람직함

그림 9.2

서비타이제이션의 개념

출처: 황도연(2010), "제조업 패러다임의 변화: 제품-서비스 통합." 과학기술정책, 20(1), 9~19.

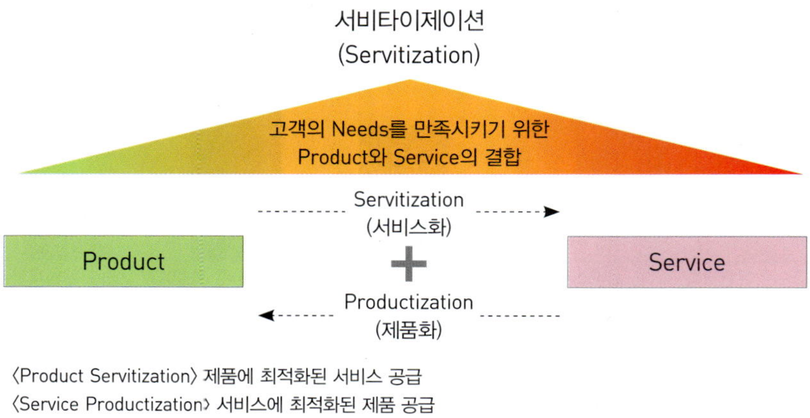

을 알 수 있다.

이러한 제품과 서비스가 연동한 서비스 융합형을 서비타이제이션(servitization)이라고 한다. 이는 제조의 서비스화라고도 하며 제조업 입장에서는 제조업의 패러다임을 완전히 바꾸어 놓는 혁신이기도 하다. 이는 제품에 최적화된 서비스를 공급하여 통합화하는 서비스화인, 제품 서비타이제이션(product servitization)과 서비스에 최적화된 제품을 공급하여 통합화하는 제품화인, 서비스 프로덕타이제이션(service productization)으로 나누어지나 일반적으로 서비타이제이션이라고 부른다.

특히, 서비스기업은 무형적인 것을 유형화하는 데는 전략적 노력이 많이 필요하다. 이를 위해, 카본과 해켈(Carborn and Harckel)은 고객경험 엔지니어링(customer experience engineering) 개념을 제안하였다. 고객경험 엔지니어링의 절차는 다음과 같다.

① 우선적으로 서비스기업은 고객이 어떠한 경험을 지각하도록 할 것인지에 대한 고객경험의 목표를 먼저 구체적으로 개발해야 한다. 많은 기업들이 서비스의 목표를 고객만족 중심으로만 수립하는 오류를 잘 범한다.

② 고객의 경험 목표가 달성되도록 제공하고자 하는 경험을 지원할 수 있는 성과단서와 전후맥락을 제공할 단서들을 디자인해야 한다. 예를 들면, 공항 내 인포메이션 데스크의 서비스직원이 중요한 언어들로 고객이 문의한 모든 것에 정확한 정보를 제공하느냐는 성과단서이고, 서비스직원의 대응태도, 복장 및 안내책자나 인적 문의를 보완할 키오스크 배치 등은 전후맥락 단서이다. 즉, 공항 내 인포메이션 데스크에서 전후맥락의 단서는 인적요소(서비스직원)와 물적요소(유니폼, 안내책자, 키오스트)에 의해 전달된다.

CASE STUDY | 스타벅스, '사이렌 오더' 누적 주문 4억 건 돌파

스타벅스 코리아가 2014년 도입한 '사이렌 오더' 서비스를 통한 누적 주문 건수가 4억 건을 돌파했다. 스타벅스에 따르면 전국 1,800여 개 스타벅스 매장에서 사이렌 오더를 통한 주문 건수가 지난 9년간 총 4억 건을 넘어선 것으로 집계됐다. 2014년 5월에 출시된 사이렌 오더는 2016년 10월 누적 주문 건수 1,000만 건을 돌파하면서 인기를 얻기 시작했다. 이어 2017년 10월에는 3,000만. 건, 2018년 7월에는 5,000만 건, 2019년 4월에는 7,000만 건을 돌파했다. 그리고 2021년 5월에는 2억 건을 돌파하더니, 단 두 해 만에 4억 건을 기록하게 됐다.

사이렌 오더는 고객이 선불로 돈을 충전해 놓고, 원하는 음료를 사전에 주문할 수 있는 시스템이다. 매장 방문 전에 주문과 결제를 미리 할 수 있어 현장에서 긴 대기 줄을 서지 않아도 되는 등의 편리함을 제공한다. 실제로 가까운 매장을 선택한 뒤 주문을 하면 주문 메뉴가 준비되는 진행 과정과 순서를 실시간으로 확인할 수 있다. 주문이 접수되면 "주문을 확인하고 있습니다", "8번째 메뉴로 준비 중입니다" 등의 문구와 함께 제조 과정이 표시된다. 제조가 완료되면 매장의 바리스타가 고객에게 알림을 전송해 주문이 완료됐음을 알려준다.

스타벅스가 사이렌 오더를 도입하게 된 계기는 미국 본사가 매장 내 진동벨 사용을 금지하는 경영 원칙을 세웠기 때문이다. 스타벅스는 음료가 완성되면 파트너(직원)나 바리스타가 직접 고객의 주문번호를 육성으로 안내해 제품을 수령하도록 하는데, 매장 안이 소란스럽거나 마스크를 써야 해서 말소리가 잘 들리지 않을 경우 큰 소리로 여러 번 안내해야 하는 일이 파트너들에게는 고역이었다. 이를 해결할 방법이 사이렌 오더로, 사실상 알림 벨 역할을 하는 '비대면 서비스'인 셈이다.

스타벅스 관계자는 "사이렌 오더는 매장을 방문해 대기할 필요 없이 모바일 애플리케이션(앱)을 통해 바로 주문이 가능한 데다 '퍼스널 옵션', 결제 편의성 등 편리한 장점이 많기 때문에 점점 더 많은 고객으로부터 사랑받고 있다"며 "리저브, 드라이브스루 매장에서뿐 아니라 투고백으로도 간편하게 주문하고 싶다는 고객들의 의견을 반영해 이제는 전국 매장에서 투고백도 사이렌 오더를 받는 등 계속해서 확장해 나갈 계획"이라고 말했다.

스타벅스 사이렌 오더 출시 후 연도별 누적 이용 건수
(단위: 건 이상, 자료: 스타벅스 제공) * 2014년 사이렌 오더 출시

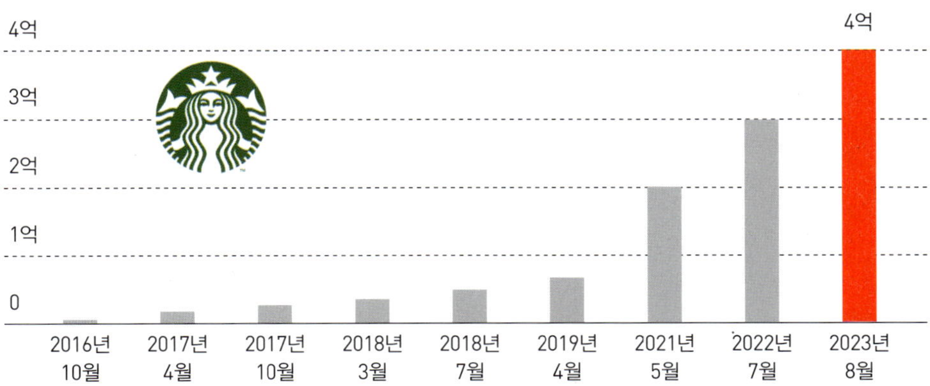

출처: 아시아경제, 2023.9.7

③ 이후 경험 청사진(experience blueprint)을 개발해야 한다. 경험 청사진은 기업이 제공하고자 하는 개발된 다양한 단서들과 함께 서비스 내용과 과정을 한눈에 알아보도록 만드는 것이다. 다양한 단서들은 고객이 다양한 감각들로 지각할 수 있도록 가능한 오감(five senses)을 자극하도록 설계해야 한다.

서비스의 복합적 마케팅

서비스는 다양한 구성요소들과 관련한 섹터들 간의 복잡한 상호작용이 이루어지기 때문에 반드시 복합적 관점에서 마케팅을 시행해야 한다(〈그림 9.3〉). 서비스의 복합적 마케팅은 세 가지의 마케팅 유형인 외적 마케팅, 상호작용 마케팅, 내적 마케팅이 요구된다. 외적 마케팅(external marketing)은 기업이 고객을 대상으로 하는 마케팅으로서, 서비스기업의 고객에게 제공할 서비스 준비, 가격 결정, 서비스의 상세 분배, 촉진활동 등의 모든 일상적인 업무들이 말한다. 내적 마케팅(internal marketing)은 서비스기업이 고객에서 서비스를 제공하기 위해 서비스를 전달하는 종업원들을 훈련시키고 동기를 부여하는 일련의 업무들을 말한다. 상호작용 마케팅(interactive marketing)은 서비스가 전달되는 과정에 구성원들의 기술을 의미하는 것이다. 고객은 일반적으로 서비스의 질을 기술적 품질과 기능적 품질로 구분하여 판단하는데, 예를 들면, 치과병원의 서비스의 기술적 품질은 치과치료가 성공적으로 이루어졌는가에 기준을 두었다면, 기능적 품질은 치과의사의 환자에 대해 대응 및 상세한 설명 혹은 신뢰감을 제공하였는가 등에 기준을 둔다. 과거 서비스의 품질하면 기술적 품질만을 우선적으로 고려하였으나, 서비스산업이 세분화되고 고객의 다양한 요구들이 더욱 커짐에 따라, 서비스기업의 기능적 서비스품질을 높이는 노력이 더욱 중요하게 되었다.

앞서 도입사례에서 소개한 웅진코웨이는 서비스의 복합적 마케팅의 대표 사례로서, 코디 방문판매원 네트워크를 활용하여 세심한 서비스와 함께 제품 렌탈

그림 9.3

3가지 유형의 마케팅

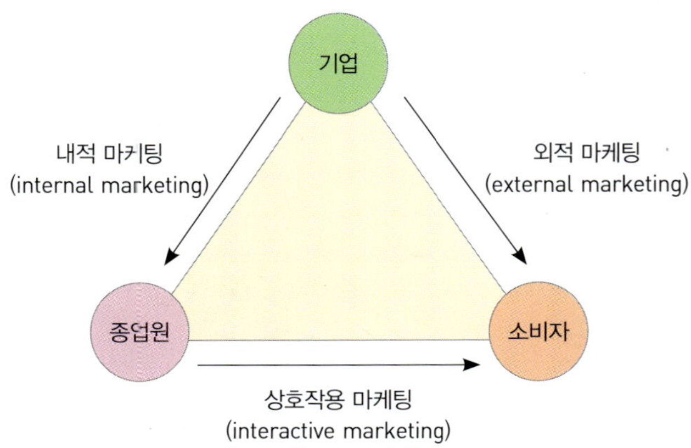

및 판매를 하였고, 취급 제품도 정수기에서 시작하여 비데, 공기청정기, 연수기, 화장품 등으로 다각화하였다. 이러한 서비스의 복합적 마케팅이 가능했던 원인은 체계적인 제품 관리 및 서비스 제공함과 동시에 고객과의 성공적인 관계 마케팅을 통해 탄탄한 고객 플랫폼이 활성화되어 있었기 때문이다. 고객 플랫폼을 통해, 고객과의 외적 마케팅, 판매사원 코디들과의 내적 마케팅 그리고 서비스 전달과정에서 코디와 소비자 간의 상호작용 마케팅이 성공적으로 수행되었기 때문에 취급하는 대부분의 제품들(정수기, 비데, 공기청정기, 연수기)이 국내시장에서 선도하는 것이다.

::: 애프터 세일즈 마케팅

애프터 세일즈 마케팅의 중요성

최근에 유형재화만을 판매하는 기업에서도 서비스마케팅의 중요성을 인식하고 서비스화를 노력하고 있다. 대표적인 일반 제조기업의 서비스화가 제품지원 서비스마케팅, 즉 애프터 세일즈 마케팅(after sales marketing)이다. 과거 A/S 차원에서 몇 개월에서 1년 정도의 서비스를 무상으로 제공하던 단순히 구매 후, 서비스 차원에서 기업이 고객에게 제공했었다. 그러나, 최근 많은 제조산업들의 성장이 둔화되면서 새로운 수익성을 찾는 가운데, 내구성이 높고 고가의 유형제품들의 판매 후 부품판매 및 유지관리 관련 서비스들이 하나의 수익 모델로서의 가치가 부각되어 애프터 세일즈 시장은 날로 성장하고 있는 추세이다. 대다수의 자동차기업들은 영업관련 부서나 마케팅 관련 부서 내 고객 서비스차원에 있었던 애프터 서비스 업무를 확장시켜 별도의 애프터 세일즈 부서로 독립시켜 운영하고 있다. 이 부서에서 새로운 세일즈 개발, 새로운 수익 창출, 매출 성과 관리, 영업 지원, 스토어 관리 및 내부 구성원 교육 등을 체계적으로 진행한다.

애프터 세일즈 마케팅은 다음과 같은 이점들이 있다.

- 딜러 네트워크를 어디서 어떻게 증대시켜야 하는지에 대한 이해를 제공
- 부품 및 서비스 매출을 증대
- 고객 유지와 충성도를 증대
- 마케팅 효율성과 ROI(Return On Investment)를 증대
- 궁극적으로 중장기적으로 진행한 애프터 세일즈 마케팅은 그 다음 고객의 구매시점에 직접적으로 재구매에 영향

애프터 세일즈 마케팅의 가이드라인

- 각 고객의 구매 후 단계별 제공하는 애프터 서비스들을 명료화하여 최적화된 애프터 세일즈를 기획
- 고객의 요구에 즉각적으로 대응하도록 재고 관리
- 콜센터 및 마켓정보의 가장 최근자료들의 철저한 분석하여 계량적이고 정확한 마켓정보를 통해 인사이트를 확보
- 새로운 고객을 찾아내고 집중
- 스케줄된 서비스제공 시, 단순 문제 해결만이 아니라 고객과의 커뮤니케이션을 증대
- 고객의 요구에 의한 애프터 세일즈 마케팅이 아닌, 먼저 선제적으로 고객에게 애프터 서비스를 제공
- 지금까지의 대면 혹은 전화상의 애프터 서비스 외에 커뮤니케이션 채널을 다변화하여 고객 접점을 증대(예: 텔레매트릭스 원격진단 서비스)

일반적으로 애프터 세일즈 마케팅의 세부적인 실행들을 아웃소싱하는 경우가 많다. 이에 애프터 서일즈 마케팅의 세부 실행 가이드라인을 상세히 개발하고 잘 실행될 수 있도록 체계적으로 교육을 위한 서비스 매뉴얼을 개발하여 배포하고 이의 내용이 잘 전달되도록 지속적인 교육을 진행하는 것이 중요하다.

CASE STUDY | **BMW 고성능 브랜드 'M', 고객들이 열광하는 이유있다 …"체험 마케팅"**

BMW 고성능 브랜드 'M'이 국내 수입차시장에서 돌풍을 일으키며 새로운 패러다임을 만들고 있다. 그동안 세단과 SUV가 주류를 이루고 있던 수입차시장을 고성능 모델의 새로운 놀이터로 변화시키고 있어서다.

국내 고객들은 BMW M의 고성능 매력에 푹 빠져 러브콜을 쏟아내고 있다. 이 같은 고객들의 열광에 힘입어 BMW M 브랜드는 한국시장에서 확실한 포지션을 굳혀 가고 있다. M 인기는 판매숫자로 확연히 나타난다.

BMW 코리아에 따르면 M의 국내 판매량은 꾸준히 상승해 왔다. 2018년 1,147대에서 2019년 1,866대로 719대 늘어난 데 이어 2020년에는 총 2,859대가 판매되며 전년 대비 무려 53.2%에 달하는 성장을 기록했다.

(중략)

BMW 코리아의 톡톡 튀는 마케팅도 판매 상승에 한몫을 해냈다는 평가다. 바로 M 고객 특화 마케팅 전략이다. 적극적인 문화 활동과 개성 표현을 중시하는 고성능 모델 고객들의 취향을 공략한 체험형 프로그램이 BMW M 모델 판매량 상승세로 이어지고 있다.

BMW 코리아는 올해 고성능 M 고객 및 관심 고객을 위한 체험 기회를 늘려 나가고 있다. 먼저 지난 4월, 인천 영종도 BMW 드라이빙 센터에 M 마니아들을 위한 'M 타운(M Town)'을 조성했다. 이곳은 M 전용 전시 공간으로, 다양한 M 퍼포먼스 모델 및 M 하이 퍼포먼스 모델을 편하게 둘러보는 동시에 M 퍼포먼스 파츠 및 장착 차량도 한 자리에서 경험할 수 있다.

이어 6월부터는 'M 시민권(M Citizenship)' 프로그램 운영을 시작했다. M 시민권은 M 하이 퍼포먼스 또는 M 퍼포먼스 모델 신규 구매 고객에게 부여되는 권리로, BMW

인천 영종도 BMW 드라이빙 센터에 조성된 M 타운

BMW M 퍼포먼스 개러지

인천 영종도 BMW 드라이빙 센터에 조성된 M 타운

드라이빙 센터 M 타운에서 입국 서류를 작성하면 여권을 받을 수 있다. M 시민에게는 매달 진행되는 M 트랙 행사 참가 기회 등의 혜택이 제공되며, 향후 다양하고 차별화된 M 드라이빙 프로그램을 통해 운전 실력을 향상시킬 수 있는 기회도 주어진다.

BMW 코리아는 이뿐만 아니라 M 고객만을 위한 'M 퍼포먼스 개러지'를 마련해 특별한 소유 경험을 선사하고 있다. M 퍼포먼스 개러지는 라운지 형태의 독립된 공간에서 M 모델의 유지 · 관리 및 정비 상담과 작업을 함께 진행할 수 있는 M 고객 특화 서비스 공간이다. 이용 고객은 독립적으로 구성된 카페 같은 편안한 공간에서 직원의 응대를 받게 되며, 워크베이에서 진행되는 차량 관련 작업을 근거리에서 상세히 지켜볼 수 있다.

출처: Auto Morining, 2021.7.27

::: AI·디지털시대의 새로운 서비스 등장

AI·디지털시대에 혁신적 기술을 기반으로 다양한 새로운 서비스들이 등장하고 있으며, 서비스시장 자체가 팽창하고 있다. 이 세부장에서 중요한 AI·디지털시대의 새로이 등장한 혹은 등장할 서비스들을 살펴보도록 하겠다

디지털 라이프스타일 제안 서비스

Car to Life

대표적인 내구재인 자동차가 이미지센서와 통합센서, 배터리, 디스플레이 등 각종 첨단 부품은 물론 차량용 소프트웨어 플랫폼, 자율주행, 보안 솔루션 등의 첨단 IT 기술을 적용되어 서비스재로 변환 중이다. 커넥티드카(connected car)는 통신 네트워크에 연결된 자동차 안에서 운전자가 주행 중에도 다양한 정보와 콘텐츠를 이용할 수 있고 궁극적으로 완전 자율주행 기능까지 갖춘 미래형 자동차를 뜻한다. 텔레매틱스, 인포테인먼트, 이동통신 네트워크 기술 등이 통합된 것으로써 실질적 커넥티드카가 구현되면 자동차 자체가 '타고 달릴 수 있는 스마트폰'과 같은 역할을 하게 된다. 즉 자동차로서의 기능뿐만 아니라 달리는 디바이스가 되기 때문에 이 디바이스를 통해 통합 차량 정보 관리를 스스로 하고 개인용 서비스가 통합될 수 있고, 더 나아가서는 라이프스타일 서비스가 가능하게 되는 것이다.

똑똑해진 '스마트 카'는 무선업데이트, 자율주행 등의 기술과 함께, 운전자 기분을 파악해 말 걸고 정보를 제공하는 다재다능한 친구 같은 차로 진화하고 있다. 이 과정에서 카투홈(Car to Home) 서비스와 같은 새로운 서비스 비즈니스 기회가 열리고 있다. 카투홈 서비스는 통신이 가능한 기기와 자동차를 연결해 집안 가전제품을 제어하는 초기 단계의 커넥티비티(Connectivity) 서비스이다. 즉, 전

MARKETING **REPORT** | **스마트 카 '두뇌 싸움' 시작됐다**

테슬라 주무기 '무선 업데이트', 전통 완성차 업체도 제공
양산차도 '자율주행 3단계' 시대… 운전대서 손 놔도 돼
'운전자 기분 파악해 말 걸고 정보 제공' 콘셉트카 등장
SW 똑똑해지며 '다재다능한 친구 같은 車' 나타날 전망

자동차가 똑똑해지고 있다. 요즘 자동차는 차량 전방·후방·측면 곳곳에 달린 카메라·레이더 같은 센서로 주변 상황을 인식해 스스로 차로를 유지하며 달릴 뿐 아니라 차로까지 스스로 변경한다. 최근엔 차량 내부에도 다양한 센서가 탑재되면서 탑승자의 안전 상태를 체크하고 위험을 예방한다. 정비소에 가지 않아도 '무선 업데이트'를 통해 성능 개선 서비스를 받을 수 있는 영역도 빠르게 늘고 있다. 과거 자동차 업체는 엔진의 성능과 힘이 뛰어난지 알리는 데 집중했지만, 이제 차가 얼마나 똑똑한 두뇌를 가졌는지 보여주기 위해 안간힘을 쓰고 있다. 고성능 반도체와 정교한 소프트웨어가 자동차의 경쟁력을 결정하는 '스마트 카'의 시대가 오고 있는 것이다.

'무선 업데이트' 영역 무한 확장 중

2~3년 전만 해도 '무선(OTA·Over The Air) 업데이트'는 테슬라의 독점 영역으로 여겨졌다. 내비게이션 지도뿐 아니라 반자율주행 성능까지 수시로 개선해 준다는 점에서 주목받았다. 이제 전통 완성차 업체들도 무선 업데이트 영역을 무한 확장하고 있다. 현대차는 지난해 11

현대차그룹의 전기차는 외부 전자기기에 전기를 공급할 수 있는 'V2L(Vehicle to Load)' 기능을 기본 탑재하고 있다. 사진은 기아 전기차 EV6 /현대차그룹 제공

메르세데스 벤츠는 자체 개발한 운영 체제 'MB.OS'를 2025년 신차에 탑재해 주행 성능부터 지도 정보까지 수시로 무선 업데이트가 가능한 차를 만든다는 계획이다. /메르세데스 벤츠 코리아 제공

월 출시한 '올 뉴 그랜저'에 무선 업데이트 가능 영역을 GV60 대비 2배로 늘렸다. 엔진 · 변속 · 차체 · 서스펜션 제어 같은 주행 · 안전 성능뿐 아니라, 빌트인캠 · 무드램프 · 디지털키 · 생체인증시스템 · 열선 · 통풍시트 · 선루프 · 계기반 · 헤드업 디스플레이 같은 편의 사양까지 무선 업데이트가 가능하다. 덕분에 시간이 흘러도 늘 새로운 차를 타는 경험을 할 수 있다.

(중략)

양산차도 '자율주행 3단계' 시대 성큼

스마트카의 또 다른 핵심은 바로 자율주행 기능이다. 현대차는 이르면 이달 말, 자율주행 3단계 기능이 탑재된 제네시스 G90 연식 변경 모델을 출시한다. 현대차가 개발한 하이웨이 드라이빙 파일럿(HDP · Highway Driving Pilot) 기능으로, 고속도로나 강변북로 같은 자동차전용도로에서는 시속 80㎞까지 스스로 달리며 차로도 변경한다. 차량 통제권이 운전자에서 자동차로 넘어가기 때문에 운전대에서 손을 놔도 된다.

벤츠도 올 하반기 미국을 시작으로 자율주행 3단계 기능이 탑재된 S클래스와 전기차 EQS를 출시할 예정이다. 벤츠의 3단계 자율주행은 현재 시속 60㎞까지 가능하지만, 향후 시속 130㎞ 고속주행에서도 가능하도록 구현한다는 목표다.

볼보자동차가 지난해 11월 공개한 EX90에도 8개의 카메라와 5개의 레이더, 16개 초음파 센서와 라이다가 탑재돼 자율주행 3단계를 구현한다.

다재다능한 친구 같은 차

자동차의 지능이 갈수록 높아지면서, 머지않은 미래에 자동차가 다재다능한 친구 같은 존재가 될 것이라는 전망이 나온다. BMW는 지난 1월 CES에서 콘셉트카 'i비전 디(Dee)'를 통해 디지털 영혼이 있는 친구 같은 차를 선보였다. 차 주인의 기분을 파악하고 말을 걸고 필요한 정보를 제공한다. 기분에 따라 차량의 색깔을 바꿀 수 있고, 차도 스스로 기분에 따라 전면 그릴을 통해 표정을 바꾼다. 소니혼다모빌리티도 CES에서 첫 전기차 브랜드 '아필라'를 선보이면서 사람과 교감할 줄 알고, 영화 · 게임 같은 다양한 엔터테인먼트를 제공하는 차를 만들 것이라고 밝혔다.

BMW가 지난 1월 CES(세계 최대 전자쇼)에서 공개한 콘셉트카 'i비전 디(Dee)'는 '친구처럼 교감하는 차'를 표방한다. / BMW 코리아 제공

출처: 조선일보, 2023.3.15

통적 제조업들이 AI·디지털시대에 진입하면서 기존의 전자제품들을 디지털화하면서 융합형 서비스 제공 플랫폼으로 전환되고 소비자들에게 새로운 디지털 라이프스타일 제공을 준비하고 있다.

가전제품 to Life

가전제품들에 IT 기술을 접목하여 새로운 라이프스타일 서비스의 제공을 시작하였다. IoT 기능을 냉장고에 본격적으로 적용한 삼성 '패밀리 허브'는 냉장실 도어에 탑재한 21.5인치 Full HD 터치스크린과 내장된 마이크·스피커를 통해

CASE STUDY | 식재료·식단 스스로 관리하는 삼성전자 패밀리허브 냉장고, '비스포크'로 재탄생

삼성전자는 3일 비스포크 냉장고 패밀리허브를 출시했다고 밝혔다.

삼성전자에 따르면 비스포크 냉장고 패밀리허브는 인공지능(AI)과 사물인터넷(IoT)을 접목해 식자재 관리, 가족 간 소통, 엔터테인먼트, 스마트홈 등의 기능을 수행하며, 주요 기술은 식품을 자동으로 인식하고 맞춤형 식단을 추천하는 등의 기능을 가진 푸드 AI다. 푸드 AI는 보관 중인 다양한 식재료를 스스로 파악해, '푸드 리스트'로 관리하며, 식재료나 가족 구성원의 음식 취향을 바탕으로 최적의 식단과 레시피를 제안한다. 선호하는 식재료, 다이어트, 영양 등 총 7가지의 세분화된 옵션을 선택할 수 있다. 개인 맞춤형 식단이 가능하다는 것이다.

삼성전자 비스포크 냉장고 패밀리허브 /삼성전자 제공

또 추천 레시피가 제공하는 조리 모드나 시간, 온도는 삼성 직화오븐이나 전자레인지로 곧바로 전송된다. 필요 식재S료는 이마트몰 앱을 통해 간편하게 온라인으로 주문할 수 있다. 비스포크 패밀리허브를 모바일 스마트싱스 앱의 '스마트싱스 쿠킹(SmartThings Cooking)' 서비스와 연동하면 시간과 장소에 구애받지 않고, 패밀리허브 기능을 활용할 수도 있다. 냉장고 내부 카메라를 활용한 '뷰 인사이드(View Inside)' 기능은 업그레이드돼, 앱 클릭 또는 두 손가락으로 쓸어내리거나 꺼진 화면을 두 번 탭하는 것으로 냉장고 내부를 볼 수 있다.

제품 외부 스크린에는 쿠킹·패밀리·엔터테인먼트·스마트홈 등 4개 기능을 이용할 수 있는 서비스보드를 배치했고, 주요 앱들을 연관 카테고리에 통합 배치했다. 따로 앱을 실행하지 않아도 바로 기능을 사용할 수 있는 대형 위젯도 추가됐다. 각 서비스 보드는 사진이나 메모, 동영상 등을 활용해 자유롭게 꾸미는 것이 가능하다. 단, 쿠킹 보드는 꾸미기 보드를 지원하지 않는다. 제품을 사용하지 않을 때는 외부 스크린에 그림이나 사진을 표시할 수 있다. 신제품에는 고전 미술과 현대 미술 작품 120여 점이 들어갔고, 각 작품에 대한 설명을 음성이나 텍스트로 제공하는 '아뜰리에(Atelier)' 기능도 추가됐다.

스마트싱스와 연동되는 스마트홈 기능을 이용하면 가전제품을 진단·관리하는 '홈케어 매니저', 공기 질을 통합 관리하고 제어하는 '스마트싱스 에어', 에너지 사용량 모니터링과 절전 가이드를 제공하는 '스마트싱스 에너지', 보안 관리를 위한 '스마트싱스 홈 모니터' 등을 사용하는 게 가능하다.

출처: 조선비즈, 2021.5.3

식재료 보관뿐 아니라 커뮤니케이션·쇼핑·엔터테인먼트 등 새로운 경험을 제공하는 목표로 하고 있다. 이를 통해 주방을 식사와 요리만을 위한 공간을 넘어 가족 생활의 중심이 되는 공간으로 소비자의 라이프스타일을 제시한 것이다. 이는 이마트, 롯데마트, 삼성카드, 네이버, 벅스 등과 같은 콘텐츠, 콘텐츠유통, 소매유통, 금융사까지 다양한 협력사를 통해 새로운 라이프스타일의 플랫폼을 제시하여 AI·디지털시대의 새로운 서비스 기회를 모색하고 있다.

구독경제(Subscription Economy)

구독경제는 제품이나 서비스를 일회성 구매가 아닌, 정기적으로 구독하는 비즈니스 모델을 말한다. 이 경제 모델은 고객이 제품이나 서비스에 대해 지속적으로 비용을 지불하고 대신 일정기간 동안 그 제품이나 서비스를 이용할 수 있는 구조를 갖추고 있다. 구독경제는 최근 몇 년간 다양한 산업 분야에서 큰 인기를 끌고 있으며, 디지털화 및 연결성의 증가와 함께 더욱 확산하고 있다. 구독경제는 전통적인 일회성 구매 모델을 빠르게 대체하고 있으며, 현대 경제의 중요한 부분으로 자리 잡고 있다. 구독경제의 주요 특징은 다음과 같다.

정기적 수입 기업은 구독 모델을 통해 정기적이고 예측할 수 있는 수입을 확보할 수 있다. 이는 재무 계획 및 안정적인 수익 창출에 유리하다.

고객 관계 유지 구독 모델은 기업이 고객과 지속적인 관계를 구축하고 유지하는 데 도움이 된다. 정기적인 서비스 제공을 통해 고객 충성도를 높일 수 있다.

맞춤형 서비스 제공 구독경제는 개별 고객의 필요와 선호에 맞게 제품이나 서비스를 맞춤화하는 데 용이하다. 이를 통해 개인화된 경험을 제공할 수 있다.

유연성 고객은 필요에 따라 구독을 시작하거나 중단할 수 있는 유연성을 갖는다. 이는 소비자들에게 더 많은 선택권과 편의성을 제공한다.

지속 가능성 정기적인 수입 모델은 기업이 더 지속 가능하고 장기적인 계획을 세울 수 있도록 한다.

기술의 적극적 활용 많은 구독 모델은 최신 기술과 데이터 분석을 활용하여 고객 경험을 개선하고, 효율성을 증가시킨다.

구독경제는 소프트웨어(예: 클라우드 서비스, SaaS), 엔터테인먼트(예: 스트리밍 서비스), 생활 필수품(예: 정기적 식료품 배송), 개인화된 제품(예: 맞춤형 뷰티 박스), 건강 및 피트니스 서비스 등 다양한 분야에 걸쳐 확장되고 있다. 구독경제의 작동 원리와 전략은 비즈니스의 기본 원리인 생존 부등식으로서, 가치, 가격, 원가는 경쟁에 의한, 경쟁 기반한 상대적 값이다.

가치(Value) > 가격(Price) > 원가(Cost)

시간이나 상황에 따라, 개별 고객에 따라, 다양한 형태로 가격을 결정할 수 있지만, 근본적으로 구독경제는 소비자가 지불하는 일정 금액(구독료)을 지불하고 관련 제품나 서비스를 소비하는 것이 구독경제의 장점과 특징이기 때문에 구독경제의 가격은 일반 비즈니스와 달리, 가격을 다양한 형태로 자주 변경할 수 없다. 따라서, 이 비즈니스 모델의 성공은 고객의 지속적인 만족과 장기적인 관계 구축에 달려 있으며, 맞춤화된 서비스와 편의성이 핵심 요소이다.

카노 모델(Kano Model)

구독경제에서 발생하는 품질 만족과 관련한 이슈들은 카노 모델에 의해 주로 설명된다. 카노 모델은 1980년대 노리아키 카노(Noriaki Kano)에 의해 개발된 고객 만족도와 제품 기능 간의 관계를 분석하는 품질관리 도구이다. 이 모델은 제품이나 서비스의 다양한 특징이 어떻게 고객의 만족도 또는 불만족도에 영향을 미치는지를 이해하는 데 사용되며, 특히 제품 개발, 고객 만족 연구, 마케팅 전략 수립 등에 유용하다. 카노 모델은 주로 다음과 같은 다섯 가지 주요 범주로 구성되어 있다.

| 그림 9.4 |

카노 모델
출처: Tan and Pawitra (2001)

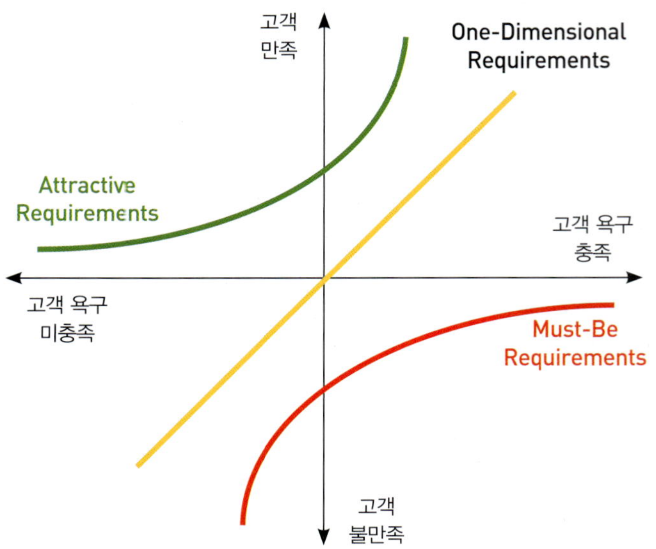

당연 요소(must-be requirement) 이들은 고객이 당연히 기대하는 특징으로 본 요소는 명시적으로 요구되지 않을 수 있지만, 누락되었을 때 큰 불만을 초래한다. 반면에, 이 기본 요소들이 제대로 제공되더라도 고객 만족도는 크게 증가하지 않는다. 마케터는 일반적인 기본 요소가 본인 기업에도 해당될 것이라 간과하는 오류가 종종 발생한다. 고객 만족 관리 차원에서 본 기업의 제품과 서비스의 기본 요소가 무엇인지 구체적으로 파악하는 것이 중요하다.

일차원적 요소(one-dimensional requirement) 이 요소들은 고객이 인식하고 있으며, 성능이 높아질수록 고객의 만족도도 높아지는 요소이다. 본 요소들의 수준은 고객 만족과 직접적으로 연관되어 있어서 마케터는 어떠한 요소들이 성과 요소인지 파악해야 하며 집중 관리해야 한다.

매력 요소(excitement factors) 이 요소는 고객이 기대하지 않았지만 제공될 경우, 고객 만족도를 크게 향상시키는 특징을 가지고 있다. 이러한 요소들은 "WOW 요소"라고도 불리며, 제품이나 서비스를 시장에서 차별화하는 데 도움이 된다.

무관심 요소(indifferent factors) 이 요소들은 고객의 만족도나 불만족도에 크게 영향을 주지 않는 것이 특징이다. 있어도 그만, 없어도 그만인 요소들이다.

역효과 요소(reverse factors) 일부 고객에게는 만족을, 다른 고객에게는 불만을 줄 수 있는 요소이다. 고객 세그먼트에 따라 다르게 반응할 수 있는 요소로서 면밀한 분석과 파악이 필요하다.

구독 서비스

구독 서비스 전략은 고객들이 정기적인 요금을 지불하고 제품이나 서비스를 이용할 수 있는 모델이다. 이 모델은 고객들에게 편의성과 지속적인 가치를 제공하면서 기업에는 안정적인 수익과 고객 로열티를 제공한다. 구독 서비스의 대표적인 예들은 다음과 같다.

Netflix 월별 구독료를 지불하고 온라인으로 다양한 영화와 TV 프로그램을 시청할 수 있는 온라인 스트리밍 서비스로, 매월 새로운 콘텐츠를 제공하여 고객들의 만족도 제고

Spotify 음악을 듣기 위한 구독 서비스로, 광고 없는 음악 스트리밍, 오프라인 재생 등 다양한 혜택을 제공하여 음악 팬들의 구독을 유도

MARKETING **REPORT** | 미래 모빌리티 총아 '구독 서비스' 어디까지 왔나

자동차 산업의 '구독 경제' 편입이 가속화되고 있다. 현대자동차와 기아는 배터리, 차량, 전기차 충전, 모빌리티 서비스 등 전반에 걸쳐 구독 서비스를 출시했다. 테슬라, GM 등 글로벌 완성차 업체들도 잇따라 구독 서비스를 출시해 한판 승부를 벌이고 있다.

기아, '배터리 구독'으로 전기차 판매 촉진 모색

18일 현대자동차그룹에 따르면 기아는 지난달 택시 운수회사들과 함께 '전기차 배터리 구독 서비스 실증을 위한 업무협약'을 체결했다. 이번 실증사업은 전기차의 수익성을 유지하면서도 소비자의 부담을 낮출 수 있는 접점을 찾기 위한 것이다. 이를 통해 전기차 판매 정체를 해소할 수 있는 실마리를 마련한다는 계획이다. 일반적으로 전기차를 구매하게 되면 탄소배출이 없을 뿐만 아니라 정부로부터 유류비와 자동차세 등 부대비용과 구매 보조금도 지원받는 등 다양한 혜택이 있다. 그럼에도 불구하고 전기차는 하이브리드 혹은 내연기관 자동차 대비 평균 1,700만원가량 비싸다는 점이 구매를 망설이게 하는 진입장벽으로 여겨지고 있다. 전기차 구매 비용의 상당 부분은 배터리 비용이다.

배터리를 구독 서비스로 제공하게 되면 폐배터리 수거율도 높일 수 있다. SNE리서치에 따르면 내연기관 자동차가 완전히 퇴출될 것으로 전망되는 2040년을 기점으로 글로벌 폐전기차 수는 약 4,227만 대, 이로 인해, 발생되는 폐배터리 규모는 3,339GWh, 폐배터리 소재 재활용 시장은 약 2,000억 달러(252조 7,600억원) 규모에 이를 것으로 전망된다. 폐배터리 재활용이란 폐배터리를 분해해서 니켈, 리튬 등 소재를 추출해서 얻게 되는 부가가치를 의미한다. 여기에서 폐배터리를 에너지저장장치(ESS) 등으로 재활용해서 얻게 되는 경제효과는 별도다. 우리나라도 2030년까지 전기차 362만 대 보급 목표를 세우고 있는 점을 감안하면 국내에서도 폐배터리 산업이 급격하게 성장할 것으로 전망된다.

충전·차량대여·모빌리티서비스 구독사업 확대

현대자동차그룹의 구독 서비스 사업은 배터리에 그치지 않는다. 현대자동차는 구독형 전기차 충전 요금제 '럭키패스 H'를 지난 5월부터 운영하고 있다. 월 3만원을 납부하고 1,200kwh를 충전하는 '럭키패스 H Green+'와 월 1만 5,000원을 납부하고 400kwh를 충전하는 '럭키패스 H Light+'를 이용할 수 있다. 현대자동차는 '현대 셀렉션', 기아는 '기아플렉스'라는 이름의 차량 구독 플랫폼을 운영하고 있다. 또한 '블루링크' 서비스를 통해 기기의 자동차 내부 고장에 대한 원격 제어 수리, 안전보안, 차량관리, 길 안내, 음악 스트리밍 서비스를 제공하고 있다.

현대자동차의 차량 구독 프로그램 '현대 셀렉션' 서비스 포스터. 사진=현대자동차

글로벌 완성차들, 모빌리티 구독 경쟁 심화

현대자동차와 기아뿐만 아니라 주요 완성차 업체들도 구독 서비스에 적극적으로 진출하고 있다. 특히 현대자동차와 기아는 테슬라, 볼보, BMW, 포드, 마이크로소프트, 소니 등과 차량·부품·소프트웨어 서비스 등 구독 분야에서 치열한 승부를 펼치고 있다. 한국자동차연구원에 따르면 테슬라와 벤츠는 연간 자율주행 구독 서비스를 진행하고 있으며 마이크로소프트와 소니도 차량 내 인포테인먼트에서 게임 구독 서비스를 출시했다. GM은 자율주행서비스 'Ultra Cruise' 운영 외에도 구독 빛 서비스 기반 비즈니스를 통해 신규 수익 창출 의지를 피력했다. 볼보도 레벨3 수준의 자율주행 서비스인 'Ride Pilot' 준비에 들어갔다. 자동차 업계의 구독 서비스 시장이 앞으로도 확대될 것으로 전망된다. 구독시장은 소비자 입장에서 경제적 부담 감소와 다양한 차종 중에서 취향에 맞는 기능을 가진 자동차를 자유롭게 이용할 수 있다는 장점이 있고 기업은 고객 이탈 방지와 함께 매월 꾸준한 매출을 안정적으로 발생한다는 것이 장점이다.

구독 서비스, MZ세대 중심 소비시장서 '필수'

현대자동차를 포함해 테슬라, 포드, GM, BMW 등 자동차 업계의 적극적인 구독 서비스 진출은 소비층의 주축으로 떠오른 MZ세대의 성향과 무관치 않다. MZ세대의 특징 중 하나는 소유보다 공유와 경험을 추구하는 성향이 있고 소비의 주축으로 자리매김하면서 구독 경제도 커질 것으로 전망된다. 실제 구독 서비스는 식품, 의류, 여행, 미디어 분야에서 확고하게 자리매김하고 있다. 심지어 주택 시장에서도 구독 서비스 논의가 활발히 이뤄지고 있다. 자동차 시장에서의 구독 서비스도 특별한 일이 아니라는 설명이다.

출처: 뉴스워치, 2023.8.18

Amazon Prime 온라인 쇼핑, 음악 스트리밍, 동영상 스트리밍, 우선 배송 등 다양한 혜택을 제공하는 멤버십 서비스로, 고객들에게 편의성과 가치를 제공

구독 서비스 주요 전략은 다음과 같다.

가치 제안 및 내용 구독 서비스를 성공시키기 위해서는 고객들에게 지속적인 가치를 제공해야 한다. 이를 위해 구독 서비스의 내용과 혜택을 명확하게 제시해야 한다. 고객들이 왜 구독해야 하는지에 대한 가치 제안을 강조하고, 구독자들에게 특별한 혜택을 제공하여 이탈을 방지할 수 있다.

개인화된 경험 개인화된 경험을 제공하여 고객들의 요구와 취향에 맞춘 서비스를 제공해야 한다. 고객의 선호도와 행동을 분석하여 맞춤형 추천을 제공하고, 구독 서비스를 개인화된 방식으로 제공함으로써 고객들의 만족도를 높일 수 있다.

유연한 가격 정책 구독 서비스의 가격은 고객들의 결정에 큰 영향을 미친다. 따라서 유연한 가격 정책을 통해 고객들이 자신에게 적합한 가격을 선택할 수 있도록 해야 한다. 또한, 가격 변동에 대한 투명성을 제공하여 고객들이 불만을 느끼지 않도록 해야 한다.

마케팅 및 홍보 구독 서비스를 성공시키기 위해서는 효과적인 마케팅 및 홍보가 필요하다. 고객들에게 구독 서비스의 가치를 명확하게 전달하고, 다양한 마케팅 채널을 활용하여 구독 서비스를 홍보해야 한다. 또한, 기존 구독자들을 대상으로 충성도 프로그램을 실시하여 이탈을 방지하고 고객들의 만족도를 높인다.

서비스 품질 및 지원 구독 서비스의 품질과 지원은 고객들의 만족도와 이탈률에 큰 영향을 미치는 요소이다. 따라서 고객 서비스 품질을 유지하고, 고객들의 문의나 불만 사항에 신속하게 대응하여 고객들의 신뢰를 유지해야 한다.

디지털제품과 연동형 라이프스타일 제안형 서비스의 마케팅

혁신적 디지털제품과 연동된 라이프스타일 제안형 서비스들이 시장에 선보이고 있다. 이들이 성공적인 서비스와 더 나아가 새로운 비즈니스로서 안착되기 위해서 필요한 전략적 마케팅 가이드라인은 다음과 같다.

기존의 모바일에서 할 수 없는 새로운 기능 중심으로 소구

자동차나 가전제품과 IT로 연동된 서비스들은 모바일이라는 강력한 대체재가 존재하면 된다. 이미 소비자들은 모바일에서 다양한 서비스 앱을 통해서 기존에 해왔던, 정보찾기, 콘텐츠 소비, 구매, 다른 전자제품의 통제 등을 해왔다. 굳이 새로운 디바이스라고 자처하는 자동차와 가전제품을 통해 이러한 일을 대체하기 위해서는 차별화된 경쟁력 있는 기능들을 제시해야 한다. 혁신제품의 제공하는 편리성, 신속성의 속성들을 기능성으로 더욱 강화하는 것이 중요하다. 예를 들어, 운전 중에 자료 검색 및 쇼핑의 어려움을 해결하는 완벽한 보이싱 검색이 가능하고 보이싱으로만으로도 구매가 가능하다라던가, 냉장고 도어에 탑재된 터치스크린을 통해 개인 맞춤화 구매 제안을 받는다던가 등 일반 모바일에서 제공하지 못한 새로운 기능 중심의 소구가 필요하다.

혁신적 서비스 가치의 제안

제안하는 가치가 심각한 문제를 정확히 해결하는 필요충분 조건의 진통제(pain killer) 비즈니스 모델인지, 더 나은 가치를 제공하는 충분조건의 비타민(vitamin) 비즈니스 모델인지, 아니면 지금까지 없었던 새로운 라이프스타일의 가치 제안인지 명료한 가치 제안을 수립하는 것이 필요하다.

디지털소비자 중 세분화를 통한 작은 규모의 핵심 타기팅

디지털소비자에 대한 충분한 이해를 기반으로 특정 세분시장을 공략해야 한다. 디지털소비자는 대부분이 조기 수용자(early adapter)로서 새롭고 혁신적인 기능이나 제품에 흥미가 많고 먼저 경험하고자 하는 동기가 강한 집단이다. 이와 동시에 디지털 관련 지식과 경험이 높기 때문에 높은 관여도를 가지고 있다. 또한 신서비스나 신제품에 비판적, 분석적 관점에서 경험하고 적극적으로 구전활동을 하는 소비행동을 한다. 그러나, 디지털제품과 연동형 라이프스타일 제안형 서비스마다 실질적 타깃시장이 다를 수 있다. 예를 들어, 커넥티트카의 경우는 차에서 시간을 많이 보내는 사람이 우선 타깃이라면 삼성전자 패밀리허브 냉장고의 경우는 주방에서 시간을 많이 보내는 세그먼트가 우선 타깃일 것이다. 그런 세그먼트 중에서도 보다 심리적, 행동적 관점에서 시장 세분화를 하여 구체적이고 작은 단위의 핵심타깃(core target)을 선정하여 초기 집중하고 이후 확장해 나가는 마케팅을 수행해야 한다.

무결점 서비스 경험과 고객 여정

새로운 서비스 경험을 하는 고객 여정(customer journey)은 무결점(seamless)에 도전해야 한다. 처음의 사용 접근부터, 서치, 비교, 체험 및 필요시 구매결정에 이르는 일련의 과정이 자연스러운 플로우(flow)가 이루어지도록 세밀한 고객여정의 계획이 수립되어야 한다. 각각의 단계를 넘어갈 때, 예상되는 장애가 없는지, 요구되는 다른 서비스들의 보완이 없는지 체계적인 서비스 청사진(service blueprint)를 수립해야 한다.

아날로그 감성의 공존

디지털화되더라고 이를 경험하는 우리의 고객은 아날로그 감성을 여전히 요구한다. 라이프스타일 제안형 서비스는 혁신적 복합적 기술을 기반으로 구현되나 이를 경험하는 고객 접점에서의 감성은 아날로그를 통해서 그 경험에 감정이입을 하게 하고 만족과 더 나아가 감동을 제공한다. 즉, 인본주의적 접근(human-centric approach)을 통해 각각의 서비스 접점에서 고객이 경험하는 감성과 그 경험의 구성요소에 첨단 디지털 요소와 함께 아날로그 감성의 요소들을 담아내는 콘텐츠와 기능들이 필요하다.

핀테크

핀테크(fintech)란 '금융(finance)과 기술(technology)이 만나서 모바일결제, 모바일송금, 온라인 재정관리 등과 같은 일련의 IT 기반 금융서비스를 말하며, 더 나아가 혁신적인 비금융기업이 신기술을 활용해서 금융서비스를 직접 제공하는 것'으로 정의할 수 있다. 전통적 금융서비스는 객장에서 오프라인 플랫폼인 금융기업의 DB를 기반으로 고객 대면의 대인서비스를 진행하였으나, 최근 스마트폰과 SW 및 빅데이터 기술의 발전으로 인해 전통적 금융서비스가 더욱 적극적으로 웹이나 앱의 온라인 플랫폼으로 이동하고 있다.

핀테크의 중요 IT 기술인 금융데이터 분석, 금융소프트웨어, 플랫폼 기술을 통해 기존 금융업무들이 다음 〈그림 9.6〉과 같이 영역이 확대되고 있다. 이러한 핀테크는 금융산업에 미치는 영향은 기존의 소수로 제한된 금융상품과 서비스 판매 주체가 다양화하게 되고, 핀테크 주체 간에 치열한 경쟁을 촉발함에 따라 금융상품과 서비스는 다양화하게 되고 기존의 금융업무인 예적금, 대출, 카드 등이 모바일 중심으로 재편을 가속화하고 있다.

그림 9.5

핀테크 등장 배경

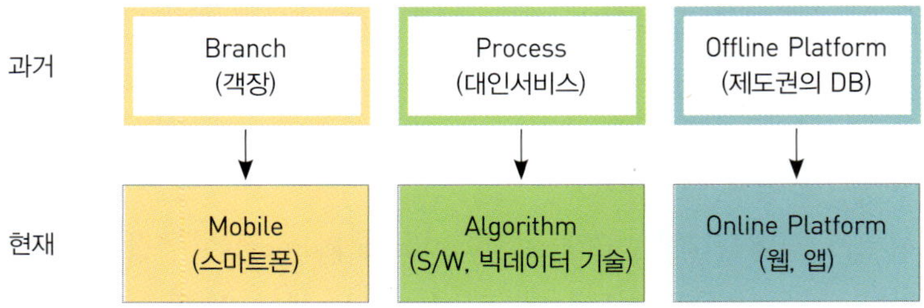

그림 9.6

핀테크 비즈니스의 영역

최근에 많은 IT 및 스타트업 기업들이 금융시장에 진출하였는데, 사용기술과 비즈니스 모델도 매우 다양하다.

우리나라의 경우 간편결제 서비스 이용이 급속도로 확대되었다. 유통사들과 ICT 기업들은 신용카드사와의 적극적인 제휴관계를 통해 최종 지급과정에서 계좌 기반 간편결제 서비스를 사용하도록 촉진한 결과이다. 그 예로는 신세계(SSG페이), 롯데(L.pay), 쿠팡(쿠페이), 위메프(위메프페이) 등이 있다. 유통기업들은 결제 편의성을 제고하여 매출을 성장시키고 기존 고객의 충성도를 높임으로써 경쟁력을 제고하여 하나의 플랫폼을 구축하기 위한 노력이 경쟁적을 이루어지고 있다. 또한 카카오페이, 네이버페이, 토스의 머니백 등 선불 충전식 간편결제업체들은 기존의 대규모 확보된 고간들을 기반으로 오픈뱅킹 정책으로 이용 수수료의 절감과 충전 한도가 상향 조정되면서 이들의 계좌이체 방식의 간편결제 서비스가 더욱 확산되고 있다.

대표적인 보수 산업인 금융산업이 핀테크로 재개편한 원인은 다음과 같다.

① 지리적으로 기술 수준에 따라 금융서비스 접근이 어려웠던 장벽들을 새로운 IT 기술과 혁신적인 아이디어를 통해 극복이 가능하게 됨

② 진입장벽이 높은 기존 금융권이 확보해왔던 금융서비스들을 혁신적 기술을 통해 기존 금융권 대비 낮은 수수료나 무료 서비스를 제공할 수 있게 됨에 따라 비용 경쟁력을 확보할 수 있게 됨

③ 금융상품 서비스들의 복잡한 가입절차나 정보입력 등의 절차들을 생략할 수 있게 되어 고객 사용자경험(UX)을 개선함

MARKETING REPORT | 온라인 간편결제, 이용률은 '네이버페이' vs 만족도는 '삼성페이'

온라인 간편결제 서비스 시장에서 '네 · 카 · 토' 빅테크 진영과 삼성페이 점유율 상승세가 매섭다. 온라인 간편결제 주이용률에서 네이버페이가, 이용자 만족도에선 삼성페이가 1위를 차지하며 시장 주도권을 장악하고 있다.

시장조사업체 컨슈머인사이트는 '온라인에서 가장 많이 사용하는 간편결제'를 주제로 진행한 설문조사 결과를 29일 밝혔다. 조사는 2023년 하반기 9~10월 14세 이상 휴대폰사용자 3435명을 대상으로 시행됐다.

비교 브랜드는 △금융 · 카드사 앱카드 진영 9개(KB Pay, 삼성앱카드, 로카페이, 하나페이, 신한플레이, 현대앱카드, 우리페이, NH페이, 페이북 · ISP) △빅테크 · 핀테크 진영 4개(카카오페이, 네이버페이, 토스, 페이코) △휴대폰제조사 진영 2개(삼성페이, 애플페이) △유통 · 쇼핑앱 진영 6개(티몬페이, 쓱페이, 쿠페이, L페이, 스마일페이, SK페이) △기타 진영 4개(LG페이, 제로페이, 페이팔, K페이) 등 25개다.

서비스 주이용률은 네이버페이가 20%로 단독 선두를 달렸다. 이어 삼성페이(13%), 카카오페이(10%) 순으로 나타났다. 네이버페이는 2020년 13% 점유율에서 3년 만에 1.5배(+7%p)로 급성장하며 큰 차이로 1위에 올랐다. 애플페이는 지난해 3월 국내 서비스를 시작해 큰 관심을 모았으나 가맹점과 사용 가능한 카드 수가 제한돼 온라인 간편결제 점유율은 아직 미미했다.

브랜드별 이용자 만족도는 삼성페이가 5점 중 4.17점으로 1위를 차지했다. 이어 토스(4.09점), 네이버페이(4.08점), 삼성앱카드(3.95점), 카카오페이(3.94점) 순이었다. 빅테크 · 핀테크 진영은 만족도 평균(4.04점)에서도 은행 · 카드사 진영(3.84점)을 크게 앞섰다.

주이용률을 진영별로 비교하면 금융 · 카드사 진영이 40%, 빅테크 · 핀테크 진영이 39%로 팽팽하게 나타났다. 2019년 전 15%포인트(P) 차이로 앞서던 은행 · 카드사는 지속 하락, 빅테크 · 핀테크 진영은 크게 상승하며 단 1%P에 머물게 됐다.

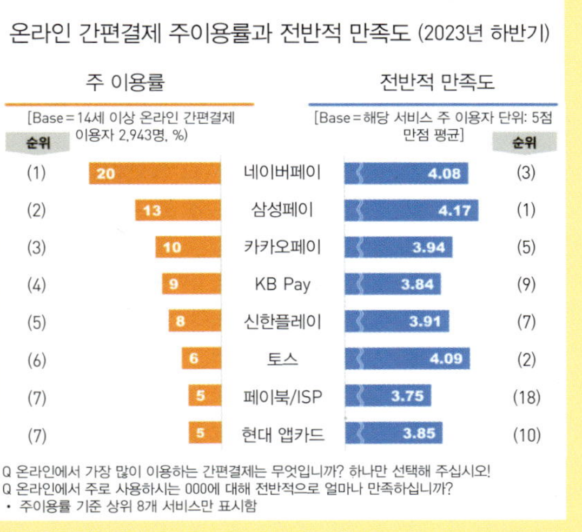

출처: 컨슈머인사이트

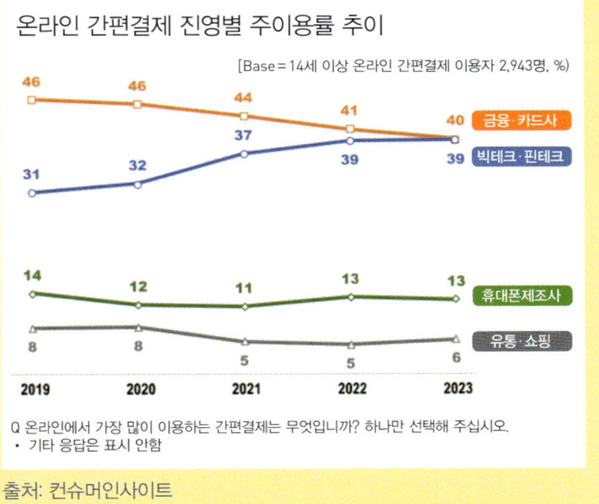

출처: 컨슈머인사이트

이용자 연령대별로 보면 젊을수록 빅테크 · 핀테크 진영을, 나이가 많을수록 금융 · 카드사 진영을 선호했다. 토스는 10대의 주이용률이 유독 높았고, 삼성페이는 전연령대에서 모두 10% 안팎의 고른 주이용률을 보였다.

출처: 전자신문, 2024.1.29

④ 때와 장소의 구분이 없이 24시간 내내 실시간으로 이용이 가능한 편리성을 제공함

핀테크는 국가마다 법적 규제 및 산업 상황들이 상이하고 여전히 진입장벽이 존재한다. 시장 환경 측면에서의 장벽은 기존의 견고한 금융시스템, 높은 온라인 뱅킹 이용률, 높은 신용카드 보급률 등이 있다. 소비자 측면에서의 장벽은 온라인 거래 보안에 대한 높은 불신, 활발한 온/오프라인 비교 구매 경향, 오프라인 객장 상담의 선호 등이 있다. 핀테크 기업의 성공은 여러 요소가 함께 작용하여 성공을 이루는 데 기여한다. 이에 핀테크 기업의 주요 성공 요소를 살펴보면 다음과 같다.

기술 혁신 핀테크 기업은 혁신적인 기술을 개발과 적용이 중요하다. 블록체인, 인공지능, 빅데이터 분석, 클라우드 컴퓨팅 등 다양한 혁신적 기술을 활용하여 제품 및 서비스를 혁신적으로 개선하고 고객 경험을 향상시켜야 한다.

고객 중심성 성공적인 핀테크 기업은 고객의 요구와 필요에 초점을 맞추며 제품과 서비스를 개발해야 한다. 고객의 편의성과 만족도를 최우선으로 고려하여 사용자 친화적인 인터페이스를 제공하고, 개인화 맞춤화된 서비스를 제공함으로써 고객과의 긴밀한 관계를 구축해야 한다.

데이터 활용 핀테크 기업은 빅데이터 및 데이터 분석 기술을 활용하여 고객의 행동 및 선호도를 면밀히 분석하고 예측할 수 있다. 이를 통해 개인화된 서비스를 제공하고, 신속하고 효율적인 의사결정을 내릴 수 있다.

보안 및 규제 준수 핀테크 기업은 높은 수준의 보안 및 개인정보 보호를 제공하여 고객의 신뢰를 유지하는 것이 중요하다. 또한, 관련 규제 및 법률을 준수하고 규제 요구를 충족시켜야 하며, 이를 통해 기업의 신뢰성을 높이고 금융 시장에서의 입지를 보다 강화하야 한다.

파트너십 및 협업 핀테크 기업은 다른 기업이나 기관과의 협업을 통해 시너지를 창출하고 서비스 영역을 확대해야 한다. 다양한 파트너십을 통해 새로운 시장 진입의 기회를 모색하고, 고객에게 다채로운 서비스를 제공함으로써 경쟁력 강화가 필요하다.

마케팅 관점에서는 핀테크 확대를 통해 고객의 편리성은 더욱 강화하고 다양한 금융서비스 출시로 소비자 선택권을 높이는 장점을 갖게 된다. 금융산업은 한 금융회사에 거래를 하다보면 다른 회사로 이전하기가 어렵도록 전환비용을 높이는 lock-in 전략이 가장 잘 통하던 산업이었다. 핀테크의 확장을 통해 이러

한 보수적인 금융산업에서도 금융기업브랜드 전환비용(switching cost)이 낮아지는 효과를 갖게 됨에 따라 금융산업 내 브랜딩 및 브랜드 마케팅이 더욱더 중요하게 되었다.

따라서, 핀테크를 위한 중요 마케팅 커뮤니케이션과 관리는 다음과 같다.

① 핀테크로 인해 더욱 높아진 신속성, 편리성에 대해 구체적으로 제시하는 마케팅 커뮤니케이션을 해야 함

② 핀테크 거래에 대한 지각된 위험을 낮추도록 보안 및 안전성에 대한 구체적인 마케팅 커뮤니케이션을 해야 함

③ 면대면 서비스가 아닌 모바일 환경하에서 고객접점이 이루어지지만 고객이 직접 문의코자 할 때 언제든지 전화, 이메일, 챗팅을 통해 상담 고객대응이 가능한 24/365 hotline을 구축해야 함. 이때 대화하고 있는 상대방의 얼굴을 모바일 화면상 나타나 보이게 하는 것이 중요함

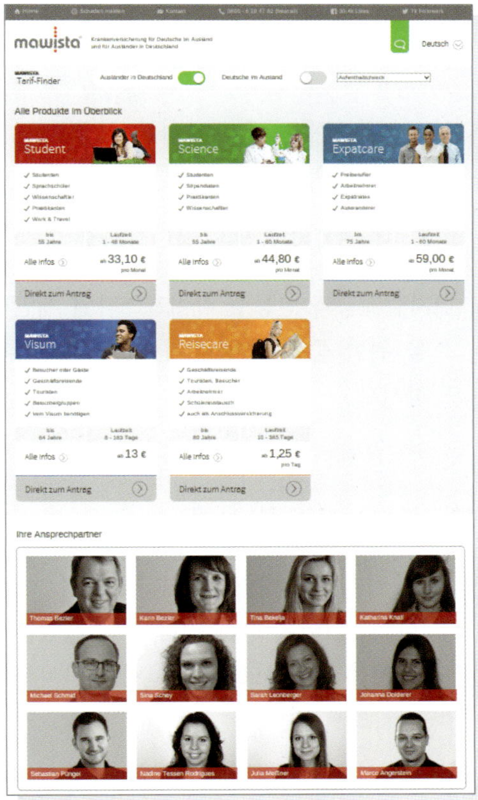

면대면 접촉을 강조한 독일 MAWIST 보험회사 홈페이지

④ 모바일 거래 프로세스선상의 고객 친화적 UX(custo-mer-friendly user experi-ence)를 개발하고 지속적으로 모니터링을 통해 관리를 해야 함

⑤ 다양한 금융 데이터 분석을 통해 개인 맞춤화된 전문적 금융 정보 및 서비스를 제공해야 함

::: DISCUSSION QUESTIONS

1. 서비스의 고유 특성 4가지를 설명하고, 각각의 서비스 마케팅 강화전략을 제시하시오.
2. 마케팅의 3가지 유형을 설명하시오.
3. 디지털제품과 연동형 라이프스타일 제안형 서비스를 위한 중요 마케팅 가이드라인 5가지를 설명하시오.
4. 본 장에서 설명한 애프터 세일즈 마케팅을 적극적으로 접목하기에 바람직한 특정시장들을 구체적인 이유와 논리와 함께 3개 제시하시오.

::: TEAM WORKSHOP

1. 구독경제 기업을 하나 정하여, 속해있는 구독경제 경쟁을 분석하고 새로운 제공 가치를 개발하여 제시하시오.
2. 서비타이제이션 중, 제품 서비타이제이션과 서비스 프로덕타이제이션의 각각의 성공 기업사례를 찾고 구체적인 성공요인들을 도출하시오.
3. AI·디지털시대의 새로운 서비스들이 등장하고 있다. 본 장에서 설명한 Car to Life와 가전제품 to Life 외에 다른 새로운 디지털서비스 예시들을 제시하고 향후 서비스 전개 방향을 제안하시오.
4. 핀테크, 기업들의 약진에 따른 기존 금융기업들이 어떠한 마케팅 전략과 대응이 필요한지 제안하시오.

PART

4 AI·디지털시대의 4P Mix 마케팅 전략 수립과 관리

가격은 상대적인 것이다.
어떤 소비자집단에게는 비싸야만 하고, 어떤 소비자집단에게는 싸야만 한다.
그러나 흥미로운 점은 그 비싸고 싸다는 기준이 제품마다 사람마다 다르다는 것이다.
셈 방식이 다른 개별의 전쟁, 그것이 마케터가 매번 직면하는 산수이다.

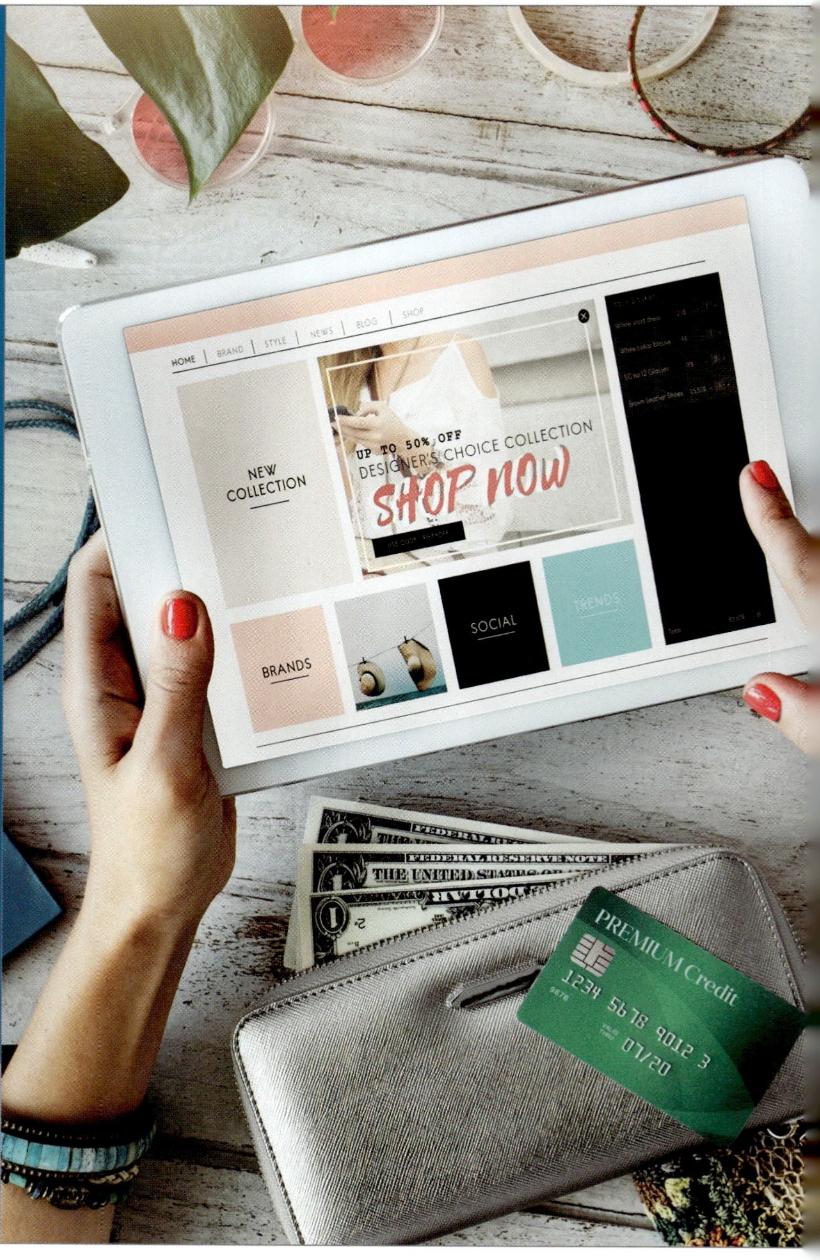

ten

"본전 뽑겠네" 생각 들면 30만원 내도 완판 … 전쟁터 된 멤버십

본격적인 엔데믹을 맞아 유통가가 멤버십 제도를 확 뜯어고치고 있다. 주로 유료로 전환하거나 특화 멤버십으로 진입장벽은 높이는 대신, 적립이나 쿠폰 등 혜택을 늘리는 형태다. 고객을 묶어두고 한 플랫폼에서 더 많이 쓰게 만드는 '락인(lock-in) 효과'는 물론 멤버십으로 수익성을 키우려는 계산이 깔려 있다.

지난해 5월 SSG닷컴과 지마켓글로벌이 통합한 유료 멤버십, 스마일클럽. 신세계그룹은 오는 7월 전사 통합 유료 멤버십 도입을 앞두고 있다. /사진 신세계그룹

온·오프 통합하고, 혜택 강화

9일 관련 업계에 따르면 신세계는 오는 7월 이마트와 백화점·스타벅스·면세점 등 그룹의 모든 채널을 엮어 이른바 '신세계 유니버스' 통합 서비스를 내놓을 계획이다. 사용 가능한 브랜드와 혜택을 확대하면서 유료로 운영될 가능성이 크다. 현재는 사내에서 명칭을 공모 중인 것으로 알려졌다.

이에 앞서 지난해 5월엔 온라인몰 SSG닷컴과 지마켓 멤버십을 통합해 '스마일클럽' 서비스를 선보였다. 기존 지마켓에서 보유하고 있던 300만 회원의 스마일클럽 혜택을 SSG닷컴으로 확대, 각 사이트에서 무료 배송과 상품 할인, 적립을 받을 수 있도록 했다. 스마일클럽은 연 3만원 이용료의 유료 멤버십이다.

지난해 10월에는 이마트의 창고형 할인점 트레이더스 홀세일 클럽이 유료 멤버십을 도입해 2개월간 47만 명의 회원을 확보했다. 등급에 따라 연회비 3만원 또는 7만원으로 가입할 수 있으며 구매 금액별로 현금처럼 사용 가능한 포인트를 돌려주는 방식으로 운영된다.

창고형 할인점 트레이더스도 지난해 유료 멤버십을 도입했다. /사진 트레이더스

스노우포인트 더 많이 구매할수록 **눈덩이처럼 쌓이는** 포인트

NEW 기준		MVG	VIP	GOLD	ACE
지난달 구매액	건당 구매액				
무관	3만원 미만	1.2%	0.8%	0.4%	0.1%
특별 적립 20만원 이상	3만원 이상	4.8%	3.2%	1.6%	0.4%
	7만원 이상	7.0%	4.8%	2.4%	0.6%
20만원 미만	3만원 이상	2.4%	1.6%	0.8%	0.2%
	7만원 이상	3.6%	2.4%	1.2%	0.3%

누적 구매 금액 기준은 높이고, 혜택은 강화하는 식으로 개편한 롯데마트 포인트 제도. /사진 롯데마트

오프라인 특화, 관심사로 나누기도

온·오프라인 통합이 아닌, 아예 한 채널을 특화해 혜택을 강화하는 경우도 있다. 롯데마트는 올해 초부터 새로운 포인트 제도 '스노우포인트'를 운영하고 있다. 롯데마트 오프라인 매장을 자주 찾는 고객에게 혜택을 몰아주는 서비스다. 최근 6개월간 누적 구매 금액에 따라 등급을 매기고, 구매 금액이 많을수록 포인트 적립률이 높아지도록 설계했다. 불과 두 달 만에 회원이 200만 명을 넘었다.

"본전 뽑겠네" 생각 들면 30만원도 쓴다

연간 회비가 쏠쏠하지만 시장 반응은 긍정적이다. 쓴 만큼 돌려받을 수 있는 혜택이 확실할 때는 더욱 그렇다. 지난해 7월 신라면세점은 유료멤버십 '신라앤'을 도입했다. 가입비 30만 원이었지만 면세점에서 쓸 수 있는 39만원 상당의 포인트와 선물을 제공해, 200명 한정 모집이 이틀 만에 완판됐다. 지난달에는 아모레퍼시픽과 손잡고 브랜드 특화 유료 멤버십을 선보이기도 했다. 역시 가입비 80만원에 100만원 상당의 혜택을 받는 조건으로 거의 판매 완료됐다.

이처럼 최근 유통 업계의 멤버십 재정비는 대부분 '유료' 혹은 '특화'로 요약된다. 연간 회원비를 내

가격은 소비자가 기업이 제공하는 제품이나 서비스에 대가로 지불하는 것으로 그 제품이나 서비스의 가치를 나타내는 기준이 가격(price)이다. 앞서 언급한 마케팅 4P Mix에 두 번째에 해당되는 가격은 기업 존립의 원천이 되며 이익을 결정하는 가장 중요한 요소이다. 본 장은 경제적 관점에서의 가격 결정 메커니즘을 우선적으로 이해하고, 가격에 미치는 요소로서 기업의 내·외부적 요인, 소비자의 심리적 요인, 기업의 가격정책 등을 살펴본다. 이후 기업의 가격결정과정과 방법과 가격관리를 설명하고자 한다.

거나 구매 금액 조건을 높이고, 적립이 나 쿠폰 등 혜택은 더 많이 주는 형태다. 일단 회원으로 가입해 회원비를 지불하면 가능한 모든 혜택을 누리기 위해 모든 소비를 한 플랫폼으로 '몰아 쓰는' 경향이 생긴다는 점에 주목한 결과다.

이런 멤버십은 이커머스 업계서 이미 효과가 증명됐다. 쿠팡은 로켓배송·무료배송·무료반품 등을 서비스하고 월 회비 2,990원을 받는 '와우 멤버십'을 운영 중이다. 지난해 6월 멤버십 회비를 4,990원으로 올렸지만, 현재까지 회원 수 1,100만 명으로 업계 최고를 유지하고 있다. 업계에선 쿠팡의 지난 3분기 흑자 전환에 유료 멤버십 회비 인상이 영향을 준 것으로 보고 있다.

주요 유통업체 특화 멤버십 현황

SSG.COM SSG닷컴	•지마켓과 통합, 스마일클럽 운영 •연 3만원 유료로 운영 •7월 신세계그룹 통합 멤버십 출범 예정
TRADERS WHOLESALE CLUB 트레이더스	•유료 멤버십 트레이더스 클럽 운영 •스탠다드(연회비 3만원), 프리미엄(연회비 7만원) •특별회원가로 상품 구매 가능, 구매금액별 포인트 적립
LOTTE Mart 롯데마트	•오프라인 매장 특화 '스노우포인트' 제도 운영 •누적 구매 금액에 따라 MVG·VIP·GOLD·ACE 등급 •높은 등급일 경우 최대 7%까지 적립
THE SHILLA duty free 신라면세점	•유료 멤버십 '신라앤' 운영 •가입비 30만원에 혜택 39만원 상당 제공 •200명 한정 모집, 완판

배보다 배꼽 커도, 결국 '남아야 산다'

유료 회원비에 대한 심리적 장벽도 많이 낮아졌다. 최근 고물가로 작은 혜택에도 반응하는 소비자들이 늘고 있다는 점도 기업들이 멤버십 확대에 나선 주요 배경이다. 기업 입장에서는 유료 멤버십 고객이 안정적인 수입원이 된다. 실제로 회원제 창고형 할인점 코스트코는 영업이익의 70% 이상을 연회비 수입으로 낸다고 알려져 있다. 궁극적으로는 경쟁이 치열해지면서 가격이나 서비스로 차별화하는 데 한계를 느낀 기업들이 충성고객 만들기에 나서고 있다는 분석이 나온다. 온라인을 포함해, 국내 유통 시장은 이미 성숙기에 접어들어 외형 성장보다는 수익성 제고 단계로 들어감에 따라 매력적인 멤버십이 중요한 도구로 활용될 가능성이 커진 것이다.

출처: 중앙일보, 2023.3.9

::: 경제적 관점의 가격 결정

가격에 의한 탄력적 수요

가격과 소비자의 구매행동 간의 상관관계를 이해하기 위해서는 수요의 법칙과 수요의 가격탄력성을 우선 먼저 이해해야 한다. 수요의 법칙(Law of Demand)이란 어떤 상품의 가격이 상승하면 그 상품의 수요량이 감소하고, 반대로 가격이 하락하면 그 수요량이 증가하는 가격과 수요량의 역학적 관계를 의미한다. 그 공식은 다음과 같다.

$$\text{가격탄력성} = \frac{\text{판매량의 변화율(\%)}}{\text{가격의 변화율(\%)}} = \frac{\dfrac{\text{변화 후 판매량} - \text{변화 전 판매량}}{\text{변화 전 판매량}}}{\dfrac{\text{변화 후 가격} - \text{변화 전 가격}}{\text{변화 전 가격}}}$$

수요의 가격탄력성은 상품가격의 변동에 따라 수요량이 얼마나 변동하는가를 나타내는 것으로, 특정 상품의 수요의 가격탄력성이 높을수록 그 상품의 수요가 민감함을 의미하는 것이다. 수요의 가격탄력성은 크게 다섯 가지 형태로 나눌 수 있다(〈그림 10.1〉).

가격탄력성이 전혀 없는 완전 비탄력 수요(totally inelastic demand)는 그 기울기가 0인 수직형태로서 가격이 오르던 내리던 어떻게 변한다 해도 그 수요의 변화가 전혀 없는 경우이다. 예를 들면, 어떤 소수의 사람만 겪는 난치병을 위한 치료제가 유일하게 한 개만 존재한다면, 가격이 오르던 내리던 간에 어떤 변화에도 그 수요는 변하지 않는다. 또 다른 예라면, 자동차 기름이 가격 변동이 있다 하더라고 개인의 경우는 다소 탄력적 수요를 보일 수 있어도 운수사업자 같은 경우는 이전과 동일하게 운영해야 하기 때문에 가격과 상관 없는 동일한 수요를 보일 것이다.

비탄력 수요(inelastic demand)는 가격탄력성이 1보다 작은 경우로, 가격이 인하되면 그 가격이 인하된 비율보다는 적은 비율로 수요가 증가하는 것을 의미한다. 예를 들면, 최고급 초대형 TV의 경우는 가격에 덜 민감하여 가격을 인하하

그림 **10.1**

수요의 가격탄력성

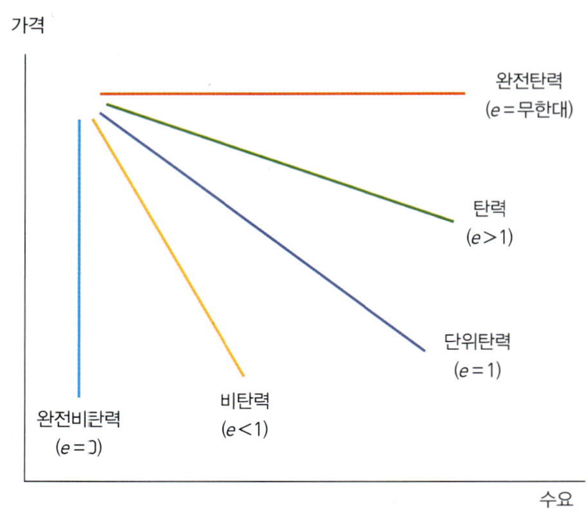

여도 그 수요가 크게 증가하지 않는다. 즉 고가 제품이나 사치품들은 비탄력 수요를 가지고 있다.

단위탄력 수요(unitary demand)는 가격탄력성이 1로서 기울기가 45도인 가격과 수요 간의 정 반비례인 경우이다. 이는 가격이 오르면 그만큼의 비율로 수요가 감소하고, 반대로 가격이 내리면 그만큼의 비율로 수요가 증가한다.

탄력 수요(elastic demand)는 가격탄력성이 1보다 큰 경우로, 가격이 인하되면 그 가격이 인하된 비율보다는 더 큰 비율로 수요가 증가하는 것을 의미한다. 반대로 가격이 인상되면 인상된 비율보다는 수요가 더 많이 감소하는 경우이다. 앞서 TV의 예를 들어 설명하자면, 소형 TV의 경우는 가격탄력성이 높아서 가격에 매우 민감한지라 가격이 조금 오르더라도 그 가격 인상비율보다 훨씬 많은 수요가 떨어진다. 대부분의 생활 필수품들이 이에 해당된다.

가격탄력성을 결정하는 요인들

가격탄력성은 다음의 다섯 가지의 결정요인들을 가지고 있다.

상품의 성격 가격탄력성이 작은 필수품인지, 가격탄력성이 큰 사치품인지 등 상품의 성격에 따라 매우 상이함

상품의 정의 특정 수요를 가지고 있는 상품의 정의를 넓게 하는 경우는 그 수요의 가격탄력성은 낮아짐(예: 특정 종류와 상관없이 과일을 사려고 하는 수요 vs 특정 과일을 사는 경우)

필요의 긴급성 여부 특정 상품에 대한 필요가 매우 긴급한 경우는 가격민감성이 상대적으로 낮아짐(예: 심하게 비 오는 날에 우산 판매하는 곳이 유일한 경우)

대체재의 존재 여부 긴밀한 대체재가 존재하는 경우, 대체재가 다수 존재하는 경우 등 대체재의 존재와 그 수량이 클수록 가격탄력성은 커짐

지출 비중 소비자의 전체 지출에서 해당 구매가 차지하는 비중이 클수록 수요의 가격탄력성이 커짐. 즉, 동일한 상품이라도 소득수준이 다른 두 소비자 간의 개인적 수요에 대한 가격탄력성은 상이할 수 있음

구매 고려 시간 관련 구매를 고려하는 시간이 커질수록 가격탄력성이 커짐. 즉, 구매 관련 고려시간이 커질수록 가격에 민감해지기 때문에 소매점 입장에서는 고객의 구매시간이 단축되도록 구매환경을 개선하고 촉진활동을 해야 함

수요에 따른 가격책정

수요에 따라 가격을 달리 책정하는 수요가격(pricing on demanding)은 다양한 분야에서 가격차별화 전략 아래 실행되고 있다. 디즈니랜드 같은 경우는 매년 방문객이 20%씩 급증함에 따라 더 이상은 디즈니랜드가 표방하는 가장 행복한 장소가 아닌 지겹게 기다리는 장소로 전락했다는 비판을 받아왔다. 이에 2016년에 수요가격제를 도입하였는데, LA 애너하임에 소재한 디즈니랜드는 single-day 입장권을 $99에서 3개의 가격대로 변경하여 Value 입장권(학교 시즌 월~목)은 $95로 내리고 Regular 입장권(여름시즌 주말)은 $105, Peak 입장권(12월, 봄방학, 7월 주말)은 $119로 인상하였다. 올란도에 소재한 디즈니월드는 single-day 입장권을 value periods($105), regular periods($110), 그리고 peak($124)로 변경했다.

수요에 의해 탄력적인 가격책정은 오페라, 뮤지컬, 음악회 등의 다양한 문화상품들과 같은 분야에서 이미 오래전부터 이루어져 있는 대표적인 가격정책 중에 하나이기도 하다. 소비자들이 수용할 만한 수요가격정책을 도입하기 위해서는 기업은 ① 그에 합당한 근거와 함께 가격차등제를 제시해야 하며, ② 피크타임을 피했을 때 소비자가 상대적 가격인하를 체감하도록 해야 하며, ③ 수요에 따른 가격 변화의 진정한 탄력성을 확보하는 것이 중요하다.

다이나믹 프라이싱(Dynamic Pricing)

동일한 제품이나 서비스의 가격을 시장 상황에 따라 탄력적으로 변화시키는 판매 전략을 다이나믹 프라이싱이라 한다. 시기나 계절에 따라 호텔, 항공 티켓 가격이 다른 것, 그리고 이른 오전시간의 영화를 예매하면 조조할인을 받을 수 있는 등이 해당 사례이다. 디지털·AI시대 도래로, AI와 빅데이터 기술을 적극 활용하게 되어 다이나믹 프라이싱이 보다 적극적으로 이루어지고 있다. 이러한 다이나믹 프라이싱 전략은 고객들에게 항상 최적의 가격을 제공하고 경쟁력을 유지하는 데 도움이 된다. 그러나 고객들의 불만족을 피하기 위해서는 고객들에게 투명성을 제공하고 합리적인 이유에 기반하여 가격을 조정해야 한다. 이를 통해 고객들의 신뢰를 유지하면서도 수익을 극대화할 수 있다.

쿠팡(Coupang)의 예 쿠팡은 실시간으로 주요 온라인 쇼핑몰의 가격을 모니터링하여 경쟁사가 동일한 제품을 더 저렴하게 판매하는 경우를 감지한다. 자동으로 제품 가격을 낮추는 시스템을 운영하여 이를 통해 고객들에게 항상 '업계 최저가'를 제공하고 있다.

아마존(Amazon)의 예 아마존은 다이내믹 프라이싱을 적용하여 수백만 개의 상품 가격을 실시간으로 변동시킨다. 베스트 상품의 가격을 공격적으로 책정하여 경쟁력을 확보하면서, 가격 변동이 적은 상품 가격을 인상하여 마진을 확보한다. 또한, 아마존은 고객들의 구매 기록과 행동을 분석하여 개인화된 가격을 제공하여 고객들에게 최적의 가격을 제시하고 경쟁사와의 차별화를 이뤄내고 있다.

카카오 대리의 예 실시간으로 최적의 가격을 결정하기 위해 가격 책정 알고리즘을 활용한다. 이 알고리즘은 AI와 기계 학습을 바탕으로 경로의 시간과 거리, 교통량, 대리운전자와 승객의 수요와 같은 다양한 변수에 따라 가격을 다르게 책정해 이윤을 극대화한다. 예컨대 금요일과 토요일 밤, 퇴근시간, 출근시간, 큰 행사나 축제가 있는 날 같은 피크 시간대에는 높은 요금을 책정한다.

다이나믹 프라이싱 운영시 주의할 점

기업이 다이나믹 프라이싱을 이용할 때 주의해야 할 점들은 다음과 같다.

첫째로, 가격 조정 알고리즘을 맹신해서는 안 된다. 때로는 알고리즘이 현실과 동떨어진 금액을 제시하기도 한다. 예를 들어, 2011년에 아마존에서는 책 가격이 2천4백만 달러로 오류가 발생한 적이 있었다. 이는 아마존의 동적 가격 알고리즘이 사용되는 두 서점 간의 경쟁으로 인해 발생한 것이다. 이런 경우 가격 의사결정을 무조건 알고리즘에 맡기면 기업의 가격 체계에 대한 고객의 신뢰가 하락할 수 있다. 또한, 우버의 경우 2017년 런던에서 발생한 테러 공격으로 인해 운행료가 급등한 사례가 있었다. 이는 우버의 자동 가격 책정 알고리즘이 해당 지역의 수요 증가로 인한 반응이었다. 그러나 이로 인해 기업이 너무 이윤 추구만을 하는 것이 아니냐란 심한 비판을 받았다. 이러한 사례들은 기업이 다이나믹 프라이싱을 적용할 때, 알고리즘의 한계와 고객의 이해를 고려해야 함을 보여준다. 고객의 신뢰를 유지하고 이윤을 균형감 있게 추구할 방법을 모색해야 한다.

둘째로, 다이나믹 프라이싱은 출혈 전쟁을 유발하거나 브랜드 전략과 충돌할 위험을 고려해야 한다. 치열한 경쟁 상황에서 경쟁자들이 연쇄적으로 가격을 낮추면 덤핑으로 이어지고 모두 손해를 보는 사태가 올 수 있다. 이를 방지하기 위해 원가 등을 고려한 최저 수준에 대한 지침이 있어야 할 것이다. 또한, 가격 변동은 기업이 추구하는 브랜드 전략과 일치해야 한다. 브랜드 이미지나 품격을 중시하는 기업의 경우 가격을 지나치게 자주 변경하거나 너무 낮게 하는 것은 바람직하지 않다.

CASE STUDY | CJ CGV "주말 일반관 15,000원"… 관객들, 극장서 더 멀어지나

4월 4일부터 가격 인상 … CGV "불가피한 상황" OTT 비용과 비교해 더 외면할 수도

CJ CGV가 4월 4일부터 티켓값이 1,000원 인상된다. 코로나19 이후 세 차례 가격 인상이다. CGV는 코로나19 사태로 25개월 연속 적자를 이어오면서 불가피한 선택이라고 밝혔지만, 단기간에 세 차례 가격 인상을 단행한 점을 두고 관객들의 불만이 높아지고 있다.

CGV에 따르면 성인 2D 영화 관람료는 1,000원이 올라 주중 1만 4,000원, 주말 1만 5,000원으로 조정될 예정이다. IMAX를 비롯한 4DX, ScreenX, SPHEREX, 스타리움 등 기술 특별관은 2,000원씩, 씨네드쉐프, 템퍼시네마, 골드클래스 등 고급관은 5,000원씩 오른다. 무비머니(영화 관람권) 가격도 마찬가지다. 단, 군인·경찰·소방공무원과 장애인·국가 유공자 우대 요금은 이번 인상에서 제외된다.

CGV는 2020년 10월 티켓값 2,000원 인상 이후 6개월 만인 2021년 4월 1,000원 또 한 번 티켓 가격을 올린 바 있다. 코로나19 이후 영화 관객 수가 급감하면서 대형 신작들은 개봉을 미루거나 포기했고, 신작이 없는 영화관을 관객들이 찾지 않으면서 악순환이 반복됐다. CGV는 임차료 및 관리비 등 고정비 증가, 상영관 취식 금지로 인한 매점 매출 급감, 영업시간 제한, 좌석 띄어 앉기, 방역비 부담 증가 등으로 인해 지난 2년간 국내에서만 약 3,668억원에 달하는 누적 영업손실을 기록했다.

적자가 이어지고 있지만 CGV의 사정은 점점 나아지고 있었다. 지난 2월 CJ CGV 실적 발표에 따르면 CGV는 2021년 연결 기준 매출 7,363억원, 영업손실 2,411억원을 기록했다. 이는 2020년 적자 3,887억원보다 26.2% 성장한 결과로, 적자폭도 감소했다. 4분기 실적만 놓고 보면 매출이 2,401억원으로 전년 같은 기간보다 67.6% 증가, 영업손실이 전년보다 줄어든 435억원으로 집계됐다.

흑자 전환이 아닌 적자 폭이 줄었을 뿐 여전히 영화관 운영 사정이 예전 같지 않다는 입장이지만, OTT 춘추전국시대가 도래한 현재, 인상된 가격을 지불하면서까지 관객들이 극장을 찾을 것이냐도 따져볼 문제다. 현재 국내 서비스되고 있는 OTT 넷플릭스 월 9,500원~1만 4,500원, 애플TV+ 6,500원, 디즈니플러스 월 9,900원, 웨이브 월 7900원~1만 3,900원, 티빙 월 9,900원~1만 5,900원, 왓챠 7,900원~1만 2,900원이다. 영화 한 편의 값과 OTT 한 달 구독료를 비교할 수밖에 없는 상황이다. 관객들은 "상대적으로 OTT 한 달 구독료가 저렴하게 느껴지는 효과만 극대화될 것이다"라고 CGV 가격 인상을 우려스러운 시선으로 바라봤다.

한 영화 관계자는 "지난해 할리우드 블록버스터들로 인해 관객들이 극장을 찾긴 했지만 OTT의 바람이 더 거셌다. 대규모 투자가 들어간 영화도 이제 OTT를 통해 공개되고, 여전히 할리우드를 제외한 한국 영화들은 부재한 상황이다. 관객들이 극장을 갈 이유가 점점 줄어들고 있다. 이런 상황에 세 번의 가격 인상이 관객들의 더 큰 반감과 외면을 받지 않을까 우려된다"라고 전했다. CGV 관계자는 "투자·제작·배급·상영이 한 몸처럼 움직이고 있는 국내 영화산업은 코로나 이후 그 어떤 산업보다 가장 큰 피해를 입어 붕괴 직전에 있다고 해도 과언이 아니다. 영화산업의 생존을 위해 피치 못하게 관람료 인상을 할 수밖에 없는 지금의 상황을 너그러이 이해해 주길 바란다"라고 밝혔다.

출처: 데일리안, 2022.3.30

셋째로, 고객이 해당 정책으로 인해 피해를 보거나 부정적 인식을 갖지 않도록 세심히 설계해야 한다. 다이나믹 프라이싱은 기업의 수익을 높여 줄 수 있는 유용한 도구이지만, 고객은 가격이 변하는 이유나 상품 가치에 대해 의문을 품을 수 있습니다. 고객에게 가격 변동의 당위성을 이해시키고 가격이 고객이 누리는 가치를 반영한다는 점을 알려야 한다. 책임 있는 조직에서는 가격 책정의 기준선을 정해 모니터링하고, 필요할 때는 자동 가격 책정을 재빨리 중단하여 불필요한 갈등과 오해를 최소화해야 한다. 다이나믹 프라이싱이 기업에게 수익 증대를 가져올 뿐만 아니라 고객에게도 가치 증대를 주고 있는지 지속적으로 검토해야 한다.

심리적 요소에 의한 수요법칙의 예외

널리 활용되는 경제학에 기반한 이 수요의 법칙들은 예외도 많이 존재한다. 이는 소비자들의 여러 심리적 요소들이 작용하기 때문인데 몇 가지를 소개하자면 다음과 같다.

밴드웨건 효과(bandwagon effect) 동행효과, 편승효과, 유행효과 등 다양하게 불리는데, 주변 사람들이 어떤 제품을 구매하기 시작하면 일종의 유행이 되어서 그 제품을 구매가 늘어나는 것이다. 즉 다른 수요자들이 더 많이 수요할 것이라 예측하여 개별 수요자가 수요를 증가시키는 현상을 말한다.

스납 효과(snob effect) 역학효과, 속물효과, 혹은 백로효과라고도 하는데, 어떤 제품을 소비하는 사람들의 수가 증가하면 반대로 그 제품에 대한 수요가 감소하는 효과이다. 즉, 다른 수요자의 수요가 개별수요자의 수요를 오히려 줄게 만드는 현상으로 특정 상품에 많은 사람이 몰리면 희소성 추구나 차별화를 위해 다른 상품을 구매하려는 현상이다.

베블렌 효과(veblen effect) 과시효과, 허영효과라고도 하는데, 특정 제품의 가격이 상승할수록 그 제품의 소비량이 증가하는 효과이다. 고가이기 때문에 소비하려는 과시성 소비 현상으로써, 고가의 제품일수록 개별 수요 및 시장 수요가 큰 현상을 말한다. 명품가격 인상시, 오히려 제품 소비량이 증가하는 현상이 대표적 예시이다.

전시 효과(demonstration effect) 시위효과라고도 하는데 사회일반 소비수준에서 영향을 받아 남의 소비행동을 모방하려는 사회심리학적 소비성향을 말한다. 국가 간 소비성향에서 나타나는데, 소득수준이 적은 국가가 선진국가의 소비행태를 따라가는 것도 이에 의한 것이다.

톱니 효과(ratchet effect) 소비행동의 관성화를 지칭하는 것으로써, 수입에 비례해서 소비지출을 한다는 것이 당연하나, 소비가 준다 하더라도 이미 소비하던 습관과 규모를 유지하는 소비행태를 하는 경우를 말한다. '쓰는 걸 한번 늘리긴 쉬워도 줄이는 건 어렵다'라고 일반적으로 말하는 경우에 해당된다.

MARKETING REPORT | 줄 서야 산다…유통업계 휩쓰는 '오픈런' 현상

샤넬백에서 출발한 오픈런, 유통가 전반 확산
희귀 위스키, 슬램덩크 유니폼 위해 밤 새기도
한때 오픈런 알바까지...잘파세대서 긍정 반응

높은 브랜드 가치를 지닌 상품의 물량이 한정적이면 구매 경쟁은 치열해집니다. 사람들은 샤넬백과 롤렉스 시계를 누구보다 빨리 사기 위해 추위에도 밤새 줄을 섰고 오픈과 동시에 달렸습니다. 트렌드의 척도로 자리 잡은 '오픈런' 현상은 이제 명품시장을 넘어 산업계 전반으로 확산하고 있습니다. '오픈런(open run)'은 본래 서구 공연계에서 '폐막 날짜를 정해 놓지 않고 공연하는 일'을 의미했다. 그러나 우리나라에서는 오픈런이 공연계 용어보다는 '매장 개장과 동시에 달려가 물건을 구매한다'는 의미로 많이 사용되고 있다. 그만큼 오픈런이 일종의 사회현상이 됐기 때문이다.

서울 중구 롯데백화점 본점 명품관 앞에 고객들이 샤넬 제품 구매를 위해 줄을 선 모습 /사진 연합뉴스

샤넬은 오픈런의 시초로 불린다. 코로나19가 확산하던 시기 서울 시내 백화점 앞에는 매장문이 열리기 한참 전부터 샤넬백 구매를 위한 대기줄이 만들어졌다. 그중에는 샤넬 충성 고객과 리셀(재판매) 목적으로 상품을 구매하는 사람(리셀러)들이 뒤섞여 있었다. 샤넬은 비판에도 아랑곳하지 않고 2022년에만 국내 제품 가격을 네 차례 인상했다. 그래도 오픈런은 끊이지 않았다. 불안정한 국내외 경기 속에서도 샤넬코리아의 지난해 매출은 1조원을 넘어섰고 영업이익은 전년보다 67% 늘었다. 이후 에르메스, 루이비통 등에서도 오픈런이 벌어졌다.

이러한 흐름은 지난해부터 유통업계에서 목격되고 있다. 오픈런 현상은 작게는 인기 상품 및 트렌드를 보여주는 역할을 하지만 때에 따라서는 사회에 여러 변화를 일으

SPC삼립 포켓몬빵(왼쪽)과 더현대서울 슬램덩크 팝업스토어(오른쪽) /사진 SPC삼립, 현대백화점

키는 '신드롬'으로 번지기도 한다. SPC삼립의 포켓몬빵이 대표적이다.

지난해 2월 SPC삼립이 재출시한 포켓몬빵 시리즈는 판매 일주일 만에 150만 개, 43일 만에 1,000만 개 넘게 팔렸으며 지난해 12월 기준 누적 판매 1억개를 돌파했다. 3040세대의 추억 소환에 성공한 포켓몬빵은 없어서 못 팔 지경이 됐고 편의점 입구에는 연일 '포켓몬빵 품절' 문구가 붙었다. 중고거래 사이트에서 희귀 포켓몬 스티커 한 장은 포켓몬빵의 수십 배 비싼 가격에 거래됐고 커뮤니티에는 손주에게 포켓몬빵을 선물하기 위해 대형마트 오픈런 경쟁에 뛰어든 노인 이야기가 화제였다. 포켓몬빵 흥행에 힘입어 지난해 SPC삼립 매출은 처음 3조원대에 진입했습니다.

차별화 주류에 힘쓰는 편의점들도 한정판 위스키, 캔 하이볼 등을 앞다퉈 선보이고 있다. CU가 지난 4월 진행한 한정판 위스키 판매 행사 대기줄은 약 200미터에 달했고 GS25가 올 초 한정판으로 선보인 '김창수 위스키' 38병을 사기 위해 소비자들은 편의점 앞에서 밤을 새우기도 했다.

오픈런 경쟁이 치열해지면서 오픈런을 위한 팁까지 등장했다. 2030세대는 커뮤니티를 통해 백화점별 대기시간 및 오픈런 성공률이 높은 시간, 샤넬 백 구매를 위한 최적 루트 등을 공유했다. 한때 일반 소비자와 리셀러를 대상으로 오픈런 알바(아르바이트)와 대행사도 성행했다. 최근 엔데믹을 맞아 해외여행 수요가 늘면서 명품 오픈런은 다소 동력을 잃은 듯해 보인다. 그 흐름을 유

CU 주류 오픈런을 위해 줄을 서 있는 소비자들 /사진 BGF리테일

통 기업들이 이어받아 오픈런을 다양한 마케팅 수단으로 활용하고 있다. 미래 소비층인 1020세대에서 오픈런에 대한 인식이 나쁘지 않은 점도 이들 기업에게는 긍정적인 요인이다.

형지엘리트의 교복 브랜드 엘리트학생복에 따르면 굿즈를 사기 위해 오픈런을 감행하는 경우가 많은 것으로 확인됐다. 전체 응답자의 27%가 오픈런을 경험해 봤고, 57%는 해본 적은 없지만 할 수 있다고 답했다. '구하기 힘든 굿즈를 구입할 수 있다(68%)' 등 '희소성'에서 호평을 받았다. 형지엘리트 관계자는 "굿즈 마케팅이 충성고객 확보 및 브랜드 이미지 제고를 위한 수단으로 각광받고 있다"며 "잘파세대(Z세대+알파세대, 주로 1020세대 지칭)가 소비시장에 미치는 영향력이 점차 커지는 만큼 이들을 공략하기 위한 움직임은 더욱 확대될 것"이라고 말했다.

출처: 인더뉴스, 2023.6.14

::: 가격에 미치는 요인

가격이란 넓은 의미에서 소비자가 기업에서 제공하는 제품을 구매함으로써 그 대가로 지급해야 하는 편익의 총합이다. 마케팅믹스 중에서 다른 요소들은 비용을 발생한다면 가격은 유일하게 기업에 수익을 가져다 주는 요인이다. 가격 결정에 영향을 미치는 요인으로는 기업의 마케팅 목표, 제품원가, 마케팅믹스와 같은 내부적인 요인과 경쟁사 제품의 가격, 차별화 정도, 고객 요인과 같은 외부적 요인들이 있다.

가격결정에 미치는 내부적 요인

내부적인 요인들 중 기업의 마케팅 목표가 무엇을 지향하는가가 가격에 가장 크게 영향을 미친다. 이익을 극대화하기 위한 것인지, 마케팅점유율을 높이기 위한 것인지, 혹은 생존을 위한 것인지 등에 따라 가격 결정에 대한 전략이 달라질 수 있다. 제품원가(cost)는 제품을 생산하는 데 들어가는 비용의 합계이다. 제품 가격은 제품원가보다 낮아질 수 없기 때문에 제품가격의 하향선을 결정하는 요인이 된다. 또한, 가격은 마케팅믹스의 최종 목표를 염두에 두고 결정되어야 한다.

가격결정에 미치는 외부적 요인

가격을 결정할 때는 가장 우선적으로 외부적인 요인으로 경쟁사 제품의 가격을 고려해야 한다. 소비자들은 제품을 구매할 때 이와 유사한 제품의 가격, 품질 등을 비교하여 그 가치를 평가하기 때문이다. 따라서 마케터는 경쟁사에서 제공하는 제품과 어떤 차별점이 있는지를 정확히 파악하여 경쟁사와 대비되는 자사 제품의 차별화 특성이 있는지 그리고 그 특성을 소비자가 가치 있다고 인식하고 인정하는지 등 시장관점과 소비자관점에서 검토 분석해야 한다.

정부의 시장가격 개입드 중요한 가격결정의 외부적 요인 중에 하나이다. 가격담합의 정식 법적 용어는 '부당한 공동 행위'라 하여, 같은 종류의 제품을 파는 기업들끼리 그 제품의 가격이나 물량을 서로 짜고 조절해 이익을 챙기는 것을 가리킨다. 이를 통해 발생한 이익들은 소비자에게는 고스란히 비용으로 전가되기 때문에 정부가 강하게 단속하는 배경이기도 하다.

많은 국가들에서 이러한 가격담합에 대해서 매우 엄격하게 처벌을 하고 있는데, 한국의 경우는 담합과 관련해 기업이 올린 매출이 얼마냐에 따라 담합 과징금을 부과받는다. 공정거래법에 따르면, 관련 매출액의 최대 10%까지 과징금을 받을 수가 있고, 관련 매출액이 크고, 담합 기간이 오래될수록 과징금은 커진다. 〈표 10.1〉에서 보듯이, 실제 부과된 금액은 1.5~2%에 그치고 형사처벌은 약 14%밖에 안 되며, 소비자 집단 소송이 현실적으로 불가능한 상황이다. 반면, 다른 미국이나 유럽국가들은 소비자 보호차원에서 엄격한 처벌 기준을 가지고 가격담합을 법적으로 처벌하고 있다. 미국의 경우 부당이익의 2배, 관련자의 70~80%가 징역형을 받고, 소비자 집단소송 시 징벌적 손해배상제가 적용되어 피해금액의 3배까지 청구가 가능하게 되어 있다. EU의 경우도 매출액의 10%를 과징금으로 부과된다.

CASE STUDY | **배민에 밀린 쿠팡이츠, '와우 멤버십' 음식배달로 확대**

17일 업계에 따르면 쿠팡은 지난주부터 와우 멤버십 신규 혜택으로 쿠팡이츠 할인을 추가했다. 이번에 쿠팡이츠 할인이 추가되며 쿠팡 와우 회원은 쿠팡이츠에서 주문할 때 5~10% 할인을 받을 수 있게 됐다.

쿠팡 와우 멤버십 회원수는 지난해 200만 명 늘어나 누적 1천 100만 명을 기록했다. 한편 와우 멤버십에 가입한 회원은 한 달에 4,990원을 회원비로 내면 로켓배송 상품 1개만 사도 무료배송과 낮 시간 주문 새벽 도착, 아침 주문하면 저녁 도착, 로켓직구 무조건 무료 배송, 30일 무료 반품, 와우 회원 전용 할인 쿠폰, 신선식품 새벽배송 로켓프레쉬, 쿠팡플레이 콘텐츠 무료 시청 등 혜택을 받는다.

쿠팡이 쿠팡이츠에 대한 와우 멤버십 적용에 나선 것은 신종 코로나바이러스 감염증(코로나19) 엔데믹에 배달비 인상으로 배달앱 이용자가 줄었기 때문으로 풀이된다. 특히 배달의민족과 요기요, 쿠팡이츠 등 배달앱 3사 중 쿠팡이츠의 이용자 감소 규모가 컸다.

아이지에이웍스의 빅데이터 분석 솔루션 모바일인덱스에 따르면 배달앱 3사의 지난 3월 월간 활성 이용자수(MAU)는 2천 898만 명으로 전년 동월 대비 634만 명(18%) 감소했다. 회사별로는 배달의민족과 요기요가 1천 929만 명과 670만 명으로 전년 동월 대비 각각 7.25%와 24.12% 줄어들었고, 쿠팡이츠는 298만 명으로 전년 동월(568만 명) 대비 48%나 감소했다.

쿠팡이츠는 누적되는 적자로도 골머리를 앓고 있다. 배달의민족 운영사인 우아한형제들이 지난해 4천 242억원 영업이익을 낸 반면, 쿠팡의 성장사업 부문 조정 에비타(EBITDA. 법인세 · 이자 · 감가상각비 차감 전 영업손익) 손실은 2억 2천 500만 달러(약 2천 920억원)로 집계됐다. 쿠팡의 성장사업에는 쿠팡플레이와 핀테크, 쿠팡이츠가 포함돼 있다. 업계 관계자는 "쿠팡을 성장세로 이끈 와우 멤버십이 쿠팡이츠의 실적 개선을 끌어낼지 주목된다"고 말했다.

출처: 연합인포맥스, 2023.4.17

마케터는 실질적으로 동종업계 실무자들과 가격관련 정보 수집 차원에서 가격 정보 공유하는 활동들을 빈번하게 한다. 이러한 활동과정에서 가격담합의 소지들이 없도록 엄격히 조심해야 한다. 이는 정부의 강한 규제뿐만 아니라 소비자 보호 차원 및 기업 윤리적 관점에서 중요한 이슈인 것이다.

가격결정 전략

가격을 결정할 때는 고객가치에 기반한 가격결정 전략, 원가에 기반한 가격결정 전략, 경쟁사를 기반한 가격결정 전략, 이렇게 세 가지를 주로 사용한다. 첫째, 고객가치에 기반한 가격결정(customer value-based pricing)은 제품의 원가나 경쟁사 제품의 가격보다는 제품에 대한 소비자가 인식하는 가치에 중점을 두고 가격을 결정하는 전략이다.

가치에 기반한 가격결정 전략은 소비자가 해당 제품에 얼마큼의 가치를 가지고 구매할 것인가를 예상하여 목표 가격을 먼저 도출한다. 고로 도출된 예상 가격에 맞추어 생산 비용을 추정하게 된다. 여기서 중요한 점은 제공되는 제품에 대

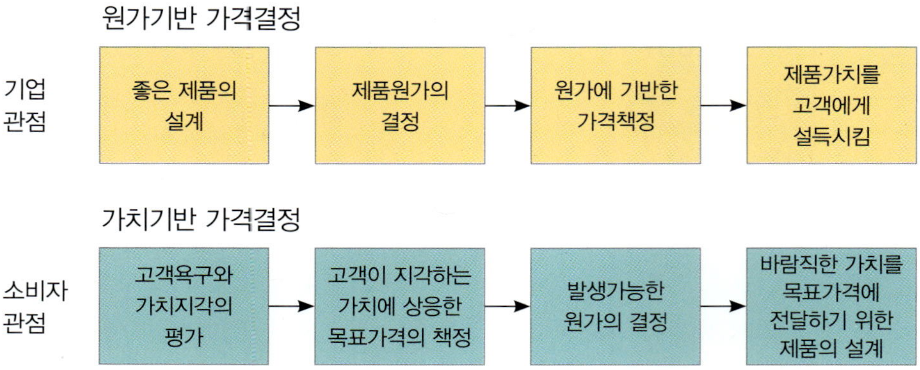

그림 10.2 원가기반 가격결정과 가치기반 가격결정

해 소비자가 얼마큼의 가치를 부여하는가에 대한 측정이다. 이를 위해 기업은 소비자조사를 통해 제품에 비용을 지불할 용의가 있는지, 얼마큼의 비용을 지불할 용의가 있는지, 제공되는 각각의 편익에 얼마큼의 지불용의가 있는지 등을 파악하여야 한다.

둘째, 원가기반의 가격결정(cost-based pricing)은 제품의 원가를 산정하여 거기에 추가되는 마진을 더하여 가격을 결정하는 방식이다. 따라서 제품의 원가가 제품 가격의 하한선이 된다. 〈그림 10.2〉는 원가기반 가격결정과 가치기반 가격결정 과정을 보여주고 있다.

셋째, 경쟁기반의 가격결정(competition-based pricing)은 앞서 두 방법들과 달리 오직 경쟁에 중점을 두고 경쟁제품의 가격, 원가, 전략 등을 고려하여 가격을 책정하는 전략이다. 경쟁사에서 제공하는 제품의 가치가 자사에서 제공하는 제품의 가치와 비교했을 때, 자사의 제품이 더 많은 가치를 제공한다고 하면 경쟁사 제품과 비교하여 보다 높은 가격으로 책정될 수 있다. 만약 해당제품 시장이 과점적 경쟁시장일 경우, 경쟁사 제품의 가격보다 높게 측정된다면 경쟁에 밀릴 수 밖에 없을 것이다.

버라이어티 가격전략

버라이어티 가격전략은 다양한 제품과 가격을 통해 고객들의 다양한 니즈와 선호도를 충족시키는 가격전략이다. 이전에는 단일 제품과 단일 가격에 의존하는 것이 일반적이었지만, 시장의 환경이 다양하고 요구가 다변화되면서 고객들에게 다양한 가격 선택의 기회를 제공함으로써 고객 만족을 높이는 데 주안점을 둔다.

〈그림 10.3〉에서 보듯이, 가격 이미지 형성에는 가격 요소(가격 분산, 가격 다이나

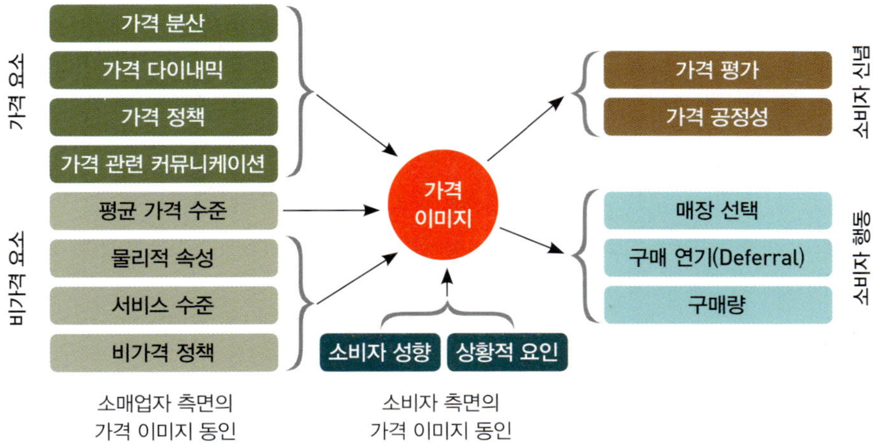

그림 10.3

가격 관련 중요 개념 체계

출처: 버라이어티 가격전략: 성공 사례와 구체적인 전략 분석 이미지 (매거진 한경)

믹, 가격 정책, 가격 관련 커뮤니케이션), 평균가격수준, 그리고 비가격 요소(물리적 속성, 서비스 수준, 비가격 정책)가 영향을 미친다. 이 중 물리적 속성, 서비스 수준, 비가격 정책은 리테일 기업 측면의 가격 이미지 동인 요소이기도 하다. 소비자 측면의 가격 이미지 동인은 소비자 성향, 상황적 요인이다. 이렇게 형성된 가격 이미지는 궁극적으로 소비자 신념(가격 평가, 가격 공정성)에 영향을 미치며, 소비자 행동(매장 선택, 구매 연기, 구매량)에 중요하게 영향을 미친다.

버라이어티 가격 전략은 다음과 같은 상황에서 접목할 수 있다.

첫째, 제품 다양화를 통해 고객들에서 다양한 제품 옵션을 제공하고자 할 때 접목할 수 있다. 예를 들면, 비비고 만두의 경우, 새우, 고기, 야채 만두별로 다양한 가격을 제시함으로써 고객의 선호 맛과 가격을 선택할 수 있도록 한다. 둘째, 가격 다양화는 고객들에서 예산에 맞는 다양한 가격대의 제품과 서비스를 제공하고자 할 때 접목할 수 있다. 예를 들면, 호텔 체인들은 체인 안에 다양한 가격대의 호텔 브랜드들을 운영하고 있다. 힐튼의 경우, 최상위 럭셔리 브랜드 Waldorf Astoria, 전 객실이 스위트룸인 Embassy Suites by Hilton, 힐튼 체인의 기원이며 가장 많은 수의 Hilton hotels & repsort, 중저가형 Hampton by Hilton 등 다양한 가격 정책을 제시하고 있다. 호텔별로 고급스러운 스위트룸부터 경제적인 스탠더드 룸까지 다양한 가격대의 객실들을 제공함은 당연하다.

1919년에 창업한 미국에 본사를 둔 세계적인 호텔 체인 힐튼은 18개 브랜드, 119개 국가, 전 세계 약 6,400여 개의 시설과 1,000,000개 이상의 객실을 보유하고 있음

::: 가격결정 과정

기업이 가격을 결정하는 원인은 신제품을 도입했을 때, 새로운 유통 경로 개발로 기존제품이 신 유통에 실릴 때, 글로벌 진출과 같은 새로운 시장에 진출했을 때, 원가 변화와 같은 가격에 영향을 주는 중요 변수의 변화가 있을 때, 그 외 시장의 경쟁상황이 변화했을 때 등 다양하다. 일반적으로 가격결정은 〈그림 10.4〉와 같이 6단계 과정을 거친다.

그림 10.4 가격결정 과정

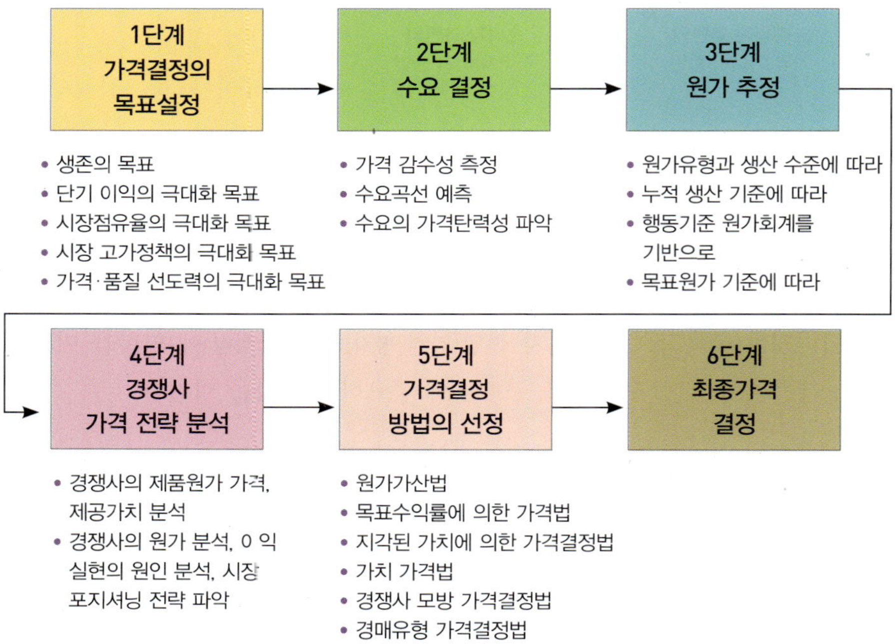

1단계: 가격결정의 목표 설정

기업은 시장제공물을 시장 포지셔닝하고자 할 때, 목표를 명확하게 할수록 가격결정이 쉽다. 일반적으로 기업 추구하는 일곱 가지의 가격 목표들은 다음과 같다.

생존의 목표

시장경쟁의 변화, 소비자의 욕구 변화 등 기업의 존속 문제가 있을 시, 가장 시급히 해결해야 하는 기업의 목표로서 단기 목표에 해당된다.

단기 이익의 극대화 목표

단기 이익을 극대화하기 위해서는 실질적으로 다양한 방법들이 가능하나 가장 많이 사용하는 방법으로는 여러 가격대안들의 수요와 비용차원에서 시뮬레이션하여 이 중 가장 단기 이익실현이 높은 것을 선택한다. 일반적으로 시즌 오프하는 상품들은 이번 시즌에 판매가 이루어지지 않으면 더 이상 판매가 어렵고 재고가 되어 버리기 때문에 기업은 최대한 시즌 오프 이전에 해당 상품들을 판매하고자 하는 목표가 설정된다. 대부분의 SPA 브랜드들(Specialty store of retailer of Private label Apparel)의 마진율(markup)은 2~3배에 불과하지만 상품의 빠른 회전을 통해 재고에 대한 부담을 줄일 수 있어서 낮은 이익배수에도 두 자릿수의 영업이익률 달성이 가능한 구조를 가지고 있다. 따라서 SPA와 같은 브랜드들은 적극적인 할인정책을 통해 매장에서 재고를 완전히 소진함으로써 단기이익을 극대화하는 것을 목표로 하는 것이다.

시장점유율의 극대화 목표

가능한 낮은 가격으로 시장점유율을 늘리고 매출 규모를 증대함으로써 이익을 증대하는 방식인 시장침투가격전략(market-penetration pricing strategy)을 실행할 경우이다. 본 전략은 가격을 최대한 얼마나 낮출 수가 있느냐가 관건으로, 해당 시장이 가격민감성이 높은 시장인 경우, 기업의 축적된 생산 노하우와 시설로 가격인하가 가능한 경우, 저가정책이 실제로 다른 경쟁자에게는 치명적인 치킨게임 시장인 경우에 이 시장침투가격전략이 성공적으로 수행될 수 있다. 대표적인 예시로, 반도체시장은 그간 끊임없는 기술력 향상을 기반으로 막대한 시설투자와 가격 인하로 규모의 경제를 가장 높게 실현한 기업만이 살아남는 시장의 특성을 가지고 있다. Marketing Report에서 보여주듯이, 10여 개 기업들이 난립하여 경쟁하던 글로벌 반도체 D램 시장은 극단적 가격인하의 치킨게임의 결과로 대다수의 경쟁사들이 도산하고 3개 기업만이 생존한 상황이 되었다.

시장 고가정책의 극대화 목표

초기 고가격전략(market-skimming pricing strategy)은 초기에 고가격을 설정하여 높은 가격과 높은 품질로 시장의 포지셔닝 후 론칭 이후 이익이 어느 정도 실현되면 가격 인하를 통해 세분시장으로부터 수익을 극대화하는 정책으로 일반적으로 하이테크 신제품에 많이 적용된다. 예를 들면, HD TV의 경우 1990년 세계 최초로 선보였을 때는 약 4만 3천만 달러의 초고가격이었으나 시간이 흐름에 따라 가격이 계속 낮아져서 42인치 TV가 2004년에는 1,200달러, 2017년에는 약 700달러밖에 안 된다. 가정용 PC 제품도 비슷하다. 90년대 초에 가정용 PC가 대중화되면서 3,000달러로 떨어졌다. 이후 PC 가격은 걷잡을 수 없는 속도로 더 내려가서 이제는 데스크 탑 가정용 컴퓨터가 스마트폰보다도 더 저렴하다. 이를 무어(Moor)의 가격역설법칙(Back Side of Moore's Law)이 설명하고 있는데, 지속적인 기술개발에 의해 디지털제품 가격은 매년 30~40% 내려가는 현상을 설명한 법칙이다.

가격-품질 선도력의 극대화 목표

본 전략은 앞서 설명한 소비자가 가지고 있는 가격-품질의 비례적 관계를 기반한 것으로, 고가격 정책을 통해 높은 수준의 품질 지각을 확보하기 위한 전략이다. 충분한 고가격을 확보하는 대신, 이에 걸맞는 특성화된 제품, 서비스의 높은 품질을 확보하는 것으로 품질선도자로서의 포지셔닝을 하기 위함이다. 예를 들어, 샤넬은 한해 네 차례나 가격을 인상한 바 있다. 많은 비판도 있었지만, 이러한 짧은 시간 내 가격인상으로 통해 고가격 정책을 더 강화한 것은 다른 명품브랜드와의 격차를 만들어 프레스티지 브랜드 이미지를 더 강화하기 위한 전략의 하나이기도 하다.

소비자의 수요가 스스로 가격을 정하게 하는 목표

기업이 가격을 정하는 형태가 아닌, 시장수요, 소비자 수요에 따라 가격이 탄력적으로 정해지는 것으로서, 기본적으로 비즈니스 모델이 경매에 의해 운영되는 경우이다. 예를 들면, 경매 전문회사인 소더비나 크리스티 경우, 경매에 올릴 아트작품의 가격을 경매를 통해 정해지게 하는데, 이러한 시장 수요에 따라 가격이 탄력적으로 변동하게 하는 옥션을 통해 사실상 더 많은 이익을 확보할 수 있다.

이외 기타 기업 목표

다양한 비영리조직들이나 사회적기업들은 경영목표가 이익 창출이 아니기 때문에 일반 영리기업들과 다른 가격결정 목표들을 가진다. 상황에 따라, 기부금으로 그 재원을 마련하여 최소 비용도 안 되는 가격을 책정할 수도 있고, 상이한 집단들의 상황을 고려하여 소득수준에 따라 다른 가격정책을 운영하기도 하고, 때에 따라서는 가격을 지불하지 않고 자율적 기부만을 독려한다. 예를 들면, 영국의 국립박물관의 경우, 입장료를 지불하지 않지만 박물관 내부 여러 곳에서 자율적인 기부를 독려한다.

2단계: 수요 결정

기업은 가격결정 목표에 따라 가격정책을 결정한다. 이렇게 결정한 가격에 따라 서로 다른 수준의 수요를 유발하게 된다. 앞서 설명한 바와 같이 기본적으로 제품의 가격민감성에 따라 시장의 구매량이 달라진다. 이러한 가격민감성을 상대적으로 낮추는 방법으로는 제품이 독특할수록, 제품의 품질이 좋고 유명한 경우, 구매자가 대체품에 대해서 모르는 경우, 대체품과의 품질 비교가 어려운 경우, 구입비용이 적을 경우, 구입관련 비용을 본인이 전적으로 부담하지 않는 경우, 해당 구매 제품이 과거 구입한 자산과 결합되어 사용하는 경우 등이 있다.

따라서, 기업이 입장에서는 이러한 수요들을 정확히 예측하는 것이 중요한데, 다음과 같은 여러 가지 방법들을 사용할 수 있다.

기업의 보유한 자료에 근거 과거 가격 대비 판매자료들과 함께 이에 영향을 미치는 관련요소들(예: 기온, 경제지표, 시장유행 등)을 포함하여 분석하고 가격에 의한 수요 탄력성에 대한 모델을 개발하여 통계적인 방식으로 미래 수요를 예측한다. 제품마다 수요 탄력성이 매우 상이함으로 각각의 수요 예측 모델을 개발하는 것이 중요하며, 이를 구축하기 위해서는 상당한 데이터, 비용 및 기술이 요구된다.

파일럿 테스트(pilot test)를 위한 실험 진행 유사 혹은 동일 타깃집단이나 유사 혹은 동일 유통 등에서 실제로 해당 제품에 다양한 가격대를 제공하고 반응을 파일럿 테스트하기 위해 실험을 진행한다. 실제 구매상황에서의 실험인지라 그 결과에 대한 높은 신뢰성을 확보할 수는 있으나, 반대로 상이한 가격 제시로 고객의 혼선을 야기할 수 있으므로 주의하여 실행해야 한다.

다양한 소비자 조사 진행 소비자 조사에 상이한 가격대를 제공하고 고객의 반응을 계량적 방법으로 분석하는 방법이다. 일반적으로, 가격에 대한 민감도 조사를 설문조사에 의해 진행할 때, 대면조사, 인터넷조사, 자기 기입식 설문조사 등 조사방식이 사용되며, 제시한 가격대에 대해 구매의도를 조사방식에 따라 정확하게 응답하지 않을 문제가 크게 존재한다.

유사제품의 수요곡선을 통한 유추 유추분석(analogy analysis)은 기업의 유사 제품이나 경쟁사의 경쟁 제품의 수요곡선을 분석하여 이를 기반으로 해당 제품의 수요곡선을 유추하는 방법이다. 이를 위해서는 경쟁사의 어떤 제품이 해당 제품과 가장 유사한가를 선정하는 것이 중요하며, 유사한 수요곡선 형태를 띨 것으로 보이는 주변단서들이나 수요곡선에 영향을 미치는 요소들을 명확히 파악하여 가격 민감성과 수요에 영향을 통제하여 분석하는 것이 중요한 것이다.

3단계: 원가 추정

원가유형과 생산 수준에 따라

원가는 고정비와 변동비로 구성되어 있다. 고정비(fixed cost)는 생산이나 매출에 직접적으로 영향을 미치지 않는 비용들로서 간접비(overhead cost)라고도 하는데 기업의 건물, 매장 등의 부동산 임대료, 전기비, 관리직의 인건비, 금융이자 등이 포함된다. 변동비(variable cost)는 생산에 직접 관련된 비용으로 원재료, 생산에 투여된 인력의 인건비, 생산에 소요된 비용, 물류 비용 등이 포함된다. 따라서 총비용(total cost)은 이러한 고정비와 변동비의 합이며, 단위당 비용인 평균비용(average cost)를 참조하고, 예상되는 생산규모를 고려하여 예상원가를 산출한다.

누적 생산 기준에 따라

원가추정 시 중요한 점은 생산규모와 누적생산에 의한 경험곡선 또한 고려해야 한다는 점이다. 첫째, 생산규모가 늘어나면 고정비는 고정되어 있는 상황에서 변동비가 증가하기 때문에 평균원가는 당연히 낮아진다. 따라서 생산규모에 따라 예상원가가 매우 상이하므로, 예상되는 혹은 목표로 하는 생산규모를 정확히 확정해야만 원가 예상이 정확해질 수 있다. 둘째, 생산이 누적될수록 생산 및 운영의 효율화가 이루어지고, 누적 구매로 인해 구매비용들도 낮아진다. 이에 따라 생산경험이 축적됨에 따라 평균비용이 체감하는 경험곡선(learning curve, 혹은 학습곡선) 현상을 경험한다. 그러나 실제 기업에서 원가추정 시 생산규모와 누적생산까지 고려해서 가격을 책정하는 것이 현실적으로 위험할 수도 있다. 불확실성이 더욱 높아지고 소비 트렌드의 변화로 제품의 수명주기가 날로 짧아지는 상황에서 경험곡선을 체감하기 전에 제품이 쇠퇴기로 쉽게 접어들기도 하기 때문이다. 또한, 다양한 외부적 요소들(정치적, 경제적, 사회적)이 원가에 직접적으로 영향을 미치고 이를 예측하기도 어려운지라 실제 초기 가격설정 시에 생산규모나 누적생산을 통한 원가 절감의 효과까지 고려한다는 것은 사실상 어려울 수 있다. 이는 좀더 장기적 차원에서 예측할 때 고려하던가 반영해야 하는 변수라 할 수 있다.

행동기준 원가회계를 기반으로

행동기준 원가회계(Activity-Based Cost: ABC)란 제조업체의 전통적 회계 관념인 표준원가회계가 아닌, 생산 및 판매는 활동을 필요로 하고 활동에서 소모되는 자원을 원가로 포함하는 방식이다. 즉, ABC는 모든 원가를 활동을 중심으로 파악하며 여기서 활동은 원가를 발생시키는 기본적인 분석 단위로 하는 원가계산 시스템이다. 예를 들면, 제조기업은 소매유통사에 따라 배송의 방식이나 마케팅 비용의 부담 여부 등을 매번 다른 조건으로 제품을 거래한다. 이러한 상세 조건들은 원가에 큰 영향을 주고 실제 수익성이 달라지므로 이러한 행동기준 원가회계를 기반으로 가격을 책정할 시는 활동을 명확히 정의하고 혹 누락되는 원가는 없는지 혹은 잘못 할당되는 비용은 없는지 명확히 파악하고 실제 원가를 규명하는 것이 중요하다.

목표원가 기준에 따라

목표가격과 목표이익을 확보하기 위해서 목표원가를 수립하고 이 목표원가 범위 내로 맞추기 위해 기업의 모든 활동을 역으로 맞추어 나가는 방식이다. 제품의 연구·개발 및 설계 단계에서부터 제조, 마케팅, 유통, 고객 서비스에 이르기까지의 모든 기능을 분석하여 동일한 기능에서 원가를 최소화하거나 동일한 원가에서 기능을 최대화함으로써 원가를 절감하고 제품의 가치를 높이는 것을 목표로 하는 관점이다. 그러나 무리한 목표원가 기준에 맞추다 보면 토요타와 같은 실패를 경험할 수 있다. 토요타는 2010년경에 원가 30% 절감이라는 경영 목표에 맞추다 보니 높은 불량률과 많은 리콜 사태를 경험하였다.

4단계: 경쟁사의 가격전략 분석

앞서 단계에서 파악된 시장의 수요 및 해당 제품의 원가에 의해 결정된 가격 범위 안에 존재하는 경쟁사의 제품 원가 및 가격 그리고 제공하는 가치들을 상세하게 분석해야 한다. 가격은 시장에서의 상대적인 우리 기업 제품의 가치를 의미하므로 항상 상대적인 접근이 필요하다. 예를 들어, 다른 경쟁 라면 브랜드들은 밀가루나 기름 등의 원가 인상의 이유로 소비자가격을 조금씩 계속 올리는 가운데 스낵면의 경우는 가격을 인상하지 않았다. 그 결과, 가격 기준으로 크게 차이가 나지 않았던 한국 라면시장이 점차 가격으로 세분화되는 상황이다. 명품시장에서도 이와 같은 유사한 변화들이 최근 10여 년 간에 일어나고 있다. 앞서 소개한 바와 같이 샤넬의 급진적 가격인상 정책을 통해, 루이비통, 샤넬, 구찌, 명품패션브랜드 TOP 3 브랜드의 경쟁체제 변화를 촉진하고 있고, 이를 통해 다른 명품브랜드들 간에서도 가격에 의한 시장 세분화가 가속화되고 있다. 따라서, 가격결정 시 경쟁사의 가격정책은 무엇보다도 중요한 기준이며, 특히 경쟁사의 원가에 대한 분석, 이익 실현의 원인 분석 및 경쟁사의 해당 제품의 위상을 어떻게 위치할지에 대한 전략파악이 더욱 중요하다. 소비자는 경쟁사 제품 대비 본 기업의 제품 가격에 대한 반응하므로 실질적으로 경쟁사보다 높은 가격을 할지, 아니면 낮은 가격을 할지, 얼마나 가격의 차이가 나야 할지 등을 정해야 한다.

5단계: 가격결정 방법의 선정

원가가산법(markup pricing)

가격결정 방법 중 가장 기초가 되는 방법으로써 마진율가격법이라고도 한다. 제품원가에 표준이익(markup)을 가산하여 가격을 정하는데, 신제품 출시를 앞둔, X 제품의 원가가산법의 간단한 예시를 들어 설명하자면 다음과 같다.

X제품의 단위당 변동비: 20,000원
X제품의 고정비: 2억원
기대단위 판매량: 100,000개

$$\text{단위당 원가} = \text{변동비} + \frac{\text{고정비}}{\text{판매량}} = 20{,}000\text{원} + \frac{200{,}000{,}000\text{원}}{100{,}000} = 22{,}000\text{원}$$

X제품에 20%의 마진율을 선정했다면, 이 X제품의 원가가산가격은 다음과 같이 27,500원이 산출된다.

$$\text{원가가산가격} = \frac{\text{단위원가}}{1 - \text{예상 판매수익률}} = \frac{22{,}000\text{원}}{1 - 0.2} = 27{,}500\text{원}$$

원가가산법은 실제 시장의 수요를 반영하지 않고 각 제품별 수요탄력성 등을 반영하지 않으며, 더욱이 경쟁상황 등을 고려하지 않은 가격결정 방법으로 한계점이 많다. 그러나 원가가산법이 가장 널리 사용되는 이유는 첫째, 예측하기 어려운 판매시점에서의 수요를 예측하는 것보다는 원가 산출이 현실적으로 더 쉽고 가격결정의 단순화가 가능하다는 점이다. 둘째, 구매자 입장에서는 가격의 산출의 근거를 명료하게 제시할 수 있어서 가격 설득의 타당성을 제공해 준다는 점이다. 셋째, 판매자 관점에서 투자 이전에 투자수익률에 대한 예상을 제공하기 때문에 원가회계 관점에서 의사결정에 용이성을 제공한다는 장점을 가지고 있다.

목표수익률에 의한 가격법(target-return pricing)

목표수익률에 의한 가격법은 앞서 소개한 원가가산법과 유사하게 원가지향적 방법이긴 하나, 기업의 투자에 대한 목표수익률을 달성할 수 있도록 가격을 정하는 방법이다. 앞서 사용한 예시를 통해 설명하자면, X제품 출시를 위해 기업은 10억원을 투자하였고 20%의 투자수익률 달성을 목표로 한다면 목표수익률 가격은 다음과 같이 산출된다.

$$\text{목표수익률 가격} = \text{단위원가} + \frac{\text{목표수익률} \times \text{투자액}}{\text{단위판매량}}$$

$$= 23{,}000\text{원} + \frac{0.2 \times 1000{,}000{,}000\text{원}}{100{,}000\text{개}} = 25{,}000\text{원}$$

$$\text{손익분기 매출량} = \frac{\text{고정비}}{\text{가격} - \text{변동비}} = \frac{200,000,000\text{원}}{25,000\text{원} - 20,000\text{원}} = 40,000\text{개}$$

이를 통해, X제품의 제조사는 신제품 출시 위해 10억원을 투자하고 4만 개를 판매했을 때, 총수입곡선과 총비용곡선이 손익분기점(Break Even Point: BEP)을 만난다.

본 목표수익률은 전체 투자액 회수시점을 예측할 수 있다는 장점을 가지고 있다. 그러나, 방법도 앞서 소개한 원가가산법과 같이 수요탄력성을 고려하지 않는 문제를 가지고 있다. 목표수익률 가산법에 효율성을 제고하기 위해서 가격에 미치는 다른 요소들을 예측하고 전체 투자비 회수를 조기 달성하기 위해 고정비와 변동비를 낮추는 원가절감의 방안을 찾아내야 한다.

지각된 가치에 의한 가격결정법(perceived value based pricing)

소비자의 지각된 가치를 기반으로 가격을 결정하는 방법으로 해당 제품에 대한 소비자의 지각된 가치들을 명확히 파악하고 그 가치에 영향을 미치는 구성요소들을 정확히 측정하는 것이 중요하다. 이를 측정하기 위해 일반적으로 설문법, 면접, 실험 등에 의한 소비자조사들이 선행되어야 하며, 이를 통해 고객의 의사결정과정을 이해하고 경쟁사보다 더 많은 가치들을 전달하는 데 주력하는 것을 기반하고 있다.

가치 가격법(value pricing)

가치 가격법은 고품질에 저가격을 부가함으로써 고객의 충성도를 최대로 높이는 방법이다. 그 예로는 월마트, 이케아와 같은 할인점들과 다양한 저가항공사들이 있다. 미국의 대표적인 할인점인 Wal-Mart(월마트)는 1962년에 아칸소주 북서부의 소도시인 로저스에서 론칭한 아주 작은 잡화점이었다. 1970년 말까지 100여 개의 점포로 성장했지만 그 당시 약 2,000개 매장을 가진 최대 할인점 체인인 K마트와는 엄청난 격차가 있었다. 그러나, 약 20년이 지난 2001년에 월마트는 세계 2위 기업으로 오른 데 반해, K마트는 결국 파산보호신청을 하였다. 그 성공의 원인 중에 하나가 "Everyday Low Price" 정책이었다. 언제나 낮은 가격을 유지하기 위해서는 물류창고를 없애고 적하장 교체 시스템을 통해 바로 배분하도록 하게 하고, 매장의 판매결과를 바로 공급업체에도 전달하여 월마트뿐만 아니라 공급업체에게도 동시에 적정한 재고관리를 할 수 있도록 하여 언제나 낮은 가격으로 제공할 수 있도록 한 것이다.

경쟁사 모방 가격결정법(going-rate pricing)

경쟁사 모방 가격결정법은 경쟁사의 가격에 기초로 하여, 경우에 따라 동일한 가격을 책정, 혹은 높게 또는 낮게 책정하는 방식으로써, 마켓리포트에서 대형마트 간의 경쟁사 모방 가격결정 방식을 통한 저가가격 전쟁은 실제 산업현장에서 자주 볼 수 있다.

경매유형 가격결정법(auction-type pricing)

경매유형 가격결정법은 인터넷의 성장으로 판매자 중심에서 구매자 중심으로 시장이 변화하면서 더욱 빈번히 사용되고 있는 가격결정방법으로써, 이 인류가 가장 먼저 시작한 가격결정법이기도 하다. 일반 농수산, 축산물들이나, 중고제품 및 골동품, 아트작품에 이르기까지 다양한 산업들에서 경매에 의해 가격결정을 하고 있다. 일반적으로 경매는 3가지 방식으로 이루어지는데, 첫째는 상향식 경매 입찰 방식으로 온라인 사이트에서 많이 볼 수 있는데, 1인 판매자가 품목을 제시하고 경매시간을 정하여 응찰자 중 최고가액에 낙차라는 방식이다. 둘째는 하향식 경매 입찰 방식은 1인 판매자 혹은 복수 판매자와 1인 구매자 혹은 복수 구매자 간의 경마방식으로 두 가지 형태로 이루어진다. 판매자가 최고가격을 먼저 제시하고 응찰자가 받아들일 때까지 가격을 인하하는 방식과 반대로 구매자가 구매하고자 하는 품목을 제시하면 판매자가 제공 가격을 제시하여 이 중 최저가에 낙찰하는 방식이 있다.

그 외에도 공개입찰형 경매방식이 있는데, 이는 정부나 비영리기관에서 재화의 구매나 용역 공고 시 많이 사용하는 방식을 가능한 많은 기업들이 참여하도록 독려하고 이 중 최저가 입찰가에 낙찰하는 형식으로 경매 절차 과정을 투명하고 공정하게 하는 것이 중요한 가격결정법이다.

6단계: 최종가격결정

기업이 최종적으로 가격을 결정할 때 가격에 대한 기타 마케팅믹스 요소들에 대한 영향을 다음과 같이 판단해야 한다. 가격결정은 제품믹스와 아주 밀접하게 연계되어 있어서 독립적으로 가격전략을 논의하기보다는 제품믹스와 연계한 가격결정을 먼저 이해하는 것이 중요한 것이다. 제품믹스와 관련하여 중요 여섯 가지 가격결정 정책을 소개하자면 〈표 10.2〉와 같다.

표 10.2

6가지 중요 제품믹스 연계 가격 결정

제품믹스 연계 가격결정	개념 및 예시
제품 계열별 가격결정	개개별 단일 품목으로 가격을 결정하는 것이 아니라 제품계열로 제품개발과 함께 가격을 결정하여 시장에 도입하는 방식 예 한정식 세트메뉴를 3만원대, 5만원대, 10만원대로 가격을 구성하여 판매하면 고객은 고·중·저급의 제품 연상을 가지게 됨
선택제품 가격결정	다양한 선택사항에 의해 가격이 결정되는 제품의 경우 특정 가격 제시가 어려움에 따라 기본 가이드라인이 되는 선택제품을 선택하여 가격선을 제시 예 자동차 옵션별 상이한 가격을 고객에게 쉽게 전달하고 매장으로 쉽게 유인하기 위해 3천만원대의 기본 표준형 자동차를 주력으로 프로모션을 함
종속제품 가격결정	종속제품(captive product)이나 보조제품을 사용해야만 하는 제품에 부가하는 방식으로 일반적으로 본 제품은 저렴 혹은 무상으로 제공하고 관련 종속제품에서 수익을 창출하는 경우가 많음 예 핸드폰과 모바일 통신서비스, 프린터기와 프린터 토너, 진동칫솔과 칫솔 등이 해당됨
이분 가격결정	이분 가격결정(two-part pricing)은 일반적으로 서비스 기업들이 많이 사용하는데, 기본 가격에 추가사용 수수료를 추가하는 방식으로 고정수수료는 낮게 책정하고 사용수수료를 통해 이익을 구현 예 통신사비의 기본가격과 수수료, 스포츠클럽 회원가입비와 월사용료 등이 해당됨
부산물 가격결정	축산물이나 석유화학제품들은 생산 과정에서 발생한 부산물들을 아주 저렴한 가격으로 판매하던가 비용을 주고 처리하나, 그 부산물이 특정 소비자들에게는 가치가 있을 수 있음 예 미국이나 유럽시장에서 버려지다시피한 삼겹살 부위가 특히 한국시장에서는 고가로 판매되는 인기 돼지고기 부위임. 설탕을 제조한 후 버려진 사탕수수의 부산물이 백지 제조에 사용됨. 철강 제련 과정에 발생하는 슬러지 등이 재가공하여 철강 소재로 다시 활용됨
제품묶음 가격결정	묶음 가격(bundling price)은 유사 제품들이나 이종의 제품들을 2개 이상 묶어서 제공하는 경우 일반적으로 기업이 제공하는 제품들로만 묶은 순수 묶음(pure bundling)과 타기업이 제공하는 제품들도 함께 섞는 묶음(hybrid bundling)이 있음 예 영국 프리미어리그의 아스날 최저입장료 26파운드(약 44,000원), 최고가 입장료 125파운드(215,000원)인 고가 입장료를 묶은 시즌권은 최저 985파운드(약 169만원), 최고가 1,995파운드(약 341만원)로 판매함

::: 소비자의 가격 지각에 미치는 심리적 요소

소비자는 과거경험, 다양한 지식들, 기업이 제공하는 다양한 해당 제품에 대한 정보와 촉진활동, 그리고 주변인들의 평가 및 추천 등을 종합적으로 판단하여 기업이 제공하는 가격 대비 해당 제품의 가치를 주관적으로 판단한다. 이를 가격 지각(price perception)이라고 한다. 기업이 제공하는 제품이나 서비스의 가격에 대해 소비자들은 다른 가격지각을 갖고 구매의사결정을 하기 때문에 소비자의 가격지각은 매우 중요하다. 이러한 소비자의 가격지각에 영향을 미치는 중요한 심리적 요소들로서 준거가격, 수용 가격대와 지각된 가격군, 가격-품질 관계, 가격 단서, 가격 민감성을 구체적으로 살펴본다.

준거가격

준거가격(reference price)은 가격을 판단하기 위해 기준이 되는 표준가격을 통칭하는 가격이다. 준거가격은 소비자가 상표대안들의 가격을 비교하는 데 준거틀로 사용된다. 준거가격은 외적 준거가격과 내적 준거가격으로 나뉜다. 외적 준거가격(external reference price)은 제조업체나 유통업체가 판촉의 일환으로 다양한 수단을 통해 제시하는 비교가격들을 말한다. 내적 준거가격(internal reference price)은 소비자 마음속에 지니고 있는 가격으로써 어떤 특정 가격일 수도 있고 혹은 특정 가격의 범위(price range)일 수도 있다. 이러한 내적 준거가격은 외적 준거가격을 평가할 때도 기준이 될 뿐 아니라 소비자의 가격 예측이나 구매 의사 결정에 큰 영향을 미친다. 예를 들면, 홈쇼핑이나 온라인 쇼핑에서 원래 상품 가격이 5만원이지만 오늘만 특별히 반값 할인행사를 하여 2만 5천원에 판매하는 경우, 5만원은 외적 준거가격이 된다. 반면, 소비자가 이전에 유사한 구매경험이 있는 경우나, 막연하게 본 상품에 대해 가지고 있는 기준 가격을 3만원으로 가지고 있다면, 3만원이 내적 준거가격이 되어서 그 소비자는 본 할인행사의 할인율이 크지 않다고 생각하기 때문에 할인에 의한 이익이 별로 크지 않다 판단하여 구매를 하지 않게 되는 것이다.

수용 가격대와 지각된 가격군

일반적으로 소비자들은 수용 가능한 일정범위의 가격대(수용가능 가격범위)를 가지고 있는데, 유보가격과 최저제품가격이 이에 해당된다. 유보가격(reservation price)은 수용가능 가격범위 내에서 소비자가 지불하고자 하는 최고가격을 말하며, 최저 제품가격은 그 이하의 가격으로 판매되면 품질이 의심스러운 것으로 판단하는 가격이다. 예를 들면, 소비자가 일반 생수 500ml 1병의 가격을 브랜드에 따라, 500원~1,000원에 지불한다. 그런데 지역에 따라, 유통에 따라 1,000원 혹은 2,000원에도 파는 경우에 있는데, 수용가능 가격범위가 소비자 A는 400원~1,000원, 혹은 소비자 B는 500원~3,000원인 경우가 있다. 프랑스 천연광천수 에비앙이 3,000원이라면 소비자 A는 수용가능 가격 범위를 넘어가기 때문에 구매를 안 할 것이고, 소비자 B는 3,000원이 유보가격에 해당되기 때문에 구매할 것이다. 반대로, 두 소비자가 300원에 판매되는 생수를 보았다면, 두 소비자의 최저가격을 넘어선 싼 제품이기 때문에 그 생수의 품질을 의심하게 되고, 특히 소비자 B는 그 생수의 품질에 대해 강한 의구심을 가질 것이다.

소비자들은 자주 어떤 카테고리 내에서 가격에 따라 상표를 등급화하는데, 이런 어떤 계층에서 받아들일 수 있는 가격의 범위를 가격밴드(price band)라 한다. 이는 소비자의 수용에 있어서 유연성과 넓이를 표식화하여 보여주는 장점이 있어서 기업이 특정 상품의 가격을 결정할 때 유용하게 사용될 수 있다. 그러나 여기서 중요한 점은 기업이 기업 관점의 가격밴드를 사용하는 오류에 자주 빠진다는 점이다. 기업은 기업 관점이 아니라 타깃으로 하는 특정 소비자군이 지각하는 가격밴드를 파악하여 가격 결정에 활용하는 것이 중요하다.

가격-품질 관계

소비자에게 있어서 가격은 품질의 중요한 지표이다. 소비자는 일반적으로 가격이 높을수록 품질이 높다는 인식을 가지고 있다. 실제 가격과 본인의 준거가격 간의 차이가 있을 시 다양한 심리적인 작용이 일어난다. 실제가격과 준거가격 간의 차이가 크지 않고 실제가격이 소비자의 수용 가능 가격범위 내에 속하면, 자신의 준거가격을 실제가격 근처로 이동시킨다. 이를 동화효과(assimilation effect)라고 하는데, 예를 들어, 위의 예시로 든 소비자 A가 생수 1,200원을 구매하게 되는 경우, 수용가능 가격대에서 최고가격을 1,000원에서 1,200원으로 이동시키는 동화작용이 일어나는 것이다.

이와 반대로, 대조효과(contrast effect)는 상표의 실제가격이 수용가능 가격범위를 벗어나면 그 가격을 매우 비싼 것으로 지각하여 고려대상에서 아예 제외하는 경우이다. 소비자 A의 경우는 3,000원 가격의 에비앙은 본인 수용가능 가격대를 크게 벗어 났기 때문에 아예 고려대상에서 제외하는 대조효과가 작용한다. 따라서, 준거가격이 실제가격보다 높은 경우에 상표선택확률에 긍정적인 영향을 주나, 준거가격이 실제가격보다 낮은 경우에 상표선택확률에 부정적인 영향을 주는 것이다.

따라서, 가격이 높을수록 품질이 더 좋은 것으로 지각하는 가격-품질 간의 비례 관계가 일어나는 경우는 다음과 같다.

- 일반적으로 제품의 품질을 판단할 충분한 정보를 갖고 있지 못할 때
- 가격정보 원천을 진실되고 신뢰성이 있는 것으로 지각할 때
- 대안들 간에 품질과 가격에 있어 차이가 있는 것으로 지각할 때

가격 단서

소비자는 유사 가격이어도 다른 숫자형태로 제시할 때 심리적으로 다르게 지각한다. 이에 대한 흥미로운 연구들이 몇 가지들을 소개하자면 다음과 같다. 단수가격 효과(99 ending effect, odd pricing)는 소비자에게 할인된 느낌을 제공하기 위해 흔히 사용된 가격정책으로써 가격표가 1,000원, 2,000원이 아닌, 990원, 1,990원의 단수를 붙인 심리적 가격(psychological pricing) 설정의 하나이다. 이는 소비자는 일반적으로 가장 큰 단위 숫자를 중요하게 생각하여 $49.99이라는 가격을 제시하면 $50보다는 $40에 더 가깝다고 인식하는 왼쪽 단위 효과(left digit effect) 때문이다. 이러한 단수가격정책의 가장 큰 효과는 가격의 자릿수 하나가 줄어들기 때문에 심리적으로 싸다는 느낌을 제공하고 이는 기호제품보다 일반 생활용품에 더 큰 영향을 미친다.

쉰들러와 키바리안(Schindler and Kibarian)의 유명한 실험에 의하면, 동일한 셔츠에 $34, $39과 $44의 상이한 가격 보여주는 카탈로그 쇼핑의 세 가지 버전을 가지고 실제 어떤 것이 더 잘 팔리는 조사해 본 결과, $39셔츠가 $44셔츠보다 더 잘 팔리는 결과가 나왔다. 그러나 흥미로운 점은 $39셔츠가 $34셔츠보다도 더 잘 팔렸다는 점이다. 즉, $39의 가격은 상대적으로 품질이 확보된 제품을 좋은 가격 조건으로 구매했다는 매력적인 가격으로 소비자들은 인식한 것이다. 그러나 여기서 중요한 점은 단수가격 정책이 항상 긍정적인 영향을 주지는 않는다는 것이다. 다른 연구에 의하면, 단수가격은 소비자들에게 상대적으로 낮은 품질 인식을 하며 가격할인이 된 것으로 인식하는 부정적인 효과도 존재하는 것으로 보고되고 있다. 또한 높은 품질의 소매기업이라도 광고에서 단수가격을 사용하는 경우 기존의 높은 품질 이미지에 부정적인 영향을 주는 것으로 나타났다.

최근의 반올림가격(rounded price, 예: 20,000원)과 비 반올림가격(non-rounded price, 예: 19,620원)에 대한 비교 연구에 의하면, 반올림가격은 구매 의사결정 시 보다 자연스럽게 프로세스가 되고 보다 감정에 의존한다. 반면 비 반올림가격은 구매 의사결정 시 덜 자연스럽게 프로세스가 되고 보다 이성에 의존한다. 이는 제품의 성격에 따라 다른 가격정책을 써야 한다는 것을 시사하고 있다. 즉, 감정에 어필하는 제품일수록 반올림가격이 바람직하고, 이성에 어필하는 제품일수록 비반올림가격이 바람직하다.

::: 가격 관리

가격 정책

기업이 목표로 하는 마케팅 전략에 따라 기업이 타깃 고객의 특성에 따라 다양한 가격 정책을 운영할 수 있다. 〈표 10.3〉에서 제시한 바와 같이, 가격 정책은 단순히 고객의 니즈에 맞추는 것만이 아니라 마케팅 전략의 일환으로 사용되며 고객의 구매 의사 결정에 중요한 단초 역할을 한다.

예를 들면, 쿠팡의 와우회원 제도는 월 4,990원에 로켓배송 무료배송, 30일 무료 반품, 자정에 주문해 아침에 받아볼 수 있는 로켓프레시 서비스, 와우회원만을 위한 특별할인, 타임할인 등 다양한 서비스들을 제공하고 있다. 이에 추가하여 OTT 서비스 쿠팡플레이까지 무료로 제공하고 있다.

표 10.3

다양한 가격 정책

다양한 사용 요구를 가진 고객을 만족시키는 가격 정책	
무제한 또는 올인클루시브 플랜 (Unlimited or all-inclusive plans)	예 리조트; 스키장과 테마파크의 시즌 패스; 무제한 뷔페 레스토랑
À la carte 또는 언번들드 가격 (À la carte or unbundled pricing)	예 항공권에 추가 옵션; 비호텔 손님을 위한 호텔 시설 이용권
미터링(Metering)	예 택시 탑승료; 거리당 자동차 보험료
관례적이지 않은 시간 단위로 가격 책정 (Pricing by unconventional time increments)	예 Amazon 프라임 멤버십; 쿠팡 와우회원
예산이 타이트한 고객을 유치하려는 가격 정책	
시간에 따른 지불(Payment over time)	예 지금 구매하고 나중에 지불하는 프로그램; 할부 플랜; 자동차 대출
선결제 플랜(Capped or flat-rate pricing)	예 선불 휴대전화 카드; 환불 불가능한 호텔 예약
한도나 고정 요금 책정(Capped or flat-rate pricing)	예 고정 유가로 가정 난방 계약; 이사 업체에 의한 고정 요금
미래 옵션(Future options)	예 구매 전 여행 예약 가격을 잠그는 Hopper의 Price Freeze 기능
굿 딜을 좋아하는 고객을 유치하기 위한 가격 정책	
혼합 번들링(Mixed bundling)	예 패스트푸드 세트 메뉴; 공연장 시즌 구독
대량 할인(Volume discounts)	예 7-Eleven의 Big Gulp 소다; 창고 매장에서의 대량 구매
진보적 가격 책정(Progressive pricing)	예 사전 회의 등록 할인; 당일 티켓의 고가격
가치가 불확실한 제품이나 서비스를 판매하기 위한 가격 정책	
경매(Auctions)	예 Priceline 및 eBay 구매; 크루즈 라인에서 제공하는 선실 업그레이드
로열티 또는 판매 수수료(Royalties or sales commissions)	예 패스트푸드 프랜차이즈 로열티; 부동산 에이전트 수수료
동적 가격 책정(Dynamic pricing)	예 Uber 및 Lyft 탑승료; 항공권; 콘서트 및 스포츠 이벤트 티켓
비즈니스 효율을 향상시키기 위한 가격 정책	
피크 이용시간 이용료(Off-peak pricing)	예 전기요금; 주말드라마 직전 TV광고료
구독(Subscriptions)	예 OTT 스트리밍 서비스; 식사 키트 아침 배송
가입비(Initiation fees)	예 스포츠센터 멤버십

가격전략의 5가지 범주

가격 전략은 기업이 달성하는 데 도움이 되는 목표에 따라 5가지 범주로 분류된다. 이러한 목표는 상호 배타적이지 않고 많은 전술은 다양한 이점을 제공하며 둘 이상의 범주에 나열될 수 있다.

다양한 사용 수준 및 선호도 수용

고객은 제품을 얼마나 많이 사용하는지에 관해 고유한 요구 사항을 가지고 있으므로 고려해야 한다. 마케터는 상품과 서비스의 가격을 책정하여 높은 또는 낮은 수량과 청구 금액에 대한 확실성을 원하는 사람들을 만족시키기 위해 사용할 수 있는 다음과 같은 다른 접근 방식이 필요하다.

올인클루시브 혹은 단품가격 전략 추가 비용을 피하거나 고정 가격으로 많은 소비를 즐기는 사람들에게 매력적인 가격전략으로 올인클루시브 휴가가 그 예이다. 지난 10년 동안 많은 항공기업들은 여행자에게 낮은 기본요금을 부과한 다음, 위탁 수하물, 조기 탑승, 기내식 등에 대한 추가 요금을 부과하는 단품 가격 모델로 전환했다. 2021년 Spirit Airlines 승객은 평균 항공료로 46.16달러를 지출했고 항공권 외 수익으로 추가로 58.64달러를 지출했다. 실제 항공료보다 항공권 외의 지출이 더 큰 것이다.

예산이 부족한 고객에게 어필

인플레이션이 확대되기 전에도 많은 소비자는 구매 여유에 어려움을 겪었다. 가격 책정의 형태인 금융 대안을 제공하는 회사는 사람들이 현금 흐름 제약 내에서 상품과 서비스를 구매할 수 있도록 도울 수 있다. 오프라인 소매업체와 온라인 소매업체 모두 BNPL(지금 구매, 나중에 지불) 프로그램, 할부 플랜, 할부 대출 등 시간 경과에 따른 지불 옵션을 확대했다. 부분적으로는 다음과 같은 제3자 금융 회사의 성장 때문이다.

가격 할인 기회 제공

일부 소비자는 할인을 받고 할인을 받는 데 특별한 즐거움을 느낀다. 다음 세 가지 모델은 고객에게 정가에서 얼마나 절약되는지 정확하게 보여줌으로써 고객의 관심을 끌고 있다.

가치가 불확실할 때 가격 설정

기업은 새로운 제품이나 단 한 번만 일어나는 경험에 대해 얼마를 청구할지 결정할 때 특이한 어려움에 직면한다. 왜냐하면 안내할 과거 데이터가 거의 없기 때문이다. 옥션, Priceline과 eBay는 일반적으로 경매로 판매되지 않는 구매에 대해 고객이 입찰할 수 있도록 허용함으로써 성장한 두 회사이다. 예를 들어, 유람선과 항공사는 고객이 객실 업그레이드에 입찰할 수 있는 경매를 사용하기 시작했다. 가격 책정 모델을 통해 기업은 소비자가 지출할 금액을 정확히 알 수 있게 함으로써 수익을 최적화할 수 있다. 가장 유망한 가격 계획을 파일럿 테스트하여 실시간으로 소비자의 관심을 측정한 다음 시장 반응에 맞게 신속하게 수정할 수 있다.

가격 책정을 통해 비즈니스 효율성 향상

가격 책정 모델의 대부분의 변화는 고객 유치 또는 유지와 수익 증대를 목표로 합니다. 그러나 다른 가격 책정 패러다임을 도입하면 고객 행동을 유리한 방식으로 변화시키는 데 도움이 될 수도 있다. 예를 들어, 일부 업계에서는 고객이 30일 이내에 전액을 지불해야 하지만 10일 이내에 지불에 대해 2% 할인을 받는 가격 프로그램을 운영한다. 이는 조기 지불을 장려하고 회사의 미수금 계정을 줄이는 데 도움이 되는 전술이다.

이에 새로운 가격 전략 식별 및 구현하는 것이 중요하다. 기업에 적합한 가격 책정 모델에 집중하려면 브레인스토밍 시작해 본다. "가격 계획 메뉴" 전시회의 옵션 목록을 살펴보고 신규 고객이나 휴면 고객을 활성화할 수 있는 옵션을 찾아본다. 고객의 사용 요구 사항이 서로 다른가? 예산이 부족한 사람들에게 무엇이 도움이 될까? 할인 계획이 추가 구매로 이어지나? 고객이 제품의 가치를 가장 잘 판단할 수 있는 위치에 있나? 그런 다음 목록에 있는 전술 중 어떤 것이 효과적일 수 있는지 묻고 생각해 본자. 회사가 창의적으로 생각하고 고객에게 새로운 가격 책정 패러다임을 제공하면 결과적으로 고객 선택의 폭이 넓어진다. 이 결과를 "Pick-a-Plan"이라고 부른다. 회사에 다양한 가격 책정 계획이 없다면 아직 개발되지 않은 성장 잠재력이 있는 것이다.

텔레매틱스 기반 가격 책정

10여 년 전에 미국의 보험회사 Allstate의 경영진은 다음과 같은 질문에 대해 토론하기 시작했다. 누가 안전하게 운전하고 있는지?, 얼마나 많은 사람이 운전석에 있는지 더 잘 평가할 수 있다면 가격 설정 방식을 개선하고 그 과정에서 새로운 고객을 유치할 수 있을까? 연구 끝에 Allstate는 2010년에 회사는 원격 측정 기술(플러그인 장치 또는 스마트폰 앱)을 사용하여 급제동, 과속 등 등록된 고객의 실시간 운전 습관을 모니터링하는 프로그램인 'Drivewise'를 출시했다. 이제

Allstate는 보다 정확한 데이터에 의존하고 이에 따라 보험료를 조정할 수 있게 되었다. 스스로를 더 안전한 운전자라고 생각하는 사람들은 'Drivewise'로 몰려들었고 'Drivewise'는 요금을 낮추기 위해 바꿀 수 있는 행동에 대한 맞춤형 피드백도 제공했다.

2016년 Allstate는 자주 운전하지 않는 고객을 대상으로 또 다른 혁신인 'Milewise'를 도입했다. 고정된 연간 보험료 대신 'Milewise' 고객은 보험 보장에 대한 저렴한 일일 요금과 실제 운전을 기준으로 한 마일당 요금(원격 측정 데이터로도 결정됨)을 지불하는 것이다. 'Milewise'에 가입한 운전자는 평균적으로 보험료가 50% 인하되는 것인, 텔레매틱스 기반 보험 가격 책정을 허용하는 주에서는 신규 Allstate 자동차 보험 고객의 36%가 이제 'Drivewise' 또는 'Milewise' 가격 옵션을 선택하게 되었다. 이후, 2020년과 2021년에 코로나19로 인한 제한으로 통근이 줄어들자, Allstate의 Milewise 프로그램이 적용되는 차량 수가 725% 증가할 정도로 고객 만족은 대단하다.

이러한 텔레매틱스 기반의 가격 책정을 하는 기업들이 최근 많이 늘어나고 있다. 즉, 기존 고객에게 혜택을 주는 동시에 새로운 고객을 유치하여 매출과 이익 마진을 높일 수 있는 방식의 패러다임으로 변화하고 있는 것이다. 소프트웨어 회사는 한때 사용자당 라이선스를 실행하여 프로그램에 액세스할 수 있는 각 직원에 대해 기업 고객에게 수수료를 청구했습니다. 오늘날 많은 기업은 물이나 에너지 소비에 대해 요금을 부과하는 방식인 사용량 측정에 의존하는 SaaS(Software-as-a-Service) 모델로 전환했다. 과거 배송 및 우편 요금은 전통적으로 무게와 이동 거리를 기준으로 했다. 최근은 미국 우편 서비스에서는 고객이 정액 상자와 봉투에 최대한 많은 양을 넣을 수 있도록 허용하고, 패키지의 무게와 관계없이 동일한 가격을 지불하기도 한다. 한때, 잡지 출판사에서는 인쇄본에 대해 연간 구독권을 제공했지만 출판이 온라인으로 이동함에 따라 일부 미디어 회사에서는 월간 구독 옵션드 제공한다.

최근 많은 소비자는 자신의 가계 예산을 검토하고 보다 신중하게 지출하고 있다. 이러한 경제 환경에서는 단순히 가격을 조정하는 것보다 새로운 가격 구조를 제시하는 것이 훨씬 매력적인 대안이 될 수 있다. 또한, 최근에 GPS, 스마트폰 앱, 예측 분석, AI 등이 일반화된 기술로서 사용되면서 새로운 가격 모델을 설계하여 적용하는 것이 그 어느 때보다 쉬워졌다.

가격 전략 변경은 다양한 인구통계 그룹을 새로운 타기팅으로서 작동할 수도 있다. 예를 들어, 연구에 따르면 MZ세대는 특히 흥정 없는 가격과 소유 대신 임대 또는 리스에 개방적이다. 반면, 가격 변경에 매우 민감하다. Subway가 대불황에 대응하여 5피트 길이의 샌드위치를 출시했을 때 동일 매장 매출은 2주 만에 평균 25% 증가할 정도이다.

기업은 자사의 가격결정 전략을 수립한 후에도 가격 관리차원에서 지역적 가격결정, 가격할인과 인상이 필요하다. 촉진적 관점에서, 차별적 관점에서 그리고 경쟁사의 가격변경에 대한 대응 차원에서 기존의 가격을 인상할 것인가, 인하할 것인가에 대한 의사결정과 가격 관리가 필요한 것이다.

가격인하 관련 배경과 관리상 주의할 점

일반적으로 과잉생산설비로 인한 생산량이 초과되었을 때, 경쟁사가 가격인하를 대응하기 위해, 저가를 이용하여 시장 지배력을 높이려고 할 때, 기업에게 가격인하가 필요하다. 가격인하 시 주의해야 할 점은 첫째, 소비자는 저가 제품은 품질이 낮다는 일반적인 가격-품질의 비례 관계를 반비례로 인식할 수도 있다는 점이다. 가격인하로 인해 지금까지 쌓아온 제품의 품질에 대한 소비자 지각에 위해할 수 있음을 명심해야 한다. 둘째, 일시적으로 가격인하로 매출량을 올리고 시장점유율을 증대할 수는 있으나, 이러한 일시적 상황은 다른 경쟁자가 함께 가격인하 경쟁에 참여하면 수익구조만 악화시킬 위험이 높다. 셋째, 특정 사유가 없는 단순 가격인하는 고객의 불신을 낳을 수도 있다. 대표적인 예로, 맥도날드가 대표 메뉴인 빅맥을 99센트로 처음 시장에 출시하였을 때, 매출 증대의 긍정적 반응보다 많은 부정적 반응을 얻었다. 대다수의 소비자들은 99센트로도 제공할 수 있는 빅맥을 그간 많은 비용을 들어 샀다는 일종의 배신감과 99센트 가격으로 팔 수 있는 빅맥의 품질 자체를 의심하게 된 것이다.

가격인상은 직접적으로 기업의 매출을 늘리고 이익을 증대시킨다. 가격인상의 원인들은 원가상승, 초과수요, 기업의 가격정책의 변화 등에 의해 이루어진다. 대다수의 국내 라면브랜드들은 밀가루 가격 인상을 빌미로 최근 몇 년간 여러 차례 가격을 올렸다. 샤넬 브랜드는 특별세 인상으로 인한 원가인상을 빌미로 여러 차례 가격을 파격적으로 인상했다. 국내 영화관들은 관람객의 다양한 선택권과 동시에 좌석별로 다른 가치를 제공하는데도 동일한 가격을 지불하게 한 역차별성을 해결하기 위해 가격차등제를 실시한다는 빌미로 실질적 가격인상을 하였다. 이러한 사례들을 통해 볼 때, 구매자 입장에서는 합리적인 사유들을 제시하는 것은 중요하다. 그렇지 않으면 단순히 원가상승분을 그대로 소비자에게 전가했다는 부정적 반응만을 일으키게 하고 일부는 불매운동으로까지 이루어지는 경우도 있고, 부정적 여론만을 키울 수 있다.

스타벅스커피의 2009년 공정거래 관련 인쇄 광고 캠페인

스타벅스 커피의 경우는 너무 고가의 커피가격으로 부정적인 여론이 존재하는 것은 사실이다. 그러나 그 이면에는 커피 원산지에서 이루어지는 불합리한 저가격의 커피콩 거래가 개발도상국가들의 노동력을 착취한다는 점을 소비자와 소통하였다. 그리고 이러한 문제점을 해결하기 위해 정당한 가격을 지불하는 공정무역(fair trading)의 필요성과 이에 의해 비용이 증가함을 적극적으로 알림으로써 단순히 고가격의 이유를 설득하는 것을 넘어서 CSR 관점에서 성공적인 캠페인으로 평가받고 있다.

경쟁사의 가격변화에 대한 대응 및 관리

경쟁사가 가격변경을 했을 때 기업의 대응은 다음과 같은 다섯 가지 대응방안들이 있을 수 있다.

가격유지 방안 경쟁사의 가격변화에 대응하지 않고 그대로 자사의 가격을 유지하는 경우로써 일반적으로 선도적 기업이 취하는 방안이다. 추종기업들(followers)이 일반적으로 선도기업의 시장점유율을 뺏어 오기 위해 공격적인 가격인하를 하는 경우가 많은데, 선도적 기업이 이에 대응하기 위해 가격인하를 하는 경우, 지금까지 구축해 온 제품품질의 인식이나 선도적 기업 이미지에 일부 타격을 받을 위험을 가질 필요가 없다 판단하여 무대응하는 대응이라 할 수 있다.

가격유지 및 새로운 가치 추가 이 방안도 일반적으로 선도기업이 많이 취하는 대응이다. 경쟁사의 가격변화에 가격변화로 대응은 하지 않고 가격을 유지하되 고객의 지각된 품질을 강화하던가 새로운 가치를 제안 혹은 강화함으로써 그 입지를 유지하는 방안이다.

가격인하 경쟁사의 가격인하에 맞추어 함께 가격인하를 하는 것으로 단기적으로 이익이 감소할 수 있으나, 경쟁사에 대한 적극적 대응의 방안이다. 특히, 기술, 품질, 서비스 등의 차이를 만들어내기 어렵고 경쟁의 축이 가격으로 이루어졌을 때는 끝까지 가격인하를 유지하던가 파격적인 가격인하를 할 수 있는 기업이 경쟁에서 우위를 확보할 수가 있다. 대표적인 예가 앞서 소개한 반도체 D램 시장의 치킨게임이 해당되는데, 끝까지 외국 경쟁사들과 출혈가격인하 경쟁을 하여 결국 삼성전자, SK하이닉스, 마이크론 3사가 글로벌 반도체 D램 시장의 점유율 90% 이상을 차지하는 과점체제로 재편됐다.

가격인상과 함께 새로운 가치 제공 경쟁사가 가격인하로 시장 기회를 확대할 때, 반대로 새로운 가치를 더하여 가격인상을 함으로써 아예 경쟁 구도를 바꾸어 버리는 방안이다. 예를 들면, 대다수의 편의점에서 저가의 PB 도시락 브랜드를 앞다투어 선보일 때, 영양을 고려하고 엄마의 정성이 들어간 프리미엄 PB 도시락 브랜드를 론칭하여 차별적 위상을 자리잡는 방안이라 하겠다.

공격용 저가 브랜드나 제품 출시 경쟁사의 가격인하한 제품이나 브랜드를 대응하기 위해, 자사의 기존 제품이나 브랜드를 보호하기 위해 별도의 동일 계열의 저가 제품이나 브랜드를 론칭하여 대응하는 것이다. 이런 브랜드를 방패브랜드(flanker brand)라고 한다. 예를 들면, 삼성전자가 중국의 저가 스마트폰 시장에 대응하기 위해 갤럭시 S의 서브 브랜드로 저가 보급형 갤럭시 A를 론칭하여 대응했다.

AI·디지털시대의 가격결정과 관리

가격결정 기술

AI·디지털시대에 들어와서는 앞서 설명한 가격결정방법들 외에도 다양한 기술들을 접목하여 가격을 결정하고 있다. 이 중 인공지능을 활용해서 가격을 결정하는 방법들이 가장 보편적으로 접목되고 있다. AI의 기술이 최근 급속한 발전을 이루면서 다양한 산업 분야에서 본격적으로 접목되고 있다. 앞서 언급한 바대로 기업이 여러 전략적 관점과 관리적 차원에서 체계적으로 혹은 직관적으로 결정해오던 가격결정에도 AI 기술이 적용되고 있다. AI 알고리즘은 경쟁사들의 가격정보와 그 외 외생변수들을 실시간 데이터화하여 자사의 가격을 자동적으로 결정할 수 있는 이점을 가지고 있다. 특히, 서비스의 차별화가 어렵고 가격 중심의 경쟁시장에서는 자사의 서비스에 대한 가격이 수요에 따른 가격탄력성을 확보하고 이를 실시간 대응하고 관리할 수 있다는 점에서 매우 진보적이고 경쟁력있는 접근이다.

AI·디지털시대의 가격결정과 관리

AI·디지털시대의 다양한 소셜마켓들이 등장하고 기존 전통마켓을 공격적으로 대체하고 있음에도 불구하고 가격결정과 관리는 여전히 전통적 방식에서 크게 벗어나지 않고 있다. 특히 AI·디지털시대의 플랫폼기업들의 판매자와 구매자가 자율적으로 만나 거래를 하는 과정 중에 가격결정에 대해 해당 플랫폼기업들이 어떠한 정책과 관리를 해야 하는가에 대한 다양한 검토가 필요하다.

소셜마켓에서 가격을 결정하고 관리하기 위해서는 다음과 같은 기본 세 가지는 핵심요소들을 검토하고 반영해야 한다.

권한이양 판매자나 구매자에게 가격을 능동적으로 선택할 수 있도록 권한을 이양하는 형태로서, 주로 제품 개발이나 광고와 관련된 마케팅 활동에서 볼 수 있다. 소셜마켓의 본질적인 수익모델과 고객의 몰입 수준에 어떠한 영향 관계가 있을지 종합적으로 검토해야 한다. 가격을 결정하는 과정 상에도 구매자가 가격 결정 과정을 책정할 수 있는 권한을 제공할지도 결정해야 한다. 구매자가 먼저 제품을 사용해본 다음, 지불하고 싶은 금액을 책정할 수 있는 권한을 줄지, 준다면 과정 중 어떤 시점에서 제공할지, 구매자의 무임승차의 문제점을 피하기 위해 아예 권한을 박탈할지 등을 상세히 결정해야 한다.

대화 일반적으로 고객으로부터 거래되는 제품이나 유관 서비스에 대해서 고객들의 피드백을 받기는 하나, 실질적으로 가격을 책정하는 과정에서 고객과의 대화 및 피드백을 반영하지 않는 경우가 많다. 실제, 전자상거래 시스템은 가치, 즉 가격책정과 관련한 상호작용이 가능하게 하였지만 널리 사용되지 않는 상황인 것이다. 기업은 고객들의 가격제시에 참고될 수 있는 가격을 제시하거나, 고객들이 받은 가치에 대해 상기시킬 수 있는 보고서를 체계적으로 제공해야 한다. 특히 초개인화 마케팅이 적극적으로 이루어지고 있기 시장상황에서 고객들은 자신이 지불한 가격에 대한 상세한 근거 제시가 필요하며, 관련한 고객의 요구도 신청이 용이하도록 해야 한다.

명성 수익창출에 소셜자본의 개념을 통합한 것으로 일반적으로 판매자의 평판이 가격결정에 영향을 미치도록 하는 것을 말한다. 고객이 가격을 결정할 때 직접적으로 연관된 평판 점수 시스템에 의해 추천가격을 받기도 하고, 평판에 의해 다수의 거래들이 이루어지면서 데이터화가 됨에 따라 결과적으로 명성이 가격결정에 영향을 미치게 된다. 일부 고객의 평가가 전체 평판점수에 영향을 주어 왜곡되는 경우가 종종 많기 때문에 평판 점수가 공정하게 가격결정에 지표로서 활용하기 위해서는 고객의 평가도 모니터링하여 의도하던 비의도하던 아주 일부의 평판이 전체 공정성을 왜곡시키지 않도록 관리하는 것도 매우 중요하다.

∴ DISCUSSION QUESTIONS

1. 시장침투가격전략(market-penetration pricing strategy)과 초기 고가가격정책(market-skimming pricing strategy)의 차이를 논하고, 각 전략의 사례를 제시하시오.
2. 가격탄력성이 높은 브랜드와 가격탄력성이 낮은 브랜드를 위한 마케팅를 상세 비교하시오.
3. 경제적 관점에서의 가격결정과 소비자 관점에서의 가격결정의 장단점을 토론하여 표로 정리하시오.
4. 도입 사례에서 소개한 멤버십 운영 시 장점과 단점을 토론하여 정리하시오

∴ TEAM WORKSHOP

1. 경쟁사의 가격변동에 대응하는 다섯 가지 방안들에 각각의 사례들을 찾아 정리하시오. 본인들이 각 사례의 마케터라면 어떠한 다른 대응을 할지를 제시하시오. (5개 방안별 사례들과 대응 방안들을 표로 작성할 것)
2. 본인이 X 운동화 브랜드의 마케터라 가정하자. 해당 X 브랜드의 20% 가격인상을 해야 하는 상황이라면, 이 가격인상과 관련한 마케팅을 어떻게 수행할지 마케팅 전략과 실행방안을 제시하시오.
3. 본인이 중가 브랜드 '프로스펙스' 운동화 브랜드의 마케터라 가정하자. '오픈런' 현상을 고려하여, 어떤 마케팅을 진행할지 제안하시오.
4. 본인이 OTT 기업의 마케터라 가정하자. OTT 기업들 간의 경쟁이 심화되어 가격인하 경쟁이 일어났다면, 본인은 어떤 마케팅 전략을 마련할지 구체적인 증거와 함께 제시하시오.
5. 도입사례에 소개된 멤버십 기업 한 개를 정하여 타기업과 경쟁하기 위한 멤버십 제도 및 멤버십 가격 정책을 제시하시오.

PART

4

AI·디지털시대의 4P Mix 마케팅 전략 수립과 관리

일반적으로 다양한 속성들이 섞이는 수준에 따라 샐러드 볼(salad ball) 혹은 멜팅 팟(melting pot)이라고 구분하여 지칭한다.
오늘날 오프라인 소매유통이 온라인 소매유통으로 확장하고, 온라인 소매유통이 오프라인 소매유통으로 확장하고, 소매유통이 만든 도시락이 베스트셀러가 되는 시대.
업태에 집중하라는 얘기는 호랑이가 담배 피던 시절에 곶감 따먹던 얘기가 되었다.
각각의 재료들의 특성이 살아 있게 섞여 있는 맛을 내련지, 아님 각각의 재료들이 녹아 들어간 어떤 새로운 맛을 내련지의 선택만이 중요한 디지털 융합의 시대이다.
당신의 기업은 샐러드 볼이 될 것인가? 아님 멜팅 팟이 될 것인가?

eleven

‘디깅’ 트렌드 확산 … 유통街 “생존법칙은 차별화”

소비자 ‘덕심력’ 활용한 마케팅 잇단 러시

“디깅모멘텀 … 세분화된 고객 취향 맞추기”

MZ세대 소비자를 필두로 프리미엄 라이프스타일을 일컫는 ‘디깅(digging)’이 새로운 소비 트렌드로 급부상하고 있다. 7일 산업통상자원부가 발표한 2023년 상반기 유통업체 매출 동향에 따르면 올해 상반기 주요 유통업체 매출은 성장세를 유지 중이다. 오프라인 유통업체 13개사(백화점 3개, 대형마트 3개, 편의점 3개, SSM 4개)와 온라인 유통업체 12개사 전체 매출은 전년 동기 대비 5.7% 증가한 85조 4,000억원을 기록했다.

유통업계에 디깅 소비 트렌드가 확산하고 있다. /사진 픽사베이

유통업계는 살아남기 위해 끊임없는 경쟁과 급변하는 환경 속에서 소비자들의 선택을 받기 위해 새로운 소비 트렌드를 정확하게 파악하는데 집중하고 있다. 유통업계는 최근 ‘디깅(Digging)’이 새로운 소비 트렌드로 자리 잡자 각 분야의 ‘덕후’라고 할 수 있는 마니아층의 ‘덕심력’을 높이는 디깅 마케팅에 박차를 가하고 있다.

대표적으로 코카-콜라는 글로벌 혁신 플랫폼 코카-콜라 크리에이션의 국내 네 번째 프로젝트 제품으로 ‘리그 오브 레전드(이하 LoL)’ 게임 개발사이자 배급사인 라이엇 게임즈와 글로벌 협업을 통해 ‘코카-콜라 제로 레전드’를 출시했다. CJ제일제당은 블리자드엔터테인먼트의 ‘디아블로4’와 협업해 ‘햇반컵반×디아블로4’ 한정판 제품을 최근 공개했으며, 이마트도 모바일 게임 ‘신의 탑: 새로운 세계’ 론칭을 앞두고 신의 탑:새로운 세계 IP를 활용한 먹거리 상품 4종을 출시했다. ‘키덜트(키즈+어덜트의 합성어·어린이들의 감성과 문화를 즐기는 어른)’족을 겨냥한 캐릭터 협업 제품들도 연이어 출시되고 있다. 이디야커피와 편의점 세븐일레븐은 글로벌 캐릭터 기업 산리오코리아와 협업한 상품을 선보였다. hy와 더벤티는 포켓몬스터 캐릭터와 협업한 상품을 출시했다.

홈쇼핑업계는 실용성을 더해 재미와 멋까지 추구하는 MZ세대 특성에 맞춰 콘텐츠 커머스 제작에 공을 들이고 있다. 지속적인 TV 시청자 수 감소, 송출 수수료 증가 등 업황부진 속 이색 콘텐츠와 제품 판매 요소를 결합해 신규 고객을 끌어들이기 위함이다. 주류업계에서도 MZ세대 소비자들 사이에서 자신에 취향에 맞는 술을 선호하는 경향이 짙어지자 이색 경험을 제공하기 위해 오프라인 체험 공간, 팝업스토어 등 다양한 행사를 진행하고 있다.

업계 관계자는 "최근 소비시장에서 '남들과 다른 취향'이 주목받고 있다"며 "새로운 상품들이 매 순간 출시되고 사라지는 유통업계에서 기업들은 살아남기 위해 세분화된 고객 취향 맞추기에 집중하고 있다"고 말했다.

출처: 매일일보, 2023.8.7

::: 유통의 이해

유통의 중요성

유통은 4P 믹스 전략 4개 중에 하나로써, 기업의 재무적 관점에서 비용을 낮추고, 업무의 효율성을 증대시키며, 궁극적으로 고객을 만나는 접점이기 때문에 중요하다. 일반적으로 제조사와 소비자 간에 유통이 끼어서 중간 마진을 취해서 가격 상승의 요인이 된다는 유통에 대한 많은 오해가 있다. 그러나, 실제 유통은 비용을 절감시키고 효율성을 증대시키는 순기능이 있다. 중간상은 기업이 생산한 제품과 소비자 간에 발생할 수 있는 시간과 장소의 차이를 해소할 수 있는 중요한 역할을 수행한다. 이뿐 아니라 소비자가 원하는 정보와 기업이 제공하고자 하는 정보를 전달할 수 있는 중간 역할, 제품이나 서비스 판매를 촉진하는 역할, 서비스 제공을 통한 고객과의 관계 구축 등 다양한 역할을 수행한다.

- **정보 제공**: 소비자, 경쟁사 및 마케팅 환경 변화 등에 대한 마케팅 조사 기능이 있으며 관련 정보들을 제공함
- **촉진 활동**: 구매 촉진을 위해 소비자 대상의 촉진 활동 및 커뮤니케이션을 진행함
- **시장수요에 의한 주문**: 시장 수요를 예측하여 제조사에게 주문을 함으로써 실제적 매출을 일으킴과 동시에 미래 수요 예측이 가능하게 함
- **비용부담의 분배**: 제조사와의 다양한 거래조건에 따라 물류 및 재고처리

에 관련한 다양한 비용들을 제조사가 전액 담당하는 것이 아니라 유통과 분배함

- **물류 효율화:** 유형화 제품들을 체계적으로 보관 운반
- **수요 탄력성 제고:** 미래수요를 대비하기 위해 물량을 중장기 보관하여 시장 수요에 따라 시장에 제공함으로써 물량 조절 기능과 시장 탄력성을 제공함
- **소비 발전에 기여:** 소매유통들은 고객 접점에 있어서 시장변화에 더욱 민감하고 양질의 정보를 제조사에게 제공하고 더 나아가 소비시장의 변화와 발전을 주도함

유통 경로의 이해

기업이 적절한 유통을 이용할 경우 유통 경로상 복잡성을 줄이고 보다 효율적으로 소비자에게 제품을 전달할 수 있기 때문에, 유통 경로에 대한 충분한 이해가 필요하다. 〈그림 11.1〉은 유통업이 제조자와 소비자 간의 거래에 미치는 영향을 유통 접촉수로 보여주는 것이다. 유통에서는 Case 1과 같이 제조사와 소비자 간에 직접 거래를 하는 경우는 9가지의 접촉수가 발행한다. 접촉은, 즉 거래를 위한 물류비용과 시간비용이므로 각각의 개별거래를 하면 원활한 흐름을 확보하기가 어렵다. 반면, Case 2는 제조자가 유통을 두고 소비자와 간접적으로 거래하는 것으로 중간유통(중간상)에 의해 접촉수가 6개로 준다. 소비자 a 입장에서는 세 종류의 제품을 구매하고자 할 때, 중간상이 없을 경우에는 소비자가 각기 다른 생산자를 접촉하여 총 3번의 거래가 이뤄져야 한다. 그러나 중간상이 있을 경우에는 중간상과 한 번의 거래를 통해 소비자가 원하는 세 종류의 제품을 모두 구매할 수 있다. 중간상의 역할로 인해 유통 경로상의 복잡성을 줄이고 보다 효율적으로 소비자에게 제품을 전달할 수 있는 것이다. 이렇듯 유통은 체계적인 물류 네트워크를 통해 거래 관련 비용과 시간이 절약하고 효율성을 증대시키는 긍정적인 역할을 한다.

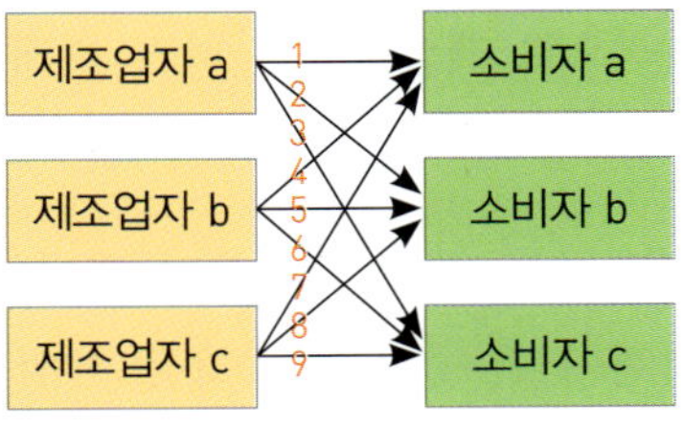

(Case 1) 전체 유통 접촉수 M×C=3×3=9

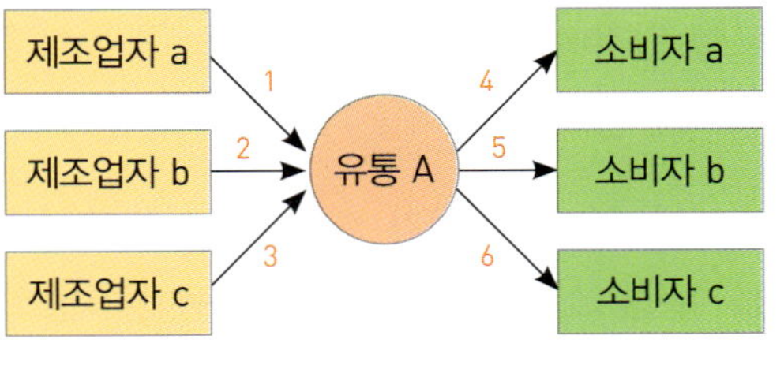

(Case 2) 전체 유통 접촉수 M+C=3+3=6

그림 11.1 유통업이 제조자와 소비자 간에 거래에 미치는 영향

유통 경로와 관리

유통 경로(distribution channel)는 기업이 제품이나 서비스를 소비자에게 전달하는 과정에서 발생하는 모든 이해관계자들의 집합을 의미한다. 광의적 의미에서는 공급업체와 도매상 및 소매상 등 소비자에게 제품이 전달되는 과정에 참여하는 모든 개인이나 조직의 집합을 의미하지만, 협의적 의미에서는 기업이 소비자에게 제품을 판매할 때 참여하는 도매상 및 소매상만을 의미한다. 거래형태는 후방거래와 전방거래의 두 형태가 있다. 제품을 생산하기 위한 부자재들을 제공하는 공급업체들과의 관계 구축을 후방거래(upstream)라고 하고, 소비자와 연결시키는 도매상 및 소매상과의 관계 거래를 전방거래(downstream)라고 한다.

유통 경로 관리(marketing channel management)를 통해 기업이 제품 및 서비스를 전달하는 과정 중에 있는 일련의 이해관계자들과 관계 구축, 유통 경로의 설계 및 운영, 성과 평가 및 피드백의 과정을 원활하게 수행해야 한다. 특히 유통 경로의 경우 한 번 구축하는 데 많은 시간과 노력, 비용이 소모되기 때문에 다른 경쟁자들이 모방하기가 어렵고, 기업 입장에서 유통 비용의 증가는 많은 손실을 가져오기 때문에 효과적인 유통 경로 구축은 기업의 성과에 필수적이라 할 수 있다. 따라서, 마케터는 이러한 후방거래와 전방거래의 공급업체들과 긴밀한 네트워크 구축하면서 유통 경로상 일련의 이해관계자와 원활한 커뮤니케이션과 네트워크를 구축해야 한다.

::: 유통 경로 설계

유통 경로 설계

유통 경로는 제품이나 서비스를 소비자에게 전달하는 과정에서 여러 조직이나 개인의 참여로 발생되는 네트워크이다. 일반적으로 신제품 출시를 할 때, 마케팅 4P 믹스 관점에서 어떤 방식으로 이를 소비자들에게 제공할 것인가에 대한 유통 경로를 결정하게 된다. 기업은 소비자들에게 효과적으로 제품을 전달하기 위해 활용 가능한 대안 경로를 파악하여 가장 효과적인 마케팅 경로를 설계해야 한다.

첫째, 기업은 소비자가 어떤 욕구나 특성을 가지고 있는가를 파악해야 한다. 예를 들면, 소비자가 그 제품을 구매하기 위해 기꺼이 먼 곳까지 갈 용의가 있는가, 혹은 가까운 곳에서 쉽게 구매하기를 원하는가, 또 온라인을 통해 구매하려는가, 혹은 오프라인 매장에서 직접 확인하고 구매하길 원하는가, 또 제품과 연관된 다양한 서비스를 제공받기 원하는가 등에 따라 유통 경로가 달라질 수 있다. 이를 토대로 기업은 소비자가 원하는 욕구를 충족시키면서 유통 경로상의 비용을 최소화하는 가장 합리적인 유통 경로 목표를 설정해야 한다. 둘째, 경로 목표가 명확하게 설정하여 이에 따라 유통 경로를 설계해야 한다. 그 과정에서 우선적으로 중간 유통상의 성격, 경쟁사 환경, 중간상의 유형이나 수들을 면밀히 분석해야 한다. 그 다음으로 경로 대안이 어떤 것들이 있는가를 파악해야 한다.

유통 경로 유형 및 길이 결정

기업의 제품과 서비스를 효과적으로 전달하기 위해서 먼저, 유통 경로를 설정해야 한다. 유통 경로는 중간상의 경로수준의 수에 따라 길이와 형태가 달라진다. 경로수준(channel level)이란 제품을 소비자에게 전달하는 과정에 참여하는 각 단계별 중간상을 의미한다. 경로수준의 수가 늘어나면 유통 경로의 길이도 늘어나게 된다. 중간상이 없이 생산자가 소비자에게 제품을 전달하는 경우 직접 유통 경로(direct distribution channel)라고 하고, 중간상이 개입된 경우는 간접 유통 경로(indirect distribution channel)라고 한다. 유통 경로의 길이를 결정할 때는 시장 요인, 제품 요인, 자사 요인, 중간상 요인 등이 고려된다. 관련 상세 내용을 〈표 11.1〉에 정리하였다.

유통 경로는 소비재와 산업재가 상이하면서도 유사하다. 〈그림 11.2〉에서 보듯이, 소비재의 경우 도매상이나 소매상을 통해 소비자에게 제품을 판매하는 경로

표 11.1

유통 경로 길이 결정 시 고려 요인

내·외부적 요인		짧은 유통 경로 선택	긴 유통 경로 선택
외부적 요인	시장 요인	타깃이 기업고객	타깃이 개인 소비자
		좁은 지리적 시장 타깃을 집중	넓은 지리적 시장 타깃 대상
		정기적 기술지원 필요	고객 요구에 의한 산발적 기술지원 필요
	유통 요인	경로기능을 잘 수행할 만한 중간 유통이 없는 경우	중간 유통들이 존재하고, 이를 활용하는 것이 더욱 효과적인 경우
내부적 요인	자사 요인	자체 유통을 보유하던가 새로운 유통기능을 수행할 만한 자원을 보유	자체 유통을 보유하지 않던가 새로운 유통기능을 수행할 만한 자원을 보유하지 않은 경우 혹은 보유할 의사가 없는 경우
		넓은 제품 믹스를 보유	좁은 제품 믹스를 보유
		유통 경로 통제가 중요	유통 경로 통제가 덜 중요
	제품 요인	복잡한 제품	표준화된 제품
		유통이 까다로운 제품(부패성이 높던가, 보관과 물류이동이 어려움)	유통이 쉬운 제품(보관과 물류이동이 용이함)
		고가 제품	중저가 제품
		서비스와 연동된 제품	유형재

그림 11.2

다양한 마케팅 유통 경로: 소비재 vs 산업재

출처: Kotler & Armstrong(2008). Marketing: An Introduction

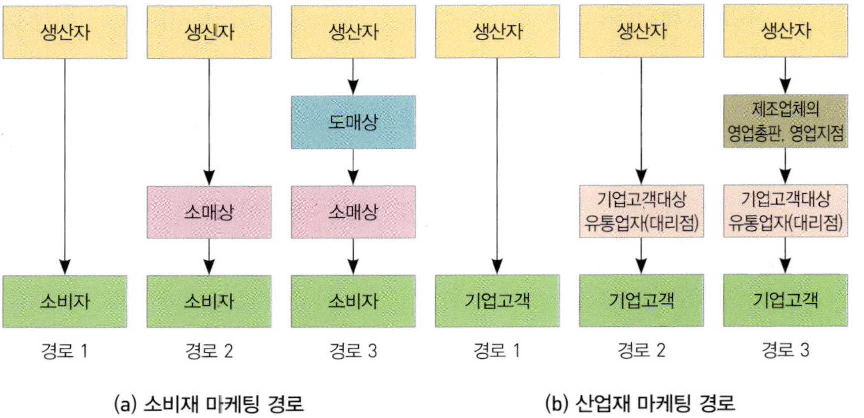

를 가지고 있다. 산업재의 경우는 최종 구매자가 소비자가 아니라 기업 혹은 조직이라는 차이점과 함께 중간 영업총판이나 유통에게 판매하는 유사한 경로를 가지고 있다.

소비재 마케팅 경로 1은 생산자가 직접 소비자에게 유통하는 경우인데, 그 예로는 한국야쿠르트가 일명 야쿠르트 아주머니라고 불리는 판매조직을 기업이 직접 운영하면서 판매하는 경우이다. 방문판매도 이에 속하는데, 일반적으로 건강보조제나 건강보조식품들이 많이 사용하는 유통형태로써 김정문알로에, 아모레퍼시픽의 방문판매조직 등이 있다.

유통 경로 조직화

유통 경로의 형태는 전통적 유통 경로, 수직적 마케팅 시스템, 수평적 마케팅 시스템 등이 있다. 전통적 유통 경로(conventional distribution channel)는 독립적인 도매상 혹은 소매상으로 구성되는 독자적인 사업체이다. 이들은 유통 경로상의 전체 목표와는 상관없이 독자적으로 의사결정이 이루어진다. 따라서 유통 경로상의 이해관계자들과 결집력이 낮고, 통제력이 낮기 때문에 유통 경로의 진입과 철수가 비교적 쉽다. 수직적 마케팅 채널(vertical marketing channel)은 전통적 유통 경로와는 달리 공급업체, 도매상, 소매상이 서로 연계성을 가지고 통합된 시스템을 구축한 것을 의미한다. 따라서 경로 상의 구성원들 간의 결집력이 높고, 이들 간의 독자적인 유통 경로 목표도 존재한다. 수평적 마케팅 채널(horizontal marketing channel)은 같은 유통 경로상에 있는 구성원 간에 이익을 위해 서로 협력하는 시스템을 의미한다. 장·단기적 결합을 통해 서로의 장단점을 보완하여 새로운 기회를 창출할 수 있다.

유통 경로 결정 및 성과 평가

이외에도 다양한 법적인 규제, 경쟁사 상황 등을 고려하여 유통 경로 설계를 완성하게 된다. 그런 다음에는 그에 따른 유통 경로 성과 분석을 통한 적절한 피드백이 요구된다. 여기에는 마케터가 설계한 유통 경로가 실제로 시장에서 적절하게 적응하여 돌아가고 있는지, 유통 경로 목표를 만족하고 있는지, 유통 경로 발전에 기여하고 있는지 등을 평가하게 된다.

::: 소매유통의 기능과 증대

소매상의 기능

소매상(retailing)은 재화나 서비스를 최종 소비자에게 직접 판매하는 유통을 말한다. 소매상은 기능은 다음과 같다.

① 소매상은 소비자가 원하는 상품구색을 제공한다

② 소매상은 소비자에게 필요한 정보를 제공한다.

③ 소매상은 자체의 신용정책을 통하여 소비자의 금융부담을 덜어주는 금융기능을 수행한다.

④ 소매상은 소비자에게 애프터서비스의 제공과 제품의 배달, 설치, 사용방법의 교육 등과 같은 서비스를 제공한다.

공급업체의 소매상 판촉의 기능

공급업체들은 소매점의 촉진활동을 위해 신제품 진열지원금, 선물구매, 입점지원금, 판매실패보상금 등 다양한 판촉수단들을 소매상에게 제공한다. 신제품 진열지원금(slotting allowance)은 공급업체의 신제품을 진열하는 데 소요되는 창고 내 공간 확보, 진열대 확보, 진열에 소모되는 비용 등을 보상하는 것을 말한다. 선물구매(forward buying)는 사전 대량 구매하는 소매상들에게 가격할인을 제공하는 것이다. 판매실패보상금(failure fee)은 최소한의 매출목표를 달성하지 못한 제품의 보상비용으로 보상금을 지불하는 수단이다.

소매유통의 증대

오늘날 소비재 산업에서의 유통업체의 영향력은 날로 증대되고 있는데 그 배경은 다음과 같다.

① 유통 업계의 대형화와 집중화 현상

② 소비자행동 변화
③ 정보 기술의 발달
④ 유통 채널에 참여하는 주체들의 역할 변화

최근 소매상의 파워가 증가하는 요인은 다음과 같다.

① 소매상들은 좋은 입지요건, 매력적인 점포 환경, 훌륭한 서비스, 저렴한 가격 등의 전략적 경쟁수단 활용이 탄력적으로 용이하다.
② 대형매장 신설의 증가로 고정비용은 증가하나 규모의 경제 실현이 가능하기 때문에 상대적으로 낮은 비용과 높은 수익을 확보할 수 있다.
③ 판매데이터에 의해 개별 품목별 수익성 계산 및 품목별 회전율 파악 등이 가능하여 공급업체와의 구매조건 협상이 유리하다.
④ 공급업체의 공급경쟁 과열로 회전율, 마진, 품질관리, 운영비용, 상품진열, 서비스 등 공급업자들로부터 다양한 가격할인 및 판촉지원을 받는다.
⑤ 소매상의 방대한 고객 거래 데이터와 높은 소매 충성도를 활용하여 다양한 다른 사업으르의 확장이 용이하다.

::: 소매상의 유형

오프라인 소매상 유형

소매상을 분류하는 방법들은 다양하다. 소비자 접점을 어떻게 만나냐에 따라, 오프라인 스토어, 온라인 스토어, TV홈쇼핑, 카탈로그쇼핑, 자동판매기 등으로 나눌 수 있다. 어느 정도의 제품의 넓이와 깊이와 함께 어느 정도의 매장 규모와 서비스를 제공하냐에 따라, 전문점, 백화점, 슈퍼마켓, 할인점, 편의점 등으로 나눌 수도 있다. 이 중 주요 오프라인 소매상의 유형과 그 특징을 〈표 11.2〉에 정리하였다.

표 11.2

주요 오프라인 소매상의 유형

소매상 유형	특 징
전문점 (specialty store)	취급하는 제품계열이 한정되어 있고, 일반적으로 외식, 화장품, 가전, 의류, 서점, 등 브랜드숍이 이에 속함 예 교촌치킨, 스타벅스커피, 더 페이스샵, 이니스프리 등
카테고리 킬러 (category killer)	전문할인점이라고도 함. 전문점에 보다 더 심화하여 저렴한 가격으로 특정한 제품계열/상품구색의 깊이가 깊고 다량의 제품수를 취급함 예 IKEA, 하이마트, ABC 마트 등
백화점 (department store)	많은 수의 제품계열과 다양한 제품구색, 편리한 입지, 쾌적한 쇼핑공간을 소비자에게 제공하면서 높은 수준의 서비스 제공함 예 롯데백화점, 현대백화점, 갤러리백화점, 신세계백화점 등
슈퍼마켓 (super market)	근거리 고객을 대상으로 합리적인 가격, 생필품 중심의 상품 구색. 일반적으로 660m^2 이하의 규모의 중소기업 및 개인이 운영
SSM (super super market)	기업형 슈퍼마켓으로 대형할인점이 직영으로 운영하는 슈퍼마켓을 말함. 330m^{2}에서 3,000m^{2}로 다양함 예 이마트 에브리데이, 롯데슈퍼, GS슈퍼, 홈플러스 익스프레스 등
할인점 (discount store)	저가격, 저마진의 대량의 제품계열과 제품수를 취급하며, 대형규모의 매장환경으로 셀프서비스 중심임 예 이마트, 롯데마트, 홈플러스 등
회원제 도매 클럽 (membership whole seller)	회원제로 운영되며, 철저한 셀프서비스 중심임. 메이커로부터 현금으로 일괄 구매하여 저가로 제공하는 대형규모의 창고형 매장. 상품회전율이 높은 상품과 브랜드만 취급하며 주로 영세 자영업자들이나 대량구매(bulk products) 소비자 타깃으로 함 예 코스트코, 이마트 트레이드 등
상설할인점 (off-price retailer)	주로 재고품, 초과물량들을 취급하는데, 소매가격보다 매우 낮은 가격으로 판매함. 브랜드가 직접 재고 처리를 위해 운영하는 상설할인 소매점으로, 아울렛쇼핑몰부터, 브랜드 직영점이나, 대리점 형태의 economy store, 독립적 상설할인점, 온라인 off-price 등 규모와 특성이 매우 다양함 예 여주 프리미엄아울렛, 파주 프리미엄아울렛, 오렌지팩토리, 미국의 TJ Maxx, DSW 등
편의점 (convenience store)	접근이 용이한 지역에 위치하는 공간 편의성(아파트 단지 등 주택밀집지역이나 유동 인구 및 야간활동인구가 많은 지역)을 제공하면서 24시간 영업함. 재고회전이 빠른 식료품과 편의품, 문방구 등의 다품종 소량의 유명상표를 주로 취급함 예 7 Eleven, CU, GS25, Mini Stop, With me 등
드럭 스토어 (drug store)	의약품이나 화장품, 생활용품, 식품 등을 취급하는 복합점포로서 다른 소매유통 대비 한국시장에서 아직 초기단계임. 건강 및 미용과 관련된 제품들을 주로 판매하기 때문에 H&BC(Health & Beauty Care) shop이라고 부름. 주로 유동인구가 많은 대중교통의 정류장이나 역 근처에 위치함 예 올리브영, GS 왓슨스, W Store

MARKETING **REPORT** | **"대형마트 제치고 백화점 위협"… 유통 왕좌 넘보는 편의점**

2020년 이후 오프라인 유통 업체 매출 구성비(%) 추이

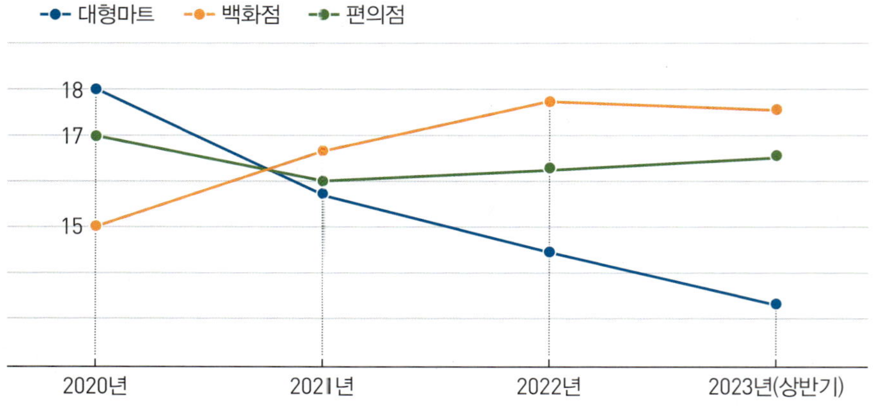

〈자료: 산업통상자원부〉

최근 오프라인 유통의 영향력이 점차 감소하는 상황임에도 불구하고, 오직 편의점 업계만이 괄목할 만한 성장세를 보여 눈길을 끈다. 과거 편의점은 소비자 입장에서 담배 가게 정도로 인식됐을 뿐, 선호하는 채널은 아니었다. 애매한 가격, 다양하지 못한 상품, 점포 난립 등으로 백화점은 물론 대형마트에 비해 비교 우위에 설 만한 요소들이 전무했기 때문이다. 하지만 최근 수년간 편의점 업계는 본연의 역할을 넘어 배달, 세탁 등 소비자들에게 생활형 밀착형 서비스까지 제공하면서 업역을 빠르게 넓혀가고 있는 상황이다.

특히 외부 활동이 제한됐던 코로나19 팬데믹 시기를 거치며 뛰어난 소비 접근성이 부각된 가운데, 상대적으로 주춤했던 대형마트를 넘어 백화점까지 거세게 추격하는 등 향후 1~2년 내 유통 왕좌 채널로 발돋움할 수 있다는 전망마저 나온다.

편의점 매출, 백화점 바짝 추격 … 1~2년 내 뒤집힐 수도

산업통상자원부가 조사한 '올해 상반기 유통업체 업태별 매출 구성비'에 따르면 가장 큰 비중을 차지한 채널은 이커머스로 49.8%를 차지했고, 이어 △백화점 17.6% △편의점 16.6% △대형마트 13.3% △기업형 슈퍼마켓(SSM) 2.8%로 나타났다. 백화점과 편의점의 매출 구성비 차이는 불과 1%포인트에 불과하다.

그간 편의점 매출 규모는 백화점은 물론 대형마트에도 미치지 못하는 것이 일반적이었다. 하지만 이번 통계를 살펴보면 편의점이 이미 대형마트와는 상당한 격차를 벌렸고, 백화점도 거의 다 따라잡은 형국임을 알 수 있다. 이 같은 편의점의 약진은 코로나19 팬데믹 시기 이후 통계 추이를 보면 더욱 명확하게 드러난다. 편의점 매출 구성비는 △2020년 17% △2021년 16% △2022년 16.2%로 2년 전부터 꾸준히 우상향하는 흐름을 보이고 있다. 반면 대형마트는 △2020년 18% △2021년 15.7% △2022년 14.5%로 가파르게 하락하고 있는 추세이다. 또 백화점은 △2020년 15% △2021년 16.8% △2022년 17.8%로 지난해까지는 꾸준히 상승했지만, 올 상반기부터는 상승폭이 꺾인 모습이다.

올해 통계는 코로나19 엔데믹 시기에 편의점, 백화점, 대형마트 모두 외부 활동이 풀렸다는 동일한 조건 하에서 나온 수치여서 의미가 있다. 최근 2~3년 추이대로라면 조만간 편의점과 백화점의 순위가 뒤집힐 가능성이 높다는 분석이 나오는 이유이기도 하다.

뛰어난 접근성 및 실험적 시도 용이한 여건 갖춰

편의점이 오프라인 유통 채널의 판도를 뒤흔드는 것은 특유의 뛰어난 접근성이 한몫했다. 업계에 따르면 올해 전국에서 영업 중인 편의점 수는 약 5만 4,000곳으로 추산된다. 이는 전년 대비 4,000여 개 증가한 수치이며, 편의점 왕국인 일본의 5만 6,000곳에 필적하는 수준이다. 일본 인구수가 우리나라의 약 3배인 점을 감안하면 실질적인 편의점 숫자는 우리가 더 많다 할 수 있다. 이에 일각에서는 포화상태가 아니냐는 의견도 나오는 실정이다. 오히려 이 같은 풍부한 점포 수가 방대한 유통망으로 작용해 소비자들의 접근성을 더욱 높인다는 분석이다.

업태 간 매출 순위 변동은 계절성이나 경제 불황 등 일시적인 요인의 영향도 있긴 하겠지만, 구조적으로 편의점의 성장은 어느 정도 지속될 것으로 보인다. 편의점은 오프라인 업체들 중 공간적인 편의성 측면에 있어 단점이 최소화된 형태이기 때문이다. 백화점, 대형마트와 비교해 규모가 작은 것도 장점이다. 편의점이 기업 입장에서 다양한 수요층의 반응을 기민하게 살피고 보다 실험적 시도에 나서기 쉬운 구조를 가지고 있다는 것.

가성비가 우수한 자체브랜드(PB) 상품 판매, '1+1' 혹은 '1+2' 행사, MZ(밀레니얼+Z) 세대를 겨냥한 콜라보레이션 상품 등 이색적인 마케팅 실시 등이 모두 편의점에서 선제적으로 이뤄지고 있다. 대형 점포와 비교해 고객 반응 및 피드백 반영의 속도가 빠르다 보니, 소비자 입장에서는 수시로 다채로운 콘텐츠를 접한다는 느낌

서울 시내 한 편의점 모습 /사진 뉴시스

을 받게 된다.

최근 수년간 극심한 인플레이션과 가팔라지는 금리 상승도 백화점보다는 덩치가 작은 편의점에 더 유리하게 작용하고 있다. 백화점의 경우 단가가 높은 고가품이 주력 품목이다 보니 불경기를 맞이하면 소비자들이 지갑을 닫는 경향을 보이지만, 편의점은 골목 상권을 대상으로 하는 만큼 경기 진폭에 큰 구애를 받지 않는다.

한 편의점 업계 관계자는 외식 물가에 대한 부담에 가성비 중심의 편의점 성장세가 당분간 지속될 것으로 보이며 고물가 상황에 비교적 저렴하게 한 끼를 해결할 수 있는 간편식, 밀키트 등을 찾는 고객이 증가하고 있는 데다, 편의점의 초특가 행사가 고객들의 좋은 반응을 얻고 있다고 했다. 또한 최근과 같은 극한의 날씨에도 편의점이 유리하다는 분석이다. 편의점은 동네마다 있고 이동이 워낙 편리해 기후 온난화에도 힘을 받기 쉬운 점포 유형이기 때문이다.

출처: 뉴스 토마토, 2023.8.18

온라인 소매상 유형

최근 온라인과 모바일의 발달과 함께 다양한 물류 혁신을 통해 온라인 소매상의 발전은 활발하다. 〈표 11.3〉에 주요 온라인 소매상 유형과 특징을 정리하였다.

표 11.3 주요 온라인 소매상의 유형

온라인 소매상의 유형	특 징
온라인 자사몰	자사에서 독립형으로 운영하는 쇼핑몰로서 온라인 소매유통 채널(owned retail channel)을 직접 운영함으로써 자사 및 자사 제품의 홍보 마케팅 효과를 창출하고 고객에게 직접 판매함으로써 운영의 이점을 살릴 수 있음. 코로나19 이후, 온라인시장이 급격히 성장하면서 식품, 패션, 화장품제조사는 D2C(Direct-to-Custpmer) 자사몰을 구축하고 소비자 접점을 확내, 당일 배송, 온라인 전용상품 등을 내세워 고객 유치에 매진하고 있음. 예 나이키, 농심몰(농심의 자사몰), 월간과자(롯데제과), CJ제일제당
온라인 오픈마켓	판매자와 구매자 사이의 중개 역할을 하는 온라인 소매상으로서 온라인 채널에 판매자가 입점해서 판매하고 매출의 특정 비율을 수수료를 지불함. 누구든지 입점 및 판매가 가능하고 다양한 타깃 및 치열한 경쟁이 있음. 예 네이버 스마트스토어, 11번가, 옥션, 지마켓, 인터파크, 이베이, 아마존 등
라이브 커머스	라이브 스트리밍(Live streaming)과 전자 상거래(E-Commerce)의 합성어로 웹, 애플리케이션 등의 플랫폼을 통해 실시간 스트리밍으로 상품을 소개하고 판매하는 온라인 유통채널임. 판매자가 방송을 통해 실시간으로 제품을 소개하고 설명하며, 고객들과 실시간으로 소통하면서 상품을 판매함으로써 실시간 상호작용, 시청자 참여 유도, 즉각적인 구매 결정이 일어남. 예 네이버쇼핑라이브, 카카오쇼핑라이브
온라인 종합쇼핑몰	유통 대기업들이 오프라인와 온라인을 종합적으로 한데 묶어서 운영함으로써 멀티채널의 장점인 다양한 제품과 편리성을 제공하고 고객경험을 고도화함. 예 롯데온(롯데닷컴+롯데마트+롯데백화점 등), SSG닷컴(신세계몰, 이마트몰, 트레이더스, 신세계백화점 등)
버티컬 커머스	버티컬 커머스(Vertical Commerce)는 다양한 제품과 서비스를 두루 제공하는 것이 아니라 특정 카테고리의 상품들을 전문적으로 판매하는 온라인 쇼핑몰로서 해당 카테고리 상품의 높은 구매 의사 및 충성도를 가진 고객층을 보유함. 예 무신사(패션), 정육각(정육, 수산), 인테리어(오늘의 집), 당근(중고거래), 오아시스마켓(유기농 농식품)
홈쇼핑	TV, 인터넷, 모바일 등 다수의 매체를 이용하여 소비자에게 상품 소개와 판매와 관련된 정보를 제공하고, 상대적으로 저렴한 가격에 엄격한 품질 관리를 통과한 상품을 전화, 인터넷, 모바일로 주문 받고 배송해 주는 소매 업태임. 예 롯데홈쇼핑, 현대홈쇼핑, CJ홈쇼핑, GS홈쇼핑
소셜커머스	소셜미디어 플랫폼(예, 페이스북, 인스타그램, 틱톡)을 통해 제품이나 서비스를 홍보하고 직접 판매하는 소셜미디어와 전자상거래가 결합된 것임. 유형으로는 인플루언서 소셜커머스와 P2P 소셜커머스 등이 있음.
인플루언서 소셜커머스	인플루언서와 커머스가 결합되어 콘텐츠 속에서 제품을 자세하게 소개하고 구매로 연결되도록 하는 형태로 사진이나 스토리를 게시하고 라이브 스트리밍 진행하는 등 일상에서 제품과 브랜드를 홍보함. 팔로워인 고객과의 상호작용성이 높고, 특정 상품 카테고리의 전문성이 높고, 인플루언서 개인의 호감성 등을 통해 높은 신뢰성과 충성도를 보유함. 예 리볼브(Revolve)의 3,500명 이상의 인플루언서 네트워크 활용
P2P 소셜커머스	고객을 적극적으로 참여시키고 고객이 친구, 가족, 주변 지인들에게 제품에 대한 자연스러운 입소문(구전)이 전파되도록 전파한 고객에서 포인트나 기프트 카드 등의 보상을 제공함으로써 온라인 트래픽과 구매를 촉진하고 충성도를 높임. 예 글로시에(Glossier)의 철저한 콘텐츠 중심, 고객 중심, 고객 참여 제품 생산 및 구전 활동

CASE STUDY 블로그에서 시작해 1조원이 된 뷰티 브랜드, 글로시에(Glossier)

글로시에는 현재 전 세계에서 가장 핫한 화장품 브랜드 중 하나이다. 밀레니얼세대의 에스티 로더라고 불리는 이 브랜드는, 2014년 말 론칭한 이래 매년 세 자릿수 이상의 성장을 거듭하고 있어요. 글로시에의 기업가치는 무려 1.2조원. 2018년 연 매출은 1,000억원이다.

글로시에 론칭 스토리

글로시에 창업주 에밀리 와이즈(Emily Weiss)는 보그 매거진 패션 스타일리스트의 어시스턴트로 일하고 있었다. 와이즈는 스타일링 업무 때문에 모델 촬영장에 자주 나갔고, 거기서 수많은 셀럽을 만나 이야기를 나눌 수 있었다. 와이즈는 화장품을 사용해 본 후기는 남들에게도 의미 있는 정보이자 재미있는 대화 소재가 됨을 인식하고 화장품 그 자체보다도 화장품을 쓰는 사람들에 초점을 맞춘 뷰티 블로그인 뷰티 블로그 인투 더 글로스(Into the Gloss)를 2010년에 처음 문을 열었다. 블로그는 빠른 속도로 인기를 얻기 시작했다. 가장 인기 있는 코너는 더 탑 쉘프(The Top Shelf)라는 코너였는데, 사람들이 욕실 선반에 놓고 매일 쓰는 화장품 사진과, 그들만의 화장품 사용법 그리고 피부 고민에 대한 솔직한 인터뷰가 담겼다. 직업적 강점을 활용해서 킴 카다시안, 바비 브라운, 칼리 클로스 같은 유명 인사들을 인터뷰하고 그들의 욕실 사진도 블로그에 올렸다. 구독자들은 인기 연예인이 샤넬(Chanel)뿐 아니라 대중적인 바셀린(Vaseline)도 함께 쓴다는 사실에서 묘한 해방감을 느끼기도 했고, 자신과 똑같이 여드름으로 오래 고생한 슈퍼모델 이야기를 들으면서 공감도 했다. 그러면서 구독자 자신들의 이야기를 댓글로 공유하기 시작했다. 구독자 수는 순식간에 월 백만 명을 돌파했고, 블로그를 시작한 지 4년이 지난 후, 와이즈는 마침내 뷰티 브랜드 글로시에를 론칭했다.

글로시에 성공 비결 1: 소비자를 관객에서 주인공으로

글로시에는 듣고 반응하는 위치에 있는 일반 소비자를 말하는 위치로 끌어올렸다. 글로시에는 일반 소비자의 이야기를 듣기 위해 세심하게 노력했다. 슬랙(Slack)이라는 업무 공유 채널에 글로시에 상위 100명의 사용자를 초대해서 그들이 서로 자유롭게 이야기를 할 수 있도록

바비 브라운의 욕실 풍경 /사진 인투 더 글로스

했다. 사람들은 거기서 주당 1,000건의 메시지를 주고받고, 글로시에는 이들의 대화를 제품 생산에 반영했다. 글로시에 제품 중 하나인 프라이밍 모이스처라이저 리치(Priming Moisturizer Rich) 페이셜 크림 역시 소비자들의 댓글을 토대로 출시된 제품이다.

홈페이지에서 가장 잘 보이는 곳에, 일반 소비자들이 글로시에 제품을 어떻게 쓰는지 자신만의 언어와 사진으

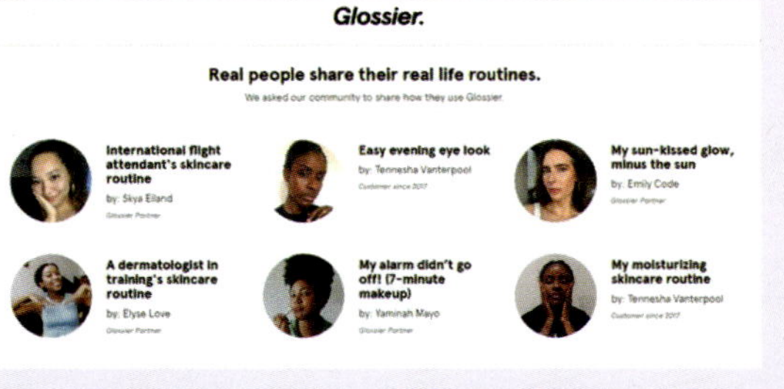

소비자들이 어떻게 글로시에 제품을 쓰고 있는지 보여줌 /사진 글로시에 홈페이지

제품이 아니라 소비자 하나하나가 주인공 같은 느낌을 제공 /사진 글로시에 홈페이지

로 공유한 콘텐츠가 자리한다. 더 인상 깊은 점은 글로시에에서 구매 후기를 보여주는 방식이다. 가장 추천을 많이 받은 만족 후기와 불만족 후기를 나란히 띄우고 별점의 평균값까지 도여주는데 평점이 3점대에 불과한 제품도 정말 많다. 즉, 사람들의 후기가 제품을 돋보이기 위한 도구로 쓰이는 게 아니고, 대등한 위치에서 제품을 평가하고 있는 거다.

글로시에 성공 비결 2: 일관된 브랜드 콘셉트

와이즈는 인터뷰에서 이런 말을 했죠. "브랜드는 정말, 정말로 중요합니다. 거의 전부나 마찬가지죠(Brand is really, really important. It's kind of everything)." 그만큼 글로시에는 일관적인 브랜딩을 해오고 있다. 글로시에 특유의 연한 핑크색은 글로시에에서 워낙 광범위하게 사용해 '글로시에 핑크'라는 애칭으로 불릴 정도로 제품 용기뿐만 아니라 매장 직원 유니폼, 글로시에 인스타그램 등에서 글로시에 핑크는 두드러진다.

마케팅 카피에도 특유의 친구 같은 격의 없고 재치있는 톤으로 일관되게 쓰여서, 글로시에 하면 떠오르는 말투와 톤이 있다. 즉 글로시에라는 브랜드에 생명력을 불어넣어 준 것이다. 브랜드 컨셉이 이렇게 명확하게 전달되다 보니, 소비자들은 글로시에와 상관없는 사진에서도 글로시에를 떠오르기에 이르렀다. 일반 소비자가 올린, 글로시에를 쓸 것만 같은 강아지 사진인데, 글로시에라는 브랜드를 아는 사람들은 다들 공감한다.

유통채널에 있어서 다이렉트 판매만 하는 것도 일관된 브랜드 경험을 주기 위한 노력이다. 온라인으로는 글로시에 홈페이지에서만 판매하고, 미국 화장품 매출의 절반 가까이를 담당하는 아마존을 포기한 과감한 결정을 했다. 전 세계에서 매장을 단 2개만 운영하고 있는데 오프라인 매장은 일부 확대할 계획을 가지고 있다.

전반적인 연한 핑크색 느낌 /사진 글로시에 인스타그램

글로시에를 쓸 것만 같은 강아지 /사진 글로시에 페이스북

출처: Travel Retail & Duty Free, 2019.7.29

MARKETING **REPORT**

"뜨는 덴 이유 있다" 유통街, 흥망성쇠 배경 '주목'

인구변화와 코로나19로 유통 환경 빠르게 변화 "소비 트렌드 맞춤 선제적 대응 위한 대책 마련"

유통업계는 코로나19 팬데믹과 엔데믹 시대에도 온라인 소비가 급증하고, 서비스 로봇, 산업용 로봇의 보급이 빠른 속도로 확대됐다. 1인 가구 증가와 고령화 사회 등의 인구변화, 그리고 ESG경영, 미닝아웃(신념 소비) 트렌드 확산도 유통업계 소비 지형을 변화시켰다.

식품업계는 건강을 중시하는 소비자들의 니즈와 초고령화 사회 진입이라는 환경에 변화에 맞춰 고부가가치 사업으로 평가받는 실버 · 케어 푸드, 대체육, 바이오 분야를 신사업으로 집중 육성하고 있다.

아워홈은 케어푸드 개발 및 운영 노하우를 바탕으로 시니어 대상 식품 연구 개발에 적극 나서고 있으며, CJ프레시웨이는 고객 데이터 기반의 '시니어 토탈 케어 솔루션 서비스' 사업을 시작했다. 동물복지 · 친환경 관련 인식이 선진화되며 식물성 대체식품도 단순 구색 맞추기가 아닌 필수 카테고리로 떠올랐다. 매일유업은 기존 유가공이 이끌던 수익구조를 식물성 음료로 전환하고 있으며, 삼양라운드스퀘어는 식물성 단백질 사업을 확대하기 위해 고단백 원물인 콩에 관한 기술 연구를 강화한다는 방침이다.

홈술 트렌드로 코로나 수혜를 입었던 와인 시장은 음용 트렌드의 고급화 등으로 유례없던 호황기를 맞이했지만, 코로나 수혜가 끝나자 성장세가 멈추고 기존의 소비 형상으로 되돌아가고 있다. 반면 개인의 취향에 따라 레시피를 조합해 주류와 음료를 즐기는 믹솔로지(Mixology)가 주목받으며, '아저씨들의 술'이라 불리던 위스키 소비량은 큰 폭으로 늘었다. 위스키 소비에 불을 붙인 것은 하이볼 트렌드이다. 쉽고 다양하게 제조할 수 있는 레시피가 SNS를 통해 확산되면서 위스키 소비가 늘어난 것이다.

유통업계 소비 트렌드가 빠르게 변화하며 유통업계는 소비 트렌드에 맞춰 선제적 대응을 위해 변화하고 있다. /사진 픽사베이

관세청 수출입무역통계에 따르면 올해 5월 기준 스카치 · 버번 · 라이 등 국내 위스키 수입량은 지난해 같은 기간(9,065t)보다 56.3% 증가한 1만 4,169t으로 집계됐다. 이는 역대 최고치인 2003년의 1만 1,822t을 20년 만에 갈아치운 기록이다. 수입액 역시 역대 최고 수준이다. 올해 5월 기준 약 1,392억원 규모의 위스키가 수입돼 지난해 같은 기간보다 12.0% 증가했다. 이는 2008년 이후 최대 수입액이다.

코로나19 시기 폭팔적으로 온라인 소비가 늘며 몸집을 불려온 이커머스도 온라인 동영상 서비스(OTT)나 외식사업, 임대업, 여행 중개까지 사업을 확장하고 있다. 특히 유료 멤버십을 앞세워 OTT 업계에서 고객 확보 경쟁을 벌이고 있다. 과거 유통사들은 마일리지나 포인트로 경쟁을 벌여왔지만, 최근엔 OTT 서비스가 경쟁의 한 축이 됐다. 쿠팡은 유료 멤버십 '로켓와우' 가입자에게 무료로 '쿠팡플레이' OTT 서비스를 제공하고 있으며, 네이버는 CJ ENM의 '티빙'을 낮은 가격에 이용할 수 있도록 하고 있다. 여기에 신세계도 '웨이브' 할인으로 맞불을 놓으며 OTT 시장에 뛰어들었다. 쿠팡의 OTT 서비스 쿠팡플레이는 스포츠 단독 중계와 예능 등의 콘텐츠 차별화로 지난 8월 기준 토종 OTT 1위를 기록하며 국내 시장에서 입지를 넓혀가고 있다.

출처: 매일일보, 2023.10.17

MARKETING REPORT

유통업계, 'D2C' 구축에 공들인다

전통적 유통 구조에서 벗어난 혁신 추진

중간 상인을 거치지 않고 자체 판매 채널을 통해 제품을 판매하는 방식인 D2C(Direct to consumer: 소비자 직접 판매)가 등장했다. 이후 D2C 형식에 디지털 전환과 만나 새로운 트렌드인 e커머스가 탄생하게 된 것이다.

유통업계, 왜 D2C 주목하나

마케팅 시장 조사 기업 이마케터(Emarketer)의 조사에 따르면 코로나19로 인해 약 69%에 이르는 소비자가 비대면 또는 온라인 쇼핑을 선호하게 됐다고 한다. 직접 보고 만지며 쇼핑하는 것이 일반적이었던 식료품 쇼핑조차도 온라인으로 옮겨가는 추세라는 것이다.

과거 전통적인 유통 구조는 소비자들의 관심을 끌기 위해 주요 소매업체에 제품을 납품하고, 매장 진열대에서 좋은 자리를 차지하기 위해 경쟁해야 했다. 그러나 코로나 팬데믹 이후 소비의 형태가 변화하면서 유통 구조에 불필요한 자원을 줄여 비용 경쟁력을 갖추는 것이 생존에 필수적인 상황이 됐다. 이에 기업들은 중간 단계를 획기적으로 생략할 수 있는 D2C로의 전환에 적극적으로 나서기 시작한 것이다. D2C방식은 기업이 제품을 소비자에게 전달하는 과정에 직접 관여할 수 있을 뿐만 아니라 중간 단계를 거치며 소모되는 자원을 줄일 수 있다는 획기적인 이점이 있다. 이뿐만이 아니다 소비자들의 소비 형태가 비대면 구매가 급증하면서 기업들이 직접 유통을 통해 소비자와 긴밀하게 소통할 수 있고, 고객 경험을 관리할 수 있으므로 D2C방식을 선택하고 있는 것이다.

D2C로의 전환은 다양한 산업에서 이뤄지고 있다. 그중 성공적 사례로 꼽을 수 있는 곳이 패션 브랜드 나이키(Nike)다. 나이키는 온·오프라인 소매업체를 통해 제품을 판매하던 것을 직접 유통을 중심으로 전략을 바꾼 기업 중 하나이다. 나이키는 코로나19 이전부터 D2C강화 전략을 펼쳐왔으며, 코로나19 확산 이후보다 더 강화되어 웹사이트와 모바일 앱 등 온라인 플랫폼을 더욱 편리하게 개선하고, 일반 매장에서도 직원과 대면하지 않고 제품을 구매할 수 있는 키오스크를 설치하는 등 소비자들에게 선택의 폭을 넓게 만들었다.

자사몰 열어 직접판매 서비스 제공

국내 유통업계도 D2C에 공을 들이고 있다. 지난 8월 농심은 자사몰 '농심몰'을 열어 농심 제품 라면, 스낵, 음료, 간편식 등을 구매할 수 있고, 사전 예약을 통해 신제품을 일주일 안에 빠르게 경험할 수 있게 만들었다. 특히 농심몰에서 '농꾸(농심 꾸미기)'라고 농심 제품에 소비자가 원하는 사진과 문구를 넣어주는 커스터마이징 서비스를 진행 중인데, 많은 소비자의 호응을 얻고 있다.

롯데홈쇼핑은 자체 개발한 '벨리곰' 관련 굿즈를 판매하는 '벨리곰 스토어'를 지난 2월 오픈했다. 벨리곰 스토어는 카페24 플랫폼 기반으로 구축한 D2C 자사몰로 벨리곰 의류부터 생활용품, 식품까지 다양한 제품을 판매하고 있다.

롯데제과는 제과업계 최초로 선보인 과자 구독 서비스 '월간 과자'를 시작으로 아이스크림 구독 서비스 '월간 아이스', 빵 구독 서비스 '월간생빵'을 론칭했다. 최근엔 가정간편식 정기 구독 서비스인 '월간 밥상'도 출시하며 다양한 D2C 서비스를 선보이고 있다.

브랜드 인지도와 충성고객 깔려 있어야

유통업계가 이처럼 D2C 전략을 활용하는 이유는 소비자와의 접점을 늘리고 회사의 자체 경쟁력을 키우기 위해서다. 식품업계 관계자는 "자사몰 운영에는 여러 가지 기능이 있지만 가장 큰 목적은 소비자와 소통하기 위함"이라며 "판매 자체도 중요하지만 D2C를 통해 소비자들이 기업의 소비재를 갖고 즐거운 경험을 할 수 있는 장을 만들기 위한 목적이 더 중요하다고 생각한다"고 말했다.

자사몰이 중간 유통 채널에 지불해야 하는 수수료를 절약할 수 있는 장점이 있어 절감한 수수료로 품질을 높일 수 있다는 기능도 있다. 유통업계 관계자는 "제조업체가 유통업체 플랫폼을 통하지 않고 자체 몰에서 제품을 직접 판매할 수 있기 때문에 '가격 경쟁력'을 얻을 수 있다"며 "고객과 직접 소통할 수 있어 소비자 반응, 시장 트렌드를 보다 빠르게 읽을 수 있다는 장점도 있다"고 설명했다. 다만 이러한 D2C 전략은 브랜드 인지도가 저변에 깔렸어야 효과를 볼 수 있는 전략이다.

출처: NEXT ECONOMY, 2023.1.5

소셜커머스(Social Commerce)

소셜커머스는 온라인 소매상 중 최근 성장세가 가장 높은 소매업태 중에 하나이다. 소셜커머스는 커뮤니티와 상호 소통이 강력하게 결합된 형태의 전자상거래로서 소셜미디어 플랫폼을 통해 이루어지며, 사용자들이 취향, 습관, 취미, 행동을 공유하고 소통하는 공간을 제공한다. 소셜커머스는 구매에 대한 의사결정이 개인적인 요소뿐만 아니라 사회적 상호 작용에 의해 영향을 받는 경향이 있습니다. 이는 기존의 구매 경험에서 이루어졌던 토론, 대화, 공유 등이 소셜미디어로 이동하고 상업적인 측면에서 보완되는 결과를 가져온다.

기업이 소셜커머스를 효과적으로 활용한다면 소비자, 기술 플랫폼, 브랜드 간에 상호 이익을 창출할 수 있다. 소셜미디어를 통해 소비자와 제품이나 서비스에 대한 의견을 나누고 공유함으로써 상호작용을 증진시키고, 제품 추천 및 구매 제안이 수용되기 쉬워진다. 기업은 이를 통해 소비자들의 니즈와 흥미를 파악, 즉 소비자 행동과 선호도에 대한 데이터 수집이 용이하다. 또한 브랜드 멤버십, 로열티 프로그램 등을 통해 소비자 참여를 높일 수 있다. 이는 결국 소비자에게 더욱 더 편리하며 새로운 쇼핑 형식과 경험을 제공하여 브랜드의 가시성과 고객 충성도를 향상시키는 데 도움이 된다. 〈그림 11.3〉에서 보여주듯이 고객은 하루 중에서 여러 차례 다양한 소셜커머스 관련 접점들을 통해 소셜미디어에서 본 특정 제품을 검색, 판매자와 채팅을 통해 상품을 추천받고 이에 대한 구제적인 상품 및 브랜드가 노출되고 결재까지 이루어지는, 즉 소셜미디어에서의 '발견 → 구매 → 추가 발견'의 고객 여정을 경험한다.

그림 11.3

소셜커머스의 고객 여정 및 경험

출처: BCG, 소셜커머스의 등장이 이커머스 생태계를 뒤흔들고 있다 2023.4.21.

소셜커머스는 과거 단순히 소셜미디어를 통한 기업의 마케팅으로 통해 고객이 온라인 검색이 온라인쇼핑몰에서 상품 검색을 유도한 것과는 차원이 다르다. 〈그림 11.4〉는 온라인 커머스에서 소셜커머스로 인해 변화된 고객 경험을 상세히 보여주고 있다.

그림 11.4

소셜커머스로 인한 고객의 구매 변화

출처: BCG, 소셜커머스의 등장이 이커머스 생태계를 뒤흔들고 있다. 2023.4.21.

소셜 커머스 X		소셜 커머스 O
소셜 미디어 마케팅	➡	소셜 미디어를 통한 구매
온라인에서 구매할 상품 검색		소셜 미디어에서 상품 발견 후 구매까지 원활한 여정
이메일 뉴스레터 발송		추천 프로그램을 통한 구매
온라인 쇼핑몰에서 상품 검색		쇼핑 이벤트 라이브 스트리밍

따라서 기업이 성공적인 소셜커머스를 구현하기 위해서는 전략, 운영, 인프라 전반에 다양한 역량을 요구하고 있다. 〈그림 11.5〉에서 제시한 바와 같이, 첫째, 전략 차원에서 단순 유통 채널 이상의 가치를 창출하기 위한 소셜커머스 전략과 유통채널 기획이 필요하다. 둘째, 소셜 콘텐츠 제작 및 배포, 인플루언서 관리, 고객 관계 관리, 플랫폼 관리 등 소셜미디어의 운영 노하우를 활용하고 최적의 운영모델을 구현하고 활성화하여야 한다. 또한 제품도 소비자와 공공 제작의 과정이 중요하다. 소셜하게 고객들의 의견과 니즈를 청취하고 신제품 개발 시 고객이 적극 참여하는 공동 제작이 중요하다. 셋째, 인프라 창원에서 사회적 트렌드에 대응하는 민첩성 구축을 위해 유통 및 물류 네트워크 인프라를 고도화하여

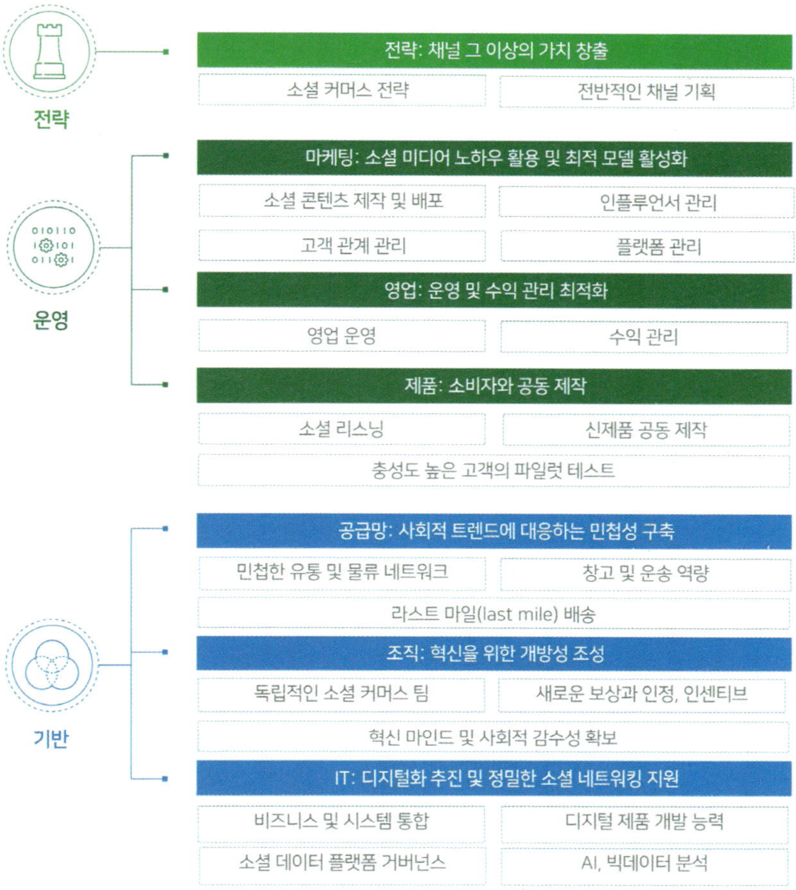

그림 11.5

성공적인 소셜커머스 구현을 위한 기업 역량

출처: BCG, 소셜커머스의 등장이 이커머스 생태계를 뒤흔들고 있다, 2023.4.21.

라스트마일(last mile) 배송 역량을 높여야 한다. 혁신을 위한 개방적 조직 조성과 함께 디지털화 추진을 위한 통합 시스템, 소셜 데이터 플랫폼 거버넌스 및 AI, 빅데이터 분석에 의한 정밀한 소셜 네트워킹 지원이 필요하다.

크로스보더 이커머스(Cross-Border E-Commerce)

크로스보더 이커머스는 모바일이나 온라인을 통해 해외 국가에 B2C로 상품을 판매하는 것을 의미한다. 전 세계 고객 대상으로 전자상거래 플랫폼을 통해 상품을 판매하는 이커머스이기 때문에 중간단계의 바이어를 생략하고 기업이 해외 소비자에게 직접 수출한다. 크로스보더 이커머스 업태의 발전 배경은 국경 간 경계가 허물어지면 국내외 소비자들의 해외 직접구매(직구) 수요가 확대되었기 때문이다. 또한, 이커머스 기업들이 이커머스의 시장 내 주도권을 확보하기 위해 해외직구와 역직구를 포함한 크로스보더를 신성장 동력으로 모색하기 때문이며 궁극적으로 글로벌 경쟁력 강화를 위한 기업 전략 때문이다.

그림 11.6

크로스보더 이커머스의 국내 진출 현황

출처: KPMG, 격변기 맞은 이커머스, 기업의 생존 방향은?, 2023, November.

알리익스프레스(AliExpress)
중국의 알리익스프레스는 1,000억원을 투자해 2023년 3월 한국에 진출해 크로스보더 사업을 개시. 2023년 8월 기준 국내 이용자 500만 명을 확보

라쿠텐(Rakuten)
일본의 라쿠텐은 2023년 한국 사무소를 개소하고 한국 기업의 일본 역직구 지원 사업을 본격화

큐텐(Qoo10)
싱가포르의 큐텐은 2022~2023년 티몬, 인터파크커머스, 위메프를 인수하고 자사 물류 거점을 기반으로 크로스보더 사업을 확대 중

테무(Temu)
'초저가' '갓성비'를 강점으로 보유한 중국 핀둬둬(Pinduoduo)의 온라인 쇼핑몰 테무(Temu)는 2023년 7월 한국에 진출

∷ 소매상 관련 이론들

소매수명주기(retailing life cycle)

제품의 수명주기와 동일하게 소매점 유형도 도입기, 성장기, 성숙기, 쇠퇴기의 단계를 가지고 있다. 소매유형별로 수명주기 단계가 상이한데, 〈표 11.4〉가 제시한 바와 같이 각 수명주기의 시장 상황에 맞게 소매업의 적합한 전략과 관리를 해야 한다.

표 11.4

소매수명주기 단계별 소매시장 특성과 소매유형별 전략

	특징	수명주기의 단계			
		도입기	성장기	성숙기	쇠퇴기
시장 특성	경쟁자 수	거의 없음	중간	동종업태 내 소매상들 간의 높은 직접경쟁	이(異)업종 소매상들 간의 높은 간접경쟁
	판매증가율	매우 빠름	빠름	중간	매우 느림
	이익수준	낮음	높음	중간	매우 확정
소매 유형 전략	투자, 성장, 위험부담의 결정	높은투자, 높은 위험부담	성장유지 위한 고투자	성장 세분시장에 대한 선별적 투자	자본 지출의 최소화
	경영의 중심적 관심	소매개념의 정립 및 정착	시장위치 선정	소매개념의 수정	탈출전략
	통제 정도	최소	중간	최대	중간
	성공적인 관리스타일	기업가적	집권적	전문적	관리적

소매바퀴이론

소매바퀴이론(Wheel of Retailing)은 맥네어(Mcnair)가 소매 사이클 이론을 제시한 이후 홀랜더(Hollander)가 미국과 영국의 소매발전 과정에서 발전가설을 증명한 이론이다. 소매점의 진화과정을 정반합의 진화과정을 설명한 것으로 비용을 중심으로 소매의 경쟁적 개발 패턴을 설명하였다. 새로운 소매유형이 성공적인 시장진입 후 동일유형의 소매점 사이의 경쟁이 격화됨으로써 경쟁적 우위를 확보하기 위하여 트레이딩 업(trading-up) 단계에 접어든다. 즉, 보다 세련된 설비와 서비스를 더해가게 된다. 이로 인해 고비용, 고가격, 높은 서비스의 소매점으로 전환되게 되는 것이다. 이렇게 소매환경이 변화하면 새로운 유형의 혁신적인 소매점이 저가격, 저마진, 낮은 서비스로 시장에 새로이 진입할 수 있는 여지가 생기는 취약한 단계(vulnerable phase)에 접한다. 이후 새로이 등장하는 소매점유형 또한 위와 동일한 패턴을 따르게 되는 순환의 발전 구조를 설명한 이론이다.

간단히 설명하자면, 높은 서비스와 고급 매장 환경을 제안하는 백화점과 같은 소매 유형이 새로이 등장하면, 다른 유사 경쟁 소매점들도 이와 경쟁하기 위해 서비스 수준을 높이고 매장환경을 고급화함에 따라 비용 증가로 제공하는 가격이 상승하게 된다. 이런 가운데 낮은 서비스의 저가 소매유형의 시장 기회가 생기고, 이 틈에 할인점 같은 새로운 소매유형이 등장한다. 이후 차별적으로 대응하기 위해 유사 할인점들 간에 더 높은 수준의 서비스와 매장 환경을 제공함에 따라 또 가격 상승이 일어나는 순환적 구조를 띠게 되는 것이다(〈그림 11.7〉).

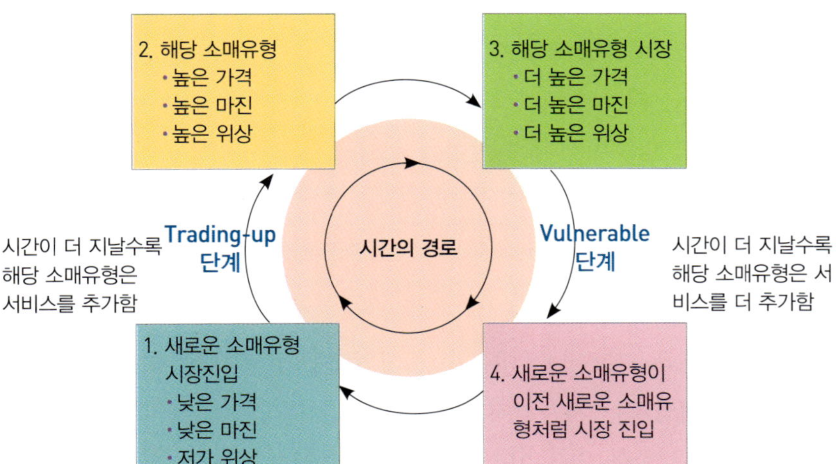

그림 11.7

소매바퀴이론 개념

기타 이론들

이외에도 소매발전을 설명하는 관련 이론들이 많은데 이 중 주요 몇 개를 간단히 살펴보자면 다음과 같다. 소매 관련이론들이 장기적으로는 소매 발전을 현실적으로 설명하지 못한다는 비판도 많으나 부분적으로 새로운 업태들의 등장과 성장을 설명한다는 점에서 검토해 볼 가치가 있다.

소매아코디언이론(Retail Accordion Theory) 소매상의 변천은 제품구색의 변화에 초점을 맞추어 제품구색이 넓은 소매상(종합점)에서 제품구색이 좁은 소매상(전문점)으로, 다시 종합점으로 변화를 되풀이하는 것을 말한다. 아코디언처럼 제품구색이 늘었다 줄었다 하는 과정을 되풀이하기 때문에 명칭도 아코디언이론이다(〈그림 11.8〉).

그림 11.8

소매아코디언이론 개념

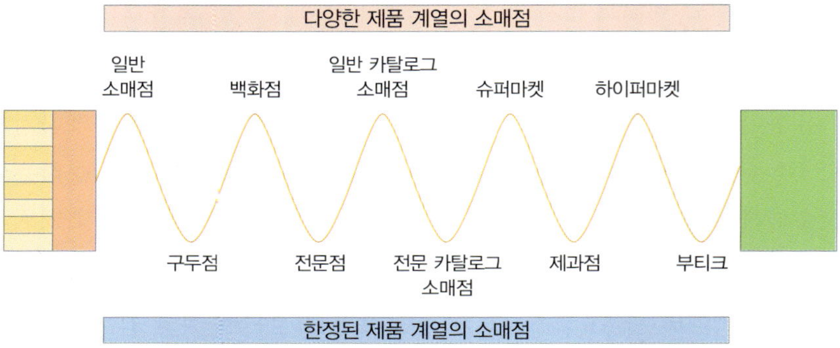

소매변증법적 과정이론(Dialectical Process Theory) 높은 가격, 고마진, 고서비스, 상품의 저회전율인 백화점이 도심지에 화려한 시설로 생기면(정), 이에 상응하는 저가격, 저마진, 저서비스, 고회전율 상품의 할인점이 교외에 생긴다(반). 그러면, 백화점과 할인점의 각각의 장점을 취합한 제3의 할인백화점이 중간가격, 중간마진, 보통수준의 서비스, 보통 수준의 시설로 교외지역에 생기는 과정이 생기는 것(합)이다. 즉, 두 개의 서로 다른 경쟁적인 소매 업태가 하나의 새로운 소매 업태로 합쳐지는 소매 업태 혁신의 합성 이론이다(〈그림 11.9〉).

빅미들이론(Big Middle Theory) 대규모 소매업체들이 장기간 경쟁하고 있는 시장에서 신규 소매업태는 저가격이거나 혁신적인 특성이 있을 때 신규 시장 진입이 가능함을 설명하는 이론이다. 〈그림 11.10〉에서 보듯이, 빅미들이론은 대규모 소매업체들의 장기 경쟁 구조의 소매산업에서 저가와 혁신의 방법으로 새로운 시장기회가 발생하면서 진화 발전하는 소매지형(retail landscape)을 설명한

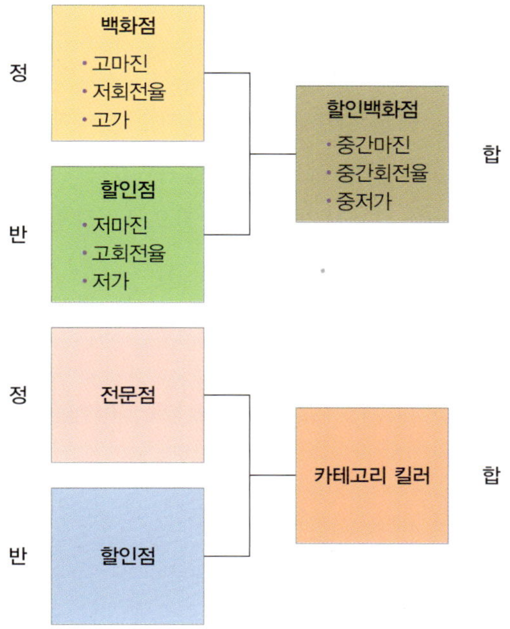

그림 11.9

소매변증법적 이론 개념

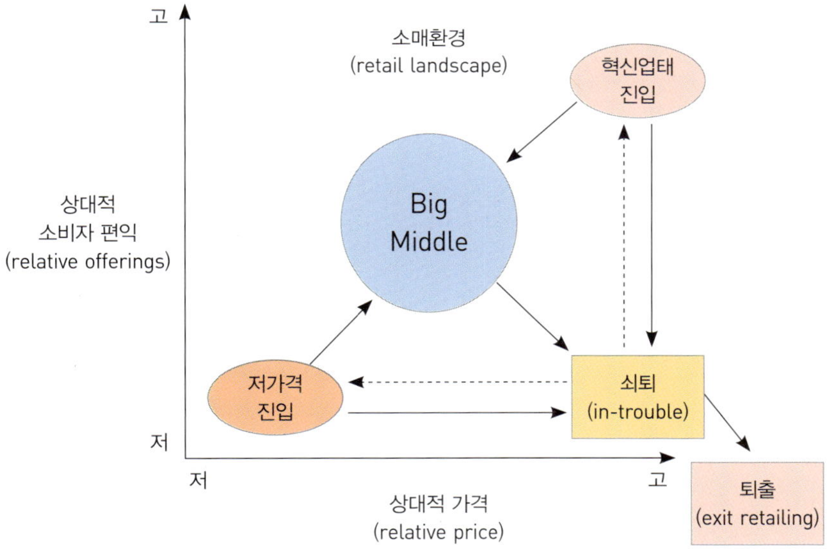

그림 11.10

빅미들이론의 개념

출처: Levy, Grewal, Peterson, & Connolly (2005). The concept of the "Big Middle," Journal of Retailing, 81(2), 83-88

다. 특히, 국내 소매유통산업은 새로운 소매업태의 급진적 발전과 함께 유통 빅 3사가 오프라인 소매업시장을 장악하고 있다. 전 세계적으로는 몇 개의 온라인 소매들이 글로벌 온라인시장을 장악하고 매년 그 덩치를 키우고 있는 상황이다. 이러한 산업 구조에 새로운 시장의 기회를 찾는 기업들에게 ① 경쟁사 대비 상대적인 저가와 ② 혁신적인 업태의 두 측면에서 접근할 것을 시사해 주는 이론이다.

::: 상권 분석

소매유통 전략에서 가장 핵심 활동은 상권 분석으로 매우 중요한 작업이다. 상권이란 한 소매점포가 고객을 유인 및 흡입할 수 있는 지역범위를 말하는 것으로, 1차상권(혹은 핵심상권), 2차상권, 한계상권으로 〈그림 11.11〉과 같이 그 범위를 구분한다.

그림 11.11

상권의 구조

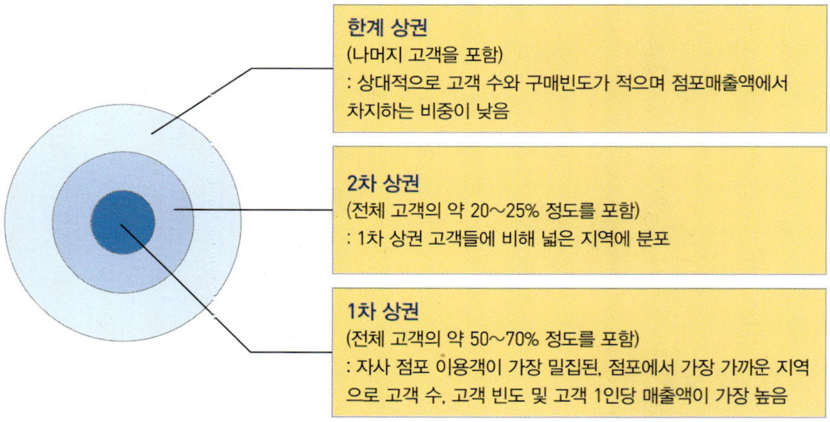

상권을 분석하는 주요 기법들 중에 체크리스트 방법과 유추법을 소개하자면 다음과 같다.

체크리스트(checklist) 방법

상권의 규모에 영향을 미치는 중요 요인들을 수집하고 이들을 평가하여 시장잠재력을 예측하는 방법으로 〈표 11.5〉와 같이 체크리스트를 활용한다.

표 11.5

상권분석을 위한 체크리스트

제반입지 특성	• 상권 내의 행정구역 상황 및 행정구역별 인구통계 특성 • 상권 내 자연경계 특성(강, 하천, 산, 구릉 등) • 상권 내 도로 및 교통 특성(도로, 대중교통노선, 통행량, 주차시설, 상권으로의 접근의 용이성 등) • 상권 내 도시계획 및 법적, 행정적 특기사항 • 상권 내 산업구조 및 소매시설현황 및 변화 패턴 • 상권 내 대형건축물, 인구 및 교통 유발 시설
상권고객 특성	• 유동/ 거주인구 유발 핵심 건물 혹은 시설의 고객수와 특성 • 배후상권고객: 목표상권의 지역 경계 내에 주거하는 가구수와 특성 • 유동고객: 기타의 목적으로 점포주변을 왕래하는 유동인구 중에서 흡인되는 고객 수와 특성
상권경쟁구조	• 업계별 경쟁구조 분석 • 업태별/업태 내 경쟁구조 분석 • 잠재 경쟁구조 분석 • 경쟁/보완관계 분석

유추법(analogy method)

새로운 점포가 위치할 지역의 상권규모를 예측하는 데 많이 활용되는 방법 중의 하나로서, 자사의 신규점포와 특성이 비슷한 유사점포를 선정하여 그 점포의 상권범위를 추정한 결과를 자사점포의 신규입지에서의 매출액(상권규모)을 측정하는 데 이용하는 방법이다. 유추법에 의한 상권규모의 측정은 CTS맵(customer spotting map) 기법을 이용하여 이루어진다. 〈그림 11.12〉에서 보듯이 CTS맵 기법은 자사점포를 이용하는 고객들의 거주지를 지도상에 표시한 후 자사점포를 중심으로 서로 다른 거리의 동심원을 그림으로써 자사점포의 상권규모를 시각적으로 파악할 수 있는 방법이다.

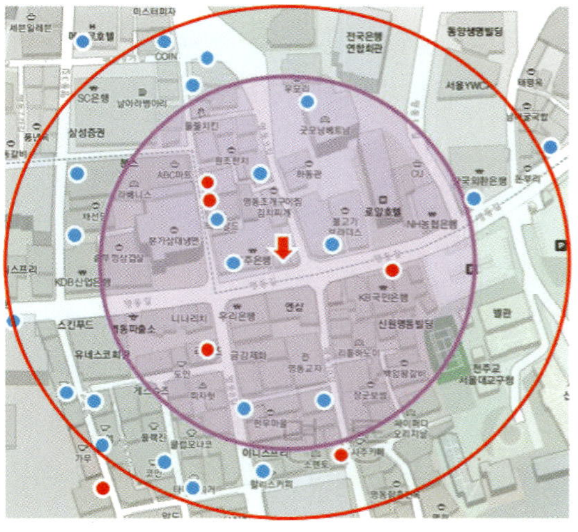

그림 11.12

CTS맵 기법을 활용한 상권분석결과 예시: 서울시 명동상권

::: 리테일 머천다이징

소매 믹스

소매믹스(retail mix)는 고객의 니즈를 만족시키고 고객의 구매의사결정에 영향을 주기 위해 소매업체가 활용하는 중요 요소들인 소매점의 입지, 상품 머천다이징, 점포디자인, 판촉 및 서비스 등을 최적화하여 결합하고 총제적으로 관리하는 것을 말한다. 기본적으로 머천다이징은 상품기획과 상품관리를 포함하고 있는데, 상품 구색의 폭과 깊이를 결정한다.

상품구색의 폭 상품구색의 폭은 한 소매점에서 취급하고 있는 상품군(merchandise category)의 수를 의미하며, 상품 구색의 폭이 넓다는 것은 다양한 상품군들을 취급한다는 의미한다. 예를 들면, 할인점이나 백화점의 경우 상품구색의 폭인 넓은 소매유형이다.

상품구색의 깊이 상품구색의 깊이는 특정 상품군의 SKU(Stock Keeping Unit) 수를 의미하는데, 상품구색의 깊이가 깊다는 것은 특정 상품군을 전문적으로 취급한다는 것을 의미한다. 예를 들면, 카테고리 킬러나 전문점은 특정 상품군의 취급 상품의 수가 많은 상품구색의 깊이가 깊은 소매유형이다.

머천다이징의 기능과 유형

머천다이징(merchandising)은 고객이 필요로 하는 상품 또는 서비스를 적절한 만큼 구매하고, 이들을 해당 소매업체의 판매전략에 맞추어 적절한 장소, 시기, 가격, 수량으로 준비될 수 있도록 관리하는 활동들이다. 이러한 업무를 리테일에서 수행하는 사람을 리테일 머천다이저(merchandiser)라 하고 일반적으로 축약해서 MD라고 부른다.

머천다이징 관련 업무는 세분화되어 있는데, 일반 제조회사, 특히 다품종의 회전이 빠른 소비재를 다루는 FMCG기업들(Fast-Moving Consumer Goods company)에서 MD는 기획 MD, 영업 MD, 리테일 바이어 세 가지로 구분된다. ① 기획 MD는 기획단계의 제조관련 제품관련 의사결정, 생산수량, 가격정책 등에 주로 관여를 한다. 반면, ② 영업 MD는 영업관리 및 촉진 단계에 주로 관여하는데, 추가 생산요청 수량, 재고관리, 유통별 제품 할당 및 해당 유통별 촉진활동을 주로 한다. ③ 리테일 바이어는 이러한 머천다이징 영역에서 리테일 콘셉트와 해당 시즌 제품기획에 맞게 구매(procurement)에 집중하는 업무로써 바잉 머천다이징이 중요한 기능이다. 일반적 한국형 리테일 머천다이징과 미국형 리테일 머천다이징의 업무가 상이하여 구분하여 이해가 필요하다.

한국형 리테일 머천다이징은 리테일 MD 구성에 맞도록 제조나 서비스 브랜드들의 입점 검토를 통해 입점을 결정한다. 이후 계약 조건에 따라 평당 임대료를 받던가 월매출에 정해진 수수료비율을 계산한 월수수료를 받는 형태이다. 한국형 리테일 머천다이징은 MD Zoning Plans를 주로 하며, 해당 리테일러의 리테일 콘셉트에 맞게 경쟁력 있는 브랜드들을 입점 유치하는 것이 핵심 업무이다. 대부분의 국내 쇼핑몰과 백화점들은 이 한국형 리테일 머천다이징을 진행한다.

반면, 미국형 리테일 머천다이징은 상품 전량을 리테일이 구매하는(일명, 완사입) 것을 기본으로 한다. 즉, 리테일 MD 구성에 맞도록 상품들을 리테일이 직접 구매하여 되파는 형태이다. 이러한 미국형 리테일 머천다이징은 철저하게 리테일러 중심으로 자유롭게 MD 구성이 가능하기 때문에 다른 리테일러들과 차별화를 구현하기가 용이하다는 점, 가격 책정이 용이하다는 장점들이 있다. 반면, 모든 촉진활동, 판매사원 관리 및 재고 부담 등을 리테일이 부담하는 단점들도 존재한다. 미국형 리테일 머천다이징은 앞서 소개한 제품기획에 맞게 상품을 직접 구매하는 바잉 머천다이징 기능이 매우 중요하다.

국내에서도 최근에는 차별화된 고유의 MD 구성이 중요한 편집숍이나, 카테고리 킬러 유통들이 미국형 리테일 머천다이징 방식으로 소매점을 운영하고 있다. 최근에 백화점들도 일부 미국형 리테일 머천다이징을 적극적으로 도입하고 있는데, 백화점이 직접 운영하는 편집매장의 확대 때문이다. 편집매장은 각 백화점의 고유 콘셉트를 전달하고 다른 경쟁 백화점들과 취급 상품의 차별화를 구현할 수 있다. 또한 다양한 브랜드들을 선보이기 때문에 소비자의 집객효과를 누리고 더 나아가 소매점의 매출 증대 및 수익성에도 기여하기 때문이다. 이러한 편집매장의 장점들과 함께, 백화점의 성장동력의 하나로써, 백화점의 편집매장들이 강화되고 있는 상황이다.

::: 온라인 유통전략

Pure-Click 전략

온라인만 순수하게 운영하는 기업을 Pure-Click이라고 하며 온라인만 순수하게 운영하는 전략을 Pure-Click 전략이라고 한다. Pure-Click은 인터넷 플랫폼서비스, 온라인쇼핑몰, 소셜커머스 등 다양한 사업모델들로 확장하고 있다. 그 예로는 구글, 네이버, 다음카카오, eBay, Amazon, 쿠팡, 티몬, 위메프 등이 있다.

특히, 커머스 관련하여 최근 전자상거래 기업들의 변화들은 흥미롭다. 해외 커머스의 경우는 IT 혁신 기술들을 통해 좀더 정확한, 신속한, 맞춤화, 운영 비용 절감에 집중하고 있다. 반면, 한국시장의 경우는 순수 온라인 집중에서 다양한 방식으로 그 비즈니스 영역을 확대하고 있는 중이다. 2010년에 선보여 단기간 내, 급성장한 국내 소셜커머스의 경우는 시장 자체가 계속 성장 중에 경쟁이 심화되자 비즈니스 모델을 소셜커머스에서 오픈마켓을 변화하고 있는 중이다.

B2B Pure-Click 전략

전자상거래는 B2B 웹사이트와 B2C 웹사이트로 구분된다. B2B(Business to Business) 전자상거래는 기업들과 공급업체들 간의 거래가 전문적으로 이루어진다. B2B 웹사이트의 중요 기능은 공급업체를 홍보, 온라인 제품 카탈로그, 업체 검색, 물물교환, 공급업체 관련 정보 수집 및 정보교류 등이 있다. 대표적 기업으로는 세계 최대 규모의 B2B 전자상거래 기업, 알리바바가 있는데, 중국의 중소기업이 만든 제품을 전 세계 기업들이 구매할 수 있게 하는 곳이다. 1999년에 서비스를 시작하여 2003년부터 흑자를 내고, 일반인을 대상으로 사실상 중국의 인터넷 쇼핑을 독점하고 있는 온라인쇼핑몰 '타오바오', 부유층을 겨냥한 온라인 백화점 '티몰' 등 다양한 회사들을 만들어 나갔다. 2016년 기준, 중국 국내 총생산(GDP)의 2%에 이르고, 중국 국내 소포의 70%가 알리바바 관련 회사들을 통해 거래되는 물품들이다. 중국 국내 온라인 거래의 80%가 알리바바 계열사들을 통해 이뤄지고 있다.

Brick-and-Click 전략

오프라인 기업 중에 온라인으로 경로를 추가하던가, 혹은 오프라인과 온라인 경로를 동시에 운영하는 기업을 Brick-and-Click이라 하고, 오프라인-온라인을 연동하여 시너지를 이루는 전략을 Brick-and-Click 전략이라고 한다. Brick-and-Click은 오프라인과 온라인의 각 장점들이 서로 시너지 효과를 이루어 소비자들에게 어필하였다. 고객에 제공된 Brick-and-Click의 혜택들은 매우 다양하다. ① 오프라인에서 재고가 없어서 살 수 없는 제품을 온라인에서 구매가 가능하고, ② 온라인에서 구매한 것을 오프라인에서 반품이 가능하고, ③ 오프라인 스토어 방문 전에 온라인 스토어에서 먼저 사전 조사가 가능하여 편리성과 정보제공이 수월해졌고, ④ 오프라인 스토어처럼 매장 운영 관련 비용이 들지 않고 다양한 제품을 취급하는 데 비용이 들지 않기 때문에 온라인 스토어는 상대적 저가격으로 제품을 제공할 수 있게 될 뿐만 아니라, ⑤ 오프라인 스토어나 온라인 스토어 각각의 재고들을 상호교차해서 판매 촉진할 수 있어서 재고 비용을 절감할 수도 있다. 이러한 다양한 온·오프 연동 전략이 소비자들에게 지금까지 경험하지 않는 가치를 제공하였고, 이후 다양한 오프라인 리테일러들이 Brick-and-Click 전략을 추진하기 시작했다.

CASE STUDY | 아마존 사례를 통한 유통 변화

아마존(Amazon)의 성장플라이휠(Growth Flywheel) 전략

아마존의 성장플라이휠 전략은 아마존의 운영 전략으로서 아마존의 성장과 시장 지배력에 중요한 역할을 해왔다. 이 전략의 핵심은 고객을 중심으로 하여 그들의 경험을 최우선으로 하고 있다. 고객 경험은 디지털 트랜스포메이션의 하이테크 환경에서 중요한 역할을 한다. 필립 코틀러는 마케팅 5.0에서 하이터치 경험을 강조하며, 기술과 휴머니티의 조화가 중요하다고 강조하였다. 4차 산업혁명과 AI의 발전으로 고객 경험이 기업의 차별화를 이루는데 중요한 역할을 하고 있으며, 이를 향상시키는 것은 많은 기업들의 과제 중 하나인 것이다.

아마존은 지속적인 성장과 지배력을 유지하며 AI · 디지털시대의 글로벌 대표 리테일로서 새로운 차원의 확장을 이루고 있는데, 기본 원리는 다음과 같다.

- 낮은 가격: 낮은 가격은 더 나은 고객 경험을 유발하기 때문에 아마존의 방문 트래픽은 증가하게 되고 더 많은 고객이 아마존에서 상품을 구매하게 된다.
- 제3자 판매자 유치: 더 많은 고객 방문으로 인해 아마존은 제3자 판매자들에게 더 매력적인 플랫폼이 된다. 이에 따라 더 많은 제3자 판매자가 더 다양한 상품을 판매하게 되고, 이는 수수료를 지불하는 판매자 수가 늘어나게 된다.
- 고정 비용 최적화: 더 많은 판매자를 유치함으로써 아마존은 고정 비용(창고 및 서버 등)을 더 효율적으로 활용할 수 있게 되고 이에 따라 가격을 더 낮출 수 있다.
- 고객 경험 향상: 낮고 경쟁력 있는은 가격과 더 많은 상품 선택은 아마존에서의 고객 경험을 향상시키며 이로 인해 더 많은 고객을 유치하고 성장을 이끌어 낼 수 있다.

아마존 성장플라이휠의 핵심 원리

고객 경험 관리

아마존은 고객 경험을 최우선의 목표로 하여, 웹사이트 탐색의 편리함부터 신속한 배송, 즉각적인 고객 서비스까지 다양한 측면에서 사용자 경험을 개선해 왔다. 이를

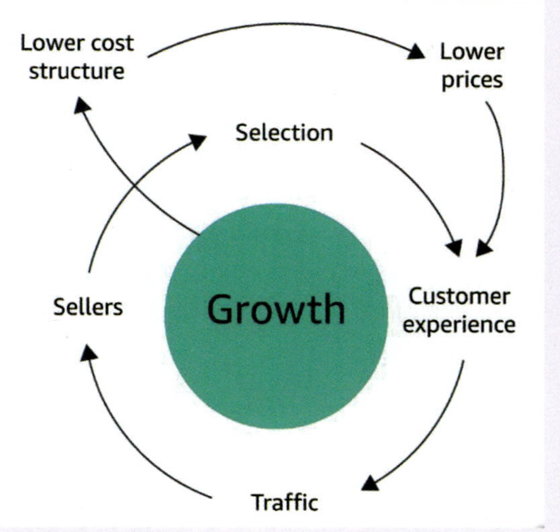

아마존 Growth Flywheel Model

통해 충성도 높은 고객 기반을 구축하고, 반복 방문과 입소문 추천을 유도하여 브랜드 평판을 향상시키는 데 성공했다. 아마존의 고객 경험을 위한 중요 운영정책과 관리는 다음과 같으며 상세한 내용은 〈그림〉을 참조하도록 한다.

- 배송 및 반품: 아마존은 물류 운영에서 혁신적인 방법을 적용하여 제품을 창고에서 고객의 문 앞까지 최소한의 노력으로 배송한다. 배송과 반품 모두에서 사용자 경험을 간편하게 만들기 위해 노력하고 있다.
- 배송 옵션: 아마존은 무료 배송을 제공하며, Amazon Prime 회원은 수천 개의 상품에 대해 무료 배송 혜택을 받을 수 있다. 또한 "Amazon Lockers"라는 자동화된 픽업 지점을 도입하여 편리한 수령을 지원한다.
- 오프라인 매장 운영: 아마존은 'Click & Mortar 전략'의 일환으로 오프라인 매장 진출을 확대하여 고객 접점을 늘리고 고객 경험의 질을 높이는 데 노력하고 있다. Amazon Bookstores, Amazon Go(체크아웃 없는 비대면 식료품점), Whole Foods를 인수하여 고객들에게 빠른 접근성을 제공한다.
- 주문 옵션: 아마존은 "원 클릭 주문"과 "Dash" 버튼과 같은 시스템을 개발하여 반복적으로 구매하는 상품들을 고객이 쉽게 버튼 하나 누르면 구매할 수 있도록

주문 편의성을 높였다(Dash 버튼 서비스는 19년 최종 종료됨).

- 데이터 기반 개인화: 아마존은 고객의 브라우징 및 구매 기록을 기반으로 제품을 개인화하여 고객에게 맞춤형 추천을 제공한다. 이를 통해 사용자 경험을 향상시키고 고객의 충성도를 높이고 있다.

가격 가치

아마존은 상품 가격을 유지하고 경쟁력 있는 저렴한 가격을 제공하기 위해 노력하고 있다. 아마존은 자사의 가격을 경쟁 업체의 가격과 비교하여 항상 낮거나 해당 경쟁 업체보다 낮도록 유지하고 있다. 이를 통해 고객들에게 저렴한 가격으로 다양한 상품을 제공하고 있다. 아마존의 가격 정책 관련 중요 정책은 다음과 같다.

- 가격 일치(Price Matching): 아마존은 가격 일치를 제공하지 않습니다. 다른 업체의 가격과 일치시키지 않는 것이다. 대신 경쟁 업체보다 낮고 경쟁력 있는 가격 유지를 원칙으로 하여 고객에게 경제적인 이점을 제공하고 있다.
- 공정 가격(Fair Pricing) 정책: 아마존 판매자는 아마존 마켓플레이스 공정 가격 정책을 준수해야 한다. 이 정책은 아마존이 다양한 상품을 최저 가격으로 제공하고 가격 폭탄을 방지하며 고객과 지속적인 관계를 유지하기 위한 것이다.
- 판매자 지침: 아마존은 판매자에게 가격을 설정하는 매개변수를 규정하는 가이드라인인 아마존 "가격 정책(Pricing Policy)"을 제공한다.

::: 소매유통 관리의 어려움

소매유통전략 실행의 어려움

다른 마케팅 4P 믹스 중 유통전략이 단기간에 변경이 어렵고 많은 비용과 인력이 요구되는 마케팅 활동이다. 또한 제품, 가격, 촉진 활동들은 내·외부적 환경을 고려하여 기업의 의사결정에 의해 산출물을 만들 수 있지만, 유통은 외부적 환경과 외적 요소들에 의해 크게 영향을 받기 때문에 기업의 의사결정대로 추진조차 안 될 가능성도 높다.

제조사 입장에서 소매유통 경로를 확보하는 일반적인 방법은 ① 자체 소매점을 직영점으로 운영하는 방법, ② 소매점을 대리점(가맹점) 형태로 모집하여 운영하는 방법, ③ 기존 소매유통에 제품을 입점하는 방법, ④ 기존 소매유통 내 브랜드숍을 오픈 운영하는 방법 등이 있다. 그러나, 자체 소매점을 직영점으로 운영하기 위해서는 많은 비용, 노력, 인력의 투자가 요구되고 직접 운영에 의한 실패 및 위기에 대한 위험분산이 어렵다는 단점이 있다. 소매점을 대리점 형태로 모집하여 운영하는 경우는 대리점 모집과 관리의 높은 어려움이 있다. 마지막으로 기존 소매유통에 제품을 입점하는 경우는 각 소매유통과의 입점 심사를 통과해야 하고 소매점이 요구하는 가격을 맞추는 어려움이 있다. 마지막으로 기존 유통에 브랜드숍을 오픈하는 경우는 소매점 입점에 대한 높은 수수료 비용 부담과 그 외 여러 가지 요건들(마케팅 촉진비 부담, 할인행사 참여 등)을 대응하고 협상하는 등의 문제점이 있다.

유통업체에 높은 의존성

자사 유통을 단독으로 개발하는 데에도 물리적 시간이 소요되며, 기존 유통을 활용하는 데도 유통사와의 다양한 조건과 조율이 필요하다. 계획한 유통에 입점하는 것도 본사의 의지만으로 되는 것이 아니라 입점하고자 하는 유통이 입점 기업과 제품을 판단하여 입점 여부를 심사 및 결정하는 구조를 가지고 있기 때문에 원하는 유통의 입점의 진입장벽이 매우 높다.

유통구조의 높은 지역성

유통은 가장 소비자 접점에서 대면하여 각 국가별로 사회적, 문화적 특성이 가장 깊게 영향을 미치는 분야이다. 또한 시장의 가격을 직접적으로 조절하고, 사회전반에 미치는 파급효과가 크기 때문에 대부분의 국가들이 가장 늦게 개방하는 산업이 유통이기도 하다. 각 지역별로 산업 인프라와 시장 상황이 다르고 유통진화 단계가 다른지라 유통환경의 큰 편차로 지역별 유통전략이 요구된다. 마케팅 4P 믹스 중 가장 시장 트렌드에 민감한 분야이며 유통 트렌드 또한 급변하는지라 거시적 관점의 시장 변화를 상시 주시하고 전략적 대응이 필요하다.

멀티유통채널화 트렌드에 의한 유통관련 관리의 복잡성 증대

최근 멀티유통채널화 트렌드에 의해, 기업입장에서는 유통관련 의사결정 및 관리의 복잡성이 증대된다. 또한 다양한 유통들 간의 통합 운영 관리의 어려움 등이 발생한다(〈그림 11.13〉). 예를 들면, 화장품이 과거 종합 화장품 소매점에서 판매되던 과거에는 화장품 제조사는 이러한 소매점에게 유통하는 중간상에게만 제품을 전달하고 그 중간상만 관리하면 되었다. 그러나, 최근에는 로드숍 중심

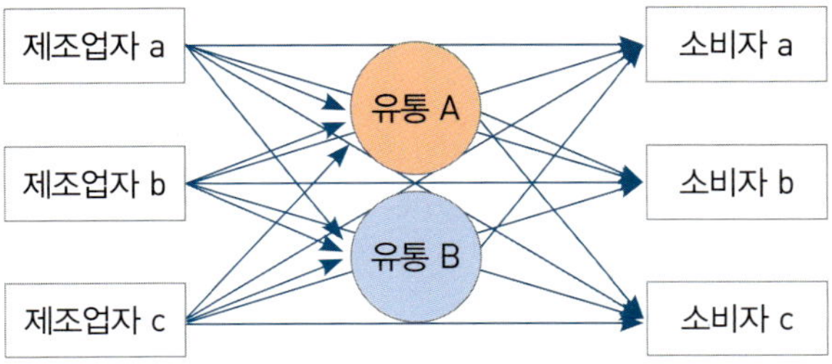

(Case 3) 멀티유통채널로의 변화에 의한 전체 유통 접촉수
: 간접유통 12+직접유통 9 = 21

그림 11.13

멀티유통채널화로 인한 유통 접촉수 증가

의 브랜드숍을 운영하면서, 기존 화장품 유통과 거래하고, 온라인 오픈마켓과도 거래를 한다. 소비자 입장도 마찬가지이다. 다양한 유통채널들의 대안들이 등장하여 특정 브랜드의 제품을 구매하기 위해서 다양한 소매유통들을 찾아봐야 하는 탐색비용(searching cost)이 증가하였다.

::: 다양한 유통채널 전략의 등장과 진화

멀티채널의 이해

소셜, 직구, 온라인, 모바일 등을 다양한 유통들이 진화 발전함에 따라, 소매점 포맷들이 다양해지고 있다. 진화과정상에서 1990년대부터 2000년대에 걸쳐서 기존의 오프라인 채널의 대체 채널로써의 온라인과 모바일 채널이 급부상하였다. 이러한 온라인 중심의 전략을 'Click-and-Mortar' 전략이라고 한다. 이후, 온라인 채널만을 운영할 시 발생하는 문제점들을 해결하기 위해서 오프라인과 온라인을 교차 활용하는 하이브리드 접근(hybrid approach)의 중요성이 부각되었다. 이러한 유통업계의 하이브리드한 접근들은 Brick-and-Click, O2O, 멀티채널, 크로스채널, 옴니채널 등 다양한 이름으로 혼재되어 부르고 있다. 본질적으로 이러한 채널들이 어떻게 다르고 무엇인 동일한가에 대한 명확한 정의가 필요하다. 〈그림 11.14〉와 같이, ① Brick-and-Click은 전통적 오프라인 스토어에서 온라인과 연동하여 확장하는 경우이고, ② O2O는 온라인업체가 오프라인으로 혹은 오프라인 업체가 온라인으로 확장하여 연동하여 운영하는 좀더 포괄적 개념이다. ③ 멀티채널은 오프라인, 온라인뿐만 아니라 홈쇼핑, 카탈로그, 방문판매, 무인판매 등 다양한 쇼핑 채널들을 동시에 운영하는 경우를 말하며, ④ 크로스채널

그림 11.14

다양한 유통채널 전략들 간의 개념

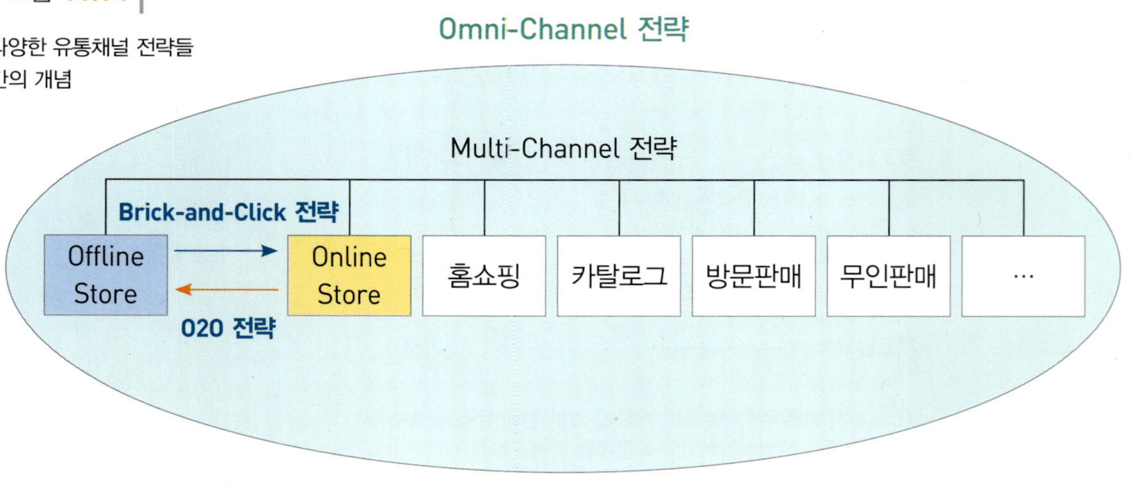

(cross channel)은 멀티채널에서 한 단계 더 발전한 것으로 소비자가 채널들을 크로스해서 사용할 수 있도록 유기적 구조를 갖춘 것이다. ⑤ 옴니채널은 이 모든 쇼핑채널들 간에 이음새 없이(seamless) 유기적으로 통합하여 운영하는 것으로서 가장 포괄적이고 정교한 쇼핑채널 관리가 필요한 가장 상위적 개념이다.

옴니채널 전략

옴니채널 전략(omni-channel strategy)은 라틴어의 모든 것을 뜻하는 '옴니(omni)'와 제품의 유통 경로를 의미하는 '채널(channel)'이 합성된 단어이다. 옴니채널 전략은 소비자가 온라인, 오프라인, 모바일 등 다양한 경로를 넘나들며 상품을 검색하고 구매할 수 있도록 한 서비스. 각 유통 채널의 특성을 결합해 어떤 채널에서든 같은 매장을 이용하는 것처럼 느낄 수 있도록 한 쇼핑 환경을 구현하는 전략이다. 따라서, 옴니채널전략은 전통적인 멀티채널 전략에서 한 단계 더 진화된 형태로, 인터넷, 모바일, 오프라인 스토어, 홈쇼핑, 방문판매, 카탈로그 등의 모든 이용 가능한 쇼핑 채널들을 통합하여(omni), 자연스럽게 이어지는 고객경험에 집중화하는 것을 말한다(〈그림 11.15〉). 이를 위해, 각 채널별로 수집 및 관리하는 데이터들을 통합하고, 분석하여, 최상의 고객서비스 구조를 구축하고 쇼핑경험의 최적화를 이루는 것이 옴니채널 전략의 궁극적 목표이다.

전통적인 소비자들의 구매 관련 소비자행동 프로세스는 주의(Attention) → 관심(Interest) → 욕구(Desire) → 기억(Memory) → 행동(Action) 순이다. 이러한 전통적 구매 의사결정 프로세스 AIDMA의 프레임워크에서는 관심을 가진 시점과 행동으로 이어지는 시점 사이의 큰 격차로 관심이 구매로 이어지지 않는 경우가 많다. 또한, 전통적 구매 의사결정 프로세스 AIDMA는 funnel 형태를 띠기 때문에 프로세스가 진행됨에 따라 해당 단계의 소비자의 수가 절대적으로 줄어드는 경향이 있다. 예를 들면, 관심이 생긴 소비자들 중 일부가 다음 단계인 욕구 단

그림 11.15

옴니채널의 쇼핑경험의 개념도

그림 11.16
AIDMA 모형에서 AISAS 모형으로 변화

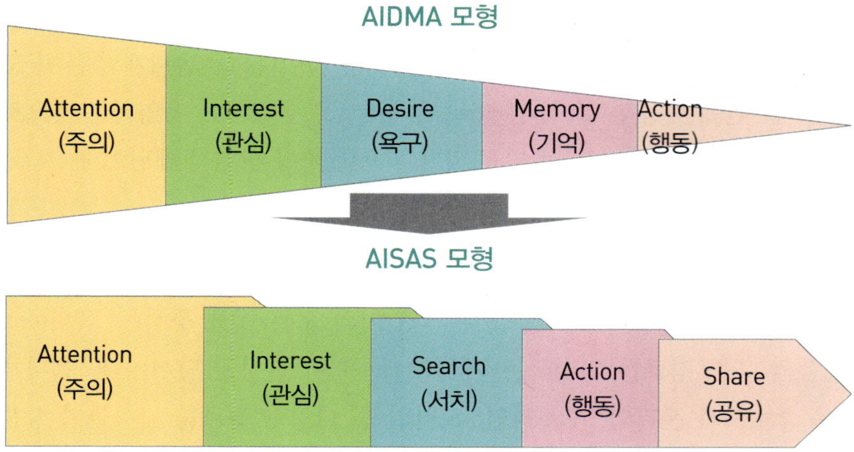

계로 넘어가기 때문에 다음 단계로 넘어갈수록 해당 소비자 수가 점점 줄어들게 된다.

반면, 옴니채널은 주의(Attention) → 관심(Interest) → 서치(Search) → 행동(Action) → 공유(Share)의 AISAS의 구매의사결정 프레임워크를 가지고 있다. AISAS의 구매의사결정 프레임워크는 각 단계가 분리된 것이 아니라, 온라인이나 모바일에서 동시적으로 일어날 수 있다(〈그림 11.16〉). 이러한 특징 때문에 AIDMA처럼 시점별 큰 격차를 갖지 않게 되고 구매로 바로 연결될 확률이 높다. 또한, 소비자들이 관심을 보이면 모바일을 통해 자발적으로 검색을 하거나 혹은 기업이 오프라인 매장에서 관심이 있는 고객들 대상으로 할인쿠폰의 발송 혹은 제품에 대한 정보를 액티브하게 제공할 수 있다. 이를 통해, 온라인/오프라인 어느 쪽에서든 구매를 할 수 있도록 시스템이 가능하기 때문에 소비자의 관심이 구매로 이어지는 빈도가 더욱 높아지게 되는 것이다.

멀티채널과 옴니채널의 비교

산업계에서는 멀티채널 전략과 옴니채널 전략을 혼재하여 사용하는 경우가 종종 있다. 기본적으로 옴니채널이 멀티채널에서 진화했기 때문에 두 채널의 경우 상당히 유사한 점도 있지만 뚜렷하게 차이점도 있다(〈표 11.6〉). 〈그림 11.17〉에서 보여주듯이 멀티채널 전략과 옴니채널 전략의 제품판매 프로세스는 매우 상이하다. 옴니채널은 근본적으로 공통 재고, 물류, 결재, 상품 픽업이 멀티채널들 간에 통합 연계 및 교차가 가능하다. 이는 단순히 크로스 채널 서비스를 제공하는 것으로만 되는 것이 아니라, 실제 크로스 채널이 가능하기 위해서는 물류가 다양한 채널로 이동할 수 있도록 대단위의 물류시스템과 엄청난 물류혁신을 이루어야지 현실적으로 가능하다.

	멀티채널 전략	옴니채널 전략
관점	기업 중심	고객 중심
운영	각 채널별 독립적으로 운영	채널들간 유기적 연계하여 운영
목표	각 채널별 효율성 및 수익성	끊어지지 않는(seamless) 고객 경험의 강화
장점	운영 관리가 용이함 시장 변화에 따라 유통채널의 조정이 용이함	각 채널의 통합 연계를 통해 최대 시너지를 이룰 수 있음(채널 간의 유기적 관계)
단점	채널 간 경쟁 관계 채널끼리 시장잠식(cannibalism) 효과가 일어날 수도 있음	고객경험 목표의 측정 어려움 대단위의 물류시스템과 엄청난 물류혁신을 위해 많은 투자 필요

표 11.6

멀티채널 전략과 옴니채널 전략의 비교

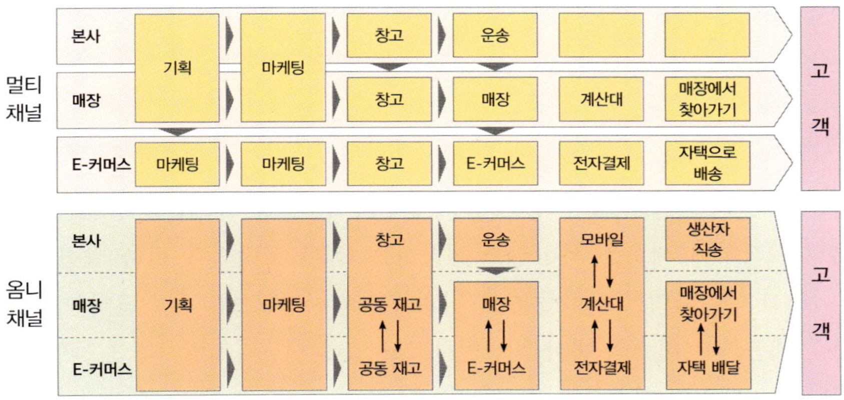

그림 11.17

멀티채널과 옴니채널의 제품판매 경로의 차이

::: 리테일의 진화 발전

리테일 4.0 시대의 도래

유통 4.0은 인공지능(AI), 사물인터넷(IoT) 등 4차 산업혁명의 핵심 기술들이 유통업에 통합되면서 나타나는 현상을 지칭한다. 이 혁신은 유통 서비스를 더욱 지능적이고, 몰입감 있으며, 연결성이 강화된 방향으로 변화시켰다. 이러한 변화는 거래 비용의 대폭적인 감소와 효율성 증대로 이어졌으며, 제조업체와 소비자 간 정보의 불균형을 줄이는 효과를 가져왔다. 유통 4.0 시대의 주요 특징으로 업종 간 경계의 붕괴, 기술 혁신을 통한 가치 창출 방식의 근본적 변화, 그리고 국경 간 장벽 완화에 따른 국내외 시장의 빠른 통합이다. 이에 따라 유통산업은 단순한 상품과 서비스 거래의 중개자 역할을 넘어서, 생산과 소비에 관한 정보를 공유하며 가치를 창출하는 중요한 역할을 하게 되었다.

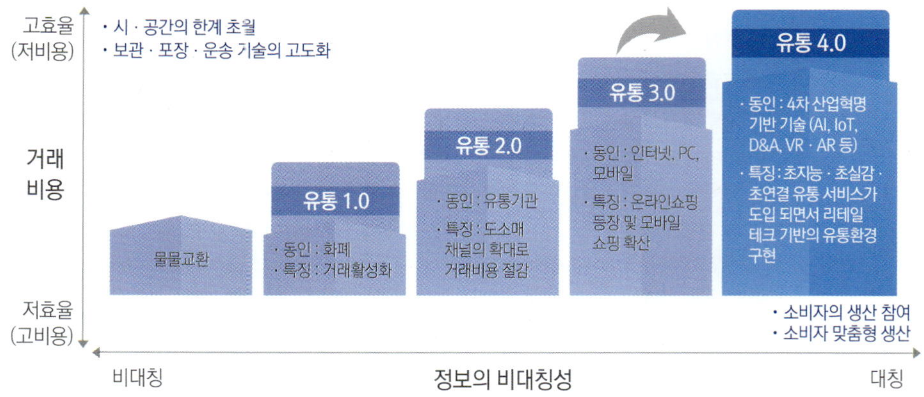

그림 11.18

유통 4.0 시대 도래와 리테일 테크의 부상

출처: 삼정KPMG 경제연구원, 2017. Issue 54.

리테일의 변화

최근 IT 기반의 온라인, 모바일 사업의 발전과 진화에 따라 전통 산업과 소매산업으로 확장하여 새로운 서비스를 제공하는 O2O 서비스가 더욱 발전하고 있다. 이러한 다이나믹한 진화들은 IT 기업들만의 사업모델의 확장만이 아닌 전통 산업의 제품과 서비스의 변화를 견인하고도 있다. AI·디지털시대에 돌입하면서 일어나는 리테일의 혁신들과 진화들 중에, 특히, Brick-&-Click 전략의 심화, PB를 통한 수익모델 확대, 기존 유통을 이용해서 새로운 시장의 진입의 시도, 혁신 IT기술의 적극 활용 등의 변화들이 유통시장과 제조시장에서 왕성하게 이루지고 있다.

Brick-&-Click 전략의 확대

Brick-&-Click 전략이 온라인 유통업체에서, 오프라인 유통업체에서 그리고 제조업체에서 전 방위적으로 확대되고 있다. 이러한 Brick-&-Click 전략의 확대 배경은 가구 규모의 변화(소규모, 핵가족화, 1인 가구세대 급증 등), 인구의 도시화 현상, 인터넷/디지털 사용의 역동성 및 유동성 증대 등의 기업외적 요소들이 강하게 영향을 미쳤기 때문이다.

PB 확장을 통한 차별화와 수익성 제고

할인점, 편의점 등 소매업은 다양한 PB 출시를 통해 새로운 성장기회를 도모할 수 있다. 소매업의 인지도와 신뢰도를 기반으로 소매유통 장악력을 활용한 PB는 소매점의 차별화 MD 구현, 브랜드 충성도 제고, 수익성 제고 등의 장점을 가지고 있다.

MARKETING **REPORT**

PB 전성시대 … 전 세계 유통기업의 '관심사'

바야흐로 자체브랜드(PB · PL) 전성시대다. PB는 유통업체가 주문자상표부착(OEM) 방식으로 선보이는 독자 브랜드 상품을 뜻한다. 이제 PB는 국내외 할 것 없이 유통산업의 핵심으로 성장했다. 특히 고물가 시대와 맞물려 기성 상품에 뒤지지 않는 가성비(가격대비성능) PB를 찾는 소비자들이 늘고 있다. 대형마트와 편의점 등 유통업체들이 앞다퉈 PB 경쟁에 뛰어드는 이유다.

한국개발연구원(KDI)에 따르면 국내 PB 시장은 꾸준한 성장을 보여왔다. 2008년에는 약 3조 6,000억원 규모였으나, 2013년에는 약 9조 3,000억원으로 크게 증가했다. 현재 대형마트에서의 PB 상품 매출은 5조원을 넘어섰으며, 식품, 패션, 뷰티 등 전체 시장을 고려하면 10조원대 이상의 규모로 추정되고 있다. 이는 PB 상품의 인기와 수요가 지속적으로 증가하고 있음을 나타낸다.

이마트 매장에 자체브랜드(PB) 노브랜드 상품이 진열돼 있다. /사진 이마트

국내는 대형마트·편의점 '각축전'

국내에서는 대형마트와 편의점이 PB 시장에서 각축전을 벌이고 있다. 상품 구색도 먹거리부터 생활용품까지 점차 다양해지는 추세다. PB상품에 집중하는 이유는 상품을 진열하는 매대 선정이 자유롭고, 가격 결정 권한이 높아 수익성 제고에 도움이 되기 때문이다. 이마트의 경우 PB 상품 매출 비중이 전체의 약 20% 수준이다. 대표 브랜드인 '노브랜드'는 현재 1,500여 개 상품을 운영 중이며, 매출이 2019년 83,00억원에서 지난해 1조 2,700억까지 늘었다. '피코크' 매출은 2019년 2,500억원에서 지난해 4,200억원으로 증가했다.

롯데마트는 올해 초 통합 PB 브랜드 '오늘좋은'을 선보였고, 가정간편식(HMR) 브랜드 '요리하다'는 별도로 운영한다. 현재 오늘좋은은 100여 개, 요리하다는 650여 개 품목을 판매하고 있다. 롯데마트에서는 올해 1~5월 PB 상품 매출 구성비는 10%로 집계됐다. 홈플러스에서는 전체 상품 매출 중 PB가 차지하는 비중이 2019년 4%에서 지난해 9%까지 늘었다. 같은 기간 PB 상품 수는 900여 종에서 3,000여 종까지 증가했다.

편의점들은 초저가 PB를 선보이며 대형마트에 도전장을 내밀었다. 편의점은 비싸다는 통념을 깨고 1~2인 가구의 장보기 수요를 굳히겠다는 전략이다. CU는 초저가 PB '득템시리즈'는 20여 종을 운영 중으로, 누적 판매량은 1,500만 개를 돌파했다. GS25는 GS더프레시의 초저가 상생 PB '리얼프라이스' 공산품을 도입했다. 세븐일레븐은 초저가 상품 브랜드 '굿민'을 통해 20여 종의 상품을 판매 중이다. 이마트24는 가성비 라인인

CU는 초저가 PB '득템시리즈' 출시

GS25는 GS더프레시의 초저가 상생 PB '리얼프라이스' 도입

'아임e'를 통해 50여 종의 상품을 판매하고 있으며, 매년 평균 40%의 매출 신장률을 기록하고 있다.

미국·유럽에선 PB '보편화'

PB는 전 세계 유통기업들에게는 익숙한 개념이다. 특히 미국과 유럽의 유통기업들의 PB 상품 비중은 50%를 상회할 정도다. 오랜 기간 가성비와 고품질을 내세워 상품을 확대해 왔고, 코로나19 사태 이후 소비자들의 PB 상품 선호는 더 가속화됐다. 미국에서는 알디(82%), 트레이더 조(58%), 웨그먼스(52%), 코스트코(33%) 등 PB 상품 비중은 상당히 높다. 아마존은 의류, 전자제품, 식료품 등 약 7,000개의 PB 상품을 보유하고 있으며 상품 라인을 꾸준히 넓혀가고 있다. 슈퍼마켓 체인 3위 기업인 크로거는 29개의 PB를 통해 1만 5,000개 이상의 상품을 판매하고 있으며, 지난해 무균 우유 자체 브랜드 생산을 위해 7,000만 달러 규모의 투자를 단행했다.

유럽에서는 지난달 23~24일 네덜란드 암스테르담에서 'PLMA 국제 프라이빗 라벨 전시회'가 개최됐다. PL 시장의 급격한 성장에 발맞춰 전 세계의 신제품을 발견하고 아이디어를 교류하는 장이다. PL은 중소규모의 생산업체가 자체 개발하거나 유통업체의 주문에 의해 맞춤 제조되는 상품으로 국내의 PB와 유사한 개념이다. 올해는 전 세계 125개국 2,600여 개 글로벌 유통기업과 주문자상표부착생산(OEM) 제조업체가 참여했다. 시장조사 기관 닐슨IQ에 따르면 지난해 스위스를 제외한 유럽 17개 국가에서 PL 제품이 크게 증가했다. 독일, 영국, 프랑스의 PL 시장 점유율은 38.5%로 전년 대비 1.1% 증가했다. PL 제품의 점유율이 가장 크게 증가한 곳은 체코(3.5%), 포르투갈(2.9%), 스페인(2.2%), 헝가리(2.2%) 순이었다.

출처: 아시아경제, 2023.6.16

기존 유통을 이용해서 새로운 시장 진입 시도

한국야쿠르트의 〈Case Study〉에서 보여주듯이, 기존 배달 서비스 채널에 새로운 제품을 확대하여 새로운 시장에 진입한 사례이다. 이마트도 역시 기존의 식료품과 생활용품 중심의 상품군에서 소형가전 상품군으로 MD 구성의 폭을 더욱 넓히고 있다.

CASE STUDY

[식품업계, 간편식이 미래다] 한국야쿠르트, '잇츠온'으로 밀키트 시장 확대 … 전동 카트로 배송 '차별화'

'잇츠온 밀키트'로 시장에 뛰어들다

한국야쿠르트는 2017년 9월 '밀키트'를 처음 시장에 선보였다. 밀키트(Meal Kit)는 손질된 식재료와 소스가 세트로 구성된 가정간편식으로 메뉴 고민이나 장 보는 시간을 줄여준다. 밀키트는 외식보다 저렴하면서도 제대로 된 한끼를 누리고 싶은 욕구를 충족시키기에 알맞아 수요가 증가하고 있다.

미국의 골드만삭스는 밀키트 배달 산업이 올해 최대 50억 달러(약 5조 7,000억원)까지 증가할 것으로 분석했다. 또 한국농촌경제연구원에 따르면 국내 밀키트 시장 규모는 지난해 200억원 규모로, 5년 후에는 7,000억원 규모로 급성장할 것으로 전망했다.

밀키트는 식재료와 요리 방법이 적힌 레시피 카드가 함께 배송되어 누구나 쉽게 근사한 요리를 즐길 수 있다. 특히, 1인가구나 맞벌이 부부뿐만 아니라 평소 음식을 만드는데 어려움을 겪는 남성들도 특별한 요리를 준비할 수 있는 색다른 재미까지 선사한다. 평소 도전해 보고 싶었던 요리를 만들어 SNS에 올리는 재미도 크다.

특히 국내 밀키트는 집에서 요리하기 어려운 외식 메뉴, 빠르게 요리할 수 있는 집밥 메뉴, 세계의 이색 메뉴 등 메뉴의 다양화로 시장이 확대되고 있다. 한국야쿠르트는 시장 경쟁력 확보를 위해 셰프 영입으로 고급화 라인 구축에 나섰다.

고급화된 밀키트 제품 … 유명 셰프와 협업

한국야쿠르트는 간편식의 고급화를 위해 올리브 매거진 코리아와 손잡고 남성렬, 정지선 등 실력파 셰프들의 시그니처 메뉴를 제품화했다. '셰프 밀키트 제품'은 간편식 시장의 새로운 장을 열었다는 평을 듣고 있다. 최근까지 셰프 협업으로 선보인 밀키트 제품은 총 9종이다.

'잇츠온'은 최근 1인용 밀키트 10종을 추가했다. 잇츠온은 2~3인분 위주였던 구성에 1인용 밀키트 비중을 키우고 있다. 국내 밀키트 시장은 GS리테일 심플리쿡, CJ 제일제당 쿡킷, 동원홈푸드 맘스키트, 이마트 피코크 등 브랜드가 각축을 벌이고 있다. '잇츠온밀키트'는 2017년 9월 출시 이후 2018년 매출은 60억원으로 2017년 12억에 비해 5배 신장했다.

신선 배송 서비스 /사진 한국야쿠르트

잇츠온, 정기배송서비스 실시 … 프레시 매니저 통해 신선 배송

한국야쿠르트는 2017년 7월 간편식 브랜드 '잇츠온(EATSON)'을 출시했다. 고객이 주문하면 매일 요리해 신선하게 전달하는 콘셉트의 HMR이다. 냉동 및 레토르트 식품이 아닌 냉장식품으로 유통하고 요리 본연의 맛을 살리기 위해 유통기한을 최소화했다. 한국야쿠르트는 2018년 4월부터 배송서비스 강화를 위해 한 번의 주문으로 한달치 간편식을 정기적으로 받을 수 있는 '정기배송서비스'를 실시했다. '정기배송서비스'의 누적 고객수는 2018년 기준 약 15만 명이다.

또한 그린키트, 오트 그래놀라, 죽 등의 '잇츠온' 제품에 슈퍼100, 오틀리 등 발효유 음료까지 함께 식단에 들어가는 '잇츠온프로그램'도 선보이며 고객 만족을 위한 서비스를 더욱 강화하고 있다. 고객은 요일별 생활패턴에

프레시 매니저들이 냉장 전통 카트 '코코'에 탑승 신선 제품 배송에 나서고 있다. /사진 한국야쿠르트

따라 맞춤식 '추천 식단'을 제공받는다. 추천 식단은 4주 분량으로 기호와 관심사에 따라 식단구성 변경도 가능하다.

여기에 전국 1만 1,000여 명의 프레시 매니저(야쿠르트 아줌마)를 통해 제품을 빠르게 배송하는 차별화를 구축했다. 새벽부터 저녁까지 배송 시간대 설정이 가능하고 하나만 구매해도 배송비가 없다.

한국야쿠르트는 2014년 세계 최초 냉장형 전동카트인 '코코(cold&cool)'를 개발해 신갈통합물류센터를 신축하며 신선 물류 체계를 완성했다. 잇츠온 매출은 2018년 180억원으로 2017년 80억원보다 2배 이상 증가했다.

한국야쿠르트는 "잇츠온은 신선하고 건강한 가정식을 찾는 소비자의 니즈에 가장 잘 부합하는 간편식"이며 "매일 건강하고 신선한 제품을 전달하는 프레시 매니저(야쿠르트 아줌마) 전국 방판 채널의 강점을 활용해 저녁 배송까지 확대해 간편식 시장을 선도해 나가겠다"고 밝혔다.

출처: 데일리팝, 2020.2.17

::: 리테일 디지털 트랜스포메이션

AI·디지털시대의 유통의 가장 큰 변화는 리테일 기술(retail tech)을 통한 리테일 유통의 디지털전환이다. 리테일 유통의 디지털 트랜스포메이션(retail channel's digital transformation)이란 고객경험(Experience) – 정보확인(Confirm) – 구매(Purchase) – 배송(Delivery)의 일련의 ESS 활동에 디지털 기술들을 사용하여 기존의 고객가치를 개선하고 고객의 해당 리테일 유통의 경험을 최적화하고 구매촉진 및 지속적 고객관계를 맺게 하기 위한 근본적인 혁신을 위한 기업의 혁신활동을 말한다.

리테일 전환은 기업 전 가치사슬에서 이루어지는데, 기본적으로 AI, 클라우드, 빅데이터, IoT, 로봇 등의 디지털 기술들을 통해 초연결, 자동화, 지능화를 한

그림 11.19 ECPD 모델

- 360도 마케팅 접점에서 특정 제품이나 서비스를 직·간접적으로 다양한 UX를 경험함

- 구체적으로 필요를 느낄 때(Truth of Moment) 구체적인 정보 확인과정으로 정보를 서치함
- 기구매자의 평점 및 추천 등을 적극적으로 고려하는 단계

- 구매결정
- 스마트폰을 이용해서 QR코드나 애플리케이션으로 송금 및 간편결제 등 다양한 핀테크 방식을 통해 결제

- 고객이 원하는 배송의 방식을 결정
- 주문 후 물품이 고객에게 직접 배송되는 일련의 과정에서 서비스품질 및 배송타임 등의 "라스트마일" 배송 서비스 경험

다. 이를 통해, 기존의 경영관리 및 운영 프로세스를 개선하고 고객과의 커뮤니케이션 및 유통채널을 개선하고, 더 나아가 비즈니스 모델과 함께 취급 제품 및 서비스를 혁신적 변화를 모색한다. 성공적인 리테일 유통의 디지털 트랜스포메이션을 위한 세 가지 성공요인은 다음과 같다.

- Think Big: 시장선점 및 생태계 주도권 확보가 비즈니스의 핵심으로 big brother로서의 생태계관점에서 총체적 비즈니스 모델을 수립하고 구현하도록 해야 함
- Start Small: 린경영와 일치하는 콘셉트로 파일럿 및 프로토타입핑을 통해 기획부터 개발 및 검증을 빠르게 진행하기 위해서는 초기에 작은 규모로 시작해야 함. 계획보다는 작은 스케일로 실행을 먼저 시작하여 그 과정 속에서 수정 보완이 이루어져야 함
- Fast Speed: 이 모든 경영 혁신 과정이 빠르게 진행하여 리스크를 최소화하고 고객과 시장의 변화 요구에 뒤처지지 않고 민첩하게 대응해야 함

리테일 디지털 트렌스포메이션의 구체적인 전략 방안을 실행 사례들을 함께 소개하자면 다음과 같다.

오프라인 유통의 장점에 디지털 기술 접목

전통 유통들은 온라인 유통업체들과 판매 경쟁 대상이 아니다. 디지털 인프라를 접목하여 고객 밀착형 서비스를 결합하고 온라인 업체가 제공하지 못하는 체험 중심의 고객경험을 제공하고, 고객만족도를 강화하여 오프라인 매장의 장점을 강화하여야 한다. 〈표 11.7〉의 미국 전통 오프라인업체의 변모에서 보듯이, 오프라인 유통만이 가진 장점들에 디지털 기술을 접목하는 것이 중요하다.

표 11.7

AI·디지털시대의 미국 전통 오프라인업체의 변모

NORDSTROM	• 미국의 대표 고급 백화점 • 디지털 인프라 강화를 통해 옴니채널 환경을 구현 • 오프라인 매장과 온라인 채널간 유기적 융합으로 고객의 이용 채널과 상관없이 일체화된 쇼핑 및 서비스 경험을 제공하여 온라인 매출을 확대
Walmart Save money. Live better.	• 미국의 대표 대형마트 • 오프라인 매장의 혁신 및 쇼핑 만족도 강화 • 물리적 환경 개선, 브랜드 구색과 서비스 역량 등 강화를 통해 오프라인 매장의 장점을 극대화
KOHL'S	• 미국에서 가장 큰 백화점 체인 • 타 온라인과 전략적 협업을 통해 채널고객의 신규 방문을 유도 • 아마존과 협력하여 환불 접수대를 매장내 운영, 방문한 해당 고객에게 할인쿠폰 등을 제공하여 매장 이용 유인

시간, 장소, 품목 제약이 없는 쇼핑경험의 제공

반면, 온라인 유통들은 사상 최고의 매출을 경신하고 초호황을 경험하고 있으며, 온라인 채널의 성장에 그치지 않고 다양한 오프라인 채널로 진출하면서 다양한 유통 포맷을 통해 고객 접점을 확대하고 취급 품목도 도서에서 신선식품으로 그 영역을 확장하고 있다. 아마존은 온라인 외 오프라인 채널을 확대하여, 고객의 시간, 장소, 품목의 제약이 없이 구매가 가능한 쇼핑 환경 구축을 목표로 하고 있다. 〈그림 11.19〉는 아마존이 정의한 고객의 쇼핑 상태에 따른 고객의 구매상황을 세 가지로 정의하였는데, ① 이동 중에 즉각적인 구매, ② 온라인 채널에서 정기 주문, ③ 정기적인 매장 방문, 세 가지 형태로 Click & Brick 유통전략을 전개 확장하고 있다.

| 그림 11.19 |

아마존 Click-&-Brick유통 전략 전개 현황

출처: Amazon press release, Avison Young Issue Report 2019, 일부 수정

고객의 쇼핑 상태

상품 구매상황	이동 중 즉각적인 구매	온라인 채널에서 정기 주문	정기적인 매장 방문
고객 및 유통채널의 특성	• 편의점의 형태 • 음료수, 군것질거리, 생필품 등 소량 단위 상품을 주변 근거리에 있는 소형 매장에서 구매 • 신속한 상품 탐색 및 결제과정의 편리성이 중요	• 기존 온라인채널 • 온라인채널을 활용한 식료품, 잡화 등 상품 주문 • 고객별 상품 추천, 사용자 친화적인 UI(User Interface) 구성, 배송 신속성 등	• 오프라인 매장 • 온라인에서 구매가 빈번한 상품들을 구성한 오프라인 매장(식료품, 서적, 잡화 등 필요 상품) • 다양한 상품 구색, 쇼핑 편의성, 서비스 역량을 갖춘 중대형 매장
아마존 운영 채널	amazon.com	prime now amazonfresh amazon alexa	amazon books amazon 4-star WHOLE FOODS MARKET

가치소비시대에서 감정소비시대로 변환에 대한 대응

과거 쇼핑은 가격과 동일시되어 가치소비에 중점을 두었다. 가치소비란 가격 대비 제품이 제공하는 혜택들이 큰 것에 대한 가치를 두고 쇼핑시 어떤 제품이 가치가 더 높은가를 각 개인별 세부 가치별 중요도를 계산 및 판단하여 최종적인 구매의사결정하는 특성을 가지고 있다. 그러나 MZ세대는 다르다. MZ세대는 1980년대초에서 2000년초에 태어난 트렌디한 소비를 리드하는 세대를 말하는데 개인의 개성과 취향을 우선하고 적극 소비하고 유년시절부터 디지털 환경에 노출되었기 때문에 자연스럽게 신기술에 민감하다. 개인적이고 독립적이며, 경제

CASE STUDY

아마존은 왜 무인매장 '아마존 고'를 폐쇄할까?

아마존이 최근 무인매장 '아마존 고'를 잇달아 폐쇄하고 있다. 2016년 처음 소개됐을 때 혁신적인 미래형 매장이라며 찬사가 쏟아졌지만 2023년 현재 돈 먹는 하마 취급받고 있다. 아마존 고는 왜 고객들의 발길을 붙잡지 못했던 것일까? 사람들이 식료품 매장을 찾는 이유를 충분히 고려하지 않고 신기한 기술 이상의 경험을 제공하지 못했기 때문이라는 지적이 나온다. 기술회사가 빠질 수 있는 함정, 즉 존재하지 않는 문제를 해결하겠다는 함정에 빠졌다는 것이다.

사진 아마존고 공식 영상

아마존 유통 혁신의 전시장 '아마존 고'

2016년 아마존 본사가 있는 시애틀에서 첫선을 보이고 2018년 대중에 공개된 아마존 고에 대한 관심은 폭발적이었다. 계산대 앞에 길게 차례를 기다릴 필요 없이 원하는 상품을 담아 그냥 걸어 나오기만 하면 되는 혁신적인 '저스트 워크 아웃'(Just Walk Out) 기술 덕분이었다. 아마존 고는 자율주행 자동차 기술과 유사하게 카메라 센서와 컴퓨터 비전, 딥러닝 기술을 활용해 매장 내 고객들의 움직임을 실시간으로 감지한다. 천장의 카메라가 고객의 얼굴과 그들이 집어 드는 상품을 인식하고, 알고리즘으로 분석하고 분류해 아마존 고 앱 장바구니에 담은 뒤 자동으로 결제가 되도록 하는 것이다. 몰래 숨겨 나가더라도 정확하게 알아챌 정도로 높은 정확도를 자랑한다.

아마존은 이 같은 아마존 고 매장을 2021년까지 3,000개로 확장하겠다는 계획을 발표했지만, 2023년 3월 오히려 뉴욕, 시애틀, 샌프란시스코에 위치한 8개의 매장을 폐쇄했다. 3월 말 기준 미국 내 아마존 고 매장 수는 31개로, 약 25%의 매장을 철수한 것이다.

신기한 매장, 그 이상의 가치를 주지 못한 아마존 고

아마존은 아마존 고를 바쁜 도시 직장인들이 포장된 음식이나 샐러드, 샌드위치를 집어서 바로 걸어 나갈 수 있는 매장으로 구상했다. 그래서 사무실과 빌딩, 아파트가 밀집한 대도시 지역에 전략적으로 아마존 고를 열었다. 하지만 팬데믹의 영향으로 도심이 비어버리면서 아마존 고 확장 계획에도 제동이 걸렸다.

하지만 이보다 더 큰 문제는 물건을 집어 걸어 나가기만 하면 된다는 기술의 참신함 외에 식료품점이 갖춰야 할 강점이 보이지 않았다는 것이다. 평범한 상품 구색과 느린 회전율로 마트로서의 매력이 떨어졌다.

2021년 저스트 워크 아웃 기술을 적용한 아마존 프레시 매장으로 영국 시장에 도전했던 사례가 이를 잘 보여준다. 영국 아마존 프레시는 테스코, 세인스버리 같은 대형 슈퍼마켓보다 같은 상품도 더 비싸게 팔았다. 인플레이션으로 소비자들은 점점 더 저렴한 식료품을 찾고 있는데 아마존은 시간 절약을 최대 가치로 제시한 것이다. 더욱이 영국 슈퍼마켓 케인은 도심 곳곳에 작은 매장을 촘촘하게 보유하고 있기 때문에 줄을 서지 않아도 된다는 점도 아마존 프레시의 장점이 되지 못했다. 줄이 길면 바로 옆의 다른 슈퍼마켓을 갈 수 있기 때문이다.

식료품점을 방문하는 고객들에게 정말 중요한 가치를 제대로 파악하지 못한 결과, 아마존은 2024년까지 영국에 260개 아마존 프레시 매장을 추가로 연다는 계획을 전면 중단할 수밖에 없었다.

출처: 머니투데이, 2023.6.25

적 가치를 우선시 하는 특징을 가지고 있으며 소셜미디어를 적극 활용한다. 이러한 신소비층 MZ세대들은 구매하는 해당 기업 혹은 제품을 컬처코드로서 인식하기 때문에 이전의 가치를 소비하는 것이 아니라 컬처코드의 정합성을 판단하여 소비 하는 감정소비시대인 것이다. 따라서 이러한 감정소비시대에는 기업은 엔터테인먼트, 패션, 뉴스, 소셜미디어 등에서 '가치있는' 브랜드가 아닌 '문화적' 브랜드로서 전달하는 것이 중요하다.

롯데하이마트 메가스토어 잠실점의 체험형 캠핑 부스
1인 가구 급증은 렌탈·가전 제품과 엔터테인먼트(게임) 디지털 기기 소비 증가를 촉발하며 온·오프라인 커머스 경계를 허물면서 가격 경쟁력에서 상대적으로 열세인 오프라인 유통매장들이 체험이라는 기능을 내세워 1인가구 주체인 디지털 노마드층 공략 중이다.

체험형 유통의 부상과 정착

과거 오프라인 매장은 제품 판매를 위해 존재했으나 최근 매장은 구매 장소가 아닌 매력적인 쇼핑 경험을 제공하는 곳을 변화하였다. 이는 단순히 매장의 리노베이션 개념이 아니라 해당 브랜드가 목적하는 브랜드의 정체성을 전달하는 곳이고 목표로 하는 감성 경험, 제품 경험, 서비스 경험이 이루어지는 곳이다. 예를 들면, 화장품 편집숍인 세포라(Sephora)는 기존 매장에 모바일 앱 등을 결합하여 매장을 재창조하였고, 취급하는 제품들을 고객이 원하는 대로 체험하는 공간으로 제공하고 있다. 삼성전자의 경우도 세계 주요 도시들에 팝업스토어(pop-up store)를 열어 제품을 판매하는 것이 아니라 삼성 제품을 경험하도록 하고 있다. 가상현실, 증강현실 등 다양한 모바일을 활용한 디지털기술을 매장에 결합하여 순수 경험만을 위한 매장들을 통해 고객과 관계 맺기와 커뮤니케이션을 하고 있다.

구독형 이커머스 성장

식품, 화장품에서부터, 이불, 매트리스, 자동차에 이르기까지 구독형(subscription) 이커머스가 급성장하고 있다. 조사에 의하면 2017년 기준, 온라인 소비자의 15%가 구독형 서비스에 가입한 것으로 보고되고 있다. 온·오프 통합을 통해 오프라인 매장은 중요한 거점 혹은 도심형 물류센터 기능을 하여 멀티채널 혹은 옴니채널 소비자에게 처음의 접점에서부터 최종 판매 접점에까지 종합적으로 관리하는 시스템으로 전환하는 것이다. 실제, 아마존이 인수한 슈퍼마켓체인 홀푸드는 미국 전 지역에 2시간 만에 배송서비스를 제공하고 이를 기반으로 약국체인, 편의점까지 영역을 확대하고 있다.

Hybrid Format 유통업태의 등장

다양한 유통업태가 하이브리드하게 결합하여서 소비자에게 새로운 고객 경험을 제공하는 하이브리드 유통이 등장하고 있다. 예를 들면, 영국의 ASDA on the Move이다. 주유소 특화 편의점 EG그룹을 인수하여 2020년에 론칭하여 최근 150여 점포가 개점되었고 2026년까지 300점포 오픈을 목표로 하는 급성장하는 영국의 편의점, 식료품점, 주유소 등이 복합적으로 결합한 급성장 중인 새로운 유통업태이다. ASDA on the Move는 24시간 운영 운영하는데 1,300여 개의 EG의 food-to-go PB 브랜드들과 함께 슈퍼마켓의 신선하고 프리미엄 상품을 빠르게 구매할 수 있도록 해준다. 앱을 통해 ASDA PB상품을 선주문 & 후 픽업할 수 있으며 타사 상품을 픽업 및 반품 서비스도 가능하다. F&B 서비스 Starbucks, Greggs, Subway, and Cinnabon 등이 넓은 공간으로 입점하였고 일반 주유와 함께 전기차 충전도 가능하다.

ASDA on the Move
ASDA PB 판매 + 앱을 통한 Click&Collection + 타사 제품 픽업 및 반품 + F&B + 주유소 + 전기차 충전시설

이커머스의 성장과 오프라인 유통 대체 시도

최근 온라인 유통이 급성장하면서 오프라인 유통의 영역까지 공략하고 있다. 〈표 11.8〉 국내 주요 이커머스 기업의 현황에서 보듯이 대부분의 이커머스 기업들이 시장 점유율을 확대하기 위해 적자를 감수하고 물류 혁신가 고객경험 고도화를 위한 기술 투자 및 외형 확장에 집중하여 이커머스 기업의 매출이 증대되

표 11.8

국내 주요 이커머스 기업 현황

출처: KPMG, 격변기 맞은 이커머스, 기업의 생존 방향은?, 2023, November.

	coupang 쿠팡	NAVER 네이버 (커머스 부문)	SSG.COM SSG닷컴	11번가 11번가	LOTTE ON 롯데온
거래액(2022)	36.8조 원	35.0조 원	6.0조 원	10.5조 원	7.4조 원
매출액(2022)	257,685억 원 (+26.5%)	18,010억 원 (+21.0%)	16,086억 원 (+13.4%)	7,890억 원 (+40.5%)	1,131억 원 (+4.5%)
영업손익(2022)	-366억 원	-	-1,102억 원	-1,515억 원	-1,559억 원
매출액(2023.3Q)	81,108억 원 (+18.6%)	6,474억 원 (+41.3%)	3,991억 원 (-2.4%)	1,886억 원 (-0.5%)	316억 원 (+26.1%)
주요 동향 및 비즈니스 전략 방향성	• '23년 3분기 매출액 8조 원을 돌파하며 사상 최대 분기 매출 기록. 또한 '22년 3분기부터 5개 분기 연속 흑자에 '23년 연간 흑자 달성 기대감↑ • 로켓와우 혜택 극대화 및 판매자 대상 솔루션 사업 통해 생태계 확장에 속도 • 대만 이커머스 사업 및 패션·뷰티 전문관 구축 등 신사업 통해 수익성 강화에 힘쓰고 있음	• 포털 트래픽을 바탕으로 지배적 입지 구축에 속도. 멤버십 및 페이 시스템으로 소비자 락인 효과를 강화하는 동시에 판매자 대상 솔루션을 확대하며 셀러 락인에도 집중 • 적극적 투자 통해 C2C(Consumer-to-Consumer) 플랫폼 및 크로스보더 커머스 사업 기반 강화하며 경쟁력 제고	• 기업가치를 높이기 위해 수익성 강화에 초점 • 온·오프라인 계열사 시너지를 극대화하기 위해 통합 멤버십, 해외 판로 개척 등에 나서고 있으며, 물류 효율화를 위해 새벽배송 지역을 축소하는 등 전략 개편 지속	• 신선식품, 럭셔리, 초저가, 키즈, 리퍼 등 신규 영역에서의 버티컬 서비스 전문관 구축 및 대규모 프로모션을 연이어 추진하며 외형 확장에 집중 - 초저가·키즈·ESG·리퍼 등 초세분화된 니즈 공략 위해 하이퍼버티컬(Hyper-vertical) 서비스 전략 강화	• 버티컬 서비스를 고도화하여 라이프스타일 플랫폼으로 리포지셔닝 및 경쟁력 강화 - 뷰티·명품·패션 전문관 구축으로 고객 유입 확대 • 영국 대형 유통업체 오카도(Ocado)의 스마트 물류 솔루션 접목된 최첨단 물류센터 구축 통해 물류 효율화 도모

표 11.9

네이버의 기존 유통업태 대체

네이버 쇼핑 서비스	브랜드스토어	특가창고, 네이버장보기	라이브커머스	스마트스토어
기존 유통업 대체	백화점	대형마트	홈쇼핑	오픈마켓

고 있는 상황이나 영업손실도 커지고 있는 상황이어서 수익성 개선이 요구되는 상황이다. 네이버의 경우는 다른 이커머스 기업들과 수익성 상황이 상대적으로 좋은 편이다. 네이버는 최근 기존 유통을 대체하는 서비스들을 출시하면서 유통시장 확대를 모색하고 있다. 네이버는 백화점을 '브랜드스토어'로, 대형마트를 '특가창고'와 '네이버장보기'로, TV홈쇼핑은 '라이브커머스'로, 오픈마켓을 '스마트스토어'로 공략하고 있다.

MARKETING **REPORT**

오프라인 매장의 미래, 리테일 테크

4차 산업혁명의 도래와 함께 정보통신기술이 급속도로 발달하는 가운데, 코로나19 확산으로 비대면 거래를 활성화할 수 있는 미래형 매장이 등장하고 있다. 특히 편의점이나 마트 등 소매점에 AR(증강현실), RFID(무선인식 기술), AI(인공지능) 등 첨단 ICT 기술을 접목한 것을 리테일 테크(Retail+Technology)라고 하는데, 대표적으로 키오스크, 드론 배달, 무인 편의점 등이 이에 해당한다. 기존 리테일 테크가 물류 입고 및 출하와 같이 비교적 단순한 업무에 적용되었다면, 최근에는 고객 안내, 결제 등 소비자와 상호작용이 필요한 부분까지 유통업 전반으로 확장되고 있다.

리테일 테크를 접목한 무인 매장의 유형은 다음과 같이 부분 무인화 매장–무인 매장–무인 스마트매장 세 단계로 분류할 수 있다.

부분 무인화 매장

부분 무인화 매장은 직원이 해야 할 노동의 영역을 기계가 일부 대신한다. 가장 보편적 예시로 키오스크를 들 수 있다. 키오스크는 이미 많은 산업 영역에서 활발하게 활용되고 있고, 외식산업에서는 고객이 키오스크를 통해 주문과 결제를 진행하면 종업원이 이를 확인하여 상품을 준비한다. 이외에도 유통산업의 셀프 계산대, 셀프 매표대 등이 있다.

배민은 2018년부터 '딜리'라는 이름의 자율주행 배달로봇 서비스를 개발해 왔다.

특히 로봇 기술의 발달은 서빙, 배달 등의 영역을 대체하고 있다. 대형 식당, 카페 등에서는 종업원 대신 음식을 배달하는 서빙 로봇이 일손을 보태고 있다. 초기에는 매장 내부에서만 운용되었지만 최근에는 배터리와 기능 등이 발전하여 규모가 큰 사업장으로 활동 영역을 넓혔다.

배달의민족 운영사 우아한형제들은 비교적 유동 인구가 많은 코엑스, 인천국제공항 등에서 음료나 간단한 식사 등을 서빙하는 로봇을 운영하고 있으며, 이를 확대해 아파트 단지를 대상으로도 기술 검증에 나섰다.

우아한형제들 관계자는 배달 로봇 서비스의 전면적인 상용화를 위해서는 추가적인 기술 적용이 필요하겠지만, 시범 운영 데이터를 기반으로 배달 로봇 서비스를 더욱 확대할 계획이라고 밝혔다.

무인 매장

계산과 서비스 전반의 과정이 무인으로 운영되며 대부분 24시간 운영되어 소비자가 원하는 물건을 언제나 구할 수 있다. 무인 아이스크림 매장, 무인 카페, 무인 밀키트 매장 등이 가장 대표적이다. 무인 매장의 직원은 물류 보충 및 비치 등의 역할만 수행한다. 무인 매장은 코로나19로 인해 비대면 서비스가 확대되면서 새로운 창업 아이템으로 떠올랐다. 특히 지속되는 경제위기 속에서 인건비 없이 키오스크와 CCTV 등 최소한의 투자 비용만으로 창업이 가능하다는 무인 매장의 특성이 투자자 및 예비 리테일 창업주들의 관심을 불러일으켰다.

프랜차이즈 기업들도 투자 비용 대비 높은 수익을 거둘 수 있는 무인 매장의 상품성을 감지하고 기존 매장을 무인 매장으로 전환하고 있다. 배스킨라빈스는 최근 무인 매장 '배스킨라빈스 플로우'를 확대 중에 있다. 기존 배스킨라빈스 매장에서 직원이 직접 아이스크림을 담아줬던 것과는 달리 이곳에서는 이미 포장된 상품을 판매하고 있다. 브랜드 고유의 이미지를 탈피하여 소비 트렌드에 맞춘 결과인 셈이다.

달콤커피는 로봇 바리스타 '비트'(b:eat)를 만들어 무인 카페 '비트박스'를 운영한다. 전용 애플리케이션이나 키오스크를 이용해 주문하면, 로봇 바리스타가 커피를 만들어주는 형태로 매장이 운영되고 있다. 비트는 기업 카페테리아를 중심으로 공항, 대학교, 영화관, 리조트, 아파트 등 특수상권에 도입되기 시작했고, 최근에는 히트맵을 통한 객수 파악, 이물질 및 노숙자 감지 등 매장 관리 및 제어가 가능한 스마트 매장을 시범 운영 중에 있다.

무인 스마트 매장

기아 강서 플래그십 스토어는 영업 직원이 퇴근한 야간 시간대에 모든 과정에 인간이 개입하지 않는 무인 스마트 매장이다. QR코드를 인식해 매장에 입장하면 인공지능(AI) 서비스 로봇 '달이'(DAL-e)가 고객을 응대한다. '달이'는 '그랜저'를 찾는 고객을 그랜저 전시차로 안내하고, 차량 가격이나 특징 등을 상세히 설명해 준 다음 판매 직원과 상담 예약을 잡아주기도 한다. 무인으로 운영되는 매장을 방문한 소비자들은 좌석을 접어 누워보거나, 트렁크에 유모차를 넣어보는 등 구매하기 전에 자유롭게 자동차를 체험해 볼 수 있다. 그뿐 아니라 고객은 선택 옵션들을 조합해 제품을 가상으로 구현하는 소프트웨어 '3D 컨피규레이터'를 통해 차량의 내 · 외장뿐 아니라 도어 및 트렁크 개폐, 방향지시등 작동 모습 등을 실내에 설치된 대형 미디어 월을 통해 3D 이미지로 경험할 수 있다.

국내에서 무인 매장을 가장 활발하게 도입하고 있는 곳은 편의점 업계다. 2022년 6월 말 기준 국내 주요 편의점 4사(세븐일레븐 · CU · 이마트24 · GS25)의 무인 매장 점포는 2,783개로 집계됐다. 2019년만 해도 200곳 정도였던 무인 편의점이 3년도 되지 않아 10배 이상 늘어난 것이다. 이 가운데 최첨단 ICT를 접목한 '스마트

기존 매장에서 볼 수 없었던 120여 개의 디저트를 파는 '플로우'는 24시간 무인 운영된다. ©배스킨라빈스

기아 강서 플래그십 스토어 내부

매장'은 국내 7곳에 불과하다. 스마트 매장은 직원의 손길이 필요 없는 완전 무인 매장과 직원이 부분적으로 상주하여 유·무인 시스템을 병행하는 하이브리드 매장으로 나뉜다.

아직은 무인 매장에 대한 인식이나 기술 상용화의 문제로 완전 무인 매장보다는 대부분 하이브리드 매장으로 운영되고 있다. 그러나 한시적으로 직원이 매장을 관리하는 하이브리드 매장이라고 할지라도 원칙적으로 결제 및 안내 등 고객 서비스에 관여하지는 않으며, 셀프 결제 시스템이나 키오스크만 갖춘 일반적인 무인 매장과는 기술력의 차원이 다르다. 무인 매장의 확대는 분명 소비자에게 편리함을 안겨줄 것이다. 다만 한국의 노인 인구가 증가하고 있다는 점은 무인 매장의 미래에서 가장 고려해야 할 사항이다. 기업에서는 노령 인구가 쉽게 이해할 수 있는 직관적인 인터페이스나 주문 방식의 간편화 등을 지속적으로 고민하고 도입해야 할 필요가 있다.

출처: The PR, 2023.4.20

::: DISCUSSION QUESTIONS

1. 수직적 마케팅 채널과 수평적 마케팅 채널의 장단점을 비교하고, 기업 사례들을 각각 2개씩 찾아 제시하시오.
2. Brick-&-Click 전략을 설명하시오.
3. 멀티채널와 옴니채널의 공통점과 차이점을 제시하시오.
4. 옴니채널 전략을 구사했을 시, 구매촉진이 더 일어나는 이유를 제시하시오.

::: TEAM WORKSHOP

1. 리테일 유통에서의 AI를 통한 초개인화 마케팅의 성공사례 2개를 찾아서 분석하고 두 사례의 공통점과 차이점을 도출하시오.
2. 특정 리테일기업의 PB브랜드의 현황을 분석하고, 소매바퀴이론을 활용하여 향후 PB브랜드가 어떻게 변화될지 제시하시오.
3. 〈Marketing Report〉 '디깅' 트렌드 확산 … 유통街 "생존법칙은 차별화"에서 제시한 바와 같이, 세분화된 고객 취향에 맞춘 혹은 새로운 취향을 제시하는 소비자 '덕심력' 활용한 마케팅 방안을 제시하시오.
4. 리테일 테크를 적극적으로 접목하고 있는 특정 리테일 기업을 정하여 소비자에게 어떤 이점들을 전달해야 하는지 마케팅 커뮤니케이션 방향을 토론하여 도출하시오.
5. 〈Marketing Report〉 '오프라인 매장의 미래, 리테일 테크'에서 제시한 무인화 매장-무인 매장-무인 스마트매장 세 단계와 '아마존 고' 〈Case Study〉에서 제시한 문제점을 종합 토론하여 구체적인 리테일 목표 (①운영관리 비용 절감, ②시간 단축, ③새로운 고객경험)를 정하고 이에 따른 무인매장 전략을 제시하시오.

PART

4 AI·디지털시대의 4P Mix 마케팅 전략 수립과 관리

생텍쥐페리의 그 유명한 소설 '어린왕자'에서 등장한 모자는 실제 코끼리를 삼킨 보아뱀이었다. 생텍쥐페리는 독자들이 그 모자를 보아뱀을 삼킨 모자로만 이해한 것에 대해 매우 아쉬워했다고 한다. 독자들이 다양한 것을 상상하도록 열어 논 일러스트였는 데 말이다.

어린왕자의 모자처럼, '기업이 미래를 창조하는 데 실패하는 이유는 그들이 미래를 예측하지 못하기 때문이 아니라 상상하지 못하기 때문이다.' 라고 한 '*Leading The Revolution*'에서 게리하멜의 언급이 떠오른다.

마케터는 생텍쥐페리가 한 것처럼 소비자에게 새로운 모자를 제시해야 한다. 그것이 무엇인지, 혹은 그 안에 무엇이 들어 있는지, 수많은 상상이 만들어지는 모자 말이다.

CHAPTER 12 ::: 마케팅 커뮤니케이션 전략과 관리

twelve

마케팅 성공신화 쓴 배달의민족, 광고로 보는 브랜딩의 진화

"우리가 어떤 민족입니까."

이 문구를 보면 단번에 떠오르는 브랜드가 있다. 국내에서 성공한 마케팅 사례로 늘 손꼽히는 우아한형제의 배달 애플리케이션 '배달의민족'은 광고를 통해 브랜드의 비전과 전략을 성공적으로 소비자에게 전달했다는 평가를 받고 있다. 지난 2014년 4월 처음으로 선보인 광고부터 현재 온에어되고 있는 광고를 모두 보면 배달의민족의 브랜딩 전략을 한눈에 살펴볼 수 있다. 소비자들에게 처음으로 브랜드를 알려는 것이 목표였던 첫 번째 광고부터 압도적인 업계 1위 배달앱 브랜드로서의 새로운 비전까지 광고 속에 모두 담겨있다.

배달의민족이 2014년 처음으로 선보인 TV광고는 소비자들에게 새로운 브랜드를 알리는 것이 목적이었다. 영화배우인 류승룡을 모델로 발탁해 "우리가 어떤 민족입니까"라는 질문을 유머러스하게 던짐으로써 소비자들에게 '배달의민족'이라는 새로운 브랜드를 효과적으로 각인시켰다는 평가를 받았다. 배달의민족'이라는 브랜드를 알리고 난 뒤에는 경쟁업체인 '요기요', '배달통'과 다른 차별점과 강점을 확실하고 명확하게 전달하는 것이 목표였다.

이에 2014년 8월 '배달의민족'은 고객 소구를 위한 USP(Unique Selling Proposition) 광고 전략을 내놨다. '배달의민족' 만의 특장점과 정보를 전달하는 동시에 배우 류승룡을 모델로 영화 예고편을 방불케 하는 파격적인 콘셉트의 광고를 선보였다. TV광고 뿐만 아니라 옥외광고도 영화 포스터처럼 제작했는데 당시 배달의민족 영화가 언제 개봉하는지 묻는 소비자들이 있을 정도로 큰 관심을 끌었다. 광고 방영 이후 방문자수와 앱 다운로드수가 큰 폭으로 증가한 것은 물론, 브랜드의 최초 상기도(TOM)도 1위를 차지하는 등 마케팅 수치도 놀라운 성장세를 보였다. 이어 이 광

고는 대한민국 광고대상에서 IMC와 인쇄 부문 대상을 동시에 수상했다. 광고주인 우아한형제 측에서 HS애드 헌정 광고를 집행하기도 했다. 광고주가 대행사에 헌정 광고를 내 준 것은 사상 최초의 사례이다.

국내 배달 앱 시장 점유율 70%로 압도적인 1위에 오른 '배달의민족'은 3차 광고에서는 업의 본질에 대한 메시지를 전하고 '배달음식'에 대한 소비자들의 고정관념을 깨고자 했다. 일반적으로 소비자들은 배달음식이라고 하면 한 끼 간단히 때우기 위해 찾는 음식이라는 고정관념을 갖고 있었다. 배달의민족은 제대로 된 식사가 가능한 맛있는 배달 음식을 소비자들에게 제공하고자 했다. 그렇게 탄생한 것이 바로 '배달맛집 대동여지도' 콘셉트다. 고객들이 직접 작성한 후기를 바탕으로 모델인 류승룡이 전국의 '배달맛집'을 찾아내고 그 정보를 고객들에게 전달하는 것이 핵심 메시지다. 광고 문구도 "다들 식사는 하셨습니까"로 내세웠다. 전국의 배달맛집이라는 콘셉트를 내세우며 배달의민족은 압도적인 업계 1위 업체로서 입지를 확실히 다지게 됐다. 이후 배달의민족은 2015년 8월, 결제 건당 수수료 0%를 선언하며 마케팅보다는 비즈니스에 집중하는 전략을 내세웠다.

배달의민족은 수수료 0% 선언 후 약 2년여간 TV 광고와 같이 큰 비용이 들어가는 매스미디어 캠페인을 줄였다. 자체적으로 광고를 제작하거나 '배민신춘문예'와 같은 행사를 열어 이를 연계한 옥외광고를 진행하는 등 규모가 작은 다양한 마케팅 활동을 펼친 것이다. 대규모 마케팅 없이도 배달의민족 매출은 매년 상승세를 기록했고 업계 1위로서의 입지도 흔들림 없이 이어갔다. 그러나 그 기간 브랜드 신뢰성과 매력성 면에서는 다소 부정적인 신호가 나타나기 시작했고 시장 경쟁도 치열해졌다. 배달의민족 시장점유율은 압도적인 1위였지만 브랜드 지표 측면에서 불안감이 감지되기 시작했다. 네이버와 카카오, 우버이츠와 같은 거대 기업들이 시장에 진입

::: 마케팅 커뮤니케이션의 중요 이론

마케팅 커뮤니케이션은 기업의 마케팅 활동 과정 중에 발생하는 고객과의 커뮤니케이션으로써, 기업의 제품이나 서비스를 시장에 선보일 때 기업이 소비자에게 전달하고자 하는 메시지, 가치, 정보 등 소비자에게 전달되는 일련의 과정을 총체적으로 말한다. 성공적인 마케팅 커뮤니케이션은 기업의 수익 창출과도 직접적인 관련이 있기 때문에 마케팅 커뮤니케이션의 주요 과정들에 대한 충분한 이해가 필요하다. 마케팅 커뮤니케이션의 목적은 소비자에게 기업이 전달하고자 하는 메시지나 정보를 명확하게 전달하여 그 제품이나 서비스를 구매하도록 촉진하는 것

하면서 경쟁이 치열해진 것도 새로운 고민이었다. 12조원에 달하는 국내 배달음식 시장 중 23.7%만이 배달앱을 통한 주문인 것을 고려했을 때 시장의 잠재력은 충분하다고 판단했다. 이에 타깃층을 넓히고 배달앱 이용률을 높이기 위해 새로운 광고 캠페인 전략을 짰다.

배달의민족은 2017년 12월, 톱 모델 대신 자체 캐릭터인 '독고배달'을 광고 전면에 내세운 신규 캠페인을 선보였다. 지난 광고 캠페인에서 '배달맛집'을 강조했다면 신규 캠페인에서는 '맛집배달'이 전략의 핵심이다. 배달의민족에서는 기존 배달음식에서 벗어나 랍스터, 스테이크, 수제버거 등 고객이 원하는 모든 음식을 배달해 줄 수 있는 서비스가 가능해졌다. 배달맛집이 아닌, 맛집배달로 진화한 것이다. 이어 해당 광고 집행 이후 앱 다운로드수 260만 건, 월 주문건수 130만 건, 가맹점 수는 3만 건이 증가했다. 놀라운 것은 신규 가맹점 중 60%는 기존에 배달이 안되던 맛집이라는 점이었다.

배달의민족은 단순 음식배달앱에서 다양한 브랜드, 다양한 메뉴의 맛집을 배달해 주는 서비스로 진화했다. 현재 배달의민족은 '폴바셋', '버거킹' 브랜드와 협업해 "폴바셋도 우리 민족이었어", "버거킹도 우리 민족이었어" 등의 TV 광고를 진행하고 있다. 앞으로 폴바셋, 버거킹과 같이 다양한 브랜드와 협업한 광고를 꾸준히 선보일 예정이며 모든 소비자가 배가 고플 때 뭐 먹을지를 고민하는 대신 배달의민족 앱을 켜보게끔 하는 것이 목표이다. 우아한형제의 대표 브랜드 '배달의민족'은 국내 배달앱 업계 1위로 현 기업가치는 3조원에 달하는 것으로 추산된다. 최근에는 베트남 내 배달앱 선두 업체인 '베트남MM(Vietnammm)'을 인수해 동남아 시장에 진출했다. 이를 발판 삼아 향후 글로벌시장 진출도 노린다는 계획이다.

출처: Brand Brief, 2019.3.4

이다. 여기서 정보를 전달하는 기업은 발신자(sender) 입장으로 어떤 메시지를 전달할 것인지, 이를 위해 어떠한 촉진 믹스를 선택할 것인지, 어떤 채널로 메시지를 전달할 것인지 등을 결정하게 된다. 이때 기업은 광고, PR 등으로 전달되는 메시지가 소비자로 하여금 신뢰를 형성시킬 수 있고, 구매 설득력을 높여서 구매나 기업의 긍정적인 이미지 창출 등으로 연결될 수 있도록 노력해야 한다.

거시적 차원의 마케팅 커뮤니케이션 과정

〈그림 12.1〉은 거시적 차원의 커뮤니케이션 과정 모델을 차용하여 설명한 마케팅 커뮤니케이션 과정 모형이다. 본 모형은 발신자(기업), 부호화, 메시지, 커뮤

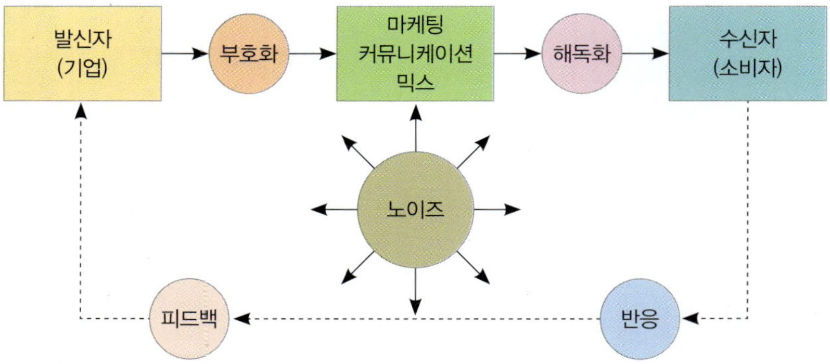

그림 12.1 거시적 차원의 마케팅 커뮤니케이션 과정 모델

니케이션 매체, 해독화, 수신자(소비자), 반응, 피드백 그리고 노이즈(noise)로 이루어져 있다. 기업이 전달하는 메시지를 받은 수신자(receiver)인 소비자는 기업이 송신한 문구, 상징, 캐릭터, 슬로건 등 다양한 형태로 보내는 메시지를 보고 이를 이해하고 해석하는 과정을 거치게 된다. 이에 기업은 자신이 전달하려는 메시지를 효과적으로 전달하기 위해 상징적인 형태로 어떻게 부호화(encoding)하고 어떤 마케팅 커뮤니케이션 채널(communication channel)을 통해 전달할 것인가를 정하는 것이 중요하다. 전달하려는 메시지에 따라 옥외 광고, 지면 광고, 인터넷 광고, 이벤트, 미디어 광고 등 다양한 마케팅 커뮤니케이션 매체를 활용하게 된다. 이를 마케팅 커뮤니케이션 믹스(marketing communication mix)라고 한다. 이렇게 기업이 전달하는 메시지가 소비자에게 전달되면, 소비자는 인지(cognition) 과정을 통해 과거 그 제품이나 기업에 대한 경험을 바탕으로 특정 태도를 형성하게 되거나 혹은 직·간접적으로 향후 구매 행동에 영향을 미치게 된다. 또한 메시지가 최종적으로 소비자에게 전달된 이후에 기업은 소비자가 어떤 반응을 보였는지, 매출의 변화는 있었는지 등 피드백(feedback) 경로를 개발하여 살펴봐야 한다. 이때는 설문 조사나 매출 변화량, 후기 등이 이용되기도 한다.

이러한 커뮤니케이션하는 과정에서 소비자들은 전달받은 동일한 메시지라도 선택적 주의, 선택적 왜곡, 선택적 보존의 세 가지 다른 프로세스 때문에 다른 지각들을 갖게 된다. 첫째, 선택적 주의(selective attention)란 소비자들이 관심 있는 광고에만 주의를 기울이는 것을 의미한다. 소비자들은 하루에 수많은 상업광고의 메시지들에 노출된다. 일반적으로 소비자는 하루에 약 1,500개의 광고에 노출된다고 보고되고 있으나, 최근 보고에 의하면 83%의 시청자들은 TV를 보면서 동시에 모바일을 사용하며, TV에서 발생하는 노출의 63%는 시청자들로부터 외면받고 있다. 아이트래킹을 통한 배너광고의 주목률 조사 결과에 의하면, 가장 주목률이 높아서 광고비가 제일 비싼 첫 페이지 윗 상단 배너광고에 대해 소비자들은 0.8초 주목하고 그 내용을 기억하는 비중이 70%이며, 오른쪽 구석 배너의 경우는 0.5초 주목하고 그 내용은 40%밖에 기억하지 못한 것으로 보고되었다(Nas Media, 2012). 이러한 전체 배너광고 주목률은 평균 66%에서 52.9%로 매년 낮아지고 있다(Nas Media, 2013).

TV시청 시, 선택적 주의가 날로 심화되고 있다.

둘째, 선택적 왜곡(selective distortion)은 수신자, 즉 소비자는 그들의 신념체계와 맞는 것을 선택적으로 듣고 메시지 내용에 어떤 것을 추가 혹은 확대하던가, 또는 다른 해석을 집어넣어 다른 내용으로 인식하는 것을 말한다. 특정 제품이나 브랜드에 특정 선입견(stereotype)이나 틀(frame)을 가지고 제공받은 내용을 이를 통해 해석하는 경향이 있다. 셋째, 선택적 보존(selective retention)이란 수신자들은 그들에게 선택적 주의, 선택적 왜곡 등을 통해 최종적으로 도달한 메시지들의 극히 일부분만 장기적 기억 속에 보존하는 것을 말한다. 일반적으로 개인의 태도와 신념에 부합할수록 오래 기억한다.

거시적 차원의 마케팅 커뮤니케이션 과정에서 노이즈 관리는 매우 중요하다. 노이즈(noise)란 발신자인 기업과 수신자인 소비자 간의 커뮤니케이션을 방해하는 모든 요소들을 말하는데, 다음과 같은 세 가지 종류로 구분된다.

① **환경적 노이즈**: 일상적인 노이즈(예: 광고량이 많은 clutter 현상)
② **기계적 노이즈**: 기계적인 문제(예: 기계적인 문제로 수신자에게 전달이 안 됨)
③ **의미적 노이즈**: 불분명한 의미 전달, 서로 이해관계가 다름(예: 세대차이, 문화적 차이, 교육적 차이 등)

예상치 못한 노이즈를 기업이 어떻게 대응하느냐 또한 중요한 이슈이다. 예를 들면, 2007년 겨울 연휴 전날 심한 폭설로 제트블루 비행기가 결항하게 되었다. 갑작스런 결항으로 승객들은 연결편 비행기도 놓치고, 짐을 잃어버리기도 하고, 대기 안내 메시지도 승객에게 전달되지 않아 9시간이나 활주로에서 추위에 떨며 고생하는 장면을 승객 중 한 사람이 촬영하여 유튜브에 올렸다. 순식간, 전 세계 네티즌들에게 확산되었고, 비난의 댓글과 비난 여론으로 제트블루 창사 이래 최대 위기를 직면하게 되었다. 이런 위기가 발생하자마자 CEO 데이비드 닐먼(David Neeleman)은 신속하게 자신이 운영하는 개인 블로그와 유튜브에 깊은 사과와 함께 구체적인 개선 대책들을 작성하여 발표하였다. 날씨로 인한 결항이었지만 일절 변명하지 않고 자사의 책임을 인정하고 이에 대응하고자 하는 진정성 있는 메시지는 불리하게 돌아가던 여론을 순식간에 잠재웠다. 이를 통해 불평이 넘쳐나던 고객을 가라 앉혔을 뿐만 아니라 고객 충성도를 높이는 계기가 되었다. 실제 제트블루의 창사 이래 최대 위기로 몰았던 동영상은 10만여 건의 동영상 조회수였지만, CEO의 사과 동영상은 30만여 건으로 오히려 더 높은 조회수를 기록했었다. 즉 본 위기를 기회로 승화시켜서 고객의 충성도와 인지도를 높일 수 있었던 성공적인 온라인 위기관리 사례로 회자된다.

미시적 차원의 마케팅 커뮤니케이션 과정

〈그림 12.2〉는 4가지의 고전적 미시적 차원에서의 커뮤니케이션 모델을 정리해 놓은 것이다. 스트롱(Strong)이 1925년에 제안한 AIDA 모델은 가장 고전적 모델로서 커뮤니케이션의 반응을 처음으로 주의-관심-욕망-행동 네 단계의 연속단계로 본 모델이다. 효과계층 모델(Hierarchy of Effects Model)은 라비즈와 스테이너(Lavidge and Steiner)가 1961년에 제시한 것으로 인지-숙지-호의-선호-확신-행동의 6단계에 걸친 효과가 계층적으로 누적된 결과로 보는 모형이다. 예를 들면, 각 단계별 커뮤니케이션 성공 가능성을 30%라고 높게 가정해도, 0.3×0.3×0.3×0.3×0.3×0.3이므로, 최종 구매행동까지 일어날 확률은 겨우 0.073%밖에 되지 않는다. 각 커뮤니케이션 단계별로 도달하는 것의 누적 성과로 본 것으로 커뮤니케이션의 효과가 지극히 낮음을 반증하는 모델이기도 하다. 혁신채택 모델(Innovation Adoption Model)은 로저스(Rogers)가 혁신제품의 수용과 관련하여 제안한 모델로서 다른 모델과 달리, 평가, 사용 후 채택의 과정을 겪음

| 그림 12.2 | 중요 고전적 커뮤니케이션 반응계층 모델

출처: Kotler & Keller(2014), "Marketing Management," p.734

단계 \ 모델	AIDA 모델	효과계층 모델	혁신채택 모델	의사소통 모델
인지적 단계	주의	인식 ↓ 숙지	인식	노출 ↓ 수용 ↓ 인지적 반응
감정적 단계	관심 ↓ 욕망	호의 ↓ 선호 ↓ 확신	관심 ↓ 평가	태도 ↓ 의도
행동적 단계	행동	구매	사용 ↓ 채택	행동

그림 12.3

AIDMA 모델

을 설명하고 있다. 그 외에 다양한 미시적 관점에서 소비자가 기업의 메시지에 반응하는 과정들은 의사소통 모델에서 정리된 바와 같이, 노출-수용-인지적 반응-태도형성-의도형성-행동의 과정이 이루어진다.

모든 모형들의 기본적 공통점은 소비자는 커뮤니케이션으로 전달 받은 메시지를 인지적 단계(학습) → 감정적 단계(느낌) → 행동적 단계의 연속과정을 거친다는 가정이다. 이는 제품별 관여도의 차이도의 차이가 크고 브랜드의 차이를 크게 지각하는 경우로, 아파트, 고가 패션물, 자동차 구매와 같은 경우가 해당된다. 이외에도 대안적 연속과정이 일어날 수 있는데, '행동 → 느낌 → 학습'의 대안적 연속과정은 평소 차이를 지각하지 못하는 제품 카테고리를 구매 후에 관여가 높아지는 경우로, 항공권이나 헤어나 미용 서비스 등이 해당된다. '학습 → 행동 → 느낌'의 대안적 연속과정은 제품이나 브랜드의 차이를 지각하지도 않고 관여도도 낮은 경우로서 일상 생활용품들인 치약, 비누, 세제 등이 이에 해당된다. 마케터는 본인이 담당하는 제품의 특성들을 파악하여 이 세 가지 연속과정들 중 적합한 연속과정을 선택하여 커뮤니케이션함으로써 마케팅 커뮤니케이션 성과를 배가시켜야 한다.

일반적으로 커뮤니케이션 반응 모델로써, 1920년에 로날드 홀(Ronald Hall)이 제안한 주의-흥미-욕구-기억-행동의 연속 과정인 AIDMA 모델이 널리 사용된다. 이는 소비자에게 상품에 주의를 끄는 단계에서 시작하여 구매의 변화로까지 이어지는 과정을 설명하고 있는데, 기본적으로 인지적 학습에 의해 순차적으로 진행한다는 '인지적 학습 이론'에 바탕을 두고 있는 수용자 행동과정 모델이다.

::: TMC 마케팅 커뮤니케이션 전략

TMC 마케팅 커뮤니케이션 전략의 체계

〈그림 12.4〉는 앞서 5장에서 설명하였던 중요 마케팅 전략의 체계와 마케팅 커뮤니케이션 전략의 대표적인 체계인 TMC 마케팅 커뮤니케이션 전략 체계와의 관계를 보여주고 있다. STP 마케팅 전략의 세 개 기둥을 기반으로 4P Mix 마

그림 12.4

TMC 마케팅 커뮤니케이션 전략과 다른 마케팅 전략 체계와의 상관관계

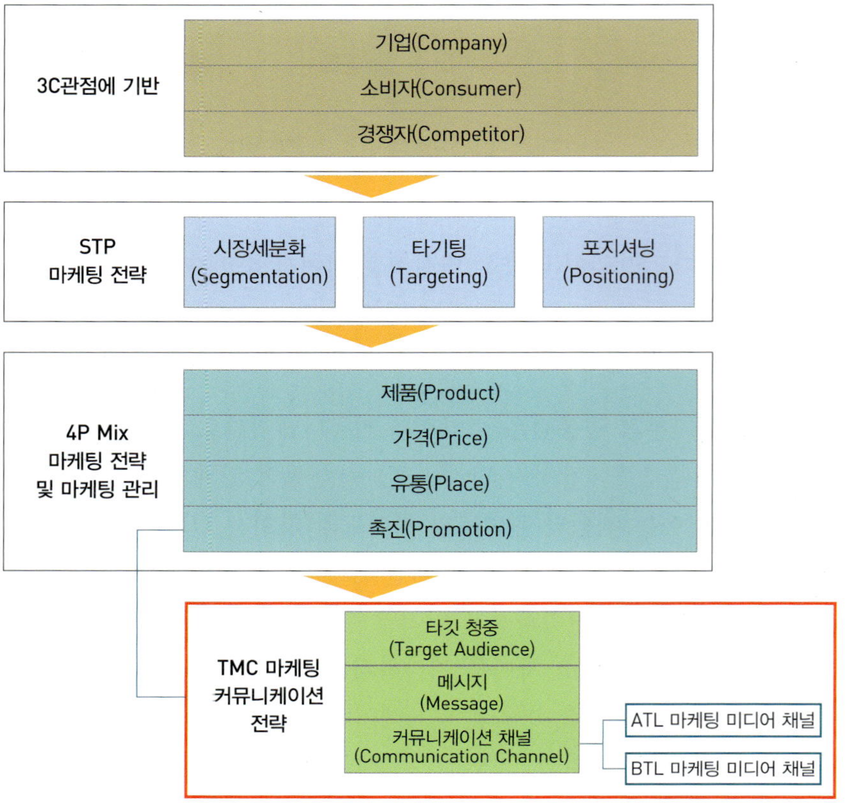

케팅 전략 및 관리 체계를 수립하고 실행해야 하며, 4P Mix 내 촉진전략 아래 TMC 마케팅 커뮤니케이션 전략이 후속적으로 수립되어야 한다. TMC 마케팅 커뮤니케이션이란 타깃청중(target audience), 메시지(message), 커뮤니케이션 채널(communication channel)로 구성되어 있으며 커뮤니케이션 채널은 다시 전통 4대 매체로 구성된 ATL(Above The Line) 마케팅 채널과 BTL(Below The Line) 마케팅 채널로 구성되어 있다.

〈그림 12.5〉에서 보여주듯이 마케팅 커뮤니케이션 채널 중 직접 광고활동을 주로 하는 above the line에 있는 전통적 4대 매체를 ATL 마케팅 채널로 부르고 있고 이외 직접 미디어를 매개로 하지 않고 대면 커뮤니케이션 중심인 below the line에 있는 모든 채널들을 BTL 마케팅 채널이라 부른다. ATL 마케팅 채널은 전통 4대 마케팅 채널인 TV, 라디오, 신문, 잡지가 해당되는데, 일반적으로 기업이 지불하고 있는 마케팅 매체 비용의 많은 부분을 차지하는 메이저 채널들이다. 이 채널들은 일방향성(one-way) 커뮤니케이션 채널 특성으로 가지고 있어서 푸시 마케팅(push marketing)에 적합하며, BTL 마케팅 채널 대비 상대적으로 고가의 비용이 든다. ATL 마케팅 채널의 장점은 다수의 타깃들을 공략할 때, 브랜드의 초기 인지도를 높일 때 유리하고 브랜드 상기도와 호감도를 높이는 데 효

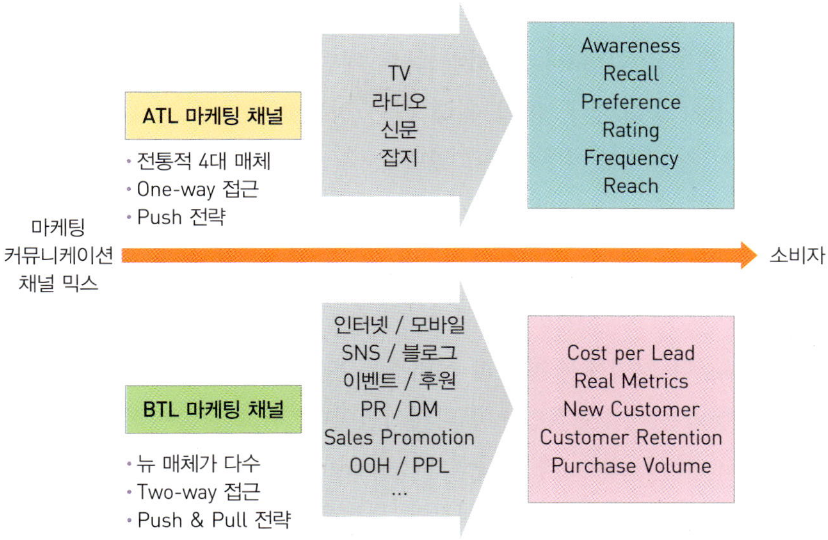

그림 12.5

ATL & BTL 마케팅 커뮤니케이션 채널의 차이

과적이다. ATL 마케팅 채널의 효과성 측정은 일반적으로 광고 인지도, 광고를 통한 브랜드 상기도, 광고를 통한 브랜드 호감도이다. 이러한 ATL 마케팅 채널 성과는 광고 매체의 시청률, 청취율, 발행부수와 광고 집행 빈도에 따라 도달(reach) 정도가 달라진다.

반면, BTL 마케팅 채널은 ATL 채널 외의 모든 마케팅 미디어 채널들이 포함된다. 인터넷, 모바일, 페이스북, 인스타그램, 카카오스토리, 블로그와 같은 SNS나, 팝케스트, 게임, 이벤트, 옥외광고(Out Of Home ad: OOH ad), 사은품, 쿠폰과 같은 매장 내 판매촉진(sales promotion), 협찬, 후원 등 그 종류도 다양하다. 이 BTL 채널들은 과거 판매촉진을 제외하고는 일방향성 커뮤니케이션 경향이 많았으나, 최근 스마트폰과 함께 다양한 기술들이 발전하면서 쌍방향성(two-way)이 높은 커뮤니케이션 채널로써 진화하고 있으며, 다양한 새로운 매체들이 등장하고 있다. BTL 마케팅 채널은 풀 마케팅(pull marketing)에 적합하며 대체적으로 ATL 마케팅 채널보다 비용이 저렴하고 세분화된 특정 타깃을 공략하는 데 보다 효과적이다. 또한, 소비자들의 태도나 행동을 결정하게 하는 브랜드 선호도, 호감도 및 충성도 등의 제고에 유리하다.

최근에 다양한 채널들의 장점을 활용하고 시너지를 극대화하는 옴니채널을 활용한 마케팅 커뮤니케이션이 적극 추진되고 있다. 이러한 크로스 오버 채널 활용으로 오늘날 ATL 마케팅 채널과 BTL 마케팅 채널을 구분하는 것이 모호해지고 있는 상황이다. 크리에이티브라는 상위 관점에서 출발한다면, ATL과 BTL 채널의 양분화된 구분보다는 이들 채널들 간의 연동성과 시너지를 만들어 내는 것이 더욱 중요하다. 또한 AI·디지털시대의 각각 매체에 대한 광고효과 측정은 한계가 있다. 다양한 이종 매체들 간의 중복 노출들이 일어나고 있기 때문에 진정한 광고효과 측정을 위해서는 이러한 다수 채널들의 중복 노출을 반영한 통합 노출효과 측정이 중요하다. 이를 위해 최근 정확한 통합 노출효과를 측정하기 위한 시도들이 왕성하게 이루어지고 있다.

::: 중요 마케팅 커뮤니케이션 채널

광고(advertising)란 기업에서 제품과 서비스를 판매하거나 전달하기 위해 비용을 지불하고 진행되는 비대면적인 커뮤니케이션이다. 광고는 본원적으로 정보전달의 기능(informative function)과 설득의 기능(persuasive function)을 수행한다. 제품의 기능을 전달해야 하는 경우나 시장에 새로운 제품을 출시할 경우에 정보전달의 기능에 중점을 둔다. 이때 제품의 기능, 용도, 사용 가능한 서비스, 새로운 이벤트 등을 알리는 정보전달 기능의 광고를 수행한다. 또한 기업의 타깃 소비자들에게 자사의 제품을 사용할 수 있도록 호소하거나 즉시 구매를 유도하는 등 설득의 기능을 가지고 있다. 이때는 경쟁사와 대비되는 차별화 속성이나 고객가치를 제공하면서 자사의 브랜드로의 전환을 유도하거나 제품에 대한 기존의 인식을 새롭게 전환하는 등의 기능을 수행하게 된다.

광고는 다수의 소비자를 대상으로 한 비대면적인 커뮤니케이션 수단으로서, TV, 라디오, 신문 등 다양한 매체들을 사용하여 넓은 범위에 광고 노출이 가능하다. 최근에 등장한 다양한 미디어 채널들을 사용하여 빠른 시간 내에 많은 사람들에게 광고 메시지를 전달할 수 있게 되었다. 각각의 중요 마케팅 커뮤니케이션의 매체의 특징은 다음과 같다.

ATL 마케팅 커뮤니케이션 채널

TV 광고

일반적으로 가장 강력한 광고 매체로 알려진 TV 광고는 넓은 도달범위를 갖고 있다. 매체 비용은 가장 비싼 편에 속하나, 넓은 도달범위로 인해 노출당 낮은 비용의 매체이기도 하다. TV 광고의 장점은 첫째, 제품속성을 생생하게 전달할 수 있고 소비자의 이점을 효과적으로 설득 및 설명할 수 있고, 둘째, 사용자와 사용상황 및 브랜드 요소들을 극적이고 강력하게 전달할 수 있다. 셋째, 짧은 시간 내에 브랜드를 알리고 이미지를 강화하고, 궁극적으로 판매에 강력하게 영향을 미칠 수 있다. TV 광고의 단점은 첫째, 15초에서 30초로 매우 한정된 시간 안에서 전달하고자 하는 메시지를 짧게 노출하면서 실질적으로 소비자들이 인지하지 못하는 경우가 많다. 특히, 최근에 광고 혼잡성이 높아서 인지율이 현저하게 떨어지고, TV 광고에 주의를 기울이는 정도도 극명하게 감소하고 있기 때문에 매체 효과가 더 떨어지고 있다. 둘째, 최근 TV 시청률 하락으로 도달 수준도 현저히 떨어지고 있다. 셋째, TV 광고를 위한 크리에이티브 제작 비용이 기본적으로 고가인데다가 앞서 언급한 매체효과가 떨어짐과 연동하여 노출당 비용도 더욱 높아지고 있다. 넷째, TV 광고 크리에이티브를 한번 제작하면 동일한 내용을 계속 돌리기 때문에 상황 변화에 능동적으로 대응하기 어려운 한계가 있다. 다섯째, 불특정 다수를 타깃으로 하는 매체이다 보니 특정 타기팅이 불가능하다.

인쇄 광고

인쇄 광고는 신문과 잡지를 포함한 것으로 매체 특성상 보다 세밀한 제품정보를 제공할 수 있고 TV 광고보다는 명료한 타깃청중을 목표로 할 수 있다. 신문 광고의 장점은 신문은 매일 출판되기 때문에 시의성이 매우 높고 구체적인 지리적 타기팅이 가능하고 특히 신뢰도가 높은 매체이다. 예를 들면, 지역신문의 경우, 그 해당 지역에만 배포되고 로컬 중심 신문이기 때문에 특정 지역 타기팅이 용이하다. 잡지 광고의 장점은 지리적, 인구통계적 타깃 선별성이 높아 특정 타기팅이 용이하고, 잡지에 따라 신뢰 및 권위가 있고, 보관을 하는 경우가 많아서 지속적인 노출이 가능하다. 예를 들면, 자동차 전문 잡지라면 자동차를 좋아하는 소비자 집단이 모여 있기 때문에 특정 타기팅의 수월성이 있고 수집 및 보관하는 경향이 높고 전문성이 있어서 제품에 관한 심도 있는 메시지를 전문적으로 전달할 수 있다. 반면, 인쇄 광고의 단점은 정적인 이미지의 극적인 제시 역할을 하기가 어렵고, 광고의 배치 위치, 크기, 색상, 형식에 따라 광고효과가 크게 달라진다.

라디오 광고

라디오 광고는 다른 매체 대비 청취시간이 길고 지속적 청취하는 경향이 높아서, 특정 충성도 높은 고객 타깃이 가능한 매체이다. 라디오 광고의 장점은 광고물 제작과 배치가 비교적 비용이 적고 제작이 용이하여 비교적 신속하게 집행이 가능하다. 또한 라디오는 지역화가 된 매체로서 특정 지리적 지역 타깃이 용이하다. 반면, 시각적인 정보를 제공하지 않고 오직 청각에만 의존하기 때문에 전달코자 하는 메시지의 임팩트가 제한될 수 있다. 이러한 단점은 동시에 장점일 수도 있는데 음악, 소리 및 크리에이티브 방식으로 청취자의 상상력을 자극하기 때문에 좋은 이미지 창조에 용이한 매체이다.

BTL 마케팅 커뮤니케이션 채널

인적 판매

인적 판매(personal selling)란 제품이나 서비스의 판매 및 고객과의 장기적인 관계 구축을 위해 영업사원과 소비자 사이에 이뤄지는 대면적인 커뮤니케이션 활동이다. 여기에는 제품 설명회나 박람회, 세미나와 같은 B2B 차원의 인적 판매와 방문판매(door to door), 소매매장 내 일어나는 B2C 차원의 인적 판매 등이 포함된다. 인적 판매는 일회성의 제품 구입을 목적으로 하기보다는 장기적으로 고객과의 긍정적인 관계 구축을 통해 폭넓고도 지속적인 노력을 요한다. 다른 촉진도구와 달리 직접 고객을 대면하는 촉진 활동이기 때문에 전문적이고 많은 훈련을 받은 영업 사원의 역할이 중요하다. 또한 즉각적으로 소비자의 요구에 대응할 수 있으며, 특히 가격이 높거나 제품 기능이 복잡한 경우, 지속적으로 서비스가 필요한 제품인 경우 인적 판매가 유용하다.

판매 촉진

판매 촉진(sales promotion)이란 제품 및 서비스를 판매할 구매를 촉진할 목적으로 단기적인 인센티브를 제공하는 커뮤니케이션 활동이다. 여기에는 할인 쿠폰, 시음, 시연 등이 포함된다. 이를 통해 소비자들의 판매를 유인하고 판매를 자극한다. 비대면적인 커뮤니케이션 수단으로 사용되는 광고나 PR과 같은 판매촉진 수단과 달리, 판매촉진은 소비자 특성을 파악하여 다양한 고객층에 각기 다른 방법으로 판매를 촉진할 수 있다. 예를 들어, 가격에 민감한 소비자층에는 할인 쿠폰을 발행할 수 있고, 모바일이나 인터넷을 주로 사용하는 고객에게는 이를 이용하여 다양한 판매 자극을 유도할 수 있다. 또한 광고나 PR에 비해 효과적인 판매촉진 수단은 기업의 수익에 직접적이고 높은 기여를 하게 된다. 중요한 판매 촉진수단으로는 견본품(samples) 제공, 할인쿠폰, 무료쿠폰, 사은품, 경품 등을 제공하는 방식이 있다. 가격할인 개념에서 구매 후 구매확인서를 보내면 구매가격의 일부를 환불해주는 현금환불(rebates)이나 단일 종류의 제품을 여러 개 묶던가, 이종의 관련된 제품(예: 치약과 칫솔)을 결합한 묶음포장 가격(bundling pricing), 2개 이상의 상표나 기업을 엮어서 끼워팔기(tie-in promotion)를 통한 할인촉진 등이 있다. 단골손님에게 특별한 서비스나 보상 및 가격인하를 통한 충성도 강화 프로그램도 해당된다. 이 외에도 구매시점에 시연과 실연 등을 통해 무료 사용 및 체험을 제공하여 구매의사결정을 촉진하다.

POP 광고

POP 광고는 구매시점(Point-Of-Purchase: POP) 소비자에게 직접적으로 의사 소통하는 커뮤니케이션 채널로써, 최종 구매 의사결정을 매장 내에서 결정하는 비율이 매우 높은 것으로 보고되고 있다. 연구에 의하면, 모든 구매의사결정의 70%가 매장 내에서 결정된다고 보고될 정도로, POP 광고는 매출 증대에 직접적 영향을 미치는 중요한 매체이다. POP 광고는 형태와 설치 장소가 매우 다양하고 그 범주도 넓다. 점포 내 전시 현장 내 설치하는 점포 내 광고, 현장에서 제공하는 샘플, 즉석 쿠폰 제공, 쇼핑카트나 손잡이, 점포 내 통로, 바닥, 엘리베이터, 계산대, 키오스크 등 간판, 포스터, 전광판 등이 해당된다.

'M&M초콜릿'의 브랜드 캐릭터를 활용한 POP

'쿠쿠밥솥'의 기능성을 강조한 POP

옥외 광고

옥외 광고는 OOH 광고(out of home advertising), 장소 광고(place advertising) 등 다양하게 부른다. 옥외 광고는 다양한 광고형식들을 매우 폭넓게 포함하고 있다. 건물외벽이나 옥상 등에 설치된 간판, 전광판, 도로변에 설치하는 입간판인 야립광고 등이 있다. 지하철 역사나 버스 정류장, 차량 내·외부에 설치되는 광고나 키오스크, 쉘터 등에 설치되어 있는 교통광고도 해당되며, 스포츠 경기장 및 극장 등에 설치되는 엔터테인먼트 광고 등 그 종류가 방대하다.

에너지 음료 'Red Bull'은 브랜드 노출과 선호도를 증대하기 위해 설치 광고를 이용함

MARKETING **REPORT** | **옥외광고시장 규모 4조 돌파 … "디지털 전환이 급성장 견인"**

옥외광고 산업의 시장 규모가 4조원을 넘어선 것으로 나타났다.

한국지방재정공제회(LOFA)가 29일 옥외광고 산업의 시장 규모와 행정실태를 수록한 '2023 옥외광고통계'에 따르면 2022년 옥외광고 산업 매출액은 전년(3조 5,666억원) 대비 12.8% 성장한 4조 226억원을 기록했다. 향후 추정치도 2023년 4조 2,478억원, 올해 4조 2,838억원으로 증가세를 보일 전망이다.

옥외광고는 최근 성공적인 디지털 전환에 따라 2017년 이래 연평균 7.3%의 성장률을 나타내고 있다. 이는 주요 4대 매체(방송광고 · 인쇄광고 · 온라인광고 · 옥외광고) 중 온라인광고(13.6%)를 제외하고도 타 광고 매체(방송광고 0.4% · 인쇄광고 −1.6%) 대비 비교적 높은 성장률이다.

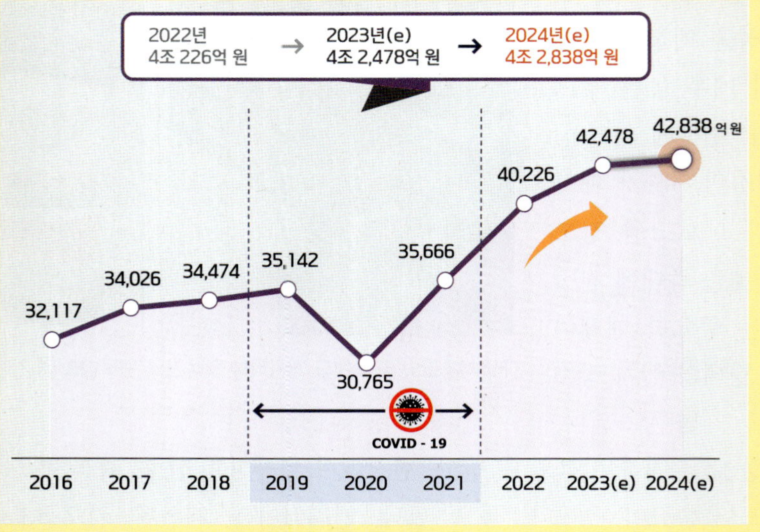

옥외광고 시장규모 추이 /한국지방재정공제회 제공

시장의 성장을 견인한 디지털 옥외광고 시장 규모는 2022년 기준 1조 2,862억원을 기록하면서 처음으로 1조 원을 돌파했다. 이는 전년(96,03억원) 대비 33.9% 증가한 수치다. 전체 옥외광고 시장에서는 32.0%로 전년(26.9%) 대비 5.1%포인트(p) 상승한 수준이다. 이러한 추세는 지난해 말 제2기 옥외광고물 자유표시구역 지정(서울 광화문 · 명동 및 부산 해운대 일대)으로 더욱 가속화될 것으로 보인다.

사업분야별로 보면 광고물의 제작 · 설치 분야 2022년 매출액은 2조 6,158억원으로 전년(2조 6,155억원)과 거의 비슷한 반면 매체(대행) 분야는 1조 3,854억원으로 전년(9,327억원) 대비 48.5%의 성장을 보였다. 이는 대형 광고물의 제작 · 설치가 2021년까지 이뤄졌으며 해당 광고물을 이용한 매체(대행) 사업이 잇따라 진행됐기 때문이다.

매체별로는 다수의 디지털 광고물 설치와 함께 건물부착 광고(벽면 · 옥상 등)의 매출액이 2021년 708억원에서 2022년 1,813억원 규모로 약 2.6배 증가했다. 영화관(극장) 광고는 같은 기간 385억원에서 1,359억원으로 증가해 코로나 사태 이전 시장 규모(2,258억원)를 회복하고 있다.

반면 상대적으로 디지털 전환이 지체된 도로변 야립광고는 463억원에서 2022년 231억원 규모로 떨어졌다. 2023년 추정치는 309억원으로 다소 늘어날 것으로 예상된다.

"옥외광고매체가 초고화질의 디스플레이를 통한 외형적인 변화뿐만 아니라 빅데이터와 인공지능(AI) 등 ICT(정보통신기술)와의 융합으로 본격적인 디지털 전환이 이뤄지고 있다"며 "실내 · 외를 막론하고 소비자에게 감각적인 경험을 제공하는 실감형 미디어가 중요해지면서 디지털 전환은 선택이 아니라 필수적인 요소가 됐다."

출처: 머니투데이, 2024.2.29

PR

PR(Public Relations)이란 기업과 직·간접적으로 관련된 호의적인 기업이미지 구축, 부정적인 이미지 쇄신 등을 위해 공중과의 우호적인 관계를 구축하는 것을 의미한다. 따라서 PR은 소비자를 대상으로 기업의 제품 및 서비스의 판매만을 위한 활동이 아니라, 다른 기업, 정부를 포함한 기업과 관련된 모든 이해관계자를 대상으로 그들과 긍정적인 관계를 유지하기 위한 대외적인 커뮤니케이션 활동이다. 예를 들어, 기업은 다양한 사회 이해관계자들로부터 긍정적인 기업이미지나 평판을 얻고자 사회적 책임 활동(corporation social responsibility)을 수행한다. 이를 통해 이해관계자들의 태도를 변화시킬 수 있고 그로 인해 기업의 긍정적인 이미지 제고나 충성도를 강화시킬 수 있다.

후원

후원(sponsorship)은 스포츠, 이벤트, 문화행사, 지역행사나 스포츠선수나 문화예술인과 같은 개인 대상으로 지원하여 기업과 당사자 간의 유대관계를 맺고, 더 나아가 기업의 이미지 향상, 소비자 태도 변화 및 궁극적으로 판매촉진을 하기 위한 정성적 커뮤니케이션 매체이다. 대표적인 후원으로는 올림픽이나 월드컵의 공식후원이 있다. 실제, 비자카드의 경우는 올림픽 후원 이전에는 약 15%의 인지도였으나 올림픽 당시는 약 30%, 올림픽 마치고는 20%의 인지도를 보여, 매우 성공적인 마케팅 커뮤니케이션 성과를 거두었다. 코카콜라의 경우도 1928년 암스테르담 올림픽 공식 후원 이래 다양한 후원 활동을 통해 세계적 브랜드의 위상을 강화하고 있다.

CASE STUDY | 삼성전자의 성공적인 후원마케팅

삼성전자뿐만 아니라 LG · 현대 등 대기업들은 앞다퉈 국내외 스포츠 구단 또는 선수를 후원하는 등 각 기업들의 스포츠 마케팅이 갈수록 확대되는 양상이다. 최근 전국경제인연합회 발표에 따르면 삼성 · 현대차 · SK 등 국내 10대 그룹이 지난해 국내 스포츠 활성화에 지원한 금액만 4,276억원에 달하는 것으로 나타났다. 이는 작년 문화체육관광부의 체육 예산인 8,403억원의 절반 수준에 달하는 규모다. 기업들의 국내 스포츠 후원은 마케팅 전략과 함께 사회 공헌 의미가 크지만 글로벌 스포츠 마케팅은 효과가 탁월하다. 스포츠는 만국 공통어로 소비자의 감성을 자극해 거부감이 없는 데다 언어의 장벽을 뛰어넘을 수 있기 때문이다.

첼시 스폰서십을 비롯해 1990년대 후반부터 올림픽 공식 후원사로도 참여하고 있는 삼성전자는 글로벌 스포츠 마케팅을 적극적으로 활용하는 대표적 기업이다. 그중에서도 첼시 후원은 기업과 구단이 윈-윈하는 대표적 사례로 손꼽힌다. 삼성전자는 2005년 6월부터 첼시를 후원해 왔다. 정확한 액수는 공개되지 않았지만 연간 200억원 이상의 후원금을 지급하는 것으로 알려져 있다. 후원금 규모도 만만치 않지만 그에 따른 효과는 돈으로 환산할 수 없는 어마어마한 수준인 것으로 알려졌다.

국내 기업들의 주요 글로벌 스포츠 마케팅

기업	후원 내용
삼성전자	올림픽 · 패럴림픽 · 아시안게임, 영국 프리미어리그 첼시, 아프리카 네이션스컵, 아시아축구연맹 등
현대·기아차	유로2012, 미PGA현대토너먼트오브챔피언스, 크리켓월드컵, 호주오픈테니스, 양궁월드컵, 슈퍼볼(광고)
LG전자	F1, 스노보드월드컵, 크리켓월드컵
한화	미국 메이저리그 SF자이언츠

실제 삼성전자는 첼시 스폰서십과 함께 영국 · 구주뿐

만 아니라 세계 곳곳에 삼성 브랜드를 전파하고 있다. 특히 유럽 내 브랜드 인지도 및 선호도 제고, 세일즈 기여도 측면에서도 큰 성과를 거뒀다. 삼성전자의 유럽 매출은 2005년 첼시 후원을 시작한 이후 지난해까지 2배 이상 성장했다. 주력 제품의 시장점유율도 훌쩍 뛰어올라 유럽 시장에서 삼성전자 평판 TV의 시장점유율은 2007년 23.5%에서 2012년 1분기 기준 35.9%로 확대됐다. 첼시의 연고지인 영국에서의 삼성전자 매출은 후원 전인 2004년에 비해 지난해 3배 가까운 폭발적인 성장세를 기록했다.

삼성전자는 2005년부터 2015년까지 약 10년 동안 영국 프리미어리그 구단인 첼시를 후원하였다. 삼성전자뿐만 아니라 LG, 현대 등 대기업들이 앞 다투어 국내·외 스포츠구단과 선수들을 후원하고 있지만, 수많은 글로벌 스포츠 마케팅 중에서도 가장 성공적인 파트십으로 평가되고 있다. 그 이유로 크게 3가지 정도를 꼽을 수 있는데, 첫째, 삼성전자와 첼시는 '블루 동맹'이라고 불리울 정도로 첼시의 전통 유니폼의 컬러와 삼성전자의 CI 컬러가 동일한 블루로, 브랜드 이미지상 매우 정합성이 높은 조합이기 때문이다. 두 번째는 첼시 후원을 통해, 유럽 전반의 대중적 인지도를 높인 것뿐만 아니라 고급화까지 이루어 내었다는 점이다. 전 세계의 1억 2천여 명에 달하는 팬을 확보한 인기 구단인 첼시의 열광하는 팬들에게 첼시의 메인 스폰서인 삼성전자에 대한 호감 상승은 너무도 당연한 결과였다. 또한 프리미어리그 Big 4에 해당되는 첼시의 강한 브랜드 이미지는 글로벌 프리미엄시장에서 다소 약했던 삼성전자에게 프리미엄 브랜드 이미지 형성에 크게 기여한 것으로 평가되어지고 있다. 세 번째로, 삼성전자는 메인스폰서십으로서 누릴 수 있는 다양하고도 공격적인 후원마케팅을 유럽에서 실행하였다. 삼성전자의 주요 첼시 활용 마케팅을 보면, 광고모델 기용, 브랜드 스토리 및 콘텐츠 개발, 유소년 축구 관련 CSR 프로그램 운영, 주요 거래처 초청 첼시 경기 진행 및 프리시즌 투어 등이 있다.

출처: 한국경제매거진, 2012.6.27.

이벤트

많은 기업들은 오프라인이나 온라인 이벤트를 통해 고객은 브랜드를 체험하게 되고 이러한 브랜드에 대한 특별한 경험을 통해 소비자의 브랜드 태도 및 신념을 변경할 수도 있고 고객과의 관계가 깊어지게도 한다. 대표적인 이벤트의 성공사례로 현대카드의 슈퍼콘서트가 있다. 현대카드가 2006년부터 시작한 초대형 공연 프로젝트로써 그간 내한공연을 기다려왔던 플라시도 도밍고, 스팅, 폴 매카트니, 비욘세, 마룬 5 등 유명 아티스트들을 초대한 공연으로 큰 이슈가 되었다. 현대카드는 현대카드의 고객들을 초대할 뿐만 아니라, 오직 VIP만을 위한 별도의 아티스트와 특별한 만남 자리를 만들어 소수만 선택된 경험을 제공하였다. 이를 통해, 중요 고객의 충성도를 높이고 문화를 사랑하는 기업의 이미지를 성공적으로 제고하였다.

'현대카드' 슈퍼콘서트 포스터 및 슈퍼콘서트의 현장 모습을 광고에 활용

기업들은 다음과 같은 다양한 목적들로 이벤트를 주관하고 체험 형식을 늘리고 있다.

- 특별한 타깃을 타기팅하기 위해 혹은 특별한 타깃의 라이프스타일과 동일시하기 위해
- 브랜드 인지를 증가하기 위해
- 중요한 기존의 브랜드 이미지 연상을 강화하던가, 새로운 연상을 포지셔닝하기 위해
- 기업 이미지와 신뢰감을 제공하기 위해
- 체험을 통한 경험을 제공하여 브랜드에 대한 긍정적인 감정을 형성하기 위해
- 지역사회 공동체에 참여를 통한 기업의 사회적 책임활동을 위해
- 충성도 높은 고객에 대한 대응과 보상을 통해 충성도를 유지 및 강화하기 위해
- 새로운 판매촉진의 기회를 위해

그러나, 대표적인 후발주자로서 강력한 브랜드 빌딩을 위한 다양한 혁신적 마케팅을 실행하고 있는 현대카드는 AI·디지털시대가 도래하면서 매출 역신장을 경험하고 있다. Naver Pay와 Kakao Pay, Kakao Bank의 등장으로 신용카드 사용 자체가 줄어드는 환경 변화와 함께, 슈퍼콘서트, 라이브러리 운영 등 이벤트, 멤버십 마케팅, 공간 마케팅 등의 브랜드 강화를 위한 높은 비용을 지출하면서 시장점유율도 2위에서 3~4위로 떨어지고 이익도 줄어든 상황이다. 따라서 기업을 둘러싼 다양한 환경들을 고려하여 BTL 마케팅 전략의 탄력적 변화도 중요함을 시사하는 바이다.

성공적 이벤트 마케팅 캠페인 기획을 위한 10요소

1. Be Purposeful

목적이 명료해야 하고 전략적 큰 그림과 해당 목표의 정합성이 중요하다.

2. Be Unexpectedly Great

놀람과 기쁨을 제공하는 "와우(WOW)" 요소가 있어야 한다.

예 나이키의 "Nike's Run Kuala Lumpur 21K (나이키의 글로벌 We Run Race Series의 하나인 세계 4개의 중요 도시에서 진행하는 하프마라톤 이벤트임)

3. Make It Simple

명료한 가치를 불어넣어라.

예 Kathmando의 월드 멀티 스포츠 챔피언십 'Coast to Coast'

4. It Must Be Meaningful

반드시 의미가 있어야 한다.

예 어머니 날의 진행하는 유방암 환자를 위한 '핑크리본 캠페인'

5. Be Aspirational and Accessible

높은 포부와 모두에게 접근성이 좋아야 한다.

예 시드니의 Spring Cycle은 모든 연령대에게 다양한 열린 기회를 제공하여 10,000명 이상이 참가함(12km부터 105km까지 다양한 라이드가 가능)

6. Be Shareable and Scalable

공유가 가능하고 측정이 가능해야 한다.

예 The Color Run은 유료 이벤트로 (성인기준 약 73불) 컬러 파우더를 온통 뒤집어쓰고 모르는 수천 명의 사람들이 어울리면서 5km를 시간 제한 없이 뛰는 액티브한 엔터테인먼트 경험을 제공함

7. Be Impactful

임팩트가 있어야 한다.

예 에이미어워드를 수상한 Always.com이 진행한 캠페인 'Like a Girl.' 여자아이처럼 뛰어라, 걸어라, 공을 던져라 등의 주문에 대응하는 사람들의 잘못된 오류를 지적하고 사람들의 태도와 행동을 바꾸도록 도움

8. Co-create

능력을 배가하기 위해 파트너와 함께 창조하라.

예 'Lime Light Sports'는 참가자, 다른 사람들, 기관들, 회사 파트너, 스폰서 등 design thinking의 방법론을 통해 함께 협동하고 성취하도록 노력함

9. Create Journeys

실제 라이프 여행의 이야기를 말하고 새로운 이야기를 만들어라. 그 여행 안에 브랜드를 접속시켜라.

예 나이키의 'Nike Most Wanted' 캠페인. 젊은 축구선수의 꿈으로 여행하도록 함

10. Create Legacies

태도와 행동을 바꾸는 것이 이벤트의 경험이다.

예 사이클을 즐기는 사람들을 위한 소셜 라이드를 공유하고 체험하게 하는 'Shy Ride'

출처: "Excellent event experiences: 10 features of successful campaign design," Campaign Monito www.mycustomer.com/marketing/strategy/excellent-event-experiences-10-features-of-successful-campaign-design

팝업스토어

AI·디지털시대에 브랜드의 중요성은 더욱 중요해졌다. 브랜드와의 접점을 더욱 만들고 강화하기 위해 브랜드 팝업 스토어나 플래그십 스토어가 더욱 진화하고 있다. 몇 주에서 몇 개월에 걸쳐 임시적으로 제공하는 공간임에도 불구하고 팝업스토어를 통해서 브랜드의 진심을 전달하기 위한 기업들의 노력은 다양하다. 제니×캘빈클라인 팝업스토어의 경우는 QR 코드로 사진 찍을 만한 AR 필터를 제공했다. 예전에는 이런 프로모션의 하나로 인터넷에서 프로그램이나 게임 캐릭터를 자신의 개성에 맞게 그래픽 혹은 음성 파일, 스킨 자료를 사용하여 옷을 입히는 형태인 스킨(skin)을 많이 배포했었다. 디지털이 더욱 고도화되면서 개인

[부산 전포동의 시몬스 하드웨어 스토어] 150여 년 긴 브랜드 헤리티지를 가진 시몬스가 젊은 세대의 결에 맞게 풀고 로컬 브랜드들을 디자인하여 판매 및 로컬 농산물과 협업하여 입점 소개 등 다양한 시도 전개 (이미지 출처/시몬스코리아 인스타그램)

[제니x캘빈클라인 팝업스토어] 'Scan for Surprise'를 QR 코드를 스캔하면 바로 인스타그램 필터로 랜딩됨. 팝업스토어내 동선마다 모두 다른 필터가 배치되어 있고 기대감에 동선을 이어나가면서 경험할 수 있음. QR코드를 스캔하면 제니가 직접 쓴 손글씨로 ck로고를 표현한 필터를 제공하여 사람들이 일상에서 계속 쓸 수 있도록 하여 팝업스토어의 경험을 넘어선 지속적인 고객 여정이 되도록 설계되어 있음.

[미스디올 팝업스토어] 대형공간을 전관하여 규모감 있는 전시뿐만 아니라 '방문 전 초대장-방문 후-방문 D+14일 재구매' 푸시 메시지 발송을 통해 사전부터 사후까지 대접받는 경험 제공과 함께 재구매 유도까지, 체계적이고 섬세하게 고객 관리함.

의 취향 맞춤이 더 중요하게 되면서 AI 필터를 제공하는 것이다. AI 필터는 증강현실이 가장 널리 사용되는 분야로서 사용자가 본인의 관심사에 맞추어 필터를 설정하면 해당 필터링된 후가공 콘텐츠를 제공하는 것이다.

멤버십 마케팅

멤버십 마케팅(membership marketing)은 고객을 유지, 관리, 획득하고 궁극적으로 고객의 충성도를 제고하기 위한 마케팅활동이다. 쿠폰, 사은품, 이벤트 초대, 유료 서비스의 무료 제공, 각종 수수료 면제 등 다양한 형태들로 고객을 새로이 획득하거나, 기존 고객을 유지 관리하여 고객의 충성도를 확보하고 강화하는 일련의 활동이다. 멤버십 마케팅은 금융서비스 기업들이나, 유통회사들이 주력하는 마케팅으로써 안정적인 고객집단 확보를 통해 규모의 경제를 구현하여 확보된 고객 정보들을 통해 추가의 사업기회들의 확보 및 확장이 가능한 장점을 가지고 있다.

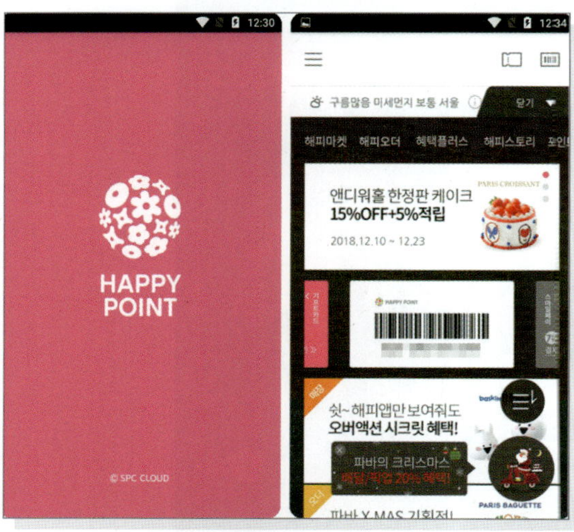

SPC 해피앱 (출처: SPC 홈페이지)

예를 들면, SPC그룹의 해피포인트는 SPC가 2000년 8월 첫 선을 보인 멤버십 제도다. 파리바게뜨, 배스킨라빈스, 던킨도너츠, 파스쿠찌 등 SPC 브랜드 6,300여 개 점포에서 포인트를 적립 및 사용할 수 있다. 해피포인트 사용자 수는 2,000만 명에 달한다. 해피앱은 2014년 출시 후 5년 만에 사용자가 1,000만여 명을 넘는다. 해피앱을 사용하면 구매제품 총액의 5%

를 적립해준다. SPC 계열 매장뿐 아니라 편의점 CU·GS25, 신라면세점, 하나투어 등 다양한 곳과 제휴해 포인트를 활용하여 구매 및 배달 등을 신청할 수 있다. 더 나아가 빅데이터와 인공지능(AI) 등을 접목해 해피앱 회원들에게 다양한 서비스와 혜택 제공을 확대하고 있다. 즉 단순 멤버십 마케팅이 아니라 별도의 수익사업으로서 확장하고 있는 것이다.

구전 마케팅, 버즈 마케팅, 바이럴 마케팅

구전(Word Of Mouth: WOM)은 소비자가 제품이나 프로모션에 대한 정보들을 그의 친구들이나 동료, 지인들에게 공유하는 것으로서, 소비자에 이해 전파되는 정보이며, 긍정적 구전과 부정적 구전이 존재한다. 구전은 개인이 직접 전달하는 정보이기 때문에 일반적으로 광고보다 더욱 신뢰감을 제공한다는 장점이 있다. 주고 고객 제품 사용 및 체험에 대한 내용과 함께 온/오프라인 커뮤니티를 통해 전달된다. 이러한 구전효과를 활용하여 기업이 개인이 공유, 구전 전파하는 것을 촉진하는 활동을 구전 마케팅이라고 한다.

이와 비슷한 개념으로 바이럴 마케팅과 버즈 마케팅이 있는데 구전 마케팅과 함께 혼재되어 불리고 있다. 〈그림 12.6〉과 같이 이들은 일부 유사하면서도 일부 상이한 점이 있는데, 구전 마케팅은 좀 더 소비자 중심의 자연발생적으로 나타난 마케팅 성과라면 버즈 마케팅과 바이럴 마케팅은 기업(브랜드) 중심의 마케팅이라 할 수 있다. 버즈 마케팅(buzz marketing)은 소비자에게 특정 정보를 제공하기 위해서 흥미롭고, 궁금함을 유도하는 기업의 오프라인 행사나 경험들을 기획하고 동영상, 웹 광고 및 콘텐츠를 주로 활용하여 확산시키는 PR방식의 하나이다. 일반적으로 브랜드 관련 놀랍거나 기억할 만한 행동들과 연계시키는데, 전달하고자 하는 메시지에 초점이 두어져 있는 것이 특징이다. 예를 들면, 영화개

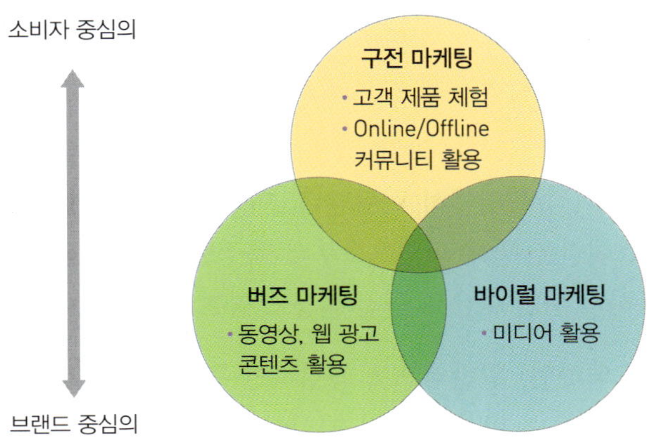

그림 12.6
구전 마케팅, 버즈 마케팅, 바이럴 마케팅의 공통점과 차이점

봉을 앞두고 영화시사회를 실시하는데, 시사회 내용을 다양한 매체를 통해, 사진, 동영상 및 연예 프로그램 내 인터뷰 등으로 확산시킨다. 영화시사회라는 이벤트를 통해 궁극적으로는 영화 스토리의 궁금증을 자아내던가, 영화에 출연한 배우들에 초점을 두어 그 내용이 확산되도록 하게 하는 것이다. 반면, 바이럴 마케팅(viral marketing)은 온라인상에서의 공유와 확산에 좀 더 초점을 두어져 있는 것이다. 이렇게 전달성이 높은 특성 때문에 바이러스에 감염을 빗대어 바이럴이라 불리운다. 주로 재미있거나 놀라운 이야기 등 상업성이 전혀 배제된 형태의 콘텐츠가 자연스럽고 빠르게 전달하는 특성을 활용하는 온라인 마케팅이다. 전달 형식은 동영상, 사진, 이메일, 다운로드, 보고서, 팝케스트 등 다양하다.

효과적인 구전 마케팅을 위해서는 원천적으로 구전이 왜 발생하는지 소비자의 구전동기에 대한 이해가 우선되어야 한다. 긍정적인 구전의 동기는 일반적으로 자아 증진, 이타주의, 제품 관여, 기업 돕기 등 네 가지로 구분된다. 자아증진(self-enhancement)은 다른 사람들에게 자신에게 현명한 소비자라는 인상을 투사시킴으로써 자신의 이미지를 고양시키기 위한 것이다. 이타주의(altruism)는 특정 보상 등의 기대 없이 순수하게 다른 사람들을 위한 행동을 취하는 것이며, 제품 관여(product involvement)는 제품 및 서비스에 대한 개별적인 관심 혹은 제품 구매와 소비를 통해 발생하는 흥분으로 인해 정보를 전달하는 것을 의미한다. 기업 돕기(helping the company)는 자신이 호의적인 마음을 가지고 있는 기업체를 보상 없이 순수한 마음을 가지고 도와주고 싶은 고객의 욕구로 정보를 전달하는 동기를 의미한다. 그 외에도 구전을 통해 받게 되는 보상에 의한 동기인 경제적 보상, 사회적인 일체감이나 소속감을 위한 사회적 효익, 타 소비자들이 올바른 선택을 하도록 돕고자 하는 마음이 계기가 된 타 소비자에 대한 관심 등이 있다.

반면, 부정적인 구전 커뮤니케이션의 동기로는 보복, 이타주의, 분노 감소, 조언 추구 등 네 가지로 구분된다, 부정적인 구전에서의 보복(vengeance)은 제품에 대한 부정적 경험으로 시작되는 것으로 불만족한 제품 판매를 한 기업체에 대해 복수심이 동기가 되는 경우이다. 이타주의는 다른 사람들이 맞이하게 될 문제 상황을 미리 막아주고자 하는 동기를 의미하고, 분노 감소(anxiety reduction)는 구매의사 결정과정에서 야기되는 화, 불안 등과 같은 본인의 부정적인 느낌, 감정을 완화시키기 위한 심리적 동기에서 나타난다. 마지막으로 조언 추구(advice-seeking)는 직면한 문제 해결을 위해 타인으로부터 특정한 제품 및 서비스에 대한 경험 및 지식을 획득하기 위한 이유로 구전 활동에 참여하는 동기이다.

구전연구자들에 의하면, 일반적으로 긍정적인 구전보다 부정적인 구전이 더 큰 영향을 미친다. 또한, 소비자의 사전 지식이 소비자의 구매의사결정 및 선택과

CASE STUDY | "Ice Bucket Challenge" 소셜 캠페인 사례를 통한 소셜 캠페인 6 원칙

1. 실제 사회에 기여할 수 있는 요소를 자극해야 한다.

대부분이 평소 막연하게 기부나 봉사 등을 통해 인류 사회에 공헌하고 싶어 하는 바쁜 현대인들이 실천으로 옮기기는 어렵다. 이를 "Ice Bucket Challenge"가 자극하여 본인도 참여할 뿐 아니라 내 주변 사람들에게도 기부 동참을 독려하게 하자는 선한 의도를 자극한 것이다.

2. 남들에게 바람직하게 표현되고 전달하고 싶어하는 심리적 기재인 자기제시를 적극 이용해야 한다.

본 캠페인의 경우, 다른 참가자로부터 동영상으로 도전을 받기 때문에 소셜하게 공개되게 된다. 이에 일부 참여 의사가 적은 혹은 없는 사람들도 참여하게 만드는 자기제시 기재가 영향을 미치게 하는 것이 훨씬 효과적인 것이다.

3. 캠페인의 'call to action'은 쉽게 참가가 가능해야 하고 재미있어야 한다.

"Ice Bucket Challenge"의 'call to action'은 매우 명료하다. 참가 도전을 받으면 24시간 내에 얼음물을 뒤집어쓰던가 100불을 ALS협회에 기부하면 되고 그 후 다음 도전자 세 명을 지명하는 동영상을 보내면 된다. 그러한 과정도 매우 재미있다. 실제, 미국 전 대통령 조지 부시 참여 후 역시 미국 전 대통령 빌 클린턴을 지목했다고도 전해지고 있고, 브라질의 축구선수 네이마르는 아이스 버킷 챌린지에 참여할 때 2014년 FIFA 월드컵에서 자신을 다치게 한 수니가 선수를 지목했고, 수니가가 이를 받아들여 화제가 되었던 적도 있다.

4. 소셜미디어를 통해 바이럴을 유발하는 'call to action'도 포함되어야 한다.

만약 "Ice Bucket Challenge"가 본인의 참여 동영상을 업로드하게 하지 않았다면, 이를 소셜미디어를 통한 것이 아니라 대면으로 혹은 전화나 이메일 등과 같은 개인적 채널을 통해 지명하게 하였다면, 혹은 다음 참가자를 3명이 아닌 1명을 지명하는 형태였다면, 지금과 같은 사회적 현상으로까지 나타난 엄청난 성과를 만들어 낼 수 없었을 것이다.

'Ice Bucket Challenge'에 참가한 페이스북 창업자 마크 주커버그

5. 캠페인 초기에 셀러브리티의 자발적 참여를 자연스럽게 유도하여야 한다.

"Ice Bucket Challenge"은 본인이 참여하고 싶어도 스스로 참여할 수가 없다. 참여한 누군가가 지목을 해줘야 한다. 유명 초기 셀러브리티 중심으로 참가 지목이 이루지면서 '선택된 소수의 참여'라는 점이 셀러브리티 스스로의 적극적 참여를 자극했고 이는 일반인들에게 확산되게 만든 단초(key trigger)가 되게 해야 하는 것이다.

6. 진정한 소셜 캠페인이 되어야 한다.

"Ice Bucket Challenge"는 평소 지인들과 교류하는 소셜미디어 본인 계정에 직접 참여 영상을 업로드하고 이를 본 지인들이 보고 '좋아요'와 응원의 댓글 그리고 공유해 주는 대표적인 소셜 공유 시스템을 백분 활용하였다. 즉, 이 참여 영상은 개인의 중요한 소셜 콘텐츠로서의 기능을 한 것이며 직접 참여하지 않았어도 단순히 '좋아요' 반응과 댓글을 통해 소셜 공간에서 간접적으로 참여하게 한 진정한 소셜 캠페인이다.

정에 미치는 영향을 고려한 연구 결과에 의하면, 사전지식과 제품 및 서비스의 선택 과정에는 역U자(inverted-U)형의 관계가 있다. 지식수준이 낮은 소비자는 단순히 정보 처리를 쉽게 할 능력이 없어서 의사결정과정에 구전을 반영하지 못한다. 지식수준이 높은 소비자 또한 정보를 쉽게 처리할 수는 있지만 더 노력이 요구되는 구전을 활용한 의사결정과정에 관심을 가지지 않는다. 반면, 중간 정도의 지식을 갖고 있는 소비자는 정보를 처리할 능력도 있으며, 또 노력을 들여 의사결정과정에 관여할 동기도 있기 때문에 구전정보를 많이 탐색하게 된다.

AI·디지털시대의 미디어채널과 채널 소비

소셜 태깅

소셜 태깅(social tagging)이란 콘텐츠가 사용자 생성 키워드를 통해 연결하는 것을 말하는데, 키워드를 통해 더 쉽게 찾고 공유할 수 있게 되어 소셜 특징인 사용자 관점의 공유와 확산이 쉽게 이루어지도록 해주었다. 소셜 태깅은 일반 웹사이트의 북마크(bookmark)의 기본 기능에서 더 진화한 것이기 때문에 소셜 북마크(social bookmark)의 개념이다. 그래서 소셜 태깅 시스템을 일반적으로 사람들(folk)와 경제(economy)의 합성어로 "folksonomy"라고도 불리우기도 한다. 소셜 태깅 과정을 통해 사용자의 해석이 함께 반영되기 때문에, 사용자들은 의미의 삽입이나 해석의 내용을 파악할 수 있는 소셜의 장점을 가지고 있다. 또한 이미지형 콘텐츠에 전달하는 메시지로만 사용하는 것이 아니라 더 명확한 자신의 의도를 설명하기 위해 해시태그를 활용한다. 이러한 태그는 향후 태그 검색을 통해 유입경로까지 고려하여 카테고라이징, 즉 사용자 관점에 그룹화하여 정리할 수도 있다.

정통적인 오프라인 중심의 대형 소매점 브랜드 IKEA는 고객에게 정기적으로 제품 카탈로그를 발송하는 형태의 촉진활동을 수십 년간 진행해 왔다. 이러한 IKEA의 인스타그램 해시태그 이벤트는 기존 촉진활동의 중요한 콘텐츠를 FGC(Firm Generated Contents)에서 고객 참여를 통해 CGC(Customer Generated Contents)로 변환한 성공적인 마케팅 캠페인으로 평가받고 있다. IKEA는 가구 카테고리 킬러로서 새로운 제품을 소개하고 인테리어 코디 정보 등을 카탈로그를 통해 전달하는 것이 중요한 작업이다. 그러나, IKEA는 카탈로그를 기업이 인스타그램에 올려 놓는 방식 대신, 사용자가 직접 IKEA 제품의 사진을 찍어 인스타그램에 올려 놓고 #제품명을 올리는 인스타그램 이벤트를 진행하였다. 이 이벤트를 통해 인스타그램의 피드(feed)를 온라인 카탈로그화하였는데, 수많은 제품 수를 자랑하는 IKEA의 전 제품들이 단 4주 만에 해시태그와 함께 다 올라왔다고 한다.

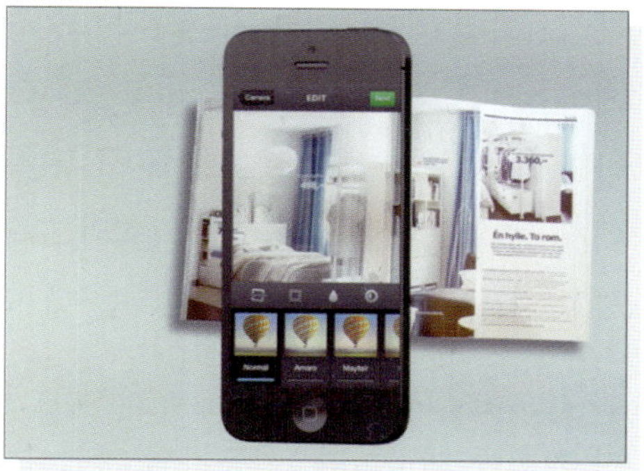

IKEA의 인스타그램 해시태그 이벤트: CGC에 의해 성공적으로 소셜 카탈로그를 제작함

이러한 소셜 태깅의 중요성을 고려해 볼 때, 마케터는 브랜드 관점에서 소셜 태깅의 체계적 활용이 필요하다. 이를 위한 마케팅 실행 가이드라인은 다음과 같다.

(1) 소셜 태깅을 통해 특정 브랜드나 기업에 대한 소비자의 연상을 쉽게 파악할 수 있다. 따라서, 소셜 태깅의 키워드들을 상시 모니터링 분석하여 브랜드 연상의 호감성의 내용과 정도를 체계적으로 관리해야 한다. 긍정적인 연상은 강화하고 부정적인 연상은 축소 혹은 제거하도록 해야 한다. 특히, 부정적인 키워드가 발견되었을 시에서는 해당 브랜드 연상을 제거하기 위한 적극적인 후속 소셜 마케팅이 필요하다.

(2) 브랜드 연상을 강화할 때에서는 브랜드의 강력 정도에 따라 달리 대응해야 한다. 브랜드의 차별화 정도가 강한 브랜드의 경우는 해당 제품의 카테고리와 연계 연상을 강화하는 것이 보다 긍정적인 성과를 낳는다. 반면, 브랜드 차별화 정도가 약한 브랜드의 경우는 다른 경쟁 브랜드들의 연상들과 연계성이 강력한 브랜드보다 재무적 성과에 긍정적인 영향을 미친다. 즉 약한 브랜드들은 새로운 차별화된 연상들을 발굴 및 강화하기보다는 동일 카테고리 내 다른 브랜드들의 연상들과 연계성을 높이는 소셜 마케팅을 주력해야 한다.

(3) 브랜드 연상의 POD 전략과 POP 전략을 적용해 보면, 궁극적으로 강력한 브랜드는 해당 카테고리 내 리더로서의 POD 전략을 추진해야 하며, 시장 내 입지가 약한 브랜드는 경쟁브랜드들과 공유되는 기본 연상들을 유지함으로써 시장 내 지위를 확보해 나가는 POP 전략을 취하는 것이 바람직하다.

페이스북과 인스타그램의 디지털마케팅 분야의 다양한 변화와 혁신

페이스북과 인스타그램은 디지털마케팅 분야에서 다양한 변화와 혁신을 가져왔다. 주요 변화를 소개하자면 다음과 같다.

페이스북의 디지털마케팅 분야의 다양한 변화와 혁신 사례

페이스북은 정확한 타깃 마케팅, 사용자 참여 촉진, 동영상 광고 효과 증가, 모바일 최적화, 맞춤형 광고 솔루션 등을 강화하였다. 이러한 변화는 페이스북 안에서 브랜드들에게 더 많은 기회와 도구를 제공하여 고객과의 상호 작용을 촉진하고 비즈니스 성과를 향상시키는 데 도움을 주었다.

정확한 타깃 마케팅(Precise Targeting) 페이스북은 광고주에게 정확한 타겟 마케팅 기회를 제공한다. 사용자의 관심사, 성별, 연령, 지역, 관련 관심 그룹 및 동작 등을 고려하여 광고를 표시한다. 이를 통해 더 효율적인 광고 전략을 구현할 수 있으며, 연간 CTR(클릭률)은 광고주에게 2018년에는 0.90%, 2019년에는 1.11%, 2020년에는 1.33%까지 상승하였다.

사용자 참여 촉진(User Engagement) 페이스북은 사용자들이 게시물을 좋아하고 공유하며 댓글을 남기는 데 도움을 주는 다양한 기능을 제공한다. 연간으로 평균 월간 활동 사용자 수는 2018년에 2,320만 명, 2019년에 2,450만 명, 2020년에는 2,800만 명으로 증가하였다. 이러한 사용자 참여는 브랜드와 소비자 간 상호작용을 촉진하고 사용자로부터의 피드백을 수용하는 데 중요한 역할을 한다.

동영상 광고 효과 증가(Rise of Video Advertising) 페이스북은 동영상 광고 플랫폼을 강화하였으며, 이로 인해, 동영상 광고는 더 많은 주목을 받게 되었다. 2020년에 페이스북에서 트래픽의 79%가 동영상 콘텐츠에서 비롯되었다. 이는 브랜드들이 시각적으로 매력적인 콘텐츠를 생성하고 광고를 통해 더 많은 시청자에 도달할 수 있는 기회를 제공했다.

모바일 최적화(Mobile Optimization) 페이스북은 모바일 플랫폼에 중점을 두고 사용자 경험을 최적화하였다. 2020년에 Facebook의 월간 활동 사용자 중 모바일 기기에서 접속한 사용자는 98.3%에 달하였다. 이로 인해, 모바일 광고가 중요성을 더욱 강조하며, 브랜드들은 모바일 사용자를 대상으로 캠페인을 최적화하였다.

맞춤형 광고 솔루션(Customized Ad Solutions) 페이스북은 광고주에게 다양한 광고 형식과 도구를 제공하여 다양한 비즈니스 목표를 달성할 수 있는 맞춤형 광고 솔루션을 개발하였다. 이로 인해, 광고 지출이 증가하였으며, 페이스북의 광고 수익은 2018년 55,010만 달러에서 2020년 84,170만 달러로 상승하였다.

MARKETING **REPORT**

"틱톡처럼 바꿔" … 틱톡에 맞선 페이스북의 변신

2021년 말 사상 처음으로 일일 사용자의 수가 감소
인기있는 틱톡을 따라잡기 위해 급진적인 변화 시도
AI 기술로 큐레이팅된 게시물을 피드하는 홈 탭 제공
팔로워의 콘텐츠 액세스를 위한 별도의 피드 탭 제공

페이스북(Facebook)이 틱톡(TikTok)의 약진에 압박을 받으면서 인공지능(AI)을 이용해 사람들이 많이 보는 게시물을 큐레이팅하는 소셜미디어로의 전환을 시도하고 있다. 페이스북이나 인스타그램을 열면 변경된 초기 화면을 확인할 수 있다. 친구나 가족의 게시물보다 인플루언서, 유명인 등 입소문을 일으키는 사람들의 게시물과 동영상을 포함하도록 개선됐다. 그것이 친숙하게 들린다면 우연이 아니다. 페이스북은 소셜미디어의 작동 방식을 재정의하고 있는, 인기있는 신생 기업인 틱톡을 모방하고 있다.

페이스북의 소프트웨어 엔지니어 마이클 세이먼(Michael Sayman)은 "모든 사람들의 시선이 틱톡과 그것이 작동하는 방식에 집중되고 있다"고 말했다.

미국 공영매체인 NPR에 따르면 중국의 바이트댄스(ByteDance)가 소유한 이 짧은 비디오 앱은 댄스 트렌드와 터무니 없는 도전을 만들어내고, Lil Nas X의 'Old Town Road'와 같은 음악의 메가 히트와 Fleetwood Mac의 'Dreams'나 Kate Bush의 'Running Up that Hill'의 재유행을 끌어내면서 단 몇 년 만에 10억 명이 이용하는 플랫폼으로 급성장했다.

페이스북은 여전히 세계에서 가장 큰 소셜 네트워크로 매달 거의 30억 명이 로그인한다. 메타(Meta)가 소유한 인스타그램을 포함하면 그 수는 더 늘어난다. 그러나 틱톡의 성공에 대한 압박으로 거의 20년 동안 사람들을 동창, 친구, 가족 및 공통 관심사를 가진 다른 사람들과 연결해 온 페이스북은 AI 기반 알고리즘을 이용해 사람들이 많이 보는 게시물과 동영상을 중심으로 큐레이팅하는 소셜미디어로의 전환을 시도하고 있다. 메타의 CEO인 마크 주커버그(Mark Zuckerberg)는 "사용자가 팔로우하는 사람에 의해 결정되는 게시물 피드(feed)에서 '발견 엔진(discovery engine)'이라고 부르는 AI 기술에 의해 큐레이팅된 게시물 피드로의 변화다"라고 설명했다.

페이스북의 모회사 메타는 실존적 위협에 직면해 있다. 자사의 주력 소셜 네트워크인 페북은 2021년 말 사상 처음으로 일일 사용자의 수가 감소했다. 또한 사용자는 점점 고령화되고 있다. 인스타그램에 몰두하던 젊은 사람들이 이제는 틱톡에 가있다. 매출 성장이 둔화되고 이익이 감소했다. 메타는 27일에 최신 재무 보고서를 발

페이스북은 AI가 선택한 모르는 사람의 추천 게시물과 동영상을 더 많이 포함하도록 기본 피드를 개선하고 있다. /사진 페이스북

표할 예정이다. 많은 경쟁과 글로벌 경제 위기, 계속되는 애플(Apple)의 개인 정보 보호 변경으로 인해 광고 비즈니스가 얼마나 압박을 받고 있는지가 드러날 것으로 예상된다.

저커버그는 지난 몇 년 동안 틱톡의 부상에 대해 경고했다. 그는 지난 2월 투자자들에게 틱톡의 위협을 명시적으로 인정하며 "사람들은 시간을 어떻게 보내고 싶은지에 대해 많은 선택권이 있으며 틱톡과 같은 앱은 매우 빠르게 성장하고 있다"라고 말했다. 2년 전 페이스북은 틱톡과 유사한 릴(Reels)이라는 짧은 동영상을 선보였으며 이를 사용자 피드에 강력하게 밀어 넣었다. 저커버그는 지난 4월 사람들이 인스타그램에서 브낸 시간의 5분의 1을 릴이 차지한다고 말했다. 하지만 많은 사용자가 자신이 보는 릴이 틱톡 비디오를 다시 게시한 것이라는 점에 주목했다. 페이스북은 페이스북 앱을 정비해서 틱톡의 기본 포유(For You) 페이지처럼 보이도록 하고 있다. 이 페이지는 누가 만들고 게시했는지에 관계없이 앱의 알고리즘이 사용자가 좋아할 것이라고 생각하는 것들을 보여준다.

그러나 이미 인스타그램의 변신은 반발을 불러일으키고 있다. 인스타그램 팔로워가 많은 유명인 킴 카다시안(Kim Kardashian)과 카일리 제너(Kylie Jenner)는 "인스타그램을 다시 만드세요. 틱톡이 되려고 하지 마세요"라는 밈(meme)을 앱에 올렸다.

페이스북은 친구와 가족의 게시물이 여전히 앱에서 표시될 것이라고 말한다. 앱을 열 때 가장 먼저 표시되는 기본 탭의 이름을 홈으로 지정해 AI 순위 시스템을 통해 가장 가치 있다고 생각되는 순서대로 콘텐츠를 제공한다. 홈에서 릴이나 스토리(Stories)에 쉽게 액세스하고

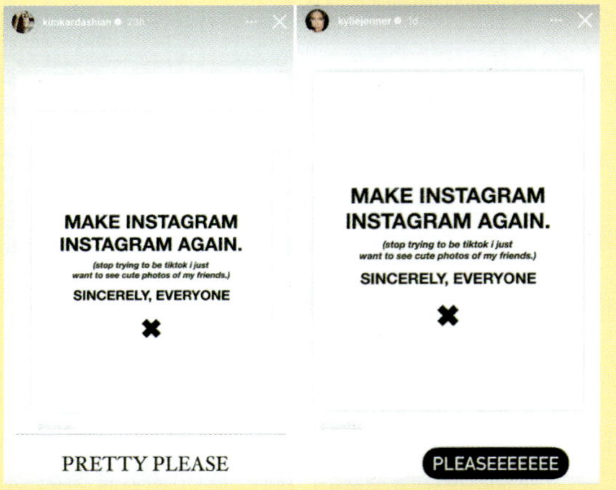

인스타그램 팔로워가 많은 Kim Kardashian과 Kylie Jenner는 인스타그램에 최근 변경 사항을 롤백해야 한다는 밈을 다시 게시했다. /사진 인스타그램 스크린샷

맞춤 추천을 받을 수 있다. 또한 별도의 피드 탭을 통해 페이스북에서 이미 연결된 사람들과 커뮤니티의 콘텐츠에 액세스할 수 있는 방법을 제공한다.

인스타그램의 아담 모세리(Adam Mosseri) 대표는 "세상은 빠르게 변하고, 그에 따라 변해야 하기 때문에 우리도 진화해야 한다"라고 말했다. 저커버그는 자신의 목표를 분명히 했다. 그는 회사의 기존 앱에서 가능한 한 많은 돈을 벌고 싶어 한다. 그것을 통해 사람들이 가상현실에서 상호 작용할 수 있는 차세대 플랫폼인 메타버스를 구축하려고 한다. 그리고 돈을 버는 것은 더 많은 사람들이 페이스북과 인스타그램에서 더 많은 시간을 보내도록 해서 더 많은 광고를 판매할 수 있게 하는 것을 의미한다.

출처: AI타임스, 2022.7.27

인스타그램의 디지털마케팅 분야의 다양한 변화와 혁신 사례

인스타그램은 시각적 콘텐츠, 스토리 포맷, 맞춤형 광고 타기팅, 쇼핑 기능, 그리고 마이크로 인플루언서 협력을 통해 디지털 마케팅 분야에 혁신을 가져왔으며, 이러한 변화는 브랜드들에게 더 많은 기회와 도구를 제공하여 고객과의 상호 작용을 촉진하고 비즈니스 성과를 향상시키는 데 도움을 주었다.

시각적 콘텐츠 중심(Visual Content Focus) 인스타그램은 시각적 콘텐츠에 중점을

둔 플랫폼으로, 매일 약 10억 개 이상의 포스트가 게시된다. 시각적 콘텐츠는 사용자들에게 더 많은 인상을 남기며, 브랜드들은 이를 활용하여 제품, 서비스 및 이야기를 고객에게 전달한다.

스토리 포맷 도입(Introduction of Stories Format) 인스타그램은 2016년 Instagram Stories를 출시하였고, 이는 빠르게 성장하는 스토리 포맷의 출현을 이끌었다. 현재까지 Instagram Stories는 매일 약 5억 개의 스토리를 생성하며, 브랜드들은 이를 활용하여 일시적이고 인터랙티브한 콘텐츠를 공유한다.

맞춤형 광고 타기팅(Customized Ad Targeting) 인스타그램은 페이스북과 연결되어 사용자의 관심사, 행동 및 인구 통계학적 정보를 기반으로 맞춤형 광고 타기팅을 제공한다. 이로 인해 광고주는 보다 정확한 타기팅을 통해 광고 성과를 향상시킬 수 있으며, 인스타그램 광고 수익은 꾸준히 증가하였다.

쇼핑 기능 도입(Introduction of Shopping Features) 인스타그램은 쇼핑 태그와 스토어 기능을 도입하여 브랜드와 소비자 간의 상호 작용을 강화하였다. 2020년에는 인스타그램에서 매달 약 1억 명 이상의 사용자가 쇼핑 관련 포스트를 클릭하거나 탭하였으며, 이로 인해 브랜드들은 직접적인 매출을 추적하고 증가시킬 수 있었다.

마이크로 인플루언서 협력(Collaboration with Micro-Influencers) 인스타그램은 마이크로 인플루언서와의 협력을 촉진하여 브랜드들은 더 폭넓은 관람층에 접근하고 제품을 홍보할 수 있었다. 2020년에는 인스타그램에서 10,000 팔로워 미만의 마이크로 인플루언서와의 협력이 크게 증가하였다.

인플루언서

초기 1인 크리에이터는 기존의 게임, 뷰티, 먹방, 키즈 등 콘텐츠를 주로 하여 10대에서 20대로 주 사용자가 국한되어 있었다. 1인 크리에이터가 지속적으로 성장하면서 콘텐츠도 깊고 다양해지고 주 사용자의 연령대도 크게 변화하였다.

주 사용자가 10대에서 60대 이상까지 고르게 분포되어 전 연령대에서 높은 이용률을 보여주고 있으며, 특히, 중장년들이 적극적으로 진입하기 시작하면서 정치, 북튜버, 재테크 부동산, 자기개발, 마음공부, 농사, 요리 등 콘텐츠 및 1인 미디어채널이 다양화되고 있다. 이러한 1인 크리에이터 미디어의 성장과 함께, 미디어로서의 진화 특징을 살펴보면 다음과 같다.

첫째, 전통 4대 미디어채널인 ATL 채널을 넘나드는 미디어 트랜스(media trans)나 미디어 크로스 채널(media cross-channel)이 정착화가 되었다. 1인 크리에이터가 TV 프로그램에 나오고, 반대로 기존 연예인들이 자체 채널을 만들기도 하고, 1인 미디어 콘텐츠가 TV 미디어 콘텐츠로, 반대로 TV 미디어 콘텐츠가 1인 미디어 콘텐츠로 연동하는 등 상호 연결성이 높아졌다. 둘째, 광고수익뿐만 아니라, IR투자유치, 교육, 커머스, 브랜디드 애드, 영상 콘텐츠, 애니메이션, 유통매장 운영, 굿즈 등 다양한 유형으로 수입원이 다양화되었다. 셋째, 고연령층에서 1인 미디어를 라디오 채널 청취하듯이 틀어 놓고 장시간 이용하는 특징을 가지고 있다. 1인 미디어의 시청시각들이 증가하여, 시장 점유율이 더 늘어나고 있는 상황이다. 넷째, 마이크로 인플루언서들의 인기가 성장하고 있다. 대규모의 인플루언서처럼 영향력이 크지는 않지만 1만 명 정도의 팔로워들과 가까운 관계를 맺으면서 적극적인 소통이 가능하고 본인이 직접 사용해 본 제품이나 서비스를 추천하는 경우가 많은데 그 효과가 높아서 기업과 연계 마케팅이 더 용이한 점도 한몫한다.

인플루언서 마케팅도 이에 따라, 급격하게 시장 규모가 커지고 있는데, 해외시장은 2016년 25억 달러에서, 2020년 100억 달러 규모로 추정되고, 국내도 2016년 2천억원 규모에서 2020년 2조여원 이상의 시장으로 추정되고 2023년까지 8조원으로 예상되고 있다. 인플루언서 마케팅이 중요한 채널로서 성장한 배경은 첫째, 전통 매체의 영향력이 감소하여 대체하는 미디어채널이 필요하게 되었다는 점이다. 둘째, 전 연령대에서 이용이 골고루 증가하고 뉴스에서부터 엔터테인먼트에 이르기까지 정치, 사회, 문화 등 전 영역에서의 스토리텔링 형식으로 콘텐츠가 전달됨에 따라 메시지 전달성이 높기 때문이다. 셋째, 인플루언서 마케팅이 ROI 관점에서 명확하게 검증이 어려운 한계점을 극복하기 위해 성과형 인플루언서 마케팅이 성장한 배경도 있다. 성과형 인플루언서 마케팅이란 먼저 인플루언서가 마케팅을 실행하고 난 후 활동 성과를 트래킹하여 마케팅 비용 정산을 사후에 정산하는 방식으로 기업의 마케팅 도구로서 활용의 진입장벽에 낮아졌기 때문이다. 넷짜, 1인 크리에이터의 콘텐츠에 쇼핑과 커머스 기능이 강화되어 인스타그램 라이브를 통한 공동구매가 장착되면서 새로운 커머스 모델로서 진화했기 때문이다. 이외에도 구글, 아마존 등도 커머스 플랫폼으로서의 진입을 준비하고 있어서 1인 크리에이터와 커머스의 결합은 더욱더 강화되고 큰 시장으로 자리매김할 것으로 예측된다.

이러한 인플루언서 마케팅에 대한 성과에 대한 학술적 연구들을 다양하게 보고되고 있는데, 대부분이 기존의 PPL 광고 효과 연구와 동일하게 모델 이미지와 매력성 효과, 광고하는 제품과 1인 크리에이터의 관련성, 인플루언서의 진정성에 따라 그 성과가 다른 것으로 보고되고 있다. 또한, 1인 인플루언서 마케팅만 진행하는 것보다 다양한 미디어 채널들을 혼합하는 멀티미디어 채널 전략이 훨씬 효과적인 것으로 보고되고 있다.

::: 광고 유형의 다변화 및 효과 측정

광고유형

광고유형은 다음 〈표 12.1〉과 같이 매우 다변화되어 있다. 각각의 광고유형별로 광고 단가가 매우 상이하고, 그 광고효과도 상이하다. 광고 매체별의 특성을 고려하여 최적화된 매체 믹스가 필요하다.

표 12.1

광고 유형

광고시장 분류	광고 유형	설 명
지상파 TV	① 프로그램 광고(지상파) 및 일반광고(케이블)	방송프로그램의 전후(방송프로그램 시작타이틀 고지 후부터 본 방송 프로그램 시작 전, 본 방송 프로그램 종료 후부터 방송프로그램 종료타이틀 고지 전)에 방송되는 광고로 광고주가 프로그램 스폰서로 참여함을 뜻함
	② 토막광고(SB)	방송프로그램과 방송프로그램 사이에 방송되는 광고. 일반적으로 지상파 방송에서는 20초와 30초의 광고시간으로 집행되며 프로그램 광고와 달리 방송 권역별로 제한하여 광고를 집행할 수 있기 때문에 지역광고의 비율이 상대적으로 높은 편
	③ 자막광고(곧이어, ID)	방송순서고지(곧이어), 방송국 명칭고지(ID) 시 화면하단에 노출되는 자막형태의 광고
	④ 시보광고	방송국에서 현재시간 고지 시 함께 방송되는 광고
	⑤ 가상광고	방송프로그램에 컴퓨터 그래픽을 이용하여 만든 가상의 이미지를 삽입하는 형태의 광고
	⑥ 간접광고(PPL)	방송프로그램 안에서 상품을 소품으로 활용하여 노출시키는 형태의 광고
	⑦ 제작 협찬(협찬 광고)	방송프로그램에 협찬을 지원하고 광고주명 등과 협찬 사실을 고지하는 광고
	⑧ 캠페인 협찬(캠페인 광고)	일반적인 상품광고와는 달리 주로 공익적 메시지를 전달한 후 광고주의 기업명을 노출시키는 광고로 방송사와 공동제작 형태
	⑨ 일반광고 기타 (변형광고, 필러 등)	케이블 TV에서 집행하는 광고 중 일반광고를 제외한 광고 유형으로 광고주의 제품을 특화시켜 프로그램 내 또는 타이틀 제작 시 노출시키는 변형광고, 협찬사 제품을 클로즈업하여 노출시키는 필러광고 등
	⑩ 로딩광고	IPTV의 VOD 프로그램 이용 시, 프로그램 로딩시간 동안 노출되는 광고
온라인 광고	① DA(display ad.) 광고	배너, 동영상 등의 형태 등으로 웹페이지에 노출되는 광고
	② 검색광고	포털사이트 검색어 서비스를 통해 광고주 웹사이트를 노출시키는 광고
	③ 리워드앱 광고	모바일 앱을 설치한 후, 사용자가 광고를 보면 이에 대한 대가(포인트 등)를 주는 방식의 인터랙티브 광고
	④ 네이티브 광고 (native ad)	해당 웹사이트에 맞게 고유한 방식으로 기획 및 제작한 광고로서, 기존 광고와는 달리 해당 웹사이트의 주요 콘텐츠와 비슷한 모양으로 제작해 웹사이트 이용자가 경험하는 콘텐츠 일부로 작동하며, 기존 광고보다 사용자의 관심을 적극적으로 끄는 형식을 사용

광고시장 분류	광고 유형	설 명
옥외 광고	① 전광판(동영상)	건물 외벽 또는 옥상에 전광판을 설치하여, 동영상 등의 형태로 집행되는 광고
	② 옥상광고/네온광고	건물 외벽 또는 옥상에 설치된 입간판이나 네온을 통해 집행되는 광고
	③ 야립	고속도로, 국도, 지방도 등의 도로변에 광고 입간판을 설치해 차량 탑승자들에게 노출시키는 광고
교통 광고	① 스크린 도어 광고	지하철 승강장에 모니터를 설치하여 광고메시지를 정지 혹은 동적 영상 형태로 노출시키는 광고 인쇄물 형태의 스크린도어 광고
	② 역사/청사 내 광고	지하철역, 철도 역사, 공항 등 건물 모니터를 통한 동영상 광고
	③ 차량(지하철, 버스/택시, KTX) 내 광고	지하철이나 버스/탁시, KTX 열차 내에 모니터를 통한 동영상 광고
	④ 차량 외부 광고	일반: 지하철 및 버스/택시 차량 외부에 포스터 형식으로 부착되어 노출되는 광고 디지털: 택시 표시등, 전광류 사용을 통해 노출되는 광고
	⑤ 키오스크	공공장소에 설치된 터치스크린 방식의 정보전달 시스템을 통해 노출되는 광고로 정보제공도 동시에 이뤄지는 형태가 많음
	⑥ 쉘터(버스/택시) 광고	버스/택시 승하차장 내 모니터를 통해 노출되는 광고
	⑦ 차량(버스/택시) 내 음성광고	버스의 정류소 안내 시 음성으로 노출되는 광고
엔터테인먼트 광고	① 스포츠 경기장 광고	스포츠 경기장 내에 설치된 모니터 등을 통해 노출되는 광고
	② 스포츠 경기장 전광판	스포츠 경기장 내 전광판을 통해 노출되는 광고
	③ 극장 내 광고	영화 상영 전, 스크린에 나타나는 광고 극장 내 포스터 광고 키오스크 형태나 모니터 등을 통한 동영상 광고 등
	④ 미디어월	극장 내 한쪽 벽면에 대형 스크린을 설치하여 광고메시지를 노출하는 광고로서 방문자 참여형(사진찍기, 검색 등) 인터랙티브 기능 포함
	⑤ 쇼핑몰 매장 내 광고	쇼핑몰 내 모니터 등을 통해 노출되는 광고 쇼핑몰 내 POP 광고 등

출처: 한국방송광고진흥공사 2016 방송통신광고비조사보고서(2016.12), 부분 수정 및 보완

커뮤니케이션 매체 시기 및 집행 할당 결정

커뮤니케이션 매체를 결정하고, 커뮤니케이션 집행의 시기와 할당량을 결정할 때, 커뮤니케이션 매체의 3가지 요소인 구매자 회전율, 구매빈도, 망각률을 고려해야 한다. 첫째, 구매자 회전율(buyer turnover)은 새로운 구매자가 해당 시장에 나타나는 비율로서, 구매자 회전율이 높을수록 구매자에게 도달하는 광고를 지속해야 한다. 둘째, 구매빈도(purchase frequency)는 평균적 구매자가 그 제품을 구매하는 기간 동안의 구매횟수로서 구매빈도가 빈번할수록 광고를 지속하여 구

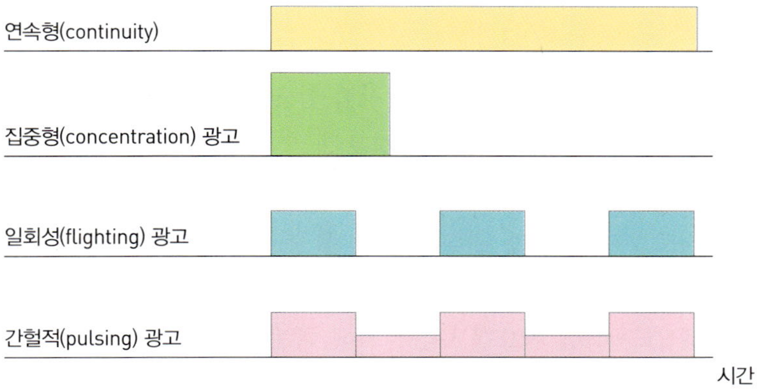

그림 12.7

광고 집행 패턴

매촉진을 해야 한다. 셋째, 망각률(forgetting rate)은 구매자가 해당 브랜드를 잊는 비율로서, 망각률이 높을수록 광고를 지속하여 망각률을 낮추어야 한다.

마케팅의 자원은 한정되기 때문에 무한정 광고비를 집행할 수 없다. 한정된 마케팅 예산 아래서 효과적인 광고를 집행하기 위해서 최적의 커뮤니케이션 매체를 선정하는 것도 중요하고, 이후 해당 광고캠페인에 광고비 집행 할당을 전략적으로 결정하는 것은 매우 중요하다. 집행 할당 결정에 따라 그 마케팅 성과가 상이하기 때문이다. 일반적으로 광고 집행 할당 패턴에 따라, 연속성, 집중성, 일회성, 간헐성 광고로 구분할 수 있다(〈그림 12.7〉).

연속형(continuity) 광고 특정기간에 걸쳐 전체에 걸쳐 균등하게 광고를 노출하는 것으로서, 시장상황이 확장 중이던가 빈번한 구매가 이루어지는 제품의 경우 혹은 정확하게 구매자 타깃이 가능한 광고인 경우에 연속형 광고가 적절함

집중형(concentration) 광고 일정한 기간 동안 광고비를 집중적으로 집행하는 것으로 계절성이 강한 제품이나 특정 기간에 판매촉진이 필요한 경우에 적절함

일회성(flighting) 광고 어느 기간 동안만 순간 광고를 하다가 이후 얼마 기간이 지난 후에 다시 순간 광고를 하는 것으로, 광고 예산이 적은 경우나 구매주기가 상대적으로 적은 경우에 해당되는 광고 패턴임

간헐적(pulsing) 광고 연속형 광고와 일회성 광고의 장점만을 택하여 광고 집행을 연속적으로 하나 주기적으로 차등을 주어 간헐적으로 더욱 보강하는 형태임. 타깃청중에게 해당 메시지를 지속적으로 기억하게 하고 강화하기 위한 전략으로 연속형보다는 비용 절감의 효과가 있고, 실제 연구결과에 의하면 가장 비용 대비 효과가 좋은 광고집행 패턴임

광고효과 측정

광고효과 측정 방식은 일반적으로 인지적 학습 이론에 근거한, 수용자 행동 모델인 AIDMA 모델에 의해 측정하는 경우가 많다. 효과를 측정하고자 하는 광고에 대한 집중(attention)하는 정도를 측정을 위해 일반적으로 광고 인지도, 혹은 브랜드 인지도를 측정하고, 관심(interest)은 광고에 대한 관심과 흥미에 대해 측정 혹은 브랜드 관심과 흥미 유발 여부를 측정한다. 이후 단계로 갈망(desire)은 광고를 통해 그 제품에 필요를 느꼈는지에 대해 측정하고, 다음의 기억(memory)은 구체적으로 광고내용이나 메시지를 기억하는지를 측정하고, 최종적으로 행동(action)으로 제품구대 의사나 혹은 제품구매 여부를 측정한다.

그러나, 실제 광고인지도나 광고선호도가 직접적으로 브랜드의 인지도나 선호도에 어떻게 영향을 미쳤는지, 특정 광고를 통해 구매 의사가 생기고 혹은 구매했는지의 인과관계를 직접적으로 찾는 것은 현실적으로 불가능하다. 특정 광고 이외에도 수많은 소비자를 둘러싼 내·외부요소들이 영향을 미치기 때문이다. 일반적 광고효과에 대한 관점은 해당 시장 내에서의 광고비 비용 점유율이 높을수록 소비자가 그만큼 더 듣게 되니 소리점유율을 차지할 것이고, 그러다 보면 소비자의 마음점유를 하게 되어 마음점유율에 영향을 미친다. 궁극적으로 소비자의 마음을 얻으면 시장도 점유하게 되니, 시장점유율을 반영한다는 논리로 판매에 대한 광고의 영향을 측정하기도 한다. 즉, 광고비가 궁극적으로 시장점유율에 영향을 미친다고 보는 견해이다.

전통 매체의 광고효과 측정 방법

〈표 12.2〉는 미시적 관점에서의 중요 광고효과측정 방식들과 예시를 정리한 것이다. 중요 광고효과 측정 방식은 GRP, CPM, CPP, CPR 등이 있다.

소셜 매체의 광고효과 측정 방법

최근에 다양한 소셜 매체들의 등장과 발전 그리고 매체 중요성이 증대되면서, 소셜 매체의 마케팅효과를 다양한 각도에서 측정하고 있다. 이 중 중요한 소셜 마케팅 효과 측정 지수들을 〈표 12.3〉에 정리하였다. SNS 3.0시대의 중요 특성인 소셜 태깅의 효과측정은 (1) 규모, (2) 균형 그리고 (3) 관련 브랜드의 풍요로운 관련 언어적 정보를 담은 고객 관점의 브랜드 연상이다. 소셜 태깅은 UGC의 대표적인 콘텐츠이며 고객 중심의 브랜드 자산(Customer-Based Brand Equity: CBBE)이라 할 수 있다. 이러한 소셜 태깅과 기업의 성과와의 상관관계는 최근 다양한 연구들에서 보고되고 있다. 예를 들어, 남과 칸난(Nam and Kannan)의 연구에 의하면, 소셜 태깅에서 나타난 브랜드 친숙성(brand familiarity), 브랜드 연상의 선

표 12.2

광고효과 측정 방식들과 산출 예시

광고효과 측정방식	설명	산출식	산출 예시
GRP (gross rating point)	주단위 혹은 월단위의 메시지 누적 전달량을 표현함	시청률(구독률)×주간(월간) 노출(게재) 횟수	시청률이 각 10%, 15%인 프로그램에 1개월 동안 각각 8회, 12회 노출하였다면, GRP는 250(10×8+15×12)임
CPM (cost per mille)	천 명당 도달광고 비용으로 광고비용효율성의 측정 지표로 많이 사용됨(매체당 조건이 동일하다면 CPM이 가장 낮은 매체가 가장 효과적인 매체임)	방송매체인 경우: 광고단가/(시청률×타깃 청중) ×1,000 인쇄매체인 경우: 광고단가/(발행부수×1,000)	
CPP (cost per rating point)	특히 방송매체 효율성 평가 시 사용함	광고비/GRPs (혹은 시청률)	TV SA시급의 spot 비용이 600만원이고 이때 시청률이 20%라면, CPP는 30만원임
CPR (cost per reach)	도달범위 기준으로 투입광고비의 효율성을 평가하는 지표로, 도달범위 1%를 얻기 위해 필요한 광고비를 말함	광고비/도달범위	월 500 GRP를 얻기 위해 1억원의 광고비를 투입하였을 때, 추정된 도달범위가 80%라면, CPP는 20만원(1억원/500)이지만, CPR은 125만원(1억원/80)임

표 12.3

소셜미디어 지수

소셜미디어 지수	정 의
전환 지수 (conversion)	• 목표한 행동을 완성한 사람의 수를 의미함 • 이러한 행동에는 구매 신청, 구매 비용 지불, 웹사이트 등록, 무료 사용 신청, 특정 페이지 팔로우하기 및 좋아하기 누르기 등 다양한 항목들이 있음
이동 지수 (funnels)	• 전환 지수로 이동 중이라 간주되는 사람의 수 또는 비율을 의미함
관여 지수 (engagement)	• 좋아요(likes), 공유(sharing), 코멘트(comments) 남기기 등을 통한 관심과 긍정적 태도를 표명한 사람의 수를 의미함
방문수(visits) 유니크 방문수 (unique visits)	• 특정 웹페이지의 방문 횟수를, 동일인이 중복 방문했는지의 여부에 상관없이 모두 카운트한 것이 방문수로서, 유니크 방문수는 방문한 개인만을 카운트해 중복을 제거한 개념임
바운스 지수 (bounce rate)	• 특정 웹페이지에 들어오자마자 바로 떠난 사람의 비율을 의미함 • 첫 페이지만 보고(즉 페이지 내 기능을 사용하거나 다른 페이지를 둘러보거나 하지 않고) 바로 페이지를 떠난 사람의 비율로 정의되기도 함
대화 지수 (conversation rate)	• 소셜미디어 비히클에 포스팅한 메시지당 비히클 사용자들이 남긴 대화의 개수로 정의됨 • 페이스북, 구글 플러스, 링크드인 같은 사이트들의 경우 코멘트(comments)에 해당하고 트위터의 경우 리플(replies)을 카운트한 개념임
확대 지수 (amplification rate)	• 소셜미디어에 포스팅한 메시지당 공유 행위(shares, reshares 등)를 카운트한 개념임
긍정 지수 (applause rate)	• 포스팅된 메시지에 대한 코멘트 중 긍정적 반응의 비율로 정의됨

호도(favorability of association)와 브랜드 연상의 경쟁적 차원의 중복성(competitive overlaps of brand association), 즉 브랜드 차별성을 예측하지 못한 재무적 성과로도 이어지며 실제 주식가치도 상승시키는 것으로 나타났다. 본 연구는 하루 동안의 짧은 분석 기간에 의한 결과여서 전적으로 일반화하기는 어려우나 소셜 태깅의 재무적 성과에 대한 다음과 같은 세 가지의 시사점들을 제공한다. 첫째, 소셜과 강하게 연결된 인기있는 키워드는 브랜드의 미래 현금흐름의 긍정적인 시그널이다. 그러나 단순히 북마크의 규모가 주가에 영향을 미치지는 않는다. 둘째, 소셜 태깅과 관련된 브랜드 연상의 호감성은 주가에 영향을 미친다. 셋째, 소셜 태깅과 관련된 부정적인 브랜드 연상은 단기적 시장 비효율성에 영향을 미칠 뿐만 아니라 장기적으로 기업 평가에도 영향을 미친다.

따라서, 마케터는 AI·디지털시대의 소셜태그가 미치는 마케팅 성과의 중요성을 인식하여 소셜매체의 마케팅 성과를 실시간 모니터링하여 다각적이고 즉각적인 대응을 해야 한다. 첫째, 고객 주도의 긍정적인 소셜태그 형성이 되도록 다양한 콘텐츠 및 소스를 제공하는 것이 중요하다. 둘째, 바람직하지 않은 혹은 부정적인 소셜태그 형성이 발견되었을 시는 해당 문제에 대한 즉각적인 대처를 하고 필요시 진정성 있는 사과 등의 적극적인 기업 대응이 필요하다. 셋째, 부정적인 소셜태그를 희석하고 긍정적 소셜태그 형성을 위해 리얼 타임 마케팅(real-time marketing)이 필요하다. AI·디지털시대에는 실시간 대응의 마케팅 역동성이 더욱 중요한 것이다.

::: 통합적 마케팅 커뮤니케이션

통합적 마케팅 커뮤니케이션의 정의

통합적 마케팅 커뮤니케이션(Integrated Marketing Communication: IMC)이란 기업이나 제품에 대한 메시지를 소비자에게 효과적으로 전달하기 위해 다양한 촉진 믹스와 마케팅 커뮤니케이션 채널을 통합하여 관리하는 마케팅 전략의 일환이다. 즉 광고, PR, 다이렉트 마케팅, 인적 판매, 판매촉진 등 다양한 마케팅 촉진 수단에 대해 통합적인 관리를 통해 기업에 가장 효과적인 마케팅 커뮤니케이션 조합에 '메시지의 일관성'을 확보하는 것이다. IMC를 TMC 마케팅 커뮤니케이션 전략과 연계하여 설명하자면, 수많은 커뮤니케이션 채널들 중 동일한 타깃청중의 접점에 있는 최적의 채널믹스를 기획하고 각기 다른 미디어 비히클(media vehicle)들이지만 동일한 메시지를 일관성 있게 전달하는 것이다. 즉, 기존의 통합 마케팅 커뮤니케이션은 각 매체들을 TV광고에서 시작해서 매체들의 수직적

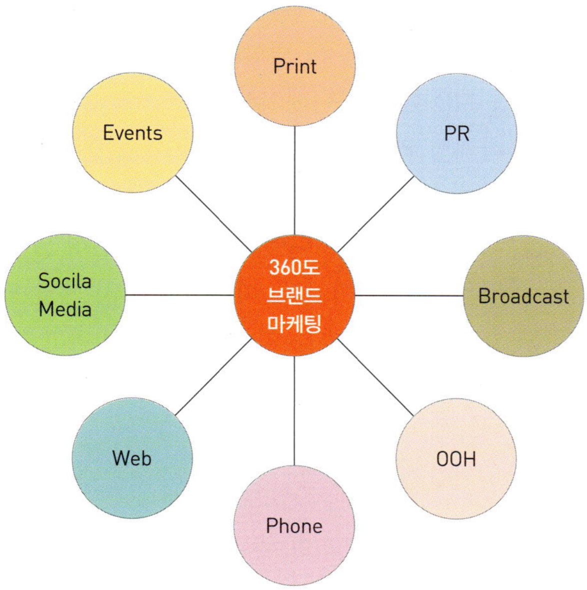

그림 12.8

360도 브랜드 마케팅

정렬을 통해 핵심 브랜드 메시지의 일관되고(consistency) 반복적인(cyclical repetition) 전달이 중요하다고 보는 것이다. 일단 브랜드의 핵심 아이디어가 정해지면 이를 어떻게 다양한 마케팅 채널을 통해 타깃 소비자에게 일관되게 전달하느냐가 가장 중요 이슈이다.

이와 유사한 개념으로 360도 마케팅 개념이 실무에서 넓게 사용되고 있다. 360도 마케팅이란 오길비와 매더(Ogilvy and Mather)가 처음 주창한 것으로 〈그림 12.8〉에서 보듯이 기본적으로 동일 메시지를 일관성 있게 전달하기 위해서 다수 커뮤니케이션 채널들을 통합하여 관리한다는 IMC 개념과 동일하다. 그러나 360도 마케팅은 마케팅 커뮤니케이션 채널을 수직적으로 생각하지 않고 둥글게 생각하는 통합적인 사고를 기반하고 있다. 브랜드와 소비자가 만나는 모든 순간과 접점(contact point)에 어떻게 하면 브랜드에 대한 소비자의 경험을 최적화할 수 있는지에 대한 고민부터 시작할 것을 요구하고 있다. 즉, 일반 ATL 채널, BTL 채널들뿐만 아니라, 소비자가 접촉하는 모든 접점들, 예를 들어 매장 분위기와 청결상태, 제품 운송 트럭, 고객 상담원의 대응 등에서도 일관되고 통합된 총체적인 브랜드 커뮤니케이션을 목표로 하는 것이다.

통합적인 마케팅 커뮤니케이션 관리는 기업에게 있어서 필수적 과제이나, 실제 더욱더 그 난이도가 올라가고 있다. 그 이유는 첫째, 스마트 시대의 똑똑한 소비자들의 요구들은 더욱 다양해지고 있으면 고객층도 더욱 세분화되고 있다. 이에 따라 기업은 더욱 똑똑해진 소비자가 원하는 수준의 관계 구축과 고객과의 긴밀한 커뮤니케이션이 더욱 필요해졌기 때문이다. 둘째, 정보 기술의 발전으로 인해 기업과 소비자의 소통 방식에도 큰 변화를 가져다 주었다. SNS, 블로그, 스마트폰, 디지털 TV 등 다양한 커뮤니케이션 채널과 기존의 TV, 라디오, 신문, 잡지 등까지 방대한 마케팅 커뮤니케이션 수단들을 통합적으로 관리하지 않는다면, 결국 기업의 막대한 비용으로 이어지기 때문이다. 셋째, 다양한 커뮤니케이션 채널들의 등장으로 서로 다른 미디어 비히클에 일관성 있게 메시지를 전달한다는 것이 더욱 어려운 과제가 되었다. 따라서 메시지 개발 단계부터 메시지 일관성 확보를 위한 지침 가이드라인을 체계적으로 수립하고 지침에 따른 미디어 집행이 되도록 세심한 관리가 되어야 한다.

통합적 마케팅 커뮤니케이션의 실행

IMC를 실행하기 위해서는 먼저 기존의 마케팅 커뮤니케이션 프로그램에 대한 평가가 이뤄져야 한다. 기존 마케팅 커뮤니케이션 프로그램에 대한 평가는 소비자들로부터 설문 조사, 시장 반응과 같은 피드백, 매출액의 변화 등을 분석함으로써 알 수 있다. 보다 통합적인 마케팅 커뮤니케이션 관리가 필요하다고 결정된다면, 그 다음으로 IMC를 통해 무엇을 얻고자 하는가에 대한 목표를 설정해야 한다. 이는 타깃 소비자가 원하는 것은 무엇인지, 소비자의 욕구는 무엇인지 등에 따라 기업이 전달할 핵심 메시지를 결정하고, 이를 어떤 형식으로, 어떤 채널로 전달할 것인가에 대해 결정해야 한다. 이는 전달하고자 하는 메시지를 설계하는 단계에 해당된다. 기업이 제공하는 제품이나 서비스의 특성에 따라 기능을 전달하는 이성적 소구 방식이 될 수도 있고, 제품이나 서비스를 통해 소비자에게 감정적인 반응을 이끌고자 한다면 감성적 소구 방법이 사용될 수 있다. 예를 들어, 일반적으로 타이어는 내구성이 좋고, 안정성이 높고, 빗길이나 눈길에 미끌어지지 않고, 제동성이 높고 등의 기능적 소구를 주로 한다. 이와 달리, 금호 타이어는 일상 생활에서 타이어를 사용하는 동안 소비자가 느끼고 경험하는 것들을 담아내어 소비자들에게 긍정적인 감정을 유발하면서, 동시에 기능적 측면을 전달하는 복합 메시지 광고를 하였다.

이와 같이 기업은 전달하고자 하는 메시지의 내용을 달리하여 자신의 제품이나 서비스, 혹은 기업의 차별적인 특성을 전달한다. 또한 이러한 메시지 내용뿐 아니라 메시지를 어떻게 전달할 것인지에 따라, 보다 효과적으로 메시지를 전달할 수 있다. 슬로건을 통해 언어적인 측면에서 전달하고자 하는 메시지를 전달할 수도 있고, 또는 시각적, 촉각적, 미각적, 청각적 형태와 같은 비언어적인 형식을 통해서도 전달할 수 있다.

IMC 마케팅 프로그램이 정합한지를 판단하기 위해서는 가장 효과적이고 효율적인 마케팅 커뮤니케이션인지를 파악하는 것이다. 켈러(Keller)가 제시한 마케팅 커뮤니케이션이 통합되었는지를 판단하는 여섯 가지 기준들은 다음과 같다.

(1) 도달범위(coverage): 커뮤니케이션 매체의 대안들 간에 중복성이 얼마나 존재하는지와 함께, 매체 대안들을 통해 얼마나 타깃청중에 도달되는지를 보여주는 비율임
(2) 기여수준(contribution): 각 커뮤니케이션이 독립적으로 커뮤니케이션 목적들(정보 제공, 인식 구축, 이미지 향상, 판매 촉진 등)을 달성했는지에 대한 커뮤니케이션의 본질적 능력을 말함
(3) 공통점(commonality): 공통적 연관성이 선정된 커뮤니케이션 매체들에 의해서 강화되는 정도를 말함. 즉 상이한 매체들에 통해 전달되는 정보가 의미에서 공유되는 정도, 일관성, 응집력 등을 말함
(4) 보충성(complementarity): 커뮤니케이션 매체들과 상이한 연관성과 연결 간의 상호보완적이고 협력적으로 사용되고 있는가를 말함. 상이한 연관성이 더 높은 커뮤니케이션 효과를 창출할 수도 있기 때문임
(5) 다방면성(versatility): 마케팅 커뮤니케이션이 모든 소비자들에게 노출이 되지 않기 때문에, 노출될 수 있는 소비자와 노출되지 않을 수 있는 소비자, 나타날 수 있는 이 두 가지 수준들을 모두 고려하여 전달하는 마케팅 역량임
(6) 비용(cost): 실행하는 마케팅 커뮤니케이션이 마케팅 ROI 관점에서 효과적이고 효율적인가를 말함

::: 마케팅 커뮤니케이션 전략 및 실행 계획의 수립

마케팅 커뮤니케이션 전략 및 실행 계획 수립

마케팅 커뮤니케이션 전략 및 실행 계획 수립은 다음 〈표 12.4〉와 같이 8단계에 걸쳐 수립한다. 1단계는 타깃청중 전략 수립 및 타깃청중의 이해하는 단계로서, 타깃청중을 정의하는 타기팅 전략을 수립하고, 선정된 타깃에 대한 이해를 위해 측정 및 분석을 통한 통찰력을 확보하는 단계이다. 2단계는 마케팅 커뮤니케이션의 세부 목표를 설정하는 단계로서, 일반적인 커뮤니케이션 목표들은 새로운 카테고리 욕구 제안, 브랜드 인지, 브랜드 태도, 브랜드 구매의도를 높이기 위한 것 등의 실행 가능한 세부 커뮤니케이션 목표를 설정해야 한다. 3단계는 메시지 전략 수립 단계로서(혹은 커뮤니케이션 설계라고도 함), 무엇을 타깃청중에게 전달할지의 메시지 전략을 수립 후, 전달하는 방법인 크리에이티브 전략을 수

표 12.4

마케팅 커뮤니케이션 실행계획의 수립 단계

	단 계	중요 실행 계획	설 명
1	타깃청중 전략 수립 및 타깃청중의 이해	타깃청중의 정의	• 타깃청중 정의가 가장 중요한 단계로 타깃청중을 선정하기 위한 시장 세분화가 면밀하게 이루어져야 함 • 앞서 STP 마케팅 전략에서 선정된 타깃과 동일할 수도, 상황에 따라 더욱 세분화된 타깃청중일 수 있음
		타깃청중 이해를 위한 분석	• 타깃청중의 U&A, 지식, 충성도 수준 및 현 브랜드에 대한 이미지 등에 따라 매우 상이하므로 세밀한 통찰력을 위해 관련 조사 및 분석이 중요함
2	세부 커뮤니케이션 목표 설정	실행 가능한 세부 커뮤니케이션 목표 설정	• 새로운 카테고리 욕구(category need) 제안: 현재 동기부여적 상태나 잠재적 욕구들의 불일치 제거나 만족을 위한 새로운 카테고리 제안해야 함 예 무인자동차, 가사도우미로봇 • 브랜드 인지(brand awareness): 구매를 할 수 있을 만큼의 세밀한 제품 카테고리 내 브랜드 자산 및 파워를 말하는 것으로 인지(awareness), 인식(recognition), 상기(recall) 등을 기초로 함 예 노란색 아치로고를 보면 맥도날드 브랜드가 떠오름 • 브랜드 태도(brand attitude): 최근 관련된 욕구를 충족시키기 위해 지각된 특정 브랜드에 대한 평가 결과로 긍정적이거나 부정적일 수 있으며 감각적 소구를 지향하는 광고가 영향을 미침 예 프리미엄 리얼 맥주를 소구하는 클라우드맥주는 광고에서 맥주원액에 물을 타지 않은 오리지널 그래비티 공법을 적용한 풍부한 맛과 풍부한 거품을 강조 • 브랜드 구매의도(brand purchase intention): 이전 구매의사결정에서 형성된 잠재적 구매욕구들이 촉진활동을 통해 구매의도가 형성되게 됨 예 중저가 화장품의 1+1 세일
3	메시지 전략 수립	메시지 전략	• 제품이나 서비스의 본질적인 요소나 비본질적 요소들과 관련하여 개발 • 구매자는 제품으로부터 보상받는 4가지 유형을 고려해야 함(합리적 보상, 감각적 보상, 사회적 보상, 자아만족 보상) • 이러한 4가지 보상 우형은 3가지 유형 경험과 상호교차함(사용 후의 경험, 사용 중의 경험 혹은 사용 계기, 사용의 경험)
		크리에이티브 전략	• 메시지를 전달하기 위해 표현하는 방법으로서 정보제공적 소구와 변환적 소구와 연관되어 있음 • 정보제공적 소구(informative appeal): 제품이나 서비스의 속성이나 혜택에 초점을 두기 때문에 논리와 합리성이 중요 • 변환적 소구(transformational appeal): 제품이나 서비스 이외에 속성이나 혜택에 초점을 두는 것으로 일반적으로 이미지, 사용자, 소비경험, 다른 동기유발 등이 활용됨
		메시지 원천 개발 및 관리	• 셀러브리티나 정치인, 스포츠스타 등 유명인사를 활용하는 경우, 연사의 전문지식, 신뢰성, 호의성 등을 판단해야 함 • 특히, 소비자들은 일치성의 원칙(principle of congruity)에 의해 브랜드와 사용된 연사와 연결하여 평가하기 때문에 양측의 긍정과 부정적 이미지가 서로 영향을 미치기 때문에 연사의 선정 및 관리가 중요함
4	커뮤니케이션 채널 믹스전략 수립	커뮤니케이션 채널 특성을 고려한 특정 매체 선정	• 마케팅 커뮤니케이션 목표를 기반으로 각 마케팅 채널별 장단점을 고려하여 가장 최적화된 마케팅 채널 믹스 전략을 수립함 • 커뮤니케이션 믹스 수립 시, 주 고려요인: 제품시장의 유형, 구매자의 특성, 제품 수명주기 등
5	예산 책정	해당 마케팅 캠페인의 예산 책정	• 가용자원법: 기업이 가용할 수 있는 금액만큼을 촉진예산으로 책정하는 것으로 구체적인 장·단기 커뮤니케이션 계획 수립의 어려움이 있음 • 매출액 비율법: 많은 기업들이 사용하는 방식으로 현재 혹은 예상 매출액 대비 특정 비율에 따라 촉진예산을 책정하는 것으로 기업 내 논리적 설득이 용이하고 경쟁적 안정의 장점을 가지고 있으나 전략적 관점이나 시장 환경 변화에 대응이 약하기 때문에 장기계획 수립이 곤란함 • 경쟁사 기준법: 시장 내 경쟁상황을 고려하여 경쟁사 촉진예산에 근거하여 촉진예산을 설정하는 것으로 시장내 경쟁사의 수가 한정되어 있고 시장내 소리 비율(Share Of Voice: SOV)이 매출에 영향을 미칠 때 의미있는 방식으로 실제 예산 파악이 어려워서 비현실적 책정방식이라는 비판도 있음 • 목표과업법: 마케터가 특정 목표를 달성하기 위한 과업 수행에 필요한 비용을 촉진예산으로 설정하는 것으로 신규 브랜드 론칭이나 시장점유율 및 특정 마케팅 목표 달성시에 효과적인 장점이 있음

	단 계	중요 실행 계획	설 명
6	커뮤니케이션 실행	커뮤니케이션 실행	• 기업은 직접 실행을 하던가, 종합광고대행사나 세부 전문대행사를 통해 실행하는 등 다양한 형태로 커뮤니케이션 실행계획을 집행함
7	결과 측정 및 피드백	커뮤니케이션 성과 측정, 분석, 피드백	• 마케팅 ROI(Return On Investment) 관점에서 마케팅 투자 대비 결과와 수익을 산출해야 함 • 이러한 촉진활동의 성과를 측정하기 위해서는 각 마케팅 캠페인 활동의 성과지표에 대한 명확한 정의가 선행되어야 함 • 또한 어떤 형태로 얼마나 주기적으로 성과를 측정할까에 대한 조사 설계가 중요함 • 결과를 기반으로 환류 시스템이 구축하여 조사결과 나타난 문제점이나 인사이트를 이후 커뮤니케이션 계획에 반영하여 성과가 도출되었는지 측정이 가능한 환류 시스템을 보유하는 것이 중요함
8	통합적 마케팅 커뮤니케이션 관리	전통적 IMC 마케팅 관리	• 통합적 마케팅 커뮤니케이션 관리를 위해서는 다양한 커뮤니케이션 채널들의 변경 조정 가운데에서도 기업이 전달하고자 하는 차별화된 독특한 메시지를 명료하고 일관성 있게 유지하는 것이 중요함 • 360도 마케팅의 중요성이 제고됨에 따라 다양한 채널들을 최대한 적극적으로 활용하여 고객 접점을 둘러싼 모든 가능 채널들을 적극 활용하여 고객의 모든 MOT(Moment Of Truth)를 고려한 통합된 커뮤니케이션이 중요함
		고객 경험 기반의 메시지 확산을 위한 계획	• 동일한 메시지가 다양한 채널들을 통해 확산이 되면서 고객의 경험과 함께 화학적 작용이 이루어져서 고객기반의 경험과 연동된 메시지가 확산 전파되도록 계획하고 관리하는 것이 중요함 • 과거 기업이 커뮤니케이션 발신자였으나, AI·디지털시대는 고객이 자발적 발신자가 되도록 하는 것이 IMC 목표임

립한다. 그리고 누가 전달할지에 중점을 둔 메시지의 원천을 정하는데, 일반적으로 연예인 및 유명인사들을 활용하여 그들의 긍정적 이미지들을 활용한다. 4단계는 커뮤니케이션 채널믹스전략에 따라 특정 커뮤니케이션 채널을 선정하는 단계로서 여러 커뮤니케이션 미디어 채널들 중에서도 타깃청중에게 정확히 노출될 수 있는 최적의 채널을 선정하는 것이 중요하다. 5단계는 해당 캠페인 예산을 책정하는 단계로서, 가용자원법, 매출액 비율법, 경쟁사 기준법, 목표과업법 등이 있다.

6단계는 마케팅목표 및 캠페인 예산에 따라 실제 커뮤니케이션을 실행하는 단계이다. 7단계는 마케팅 ROI 관점에서 측정도구를 결정하고 상시 측정 시스템에 의해 측정한 결과를 토대로 개선 및 수정을 위한 피드백을 제공하는 단계이다. 마지막 8단계는 통합적 마케팅 커뮤니케이션, 즉 IMC를 위한 관리 단계로써 360도 관점에서 각 채널별 메시지가 고객의 MOT에서 일관성있게 전달되도록 실행 및 관리하는 단계이다. 또한 고객 경험기반의 메시지가 고객 자발적으로 확산될 수 있도록 계획하고 관리하는 단계이기도 하다.

IMC 실행 가이드라인

성공적인 IMC을 위해 다음의 가이드라인을 유념하여 실행해야 한다.

1. [타깃청중] 타깃 소비자의 특정 제품 및 상표에 대한 소비자의 상이한 이해수준을 적절히 반영하여 구매 촉진이 이루어지도록 동기 자극점을 찾고 동기

를 부여해야 한다.

2. [타깃청중] 각 고객 세그먼트의 관련성이 높은 것일수록 더 높은 주의성을 보이기 때문에, 소비자 선택적 주의의 문제점을 해결하기 위해서는 각 타깃별 관련성 높은 맞춤형 메시지를 개발하는 것이 중요하다.
3. [메시지] 수신자들은 메시지에 대한 최초 태도가 긍정적이며 지지적인 주장의 시연이 병행되었을 경우에 메시지가 수용될 가능성이 높다. 이와 반대로, 최초 태도가 부정적일수록 발신자가 수신자와 대응적인 주장을 시연했을 경우는 메시지 자체의 수용이 거절될 확률은 높지만 장기적 기억 속에 저장될 가능성은 높다. 즉 초기에 긍정적인 태도가 형성할 수 있도록 메시지 개발 및 전달 방식에 대한 치밀한 계획이 필요하다.
4. [메시지] 소비자의 선택적 왜곡을 최대한 줄이기 위해 메시지의 간결성, 명료성, 흥미 유발을 추구해야 한다.
5. [메시지] 소비자에게 적시 적소에 최적으로 메시지에 노출되도록 해야 한다. 소비자들은 수많은 광고를 커뮤니케이션의 소음(noise)으로 인식하기 때문에 광고가 오히려 브랜드에 대한 소비자에게 부정적인 태도를 형성하게 할 수도 있다. 이에, 소비자가 광고에 주의를 기울이게 하는 요소들이나 장치들을 발굴해야 하며 그런 과정에서 의도한 메시지가 왜곡되지 않는지 반드시 체크해야 한다.
6. [채널] 각 타깃별로 소비하고 집중하는 다양한 커뮤니케이션 매체들이 등장하는 AI·디지털시대의 특성을 고려하여 타깃별 매체 선정이 더욱 중요하다.
7. [채널] AI·디지털시대에 매체 다양함과 함께 메시지 전달 방식들도 다양해지고 있으므로 타깃별, 메시지별, 가장 효율적으로 전달할 수 있는 커뮤니케이션 채널들을 선정해야 한다.
8. [채널] 새로운 커뮤니케이션 채널들이 계속적으로 생겨나고 진화하고 있음을 인식하고 기존의 채널에만 국한하지 말고 타깃청중의 접점에 더 많이 효과적으로 도달하기 위해 새로운 채널 믹스 개발에 노력해야 한다.
9. [IMC] 매체들 간의 통합적 마케팅 커뮤니케이션이 되도록, 각 매체별 시너지와 메시지의 일관성이 확보되도록 해야 한다.
10. [IMC] 결과적으로, 광고 목표가 마케팅 캠페인의 목표에 도달하는지를 확인해야 한다. 간혹 브랜드에 대한 인지, 호의성 및 선호도는 높으나 구매로 이어지지 않는 경우가 많기 때문에 단순히 광고의 목표 달성에 안주하면 안 된다. 마케팅 커뮤니케이션 효과가 총체적으로 나타날 수 있도록 커뮤니케이션 목표에 부합된 IMC 기획과 실행이 이루어졌는지 커뮤니케이션 크리에이티브 개발단계서부터 점검해야 한다.

::: DISCUSSION QUESTIONS

1. IMC와 360도 마케팅의 공통점과 차이점을 제시하시오.
2. 미시적 차원에서 마케팅 커뮤니케이션의 이론적 배경이 되는 중요 이론들을 설명하고 공통의 특성이 무엇인지 제시하시오.
3. ATL 마케팅채널과 BTL 마케팅채널이 무엇인지 설명하고 두 채널의 차이를 설명하시오.

::: TEAM WORKSHOP

1. 도입사례에 소개한 배달 플랫폼 서비스들은 경쟁은 심화되고 매출 하락을 경험하고 있다. 현 상황을 대응하기 위한 새로운 TMC 마케팅 커뮤니케이션전략을 수립하여 제시하시오.
2. 성공적인 TMC 마케팅 커뮤니케이션을 위해 특정 기업(브랜드)을 정하여 고객 중심의 콘텐츠 확산 및 소비를 위한 콘텐츠 전략과 함께 구체적인 콘텐츠 씨딩(contents seeding) 방안을 수립하여 제안하시오.
3. IKEA의 인스타그램을 통한 소셜 카탈로그 제작의 성공사례를 벤치마킹하여, 특정 브랜드를 선정하여 UCC를 활용한 마케팅 캠페인을 기획하여 제시하시오.
4. 인플루언서를 활용하여 마케팅 커뮤니케이션을 성공한 브랜드 성공사례와 실패한 실패사례를 찾아 각각 성공원인과 실패원인을 정리하시오. 이를 기반으로 실패사례의 브랜드를 위한 새로운 인플루언서 활용 마케팅 캠페인을 제안하시오.

PART

5

AI·디지털시대의 새로운 가치 수립과 전달

코로나19로 인해 인류가 지금까지 겪어보지 못한 경험과 함께 많은 사람들이 자의반 타의반 언택트(un-tact)가 더 편해졌다. 편리미엄(편리함+프리미엄이 결합된 합성어)이 소비 트렌드로 지속적인 강세를 보이고, 제품부터 서비스까지 전 분야에서 골고루 자리잡아 언택트는 브랜드연상의 차이점(POD)에서 유사점(POP)로 인식되는 이 시대를 설명하는 사회문화 특징이 되었다.
가성비시대가 가심비시대로 변한지가 얼마 안되었는데, 가심비시대가 가본비시대로 전환되고 있는 것이다.
자발적으로 나를 타인들과의 접촉을 차단하고 오롯이 나 본질의 가치에 중심을 두는 가본비(價本費) 시대이다. 가본비시대에는 AI·디지털시대의 뉴 마케팅커뮤니케이션을 어찌해야 하나… 많은 질문과 도전이 있는 뉴 마케팅시대를 우리는 통과하고 있다.

thirteen

'AI로 내게 맞는 가전제품 추천을?' LG CNS '220 코드 앤 코드' 각광

LG CNS(엘지씨엔에스)가 지난해 오픈한 '220 코드 앤 코드' 광고 영상의 조회수가 100만을 돌파했다고 13일 밝혔다.

'220 코드 앤 코드'는 대한민국 표준전압을 의미하는 220볼트에다 취향(Code)을 연결(Cord)한다는 의미를 담아 만든 브랜드다. 고객들이 가전제품과 관련한 경험과 취향을 공유하는 커뮤니티로 지난해 9월 LG CNS가 오픈했다.

가전 커뮤니티 애플리케이션 '220 코드 앤 코드'

'220 코드 앤 코드'에는 전문 콘텐츠 크리에이터 그룹인 '서클 멤버'가 운영되고 있다. 이들 서클 멤버들은 사용후기와 사용법, 최신 가전 트렌드, 제품별 A/S(애프터서비스) 센터 위치 등 다양한 콘텐츠들을 올린다. 회원 10명 중 8명이 리뷰를 남긴 경험이 있을 정도로 활성화된 가전 커뮤니티이기도 하다. '220 코드 앤 코드'의 사용자 중 2030세대 비율이 50%에 이른다.

'220 코드 앤 코드'에는 AI(인공지능) 기반 추천 알고리즘과 검색 최적화 등 DX(디지털 전환) 기술이 접목돼 있다. 고객의 라이프스타일을 기반으로 취향에 맞는 가전제품 콘텐츠를 추천하는 것이다. 가입자들이 정보제공에 동의하면 주거 공간과 연령대, 거주 형태, 선호 가전, 작성 콘텐츠, 활동 로그 등이 분석된다.

이를 통해 '220 코드 앤 코드'는 30대 중반 기혼 남성에게 가족이 함께 시청하는 대형 TV와 캠핑이 취미인 고객의 취향을 반영한 이동식 소형 TV 정보를 제공한다. 다수 고객들이 세탁기에 이어 냉장고를 구매하는 패턴을 보인다면 세탁기 구매 고객에게 냉장고 콘텐츠를 추천하기도 한다.

검색 최적화는 고객이 정확한 제품명을 입력하지 않더라도 고객의 의도를 파악해 최적의 가전제품 콘텐츠를 매칭하도록 하는 기능이다. 일상에서 쓰는 다양한 언어표현을 이해할 수 있는 NLP(자연어처리) 알고리즘이 탑재됐다.

LG CNS는 '220 코드 앤 코드' 외에도 △마이데이터 앱 '하루조각' △영어 말하기 학습 앱 '버터타임' △모바일 리서치 플랫폼 '퀴노아' 등 다양한 B2C(개인 대상 비즈니스) 서비스를 오픈, 사업을 지속 확대 중이다.

출처: 머니투데이, 2023.4.13

::: AI·디지털시대의 마케팅 커뮤니케이션의 변화

마케팅 커뮤니케이션 패러다임의 변화

AI·디지털시대에 진입하면서 커뮤니케이션상에서 가장 큰 변화는 첫 번째, 소비자 커뮤니케이션 메시지 수용자에서 전달자로 변경되었다는 점이다. 기존의 기업(sender) → 정보 → 소비자(receiver) 패러다임에서, 소비자(sender) → 정보 → 기업(receiver) 패러다임으로 전환된 것이다. 즉, 정보를 받던 소비자가 정보를 능동적으로 제공하는 전달자로서 그 기능이 변화한 것이다. 두 번째, 소비자는 실시간 정보를 바탕으로 인류 역사상 가장 똑똑한 소비자로 진화하였다고 평가받고 있다. 과거, 소비자가 정보 접근이 제한되어 있고 이러한 제한된 정보로 인해 기업이 주도하는 커뮤니케이션이었다. 그러나, AI·디지털시대는 이러한 정보의 비대칭성이 해소됨에 따라, 소비자들은 스마트한 소비자로 진화하였다. 정보의 홍수 속에서 그 옥석을 가려낼 수 있는 능력을 보유하게 된 것이다. 세 번째, 소비자는 기업으로부터 주관성이 높은 광고보다는 객관적인 정보를 받고 싶어한다. 본인이 관심이 없던가 관련이 없는 광고도 적극적으로 피하기까지 한다. 실제, Synocate의 조사결과 발표에 의하면, 응답자의 87%가 전파광고를 적극적으로 회피하고, 67%는 인터넷광고도 적극적으로 회피한다고 응답하였다. 이로 인해 과거 대비, AI·디지털시대에는 정교한 타기팅을 하지 않으면 광고 도달률이 낮아질 수밖에 없는 상황이다.

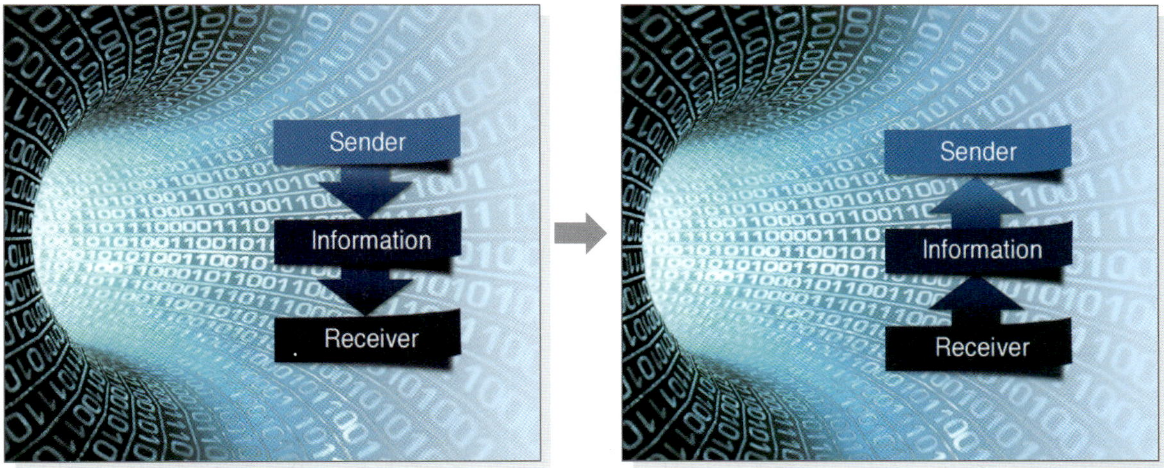

기업과 소비자 간의 커뮤니케이션 패러다임 변화

AI·디지털시대의 뉴미디어들의 등장으로 마케팅 커뮤니케이션 흐름에도 큰 변화가 왔다. 〈그림 13.1〉에서 보여주듯이, 전통적 마케팅 체계는 고객, 기업, 협력자, 경쟁자, 맥락의 5C 측면에서 마켓 인사이트를 획득하여 STP 마케팅 전략

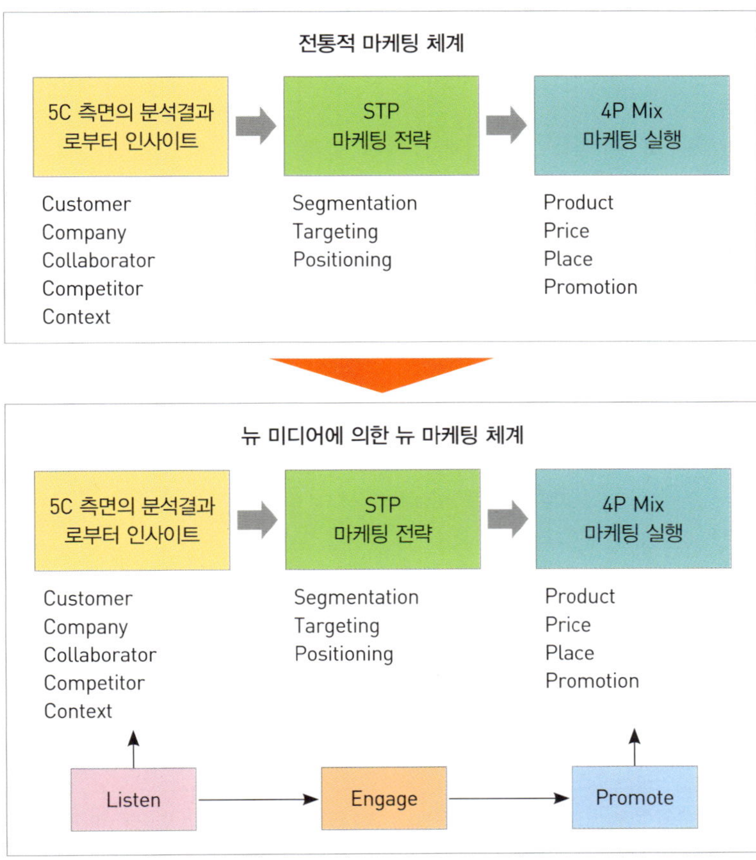

그림 13.1

뉴 미디어에 의한 마케팅 커뮤니케이션의 체계의 변화

을 수립한다. 이후, 4P 중심의 4P Mix 마케팅 전략 및 실행을 하는 순서를 가진다. 그러나 뉴 미디어에 의해 새로운 마케팅 커뮤니케이션의 체계가 형성되었다. AI·디지털시대의 뉴 마케팅은 소비자로부터 듣기(listen), 관계를 맺고(engage), 이후 촉진(promote) 활동은 이후에 이루어지는 체계를 가지고 있다. 이는 듣기 단계에서는 전통적 마케팅 체계의 5C 측면에서 인사이트를 획득하는 단계와 연계되어 있고, 촉진 단계에서는 4P Mix 마케팅과 연계되어 있다.

디지털마케팅을 위한 새로운 마케팅 커뮤니케이션 전략과 프로세스 수립

AI·디지털시대의 마케팅 커뮤니케이션은 기존의 마케팅 커뮤니케이션과 다른, 디지털 마케팅의 정의, 목표, 수단 등에 대한 재수립이 필요하다. 다음의 〈표 13.1〉과 같이, 전달 내용, 대상, 목표 및 커뮤니케이션 정의가 기존의 마케팅 커뮤니케이션과 상이하다. 기존 마케팅 커뮤니케이션은 인지 제고를 위해 소비자 인식을 변화시키기 위한 목표로 광고 크리에이티브를 제작하고 기존의 미디어 채널에 집행하는 실행 과정을 가졌다. 그러나, 이와 달리, AI·디지털시대의 마케팅 커뮤니케이션의 목표는 소비자의 마음을 바꾸는 작업을 통해 고객과 장기적인 관계를 형성하고 유지하는 것이다. 이에 맞도록 새로운 콘텐츠를 제작하고 이에 맞는 채널들의 연결성으로 고려하여 매체 의사결정하는 실행의 과정을 가져야 한다.

AI·디지털시대의 마케팅 커뮤니케이션의 실행 프로세스는 기본적으로 기존의 마케팅 커뮤니케이션의 실행 프로세스와 상이한 점은 크게 세 가지인데, 첫째, 고객 맞춤형 가치 개발 및 맞춤형 서비스 및 메시지를 전달할 수 있다는 점이다. 둘째, 고객 맞춤형 최적화된 미디어에 노출 및 실시간 미디어 성과를 파악하기 쉽기 때문에 쉽게 미디어 집행 조정 또한 용이하다는 점이다. 셋째, 이를 통해 궁극적으로 실시간 마케팅(real-time marketing)이 가능하게 되었다는 점이다.

표 13.1

AI·디지털시대의 마케팅 커뮤니케이션의 변화

	기존 마케팅 커뮤니케이션	AI·디지털시대의 마케팅 커뮤니케이션
전달 내용	광고	커뮤니케이션
제작 대상	광고 크리에이티브	콘텐츠
중요 매체	미디어 채널	채널과의 연결성
광고 캠페인의 목표	단기적 인지 제고	장기적 관계 형성 및 유지
커뮤니케이션의 정의	소비자의 인식을 변화하는 일	소비자의 마음을 바꾸는 일

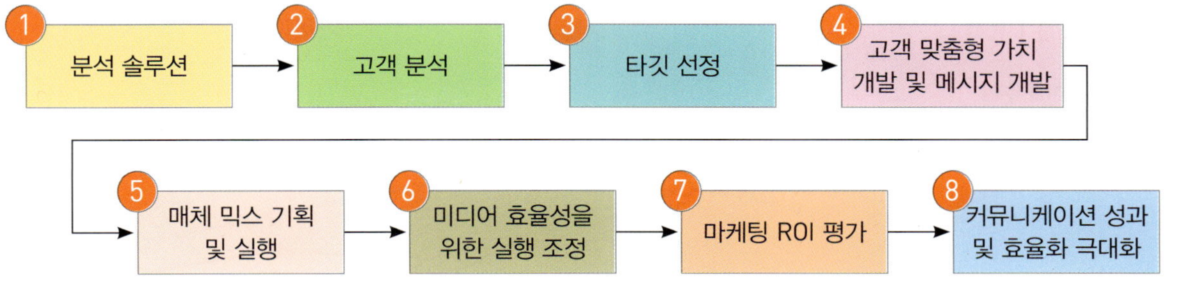

그림 13.2

디지털마케팅을 위한 마케팅 커뮤니케이션 실행 프로세스

실시간 마케팅의 중요성은 그간 마케팅 분야에서 그 중요성에 대해 강조는 많이 되어 왔으나 실제로는 실시간 마케팅 구현이 불가능하였다. AI·디지털시대에 들어오면서 기술 개발 및 고객 미디어 이용 행태의 변화로 실시간 마케팅이 실질적으로 가능하게 된 것이다.

AI·디지털시대의 마케팅 커뮤니케이션의 실행 프로세스는 기존의 프로세스와 매우 상이함에 따라 새로운 마케팅 커뮤니케이션 실행 프로세스를 구축하고 이를 위한 백업 시스템 및 분석력이 필요하다. 〈그림 13.2〉와 같이, (1)분석 솔루션 기반으로 (2)고객 분석, (3)타깃 선정, (4)고객 맞춤형 가치와 메시지 개발, (5)매체 믹스 기획 및 실행, (6)미디어 효율성을 위한 실행 조정, (7)마케팅 ROI 평가, (8)커뮤니케이션 성과 및 효율화 극대화 순으로 진행되어야 한다.

마케팅 커뮤니케이션 매체 환경의 변화

디지털에 의한 초연결 시대가 도래하면서 기업의 커뮤니케이션 미디어 채널 믹스 전략은 BTL 마케팅 채널에 집중하게 되었다. 이로 인해, 전통적 마케팅 채널인 ATL 마케팅 채널인, TV, 라디오, 신문, 잡지의 광고시장은 급격히 하락하고, BTL 마케팅 채널인 온라인, 모바일의 광고시장은 기하급수적으로 규모가 성장하였다.

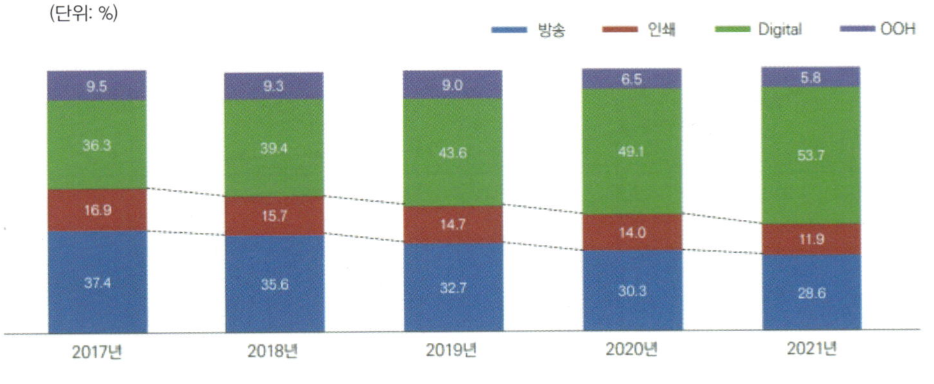

그림 13.3

주요 매체 광고비 점유율 변화추이: 17년~21년

출처: 제일기획(2022), 〈2022 광고연감〉

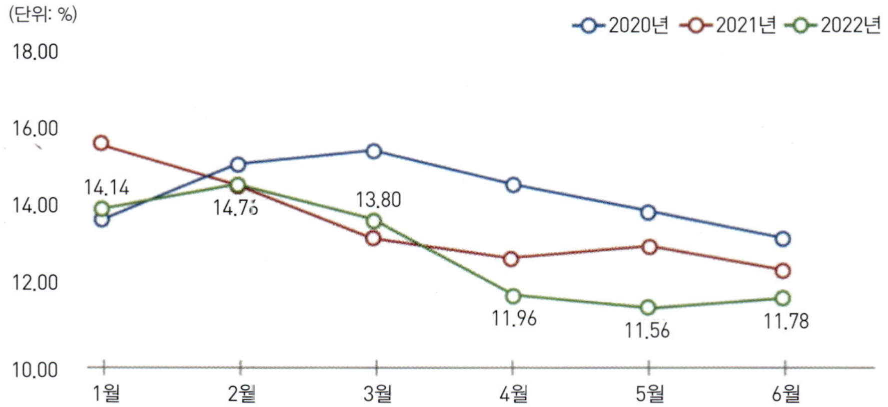

그림 13.4

TV 개인 시청률 추이: 20년~22년 상반기

출처: 닐슨코리아, 아리아나(Arlanna), 수도권 기준

TV광고의 약세는 TV 시청시간의 감소로 인한 것으로 내년 시청시간은 줄어들고 있고 이는 넥플릭스 등의 스트리밍 플랫폼과 유투브와 같은 온라인 동영상 시청시간이 늘어났기 때문이다.

소비자의 미디어에 대한 인식도 많이 변화하였는데, 일상생활 필수 매체로 10여 년전에는 TV이었으나 22년 기준 스마트폰으로 월등히 높게 인식하고 있으며 매년 그 추이는 증가세이다. 흥미로운 점은 연령별 TV/스마트폰의 이용빈도를 보면 고연령층인 60대, 70대도 높은 이용 빈도를 보이고 있다는 점이다(〈그림 13.6〉).

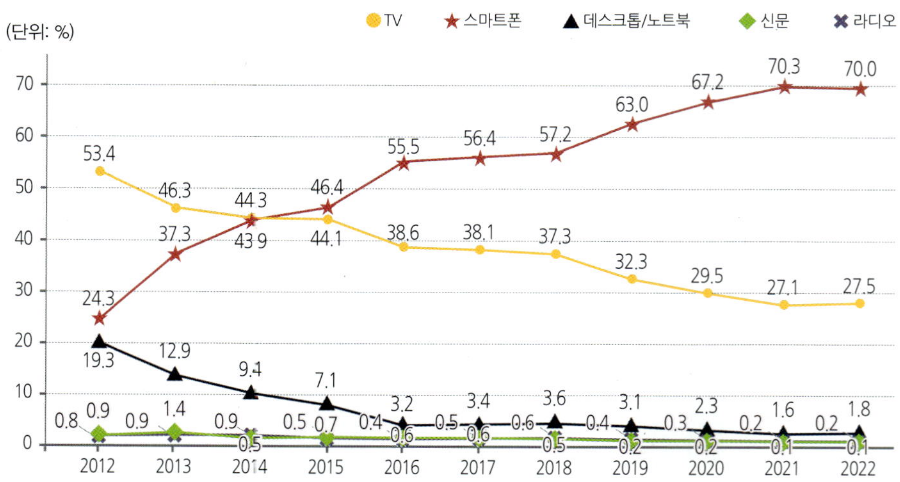

그림 13.5

연도별 필수매체 인식 추이

출처: 방통위, 「2022 방송매체 이용행태조사」

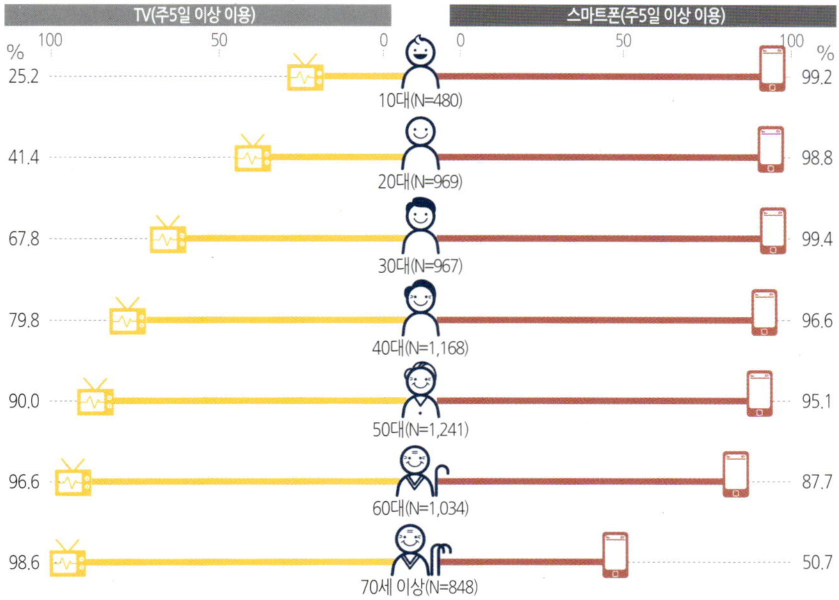

그림 13.6 연령별 TC/스마트폰 이용 빈도

출처: 방통위, 「2022 방송매체 이용행태조사」

MARKETING **REPORT** 2024년 광고 시장 전망은?

Kobako에 따르면 코로나19 팬데믹 이후, 0.7%라는 지지부진한 성장률을 겪던 디지털 광고 시장은 2023년에 이르러 무려 9.7% 성장할 것으로 예측된다고 하는데요. 2024년의 전망도 나쁘지 않을 예정이다. 전 세계 광고비 지출 규모가 8.2%나 증가할 것으로 예상되고, 1월 AFC 아시안컵 카타르 2023을 시작으로 4월에는 제44대 국회의원 선거, 7월에는 파리 올림픽 등이 예정되어 있으니 광고 시장 전반으로 희소식이 따로 없는 상황이다.

네이버가 11월 말 출시할 CLOVA for AD

2024년 트렌드 키워드 4가지!

나스미디어에서 지난 17일 공개한 디지털 미디어&마케팅 전망 보고서에 따르면 2024년 트렌드 키워드를 네 가지이다.

(1) 생성형 AI 검색 서비스의 상용화

2022년 11월, 혜성처럼 등장한 ChatGPT는 공상과학 속 이야기라고만 생각했던 AI 기술을 우리 실생활에 밀접하게 녹여내며 누구나 활용할 수 있는 서비스로 탈바꿈시켰죠. 이러한 AI 기술은 이제는 디지털 광고 영역에서도 본격적으로 적용되고 있다. 나스미디어는 고도화되는 AI 기술이 소비자의 디지털 미디어 이용 형태를 변화시킬 것이라고 예측했다.

이에 따라 많은 기업들이 앞다투어 생성형 AI를 검색에 도입하고 있으며, 광고 역시 도입될 것으로 보인다. 이미 마이크로 소프트와 구글, 네이버는 AI 검색 전용 광고를 테스트하고 있다고 하니, AI 기반 광고가 우리 앞에 성큼 다가올 날도 멀지 않았다.

(2) 이제는 선택 아닌 필수, 숏폼

올해에 이어 내년에도 숏폼은 중요한 트렌드 키워드로 작용합니다. 유튜브 쇼츠나 메타의 릴스, 틱톡 등 주요 숏폼 플랫폼들은 이용자가 보다 손쉽게 콘텐츠를 만들고 수익을 창출할 수 있도록 고안하고 있다. 실제로 지난 2분기 메타의 릴스 하루 시청수는 2천억 건 이상으로 전년 대비 42.8%나 증가했다고 하니, 무시할 수 없는 성장률이다.

당근 숏폼 '당근 스토리'

이에 따라 자연스레 숏폼 광고 역시 각광받고 있는 시점입니다. 글로벌 숏폼 광고는 올해 약 980억 달러에서 2025년에는 무려 1,440억 규모까지 성장할 것으로 보인다. 유튜브, 메타, 틱톡은 물론이고 네이버와 당근마켓까지 너도나도 숏폼 시장에 뛰어드는 시점인 것이다.

(3) 아듀, 맞춤형 광고여! 웰컴, 쿠키리스 시대!

'쿠키'는 인터넷 브라우저에서 사용자의 활동을 추적하기 위한 도구이다. 쿠키리스는 이러한 쿠키를 사용하지 않는 것을 의미한다. 그렇게 된다면 로그 분석으로 사용자를 구분하거나, 맞춤형 타기팅이 어렵게 될 수밖에 없는데, 애플이나 구글 같은 빅테크 기업들은 이용자들의 개인정보를 보호하고 정보 추적을 차단하기 위해 쿠키 사용 제한 정책을 시행하고 있거나, 또는 준비 중이라고 한다. 애플이 앱 사용자 추척을 차단할 수 있는 ATT 정책을 발표했듯이 말이죠. 또한 구글의 크롬은 내년 상반기부터 쿠키 정보를 수집하지 못하게 할 것이라고 밝히며 본격적인 쿠키리스 시대의 신호탄을 알렸는데요. 쿠키의 사용이 어려워지며 자체 고객 데이터를 보유한 곳이 주목받기 시작했습니다.

첫 번째로 리테일 미디어입니다. 아마존이나 쿠팡, 신세계 등 리테일러들은 자체 고객 데이터와 거래 데이터, 고객 행동 데이터를 보유하고 있다. 그러니 타사의 쿠키가 없어도 자체 고객 정보를 기반으로 개인화된 광고를 제공할 수 있다. OTT도 마찬가지로 시청자들의 데이터를 활용한 광고 상품을 운영하고 있다. 그중 선두주자라고 할 수 있는 넷플릭스는 광고 요금제를 출시하고 1년 만에 구독자 1,500만 명을 달성했다. 이후 디즈니 플러스, 훌루 등도 광고 요금제를 출시하고 있으며 우리나라에서는 티빙이 내년 광고 요금제를 출시하겠다고 밝혔다.

(4) 한 명 한 명을 중요시하는 초개인화 마케팅

사용자 한 사람의 상황이나 맥락, 취향, 관심사를 파악해 실시간으로 맞춤 콘텐츠를 제공하는 초개인화 마케팅은 개개인의 관심사와 취향이 세분화되며 주목받기 시작했다. 이제는 단일한 메가 트렌드가 유행을 선도하는 것이 아닌, 다양한 마이크로 트렌드가 공존하는 시대이다. AI 기술을 통해 개개인의 취향을 확실하게 파악하고, 나아가 잠재적 수요까지 알아낼 수 있는 초개인화 마케팅의 시대로 접어들게 될 것이다.

특히 이커머스 분야에서 활발히 적용되고 있다. G마켓은 개인화 서비스를 적용한 뒤 클릭 효율이 20%나 향상되었고, 소비자에게 노출되는 상품이 무려 15배나 증가했다고 밝혔으며 네이버 역시 쇼핑에 맞춤 추천 기능을 적용하여 상품 클릭 2배, 거래액은 4배 이상 증가했다고 한다. 내년에는 본격적으로 고도화된 AI 기술을 접목해 초개인화된 고객 경험이 더욱 정교하게 적용할 거란다.

출처: 마케팅 인사이드, 2023.11.28

::: AI·디지털시대의 마케팅 전략과 소비자조사의 변화

AI·디지털시대의 마케팅 전략의 변화

최근 몇 년 동안 디지털 환경과 소비자 행동의 변화로 인해 마케팅 전략에 다양한 변화가 발생했다. 이러한 마케팅 전략의 변화는 기존의 마케팅 방식을 혁신하고, 고객 중심의 전략과 데이터 주도의 접근을 통해 브랜드의 성공을 촉진하려는 노력이 반영된 것이다. 빠르게 변화하는 디지털 환경에서 기업들은 이러한 트렌드에 따라 조정하고 적응해야 한다. 최근의 주요 마케팅 전략 변화를 간단히 소개하자면 다음과 같다.

디지털 퍼스트(Digital-First) 전략 다양한 소셜미디어의 발달과 다른 어떤 미디어보다 사용이 활발한 모바일이 사용에 따라, 회사들은 디지털 퍼스트 전략을 채택하고 있다. 모바일 친화적인 웹사이트와 앱 개발에 집중하며 다양한 온디드 디지털 채널(owned-channel)을 개발 운영하고, 페이드 채널(paid channel)을 활용하여 다양한 고객 접점에서 고객과 연결하는 데 중점을 두고 있다.

데이터 주도 마케팅(Data-Driven Marketing) 마케팅의 고객 데이터의 활용이 보다 고도화되고 있다. 기업들은 고객 데이터를 보다 다양한 방식에서 수집하고 분석하여 개인화된 마케팅 캠페인을 만들고, 보다 정교화된 고객 타깃하는 데 활용하고 있다. 데이터는 고객의 행동, 선호도, 구매 이력 등 내부적 데이터부터 방대한 소셜미디어에서 발생하는 빅데이터를 활용까지 데이터 주도의 마케팅이 심화되고 있다.

AI와 머신러닝 활용 인공 지능과 머신러닝의 발전함에 따라, 기업들은 AI와 머신러닝을 활용하여 고객을 예측하고, 개인화된 추천을 제공하며, 고객 지원 서비스를 자동화한다.

콘텐츠 마케팅과 스토리텔링 고품질 콘텐츠의 중요성은 날로 높아지고 있다. 기업들은 고품질의 콘텐츠를 제작하고 고객과의 연결을 강화하기 위해 적극적으로 스토리텔링을 활용하고 브랜드 이야기를 통해 감정적 연결을 형성하려는 노력이 증가하고 있다.

소셜미디어 마케팅의 성숙도 이전에 소셜미디어 활용보다 더욱 다양하고 중요하게 소셜미디어를 활용하고 있다. 회사들은 소셜미디어 플랫폼을 광고 및 커뮤니케이션 도구로 적극 활용하면서 커뮤니티의 빌딩과 소비자와의 상호 작용을 강화하고 있다.

친환경 및 ESG 마케팅 환경 및 기업의 사회적 책임이 진화하여 ESG 경영이 대세가 되었다. 이전에 선택적 차원이라면, 요즘의 친환경과 ESG 경영은 기업에 대한 제도 아래, 강제성이 있는 사회적 요구이다. 이에 기업들은 환경 친화적 제품 개발 및 사회적 책임 있는 브랜드 메시지 강조를 통해 소비자들의 환경 및 사회적 가치에 부응하려는 노력을 가하고 있다.

인플루언서 마케팅의 확대 인플루언서와의 협력이 더욱 강화되고 기업들은 인플루언서 마케팅을 통해 제품과 서비스를 홍보하고 브랜드 인지도를 높이려는 노력을 확대하고 있다.

실시간 커뮤니케이션 기업들은 고객과의 실시간 커뮤니케이션을 강화하여 고객 피드백을 빠르게 반영하고 서비스 개선에 활용하고 있다. AI 챗봇을 통해 365일 24시간 언제든지 실시간으로 고객의 질문과 요구에 답하는 등 실시간 고객과 커뮤니케이션을 통해 즉각적 대응력을 높이고 있다.

AI · 디지털시대의 마케팅 조사의 변화

AI · 디지털시대의 기술과 마케팅 환경 변화로 최근 소비자 조사의 접근과 방법론의 변화도 다양하다. 간단히 정리해 보면 다음과 같다.

소셜미디어 감정 분석(Social Media Sentiment Analysis) 소셜미디어에서의 대화와 의견은 소비자들의 생각과 감정을 파악하는 중요한 정보원으로 활용되고 있다. 자연어 처리(NLP) 및 기계 학습을 활용하여 소셜미디어 게시물을 분석하고 감정을 이해하는 방법으로 발전하고 있다. 이에 기업들은 소셜미디어 플랫폼에서 자체 제품, 브랜드 또는 업계 관련 키워드를 모니터링하고 소비자 감정을 추적하여 제품 개선 또는 마케팅 전략을 조정한다.

인공 지능(AI) 및 빅데이터 활용(Application of AI and Big data) AI와 머신러닝 기술을 사용하여 대량의 데이터를 분석하고, 고객 행동 패턴을 예측하며, 향상된 개인화된 경험을 제공한다. 구매 이력 및 검색 기록을 기반으로 제품 추천을 하는데 적극 사용되고 있다. 온라인 쇼핑몰에서 사용자의 이전 구매 내역을 분석하여 관련 상품을 추천하고, 이메일 마케팅에서 AI를 사용하여 개인화된 콘텐츠를 생성하고 초개인 맞춤화한 콘텐츠를 활용해 타깃 마케팅을 한다.

모바일 앱 및 웹 사용 분석(Mobile App and Web Usage Analysis) 모바일 앱과 웹 사용 데이터는 사용자 경험을 향상시키기 위해 모바일 앱 및 웹 사용 분석 서비스들을 적극 활용하고 있다. 히트맵 및 사용자 행동 분석을 통해 웹사이트 또는 앱 디자인을 개선하는데 사용된다. 웹사이트 운영자는 사용자가 어떻게 상호 작용하는지를 이해하기 위해 Google Analytics와 같은 도구를 사용하며, 이를 통해 페이지 조회, 이탈률, 컨버전율 등을 분석한다.

가상 현실(VR) 및 증강 현실(AR) 사용자 피드백(User Feedback through VR, AR) VR 및 AR을 활용한 사용자 피드백 수집 방법이 발전하고 있습니다. 제품 또는 서비스의 사용자 경험을 시뮬레이션하고 실제 사용자의 반응을 분석한다. 자동차 제조업체는 VR을 사용하여 운전자의 시선과 조작 반응을 테스트하고, 제품 디자인 개선에 활용한다. 이러한 소비자 조사 방법론의 변화는 소비자들의 행동 및 의견을 더 정확하게 이해하고, 기업들이 제품 및 서비스를 개선하며 고객 경험을 향상시키는 데 도움을 준다.

::: 경험 경제와 경험 중심 마케팅

경험 경제(Experience Economy)는 소비자가 단순히 제품이나 서비스를 구매하는 것을 넘어, 더 풍부하고 개인화된 경험을 추구하는 경제 모델을 의미한다. 이 개념은 특히 논문 "The Experience Economy"에서 처음 소개되었다. 경험 경제는 다음과 같은 주요 특징을 갖고 있다. 경험 경제에서는 제품 또는 서비스 자체가 중요한 것이 아니라, 그 제품 또는 서비스를 통해 소비자에게 제공되는 경험이 중요하다. 즉, 경험 중심(Experience-Centric) 마케팅이 중요한 것이다. 소비자들은 감각적, 감정적, 지적 경험을 추구하며, 이를 통해 만족감을 느끼려고 한다. 이에 따라 경험 경제에서는 고객이 기억에 남는 경험을 만들어 내는 것이 중요하다. 이러한 경험은 소비자들에게 긍정적인 감정을 남기고 브랜드와 제품에 대한 긍정적인 인상을 남기도록 경험 중심의 마케팅 기획이 중요하다.

경험 경제는 제품 또는 서비스의 추가 가치를 창출한다. 기업들이 제공하는 차별화된 경험에 소비자들은 그에 대한 가치를 인식하고 기꺼이 지불 의사가 있는 것이다. 이에 경험 경제는 다양한 산업에서 영향을 미치고 있으며, 레스토랑, 호텔, 엔터테인먼트, 여행 및 레저 산업 등에서 특히 두드러진다. 기업들은 제품과 서비스를 제공함으로써 소비자들에게 기억에 남는 경험을 제공하고 경쟁 우위를 확보하려는 노력을 기울이고 있다. 이로 인해 소비자는 개성화된, 풍부한 경험을 누릴 수 있게 되었으며, 기업들은 브랜드 로열티를 높이고 수익을 증대시킬 수 있는 기회를 얻게 된다.

경험 경제에서는 개인화된 서비스와 제품과 고객 참여 및 상호 작용이 강조된다. 기업들은 고객의 선호도와 필요에 따라 제품 또는 서비스를 맞춤형으로 제공하고, 개인의 요구에 부응하기 위해 노력해야 한다. 경험 경제에서는 고객들이 제품 또는 서비스를 소비하는 것뿐만 아니라, 참여하고 상호 작용할 수 있도록 마케팅을 계획하고 운영하는 것이 중요하다. 이를 통해 고객은 브랜드와 더 긴밀한 연결을 형성하며, 브랜드 로열티를 높일 수 있다.

2010년부터 2015년 동안에 집행한 3,200개의 캠페인의 마케팅 믹스 모델링, 기여도 분석 모델링, 광고 노출에 따른 소비자의 행동 비교 등을 통해 분석한 연구 결과에 따르면, 단일 플랫폼보다 여러 플랫폼을 활용한 캠페인이 더 높은 ROI를 얻었다. 또한, TV가 Digital과 조합될 경우에는 TV단독 활용일 때뿐 아니라 타 매체와의 믹스 때보다도 더 높은 ROI를 보여주었다. 즉, TV광고가 좀 더 효과적이 되기 위해서는 디지털과의 시너지는 필수임을 시사하고 있다.

이러한 커뮤니케이션 매체 변화의 중요 원인은 다음과 같다. 첫째, 소비자의 TV시청 행태의 변화하고 있다. 모바일의 확산에 의해 플랫폼에 상관없이 원하는 콘텐츠를 골라서 원하는 부분만 편집된 짧은 영상을 소비하는 시청행태가 심화되었기 때문이다. VOD(Video On Demand) 서비스를 통해서, 본 방송을 놓쳤더라도 고객이 원할 때 언제든지 바로 서비스나 재화를 사용할 수 있게 되었다. 즉, 수요가 모든 것을 결정하는 시스템인 온 디맨드 서비스가 정착된 것이다. 이는 넷플릭스와 같은 온라인 동영상서비스(OTT) 시장을 공격적으로 전개하면서 온 디맨드 서비스에 의한 방송 및 콘텐츠 시청 비율의 증가는 더욱 가속화 될 것이다. 이로 인해 ATL 마케팅 채널 중 가장 많은 비중을 차지해왔던 TV 광고가 대폭 감소하게 되었다. 둘째, 유튜브와 같은 동영상 사이트나, 페이스북의 Live 서비스와 같은 소셜미디어의 플랫폼 및 실시간 스트리밍 서비스들이 등장을 통해 예전 소수로 한정되어 있던 소셜 커뮤니케이션 매체들이 무수히 분화되고 있다. 1인 미디어가 등장하고 이런 1인 미디어를 전문적으로 관리하는 MCN(Multi-Channel Network)도 생겨났다. 이제는 소비자가 원하면, 스스로 미디어 채널을 운영할 수 있는 시장 환경으로 변화하여 일부 채널의 독점적 지위들이 없어지고 다양한 미디어 채널들을 접할 수 있게 된 것이다. 이로 인해 소비자의 미디어 채널에 대한 선택의 폭은 더욱 넓어졌다. 셋째, 소비자들의 미디어 채널에 요구하는 콘텐츠의 유형이 달라졌기 때문이다. 과거 집중이 요구되고 그로 인해 별도의 시간을 할애해서 소비하는 콘텐츠보다는 짧고 임팩트가 쉽게 전달되는 유형의 이미지, 사진, 짧은 동영상의 소비를 선호한다. 또한 대중교통을 통해 이동 중이나, 식사를 할 때, 사람을 만나고 있는 중에도 멀티미디어를 이용한 멀티태스킹을 선호하기 때문에 모바일 미디어에 적합한 콘텐츠 유형이 선호되는 것이다.

MARKETING **REPORT**

OTT 전성시대, OTT 성공과 인기 이유는?

OTT 서비스는 매달 정기적으로 지출되는 구독 서비스로, 우리 지갑 지출의 한 자리를 차지하고 있다. 한 번 선택된 OTT 서비스는 웬만해선 해지하지 않고, 고정 지출이 된다. 넷플릭스 · 디즈니+ · 웨이브 등 다양한 OTT 플랫폼은 저마다의 장점이 지니고 있다. 이제는 사용하지 않는 사람을 찾는 것이 빠를 정도로 OTT 서비스는 보편화됐다. 합리적인 선택을 위해 OTT 서비스를 분석하는 시간을 마련했다.

OTT 열풍은 '영화는 꼭 영화관에서 봐야 할까?'라는 두 청년의 의문에서 시작됐다. 리드 헤이스팅스(Reed Hastings)와 마크 랜돌프(Marc Randolph)는 비디오 대여 사업을 시작했고, 지금은 온라인 스트리밍 서비스를 하고 있다. 인터넷(Net)과 영화(Flicks)란 의미를 지닌 넷플릭스(Netflix)로, 현재 중국 · 북한 · 크림반도를 제외한 190여 개국에 서비스를 제공하고 있다. 넷플릭스의 성공으로 여러 후발 OTT 주자가 등장했다.

늘어난 시청자의 선택지, 사용자 경험 강화

넷플릭스의 성장 동력 중 하나는 앞에서 언급한 사용자 경험 강화다. 앞서 언급했듯 OTT는 기존 미디어와 비교해 시청자의 선택권이 많다. 사실 OTT 이전 미디어는 배려심이 부족했다. 많은 미디어는 '시청자가 주인이다'라 말하지만, 무엇 하나 시청자에게 선택권이 없었다. 정해진 시간에 방영되는 프로그램은 TV로만 시청해야 했다. 시청도 자신 기호에 맞는 프로그램이 방영된다는 전제가 성립돼야 한다. 즉, 시청이 이뤄지기 위해서는 많은 관문을 넘어야 했다.

먼저 넷플릭스는 시청자에게 존재하던 많은 제약을 없앴다. 그리고 선택지를 부여했다. 자신의 기호에 맞는 시간 · 장소 · 디바이스 등을 선택하면 된다. 그들이 시청자에게 제공한 선택지 중 특이한 것이 하나 있다. 바로 시청 속도다. 시리즈의 경우 시즌 단위로 공개한다. 시청자는 자신이 기다리던 시리즈가 공개되면 자신이 보고 싶은 양만큼 시청할 수 있다. 한 시즌을 주행하는 데 소요되는 시간을 스스로 결정할 수 있다. 시청 속도라 말하지만, 속도(Velocity)보단 양(Amount)에 가까운 개념이다.

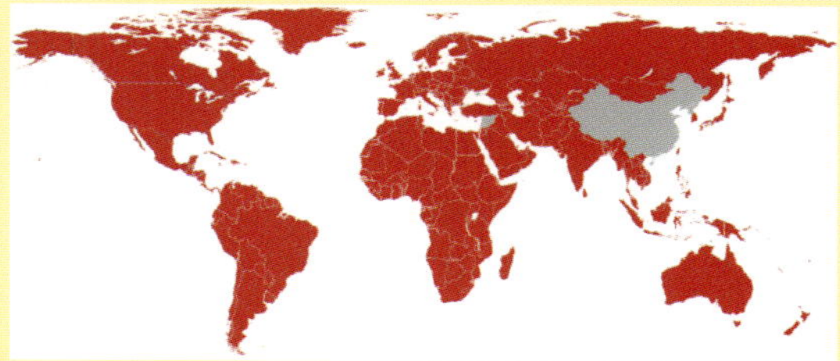

넥플릭스 이용 국가 /사진 넷플릭스

상상이 현실로, 더욱 리얼한 콘텐츠

국가별 영화나 드라마는 그 나라의 심의 기준이 적용돼, 이를 가이드라인 삼아 제작된다. 이 기준을 준수해 제작하다 보면, 제작자가 의도한 바가 달라지거나 연출하고 싶었던 장면의 완성도가 떨어지는 경우도 있다. 하지만 넷플릭스에는 완화된 심의 기준이 있다. 불특정 다수에서 미칠 영향을 고려해야 하는 지상파나 공영방송에서 '오징어 게임'을 제작했다면, 높은 확률로 우리가 시청했던 모습과 다른 '오징어 게임'을 시청할 것이다.

낮은 심의 규정과 더불어 제작자가 넷플릭스로 향하는 것는 이유는 콘텐츠 투자에 적극적이기 때문이다. 일례로 'DP'와 '오징어 게임'에 각각 200억원의 제작비가 투입됐다. 큰 규모의 제작비를 바탕으로 다양하고 자세한 연출이 가능했다. 이처럼 과감한 투자는 웹툰에서 실사판이 가능하겠냐는 우려가 있던 '킹덤'과 '스위트 홈'도 공개와 동시에 인기작으로 이끌었다. 결국, '넷플릭스 오리지널 시리즈'는 OTT 열풍을 불러왔고, 열풍 속 넷플릭스 천하를 만든 원동력이 됐다. 콘텐츠 힘을 느낀 OTT 플랫폼은 투자를 아끼지 않는다. 새로운 콘텐츠 발

오징어 게임 /사진 넷플릭스

굴을 위해 제약·제한을 두지 않고 노력하며, 끊김없이 투자하고 있다.

시청자를 위한 큐레이션

콘텐츠에 투자하는 넷플릭스답게 많은 작품이 있다. 한국 넷플릭스에서 서비스되는 콘텐츠만 하더라도 4,380개에 달한다. 이는 장점이기도 하지만, 시청자 입장에서는 너무 많은 선택지로 혼란스러울 수 있다. 하지만 그런 이는 아무도 없다. 회원 가입 시 기재한 회원 정보와 시청 이력을 바탕으로 비슷한 성향을 보이는 회원들을 그룹으로 설정한다.

그룹 데이터를 바탕으로 그룹원에게 각자가 좋아할 만한 콘텐츠를 자동으로 추천한다. 과거에는 송출하는 매체에서 원하는 콘텐츠를 봐야 했다면, 넷플릭스는 직접 선택하거나 내가 원하는 콘텐츠를 보여준다. 즉, UX 최적화가 적용된 서비스다.

출처: 소비자경제, 2023.10.16

::: 브랜드 세계관과 커뮤니티

브랜드 세계관(Brand Universe)

브랜드 세계관은 브랜드가 전달하고자 하는 스토리, 가치, 정체성, 그리고 그것이 어떻게 고객의 생활과 연결되는지에 대한 포괄적인 개념이다. 간단히 말해, 브랜드 세계관은 브랜드의 '이야기'와 '철학'을 말한다. 브랜드 세계관은 단순히 제품이나 서비스를 넘어서 브랜드와 고객 사이의 감정적 연결을 만들고, 고객에게 의미 있는 메시지와 경험을 제공하는 것을 목표로 한다. 잘 구축된 브랜드 세계관은 고객의 충성도를 높이고, 브랜드를 경쟁사와 차별화하는데 크게 기여할 수 있어서 최근 관심이 더욱 증대되고 있다.

브랜드 세계관은 정의 방법은 다음과 같다.

- 브랜드 핵심 가치와 정체성 파악: 브랜드가 무엇을 대표하는지, 어떤 가치를 강조하는지 정의해야 함. 이는 브랜드의 사명과 비전을 명확히 하며, 브랜드가 전달하고자 하는 핵심 메시지를 결정하는 데 중요한 역할을 함.
- 타깃 고객과 시장 이해: 브랜드의 주요 타깃 고객층을 정확히 이해하고, 이들의 필요와 욕구를 파악해야 함. 이 정보는 브랜드 세계관이 고객과 어떻게 공명할 수 있는지 결정하는 데 중요함.
- 브랜드 스토리 및 내러티브 구축: 브랜드의 역사, 성공 사례, 미래 비전을 포함한 강력한 스토리를 만들어 냄. 브랜드 스토리는 고객에게 감정적 연결을 제공하고 브랜드에 대한 충성도를 높일 수 있음.

브랜드 세계관 전략은 〈그림 13.7〉에서 제시한 바와 같이, 기업의 다양한 브랜

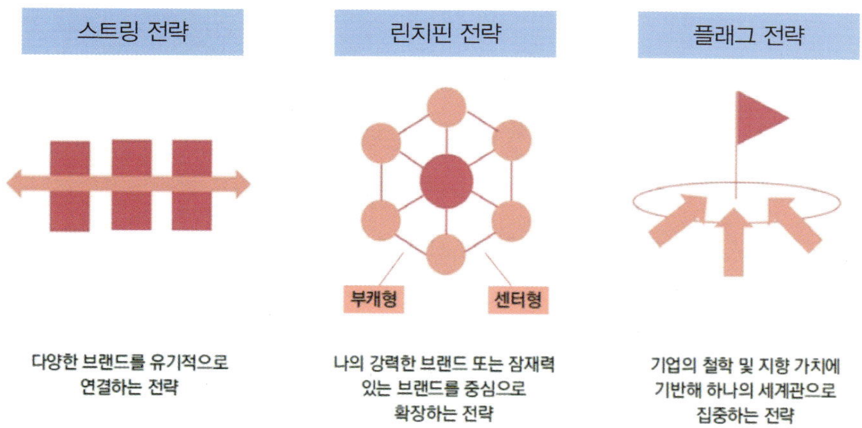

그림 13.7

브랜드 세계관 전략

출처: DBR (2021), 보유 브랜드 많지만 시너지가 없나요? BTS 마블처럼 서사를 잇는 세계관이 필요, 12. Issue 1.

드를 유기적으로 연결하는 스트링 전략, 기업의 강력한 브랜드 혹은 잠재력 있는 브랜드를 센터로 하여 다른 부캐들을 개발하여 확장하는 린치핀 전략, 기업의 철학과 지향 가치를 기반해서 하나의 세계관으로 집중하는 플래그 전략이 있다. 일반적으로 마케팅 전략을 통해 브랜드 세계관은 형성하고 확산한다.

- 커뮤니케이션 전략 개발: 브랜드의 핵심 메시지를 모든 마케팅 채널에 일관되게 통합해야 함. 광고, 소셜미디어, 이벤트, PR 활동 등을 통해 브랜드 이야기를 전달함.
- 시각적 요소와 디자인 일관성: 로고, 색상 팔레트, 폰트 스타일 등을 포함한 브랜드의 시각적 요소를 일관되게 유지함. 이는 브랜드 인식을 강화하고 브랜드에 대한 신뢰를 구축하는 데 도움이 됨.
- 디지털 마케팅과 소셜미디어 활용: 소셜미디어 플랫폼과 디지털 캠페인을 통해 브랜드 스토리를 전파하고, 고객 참여를 유도함. 인플루언서 마케팅이나 콘텐츠 마케팅 등을 통해 브랜드 세계관을 확산시킬 수 있음.
- 고객 경험 관리: 브랜드와 고객이 상호작용하는 모든 접점에서 일관된 브랜드 경험을 제공함. 이는 고객 서비스, 제품 품질, 사용자 경험(UI/UX) 등을 포함함.
- 지속적인 모니터링과 적응: 시장 변화, 고객 피드백, 경쟁사 동향 등을 지속적으로 모니터링이 필요함.

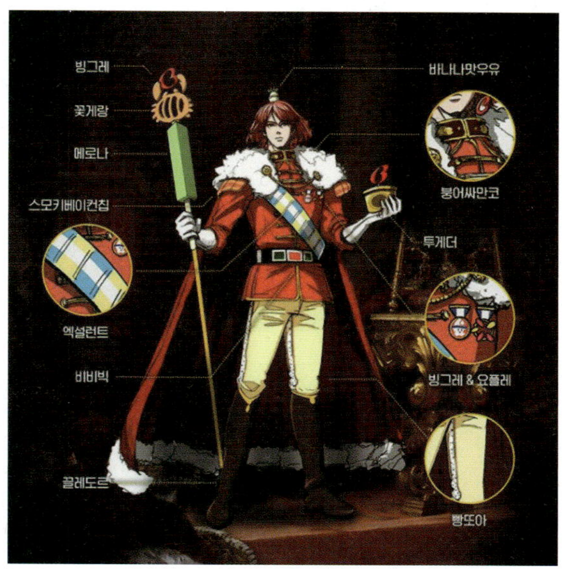

빙그레의 꽃미남 캐릭터 '빙그레우스' 빙그레 왕국의 후계자로 '바나나맛우유' 왕관, '빵또아'로 만든 바지, '끌레도르'로 만든 신발 등 빙그레의 대표 제품을 착용한 모습. 투게더리고리경, 옹떼메로나브루쟝 등 자사 제품을 의인화한 캐릭터와 함께 '빙그레 왕국 세계관' 구축한 결과, 빙그레 인스타그램 팔로워수는 약 18만 명으로 이전 대비 2배 증가함

브랜드 커뮤니티(Brand Community)

브랜드 커뮤니티는 기업(브랜드)과 소비자 간의 관계를 강화하는 데 중요한 역할을 하기 때문에 마케팅 전략의 핵심적이 요소로 자리 잡았다. 브랜드 커뮤니티의 역할과 효과는 다음과 같다.

- 고객 충성도 및 브랜드 애착 증진: 브랜드 커뮤니티는 소비자들이 브랜드에 대한 감정적 연결을 형성하게 도움. 공유된 경험과 가치를 바탕으로 한 커뮤니티는 멤버들이 브랜드에 대해 더 강한 애착을 느끼게 하며, 이는 장기적인 충성도로 이어질 수 있음.
- 고객 피드백 및 시장 조사: 커뮤니티는 고객의 의견과 피드백을 수집하는 효과적인 수단임. 회원들의 토론과 피드백을 통해 브랜드는 제품 개선, 새로운 제품 개발, 서비스 개선 등에 필요한 소중한 인사이트를 얻을 수 있음.
- 구전 마케팅 촉진: 브랜드 커뮤니티 멤버들은 자발적인 브랜드 대사(brand ambassador) 역할을 할 수 있음. 이들의 긍정적인 경험과 추천은 다른 잠재 고객에게 영향을 미쳐 브랜드 인지도와 신뢰성을 높일 수 있음.
- 고객 참여 증진: 커뮤니티를 통해 고객들은 브랜드와의 상호작용에 더 적극적으로 참여할 수 있음. 이는 브랜드에 대한 긍정적인 인식을 증가시키고, 고객의 몰입을 높이는데 기여함.
- 사회적 연결 및 네트워킹: 브랜드 커뮤니티는 동일한 관심사를 가진 사람들을 연결하는 소셜 네트워크의 역할을 함. 이를 통해 멤버들은 서로 소통하고 정보를 공유할 수 있으며, 이는 브랜드에 대한 긍정적인 사회적 경험이 될 수 있음.
- 경쟁 우위 확보: 강력한 브랜드 커뮤니티는 경쟁 브랜드와의 차별화 요소가 될 수 있음. 브랜드 충성도와 커뮤니티의 힘은 브랜드가 시장에서 독특한 위치를 차지하는 데 도움을 줌.

미국의 고성능 액션캠 브랜드 Go Pro의 홈페이지는 디지털카메라를 보다는 다양한 액티비티들 가운데 디지털카메라로 인해 경험하는 새로운 앵글과 영상, 그 속에서 역동적인 사용자의 경험을 집중하여 보여준다. 또한 구독서비스를 통해 사용자들의 다양한 영상과 정보들을 공유를 통한 높은 충성도의 브랜드 커뮤니티 플랫폼이 운영되고 있다. /사진 Go Pro 홈페이지

CASE **STUDY** | **커뮤니티 구축을 통한 브랜드 로열티의 증진 사례: 레고**

레고 역시 단순한 장난감 회사를 넘어, 팬들과의 다양한 소통을 통해 브랜드 가치를 높이는 데 성공했다. 레고는 다양한 소셜미디어 플랫폼을 활용하여 팬들 간의 커뮤니티를 구축하고 유지하고 있다.

레고의 주요 커뮤니티 플랫폼에는 우선 레고 아이디어가 있는데, 이는 팬들이 직접 제품 디자인을 제안하고 투표할 수 있는 플랫폼이다. 이는 사용자 참여를 유도하고 창의적인 아이디어를 발굴하는 데 매우 효과적이다. 다음으로 레고 블로그는, 레고 관련 뉴스, 이벤트 정보, 제품 소개 등을 제공하며 팬들과의 소통 채널 역할을 한다. 마지막으로 레고 공식 페이스북 페이지는 팬들과의 직접 소통을 통해 피드백을 수렴하고 브랜드 이미지를 구축한다.

레고 커뮤니티의 성공 요인

사용자 제작 콘텐츠(UGC) 활용: 레고는 레고 아이디어 플랫폼을 통해 사용자들이 직접 제품 디자인을 제안하고 투표할 수 있도록 한다. 이는 사용자 참여를 유도하고 브랜드에 대한 애착을 형성하는 데 기여한다.

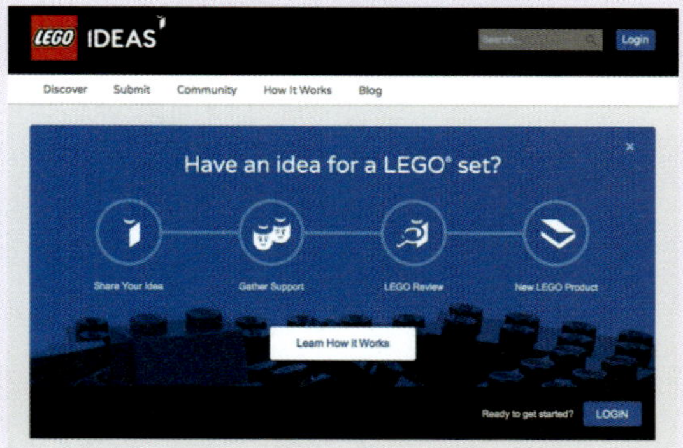

팬들과의 직접 소통: 레고는 공식 블로그, 페이스북 페이지 등을 통해 팬들과 직접 소통하고 피드백을 수렴한다. 이는 고객 만족도를 높이고 브랜드 이미지를 개선하는 데 도움이 된다.

팬 이벤트 개최: 레고 페어, 레고 마스터 등 다양한 팬 이벤트를 개최하여 팬들과의 관계를 강화하고 브랜드 경험을 제공한다.

다양한 참여 기회 제공: 레고 디자인 대회, 레고 스토리 공모전 등 다양한 참여 기회를 제공하여 팬들의 참여를 유도하고 브랜드 가치를 공유한다.

출처: 매드타임스, 2024.3.3.

::: 마케팅 ROI와 마케팅 자동화

마케팅 ROI

디지털마케팅의 성공은 마케팅 커뮤니케이션의 정교한 성과 측정과 이를 토대로 궁극적으로 마케팅 자동화를 구현하는 것이 중요하다. 수많은 미디어 매체로 매체 의사결정이 더욱 복잡해지면서, 명확한 KPI 측정이 어렵고, 마케팅 커뮤니케이션 효과성을 최적화하는 미디어 믹스 관련 의사결정이 더욱 어려워지고 있다. 이에 AI·디지털시대에 진입하면서, 고객 데이터, 소셜미디어 성과 분석 도구들이 많이 발전하고 있다. 실시간 디지털마케팅의 성과를 측정하고 분석하고 보고하는 마케팅 ROI플랫폼 서비스들과 누적된 고객 및 매출 데이터를 통해 마케팅 활동을 자동화할 수 있는 B2B 마케팅 전문 서비스들이 많이 등장하고 있다.

마케팅 매트릭스(marketign metrics)는 다양하게 쓰이는 개념으로, 마케팅 계획이나 관련된 마케팅 활동을 계량화하여 사용하는 지표나, 마케팅 ROI 관점의 지표들을 말한다. 또한 마케팅 관련 내·외부 방대한 데이터들을 빅데이터 분석에 의해 마케팅 관련 의사결정의 중요 데이터를 제공하는 것을 말한다. 마케팅 ROI 관점에서의 마케팅 매트릭스 장점은 다음과 같다.

- 보다 효과적인 광고 집행을 할 수 있음
- 구체적으로 특정 매체의 성과를 집중적으로 모니터링이 가능
- KPI를 가시성을 높여서 마케팅 캠페인의 성과에 대한 기준을 설정하고 이에 도달했는지 확인하게 해줌
- 매체 구매 결정 시, 효과성 고려를 통해 마케팅 비용 절감의 효과
- 캠페인의 성과를 실시간으로 모니터링함으로써 캠페인 진행 중에도 매체믹스를 수정하여 매체 집행의 최적화를 이루어 궁극적으로 마케팅 ROI를 높임
- 기존의 CTR, 전환율(conversion rate) 및 단순 광고 노출에 대한 KPI가 아니라, 실제 해당 광고를 봤는지를 측정함으로써 기존 KPI를 개선하고 실질적인 KPI를 측정할 수 있음
- 고객과의 상호작용, 응답률, 단순 기업 혹은 브랜드 사이트 방문자를 고객으로 전환하는 전환율 등의 매트릭스를 정확히 측정할 수 있음

퍼포먼스 마케팅

퍼포먼스 마케팅(Performance Marketing)은 내외부 기업과 기업을 둘러싼 환경을 분석하여 도출된 타깃 고객과 타깃 행동을 분석하여 구체적인 목표 고객을 대상을 기업 목표 성과를 산출하기 위해 집행하는 성과와 결과 중심의 마케팅 기법이다. 특히 디지털 마케팅 영역에서 널리 사용되며, 그 효과성과 효율성 때문에 빠르게 성장하는 마케팅 분야 중 하나로, 특히 디지털 기술과 데이터 분석의 발전으로 그 중요성이 더욱 커지고 있다. 퍼포먼스 마케팅의 주요 특징은 다음과 같다.

- 성과 기반 지불: 가장 핵심적인 특징은 광고주가 실제 결과(예: 클릭, 전환, 판매)에 따라 비용을 지불한다는 점이다. 이는 전통적인 광고 모델에서 보이는 노출이나 시간 기반 비용 구조와 다르다.
- 측정 가능성과 투명성: 퍼포먼스 마케팅에서는 광고의 성과를 정확하게 측정할 수 있다. 이를 통해 광고주는 투자 대비 수익(ROI)을 명확하게 이해하고, 마케팅 전략을 보다 효과적으로 조정할 수 있다.
- 디지털 초점: 이 마케팅은 주로 디지털 플랫폼에서 이루어지는데, 온라인 광

고, 소셜미디어, 이메일 마케팅, 검색 엔진 마케팅 등 다양한 채널을 통해 실행된다.

- 타기팅과 개인화: 퍼포먼스 마케팅은 고객 데이터를 활용하여 타깃 오디언스를 보다 정확하게 타기팅한다. 이를 통해 개인화된 메시지와 콘텐츠를 제공하여 전환율을 높일 수 있다.
- 지속적인 최적화: 실시간 데이터와 분석을 통해 광고 캠페인을 지속적으로 최적화하고 더 나은 성과를 달성하기 위해 광고 메시지, 타기팅, 예산 배분 등을 지속적으로 조정하는 것을 포함된다.

AI·디지털시대의 소셜미디어 및 바이럴 마케팅을 통해 확보한 고객들에게 구매를 유도하고 실질적인 구매 전환 및 실제 구매 확보를 확보하고 지속적인 구매가 이루어지게 하기 위한 충성고객의 확대는 매우 중요하다. 이러한 과정은 Funnel Model로서 인지단계 – 고려단계 – 결정단계 – 재방문단계의 4단계별 전략과 타기팅 및 중요 KPI는 〈그림 13.8〉과 같다.

이러한 퍼포먼스 단계별 마케팅 중 지속적인 매출을 확보하기 위해서는 고객 전환율(Conversion Rate), 재구매율(Repurchase rate), 고객생애가치(Customer Lifetime Value: CLTV)는 중요 KPI로서 지속적으로 측정하고 효과적으로 고객을 관리해야 한다. 페르소나 타기팅(Persona Targeting), 리타기팅(Re-Targeting), 유사타기팅(Lookalike Targeting), CRM 타기팅(CRM Targeting) 방법 등이 활용된다.

페르소나 타기팅은 가상의 이상적인 고객 프로필, 즉 '페르소나'를 생성하고, 이를 기반으로 타깃 마케팅 활동을 진행하는 방식이다. 이 과정은 실제 고객 데이터와 시장 조사를 통합하여 만들어진, 세밀하게 구성된 가상 캐릭터를 통해 고객의 요구와 행동을 더 잘 이해하고자 하는 데 중점을 둔다. 첫 번째, 구체적인 이름, 나이, 직업, 관심사, 행동 패턴, 구매 동기 등으로 이루어져 있으며, 실제 데이터 및 시장 조사를 바탕으로 두어 고객군을 대표하는 가상의 인물을 생성한

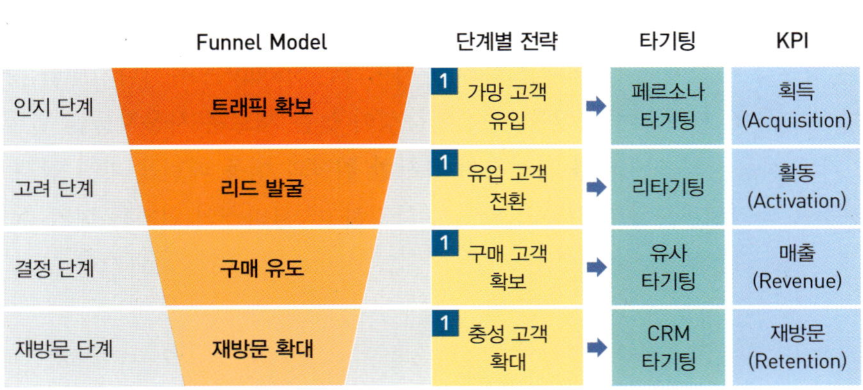

그림 13.8

퍼포먼스 단계별 마케팅 진행 및 성과 측정

출처: 김형택, 이승준(2020), D2C 시대 디지털 네이티브 브랜드 어떻게 할 것인가?, e비즈북스.

다. 두 번째, 해당 고격의 인구 통계학적 특성(나이, 성별, 지역, 소득 등)과 심리적 특성(성향, 가치관, 문지점, 필요 사항 등)을 결정한다. 세 번째, 페르소나가 겪게 될 구매 여정을 매핑한다. 이는 고객이 제품이나 서비스에 대해 알게 되는 순간부터 구매 결정을 내리고, 재구매를 하는 과정까지 포함되어야 한다. 네 번째, 맞춤형 콘텐츠 및 메시지를 개발하고 페르소나의 행동과 선호도를 고려하여 특정 채널을 결정하고, 마지막으로 마케팅 캠페인을 진행하여 그 성과를 지속적으로 평가하여 필요에 따라 페르소나를 조정하거나 마케팅 전략을 최적화한다.

리타기팅은 페르소나 타기팅을 통해 확보된 해당 기업의 제품이나 서비스에 관한 관심을 가진 고객을 대상으로 관심 상품을 다시 노출해서 해당 상품의 상기도를 높여서 재방문 혹은 구매 전환을 끌어내는 것을 말한다. 이전에 웹사이트를 방문했거나 특정한 온라인 행동을 보인 사용자들을 다시 타기팅하는 방법이다. 우선 잠재 고객들에게 재차 접근하여 그들의 관심을 다시 끌고 최종적으로 구매나 원하는 행동으로 끌어내기 위해서 쿠키를 설치하던가 픽셀(웹사이트에 삽입된 작은 코드 조각)을 통해 사용자의 행동 추적한다. 이후 타깃 오디어스의 세분화, 맞춤화 광고 캠페인, 고객의 접점을 넓히기 위해 다양한 플랫폼과 채널을 활용이 중요하다. 예를 들면, 온라인 쇼핑몰의 장바구니에 추가했으나 구매까지는 완료가 되지 않은 고객 대상 리타기팅 광고, 특정 여행지나 호텔을 조회한 후 사이트를 떠난 고객 다상으로 특정 여행지 할인 정보, 한정된 시간 동안의 특가 상품 제시 등이 있다.

유사 타기팅은 이미 자사의 제품이나 서비스에 관심을 보인 고객들과 유사한 특성을 가진 새로운 잠자 고객들을 타기팅하는 방식이다. 기존 고객 데이터 분석, 특성 추출 및 모델링, 유사한 타깃 오디언스 발굴 등이 중요한 작업으로서 이미 입증된 관심과 행동 패턴을 가지고 있는 잠재 고객에게 도달할 수 있는 높은 확률을 제공한다는 점에서 매우 효과적인 전략이다. 예를 들면, 에어비엔비는 기존 호스트와 유사한 특성을 가지 새로운 호스트를 찾아내어 이들에게 플랫폼 입점을 권유하는 광고 캄페인을 수행하여 새로운 호스트 등록률을 제고하고 서비스의 성장을 촉진하였다. 음악 스트리밍 서비스인 Spotify는 유사타기팅을 사용하여 자신들의 서비스에 관심을 가질 가능성이 높은 새로운 사용자들을 발굴했다. 기존 사용자의 데이터를 분석하여 유사한 취향과 행동 패턴을 가진 잠재 사용자들을 타기팅함으로써 사용자 기반을 확장하고, 서비스의 인기를 높일 수 있었다.

마케팅 자동화

마케팅 자동화(marketing automation)는 다수의 온라인 채널들(웹, 모바일, 이메일, 소셜미디어 등)을 통해 보다 효율적으로 고객 획득과 관리하고 커뮤니케이션 효과분석을 통해 효과적인 채널믹스 실행할 수 있도록 돕는 소프트웨어 플랫폼과 기술을 말한다. 대표기업으로는 Hubspot, Marketo, Pardot(SalesForce 자회사), Act-On, Eloqua(오라클 자회사)가 있다. 마케팅 자동화의 장점은 다음과 같다.

- 마케팅 자동화 도구들을 통해 고객 프로파일을 이용하여 타깃고객을 선정 가능함
- 실시간 디지털 채널에 맞춤화된 메시지를 전달할 수 있음
- 실시간 마케팅 데이터를 제공함
- 고객 맞춤형 마케팅을 자동화시켜 주어 효율적인 고객관리가 가능하게 함
- 마케팅자동화 시스템은 적은 자원을 투자해서 과거 불가능했던 고객 일대일 맞춤 마케팅이 가능하게 하게 함으로써 영업판매 활동의 성과를 제고함
- 잠재고객(leads)를 규명하고 지속적인 타기팅이 가능하게 하여 고객으로 전환성이 높음
- 이러한 과정들이 통계집계가 가능하기 때문에 투자대비 계량화된 효과를 명확히 측정할 수도 있음
- 누적된 데이터들을 기반으로 최적화된 마케팅 관련 의사결정을 자동화할 수 있음

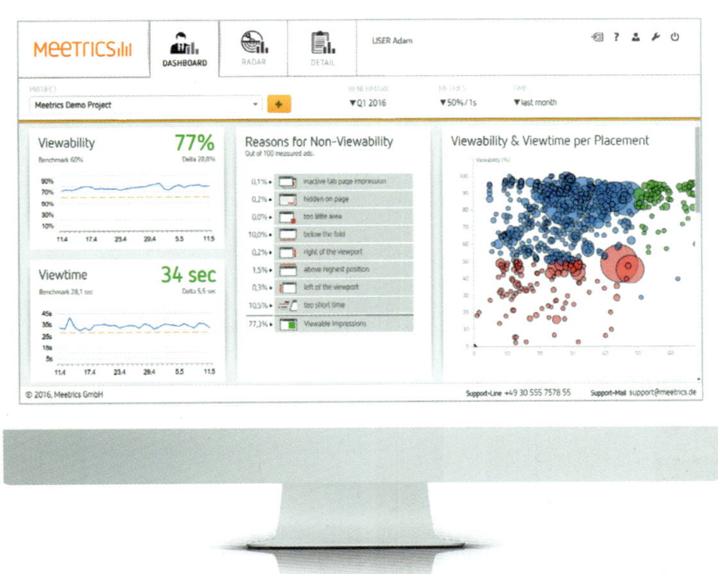

Meetrics의 “Viewability Check” / Meetrics 제공

CASE STUDY

여정별 고객 CRM 액션 플랜 성공 사례

(1) Awareness (인지) : 브랜드를 인지했으나 아직 관심을 보이지 않는 구간
(2) Interest (흥미) : 관심 상품을 발견했지만 아직 구매 욕구는 없는 구간
(3) Desire (욕구) : 구매하겠다는 마음을 먹었지만 구매하지 않은 구간
(4) Action (행동) : 모든 여정을 통해 구매까지 도달한 구간

각 단계별로 고객이 구매하기까지의 여정에서 문제가 되는 구간을 파악하고, 해결을 위한 액션을 자동화하는 프로세스를 구축할 수 있다. 마케팅 단계에 따라 고객을 분류하고, 각 고객 그룹에게 필요한 액션을 잘 설계한다면 구매까지의 전환율을 단계적으로 개선해 나갈 수 있다. 단순히 마케팅 트렌드로서의 CRM을 구현하는 것이 아닌 브랜드 고객 행동 데이터 기반의 인사이트를 도출하고 KPI 목표를 세워 정교한 마케팅 전략을 수립하는 것이 중요하기 때문이다.

인지 제고 성공 사례: 반려동물 쇼핑플랫폼 '펫프렌즈'

첫 구매 100원 딜, 첫 구매 고객 대상 인기 상품 75% 할인

인기 상품을 파격적으로 특가 할인하고, 쇼핑몰 최상단 내 첫 구매 고객 할인 배너를 노출해 신규 회원가입을 유도하여, 이벤트 이전 대비 신규가입률이 40% 증가함.

흥미 제고 성공 사례: 패션 플랫폼 '지그재그'

특가 상품 노출, 래플 이벤트 홍보, 파격적인 할인 상품 안내, 행동 기반 인기 상품 홍보

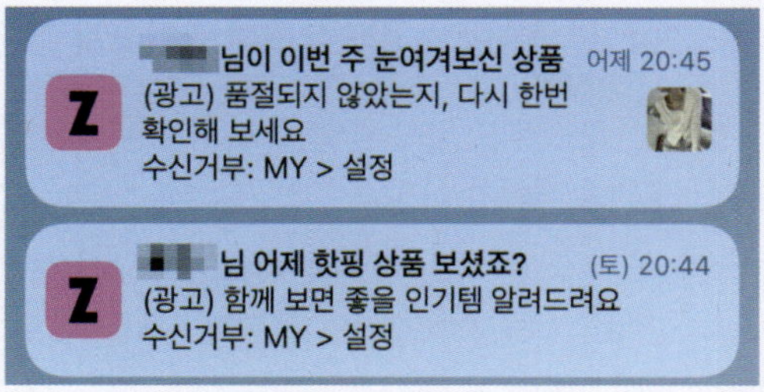

욕구 제고 성공 사례: 온라인 식품 플랫폼 '마켓컬리'

24시간 안에 만료되는 7,000원 할인 쿠폰 발송 및 BEST 상품 안내, 장바구니에 물건을 담아놓은 미구매 고객 대상으로 시간 한정 깜짝 혜택 증정을 통해 구매 유도하는 리마인드 효과 창출

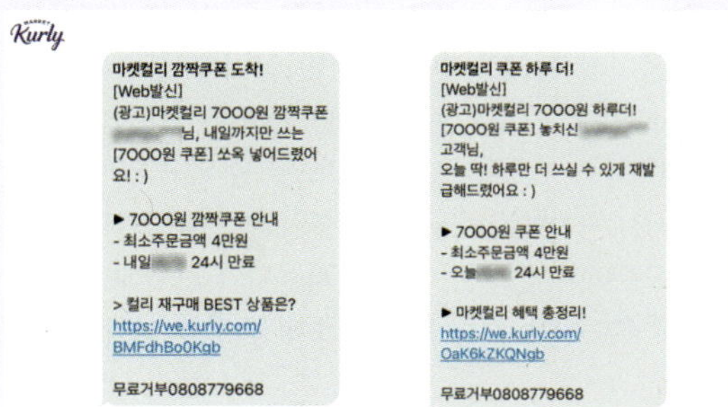

행동 제고 성공 사례: 면도용품 구독 서비스 플랫폼, '와이즐리'

구매 기간이 오래 지난 고객 대상으로 무료 배송 및 신제품 선물 혜택을 제공함. 27만 명의 카카오톡 플친 고객 pool을 이용하여 이 중 1%인 2,700명만 구매하더라도 약 2,400만원(2,700명×8,900원) 매출 전환을 위한 재구매 유도 캠페인를 통한 충성 고객 전환함

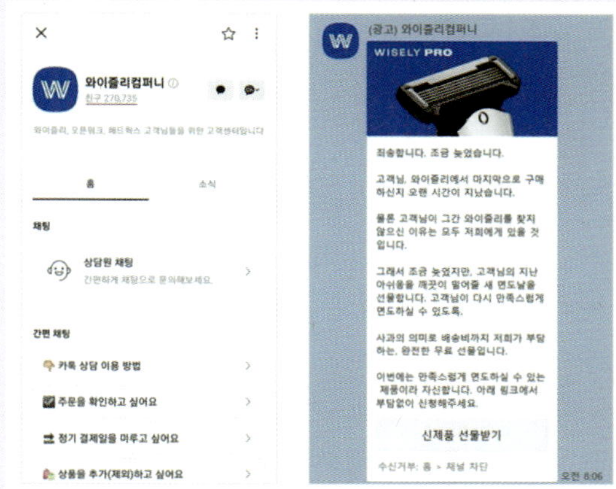

출처: SOLAPI, 룰루레몬, 마켓컬리의 CRM 성공 사례, 2023.11.21

디지털 트랜스포메이션(digital transformation)에 성공한 ING, GE, IBM, 노키아, 나이키 모두 디지털 프랜스포메이션을 통해 AI·디지털시대의 새로운 경쟁력을 확보하고 시장을 선도하고 있다. 마케팅 자동화가 성공적으로 수행하기 위해서는 기업 전사적으로 디지털 트랜스포메이션이 이루어져야 한다. 따라서 마케팅자동화는 마케팅 관점의 디지털 트랜스포메이션의 수단 중에 하나라 할 수 있다. AI·디지털시대를 선도하기 위해서는 마케팅 트랜스포메이션은 필연적이다. 성공적인 마케팅 트랜스포메이션을 위한 기본 원칙은 다음과 같다.

첫째, 다양한 미디어 채널들로부터 계량적으로 측정된 마케팅 성과를 실시간 모니터링하고 마케팅 의사결정을 자동화하는 일련의 마케팅 엔지니어링 마인드가 전사적으로 공유되어야 한다. 둘째, 고객의 브라우징 데이터, 구매관련 데이터 등을 마케팅의 중요 의사결정 지표로 적극적으로 활용하여 판매촉진 활동으로 이어지도록 설계해야 한다. 셋째, 마케팅 ROI 관점에서 계량화된 성과 측정이

MARKETING **REPORT**

디지털 마케팅이 거쳐온 10년: 2012년부터 2022년까지의 변화가 우리에게 가르쳐 준 것

2012년: TV에서 온라인 동영상으로의 전환이 시작된 태동기

2012년 런던 올림픽 개막식은 전 세계 9억 명의 TV 시청자를 기록했고, 미국에서는 역사상 가장 높은 시청률을 기록했다. 그러나 이 시기에 이미 광대역 접속이 증가하고 있었고, TV 프로그램보다 온라인 시청을 선호하는 사람들이 늘어나고 있었다.

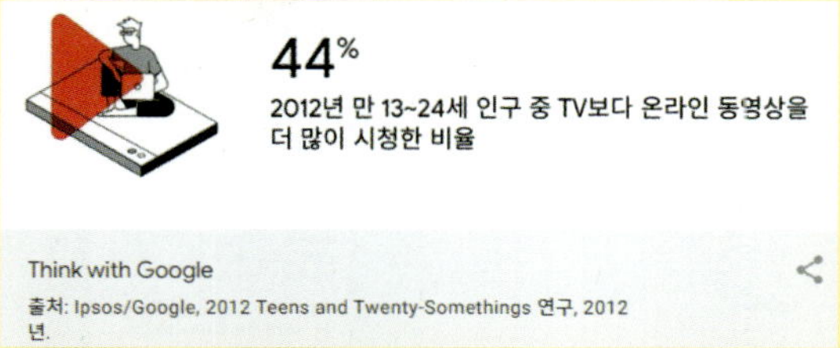

2013년: 실용적인 정보부터 삶의 방향까지, 다양한 질문에 대한 답을 찾기 위해 Google 검색을 찾는 사람들

10년 전, Google은 매월 1천억 건 이상의 검색을 처리하며 사용자의 행동을 잘 이해하고 있었다. Google은 이 정보를 Google 트렌드 사이트를 통해 공유하여 많은 사람들이 이용할 수 있게 했으나 이 당시에는 사용자가 검색을 하는 이유에 대해 아직 완전히 이해하지 못했었다. 2013년의 사용자 밀착 조사 결과에 따르면, 사람들은 실용적인 정보부터 철학적 질문에 대한 답을 찾는 등 다양한 이유로 Google 검색을 활용했음을 알 수 있었다.

2014년: 멀티스크린 이용 행태의 증가

2010년 월드컵 시청 시, 스포츠 팬들은 주로 간식이나 음료 등을 손에 들고 TV를 시청했다. Google 데이터에 따르면, 경기 시작 시 데스크톱에서의 온라인 검색이 감소하는 경향이었다. 그러나 Google은 2014년 월드컵을 앞두고 UEFA 챔피언스 리그 데이터를 통해 '세컨드 스크리닝(Second Screening)'이란 개념을 예측하며, 팬들이 대형 TV 화면과 동시에 휴대기기로도 이벤트를 시청할 것으로 예측했다.

2015년: 선호도와 인식에 영향을 미치는 수많은 '마이크로 모먼츠' 등장

2015년에는 상세한 쇼핑 목록을 작성한 후 매장을 방문하는 모습이 사라졌고, 대신 사람들은 원하는 것이나 필요한 것이 떠오르는 순간에 스마트폰과 같은 기기를 사용하기 시작했다. 이로써 스마트폰 사용자의 82%가 매장에서도 스마트폰으로 정보를 검색하는 '마이크로 모먼츠(micro-moments)' 현상이 등장했다.

2016년: 실시간으로 정보를 검색하는 사람들

마이크로 모먼츠에 대한 첫 번째 글을 작성한 후 1년이 지나서, Google은 또 다른 행동 변화를 발견했다. 이는 사용자가 자신이 찾는 것뿐만 아니라 현재 위치 주변에서 찾기를 원한다는 것이었다. 예를 들어, 미국에서는 '근처(near me)'를 포함한 모바일 검색이 2015년 대비 136% 증가했다. "'근처'라는 단어가 검색된다"는 점이 광고주에게 중요한 이유는 사용자가 근처에 있는 무언가를 찾는다는 것이 확실한 소비 의도를 나타내기 때문이다.

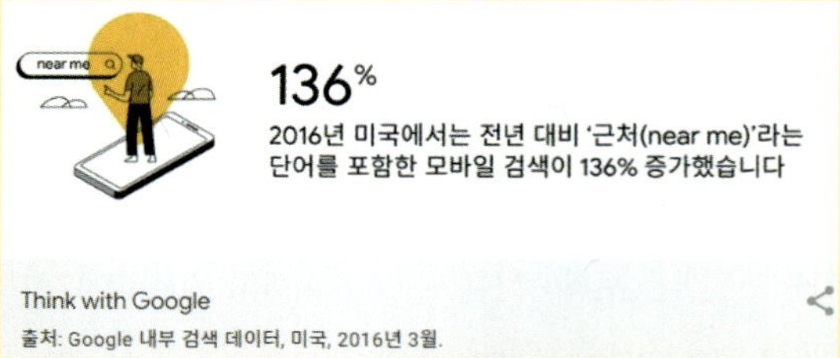

2017년: 성공을 좌우하는 척도가 된 모바일 속도

2017년에는 모바일 웹페이지의 평균 로딩 시간이 22초였는데, 이는 비록 짧아 보일지라도 Google 연구에 따르면 온라인 비즈니스의 성패를 결정할 수 있다. 이 연구에 따르면, 모바일 사이트 방문자의 접속이 1초에서 10초로 증가할 경우, 이들이 페이지를 떠나버릴 확률이 123%나 높아진다고 한다.

2018년: 대화형 소셜미디어가 된 동영상

스마트폰에서 눈을 뗄 수 없는 사람들을 쉽게 찾을 수 있다. 이러한 이유로 오랫동안 인터넷은 사람들 사이를 갈라놓는다는 오해를 받아왔으나 2018년에는 Z세대 10명 중 7명이 '다른 사람들과 함께 동영상을 시청하면서 유대감을 쌓을 수 있다'고 답했다. 그러나 2018년의 YouTube 데이터는 이미 몇 년 후에 폭발적으로 증가할 트렌드가 시작되었음을 보여주는 것이다. 사람들은 대화할 수 있는 소셜 경험을 위해 동영상을 이용하기 시작했고 많은 사람들이 YouTube 크리에이터나 팔로어들과 함께 '함께해요(with me)' 동영상에서 공부, 청소, 독서 등을 함께하는 것에 큰 관심을 보였다.

2019년: 소비자 행동에 영향을 미치기 시작한 음성 지원

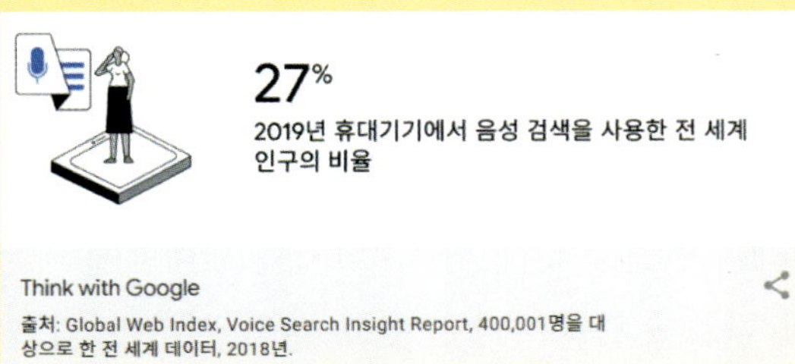

음성 지원 기술은 지난 한 세기 동안 발전해 왔다. 음성 기술이 전구보다 더 빨리 발명된 것은 놀라운 사실이다. 음성 기술은 약 150년 전에 발명되었으며, 그 이후로 널리 확산되어 사람들의 일상 생활에 영향을 미치기 시작했다. 2019년에는 전 세계 온라인 인구의 27%가 휴대기기의 음성 검색 기능을 사용했다.

2020년: 위기 속 생명줄로 작용한 인터넷

2020년, 코로나바이러스 팬데믹으로 인한 변화는 예측하기 어려웠고, 많은 회사, 매장 및 학교가 문을 닫으면서 사람들의 삶이 크게 변했다. 외출 금지 조치가 시행된 동안, 많은 사람이 자기 계발에 집중했다. YouTube 데이터에 따르면 '초보(beginner)'라는 단어가 제목에 들어간 동영상의 조회수가 전 세계적으로 70억 건을 넘어섰으며, 팬데믹 초기 몇 개월 동안 이러한 동영상의 평균 일일 조회수는 50% 이상 증가했다.

2021년: 온라인 협업과 연결의 확산

2021년 Google 검색 데이터는 팬데믹으로 인한 변화가 일시적이 아님을 보여준다. 사람들은 안정을 찾고 새로운 경험을 원했으며, 한편으로는 온라인을 통한 연결도 계속되었다. 한국에서는 야외 활동에 대한 관심이 높아지면서 '등산 동호회' 검색이 80% 증가했고, 필리핀에서는 '친구들과 함께하는 온라인 게임' 검색이 25% 증가했다.

출처: Think with Google, 2022.11

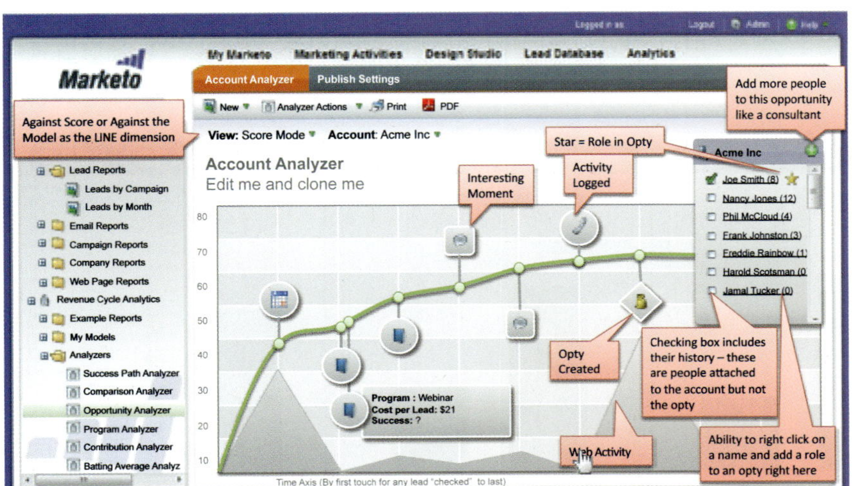

Marketo의 마케팅자동화 Dashboard / Marketo 제공

효과적으로 마케팅 집행에 반영되어야 한다. 넷째, 계량적 디지털 마케팅 접근을 통해서 체계적으로 잠재고객과 새로운 고객을 창출하고 고객 유지 관리가 수월하게 이루어져야 한다. 다섯째, 마케팅 매트릭스와 마케팅 자동화를 통해 개인 일대일 맞춤화된 고객경험을 제공할 수 있도록 정밀한 고객세분화가 가능해야 한다. 여섯째, 마케팅 매트릭스와 마케팅 자동화를 통한 스마트한 마케팅 관리를 하고 마케팅 고도화 작업에 투자가 필요하다.

::: AI · 디지털시대의 세대별 미디어 소비 행태 변화

사회적, 정서적 니즈 충족의 디지털 공간들

디지털 세대는 미디어를 개별적으로 수동적으로 소비하는 것이 아니라 서로 다른 미디어와 콘텐츠를 엮어 새로운 경험과 개인적인 의미를 만들어 가는 적극적인 소비 활동을 한다. 디지털 미디어를 통해 전 세계 사람들과 유대감을 형성하면서 광범위한 세계의 일부분이라는 인식을 갖게 한다. 디지털 세대에게 디지털 공간들(places)은 사회적, 정서적 니즈를 충족시키고 있고 삶의 일부가 되고 있다. 딜로이트가 미국 소비자 대상으로 진행한 조사 결과를 정리한 〈그림 13.9〉에서 보듯이, MZ세대의 디지털 경험, SNS 공간에서의 대인관계, 게임을 통한 사회적 교류 인식은 다른 세대 대비 월등하게 높다. 특히, 비디오 게임과 크리에이터가 제공하는 UGC(User Generated-Contents)에 재미를 느끼고 상호작용하는 커뮤니티 공간이며 그들만의 의미를 부여하고 표현하는 수단이기도 하다. 디지털 미디어는 단순히 즐거움만을 제공하는 것이 아니라 유용성을 가지고 있고, 커뮤니티 형성을 통해 감정적인 요구를 충족하기도 한다. 본인을 게임할 때 더 긍정적으로 생각하고, 게임을 자신의 일부로 느끼기도 한다. 이에 게이머들은

그림 13.9

세대별 온라인 경험
출처: 디지털미디어트렌드 17판(2023년 4월)

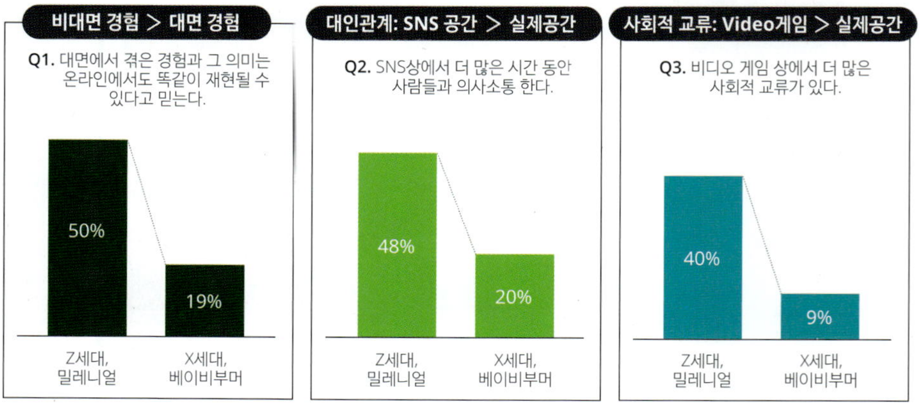

주: 표본 수(전체 미국 소비자)=2,020명

아이템을 업그레이드하거나 게임내 본인의 개성을 표현하기 위해 유료 캐릭터(아바타)를 위해 많은 지출도 한다.

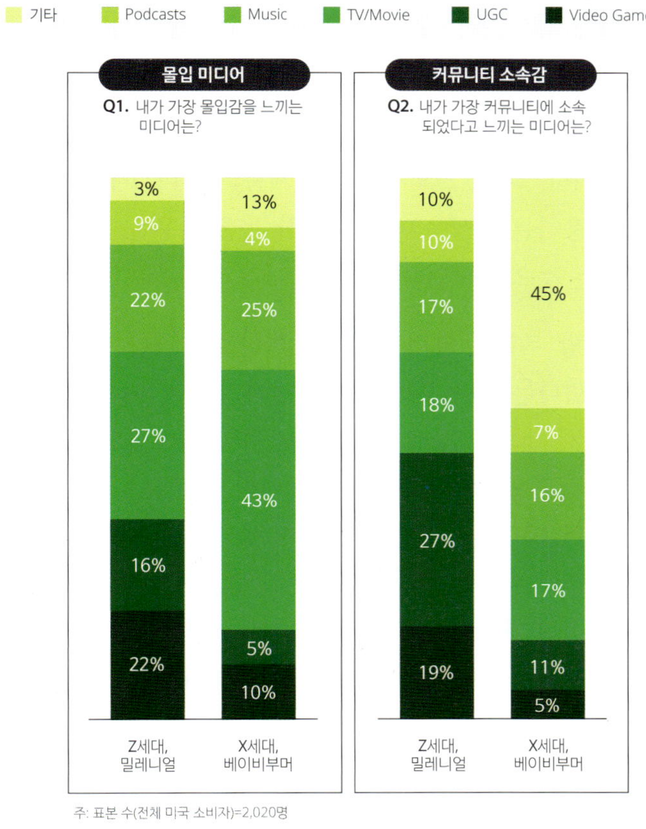

그림 13.10

세대별 미디어에 대한 태도

출처: 디지털미디어트렌드 17판(2023년 4월)

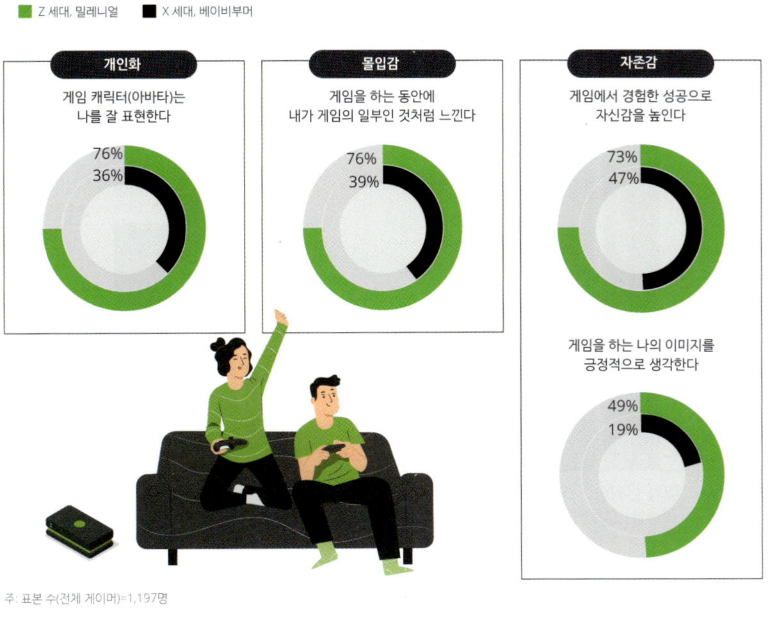

그림 13.11

비디오 게임이 제공하는 감정적 가치

출처: 디지털미디어트렌드 17판(2023년 4월)

크리에이터의 높은 영향력

많은 사람들이 콘텐츠를 제공하는 크리에이터들은 즐거움을 제공함과 동시에 대중 예술인 혹은 연예인일 뿐만 아니라 신뢰할 수 있는 안내자, 중개자로서 인식하고 있다. 크리에이터가 제공하는 정보 리뷰에 대해서 소중한 정보로 높게 인식하고 있고 신뢰하고 있다. 소비자들이 새로운 제품과 서비스를 탐색할 때 사용자 생성 콘텐츠(UGC)와 크리에이터의 리뷰가 중요한 역할을 한다는 점은 흥미로운 인사이트이다. 특히, 크리에이터가 제품과 서비스에 대한 경험 후기를 공유하거나 직접 사용하는 영상을 제공에 대한 높은 수용을 볼 때, 해당 광고가 효과적으로 전달되는 것으로 보인다.

또한 소비자들의 상당 부분이 크리에이터가 후원을 받거나 광고를 포함하는지 여부를 구별하기 어렵다는 것은 주목할 만한 결과입니다. 이미 신뢰하는 크리에이터의 광고 형태의 콘텐츠에 대해서는 소비자들이 자발적으로 수용하고 구매 결정을 내린다는 사실은 중요하다. 크리에이터와 인플루언서가 고객과 신뢰가 구축되어 있으면, 크리에이터와 인플루언서가 제시하는 브랜드와 제품에 대한 인지도를 높이는 데 도움이 되는 것이다. 특히, 이미 신뢰하는 크리에이터가 긍정적인 리뷰를 제공하면 해당 브랜드를 신뢰하는 소비자들의 신뢰도도 함께 증가한다. 이러한 효과는 특히 다른 세대보다 MZ세대에서 두드러지게 나타나고 있다.

그림 13.12

크리에이터 제공 콘텐츠의 영향력

출처: 디지털미디어트렌드 17판(2023년 4월)

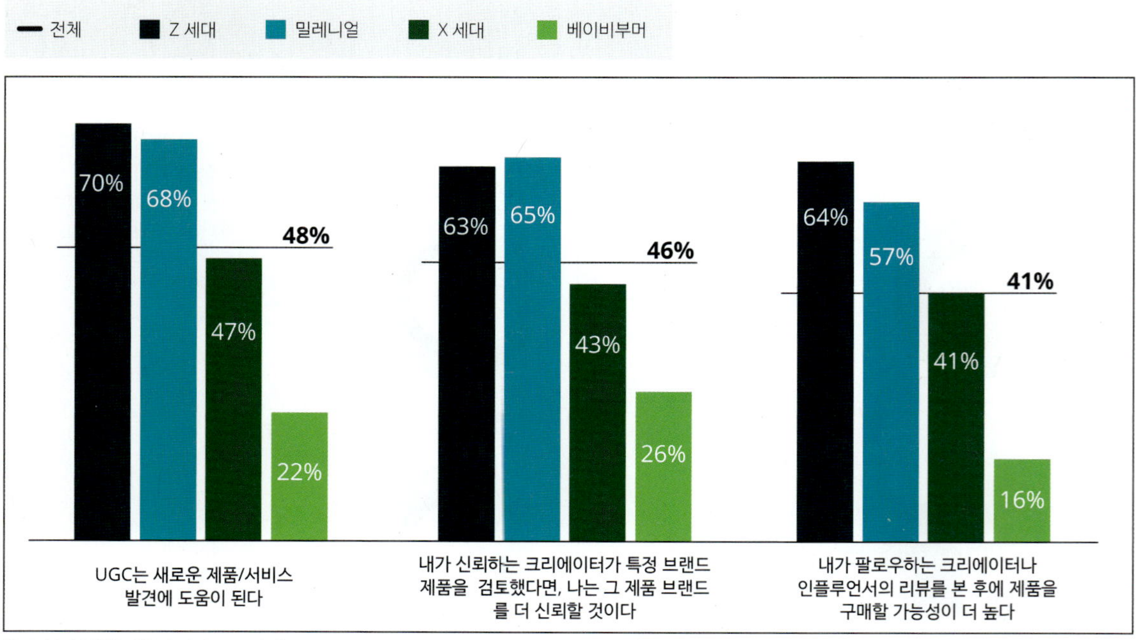

주: 표본 수(전체 미국 소비자)=2,020명

MARKETING REPORT | MZ세대의 소비, 우리는 과연 자유로운 선택을 하는 것일까?

MZ세대와 변화하는 소비 트렌드

• '플렉스(Flex)' 소비 문화의 대두

최근 현대 사회의 소비문화는 시대적 변화의 흐름에 휩쓸리며 새로운 형태로 발전하고 있다. 이러한 변화의 하나로 '플렉스(Flex)'라 불리는 소비문화가 등장했다. '플렉스(Flex)'는 1990년대 미국 힙합문화에서 래퍼들이 자신의 성공과 부를 자랑한다는 의미로 사용하기 시작했다. 한국에서는 MZ세대의 래퍼들이 "플렉스(Flex) 해버렸지 뭐야"라는 말을 방송과 노래 가사에 사용하면서 유행에 이르렀다. 이처럼 MZ세대는 21세기를 대표하는 새로운 주인공으로서 최신 소비문화 트렌드를 혁신하고 있다.

래퍼 염따(위)와 딩고 프리스타일의 노래 Flex(하)
/출처 유튜브

• 소유보다는 경험

MZ세대는 Millennial 세대(1980년 초 ~ 2000년대 초 출생)와 Z세대(1990년대 중반 ~ 2010년대 중반 출생)를 아울러 지칭한다. 이들은 다양한 사회적 영향을 받으면서 디지털 기술이 급속도로 발전하는 세상에 살아간다. 이들은 디지털 네이티브로서 사회적 변화를 고려해 현대 사회의 소비문화에도 큰 영향을 준다. 최근 신한카드 빅데이터연구소 조사에 따르면, MZ세대는 물질적 소유보다 색다르며 고유한 경험을 추구하는 경향이 뚜렷해지면서 외식이나 여가 등 체험 위주 소비의 비중이 많이 차지한다는 걸 확인할 수 있다. 미래를 위한 저축보다는 지금, 이 순간을 위해 투자하는 소비문화가 대두한 것이다.

소셜미디어의 영향력이 바꾸는 소비문화

• 소수의 영향력과 다수의 패턴

MZ세대가 트렌드에 민감한 만큼, 소셜미디어에서 다뤄지는 제품과 서비스에 대한 다양한 정보 콘텐츠 등은 그들의 소비에 큰 영향을 미친다. 소셜미디어의 성장과 함께 주목받는 주인공이 된 것이 바로 '인플루언서'다. '인플루언서'가 홍보하는 상품이나 서비스는 많은 대중에게 큰 관심을 이끌며 급속도로 확산한다. 가령 유명 '인플루언서'나 '셀럽'들이 특정 브랜드나 패션 스타일을 소셜미디어로 공유하는 게시물은 높은 조회수를 기록한다. 대중들은 그들의 스타일을 그대로 따라 하거나 모방한다. 이는 '인플루언서'를 통해 새로운 트렌드를 형성해 나가는 과정이다. 그러나 이런 문화가 우리의 소비 습관과 가치 판단에 함정이 될 수 있다는 것을 우린 알아차릴 수 있을까?

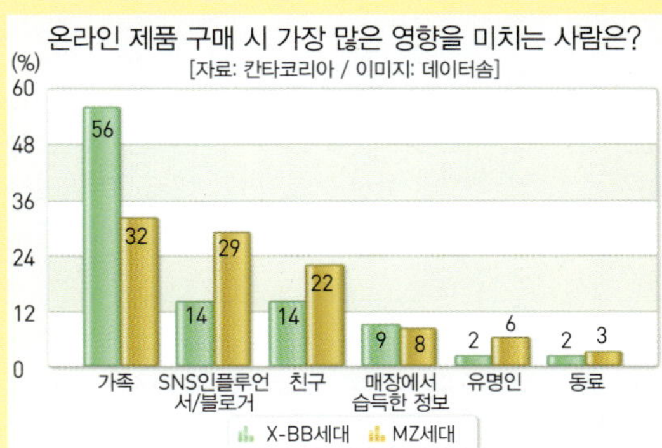

온라인 제품 구매 시 가장 많은 영향을 미치는 사람은 누구인지 세대별로 조사한 설문자료다. MZ세대들은 X-BB세대 대비 SNS인플루언서/블로그 및 친구로부터 제품 구매에 영향을 많이 받는다는 것을 확인할 수 있다. /출처 칸비코리아, 데이터솜

• 미묘한 영향력의 함정

이런 소비 현상은 〈소득 · 저축 · 소비자 행동의 이론〉에서 J.S. 듀젠베리 미국 경제학자가 제시한 '전시효과'와

맞닿아 있다. '전시효과'란 사회의 소비수준을 바탕으로 타인의 소비 행동을 모방하려는 경향을 의미한다. 이는 타인과 같거나 유사한 제품을 구매하는 '모방 소비'와 특정 상품에 대한 수요가 대중의 선택에 힘을 주는 소비 현상인 '밴드웨건 효과(편승 효과)'와도 연결된다. 셀럽들과 인플루언서를 통해 공유되는 다양한 유행들은 MZ세대 소비의 정체성으로서 소비 경쟁을 가속하는 역할을 한다. 사람들은 그들이 사용하는 제품 심지어 라이프스타일까지도 따라 하려는 욕망을 느끼게 된다. 이는 사람들의 불안감을 유발하여 불필요한 소비를 증가시키고 소비 경쟁을 조장하는 결과로 이어질 수 있다.

• **사회적 압박 속 심해지는 소비 경쟁**

이제 소비는 더 이상 필요한 욕구를 충족시키는 것이 아닌 보이기 위한 욕망의 수단으로써 자리매김하고 있다. 고가의 제품이나 서비스를 구매하려는 욕구가 증가하면서 사람들은 자신의 경제 상황보다 과도하다고 볼 수 있는 소비를 늘려나간다. 인크루트의 현대인들의 소비 수준에 관한 생각 설문조사의 결과에 따르면 응답자 10명당 7명은 지출 부담 탓에 지인과의 만남이 꺼려졌다 답했다. 높은 소비 수준을 강요하는 사회적 압박 속에서 사람들은 타인과의 비교를 통해 얻는 상대적 박탈감은 상대적 빈곤을 심화할지도 모를 일이다. 이제는 이런 소비문화에 대한 경각심을 가져야 할 때라고 본다.

• **가치가 중시되는 소비문화: '미닝아웃'**

최근에는 소셜미디어를 통해 현재 가치를 반영하는 새로운 소비 트렌드가 확산하고 있다. 바로 '미닝아웃(meaning out)' 소비문화다. '미닝아웃'은 '믿음'이라는 뜻의 '미닝(meaning)'과 '벽장에서 나온다'라는 뜻의 '커밍아웃(coming out)'의 합성어다. 소비를 통해 개인의 가치관이나 신념을 보여주는 소비 행위다. 대표적으로 타의 귀감이 된 가게의 물건을 구매하는 '돈쭐챌린지'가 있다. 이처럼 자신의 선택에 대해 깊이 고민하고 사회적 가치를 이바지하는 소비문화는 새로운 지속가능성 등 다양한 측면에서 좋은 귀감이 되고 있다.

'미닝아웃'의 대표적인 예시인 돈쭐 소비를 보여주는 사례다. 형편이 어려운 형제에게 무료로 치킨을 제공한 치킨집 점주의 선행이 온라인으로 확산됐고, 누리꾼들은 '돈쭐' 소비를 목적으로 해당 지점에 치킨을 주문하거나 선물 등을 보냈다. /출처 YTN 뉴스(좌), JTBC 뉴스룸(우)

출처: 뉴스H, 2023.8.23

::: AI · 디지털시대의 마케팅 커뮤니케이션을 위한 가이드라인

장기적 차원의 브랜드 구축과 커뮤니케이션이 중요

AI · 디지털시대에도 여전히 브랜드는 중요성하다. TMP월드와이드의 고객개발 부사장인 스티브 에를리히는 "효과적인 소셜미디어 전략 수립을 위해서는 소비자와 기업체와의 감정적 연결이 필요하고 사업과 연결된 인간성 넘치는 브랜드를 확립할 수 있어야 한다"라고 했다. AI · 디지털시대의 기업경영에서 브랜드의 확립과 함께 소비자와 기업과의 감정적 연결을 강조한 것이다. P&G의 브랜드 사례에서 소개한 바와 같이, 수많은 디지털기술들을 통해 새로운 가치를 제안하고 고객경험을 제공한다 해도, 본질적인 고객에게 브랜드는 나와 관계를 맺고 심화하는 대상인 것이다. 기술적, 마케팅 철학적 관점에서 디지털마케팅이 과거

CASE **STUDY**

P&G 마케팅의 변천을 통해 마케팅의 진화와 그 미래 예측

'마케팅 사관학교'라는 수식어를 지닌 170여 년 역사의 SK-II, 오랄비, 팬틴, 헤드앤숄더, 위스퍼, 페브리즈, 듀라셀, 브라운, 다우니, 질레트 등등 화려한 글로벌 브랜드 포트폴리오를 보유한 대표 글로벌 소비재 회사인 프록터앤갬블(이하 P&G)은 마케팅 관련 서적이라면 꼭 한 번씩 잊지 않고 등장하는 회사이다. 이런 마케팅 귀재 P&G가 최근 AI · 디지털시대의 마켓 변화에 대한 대응과 진화의 발자취를 따라가다 보면 미래 마케팅 환경과 전략에 예측이 가능하다.

현재 P&G 마케팅은 브랜드 마케팅과 쇼퍼 마케팅 조직으로 나누어져 있다. 브랜드 마케팅은 다시 GBU(Global Business Unit) 마케팅과 SMO(Selling & Market Operation)로 나누어진다. "We build the Brand that lasts forever"이라는 캐츠프레이즈 아래, P&G 마케팅은 도입기-성장기-성숙기-쇠퇴기로 이어지는 제품 수명주기(Product Life Cycle)를 부정하고 영원히 소비자들에게 사랑 받는 브랜드를 만드는 것이 가능하다는 믿음 아래 영원히 사랑 받는 브랜드가 되기 위해 노력 중이다. 또한 그 브랜드가 지속적인 사업적 성과를 이루어 내야 함과 동시에(sustainable business growth), 소비자들이 인식하는 브랜드의 자산이 건전한 성장(building brand equity)을 구현하기 위해 노력하고 있다.

이러한 P&G는 2009년경에 더 이상 소비자조사를 하지 않겠다며 기존의 소비자조사팀을 해체한다는 깜짝 발표를 하였다. 마이크로 소비자 조사를 통한 매장 내에서 경험하는 소비자의 마인드조사에 집중하기 위해 소비자의 쇼퍼 조사(shopper reserarch) 전담 조직을 결성하여, 일명 market intellingence팀, 쇼퍼에 집중하고 매장 내 소비자가 아닌 쇼퍼의 UX를 강화하기로 하였다.

또한 이와 아울러 비슷한 시기에 디지털 마케팅의 중요성을 천명하고 지금까지의 Plan-Do-See 관점의 마케팅 체계가 아닌, Listen-Engagement-Promote의 마케팅 체계를 구축하고 디지털 마케팅의 구심점이 되는 온라인 플랫폼을 조성하고 적극적인 쌍방향 커뮤니케이션을 하기 위해 막대한 마케팅 예산을 투자해 왔다.

이후, P&G는 2013년에 전사적 마케팅 철학을 재조정하고 마케팅 포지션을 대대적으로 축소했다. 그간 디지털 마케팅을 경쟁사 대비 선도적으로, 공격적으로 진행해오던 P&G가 다시 '브랜드' 경영을 재선포한 것이다. 기존의 마켓팅 조직은 업무 스코프가 좁아지거나 브랜드 매니지먼트로 업무가 전환됐고, 마켓 리서치 부서도 '소비자와 마케팅 지식'(Consumer and Marketing Knowledge)이라는 좀 더 전문적인 영역으로 개편했다. P&G의 브랜드 구축 최고 매니저 마크 프릿차드(Marc Pritchard)는 인터뷰를 통해 다음과 같이 밝혔다. "결국 미래의 기업은 마케팅이 아니라 브랜드 구축의 시대로 회귀한다" "진실된 것, 즉 인간에 대한 인사이트에 기반해서 사람들이 진정으로 관심을 갖는 곳에 관심을 기울이라. 그리고, 연관성 있는 대화 속으로 뛰어 들라"고 하였다. 이는 P&G는 결국은 디지털 마케팅의 시대는 끝나고, 브랜드만이 살아 남는 시대가 올 것이라 예측하고 대비하고 있는 것이다.

최근의 디지털 마케팅에서 천문학적인 예산을 사용하고 가짜 브랜드 서포터를 내세우는 것은 결과적으로는 시장에서 더 이상 통하지 않는다는 P&G의 생각이다. 단기적인 마케팅 활동보다는 통합적이고 장기적인 브랜드 구축이 핵심 마케팅 활동이며 인간 감성과 감정에 대한 깊은 이해와 소통하는 진정한 브랜드만이 기업이 살아남을 수 있는 유일한 길이라는 것을 의미한다.

와 다른 패러다임을 가지고 있으나, 인간 감성과 감정에 대한 깊은 이해와 소통하는 진정한 브랜드만이 기업이 살아남을 수 있는 것이다. 디지털 마케팅 커뮤니케이션을 위한 새로운 접근들이 통합되어 장기적 차원에서 강력한 브랜드 구축 과정임을 간과해서는 안된다.

진정성 확보와 전달

최근 많은 정보와 콘텐츠의 홍수 속에서 고객에게 전달되기 전에 수많은 콘텐츠가 사장되고 있다. 이러한 무한경쟁 속에서 고객의 시선을 끌기 위한 이슈성이 높은 주제의 강렬한 영상들이 더욱 양산되고 있는 상황이다.

디지털 콘텐츠를 전달하는 데 있어서 단순히 이슈성에 중점을 두기보다는 '진정성(sincerity)'을 확보해야 한다. 마케팅에서의 진정성이란 기업활동에서 고객에게 본질적으로 전달하고자 하는 가치나 메시지를 가공하지 않고 진솔하게 전달하는 태도로써, 소비자가 그 가치나 메시지에 대해 이해하고 수용하였을 때에 진정성 유무가 결정되는 것이다. 이러한 진정성은 초연결 사회에서 더욱 부각된다. 커뮤니케이션 채널이 다양해지고 소통의 횟수가 증가하면서 그 소통되는 콘텐츠 중에 진정성 확보가 더욱 중요하게 되었다. 진정성을 확보한 마케팅 커뮤니케이션은 높은 커뮤니케이션 성과를 창출하고, 기업의 이미지 개선 혹은 강화 및 신뢰성을 높이고 궁극적으로는 기업과 고객 간의 관계를 우호적으로 개선 및 강화한다. 진정성 마케팅(authentic marketing)의 중요성에 대한 강조들은 높아지고 있다. 길모어(Gilmore)와 파인(Pine)의 〈진정성의 힘〉(2007)의 저서에 의하면, 진정성 마케팅의 다섯 가지 유형을 소개하였다.

① 자연적 진정성(Natural authenticity)
② 독창적 진정성(Original authenticity)
③ 특별한 진정성(Exceptional authenticity)
④ 연관성의 진정성(Referential authenticity)
⑤ 영향력 있는 진정성(Influential authenticity)

반면, '진성성'은 '진심'에 비해 더 큰 광의적 개념으로, 소비자가 본인의 가치에 부합하는 상품이나 브랜드를 선호하는 가치소비 성향을 띠는데 이러한 가치에 부합되는 것이 진정성이라 일반적으로 정의된다. 소비자에게 진정성을 전달하는 방법은 다음과 같다.

① 소비자를 감동시키는 가치를 발굴하고 전달
② 문화권에 적합한 현지문화를 반영

③ 사용시 우월성을 느끼도록 하여 이에 따른 만족감을 제고
④ 소비자의 개성적인 스타일을 존중
⑤ 사실을 바탕으로 스토리텔링을 개발하고 전개
⑥ 믿을 수 있는 이유들(reasons to believe: RTB)을 구체적으로 전달
⑦ 사회적 쟁점을 구체적인 마케팅 활동으로 연결
⑧ 진정성의 개념에 대한 문화적 차이를 식별할 수 있는 능력 필요

CASE STUDY

한국피자헛의 '악플읽다' 캠페인

피자헛, "맛없어 사장 불러와" 호통에 진짜 사장 출동

악플 흡수하는 '민낯 커뮤니케이션'에 네티즌 열렬한 호응

한국피자헛은 14일 자사 페이스북에 '피자헛 악플읽다'는 영상을 공개, 12시간 만인 15일 오전 약 37만 회가 넘는 조회수를 기록할 정도로 큰 호응을 얻고 있다.

피자헛의 사장, 마케팅이사, 팀장, 셰프, 매장점주 등 실제 피자헛 관계자들이 나와 SNS에 올라 온 악플들을 읽는 것을 보여주는 영상이다. 한국피자헛이 제작한 이번 영상에서 피자헛 관계자들은 '핵노맛' 'ㅈㄴ'(매우를 뜻하는 속어) 등 온라인에서 쓰이는 비속어 등의 뜻을 몰라 의아해하고, "피자헛 할인하길래 먹었는데 낚였다. XX 마케팅 천재들"이라는 악플에 마케팅 이사가 "이거 기뻐해야 될 일이에요? 슬퍼해야 될 일이에요?"라며 허탈해하기도 하는 모습이다. 그 밖에 "광고 만들 돈으로 토핑이나 더 넣어주삼" "피자헛 맛 ㅈㄴ 구려ㅋㅋㅋ" "세상에서 제일 편한 직업: 피자헛 요리사. 이유: 맛없게 만들어도 되니까" 등의 쓴소리들이 고스란히 노출된다. 악플들과 직접 연관이 있는 관계자들은 깊은 한숨을 내쉬는가 하면, 죄송하다며 너털웃음을 짓기도 한다.

분위기를 전환시키는 건 스티븐리 한국피자헛 사장. 이 사장은 "여러분의 쓴소리 잘 들었습니다. 피자헛은 이를 거울삼아 변하기 위해 진심으로 노력했습니다"며 피자헛을 상징하는 빨간 헬멧을 쓰고 다른 관계자들 역시 빨간 헬멧을 쓴 채 "여러분을 직접 찾아뵙고 다시 평가받도록 하겠습니다. 기대하셔도 좋습니다. 감사합니다"라고 말한다.

이후 자막에는 "5월 19일 피자헛이 작정하고 만든 새로운 피자가 당신을 찾아갑니다"란 문구가 나온다. 신제품 출시를 알리기 위한 티저 광고인 것이다. 그럼에도 불구하고 솔직 커뮤니케이션으로 일관한 이 영상에 대한 네티즌 반응은 열렬하다. 피자헛 측에 따르면 좋아요 및 공유, 댓글 수는 1만을 넘어선 상태. 이벤트 게시글이 아님에도 자발적 댓글이 줄을 잇는다. 사장을 비롯한 피자헛 주요 관계자들이 고객들의 목소리를 있는 그대로 들었다는 것이 신선하게 받아들여진데다, 이를 개선하기 위해 노력했다는 메시지 전달이 주효한 것으로 풀이된다.

출처: THE PR, 2015.5.15

재미와 함께 공감성을 전달한 배달의민족의 '경희야 넌 먹을 때가 젤 이뻐' 캠페인

고객관점의 공감성 확보

기존의 브랜드 가치(brand based-value)를 높이는 마케팅 커뮤니케이션에서 고객의 가치(customer based-value)를 높이는 마케팅 커뮤니케이션을 수행해야 한다. 즉 어떻게 소비자에게 브랜드의 가치를 알릴까보다는 브랜드는 소비자의 어떤 문제를 해결할까에 대한 고민이 선행된 공감성이 확보되어야 한다. 즉, 고객의 문제에 초점을 두어 고객 가치를 발견하고 전달해야 하는 것이다. 예를 들면, 배달 검색 및 주문서비스 업체인 배달의민족의 '경희야, 넌 먹을 때가 젤 이뻐' 캠페인은 배달 주문할 때마다 고객이 경험하는 다이어트에 실패했다는 죄책감과 부담감을 덜어주기 위한 메시지를 전달하고 있다. 즉, 배달의민족이 얼마나 빨리, 싸고 정확하게 배달해 주느냐 등의 기업이 하고 싶은 메시지가 아니라, 고객이 본 서비스를 이용할 때 경험하는 문제들에 대해 심리적으로나마 해소할 수 있도록 고객이 듣고 싶은 메시지를 전달한 것이다. 본 캠페인은 고객들에게 선풍적인 공감을 얻어내었고 이후 '경희야 넌 먹을 때만 제일 이뻐' 등 다양한 재미있는 패러디와 함께 사용자들의 사연을 받아 지하철역 에스컬레이터 벽면광고판에 올리고 이를 고객들이 SNS에 올리는 등의 확산을 통해 성공적인 바이럴 마케팅을 수행하였다. 또한, 대표적인 경쟁브랜드인 배달통까지 가세하여 '경희야 그래서 넌 배달통이 답이거든'의 코믹한 메시지를 함께 내보내 고객의 공감성과 함께 재미 요소 또한 제공하였다.

스토리텔링의 공유 및 확산 파워 활용

소셜미디어와 스마트폰의 확산 등으로 소비자들이 접하는 매체가 매우 다양해지면서 소비자의 정보 주도권은 더욱 강화되었다. 기업들이 일방적으로 전달하던 메시지에 대한 관심 및 신뢰가 낮아지고 있다. 이를 AKQA의 창립자인 아자즈 아하메드(Ajaz Ahmed)는 "The best advertising isn't advertising."라 하였다. 이러한 상황일수록 커뮤니케이션 방식의 변화가 필요하게 되었고 이러한 상황의 대안으로 스토리텔링이 더욱 중요한 시대가 되었다. AI·디지털시대에는 'Fact tells, but store sells'의 경험들을 하게 된다. 따라서, 소셜미디어 환경하에서 쉽게 공유되고 확산되기 위해서는 스토리텔링의 힘을 입어야 한다.

폭스바겐의 'The People's Car Project' 캠페인
출처: www.youtube.com/watch?v=JWh2qT9yiTo

예를 들면, 폭스바겐의 The People's Car Project, 2013은 '사람들의 차'라는 폭스바겐 브랜드명에서 착안된 폭스바겐이 중국에서 진행한 소셜 캠페인이다. 웨이보를 통해 사람들이 꿈꾸는 자동차의 아이디어를 공모하여, 제작, 전시하고 캠페인 사이트에서 그 자동차 렌더링 제작물을 제공하고, 최종 선정된 아이디어의 차를 제작하여 청두시에서 시승하는 이벤트를 담은 마케팅 커뮤니케이션을 진행하였다. 실제 선정되어 제작된 아이디어 카는 떠다니는 차 '호버카'였다. 이 호버카는 지면에서 30cm가량 떠 있으면서 주행이 가능한 차로 바퀴가 없고 음성인식으로 목적지 선정도 하고, 충돌 감지되면 안전센서로 자동정지도 하고 조이스틱 운전을 통해 누구나 쉽게 운전할 수 있는 말 그대로의 사람들의 차였다. 실제 이 차량은 컴퓨터그래픽으로 구현한 것이지만 혁신적 소셜마케팅으로 많은 반향을 일으켰다.

디지털 광고 매체의 적극적 활용

성공적인 디지털마케팅 커뮤니케이션이 되기 위해서는 다양한 마케팅 도구로써 디지털 사이니지, 키오스크 등의 하드웨어들을 적극적으로 사용해야 한다. 소셜하게 확산하기 위해서는 실질적 물리적 증거들이 직접적으로 영향을 미치기 때문이다. 예를 들면, 2015년에 캐나다에서 시행된 우버의 'UBER Safe' 캠페인은 우버 초기 브랜드 인지 제고를 위한 마케팅 캠페인으로서, 번화가에 설치된 우버 사이니지를 통해 음주 테스트를 할 수도록 하여 운전불가 판정이 나온 사람들에게 우버택시 이용 기회를 제공하여 브랜드 인지를 효과적으로 높였다. 이는 O2O 마케팅의 훌륭한 사례이기도 하지만, 우버택시의 낮은 브랜드의 인지도를 제고시키고자 하는 목표와 아울러, 출시한 후 여러 논란 속에 실제 우버를 사용하는 소비자의 비율을 높이기 위해 적극적으로 사이니지를 이용하여 타깃 소비자의 체험을 높이도록 하였다는 데에서 의의가 높다.

우버의 'UBER Safe' 캠페인

CASE **STUDY**

무신사 "AI가 옷 코디…올 거래액 1.5兆 돌파"

AI기술 입는 온라인 패션쇼핑몰, 콘텐츠·마케팅 경쟁력 키운다

온라인 패션쇼핑몰 1위인 '무신사'가 올해 인공지능(AI) 등 신기술을 대거 도입한다. 빅데이터에 기반해 소비자에게 맞춤형 정보를 제공한다. 이미지 및 보이스 검색, 360도 코디숍, 인기상품 필터링 등의 서비스도 시작한다. 이를 통해 경쟁회사의 추격권에서 벗어나겠다는 전략이다. 무신사는 지난해 거래액 9,000억원을 기록했다. 2018년보다 두 배 이상 급증했다. 올해는 신기술을 도입해 거래액 1조5,000억원을 돌파하겠다는 목표를 세웠다.

보이스 검색·360도 코디숍 도입

무신사가 올해 물류 및 정보기술(IT) 분야 혁신에 나선다. 빅데이터 기반의 대형 물류센터를 본격 가동하고, IT 서비스를 고도화한다. 신기술 도입은 쇼핑 편의성을 높이는 데 초점을 맞췄다. 빅데이터 분석을 통해 소비자가 원하는 상품과 비슷한 제품을 이미지로 보여주고, 모바일에선 음성으로 제품을 검색할 수 있도록 할 계획이다. 무신사는 특히 실물과 거의 똑같은 색상으로 상품 정보를 제공하기 위해 70여 개 색상 칩을 활용하기로 했다.

무신사의 공유오피스 '무신사 스튜디오'

직접 보고 살 수 없는 온라인쇼핑의 단점을 극복하기 위한 기술이다.

360도 코디숍은 소비자가 자신의 체형에 맞는 옷인지 이미지로 확인하고, 무신사 스타일리스트가 추천한 옷들을 다양한 각도로 한눈에 볼 수 있는 서비스다. 무신사 관계자는 "빅데이터를 활용해 상품별 연간 구매 수, 조회 건수, 기간별 카테고리 내 인기 상품 순위를 한눈에 볼 수 있게 된다"며 "소비자의 약 70%가 10~20대인 만큼 앞선 서비스와 신기술을 도입해 젊은 소비자를 만족시킬 것"이라고 말했다.

급증하는 무신사 거래액
(단위: 억원)

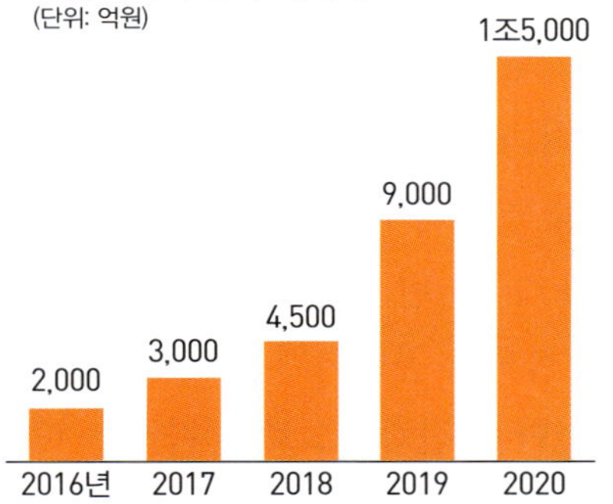

※ 2020년은 예상액

올해 무신사가 도입하는 신기술 및 서비스

- **클라우드 기반 빅데이터 분석**
- **이미지로 상품 검색**
- **모바일 보이스 검색**
- **360도 코디숍**
- **70여 개 컬러 및 체형별 착용 이미지**
- **인기 상품 필터링**

자료: 무신사

무신사TV 무신사매거진 키운다

무신사는 미디어 커머스를 통한 콘텐츠 확대에도 주력할 계획이다. 단순히 제품만 파는 쇼핑몰이 아니라 '무신사TV' '무신사 매거진' 같은 채널을 키워 미디어커머스로 영역을 확장하겠다는 전략이다. 유튜브 채널 무신사TV는 출범 8개월 만에 12만 명의 구독자를 확보했다. 입점 브랜드의 신제품을 소개하는 유통망으로서도 기능하고 있지만, 소비자의 요구사항을 듣는 창구 역할도 한다. 무신사 소속 상품기획자(MD)들이 코디 노하우를 소개하기도 하고, 디자이너 및 신생 브랜드를 깊이 있게 다루기도 한다.

무신사는 이를 위해 올 초 콘텐츠 제작과 운영으로 나뉘어 있던 팀을 미디어부문으로 통합하는 조직개편을 단행했다. 또 e커머스 전문가인 김현수 '29CM' 부사장을 미디어부문장으로 영입했다. 무신사가 쏟아내는 매주 600건 이상의 패션 관련 콘텐츠가 소비자에게, 또 업계에 상당한 영향을 미치고 있다고 판단했기 때문이다. 지난해 무신사가 공개한 콘텐츠는 6만6,000개에 달한다. 이 데이터가 축적돼 다른 쇼핑몰이 따라올 수 없는 경쟁력이 되고 있다는 설명이다.

협업 마케팅 더 늘린다

무신사는 그동안 이슈를 몰고 다녔다. 전혀 다른 업종의 기업과 시도한 협업, 특히 한정판 마케팅이 잇따라 히트했다. 지난해 하이트진로와 협업해 판매한 참이슬 백팩 400개는 5분 만에 품절됐다. 스파오의 펭수 옷은 500

벌 한정 판매에 1만 명이 몰리기도 했다. 패션업계에선 무신사를 통해 한정판 제품 마케팅을 하면 순식간에 품절되는 게 마치 공식처럼 자리잡았다는 말이 돌 정도다. 지난해 수십억원대 매출을 내는 등 급성장한 커버낫, 키르시, 앤더슨벨, 로맨틱크라운 등도 이런 마케팅을 통해 무신사에서 성공한 사례다.

무신사는 여성 소비자를 위한 별도 쇼핑몰인 우신사(WUSINSA)도 키우기로 했다. 현재 무신사의 남성 소비자 비율은 55%로 여성보다 많다. 일반적으로 패션 쇼핑몰의 여성 소비자 비중이 70%를 넘는 것과 다르다. 충성도 높은 남성 소비자들이 그동안 무신사의 성장을 이끌었다면, 앞으로 여성 소비자가 선호하는 상품을 대폭 늘려 새로운 성장동력을 확보할 계획이다. 이를 위해 우신사에 화장품 브랜드를 더 들여놓기로 했다.

출처: 한국경제, 2020.1.6

::: 초개인화 마케팅

초개인화 마케팅(hyper personalization)이란 소비자가 궁극적으로 원하는 상품과 서비스를 제공하기 위해, 데이터 기술을 기반으로 고객의 취향, 니즈, 과거 경험 등과 언제, 어디서, 어떤 상황 인지에 대한 맥락(context)까지 고려하여 더욱 정교하게 소비자를 분석하여 초개인화된 마케팅 제공물을 제공하는 마케팅을 말한다. 이는 전체 시장을 효율적으로 공략하기 위해 유사한 특성을 보이는 세분화된 집단들 중 특정 세분집단만을 전략적으로 공략하는 타깃 마케팅에서 더 세분화가 된 것이다. 또한 고객의 이름, 직책, 조직 등과 같은 개인 정보와 구매 내역 등을 기반으로 개인 맞춤형 마케팅인 개인화 마케팅에서도 진일보한 AI·디지털시대의 마케팅이다.

성공적인 초개인화 마케팅을 수행하기 위해서 다양한 기법들이 활용되고 있다. 〈표 13.2〉는 초개인화 마케팅을 위해 활용되는 기법들을 정리하였다. 이러한 다양한 기법들의 효과가 나타나기 위해서는 먼저 소비자를 파악하는 것이 가장 우선적으로 선행되어야 한다. 소비자 파악을 '사용자 식별'라고 하는데, 사용자이

표 13.2

초개인화 마케팅 기법

초개인화 온라인마케팅 기법	설 명
리타기팅 (re-targeting) 광고	• 사용자가 관심 보인 제품의 정보에 따라 광고를 노출하는 기법 • 사용자 키워드 기준으로 광고노출하는 기존의 검색광고보다 개인화 정도가 정교화를 이룸 • 정교화되지 않은 리타기팅 광고에 대한 부정적 반응 또한 매우 큼으로 정밀화된 분석과 접근이 필요함
개인화 상품 진열	• 웹 혹은 앱 방문자의 특성을 고려하여 보여지는 상품들과 상품의 진열을 다르게 제시
추천 알고리즘	• 개인특성, 상황요인(위치, 요일, 시각 등), 다른 고객의 구매(혹은 반응이 있었던)가 이루어진 개인특성 및 상황요인 등을 파악 • 기계학습, 딥러닝 등 다양한 방식으로 학습시켜서 개인별, 상황별 다른 상품/서비스를 추천하는 알고리즘을 적용하는데, 협업 필터링과 콘텐츠 기반 필터링 등을 통해 개인화를 완성
고객별 개인화된 판촉활동	• 고객별 맞춤형 판촉물을 선정하여 앱 푸시, MMS, 이메일 발송
반응형 표적 오퍼링	• 불특정 다수를 타깃으로 하는 것이 아니라, 소수 고객의 반응을 신속하게 분석 • 이를 기반으로 해당 소수 고객군에 한해서 온라인마케팅의 타깃으로 정교하게 선정
다이나믹 가격 책정	• 고정된 가격이 아닌 시장상황에 따라 탄력적으로 변화시켜서 단기간 이익이 극대화하도록 하는 탄력적 가격책정 • 중장기적으로는 고객의 가격 민감도를 높임

름, 성별, 나이, 해당 기업의 제품 혹은 서비스의 방문횟수, 구매 횟수, 정보 서치한 내용 등이 주로 사용된다.

이런 데이터를 기반으로 개인화를 완성하는 AI 추론 알고리즘 매우 중요하다. '협업 필터링(Collaborative Filtering, CF)'과 '콘텐츠 기반 필터링(Contents Based Filtering, CBF)'은 개인화 서비스 구현을 위한 대표적인 기반 알고리즘이다. 협업 필터링은 '고객A와 비슷한 조건의 고객 B가 좋아하는 것이라면 고객 A도 좋아할 가능성이 높다'는 전제로 성별과 연령, 위치 등의 정보를 기본으로, 비슷한 조건의 사람들이 공통으로 소비하는 콘텐츠 패턴을 근거로 상품을 추천한다. 콘텐츠 기반 필터링은 콘텐츠에 내재된 메타 데이터를 분석해 그와 비슷한 콘텐츠를 추천하는 알고리즘이다. 대표적인 예가 넷플릭스로서 사례분석에서 소개하듯이, 같은 영상 플랫폼의 추천 서비스는 기본적으로 사용자가 처음 고른 영화와 이후 감상한 영화에 담긴 태그(Tag) 같은 정보에서 공통점을 추출한다. 이를 기반으로 이후 가장 유사한 영화를 추천해주는 방식을 기본으로 한다.

따라서, 기업들은 고객의 세밀한 취향을 분석해서 제안하는 초개인화 서비스로 개인별 사용 이력, 요일, 시간대, 날씨 등 및 고객의 감정을 읽어서 기분에 맞는 콘텐츠를 우선 배치하고 추천하는 OTT(Over The Top) 서비스를 제공하고 있다. 이러한 초개인화 서비스의 시도는 콘텐츠 유통회사뿐만 아니라 다양한 거래 데이터를 보유하고 있는 신용카드사도 적극적으로 활용하고 있다. 예를 들면, 신한카드는 고객들의 소비 패턴을 보고 해당 시간과 공간에 적합한 쿠폰을 제공하고 있다. 빅데이터 분석과 AI 알고리즘을 사용해 2만 5,000개 소비 패턴을 정립하고, 똑같은 커피숍 할인 쿠폰이라도 모닝 커피를 즐기는 A고객에게는 출근 시간에, 식사 후 커피를 즐기는 B고객에게는 점심 시간에 쿠폰을 제공하는 식이다.

성공적인 초개인화 마케팅을 위해서는 마케터는 다음의 세 가지 차원에서 전략적 접근과 변화를 위해 노력해야 한다. 첫째, 절대적으로 다양한 데이터 활용과 정밀한 족자적인 알고리즘이 필요하다. 앞서 언급한 바와 같이 '협업 필터링과 '콘텐츠 기반 필터링' 두 알고리즘 방식들은 장단점이 존재하는바, 협업 필터링과 콘텐츠 기반의 필터링과 함께 각 기업별 독자적인 알고리즘이 더해져서 보다 완벽한 세밀한 개인화가 되도록 끊임없는 정밀화 작업이 요구된다. 둘째, 성공적인 초개인화마케팅을 위해서는 기업의 내부 데이터, 고객데이터뿐만 아니라 날씨, 미세먼지, 중요 정치, 사회, 경제 이슈들까지 포함된 다양한 공공데이터 및 외부 데이터가 필요하다. 셋째, 개인화마케팅이 비슷한 카테고리의 사람을 묶는 것이라면 초개인화마케팅은 고객 한 사람의 그때그때 기분이나 상황에 따라 다른 서비스를 제공한다. 사용자의 표정 및 동작까지 분석하여 고객의 감정들을 추론하고 이러한 고객의 현재 감정까지 고려하여 맞춤화된 서비스를 제공하는 시도들이 이루어지고 있다. 즉 기업과 고객이 "1:1 차원"의 접근이 아니라 아마존이 '0.1명을 위한 세그멘테이션'이라고 언급한 것처럼, "1:0.1 차원"의 보다 세분화된 세그멘테이션 전략이 절대적으로 필요하다.

::: DISCUSSION QUESTIONS

1. 초개인화시대의 장단점들을 논의하여 제시하시오.
2. 최근 SNS 매체들의 변화를 파악하기 위해 전략적 차원의 중요 SNS 매체별 변화 및 실제 예시들을 정리하여 제시하시오.
3. 1인 미디어 매체의 발달로 인해 마케팅커뮤니케이션의 변화에 대해 TMC 마케팅커뮤니케이션 프레임에 맞추어 논하시오.

::: TEAM WORKSHOP

1. 가장 관심이 있는 브랜드를 선정하여, 그 브랜드를 위한 소셜 마케팅 커뮤니케이션 캠페인의 상세한 목표, 타깃, 실행방안 및 기대효과 등을 담은 캠페인 기획을 하시오.
2. AI·디지털시대의 소셜 마케팅 캠페인 성공사례를 찾아 성공원인들을 분석하고, 지속적인 성공을 위한 후속 캠페인을 기획하시오.
3. 성공적으로 마케팅 트랜스포메이션 혁신을 한 기업의 사례를 발굴하여 구체적인 마케팅 트랜스포메이션을 위해 진행한 내용과 그 성과를 정리하여 발표하시오.
4. 브랜드 커뮤니티의 성공사례들을 2개 찾아 비교평가하고 각 브랜드 커뮤니티를 유지, 확장하기 위한 마케팅 방안을 제시하시오.
5. 초개인화 마케팅 접목을 통해 가장 효과가 있을 제품 혹은 브랜드를 제시하시오. 그리고 해당 제품 혹은 브랜드를 위한 초개인화 마케팅 전략과 실행방안을 제시하시오.

PART

5

AI·디지털시대의 새로운 가치 수립과 전달

경제학자 슘페터는 근대 경제의 혁신적인 활동에 '기업가와 발명가의 창조적 반응'과 '기업 관리자와 기술자의 적극적 반응'이 중요하다 강조했다. '기업가와 발명가의 창조적 반응'은 아주 새로운 제품·공정·서비스 등을 도입하며 기존 산업 패턴과 소비자의 일상생활을 바꾸는 창조적 파괴를 일으킨다. 반면, '기업 관리자와 기술자의 적극적 반응'은 제품과 서비스가 생산되고 소비될 수 있도록 기업의 구조와 제조 과정, 마케팅 계획을 통해 구현된다.
AI·디지털시대의 뉴 마케팅은 이러한 창조적인 파괴를 기반한, 선도적 반응이 새로움을 창출한다. 마케터의 새로운 이름은 '창조적 파괴자'인 것이다.

fourteen

'초개인화'가 뭐길래 … 이커머스업계, AI 기술 선두 주자는?

사진: 지마켓

이커머스업계가 인공지능(AI) 기반의 '초개인화' 마케팅을 경쟁적으로 도입하고 있다. 2020년부터 롯데온 등이 초개인화 서비스를 시도했지만, AI 원천 기술을 보유하지 못해 관련 서비스는 지지부진했다. 그러나 최근 챗GPT 열풍과 함께 다시 '초개인화' 마케팅이 화두로 떠올랐다. G마켓, 쿠팡, 위메프 등 이커머스 기업을 중심으로 초개인화 서비스 활용이 늘고 있다. 다른 업체들도 유사 서비스를 제공하고 있지만 초개인화보다는 개인화 수준에 머물러 있다.

'초개인화' 기존 개인별 타깃 마케팅과 달라 … G마켓·쿠팡, 투자 확대하는 까닭은?

기존의 개인화는 이름, 나이, 직업, 성별 등 사용자가 제공한 기본적인 개인 정보를 수동적으로 받아 분석한다. 이후 이들이 어떤 것을 주로 클릭하는지가 반영됐지만, 개인별로 데이터가 관리되기보단 비슷한 연령대 등 군집 별로 데이터가 관리됐다. 이를테면 구글 '애드센스'처럼 어떤 이가 관심 있는 배너광고를 클릭하면 비슷한 유형의 광고가 그를 따라다니며 노출되는 방식이었다.

반면 초개인화 서비스는 '개인이 처한 상황에 맞게 기업이 개별적인 맞춤 혜택을 제공하는 것'이다. 사용자의 인구 통계학적 자료뿐 아니라 인터넷 검색 패턴, 구매 상품에 대한 반응, 장바구니 내역 같은 구체적인 '행동 패턴'에 대한 실시간 데이터를 수집한다. 이를 통해 사용자의 미래 행동과 상황까지 예측해서 '나도 모르는 내가 원하는 것', 즉 개인의 잠재적 욕구까지 제안하는 방식이다.

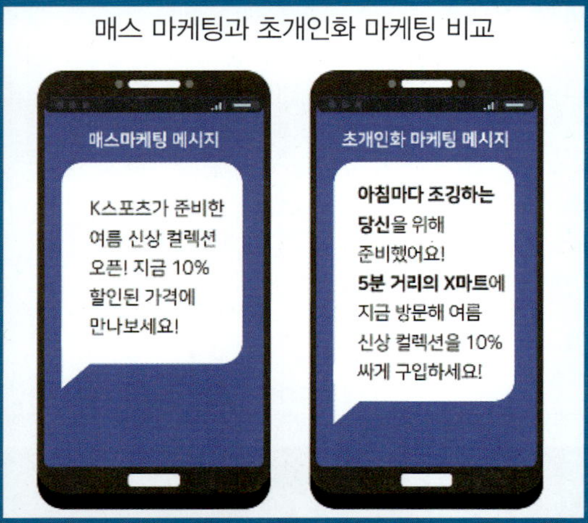

엠브레인 트렌드 리포트의 초개인화 마케팅 설명 /사진 엠브레인

G마켓은 해당 분야 기술 투자를 지속해서 늘리는 추세다. G마켓은 지난해 100명이 넘는 개발자를 신규 충원했다. 초개인화 서비스가 적용된 AI 기술을 개발하기 위해서다. 최근 해당 기술을 적용해 모바일 애플리케이션 홈 화면도 바꿨다. 실제 기존 G마켓 슈퍼딜(상품 추천)이 사용자를 군집별로 나눠(딜 클러스터링) 관심 있는 카테고리 기반을 추천하는 방식이었다면, 초개인화 적용 이후엔 사용자의 니즈를 더 세밀하게 파악해서 상품을 추천한다. 사용자의 행동 기반에 따라 태그(관심 키워드)를 브랜드, 카테고리별로 추출하고 사용자별 관심 순위(랭크)를 매겨 해당 사용자가 더 관심 있어 할 상품을 순서대로 노출하도록 매칭하는 식이다.

쿠팡은 물류 시스템에 AI 기술을 적용했다. 쿠팡 AI는 상품 진열과 배송트럭 내 상품 위치, 배송 동선 등에 적용된다. 물류센터 상품을 최대한 빨리 출고하기 위해 어디에 진열하고 어떤 동선으로 꺼내올지 AI가 정한다. 매일 누적되는 새 데이터를 기반으로 직원이 적게 걸으면서 더 효율적으로 움직일 수 있도록 동선을 업데이트한다. 배송 동선 데이터 기반으로 머신 러닝된 AI는 출고된 상품을 어떤 쿠팡카(배송트럭)의 어느 자리에 놓을지도 미리 지정한다. 제품의 크기에 따라 꼭 맞는 크기의 포장을 선택하거나, 포장이 없어도 되는 상품은 아예 포장하지 말라고 지정해 주는 것도 AI가 하는 역할이다. 이를 통해 쿠팡의 재고 관리 능력은 크게 향상됐다. 해당 기술 도입 후 쿠팡 신선식품 재고 손실은 지난해보다 50% 넘게 줄었다.

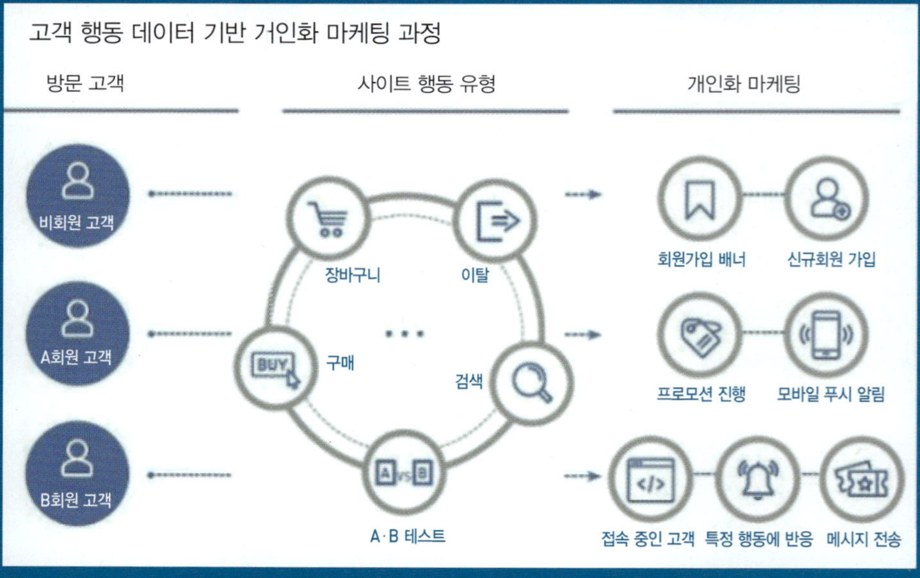

플랜티어 마케팅 리포트 초개인화 타깃 과정 /사진 플랜티어

인공지능, 성장 둔화 극복 위한 '핵심 방편'…"고객 니즈 아는 자가 '승리'"

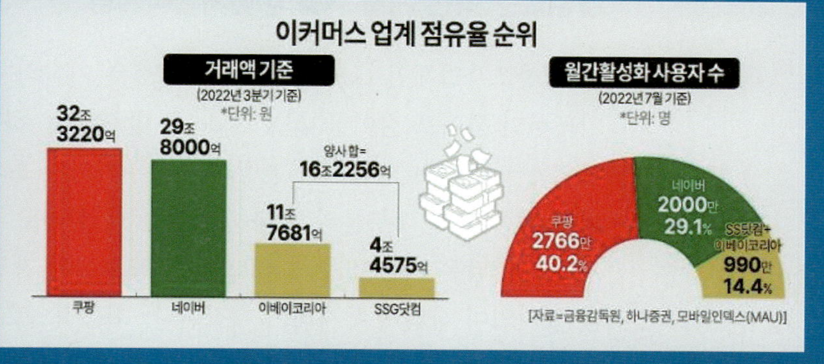

이커머스 점유율 /그래픽 아주경제

위메프는 플랫폼 고도화 일환으로 '메타 쇼핑' 역량을 키우고 있다. 메타쇼핑은 23만 개 쇼핑몰 7억 개 상품에서 추출한 데이터를 활용한 '초개인화' 맞춤형 서비스다. 위메프는 자체 개발한 '검색 AI(인공지능)' 솔루션을 통해 데이터를 수집하고 분석하는 '메타 테이터' 기술력을 강화하는 데 힘쓰고 있다. 기존 이커머스가 가격 비교에 초점을 맞췄다면, 위메프는 그 범위를 확장해 상품의 특징이나 스타일 등 세부적인 정보를 비교·분석하는 서비스를 제공하는 게 특징이다.

에누리는 가격 구독으로 소비자별 맞춤 서비스에 나섰다. 가격 구독은 소비자가 원하는 상품을 설정해 놓으면 에누리의 13억 개 쇼핑데이터를 기반으로 최저가 중심으로 쇼핑 정보를 실시간으로 고객에게 전달하는 초개인화 서비스다. 에누리닷컴과 연결된 모든 오픈마켓과 쇼핑몰들로부터 확보한 쇼핑데이터를 바탕으로 최저가 제공이 가능하다.

이처럼 업계에서 인공지능 기술개발에 열을 올리는 이유는 점유율 경쟁이 갈수록 치열해지고 있어서다. 실제 상위 업체 간 점유율 추이는 부동의 1위였던 네이버가 2위로 내려앉으며 쿠팡이 압도적인 1위로 부상했다. 모바일인덱스에 따르면 지난해 7월 기준 월간 활성 사용자(MAU)는 쿠팡이 40.2%, 네이버 29.1%, SSG닷컴과 G마켓이 통합 15%다. 불과 몇년 만에 업계 순위가 뒤집히는 결과가 발생하면서 시장을 수성하고 점유율을 끌어올리기 위해 타깃마케팅에 나선 이커머스가 선택한 카드가 바로 초개인화 서비스인 셈이다.

성장 둔화를 돌파하기 위한 방편이기도 하다. 이커머스 시장의 성장세는 최근 한풀 꺾였다. 한국온라인쇼핑협회는 지난해 온라인 쇼핑 시장 규모 성장률을 14.5%로 추산하며 내년에는 그보다 낮은 13.7%로 예측했다. KTB투자증권 한 연구원은 "37%에 달하는 한국의 높은 소매시장 대비 이커머스 침투율을 고려하면 이커머스 시장 성장률은 더 떨어질 수 있다"고 설명했다. 이커머스 업계 관계자는 "이커머스의 경우 유통채널의 특성상 고객에게 제공되는 광고나 추천 상품이 소비 패턴과 일치할 경우 구매로 이어지는 비중이 높다"며 "이커머스 기업 간 경쟁이 치열해지면서 초개인화를 통한 맞춤형 추천이 점유율 증가로 이어질 수 있는 만큼 관련 서비스를 보다 정교하게 구축하려는 기업이 늘고 있다"고 말했다.

출처: 아주경제, 2023.3.23

AI·디지털시대 마케팅의 중요 포커스

끊임없는 혁신 기술 적용의 디지털마케팅

IT 시장조사업체인 Gartner는 매년 새로운 기술의 현황과 전망을 설명하는 주기곡선인 하이프 사이클(Hype Cycle)을 발표한다. 하이프 사이클은 IT 혁신이 확산되는 과정에서 생산성의 안정화를 이루기까지 초기 일정 기간 부풀려진 기대의 정점을 찍고 대부분의 실제 구현하는 데 실패로 관심이 시들해지고 이 중 일부가 살아남은 기술이 구체적으로 수익모델까지 제공하는 사례들이 늘어나면서 많은 기업이 사업에 투자하기 시작한다. 최종적으로 해당 기술이 생산성의 안정 단계로 접어들면서 시장의 주류로서 자리 잡고 성과를 거두기 시작한다.

2023년 발표한 디지털마케팅 분야의 하이프 사이클에 의하면, 가장 높은 관심과 기대가 형성된 것은 비주얼 인텔리전스, 생성형 AI 마케팅, 감정 AI 마케팅 등이고 시장의 주류로서 장착된 기술들은 모바일 마케팅 어낼리틱스, 멀티채널 마케팅 허브, 인플루언서 & 에드보커시 마케팅이다.

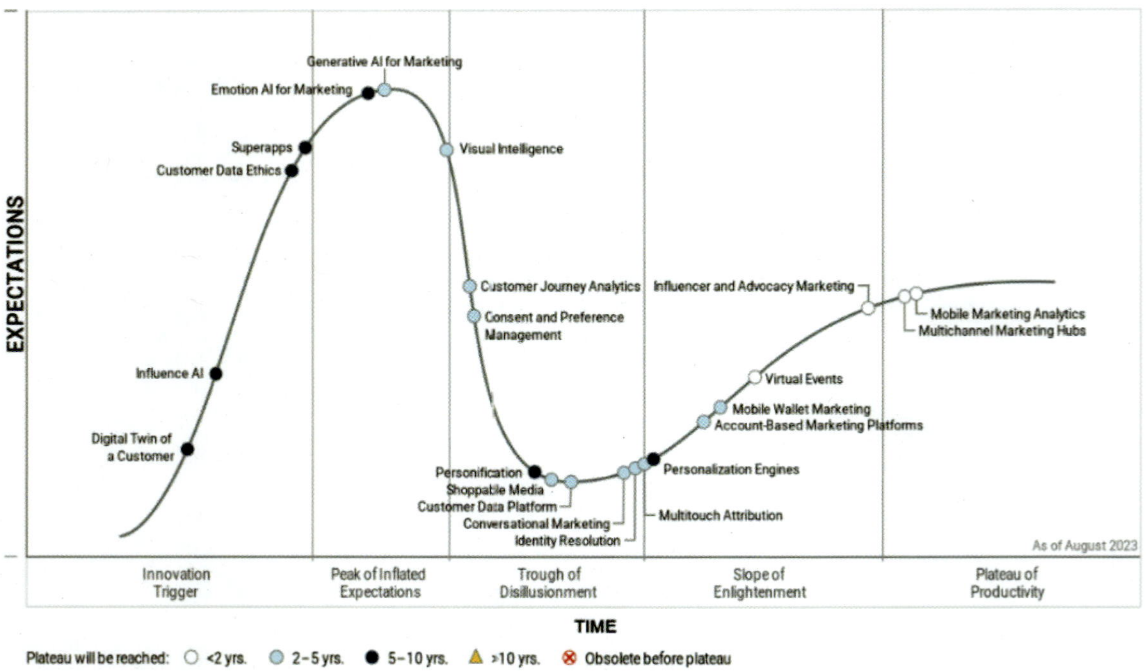

그림 **14.1**

Gartner 2023년 디지털 마케팅의 Hype Cycle

출처: Gartner(2023)

표 14.1

AI·디지털시대의 마케팅을 위한 혁신 기술들

기술	개념 정의	마케터의 주의사항
고객 데이터 플랫폼 Customer Data Platform (CDP)	조직의 고객 데이터를 마케팅 및 기타 채널에서 통합하여 고객 모델링이 가능하고 메시지 및 오퍼의 타이밍과 타기팅이 최적화되도록 하는 마케팅 시스템	• 내부 요구를 면밀히 검토하고, 시스템 구매와 구축이 합당한지 여부를 결정함 • 기존 기술과의 중복과 기술 스택의 공백이 생기지 않도록 역량을 신중하게 검토해야 함
마케팅을 위한 AI Artificial Intelligence for Marketing	인간의 명시적 개입 없이 데이터 대응, 활용 사례와 관찰, 행동 변화 등이 가능한 시스템의 결합	• 마케터들은 자사의 AI 기술 로드맵을 이해하고 마케팅 관련한 AI 활용 및 관련한 데이터 대응이 필요함 • AI 고유의 복잡성으로 인해 어려움을 겪을 수 있음 • 특히, 산업내 규제나 도덕적 이슈에 관련될 수 있음
광고를 위한 블록체인 Blockchain for Advertising	광고 공급망 내에서 계약 조정, 개인 데이터 사용에 대한 소비자 동의 등록, 콘텐츠, 광고 인상 및 전환에 대한 독립적인 검증 등으로 활용	• 블록체인의 광고시장을 확보하고 분산시킬 수 있는 기술의 잠재력을 활용해야 함 • 기술의 잠재적 영향은 높지만, 확장성, 성능 및 채택과 관련하여 블록체인은 여전히 상당한 어려움이 존재
리얼타임마케팅 Real-time Marketing	정보를 실시간으로 포착, 모니터링, 분석 및 작용하는 도구, 기술 및 프로세스를 사용하여 비즈니스 기회를 해석하고 대응할 수 있는 조직의 경쟁우위적 능력	• 수요 창출, 광고, 홍보, 판매 및 서비스에 초점을 두고 구매자 여정을 간소화하고 구매자가 신속하게 구매하도록 하는 것이 목표임 • 마케터들은 행동 분석과 마케팅 자동화를 결합하여 소비자들이 적절한 시기에 올바른 메시지를 볼 수 있도록 해야 함 • 올바른 메시지로 소비자에게 기민하게 도달할 수 있는 속도가 경쟁사와 차별점임
복합터치포인트 Multitouch Attribution	종합 채널 매트릭스를 넘어 멀티채널 마케팅 캠페인의 각 요소 또는 전환으로 이어지는 디지털 터치포인트를 측정하고 디지털 광고의 가치를 정확하게 결정할 수 있는 능력	• 정확도를 높이기 위해 측정 기법을 채택 또는 개선하고 입력 정보를 개선하는 데 초점을 맞추어야 함 • 마케팅 요소별, 터치포인트별 상세히 점검할 수 있게 하고 캠페인 지출 수준을 세부적으로 조정하는 데 도움을 줌
대화마케팅기술 Conversational Marketing	인간의 대화를 모방하는 기업과 고객 사이의 상호작용이 가능하게 하는 기술	• 텍스트와 오디오의 혼합을 사용하여 자연어 대화 형식 세션 기반의 채널 간 지속적 교환 가능해야 함 • 소비자의 불만을 완화하고 모든 데이터를 활용하여 채널 상관없이 더 나은 고객 상호작용을 창출할 수 있도록 해야 함

출처: 6 Technologies on the Gartner Hype Cycle for Digital Marketing and Advertising, 2019.8.29

신규 경쟁구조의 등장

IOT화된 제품과 서비스 연동 혁신제품들을 통해 이전에 경험하지 못한 다양한 혁신적 경험들을 제공하고자 다양한 산업들에서 새로운 경쟁구조들이 등장하고 있다. 〈표 14.2〉에서 보여주듯이, 가전제조, 의료서비스, 제조산업 및 물류산업 등 주요 산업 전반에 IoT화가 심화되고 있다. 주요 변화로써는 유통기업과 제조사 간의 주도권을 잡기 위한 경쟁 심화, 선제적 관점의 신규 서비스들의 등장, 매스 맞춤화 등이 있다.

표 14.2

산업별 IoT로 인한 경쟁 및 환경 변화

	기존 경쟁	신규 경쟁
가전 제조	• 제조사 간 경쟁 • 용량, 소비전력, 성능 등 하드웨어 요소 중심 경쟁 • 1회성 판매, 매출 수익	• 유통기업과 제조사 간 경쟁 • 데이터 수집 및 분석에 기반한 유통서비스와 경쟁 • 소프트웨어 요소 중심 경쟁 • 1회 판매, 렌탈, after service 등으로 수익구조 다변화 가능
제조 산업	• mass production 중심 • 소품종 대량생산의 효율성 확보 경쟁 • 생산, 설비, 시스템 도입을 통한 제조 자동화 • 생산성 증대(시간, 비용 등) 및 수율 개선 중심	• mass customization 중심 • 다품종 제조 공정 자동화 • 제조 경쟁력을 확보(비용, 시간 등)하면서 다품종 제품을 유연하게 제조
	• 제조/판매 비즈니스 • 고성능/고효율, 안전성 등 정교한 설계에 기반한 제조 경쟁 • 1회성 판매, 매출 수익	• 서비스(리스형, 과금, 관리) 서비스 • 데이터 분석에 기반한 사용시간 및 상태 모니터링 • 사용 시간에 따른 과금, 사후 정비/ 관리 등 수익화 • data 분석 및 인공지능, 네트워크로 연결되어 제품 성능이 지속적으로 향상 및 추가 가능 제공
IT산업	• IT 관련 제품 제조, IT 서비스의 파편화 • 혁신 제품기능, 디자인 중심의 차별화	• 제조나 서비스기업과의 전략적 협업이 필수 • IT-제조-서비스-유통을 통합한 새로운 가치창출의 헤게모니 경쟁 중
의료 서비스	• 의료기관 중심, 발병 후 사후적 치료 방식 • 의학적 지식 및 경험에 기반한 전문의의 진단, 처방, 시설 경쟁 • 사후적 치료, 재활 중심	• 사전적 건강 관리 중심 • 헬스케어 디바이스, 지능형 시스템을 활용한 상시적 건강 관리 • 질병의 사전 예방 중심
소매 유통	• MD와 가격 중심의 경쟁 • 지리적 위치에 민감하여 소매점의 규모에 따른 제품과 가격 차별화	• 옴니채널 구매 패턴으로 인한 다 채널간의 통합 운영이 중요 • 소비자 구매패턴 분석을 통해 자동 구매, 음성인식 구매 등의 구매 편의성 제공 • VOD에 의한 고객 맞춤형 제조 기능으로 확대 • 물류배송의 최적화를 통해 신선제품 판매를 통한 유통 수익
물류 서비스	• 규모의 경제 확보 및 효율화를 통한 가격 경쟁 중심 • 거점별 물류 센터 운영 및 차량 배차, 운행 경로 사전최적화를 통한 비용 절감 중심	• 소비자 맞춤형 배송 경쟁 • 소비자가 원하는 시간과 장소에 배송 • 실시간 물류량, 교통량, 차량 정보 등 통합적 정보 분석을 통한 물류 배송의 소비자지향 최적화

출처: LG Business Insight, Weekly 포커스, IoT, 경쟁의 핵심을 바꾼다, 2016.2.17, 부분 보완

AI·디지털시대의 마케팅커뮤니케이션과 기술의 결합

애드테크(AdTech) 애드테크란 디지털 광고를 집행하고 성과를 측정하기 위해 사용하는 기술을 말한다. 애드테크는 AI·디지털시대의 다양한 미디어가 생겨남에 따라 수많은 디지털 광고 지면을 사고파는 과정이 점점 복잡해지면서 그 과정을 단순화하기 위해 등장했다. 그 예로는 DSP, SSP, 애드서버 등이 있다.

DSP(Demand Side Platform) 광고를 구매하는 데 사용하는 소프트웨어로서 광고주가 직접 광고 매체 지면에 접근할 수 있도록 SSP, 애드 익스체인지 등을 통합적으로 연동한 플랫폼이다. DSP를 통해 직접 퍼블리셔 광고 지면을 접근하여 구매하고 관리하는 전 과정을 한 번에 처리할 수 있어서 가격 대비 효율이 좋은 방식이다.

SSP(Supply Side Platform) 퍼블리셔, 즉 광고매체가 광고를 판매할 수 있는 소프트웨어로, 동영상, 디스플레이, 모바일 광고 등 디지털 광고 지면의 판매 과정을 자동으로 처리한다. 매체사 입장에서 SSP를 활용해 넓은 범위의 잠재 광고주에게 지면을 판매함으로써 이익을 최대화하는 방향으로 광고 단가를 설정할 수 있다.

애드서버(Ad Server) 웹사이트나 앱에서 광고를 집행하고 해다 광고 성과를 대시보드에서 확인할 수 있도록 해준다. 광고 크리에이티브를 보관도 하고, 자동화 기술을 활용하여 어떤 광고를 어떤 지면에 노출할지 결정하는 과정을 최적화해 준다.

프로그래머틱 광고 기술을 사용한 디지털 광고를 사고파는 방식의 광고이다. 웹, 모바일, 앱, 소셜미디어 등 여러 영역에 걸친 디지털 광고 인벤토리를 구매하는 과정을 자동화하여 효율성을 높인다. 오디언스의 인구통계학적 요소와 관심사 등을 분석하여 가장 효율적으로 광고 노출하는 Work Flow 자동화와 머신러닝 알고리즘을 사용한다. 그렇기에 마케터는 오디언스를 세밀하게 설정할 수 있고, 캠페인 전 과정을 투명하게 모니터링하면서 실시간으로 최적화할 수 있기 때문에 더욱 효율적인 광고 집행이 가능하다.

마테크(MarTech) 일반적으로 애드테크와 헷갈리기 쉬운 개념인 마테크(MarTech)는 Marketing과 Technology가 합성된 것으로 타깃 오디언스에게 메시지를 효과적으로 전달하기 위 매체 선정 및 집행과 관련한 기술이라는 점에서는 동일하다. 다만 애드테크는 주로 유료 미디어 채널(Paid Media Channel)인데 반해, 마테크는 온드 미디어 채널(Owned Media Channel)인 기업 보유 소셜미디어, 이메일, 웹사이트 등을 이용하고 브랜드의 first party data를 활용한다.

MARKETING **REPORT**

진화하는 애드테크·마테크 스타트업들, 차별화된 기술과 콘셉트로 투자 혹한 돌파

광고(Ad)와 마케팅(Marketing)에 기술(Technology)을 합성한 '애드테크', '마테크'가 기업 활동의 중요한 영역이 되어가고 있다. 빅테크 대기업뿐만 아니라 이제 막 시장에 진출한 스타트업들까지 다양한 층위의 기업과 조직들이 온라인상에서 실시간으로 수집되는 데이터를 광고의 목적에 맞게 분석하거나, 광고주·광고매체·광고 대상을 연결하는 최적 경로·방식을 찾아 광고의 효과를 극대화하는 일에 갈수록 더 많은 관심과 노력을 기울이고 있다.

이 때문에 관련 시장의 성장 전망도 '장미빛'이다. 시장조사기관 '글로벌리서치뷰'에 따르면 글로벌 애드테크 시장 규모는 오는 2030년 2조 4,223억 5,000만 달러(약 3,220조원)에 육박할 전망이다. 이같은 흐름 속에서 최근 국내에선 차별화된 기술력과 비즈니스 컨셉으로 무장한 애드·마테크 스타트업들이 투자유치에 성공하며 사업 확대에 박차를 가하고 있다.

13일 관련업계에 따르면 '디지털 사이니지' 기반의 광고 솔루션 업체인 '스페이스애드(대표 오창근)'는 이날 알토스벤처스와 아크임팩트, 한화투자증권에서 73억원 규모의 시리즈C 투자를 유치하는데 성공했다. 스페이스애드는 이번 투자유치 과정에서 800억원의 기업가치를 인정받았으며, 126억원의 누적투자유치액을 기록했다. 2017년 설립된 스페이스애드는 소비자가 머무는 다양한 라이프스타일 공간에 디지털 사이니지와 자체 제작 콘텐츠를 선보임으로써 공간과 브랜드, 이용객을 연결하는 오피스 미디어 스타트업이다.

디지털 사이니지(Digital Signage)는 네트워크로 제어할 수 있는 디지털 디스플레이를 활용해 공공장소 및 상업공간에 다양한 정보 및 광고를 전달하는 서비스를 뜻한다. 사이니지는 원래 누군가에게 특정 정보를 시각적으로 전달하는 구조물을 의미한다. 교통신호등과 간판, 도로표지판, 가게 간판, 식당 메뉴판부터 빌딩의 대형 스크린과 조각상까지 다양한 구조물이 사이니지로 활용될 수 있다.

스페이스애드는 현재 서울 중심업무지구와 강남권역, 여의도권역, 분당판교권역 등 핵심 비즈니스 권역에서 디지털 사이니지를 펼치고 있으며, 파르나스타워와 트레이드타워, 아크플레이스, 파크원, 하나증권빌딩, 서

울스퀘어, 종로타워, 콘코디언, 케이트윈타워 등을 주요 고객사로 확보하고 있다. 이들 고객사들은 스페이스애드를 통해 빌딩 인테리어를 개선함과 동시에 유익한 콘텐츠로 입주사 생활 수준을 높이고, 근무 환경을 풍요롭게 조성하는 효과를 얻을 수 있다. 이번 투자를 주도한 알토스벤처스 파트너는 "스페이스애드는 경기 침체로 인한 광고 시장 위축에도 서비스 론칭 2년 만에 300여 개 이상의 대형 빌딩과 장기계약을 맺는 등 급격한 성장을 이루며 광고시장에서의 독자적 해자를 구축하고 있다"며 "또한 DOOH(디지털 옥외광고) 시장을 넘어 오피스 미디어로서 도약하기에 훌륭한 팀을 갖추고 있다"고 투자배경을 설명했다.

데이터 기반 마케팅 솔루션 및 컨설팅 업체인 '에이비일팔공(AB180, 대표 남성필)'도 지난달 9일 미 실리콘밸리 기반의 스톰벤처스와 KB인베스트먼트, SL인베스트먼트, 코오롱인베스트먼트로부터 120억원 규모의 시리즈B 투자를 받았다. 2015년 설립된 에이비일팔공은 모바일 앱과 웹을 통합해 사용자의 행동 및 광고 기여도를 측정하고 분석하는 '에어브릿지(Airbridge)', 프로덕트 분석 툴 '앰플리튜드(Amplitude), 마케팅 자동화 솔루션 '브레이즈(Braze)' 등을 운영하고 있다. 에이비일팔공은 특히 GS홈쇼핑와 SC제일은행, SK텔레콤, 버거킹, 카카오스타일, 퀸잇, 토스 등의 기업에 관련 솔루션을 제공하고 있다. 또한 미국과 캐나다, 베트남, 말레이시아 등 20여개 국가에 에어브릿지를 판매하는 등 글로벌 진출도 추진하고 있다. 에이비일팔공 대표는 "이번 투자유치는 디지털 광고 및 마케팅 생태계에서 기술력을 인정받고, 글로벌 수준에서의 높은 시장성과 성장성이 입증된 결과"라며 "애드테크 산업의 글로

벌 리딩 서비스형 소프트웨어(SaaS) 기업으로 성장하겠다"고 소감을 밝혔다.

이 밖에 머신러닝 기반 광고 솔루션 업체 '몰로코'가 지난 6월말 미국 피델리티 매니지먼트 앤 리서치 컴퍼니와 싱가포르 글로벌 투자사 EDBI로부터 주식인수 방식의 투자를 받는 과정에서 20억 달러 이상의 기업가치를 인정받았으며, AI 기반 광고측정 솔루션 기업 '애드(대표 안상현)'도 같은달 초 다수의 국내 투자사들로부터 57억원 규모의 시리즈A 투자를 유치한 바 있다.

출처: 더스탁, 2023.9.14

MARKETING **REPORT**

연평균 44.4% 성장하는 마테크 시장 …
관련 스타트업 투자유치 사업 확대 활기↑

마테크란 마케팅(Marketing)과 테크놀로지(Technology)의 합성어로, 마케팅에 빅데이터와 AI 기술을 접목해 초개인화 마케팅을 구현하는 솔루션을 뜻한다. 기존 아날로그 마케팅 비중은 갈수록 축소되고 있는 반면 마테크 분야는 빠르게 확대되고 있는 상황이다. 글로벌 시장조사 업체 '이머전 리서치'에 따르면 글로벌 마테크 시장은 지난 2020년 기준 245억 6,400달러 규모(약 33조원)에서 2030년까지 매년 평균 44.4%의 고성장을 지속할 것으로 전망되고 있다.

16일 관련업계에 따르면 이커머스 마케팅 플랫폼 '스토어링크'는 지난해 3월 90억원 규모의 시리즈B 투자를 받은데 이어 15일 신한벤처투자에서 시리즈B 브릿지투자를 유치하는데 성공했다. 스토어링크는 광범위한 이커머스 데이터를 분석해 오픈마켓 비즈니스 과정의 데이터 기반 의사결정을 지원하는 마테크 업체다. 국내 30여 개 오픈마켓과 아마존, 큐텐, 라쿠텐, 라자드 등 글로벌 이커머스의 데이터를 일평균 2억 건 이상 분석하며, 누적 데이터 분석 건수 2,100억 건 이상, 분석된 상품 수는 15억 개를 기록하고 있다.

스토어링크는 자사의 마테크를 활용한 업체들이 광고비대비매출액(ROAS)을 최대 950%,매출을 330% 이상 증대시켰다고 설명하고 있다. 스토어링크는 또한 젊은 세대를 중심으로 숏폼 콘텐츠가 확산함에 따라 지난 3월 올인원 콘텐츠 마케팅 솔루션 리뷰쉐어와 협업을 통해 '숏폼 마케팅 자동화 시스템'을 개발했다. '숏폼 마케팅 자동화 시스템'은 스토어링크가 보유한 이커머스 데이터 분석 플랫폼 역량을 숏폼 채널 광고 운영에 접목한 것이다.

숏폼 마케팅 자동화 플랫폼 '브이플레이트'를 운용 중인 '더브이플래닛'도 지난해 6월 블루포인트파트너스로부터 시드투자를 유치한데 이어 지난달 18일 중소벤처기업부의 기술창업 지원 프로그램인 팁스(TIPS)에 선정됐다. 이에 따라 더브이플래닛은 향후 2년간 총 7억원의 개발·연구 자금을 확보하게 됐다. 더브이플래닛의 브이플레이트는 누적고객 2만 명 이상, 누적 광고영상 제작 50만 개 이상을 각각 기록하고 있다. 최근 네이버 커머스솔루션마켓에 공식 입점했으며 스마트스토어 셀러에게 숏폼 마케팅 인프라를 제공하고 있다. 더브이플래닛은 팁스 선정을 통해 GAN(생성형 적대신경망) 기반의 비디오 클립 자동생성 AI 시스템의 개발과 해외진출에 전력을 쏟는다는 계획이다. 더브이플래닛 대표는 "이번 팁스 프로그램을 통해 회사의 본질적인 강점을 따라 비디오를 자동으로 생성하는 AI 시스템으

로 고도화할 것"이라며 "글로벌 도메인에서 숏폼 콘텐츠에 대한 니즈는 훨씬 더 큰 상황으로, 브이플레이트는 경쟁력을 갖추고 글로벌 진출을 추진하겠다"고 말했다.

AI 기반 리뷰 마케팅 솔루션 '브이리뷰'를 운영 중인 '인덴트코퍼레이션'도 앞서 지난 3월초 SV인베스트먼트와 퓨처플레이, LG유플러스, 한국투자파트너스, 크릿벤처스, 애경산업으로부터 105억 규모의 시리즈A 투자를 받아 사업을 확대하고 있다. 인덴트코퍼레이션의 누적 투자 유치액은 162억원에 달한다. 이 회사는 이번 투자액을 기반으로 브이리뷰의 북미, 일본, 동남아시아 등 글로벌 진출과 숏폼 영상 기반 커머스 및 마케팅 AI 기술 연구개발 등에 전력을 다할 계획이다. 실제로 인덴트코퍼레이션은 최근 구매 전환율이 높은 리뷰를 자동으로 상위에 배치해 주는 'AI 리뷰 큐레이팅' 기능을 선보였다. 이 기능은 상품별 영상, 사진, 텍스트 리뷰의 실제 구매 전환율을 AI로 분석, 쇼핑에 실질적인 도움을 준 후기를 가장 먼저 확인할 수 있도록 선별해 주는 것이 핵심이다. 단순히 리뷰를 최신순으로 쌓아 노출하는 것이 아닌, AI 기술로 고객에 직접 도움이 될 리뷰를 선별해 추천하는 방식이다.

출처: 더스탁, 2023.5.17

마케팅커뮤니케이션에 AI 접목

하이퍼 타기팅을 통한 광고 개인화

AI 기반 알고리즘은 방대한 양의 고객 데이터를 분석하여 마케팅 담당자가 개인 맞춤형 광고 콘텐츠 및 제안으로 개별 소비자를 정밀하게 타기팅할 수 있는 초개인화(hyper-targeting)된 광고 캠페인을 만들 수 있다. 강화학습(Reinforcement Learning)을 통해 잠재 고객의 여정(potential customer journey) 가운데서 특정 문제를 인식하고 이에 맞는 광고를 실시간 제시하면 소비자는 이를 해결하기 위해 행동하여 결과적으로 구매 전환(conversion)이라는 궁극적 목표를 달성할 수 있는 것이다. 이러한 수준의 초개인화는 고객 참여를 높이고 전환율을 높여서 궁극적으로는 지속적인 매출 성장을 창출할 수 있게 된다.

광고 PR 콘텐츠의 대량 생산자 역할을 할 생성형 AI

생성형 AI는 광고 및 PR 콘텐츠의 대량 생산에 활용될 수 있다. 이 기술은 블로그 기사부터 소셜미디어 게시물, 광고 카피까지 다양한 형태의 콘텐츠를 생성할 수 있다. 이를 통해 마케팅 담당자는 고품질의 관련 콘텐츠를 대규모로 빠르게 제작할 수 있는 것이다. 특히, AI·디지털시대의 다양한 미디어 채널들을 동시에 운영해야 하는 마케터에게는 지속적인 대량의 콘텐츠도 필요하게 되었다. 이러한 콘텐츠 생성의 자동화는 마케팅 부서가 전략과 실행을 위한 시간과 리소스를 확보할 수 있도록 도와준다.

그러나 생성형 AI 사용의 한계로는 투명성 부족과 데이터 개인 정보 보호 문제가 존재한다. 이로 인해 AI 기반 광고 및 PR 콘텐츠에 대한 대중의 신뢰가 약화

될 수 있다. 또한, 생성형 AI가 만들어 내는 저품질 정보가 검색 엔진에서 상당 부분을 차지하게 되면서 양질의 정보를 찾기가 어려워질 수도 있다. 이에 따라, 마케터들은 SEO(Search Engine Optimization: 검색엔진최적화) 전략에 대응하기 위해 특별한 노력을 기울여야 한다.

SEO 마케팅

SEO(Search Engine Optimization) 마케팅이란 검색 엔진 최적화 활동을 통해 검색엔진 결과에서 브랜드의 웹사이트가 더 많이 또는 상위에 노출되는 것을 목표로 하는 마케팅의 유형이다. 검색 엔진 결과 페이지의 상위에 노출되는 빈도가 높을수록 웹사이트의 트래픽이 증가한다. SEO는 SEM(Search Engine Marketing)과는 상이하다. SEM은 검색엔진 상위 노출을 하기 위한 광고를 하는 경우로 상위로 노출하기 위해 많은 비용을 지불해야 한다. 반면, SEO는 검색결과 페이지가 광고 영역 외에 콘텐츠 영역에서 상위 노출하기 위한 최적화인 것이다.

SEO 키워드 비교를 위해 필수로 비교해야 하는 3가지 요소는 다음과 같다.

- 검색량(Search volume): 얼마나 많이 검색되는 키워드인가?
- 경쟁(Competition): 얼마나 많은 콘텐츠가 해당 키워드를 타깃하는가?
- CPC(Cost per Click): 해당 키워드가 얼마나 효과적인가?

상위 검색에 노출되기 위한 가이드라인

키워드 리서치 SEO 마케팅 전략의 첫 번째 단계는 키워드 리서치이다. 쉽게 말해 우리 회사의 타깃 고객이 무엇을 검색하는지 예측을 해보는 행위라고 할 수 있다. 우리의 타깃 고객은 어떤 단어를 사용할까? 어떤 질문을 검색할까? 나아가서는 해당 검색을 데스크톱에서 많이 해? 아니면 모바일에서 많이 해? 왜 그 단어를 검색하는 걸까? 잠재 고객은 어디에 거주해? 언제 검색해? … 와 같은 지

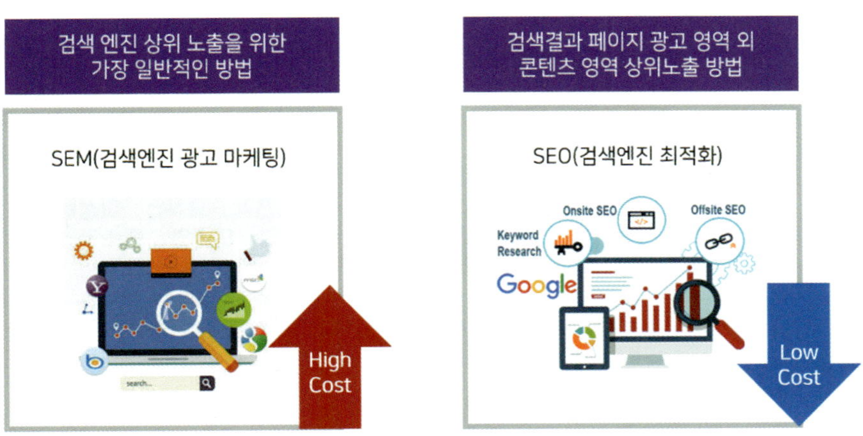

그림 14.2 SEM과 SEO의 비교

출처: NXT, 검색엔진 최적화(SEO) 필요성, 2020.12.15.

속적인 질문에 대한 답이다. 이러한 키워드에 초점을 맞추면 콘텐츠를 만들고 웹 사이트를 최적화하여 검색 결과에서 순위를 높이고 더 많은 트래픽을 끌어모을 수 있다. 예를 들어, 커플링을 판매하는 쇼핑몰의 경우 사람들은 "커플링"이라고 검색하기보다는 "20대 커플링 브랜드 추천"과 같이 상세한 의도를 갖고 검색을 하거나, "20대 여자친구 선물용 액세서리 추천"과 같이 커플링 이라는 단어가 없이도 검색하는 경우가 많다. 이러한 사용자들의 패턴을 파악하고 적절한 콘텐츠를 생성해야 한다.

온 페이지 최적화 검색 엔진을 위한 웹사이트의 콘텐츠 및 HTML 소스 코드를 최적화하는 것을 말한다. 여기에는 제목, 제목, 메타 디스크립션, 이미지 및 URL 최적화가 포함된다.

콘텐츠 작성 고품질, 관련성 및 매력적인 콘텐츠를 만드는 것은 성공적인 구글 SEO 마케팅 전략의 핵심이라고 할 수 있다. 대상 사용자의 관심사와 요구에 맞는 콘텐츠를 만들면 웹사이트에 더 많은 트래픽을 끌어들이고 리드를 창출하며 브랜드 인지도를 높일 수 있다. 또한 새롭고 신선한 콘텐츠를 정기적으로 게시하면, 검색 엔진이 웹사이트를 신뢰할 수 있는 정보 소스로 식별하고 순위를 향상시키는 데 도움이 될 수 있다.

키워드 삽입 검색 엔진은 텍스트 기반인 것으로 고려하여 콘텐츠 내에 이미지

'잡플래닛'의 키워드 예시

```
래닛">
<meta name="keywords" content="카카오 555건 평균 리뷰 평점 3.88점 기업리뷰">
<meta name="description" content="카카오의 전/현직원이 전하는 생생한 기업리뷰! 등록된 리뷰 555건, 평균 리뷰 평점 3.88점, 전체 직원의 83%가 이 기업을 추천합니다!">
<meta property="description" content="카카오의 전/현직원이 전하는 생생한 기업리뷰! 등록된 리뷰 555건, 평균 리뷰 평점 3.88점, 전체 직원의 83%가 이 기업을 추천합니다!">
```

'사람인'의 메타 키워드 예시

```
<meta name="keywords" content="취업, 구인, 구직, 아르바이트, 헤드헌팅, 알바, 자격증, 취업정보, 취업 정보, 취업뉴스, 취업 속보, 취업 뉴스, 취업상담실, 해외취업, 취업센터, 취업성공, 취업교육센터, 취업포털, 취업사이트, 채용, 채용포털, 채용정보, 고용정보, 알바, 일자리, 구인, 구인정보, 구직, 이력서, Work, Job, Career, cnldjq, rndls, rnwlr, dkfmqkdlxm, dkfqk, Recruit, 전직, 재취업, 여성취업, 정보통신취업, IT취업, 임원, CEO, 리쿠르트, 리크루트, 기업, 대기업, 중소기업, 벤처기업, 사람인, Saramin, tkfkadls, 인터넷 채용 시스템">
```

'잡플래닛'의 리뷰페이지에 보다시피, 타이틀과 키워드가 동일한 데 비해(상단), SEO마케팅의 성공사례로 꼽는 '사람인'은 한영키 전환 오타들까지 반영하여 키워드들을 매우 다양하게 넣었다(하단).

를 삽입할 때도 이미지에 대체 텍스트를 삽입하며, 삽입 파일명도 검색되기 때문에 파일명에 키워드 삽입하는 것이 중요하다.

전환 버튼과 퍼포먼스 모니터링의 중요성

전환 버튼 검색자들이 실제로 전환이 이루어지도록 행동으로 반응할 수 있는 전환 요소인 CTA(Call to Action) 요소를 위한 전환버튼을 개발 삽입한다. (예) 신청, 자세한 내용 보러가기, 관련 콘텐츠로 가기 등

퍼포먼스 모니터링 웹사이트로 유입되는 오가닉 트래픽은 얼마나 되는지, 키워드 리서치를 통해 발굴한 타깃 키워드로 검색 결과 페이지에서 우리 페이지가 상위 노출되고 있는지, 뉴스레터 신청자 수 - 문의 양식 제출 수 - 문의 전화 수 - 웨비나 신청자 수 - 구매 완료 횟수 등은 얼마나 되는지, 사용자가 웹사이트를 방문하고 바로 이탈하지는 않는지, 사용자가 웹사이트에 얼마나 머무는지 등등… 을 확인해야 SEO 마케팅의 방향성을 검토할 수 있다. SEO 마케팅 분야에서의 KPI를 확인한다고 생각하시면 된다. 퍼포먼스 모니터링은 구글 애널리틱스 등을 통해 관리한다.

디지털 마케팅 분야의 중요 콘셉트

인플루언서 마케팅(Influencer Marketing) 인플루언서 마케팅은 인플루언서와의 협력을 통해 제품 또는 브랜드를 홍보하는 전략이다. 최근에는 인플루언서의 선택, 콘텐츠 형식, ROI 측정 등과 관련된 이론과 가이드라인이 개발되고 있다. 인플루언서 마케팅은 소비자와의 직접적인 연결을 통해 브랜드 신뢰도를 높이고 제품 또는 서비스에 대한 관심을 끌어올린다는 점에서 중요하다.

컨버전스 마케팅(Convergence Marketing) 컨버전스 마케팅은 다양한 디지털 채널과 미디어를 결합하여 고객 경험을 향상시키는 전략이다. 이론적으로는 온라인 및 오프라인 상호 작용을 통합하는 방법에 초점을 맞춘다. 컨버전스 마케팅은 고객들에게 일관된 브랜드 경험을 제공하며, 다양한 채널을 활용하여 고객을 유치하고 유지하는데 중요한 역할을 한다.

AI 기반 예측 마케팅(AI-Powered Predictive Marketing) 인공 지능(AI)과 머신 러닝을 활용하여 고객 행동 및 트렌드를 예측하고 개인화된 마케팅 전략을 수립하는 이론이다. AI 기반 예측 마케팅은 고객에게 보다 관련성 높은 콘텐츠 및 제안을 제공하며 마케팅 ROI를 향상시킨다.

경험 중심 디지털마케팅(Experience-Centric Digital Marketing) 고객 경험을 중심으로 한 마케팅 전략은 고객이 브랜드와 상호 작용하는 방식을 강조한다. 디지털 환경에서의 경험 최적화 및 개선에 중점을 둔다. 경험 중심 디지털마케팅은 고객의 만족도를 높이고 충성도를 구축하는데 기여하며 긍정적인 고객 경험은 브랜드 로열티를 향상시킨다는 점에서 중요하다.

데이터 프라이버시와 윤리(Data Privacy and Ethics) 디지털마케팅에서의 데이터 수집과 활용에 대한 윤리적 및 개인정보 보호에 관한 이론과 가이드라인이 중요한 주제로 부상하고 있다. GDPR(General Data Protection Regulation) 및 CCPA(California Consumer Privacy Act)와 같은 규정이 영향을 미친다. 이 두 규정은 투명성(Transparency), 사용자 통제(User Control), 책임(Accountability)에 대한 표준을 제공하고 있다. 데이터 프라이버시와 윤리는 브랜드의 신뢰도를 높이고 법적 문제를 방지하는 데 중요하다.

::: 디지털마케팅의 4C Mix 전략

AI·디지털시대의 성공적인 뉴 마케팅 전략은 우선적으로 새로운 AI·디지털시대의 소비자 콘텐츠 소비 및 자발적인 생성의 콘텐츠 생태계를 이해하는 것이 중요하다. 새로이 등장한 커뮤니케이션 미디어 채널들을 이해하고 전략적으로 활용하는 것 또한 중요하다. 디지털마케팅의 기본 목표는 디지털 혁신기술을 기반으로 새로운 고객경험과 가치를 제공하는 것이다. AI·디지털시대의 성공적인 디지털 마케팅 수행을 위해서 기존의 4P Mix를 대체한 새로운 디지털마케팅 5C 요소들이 마케팅 전략의 중요 요소들이다. 5C Mix 전략의 요소는 ① 연결, ② 콘텐츠, ③ 고객 경험, ④ 옴니채널이다. 각 요소별로 마케팅 전략을 구축하고 최적화된 믹스 전략을 구현하는 것이 디지털마케팅의 핵심이며 마케팅의 주 영역이다. 이전 4P Mix가 기업 관점의 중요 관리대상이었다면, 이 5C 요소들은 고객관점에서 시작한 고객이 전달받는 가치 기준이라는 점에서 크게 다르다.

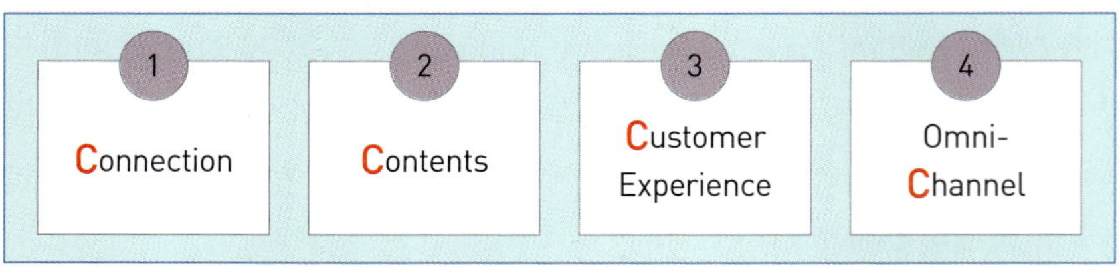

그림 14.3 디지털마케팅의 5C Mix 전략

연결 전략

연결 전략(connection strategy)은 기업의 일방향적인 촉진이 아닌, 고객 지향적 기반의 새로운 디지털 미디어를 포함한 다양한 커뮤니케이션 미디어들을 활용하여 쌍방향 소통 전략으로서, '소통하기-관계 맺기-촉진활동하기'의 기본 3단계를 기반으로 한다.

SIPS 모델

대표적인 연결전략으로 SIPS 모델을 소개하자면, 광고대행사 덴츠는 소셜미디어 시대의 소비자의 새로운 행동 모델로서 공감(sympathize)-확인(identify)-참가(participate)-공유/확산(share & spread)으로 정리하여 SIPS를 제안하였다(〈그림 14.4〉). 과거의 마케팅 커뮤니케이션은 소비자를 기본적으로 이성적인 의사결정을 하는 존재라는 가정 아래, 이성적으로 논리적으로 설득해야 하는 대상으로서 접근했었다. 그러나, 덴츠가 제안하는 AI·디지털시대의 소비자는 ① 기업의 다양한 활동과 커뮤니케이션들에 대해 공감하고, ② 그것을 주변 친구, 지인, 미디어상에서 적극적을 확인하고, ③ 기업의 활동에 적극적으로 참여하여 단순 참가자부터 팬(fan) → 충성고객(loyal customer) → 브랜드 전도사(evangelist)까지 다양한 고객 참여의 계층을 보여준다. ④ AI·디지털시대의 소비자는 기업의 제공물에 대한 경험을 기반으로 구매하고, 본인의 경험과 생각을 적극적으로 공유하고 확산한다.

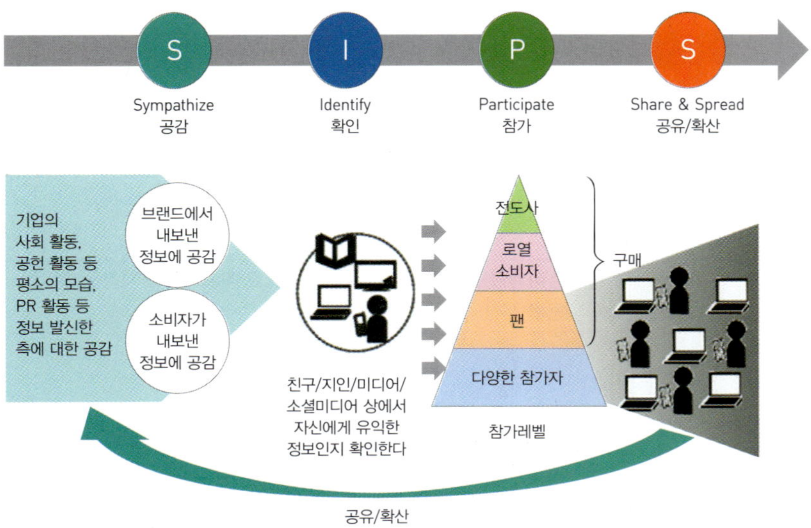

그림 14.4

덴츠의 SIPS 모델

출처: 덴츠 홈페이지, http://www.dentsu.co.jp/sips/

콘텐츠 전략

디지털마케팅 커뮤니케이션의 콘텐츠 유형

콘텐츠 유형은 〈표 14.3〉과 같이 기업생성 콘텐츠, FGC(Firm-Generated Content)와 고객생성 콘텐츠, UGC(User-Generated Content)로 구분된다. 기업생성 콘텐츠(일명, FGC)는 기업이 주체가 되어 생성한 콘텐츠로서, 고객에게 기업의 마케팅 관점에서 계획되고 선별된 내용을 전달한다는 의미를 가지고 있다. PUSH 전략의 일환으로 주요 미디어 채널은 기업 운영 웹사이트와 앱 그리고 기업 운영 페이스북, 블로그 및 다양한 SNS 등이 있다. FGC는 체계적인 운영 관리 및 모니터링이 가능한 장점이 있으나, 특정 브랜드의 매출 예측 불가능, 콘텐츠 공유 및 확장이 상대적으로 적다는 단점을 가지고 있다.

고객생성 콘텐츠는 고객이 주체가 되어 생성한 콘텐츠로서, 고객이 가지고 있는 브랜드 지식 및 지각을 쉽게 파악할 수 있으며 기업입장에서는 PULL 전략의 일환으로 활용될 수 있다. UGC의 중요 미디어 채널은 고객 운영 페이스북, 블로그 및 다양한 SNS들이다. 기업은 UGC의 양과 긍정적 내용 및 확장성 등의 분석을 통해 특정 브랜드의 매출 예측 가능하다는 장점과 함께, FGC에 비해 콘텐츠의 공유 및 확장성이 우수한 장점을 가지고 있다. 반면, 고객이 스스로 생성한 콘텐츠임에 따라 기업 의도에 의한 체계적인 운영 관리 및 모니터링이 불가능한 단점을 가지고 있다.

기존 전통적 마케팅에서 디지털마케팅으로 변환하면서 콘텐츠의 중요성은 더욱 높아졌다. 디지털마케팅의 커뮤니케이션에서 소비자는 기존 마케팅 커뮤니케이

표 14.3

FGC vs UGC의 비교

	기업생성 콘텐츠 FGC(Firm-Generated Content)	고객생성 콘텐츠 UGC(User-Generated Content)
주 체	기업	고객
의 미	고객에게 기업의 마케팅 관점에서 계획되고 선별된 내용을 전달	고객의 브랜드 지식과 지각을 파악할 수 있음
전략적 접근방식	Push 전략	Pull 전략
주요 미디어 채널	기업 운영 웹사이트, 앱, 페이스북, 블로그 및 다양한 SNS	고객 운영 페이스북, 블로그 및 다양한 SNS
장단점	체계적인 운영 관리 및 모니터링이 가능 특정 브랜드의 매출 예측 가능 콘텐츠 공유 및 확장이 상대적으로 적음	특정 브랜드의 매출 예측 불가능 기업이 의도하는 운영 관리 및 모니터링이 불가능 콘텐츠 공유 및 확장이 상대적으로 큼

그림 14.5

영상 콘텐츠의 관심 지속시간

출처: 9 Fruits & Company

션에서보다 더 참을성이 없고 콘텐츠에 덜 집중한다. 모브랜드의 바이럴 캠페인 집행 결과 분석에 의하면, 영상의 25% 재생 시, 95%의 시청자는 이탈을 하는 것으로 나타났다(〈그림 14.5〉). 이러한 디지털소비자의 특성을 고려하여 일명 '3-3 법칙'이 산업체의 규칙처럼 되었다. 3-3법칙이란 디지털마케팅 시 영상 콘텐츠 기획 시, 첫 3초 안에 시선을 사로잡고 매 3초마다 지속적인 관심을 이끄는 시각적 요소를 배치해야 한다는 법칙이다.

콘텐츠와 기업 성과

마케팅 ROI 관점에서 소셜미디어 광고 및 소셜미디어를 통한 기업의 마케팅 커뮤니케이션의 실질적으로 기업의 성과에 미치는 영향에 대해서 업계나 학계에서 다양한 논쟁이 있는 상황이다. 이러한 배경하에서 다양한 연구들이 진행되고 있으며 최근 실질적으로 기업의 소셜미디어를 활용한 디지털마케팅이 실제 매출에 영향을 미친다는 연구들이 있다. 예를 들면, 쿠마(Kumar)와 그의 동료들은 기업이 생성한 소셜미디어 콘텐츠가 소비자행동에 미치는 영향에 대해 고객의 소셜 참여 데이터, 실 구매 거래 데이터와 서베이에서 수집한 고객 태도 데이터를 종합하여 분석하였다. 그 결과, 소셜미디어 콘텐츠는 실질적으로 긍정적으로 고객 태도에 영향을 미쳤으며, 기업이 진행하는 텔레비전 광고와 이메일 마케팅과의 시너지는 기업의 매출 증대 효과가 있었다. 이 연구자들은 기업 생성한 소셜미디어 콘텐츠의 성공을 위해 균형감(valence), 수용성(receptivity), 고객의 민감성(susceptibility)의 세 가지 중요 구성요소들을 제안하였다. 이 기업생성 소셜미디어 콘텐츠의 세 가지 구성요소들은 모두 매출 증대효과가 있었으며, 이 중, 수용성이 가장 효과가 큰 것으로 나타났다. 이러한 소셜미디어의 매출의 증대 효과는 소비자 집단 간 차이가 있는데, 이 중에서도 기술 정통자(technology savvy)와 소셜미디어 경향 고객(social media prone-customers)에게서 매출증대효과가 더 크게 나타났다.

본 연구결과는 여러 시사점들을 제공하고 있다. 첫째, 많은 디지털 마케팅 실무자나 전문기관에서 소셜미디어 콘텐츠는 고객 주도의 고객생성 콘텐츠의 중요성만을 강조해왔다. 그러나 본 연구 결과에 의하면 기업생성 소셜미디어 콘텐츠가 매출 증대에 직접적으로 기여함을 입증해 보였다는 점이다. 둘째, 기업생성 소셜미디어 콘텐츠는 기존의 ATL 마케팅 채널(TV광고)과 BTL 마케팅 채널(이메일 마케팅)과의 매출 증대에 시너지 효과가 있음을 확인하였다. 셋째, 기업들은 소셜미디어 콘텐츠를 기획할 때, 균형감, 수용성, 고객의 민감성의 세 가지 중요 구성요소들을 면밀히 검토하여야 하며, 소셜 마케팅의 ROI 관점에서 소셜미디어 캠페인을 진행할 때 콘텐츠 내용의 사전 검토 시, 이들 구성요소 관점에서 사전 및 사후 테스트 등을 진행하여 매출 증대 기여도를 향상시켜야 할 것이다.

고객경험 전략

고객경험의 특징

고객경험(customer experience)은 고객이 제품 및 서비스를 구매하기 전 정보 탐색 단계부터 구매 중, 구매 후 사용 단계까지의 제품, 서비스, 기업과 직·간접적으로 접촉하는 과정 및 접촉 후에 보유하게 되는 감정과 인지를 포괄적으로 지칭한다. 즉, 기업과 고객의 관계 속에서 고객이 체험하는 모든 경험의 총체이다. 고객경험 관리의 대상은 고객이나 잠재고객으로서, 기업이 제공 목표로 한 고객경험을 체험한 고객은 자연스럽게 고객만족이 증대되어 결과적으로 고객충성도가 올라가게 된다.

간혹, 고객경험과 사용자경험을 혼용하여 사용하는 경우가 있는데, 궁극적으로 고객의 총체적 가치 전달이라는 점에서 유사하나, 대상과 접근 방식에서 있어서 상이하다. 사용자경험(user experience)은 UX라고 약칭으로 많이 통용되는데, 고객경험은 고객이 대상인 데 반해, 사용자경험은 사용자 대상으로서 기업과 서비스 그리고 기업의 제품과 상호작용하면서 얻는 모든 측면의 경험이다. 사용자경험은 경험적이고 정서적인 면과 의미와 가치 같은 측면의 상호 작용성을 강조하는 개념이며, 인간이 인지하는 유용성, 사용 편의성, 효율성 등의 실용적인 시스템 특성을 포함한다. 따라서, 본질적으로 사용자경험은 주관적이며, 개인의 느낌과 생각에 의존하며, 동적인 개념이어서 시간이 지나고 상황이 바뀌면 경험도 함께 변화한다.

POP와 MOT

밀란 쿤데라(Milan Kundera)의 〈불멸(*Immortality*)〉이라는 소설 안에서 유명한 표현이 나온다. "기억은 동영상을 만들지 않는다. 다만 몇 장의 사진만을 만들어 낼 뿐이다." 소비자의 기억은 과거 경험한 모든 세세한 부분들을 구체적으로 기억하지 못하고 각인된 기억 중에 일부분을 인출하는 특징을 가지고 있다. 심리학에서 인간이 '지금 이 순간'이라고 부를 수 있는 '심리학적 현재(psychological present)'를 길어도 약 3초 정도인 것으로 추정한다. 즉, 사람은 24시간 하루 동안에도 적어도 약 3만 개 정도의 순간들을 경험하고 80세 수명주기 기준으로 약 8억 개의 순간을 경험하는 것이다. 또한 사람들은 선택적으로 기억하고, 미래에 대한 의사결정에서 선택 결과인 과거 경험이 영향을 미친다. 따라서 소비자가 결정하는 모든 선택은 여러 가지의 에피소드들의 연속된 결과물(a sequence of outcomes)이기 때문에, 사람들이 어떻게 기억하고 그 기억을 인출하고 이를 활용해서 어떻게 평가하는지를 이론적으로 이해하는 것은 중요하다.

경제학에서는 오래전부터 이러한 연속된 결과물의 가치는 '결과물을 구성하는 요소들에 대한 할인된 가치의 합'이라고 단순 가정하였다. 반면, 심리학에서는 사람들이 저장한 과거의 경험의 가치는 각각의 에피소드의 결과물의 단순 합이 아니라고 본다. 예를 들면, 소비자가 롯데백화점의 명품관인 에비뉴엘의 쇼핑 효용은 에비뉴엘에서의 쇼핑 시 경험한 각각의 에피소드들과 관련된 효용들의 합이다라는 것이 경제학의 논리라면, 심리학은 실제 소비자들은 이런 단순 산술적 합산을 하지 않는다는 것이다.

심리경제학자인 카너먼(Kahneman)은 이를 측정하기 위해 실험을 진행했는데, 경험된 효용을 '기억에 근거한 효용'과 '순간에 근거한 효용' 2가지로 나누어 측정하였다. 그 결과, '기억에 근거한 효용(remembered utility)'는 실험에 참여한 피험자들의 회상평가를 통해 얻은 효용이고, '순간에 근거한 효용(moment-based utility)'으로써 어떤 사건을 경험하는 순간마다 그 효용을 측정하여 이를 전체의

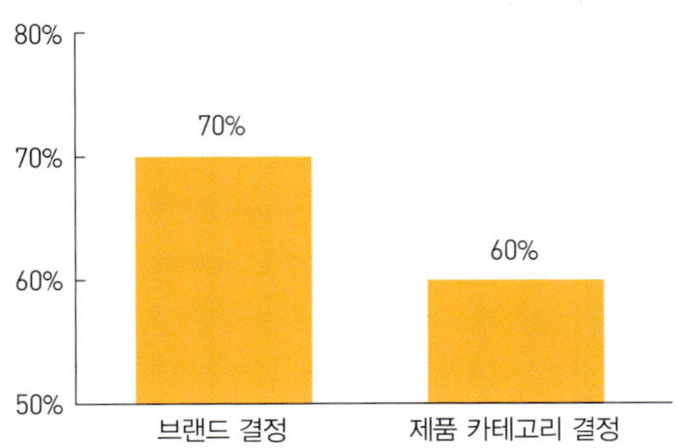

그림 14.6

매장 내 의사결정 비중
출처: POPAI 2008

경험효용으로 도출하였다. 즉, 효용 측정 방식에 따라 그 경험된 효용의 가치의 합이 달랐으며, 특히 흥미로운 점은 에피소드와 관련된 효용이 최절정을 이르는 순간이나 마무리가 되는 순간의 효용이 총체적 효용에 영향을 크게 미치는 것으로 나타났다. 이러한 회상평가를 방식을 '정점과 마무리의 법칙(peak-end rule,' 일명 PE법칙)이라고 한다.

이렇듯, 고객경험에서도 매우 일부분의 짧지만 중요한 접점의 중요한 시점인 POP 혹은 MOT는 중요하다. POP(Point Of Purchase)는 구매가 이루어지는 장소를 지칭하는 것으로 과거는 오프라인 매장을 지칭했으나, 온라인, 모바일에서 구매 과정에서 경험하는 버츄얼 장소가 ePOP(electronic Point Of Purchase)인 것이다. MOT(Moment Of Truth)은 진실의 순간이라고도 하는데, 어떤 중요한 일이 일어나는 순간, 혹은 중요한 의사결정을 일어나는 순간을 말한다. 즉, POP는 위치 개념을 강조한 구매상황의 접점이라면, MOT는 시간 개념을 강조한 구매 상황의 접점인 것이다. 보고에 의하면, 매장 내에서 구매 의사결정 시, 70%가 브랜드를 매장 내에서 의사결정하고 60%의 소비자는 제품 카테고리를 정한다고 한다(〈그림 14.9〉). 이처럼 구매관련 의사결정이 이루어지는 매장은 매우 중요하다. 이에 체계화된 고객경험을 제공하고 POP와 MOT에서 정점을 이루는 차별화된 고객경험을 제공하여 실질적 구매로 이루어지도록 해야 한다.

고객경험 관리

고객경험 전략을 수립하기 위해서는 우선 고객에 대한 이해를 기반으로 고객경험 전략을 수립한다. 고객접점의 범위(고객 접점수)와 고객접점의 경험을 정의 및 KPI 수립하고, 이에 따른 제공 서비스 구조를 수립해야 한다. 즉, 고객경험 관리는 자사의 제품 및 서비스를 접하는 모든 접점들에 있어서 목표로 한 고객 체험이 제공될 수 있도록 기획 및 모니터링을 하는 활동이다. 이를 위해 고객과의 모든 접점에서 고객의 경험을 분석하고 고객에게 어떤 경험을 제공할 것인지 그 기반을 확립하고 난 후, 이러한 경험적 기반에 따라 고객의 경험을 전략적으로 디자인하고, 지속적으로 관리하는 프로세스를 가진다.

〈그림 14.7〉은 고객여정과 고객경험의 과정을 시간을 축으로 보여주고 있는데, 고객경험은 ① 이전경험 → ② 구매 전 단계 → ③ 구매단계 → ④ 구매 후 단계 → ⑤ 미래 경험 다섯 개 세부단계로 나뉜다. 이전 경험과 미래 경험 내에도 구매 전 단계, 구매단계, 구매 후 단계가 각각 포함되어 있다. 고객은 이러한 일련의 과정들을 경험하면서 중간 중간 이전 단계에 의해 영향을 받기도 하고, 이전 단계에 피드백을 제공하기도 한다. 고객이 이런 일련의 과정에서 서비스 제

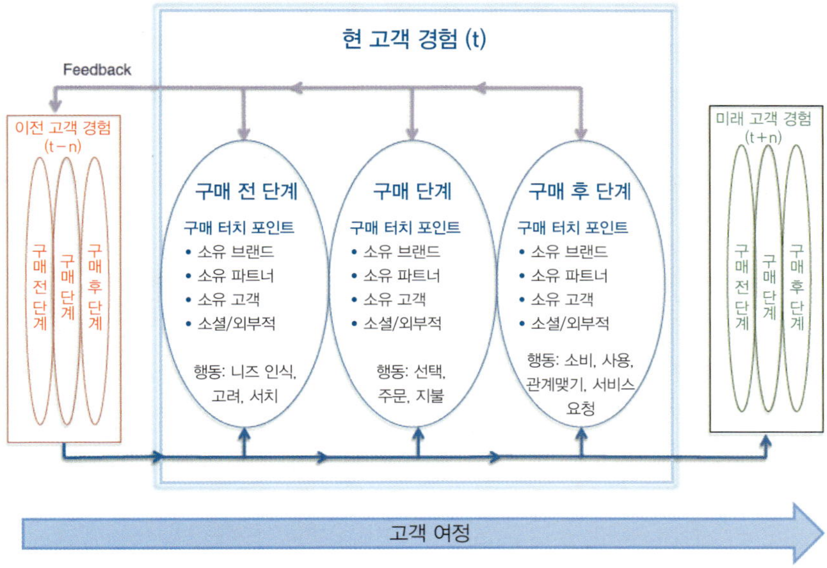

그림 14.7

고객여정과 고객경험의 과정 모형

출처: Lemon, K. N. & Verhoef, P C. (2015). Understanding customer experience throughout the customer journey. Journal of Marketing, 80(November), 69-96.

공자와 고객이 만나는 점을 터치 포인트(touch point)라고 한다. 고객여정은 하나의 플로우(flow) 콘셉트인지라, 시간을 축으로 한 여정에서 터치포인트에서의 고객경험들에 따라 고객의 긍정적 태도와 행동이 나올 수 있고 혹은 부정적 태도 형성과 함께 그 여정이 중단될 수도 있다. 따라서, 결점 없는(seamless) 고객여정(customer journey)을 제공하는 것이 중요하다. 이를 위해서는 각각의 단계에서 고객이 어떤 것을 기대하고, 어떠한 고객경험을 하고, 이를 통해 어떤 태도와 인식이 생겼는지 면밀히 파악해야 한다. 파악된 문제들을 즉각적 수정을 통해서 고객에게 결점 없는 고객여정을 제공하고 고객경험을 제공하고 관리해야 한다.

MARKETING **REPORT** | AI·디지털시대 기업의 생존법… “고객경험 실시간 관리하라”

가격보다 취향·가치에 지갑 열어 ‘넘쳐나는’ 고객 경험데이터, 유의미한 분석·예측 중요

서비스 혁신으로 큰 인기를 끌고 있는 미국 차량 호출 애플리케이션 ‘우버’

세계 전역에서 커피 전문점의 대명사로 떠오른 ‘스타벅스’는 원래 미국 시애틀에서 커피 원두를 파는 가게였다. 유럽의 카페 문화에 심취한 하워드 슐츠 스타벅스 전 최고경영자(CEO)가 1987년 이를 인수하면서 매장에서 직접 커피를 만들어 팔기 시작했다. 슐츠는 단순히 커피를 파는 데 그치지 않고, 문화를 만들고자 했다. 커피 원두(아라비카 원두 기준) 가격은 파운드당 1달러 정도로, 10년 전과 크게 다르지 않다.

커피 한 잔을 팔았을 때 농부에게 돌아가는 돈은 20원에 불과하다. 그러나 여기에 유럽의 카페 경험, 다양한 고객 경험이 더해지면 세계 3만 개 매장의 스타벅스 고객들은 한 잔에 5,000원가량 되는 커피를 기꺼이 소비한다. 미국에서 택시는 잡기 귀찮고, 현금 혹은 카드로 요금과 팁을 내야 하는 등 번거로운 서비스였다. 우버, 리프트 등 차량 호출 애플리케이션(앱) 기업은 호출 · 경로 설명 · 결제까지 모든 것을 앱 하나로 가능하게 했다. 기존 택시기업들이 소비자 불만을 해결하지 못하는 사이, 우버와 리프트가 5년 만에 미국 시장 71%를 점유한 것은 택시 소비자의 경험을 현저히 개선했기 때문이다.

스타벅스와 우버는 기존 서비스보다 가격이 높다. 그럼에도 소비자들은 지갑을 여는 데 주저하지 않는다. '경험 경제'란 이같이 소비자들이 단순히 값이 싸거나 양이 많은 상품 · 서비스를 고르지 않고, 구매 과정 전반에서 더 만족스러운 경험을 주는 쪽을 택하는 현상을 뜻한다. 특히 4차 산업혁명 시대에는 디지털화를 통해 더 나은 고객 경험을 제공하는 혁신 기업이 기존 산업을 대체하는 속도가 빨라졌다. 이 때문에 고객 경험 개선은 기술 기업뿐 아니라 항공사 · 은행 · 제조업 등 다양한 전통 산업 영역에서도 지상 과제가 됐다.

문제는 많은 기업이 소비자가 느끼는 경험을 빠르게 파악하고 분석하기 쉽지 않다는 것이다. 글로벌 컨설팅 기업 베인&컴퍼니 조사 결과에 따르면 80% 기업이 고객에게 최상의 경험을 제공하고 있다고 답했지만, 이에 동의하는 고객은 8%에 불과한 것으로 나타났다. 이런 '경험 격차'를 극복하는 것은 기업의 생존에 필수적인 요소가 됐다. SAP는 이런 격차에 따른 기회가 향후 1조 6,000억 달러(약 1,854조원) 규모로 발생할 것으로 보고 있다.

제니퍼 모건 SAP 클라우드비즈니스그룹 회장은 "앞으로 경험을 관리하는 것이 기업의 흥망성쇠를 결정할 것"이라며 "기업들이 무슨 일이 일어났는지 알려주는 운영 데이터는 잘 활용하고 있지만, 왜 일어났는지 알려주는 경험 데이터 활용에는 고전하고 있어 이런 경험 격차가 발생한다"고 지적했다.

그렇다면 경험 격차를 극복하고 고객 경험을 개선하는 것은 특별한 소수만 할 수 있는 것일까. SAP와 경험 관리 솔루션을 제공하는 자회사 '퀄트릭스'는 모바일과 클라우드가 일반화된 기업 환경에서 누구나 고객의 경험을 실시간으로 파악할 수 있다고 강조했다. 경험 격차를 줄여 경쟁력을 높이는 '경험 관리' 성패는 경험 데이터 확보 · 분석에 달렸다. 기업들은 지금까지 나이, 성별, 지역 등 운영 데이터를 수집 · 분석해 고객의 반응을 '예측'했지만, 이는 정확한 고객 반응을 실시간으로 알아내기는 어렵다.

특히 기존에 기업이 수집해 활용해온 운영 데이터와 경험 데이터를 결합할 경우 기업을 운영하는 데 더 많은 통찰을 얻을 수 있다. SAP가 지난해 11월 9조원에 퀄트릭스를 인수한 것도 이 때문이다. SAP는 기업 내 생산 · 물류 · 재무 · 회계 등 경영 활동을 통합 관리하는 전사적자원관리(ERP) 솔루션을 선도해왔다. SAP는 이달 퀄트릭스의 경험 관리 솔루션을 국내에도 출시해 고객사들이 하나의 플랫폼에서 운영 데이터와 경험 데이터를 통합 관리하도록 지원하고 있다. 모건 회장은 "기업들이 고객 설문조사, 소셜미디어 데이터 분석을 통해 열심히 고객 경험을 파악하고 있다고 생각하지만, 정보를 조각조각 모아두어도 연결돼 있지 않으면 큰 그림을 그릴 수 없다"며 "SAP 플랫폼이 쌓아온 기업 솔루션 기술 · 노하우와 퀄트릭스 경험 관리 역량이 더해지면 강력한 통찰력을 제공할 수 있다"고 말했다.

출처: 조선일보, 2020.2.20

옴니채널 전략

소매유통의 진화에 따라 소매업은 성공적인 옴니채널(omni-channel) 구현은 필요충분조건이 되었다. 성공적인 옴니채널 구현하기 위해서는 이제는 "무엇을 파는가?(What do I sell?)"의 관점에서, "어떻게 더 나은 서비스를 고객에서 전달할까?(How can I better serve customers?)" 관점으로 전환해야 한다. 소매업태는 상품을 파는 것이 아니라 고객에서 경험을 제공하는 서비스 업태라는 인식의 전환이 필요한 것이다. 성공적인 경험제공 서비스로의 전환을 위해서는 소매업체 스스로 다음과 같은 본질적인 질문에 답을 해야 할 것이다.

- 고객이 누구인지 알고 있는가?
- 현재 제공하고 있는 브랜드 경험을 개인화할 수 있는가?
- 고객에게 더 나은 고객경험을 위해 비즈니스 운영 방식을 변경할 수 있는 기업 환경인가?
- 고객이 원하는 것이 무엇인지 정말 알고 있는가?
- 현재 제공물들이 고객의 기대곡선보다 앞서 있는가?
- 고객의 기대를 새로이 형성할 수 있는가?
- 다가올 잠재적 미래 위협을 기회로 인식할 수 있는가?
- 새로운 소매 생태계의 새로운 비즈니스 모델을 적용할 수 있는가?
- 고객 및 동료와 협력할 수 있는가?
- 새로운 디지털 기술들을 접목할 수 있는가?

AI · 디지털시대의 소매유통은 디지털 소비자행동과 높아져가는 고객 기대를 부응하고, 더 나아가 고객 기대를 기업의 원하는 방향을 만들어 나가기 위해서는 5C 유통전략 중심으로 전환되어야 한다. 옴니채널 전략을 구현을 위해, 〈그림 14.8〉과 같이, 여섯 가지 중요 유통전략 구성요소들을 성공적으로 개발해야 한다.

첫째, 일관성(consistency)은 다양한 유통채널들의 교차쇼핑(cross shopping)하는 소비자들의 쇼핑경험(shopping experience)과 쇼핑여정(shopping journey)이 결점이 없고(seamless), 어떤 유통채널에 가더라도 동일하게 일관성 있는 경험이 이루어지도록 쇼핑경험의 기획 및 관리가 필요하다. 그러나, 실질적으로 쇼핑경험을 디자인할 때 주의할 점은 각 유통채널별로 제공하는 쇼핑경험 환경이 다르다는 점을 인식해야 한다는 것이다. 비롯 각 유통채널별로 다른 쇼핑환경이더라도 우리 고객이 모바일쇼핑몰 A와 B를 방문하던 우리 직영점을 방문하던 동일한 경험을 제공해야 한다는 점이다.

그림 14.8

성공적인 옴니채널 구현을 위한 6C 유통전략 구성요소

일관성 (Consistency)	다양한 유통채널들에서 교차쇼핑하는 쇼핑경험과 쇼핑여정이 결점이 없도록 일관성있는 쇼핑경험을 제공해야 함
콘텐츠 (Content)	고객이 선호하는 쇼핑관련 콘텐츠를 선호하는 전달 유형을 통해 정확한 내용으로 전달할 수 있어야 함
개인 맞춤화 (Customization)	고객의 니즈, 기대, 욕구들을 명확히 파악하여 정교화된 제품 및 서비스의 개인 맞춤화를 해야 함
편리성 (Convenience)	정보서치, 상품 경험, 결제, 애프터 서비스 등의 쇼핑 일련의 모든 과정 상에서 편리성 및 과정상의 상호작용의 편리성을 제공해야 함
전환성 (Conversion)	적극적으로 디지털 기술들을 접목하여 새로운 쇼핑경험을 제공하고, 궁극적으로 소비자의 라이프스타일의 혁신적 전환으로 선도해야 함
협력관계 (Collaborative Relationship)	O2O플랫폼비즈니스가 다양화되면서 서비스의 수요자와 공급자를 모집 및 관리운영하고 서비스품질을 증대하기 위한 B2B2C 차원의 서비스마케팅이 필요함

표 14.4

쇼핑 콘텐츠 유형

콘텐츠 목표	다양한 방식들
제품 관련 유무	직접적 제품관련 vs 제품 비관련
콘텐츠 제공 목적에 따라	정보제공, 고객참여, 고객 엔터테이닝, 쇼핑촉진
콘텐츠 전달 유형에 따라	텍스트, 통계자료, 인포그래픽스, 사진, 동영상

둘째, 콘텐츠(content)는 〈표 14.4〉와 같이, 기본적으로 상품과 직접적 관련된 콘텐츠와 상품과 비관련 콘텐츠로 구성된다. 정보제공, 고객참여, 고객 엔터테이닝, 쇼핑촉진 등의 콘텐츠 목적에 따라, 텍스트, 통계자료, 인포그래픽스, 사진, 동영상 등의 다양한 형태들로 콘텐츠가 제공될 수 있다. 즉, 콘텐츠의 여러 스펙트럼에서 고객이 원하는 내용이 선호하는 콘텐츠 전달 유형을 통해서 정확하게 전달하는 것이 중요하다. 예를 들면, CJ홈쇼핑인 오쇼핑은 기존의 쇼핑방송의 틀을 깨고 드라마 형태의 쇼핑 방송을 방영한다. 제품과 직접적 관련 없이 타깃 고객이 선호하는 드라마 형태, 즉 스토리텔링 속에 상품들이 녹아 들어있는 PPL인 것이다.

셋째, 개인 맞춤화(customization)는 고객의 니즈, 기대, 욕구들을 명확히 파악하여 정교화된 개인 맞춤화 쇼핑 경험을 제공해야 한다. 이러한 쇼핑경험은 제품의 맞춤화와 서비스 맞춤화 둘 다 충족시켜야 한다. 앞서 소개한 나이키는 이미 몇 년 전부터 개인 맞춤화 서비스인 온디맨드 서비스를 제공하고 있었다. 문제는 3~5주라는 긴 시간을 기다려야 하는 문제였는데, 나이키가 선보인 미래 리테일 'The Lodge' 매장에서는 이러한 온디맨드 서비스가 1시간 내로 이루어진다. 개인 맞춤화에는 세 가지의 중요 이슈들이 존재한다.

① 얼마나 정교하게 최적화된 고객 맞춤화가 가능 여부
② 이를 수행하는 데 얼마나 최소한의 시간 소요
③ 개인의 니즈, 기대, 욕구 등을 분석하여 선제적인 제안의 가능 여부(추천 서비스의 가능 여부)

넷째, 편리성(convenience)은 정보 서치, 상품 경험, 결제, 애프터 서비스 등의 쇼핑 일련의 모든 과정상의 편리성을 제공해야 한다. 특히, 이는 쇼핑 일련의 과정상에서 고객이 기업과 상호작용할 때의 편리성도 포함하는 것이다. 고객이 선택한 방법인 접점 도구로 접점하고 싶은 시간에 상호작용하고자 하는 깊이만큼 상호작용할 수 있도록 편리성을 제공해야 한다. 예를 들어, 어떤 고객은 기업에 상품 관련 혹은 서비스 관련 질문이 있을 때, 전화를 통한 대면의 불편함으로 실시간 채팅방에서 질문의 답을 원하는 경우도 있다. 어떤 고객은 오프라인 스토어에서 대면하여 메뉴를 물어보고 주문하는 것보다는 그 매장 내 비치되어 있는 디지털 키오스크에서 메뉴를 직접 고르고 결재하는 것을 더 선호한다. 어떤 고객은 기업 블로그에서 방문해서 본인이 원할 때 오프라인 할인쿠폰을 받길 원하는 데 반해 일방적인 이메일로 날아 온 할인쿠폰은 왠지 스팸 같아서 기피한다. 이렇듯이 고객 개개인의 다양한 쇼핑취향, 선호 커뮤니케이션 채널, 쇼핑관련 과거경험과 지식들, 기업과의 관계맺음의 수준에 따라 기업과 상호작용의 선호형태가 매우 상이한 것이다. 따라서, 고객 지각의 상호작용상의 편리성을 제공하기 위해서는 과거 자료를 통해 고객 상호작용 패턴을 분석하여 선호 패턴을 체계적으로 파악하여 고객이 선택하도록 해야 한다.

다섯째, 변환성(conversion)은 유통의 혁신서비스가 라이프스타일의 변환성을 가져야 한다. 최근에 다양한 디지털 기술들을 접목한 혁신 제품이 소비자에게 새로운 경험을 제공하면서 라이프스타일까지 변환까지 시키고 있다. 예를 들면, 아마존의 Echo는 클라우드 기반의 음성 서비스를 제공하는 스피커로서 뮤직 스트리밍, 음성 인식, 스마트홈, Skills 및 Alexa 앱 등의 기능들이 탑재되어 있다. 애플의 시리(Siri)와 구글의 나우(Now)와 같은 음성인식 기술과 인공지능을 가진 에코는 클라우드에서 운영되는 시스템이어서 새로운 기능들이 추가되면서 계속 진화 중이다. 에코라는 인공지능의 허브를 통해 일부 소비자의 생활패턴과 쇼핑패턴의 큰 변화가 생겼다. 예를 들어, 치약이 떨어진 것을 발견하고 Alexa를 부른다. 그럼 에코가 활성화되면 "치약을 주문해줘"라고 말하면 에코는 먼저 기존에 내가 주문했던 제품이 있는지를 확인하고 해당 제품을 재주문하겠냐고 물어보거나 제품의 재고가 없을 경우에는 자체적으로 검색한 후 추천 제품을 알려준다. 그리고 제품을 구매하겠다고 말하면 그 즉시 주문이 완료된다. 완료된 주문

아마존 Echo

은 연동된 스마트폰 알람으로 바로 확인이 가능하다. PC나 스마트폰 없이 음성으로 쇼핑이 가능하게 된 것이다.

아마존은 Echo를 시작으로 Alexa로 작동되는 패밀리 상품들인 Echo Tap, Echo Dot, Echo Connect, Echo Show, Echo Plus 등을 출시하였다. 이들을 통해 사용자들의 패턴을 수집하고 인공지능 학습능력을 향상시키며, 각종 데이터를 기반으로 판매 확대해 나가고 있다. 또한 오프라인 매장을 확대가면서 소비자 라이프스타일 깊이 침투하는 미래 옴니채널전략을 구현하고 있다. Echo는 다양한 서비스제공자들과 협업에 의한 완성도 높은 플랫폼 서비스의 개발, 다양한 언어로도 작동할 수 있는 다국적언어 지원 및 인공지능의 고도화 등의 이슈들이 여전히 남아 있다. 그러나, 사물인터넷 생태계의 허브 역할을 목표로, 인터넷에서 책을 팔던 이커머스 선두기업이 우리도 모르게 우리 라이프스타일 속에 아마존의 미래 옴니채널 생태계를 구현하고 소비자의 라이프스타일 전환을 모색하고 있다.

여섯째, 성공적인 옴니채널을 구현하기 위해서는 앞서 다섯 가지의 B2C 관점의 구성요소뿐만 아니라 B2B2C 관점에서 관련자들과의 협력관계(Collaborative Relationship) 구현과 관리가 중요하다. 특히 AI·디지털시대에서는 다양한 O2O 플랫폼비즈니스들이 등장하고 급성장함에 따라 더욱더 B2B2C 차원의 협력관계가 매우 중요하다.

O2O플랫폼비즈니스(Online-to-offline Platform Business)란 online to offline 비즈니스 형태로서 특정 영역에서 수요자와 공급자가 만나고 거래가 이루어지도록 거래의 장을 조성하고, 수요자와 공급자를 유치하고, 거래를 위한 시스템을 운영하는 비즈니스 모델을 말한다. O2O플랫폼비즈니스들는 음식배달 서비스, 대리운전, 청소, 가사도우미 등 다양한 생활영역으로 확대되고 있다. O2O플랫폼비즈니스의 수익모델은 광고모델, 거래수수료모델 및 대금지급의 에스크로 서비스 수수료 등이 있다. O2O 플랫폼 서비스는 "언제든(anytime), 어디에서나(anywhere), 원하는대로(anyway)"의 3A원칙에 의해 원하는 업무 형태, 시간, 조건들이 맞는 수요자와 공급자 간의 일회적으로 이루어지는 서비스 거래의 특징을 가지고 있다. 즉, 건별 일거리 매칭 플랫폼인 것이다. O2O 플랫폼 서비스는 기업 입장에서는 개인사업자나 프리랜서인 서비스 종사자들을 모집하는 데 불확실성이 높고, 분산적 물류들을 통합하여 체계화된 시스템을 구현하기도 어려움이 높다. 반면, 서비스종사자 입장에서는 "언제든(whenever), 어디서든(wherever), 무엇이든(whatever)"의 원칙에 의해 원하는 업무를 할 수 있어서 MZ세대

CASE STUDY

소비트렌드 변화, 유통 지형 바꾼다

B마트, 다른 업체와 차별화에 승부

변화하는 인구구조에 가장 주목할 만한 승부수를 던진 업체는 B마트가 독보적이다. B마트는 다른 업체와 차별화에 승부를 걸고 1인 가구에 맞춤형 서비스를 제공하겠다는 목표로 소비자들에게 신개념 배달 서비스를 제공하고 있다.

재미있는 큐레이션 기능이 있는 '배달의민족' 앱

B마트는 배민마켓으로 2018년 12월 중순부터 송파구 일부 지역에서 시범 운영을 시작했지만 소비자들의 반응이 뜨거워 배달의민족이 그룹 차원에서 관심을 갖고 지난해 11월부터 B마트로 명칭을 변경, 본격적으로 '초소량 즉시배달' 서비스를 론칭했다. 고객이 필요로 하는 상품을 1시간 이내로 배달해주고 있어 각광을 받고 있으며, 서울 전역에서 서비스를 제공하고 있다.

대형마트서 구입 가능 생필품 다 있어

B마트의 주요 제품은 간편식이다. 소형 가구가 빠르고 간편하게 먹을 수 있는 다양한 간편식(냉동식품, 가공식품 등)을 판매하고 있다. 여기에 샴푸, 세탁세제, 섬유유연제, 반려동물용품 등 주로 대형마트에서 살 수 있는 생필품 약 3,000여 종의 상품을 판매 하고 있어 굳이 주말에 차를 타고 나가 일주일 치의 장을 보지 않아도 돼 소비자들의 반응이 뜨겁다.

B마트의 가장 큰 특징은 당장 먹고 싶은 간편식이나 생필품을 언제나 초소량으로 구매할 수 있고 1시간 내에 즉시 배달이 된다는 것이다. 주목할 만한 사실은 최소 주문 금액 5,000원이면 서비스를 제공받을 수 있다는 점이다.

이륜차로 1시간 내 배달 가능해

여기에 기존 이커머스 업체들처럼 박스 단위로 배송 트럭에 실어서 배송되는 것이 아니라, 친환경 포장재(봉지형)에 소량을 담아 이륜차로 배달하기 때문에 1시간 내 배달이 가능하다는 점은 큰 장점이다. 특히 한 끼 세트, B마트 추천 봉다리 등 재미있는 큐레이션 기능을 제공해 소비자들이 한 끼를 맛있으면서 가볍게 즐길 수 있는 기능을 제공하고 있다. 이런 특성 때문에 최근 소비트렌드를 이끌고 있는 1인 가구 및 맞벌이 부부들이 신개념 배달 서비스인 B마트를 자주 이용하는 것으로 유통업계에서는 분석하고 있다.

물건 직접 사러 나가지 않아도 돼

B마트 관계자는 "냉장고 안 식재료를 최대 3일치까지 줄이는 것을 목표로, 1인 또는 소규모 가구를 겨냥한 식료품 배달을 하고 있다"면서 "당장 필요한 재료를 먹을 만큼만 주문할 수 있어 초소량 구매와 즉시 배송을 장점으로 내세우면서 1인 가구와 젊은 층을 중심으로 빠르게 알려지고 있다"고 전했다.

이어 "B마트의 가장 큰 경쟁력은 즉시배송에 있다. B마트는 주문을 받으면 약 1시간 이내에 물건을 배송한다"며 "실제 서비스를 이용해 본 소비자들은 집 밖으로 물건을 직접 사러 나가지 않고도 다양한 제품을 빠르고 간편하게 받아볼 수 있다는 점에서 높은 만족도를 보이

1시간 내 배달이 가능하게 하는 배민 라이더스

고 있다"고 소개했다.

실제 배달의민족이 진행한 자체 조사 결과에 따르면, 이용 고객 약 90%가 서비스에 만족한다고 응답한 것으로 조사됐다. 특히 B마트 서비스에 만족하는 이유르 ▲빠른 배달 ▲친절한 라이더(배달기사) ▲편리한 주문 등의 순으로 꼽혔다.

도심형 물류창고 운영 신속 배달 가능

B마트의 또 다른 경쟁력은 배송 방법에서 찾을 수 있다. B마트 배송은 '배달의민족' 앱에서 주문이 접수되면 각 지역의 도심형 물류창고에서 주문에 맞는 품목을 친환경 비닐봉지에 담아 준비한다. 이후 배민라이더스, 배민커넥트 라이더가 고객에게 신속히 배달한다. B마트는 타사와 달리 수도권 내에 대형 물류센터를 운영하는 것 대신 더 빠른 배송이 가능할 수 있도록 도심형 물류창고를 운영하고 있는데, 현재 서울에는 총 15개의 창고를 운영하고 있다.

향후 수도권 – 타 지역으로 사업 확대 예정

B마트는 앞으로 사업을 더욱 확장해 운영할 예정이며, 초소량 구매와 즉시 배달을 서비스를 더 강화해 제공할 계획이다. B마트 관계자는 "현재는 서울 전역에서 서비스를 제공하고 있으며 향후 수도권 및 타 지역으로 확대해 나갈 예정"이라며 "앞으로도 1인 또는 소규모 가구를 겨냥한 식료품, 생활용품 배달을 중심으로 사업을 확장해 나갈 예정"이라고 말했다. 그러면서 "소비자가 당장 필요한 재료를 먹을 만큼만 주문할 수 있도록 하는 것을 목표로 초소량 구매와 즉시 배달도 강화할 계획"이라고 덧붙였다.

이처럼 유통업계에서는 1인 또는 소규모 가구를 겨냥한 맞춤형 서비스 경쟁이 한층 치열해질 것으로 전망되고, 이는 신개념 배달 서비스인 B마트의 등장으로 더욱 가속화될 것으로 보인다.

출처: 팜인사이트, 2020.2.28

의 자율적 업무 선호 특성과 부합하여 더욱더 워크셰어링(work sharing) 현상들을 가속화하고 있다.

다양한 O2O 플랫폼 비즈니스들이 등장하면서 퍼스트 마일(First Mile) 물류서비스와 라스트 마일(Last Mile) 물류서비스도 함께 발전하고 있다(〈표 14.5〉). 라스트 마일 배송(Last Mile Delivery)은 소비자 측면과 공급자 측면에서 모두 중요한 의미를 갖고 있다. 소비자 입장에서 라스트 마일은 본인이 원하는 기존에 배달하지 않았던 원하던 상품들을, 원하는 시각에, 원하는 장소에서 물건을 전달받는다는 점에서 큰 의미가 있다. 또한 최종 구매한 소비자에게는 본 최종 배송 단계는 사용자 경험(User Experience: UX)이 형성되는 첫 번째 단계라는 점에서 매우 의미 있다. 이 때 형성된 경험은 추후 해당 서비스 혹은 제품에 대한 로열티 생성에 영향을 주기 때문에 360도 마케팅 차원에서 중요하게 고객경험이 관리되어야 하는 서비스이기도 하다.

공급자 입장에서의 라스트 마일은 전체 물류비용의 절반 이상을 차지하는 비용이 가장 많이 발생하는 부분이다. 앞서 퍼스트 마일 물류 서비스에서는 다양한 자동화와 대규모를 통한 규모의 경제를 구현할 수 있으나, 라스트 마일 물류서비스는 노동 집약적인 부분이 커서 효율성 개선도 쉽지 않다. 이를 개선하기 위해 배달로봇, 배달드론, 자율주차 등을 지엽적으로 시도하고 있으나 혁신서비스를 위한 아주 초기 단계이고 서비스 전면에 확대 적용도 어려운 상황이다.

라스트 마일은 코로나19로 인한 비자발적 언택트 현상과 사회전반의 개인 중심의 편리성 추구 트렌드에 의한 자발적 언택트 현상까지 겹쳐서 최근 몇 년 만에 급성장하였다. 음식배달 분야의 라스트 마일 대표기업으로는 배민라이더, 생각대로, 부릉, 쿠팡잇츠, 푸드플라이 등이 있다. 국내 온라인 유통업체와 O2O플랫폼비즈니스 기업들이 라스트 마일 서비스를 선점하기 위해 각자의 비즈니스 모델에 차별화된 서비스를 구현하고자 노력하고 있다. 특히, 최근에는 단시간, 근거리 배송에서 즉시배송으로 시장이 진화하고 있으며 배송시간도 30분 배송으로 단축되고 있다. 자주 주문 배달이 되는 품목들은 도심 물류센터 운영을 통해 도심물류센터에서 상품을 보관하여 바로 고객 집 앞까지 배송하는 물류형태로 진화하고 있다. 이로 인해 막대한 마케팅비용과 투자가 이루어지는 치킨게임으로 진입한 상황이다.

특히 앞서 설명한 라스트 마일의 급성장으로 인해 라스트 마일 물류서비스 제공자인 배달라이더들의 수요가 급증하였다. 이렇게 O2O플랫폼비즈니스에서 노동을 제공하는 종사자들을 일반 근로 노동자와 달리, 〈표 14.7〉에서 언급한 바와 같이, 소규모 상품 이동, 온 디맨드(on-demand)에 의한 건별 거래, 불확실성이 높고, 짧은 거리 반경에서 이루어지는 분산 물류이다. 이러한 특징으로 최근에 폭증하는 수요에 비해 라스트 마일 서비스 종사자수는 상대적으로 적어서 본 서비스 종사자를 모집 및 운영 관리가 중요한 서비스 운영의 이슈이다.

이에 O2O 플랫폼비즈니스 기업의 마케터는 서비스종사자들을 모집, 유지 관리, 및 목표로 한 서비스품질을 관리해야 한다. 특히, 라스트 마일은 최종 고객

표 14.5
퍼스트 마일과 라스트 마일 배송의 차이

	퍼스트 마일 배송 (First Mile Delivery)	라스트 마일 배송 (Last Mile Delivery)
담당영역	• 제조사가 풀필먼트 센터 등까지 인도하는 단계 • 제조사 입장에서 라스트 마일 물류 서비스임	• 풀필먼트 센터 등에서 최종 고객에게 제품을 인도하는 단계 • 고객 입장에서 라스트 마일 물류서비스임
거래 당사자	B2B	B2C, C2C
거래 특징	• 생산성 향상이 중요 - 대규모 벌크 화물의 이동 관리/자동화 - 계획적이고 집중적인 물류, 중장기 거리 반경에서 이루어짐	• 생산성 향상 외 배송리드 타임 단축 및 서비스 품질 - 소규모 상품 이동, 온 디맨드(on-demand)에 의한 건별 거래 - 불확실성이 높고, 분산적 물류, 짧은 거리 반경에서 이루어짐

의 첫번째 단계의 고객경험이므로 서비스마케팅 차원에서 체계적으로 관리해야 한다. 최근에 라스트 마일 기업들을 AI 알고리즘이 적극 적용하여 업무 효율화를 높이는 데 주력하고 있다. 이는 기업입장에서는 폭증하고 있는 높은 수요에 적극적으로 대응하고, 총체적인 관점에서 물류비용을 절감하기 위함이다. 서비스종사자 입장에서는 업무시간 단축, 업무 유연성 및 업무효율화를 통해 서비스 시간대비 고수입을 보장할 수 있게 되었다. 따라서, O2O 플랫폼 서비스에도 디지털기술들이 적극 도입하여 기업과 서비스종사자 간의 B2B2C 관점의 서비스 품질을 높이고 서비스 고도화를 구현해야 할 것이다.

마케팅 애널리틱스 툴

Analytics Tool 시장이 급성장하였다. 기본적으로 소셜 분석 및 고객 접점의 경험 분석은 최적화 성과측정 측면에서 중요하고 데이터를 어떻게 가공하고 어떻게 분석하고 어떻게 해석하냐는 프로세스가 중요하다. 제품관련 혹은 제품구매 관련 데이터를 소셜, ㅂ즈, 매출자료, 구매자료, 위치 등을 취합 및 분석하는 데 있어서 데이터 어낼리틱스의 과정이 더욱 중요한 것이다. 이러한 어낼리틱스는 기업이 보유한 자산이며, 이 자산을 기반으로 자동화(automation)하여 의사결정자에게 프리젠테이션하는 일련의 과정이 최적화되어야 하는 것이다.

특히, 소셜분석은 기업의 마케팅 전략 관련하여 중요한 영향을 미치고 있어서 매우 중요한 분석 도구이다. 소셜분석의 이점은 다음과 같다.

소셜 분석의 이점

- 마케팅 캠페인의 효율성 극대화
- 소비자 구매에 영향을 주는 당김쇠(key trigger) 발견의 기회 제공
- 마켓 내, 경쟁에서 USP 발견의 기회 제공
- 브랜드 고객이 아닌 소비자들의 욕구(needs) 및 미충족 욕구(unmet-needs) 파악의 기회
- 소셜을 통해 고객의 경험과 소비자의 구매에 직·간접적 영향을 미치는 외적 요소 파악
- 자사 고유의 경쟁력을 파악 및 발굴
- 브랜드 관련 정보의 실시간 모니터링을 통해 부정적인 이슈화 이전에 확산 방지

::: 디지털마케팅을 위한 전략과 가이드라인

새로운 비즈니스 모델과 마케팅 목표 설정

그 어느 때보다도 AI·디지털시대는 마케터에게 새로운 비즈니스 모델과 제품과 서비스를 발굴하라고 요구하고 있다. 단순한 고객수요 대응을 넘어선 혁신의 방법으로 소비자의 변화를 선도하고 새로운 수요 창출과 생존할 수 있는 도전의 시기이기 때문이다. AI·디지털시대의 마케터의 핵심 능력은 CIA 프레임워크인, "연결하고(connect)–상상하고(imagine)–행동하기(act)"이다. 새로운 비즈니스 모델 개발을 주도적으로 진행하기 위해서는 우선 고객과 연결되어야 하며 그 어느 때보다도 높은 수준의 창의적 상상력을 요구하고 있다. 이러한 상상력이 체계적 기획력을 통해 실현 가능한 마케팅목표로서 설정되어야 하는 것이다. AI·디지털시대에 맞는 새로운 마케팅 목표 설정이 필요한데, 기본적 목표는 다음의 다섯 가지를 포함해야 한다.

① 정확한 타깃 소비자 도달
② 기존 고객과의 관계 유지 및 강화
③ 새로운 고객 군락지, 비오톱을 형성
④ 넷째, 브랜드 인지, 회상 및 시도의 브랜드 목표를 달성
⑤ 다섯째, 고객의 지출 증대

〈그림 14.9〉는 마케팅 자동화(marketing automation)의 선도 기업인 Marketo의 마케팅의 수익 사이클의 예시로 제시한 것으로, 〈표 14.6〉에 수익사이클 내 각 단계의 정의를 정리했다.

수익 사이클(revenue cycle)은 이러한 AI·디지털시대에 마케팅 목표를 자동적으로 설정하고 효율적이면서 효과적으로 관리하기 위한 마케팅 자동화 프레임워크이다. 수익 사이클이란 신규고객의 획득에서 고객으로 변화하는 과정의 단계를 funnel 형태로 정리한 것이다. 고객과 시장 데이터를 포함하고 각 중요 마케팅 단계별 계량적 정의가 가능하기 때문에 KPI(Key Performance Indicator)로써 목표 관리가 가능하고 궁극적으로 마케팅의 효율성과 효과성을 제고하기가 쉽다. 따라서, 디지털 마케팅의 목표설정을 위해, 각 기업 고유의 수익 사이클을 보유하는 것이 중요하다. 수익 사이클은 각 기업별로 상이할 수 있으나, 기본적인 잠재고객 획득부터 고객화하여 수익이 발생하는 기본적 맥락은 동일하다.

그림 14.9

Marketo의 Revenue Cycle

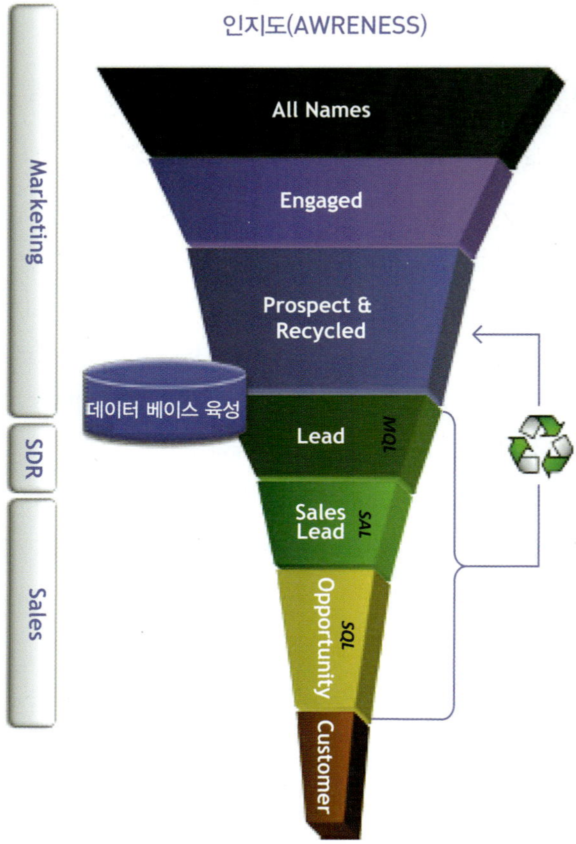

표 14.6

Marketo의 Revenue Cycle의 각 단계별 정의

단계	정의
All Names	누구나 이 초기 진입 단계로 진입함
Engaged	웹 서핑을 하고 콘텐츠를 다운로드하고 기업이 보낸 이메일을 열어 보는 등의 연계 활동을 하는 단계로서 이전 All Names 단계에서 연계 활동 기준으로 필터링을 함
Prospect	언젠가 구매할 수도 있는 기준에 부합한 대상으로 인식되어 이 단계부터는 기업 내 관리자에게 보고되는 단계임
Lead	기업이 원하는 구매의도나 충분한 행동적 연계를 보여 준 잠재 고객 단계임
Sales Lead	판매 조건에 부합한 판매가 가능하도록 준비된 수준의 잠재 고객 단계임
Opportunity	세일즈팀이 수용하는 잠재고객으로 실제 구매를 위한 논의가 이루어지는 단계임
Customer	구매를 한 적이 있는 고객으로, 다른 판매나 고객 유지를 위한 다른 수익 사이클로 넘어가는 단계임

::: 콘텐츠 마케팅

콘텐츠 마케팅의 중요성

콘텐츠 마케팅은 AI · 디지털시대에 급부상한 이유는 전통적 마케팅 방식의 문제점을 가장 효과적으로 해결하는 동시 대체할 수 있기 때문이다. 대표적인 전통적 마케팅 방식은 '아웃바운드 마케팅(Outbound Marketing)'으로서 자신들의 제품이나 서비스에 대한 관심의 유무와 상관없이 최대한 많은 사람들에게 메시지를 전달하는 것이 목표이다. 소비자들은 아웃바운드 마케팅 방식에 피로감을 느끼게 되었고, 기업들은 아웃바운드 마케팅 방식만으로 대중들을 고객으로 전환시키는데 어려움을 겪고 있는 중에 콘텐츠 마케팅은 매우 우수한 툴이다.

콘텐츠 마케팅은 무관심한 사람들에게 상업적인 메시지를 전달하는 대신 명확하게 설정된 타깃층을 매료시키기 위해 노력한다. Demand Metric 보고에 의하면, 양질의 콘텐츠를 제작한 후 배포함으로써 궁극적으로 잠재고객들의 구매 행동을 이끌어 낸다. 또한 콘텐츠 마케팅은 아웃바운드 마케팅에 비해 62% 정도 비용이 덜 드는 반면 3배 이상의 리드(lead)를 창출한다 밝혀졌다. 미디어 데이터 분석 기업인 Double Verify가 2020년 기준, 인당 하루 평균 7시간의 콘텐츠를 온라인을 통해 소비한다는 것을 발표했다. 한 사람당 하루의 1/4 이상을 콘텐츠에 소비한다는 수치를 통해 높은 콘텐츠 마케팅의 인기를 실감할 수 있다.

스폰서 콘텐츠의 수용

Zhang과 Cheng은 뷰티 및 라이프스타일 카테고리에서 영어를 구사하는 YouTube 인플루언서 861명을 식별하고 2019년 8월부터 2020년 8월까지 게시한 85,669개의 동영상을 분석했습니다. 그들은 각 동영상에 대해 얼마나 많은 사람들이 동영상을 보거나 '좋아요'를 표시했는지에 대한 참여 데이터를 수집하고 다음과 같이 기록했다. 미국 규정에 따라 인플루언서는 유료 계약을 공개해야 함에 따라, 스폰서 동영상을 게시한 결과, 영향력 있는 사람들이 이후 3일 동안 팔로어의 평균 0.17%를 잃었다는 사실을 발견했다. 이는 대수롭지 않은 숫자처럼 들릴 수도 있지만 시간이 지남에 따라 합산됩니다. 연간 150개의 스폰서 게시물을 업로드하는 150만 명의 팔로워를 보유한 인플루언서는(연구에 참여한 유료 인플루언서 중 평균) 매년 최대 382,000명의 팔로어를 잃게 되는 것이다. 연구결과를 간단히 정리하자면, 다음과 같다.

첫째, 스폰서 콘텐츠, 즉 유료광고는 팔로워 수가 많은 인플루언서는 인기가 적은 인플루언서보다 더 큰 영향을 받았다. 그들은 더 많은 팔로어를 잃었고 좋아요와 댓글은 더 적었으며 부정적인 댓글의 비율은 더 높았다. 소규모 청중을 보유한 영향력 있는 사람들은 종종 더 강한 유대 관계를 형성하므로 그들의 청중은 후원 콘텐츠를 더 잘 받아들이는 것으로 보인다. 둘째, 스폰서 콘텐츠는 인플루언서가 무료 게시물에서 일반적으로 홍보하는 유형과 제품이 일치할 때 피해가 덜했다. 기업이 소셜 및 기타 미디어에서 유명인 지지자를 사용할 때 비슷한 적합성 문제가 발생하는 것이다. 제품이 유명인의 전문 분야에 가까울수록 광고는 시청자에게 더 설득력이 있고 덜 적합하다. 셋째, 크고 잘 알려진 브랜드를 소개하는 스폰서 콘텐츠는 작고 덜 눈에 띄는 브랜드를 홍보하는 게시물보다 더 강한 부정적인 반응을 불러일으킨다. 팔로어들은 다른 경우에는 들어보지 못한 제품을 소개받는 것을 좋아하는 경우가 많았다.

콘텐츠 마케팅의 기대효과

- 잠재고객들에게 자신의 제품 및 서비스에 대한 교육이 가능
- 잠재고객들과 상호 소통이 가능하고, 고객들과 관계를 형성
- 콘텐츠 마케팅은 적은 비용이 들지만 더 많은 리드(Leads)를 생산하며, 효과도 더 오래 지속
- 전환율(Conversion Rate) 제고
- SEO(검색엔진최적화)에 도움
- 브랜드 정체성 구축이 용이 및 브랜드에 유대감을 지닌 공동체를 형성

소셜미디어 콘텐츠 마케팅의 사례들

사람들이 가장 활발하게 이용하는 플랫폼인 소셜미디어는 마케터가 신경 써서 관리해야하는 중요한 마케팅 채널이다. 소셜미디어는 기타 다른 채널과 다른 점이 존재하는데, 바로 사용자와 브랜드 간 활발한 상호작용을 할 수 있다는 점이다. 따라서, 더 직접적인 피드백을 받거나 브랜드의 충성도를 높이기 좋은 마케팅 채널이다. 성공적인 소셜미디어 콘텐츠 마케팅에는 어떤 사례들이 다음과 같다.

GoPro

고프로는 미국 고성능 액션카메라 브랜드이다. 매년 판매 촉진을 위해 소비자 참여형 공모전인 'Million Dollar Challenge' 캠페인을 실시한다. 이 캠페인은 신제품을 구매한 고프로 소비자들에게 무편집 원본 동영상을 제출받아 최고의 동

CASE STUDY

공공전시, 굿즈에 이어 유튜브 라이브 인기 폭발! 롯데홈쇼핑 벨리곰, 실시간 소통으로 확고한 팬덤 구축

160만 SNS 팬덤을 보유한 롯데홈쇼핑 캐릭터 벨리곰은 2023년 4월 초대형 공공전시를 계기로 국내 캐릭터 열풍을 일으킨 이후 오프라인 전시, 팝업스토어 운영 등 활발한 활동을 전개하며 캐릭터 마케팅의 가장 성공한 사례로 꼽힌다. 최근에는 유명 브랜드와 협업을 통한 다양한 굿즈를 선보이고, 유튜브 라이브 방송을 통해 팬들과 실시간 소통하는 등 활동 영역을 확대하고 있다. 롯데홈쇼핑은 벨리곰 공식 유튜브 채널의 해외 시청자 비중이 40%로, 해외에서도 인지도가 높은 점을 감안 해 해외 진출을 가속화하고 있다. 지난해 두바이, 뉴욕 등 K-콘텐츠 수요가 높은 지역에서 공공 전시, 깜짝 카메라를 성공적으로 선보인 데 이어 올해 세계 최대 규모의 라이선싱 행사에 참가하는 등 대한민국을 대표하는 글로벌 캐릭터로 한걸음씩 성장하고 있다.

롯데홈쇼핑 '벨리곰' 인기 급상승, 출생 비밀과 성장 스토리는?

"벨리곰은 우연히 놀이동산의 '유령의 집'에 방문한 어린이가 흘린 풍선껌에서 탄생했다. 하지만 유령의 집과 어울리지 않는 외모와 식탐 때문에 유령의 집에서 쫓겨났다. 태생이 유령의 집 출생인지라 사람들을 놀래키고 행복을 주는 것을 즐거워한다."

벨리곰 관련 상품을 파는 홈페이지에 소개된 벨리곰의 탄생 스토리다.

벨리곰은 단순히 탄생 일화만 가진 캐릭터에 머무르지 않는다. 그의 MBTI 유형은 ENFP다. 흔히 '엔프피'라고 불리는 이 MBTI는 '재기발랄한 활동가' '진정으로 자유로운 영혼의 소유자' 등으로 불리는 유형이다. '장난기 많고 사람을 놀래키는 것을 좋아하는' 성격이며 좋아하는 것은 '먹는 것, 주목받는 기분', 싫어하는 것은 '뾰족한 것, 무관심' 등이다. 특징으로는 '기분이 좋을 때 양팔을 마구 흔든다' '싫을 때는 바람이 빠지기도 한다' '손가락이 두꺼워 오타를 잘 낸다' 등이 있고 특기는 '곰 인형인 척 하다가 놀래키기'다.

이쯤이면 벨리곰이 사람이 아닌가 싶을 정도로 세계관이 탄탄하다. 롯데홈쇼핑이 MZ세대 직원을 대상으로 2018년 진행한 사내벤처 아이디어 공모전을 통해 탄생한 지 4년이 지나면서 벨리곰은 제법 사람 냄새가 나는 캐릭터로 진화하고 있다. 롯데홈쇼핑이 벨리곰 사업을

어메이징 벨리곰 행사

키우기 시작한 것은 성장성이 둔화한 TV홈쇼핑사업에서 돌파구를 찾기 위해서였다. 캐릭터사업을 키우면 이와 관련한 충성고객을 확보할 수 있고 이후에는 다양한 사업과 접목할 수 있다고 판단했기 때문이다.

벨리곰의 높은 인기는 여기저기서 드러난다.

벨리곰NFT(대체불가토큰)을 판매했다. 첫날은 사전 예약 고객을 대상으로, 둘째 날은 일반 고객을 대상으로 판매가 이뤄졌는데 일반 고객 판매분은 0.5초 만에 완판됐다. 앞서 서울 잠실 롯데월드타워와 경기 의왕 롯데아울렛 등에서 열린 초대형 벨리곰 전시에서도 벨리곰을 보기 위한 인파가 쏟아지기도 했다.

물론 지금은 '인싸'인 벨리곰에게도 어두운 시절은 있었다. 벨리곰이 세상에 태어난 시기는 2018년 8월이지만 처음에는 아는 사람이 많지 않았다. '지나가는 시민을 깜짝 놀래키는 몰래카메라' 콘셉트로 2021년부터 서서히 인지도를 쌓기 시작한 벨리곰이 지금의 위치에 오른 것은 2022년이다.

서울 롯데월드타워에 초대형 벨리곰인 어메이징 벨리곰을 전시하는 행사에만 325만 명 이상이 다녀가면서 벨리곰은 '롯데그룹을 상징하는 캐릭터'로 자리를 잡기 시작했다. 내부적으로도 이 시기를 벨리곰이 폭발적 인기를 끌게 된 '티핑포인트'라고 보고 있다.

'우리집에 놀러올래?' 팬들과 실시간 소통 유튜브 라이브 방송 '이웃집 벨리' 인기!

벨리곰 유튜브 구독자 60만 기념으로 유튜브 라이브 방

송 '이웃집 벨리'를 선보였다. 첫 방송은 벨리곰과 벨리 집사가 함께 살고 있는 '벨리의 방' 집들이 콘셉트로 집들이 손님으로 인기 유튜버 노은솔이 초대됐다. 벨리곰 집 소개, 깜짝카메라, 미션 수행, 인기 굿즈 소개 등 다양한 콘텐츠를 공개하며 시청자들과의 실시간 소통을 이어갔다. '멀티쿠커', '빵메이커', '블루투스 스피커' 등 벨리곰 인기 굿즈도 최대 60% 할인된 가격에 선보였다. 또한, 굿즈를 구매한 고객에게 벨리곰 엽서와 스티커를 사은품으로 제공했다. 실시간 채팅창에 다양한 벨리곰 굿즈 구매인증 채팅이 이어지며 큰 호응을 얻었다. '이웃집 벨리'는 "집들이 너무 재미있어요", "벨리 라이브 1시간 동안 너무 재밌게 봤어! 자주 해 줘!" 등 시청자들의 좋은 반응을 얻으며, 동시 접속자 1천명 누적 조회수 10만뷰를 기록했다.

캐릭터 강국 '일본'부터 아시아 최대 쇼핑 허브국 '태국'까지! 글로벌 캐릭터로 도약!

롯데홈쇼핑은 일본 도쿄 시부야의 랜드마크 쇼핑몰 '시부야109'에서 연말 크리스마스 콘셉트로 벨리곰 특별 팝업스토어를 진행해 현지 관람객들로부터 좋은 반응을 얻었다. 이번 전시는 캐릭터 강국 일본 시장 공략을 통한 벨리곰 캐릭터 IP의 글로벌 경쟁력 확보를 위해 기획됐다. 산타복을 입은 벨리곰과 꼬냥이 등 크리스마스 콘셉트로 꾸며진 팝업스토어에는 1.8M 벨리곰 조형물과 시그니처 시팅인형, 모찌 쿠션 등 40여 종의 인기 굿즈가 선보여졌다. 팝업스토어 외부에 설치된 전면 스크린과 내부의 고객 동선을 따라 설치된 360도 스크린에서는 깜짝 카메라를 비롯해, 국내 캐릭터 열풍의 시초가 된 잠실 롯데월드타워 공공전시 등 다양한 영상으로 현지 관람객의 눈길을 끌었다.

2023년 크리스마스 시즌에 태국 방콕 최대 쇼핑몰인 '시암 디스커버리'에서 연말 크리스마스 콘셉트로 서브 캐릭터, 꼬냥이(고양이), 마라마라(라마), 자아도치(고슴도치), 달달구리(너구리)와 함께 전시했다. 쇼핑몰 정문 외벽과 내부 곳곳에 벨리곰과 서브 캐릭터가 래핑되고, 시팅인형, 키링 등 인기 굿즈를 선보이는 팝업스토어와 포토존이 마련되었다. 야외 광장에서는 4M 높이의 벨리곰과 함께 시암 거리를 형상화한 조형물이 전시되어 인증 사진을 촬영하는 현지 관람객으로 긴 줄을 이루었다. 또한, '벨리곰'이 전시 현장에 갑자기 출몰해 관람객을 놀래키는 '깜짝 카메라 이벤트'도 진행돼 큰 호응을 얻었다.

한편, 롯데홈쇼핑은 올해부터 벨리곰 IP의 해외 진출을 본격화하고 있다. 미국 라이스베이거스와 영국 런던에서 열린 '브랜드 라이선싱 엑스포'에 참가했다. 애니메이션, 게임, 굿즈 등 캐릭터 IP 관련 주요 산업 분야 관계자들이 참여하는 B2B 전시 및 비즈니스 매칭 행사로 벨리곰은 대표 K-캐릭터로 참가해 해외 바이어들의 긍정적인 관심을 받았다. 지난 10월에는 동남아 진출을 본격화하기 위해 태국 제조/유통 전문기업 T.A.C.C(T.A.C Consumer PCL)와 캐릭터 라이선싱 계약을 체결했다. T.A.C.C는 태국, 싱가포르 등 동남아 7개국에서 일본의 인기 캐릭터 리락쿠마 등의 캐릭터 IP 라이선스 사업을 운영하고 있다. 롯데홈쇼핑은 이번 태국 진출을 시작으로 향후 싱가포르, 말레이시아 등으로 진출 국가를 확대할 계획이다.

출처: 서울경제, 2023.2.27

CASE **STUDY**

새벽 롯데월드에 5,000여 명 모인 이유는? 롯데홈쇼핑 벨리곰 파티

롯데홈쇼핑이 지난 25일 밤 11시부터 26일 오전 5시까지 총 6시간 동안 서울 잠실 롯데월드에서 진행한 벨리곰 대체불가능토큰(NFT)홀더를 위한 '벨리 파티'에 5,000여 명이 모였다고 27일 밝혔다.

이번 행사는 벨리곰 NFT홀더 간 소통의 장을 마련하고, 로열티를 강화하기 위해 마련됐다. 홀더를 비롯해 유명 인플루언서, 행사 관계자 등 총 5,000여 명이 참여한 가운데 국내 최대 규모의 NFT 행사로 진행됐다. 특히, 이번 행사를 위해 롯데월드가 6년 만에 전체 대관을 진행하는 등 롯데그룹 계열사 간 협업이 이뤄졌다.

김재겸 롯데홈쇼핑 대표는 인사말을 통해 "벨리곰NFT에 대한 많은 관심과 사랑을 보내주신 홀더 여러분께 감사하다"고 전하며 "벨리곰NFT의 가치는 홀더들, 곧 커뮤니티의 힘"이라고 말했다.

김재겸 롯데홈쇼핑 대표가 벨리 파티에 참석한 NFT홀더들에게 인사를 전하고 있다. /사진 롯데홈쇼핑

롯데홈쇼핑은 이날 행사에서 △네트워크 안정성 강화를 기반으로 한 새로운 생태계 구축 △글로벌NFT 제휴를 통한 해외 진출 △벨리곰 커뮤니티 전용 포인트 신설 등 몰입형 커뮤니티 구축 △핫딜상품 구매, 한정판 굿즈 제공 등 등급별 새로운 보상 체계 마련 등 벨리곰NFT 시즌 2에 대한 로드맵을 발표했다. 또한 인기 가수 '다이나믹듀오'의 초청 공연, 13종의 어트랙션 무료 탑승, 벨리곰 포토존 운영 등 다양한 볼거리, 즐길거리를 제공하며 NFT 멤버십 문화에 새로운 트렌드를 제시했다.

한편, 롯데홈쇼핑은 지난해 8월 총 6단계 등급으로 이루어진 벨리곰NFT를 공개했다. '벨리곰' 캐릭터의 팬덤, 롯데그룹 계열사와 연계된 차별화된 혜택 등으로 호응을 얻으며 9,500개 NFT가 오픈 1초 만에 완판되는 등 화제를 모았다.

벨리곰NFT 로드맵 발표, 인기가수 초청 공연을 관람하기 위해 참석자들이 대기하고 있다. /사진 롯데홈쇼핑

출처: 서울경제, 2023.2.27

영상들을 선정한다. 다수 선정된 최종 수상자들은 상금인 1백만 달러를 균등하게 나누어 수여받는다. 2023년 기준 페이스북에서만 약 1,100만 명의 팔로워를 보유하고 있기 때문에 해당 참여형 공모전은 활발하게 진행되고 있다.

GoPro의 소비자들은 본질적으로 크리에이터들이다. GoPro 페이스북 피드에선 그들에게 있어 가장 가치 있는 자산인 '사용자 생성 콘텐츠'를 지속해서 제공한

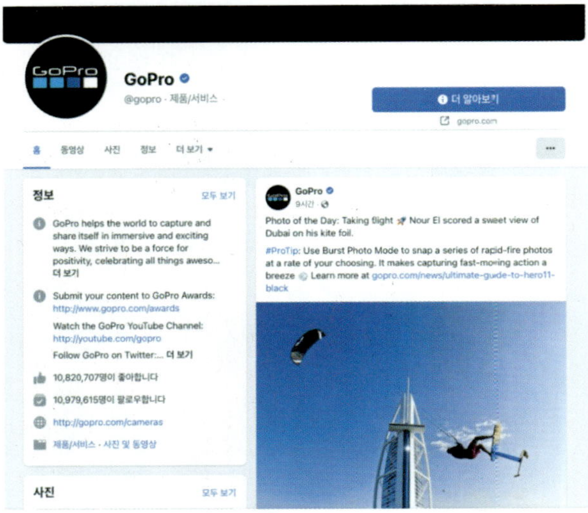

GoPro의 'Million Dollar Challenge' 캠페인을 통한 성공적으로 사용자생성형 콘텐츠가 생성되고 지속적으로 확장되도록 함

CU '편의점 고인물' 예능 콘텐츠를 유투브 연재를 통해 2030대의 공감성과 재미를 이끌어내어 새로운 콘텐츠 마케팅의 지향점을 제공함

다. 100만 달러는 이러한 캠페인을 위해 지출하기에는 많은 것처럼 보일 수 있지만, 이 브랜드는 '사용자 생성 콘텐츠'를 통해 새로운 주력 제품에 대한 인지도를 높이는데 높은 기여를 하고 있다 평가받고 있다. GoPro는 캠페인이 마감한 후에도 소비자들은 계속해서 캠페인 관련 피드를 올린다. 이 게시물들에는 수상자들의 소감, 제출물의 짧은 클립, 비하인드 스토리 링크들을 게시하며 '사용자 생성 콘텐츠'를 확장하여 적극적으로 활용한다.

CU

CU는 편의점 전체 매출의 60%가량을 차지하는 2030 세대의 중요성이 주목되는 가운데 이들을 겨냥한 콘텐츠인 '편의점 고인물'을 제작했다. '편의점 고인물'은 CU의 9년 차 아르바이트생 '하루'가 편의점에서 겪는 일상을 재밌게 영상에 담으며 높은 인기를 끌었다. 젊은 세대의 코드에 맞추며 공감을 이끌어 낸 결과 방영된 지 39일 만에 유투브 조회수 1억 회를 돌파하였다. 여기서 주목해야 할 점은 편의점 고인물은 광고적인 요소를 배제하며 온전히 예능 콘셉트에 초점을 맞춰 젊고 트렌디한 CU만의 브랜드 이미지를 구축했다는 것이다.

Spotify의 다국어로 생성된 최초의 AI 오디오 광고 제작

Spotify는 사람의 목소리를 AI 버전으로 읽어주는 팟캐스트 광고를 개발했다. Rask AI 팀은 이미 2023년 5월에 Spotify 자체에서 광고 캠페인을 시작했으며, 광범위한 테스트를 통해 청취자의 행동에 대한 귀중한 데이터를 확보했다.

Spotify 광고에서는 Spotify에서 어떤 언어를 사용하는지에 따라 사람들을 타기팅할 수 있다. 따라서 미국 시장 내에서 제품을 테스트하기 위해 다양한 언어, 특히 영어(EN), 스페인어(ES), 프랑스어(FR) 사용자를 타기팅하여 반응을 측정하고 가설을 테스트하기 위해 사운드 광고를 제작할 수 있다.

캠페인의 효과를 극대화하기 위해 비즈니스와 기술에 관심이 많은 팟캐스트 청취자와 음악 애호가를 위한 별도의 프로모션을 만들었다. 광고를 제작할 때 타깃 인구 통계에 맞는 사람들을 끌어들인다. 특히 미주 지역의 영어 및 스페인어 사용자들은 우리의 제안에 매우 긍정적이었으며 매우 높은 수준의 참여와 활동을 보여주었다. 스페인어를 사용하는 오디언스의 경우, 오디언스와 같은 언어로 광고를 시작하면 광고 완료율이 97% 이상일 정도이다. 즉, 오디언스의 모국어로 광고를 타기팅할 경우가 아주 우수한 광고 완료율을 도달함을 보여주고 있으며, AI 기술을 통해 언어 맞춤화를 성공적으로 수행한 사례이다.

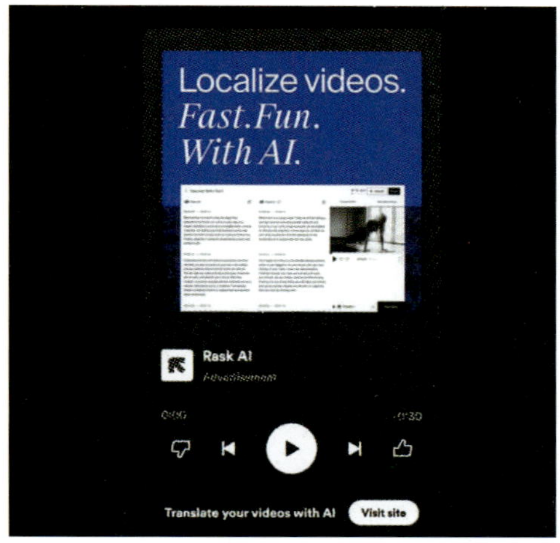

Rask AI는 스포티파이에서 다국어로 생성된 최초의 AI 오디오 광고를 제작하여 아주 우수한 광고 완료율을 도달함

::: 디지털 콘텐츠 전략과 개발

디지털 콘텐츠 전략의 중요한 요소

목표 설정　성공적인 디지털 콘텐츠를 만들기 위해서는 명확한 목표를 설정해야 한다. 이 목표는 대상 관객을 정의하고 원하는 메시지나 목적을 명확히 해야 하는데, 마케팅목표에 부합한 구체적인 디지털 콘텐츠 목표를 설정하는 것이 중요하다.

타깃 오디언스 이해　타깃 오디언스의 관심사, 주 사용 미디어 채널, 선호하는 콘텐츠 형식 등을 이해하는 것이 중요하다. 이에 맞춘 내용과 형태의 콘텐츠를 제공하는 것이 필요하다.

창의적인 콘텐츠 아이디어　창의적이고 독특한 아이디어를 개발하여 관심을 끄는 것이 중요하다. 새로운 시각이나 접근법을 통해 대상 타깃 오디언스를 끌어들일 수 있는 콘텐츠를 제작해야 한다. 콘텐츠는 흥미로워야 하며, 타깃 오디언스을 끌어들이는 내용과 아이디어가 필요하다. 창의적인 접근과 독특한 시각을 통해 관객의 호기심을 자극하고 끌어들일 수 있어야 한다.

품질과 내용과 구조의 일관성　콘텐츠의 품질과 일관성은 높여야 한다. 고품질의 콘텐츠를 제공하여 관객의 신뢰를 구축하고, 일관성 있는 콘텐츠를 유지하여 브랜드의 이미지를 유지해야 한다. 콘텐츠는 타깃 오디언스에게 유용하고 가치 있는 정보나 경험을 제공해야 한다. 해결해야 할 문제에 대한 해결책, 유용한 조언, 도움이 되는 지식 등을 제공하여 관객의 관심을 유도해야 한다.

효과적인 마케팅 좋은 콘텐츠를 만들었다고 해도, 그것을 알리는 것이 중요하다. 효과적인 마케팅 전략을 통해 콘텐츠를 홍보하고 타깃 오디언스에게 도달할 수 있도록 해야 한다.

상호 작용과 피드백 수용 타깃 오디언스과의 상호 작용을 촉진하고, 그들의 피드백을 수용하여 콘텐츠를 지속적으로 향상시켜야 합니다. 이를 통해 타깃 오디언스와의 관계를 강화하고 콘텐츠의 품질을 향상시켜야 한다.

지속적인 개선과 혁신 변화하는 트렌드와 시장 환경에 대응하기 위해 지속적인 개선과 혁신이 필요하다. 지속적으로 새로운 아이디어를 도입하고 콘텐츠를 업데이트하여 타깃 오디언스의 관심을 유지하고 성장을 이끌어야 한다.

디지털 콘텐츠 개발 시 중요 요소들

목적과 타깃 오디언스 콘텐츠를 작성하기 전에 명확하고 구체적인 목적을 설정하고 대상 관객을 정의해야 한다. 어떤 메시지를 전달하고자 하는지, 누구에게 전달할 것인지를 고려하여 콘텐츠를 구성한다. 특히, 콘텐츠는 타깃 오디언스에게 유용하고 가치 있는 정보나 경험을 제공해야 한다. 해결해야 할 문제에 대한 해결책, 유용한 조언, 도움이 되는 지식 등을 제공하여 관객의 관심을 유도해야 한다.

흥미로운 내용과 창의성 콘텐츠는 흥미로워야 하며, 타깃 오디언스을 끌어들이는 내용과 아이디어가 필요하다. 창의적인 접근과 독특한 시각을 통해 관객의 호기심을 자극하고 끌어들일 수 있어야 한다. 콘텐츠의 시각적 요소도 중요하다. 이미지, 비디오, 그래픽 등의 시각적 요소는 콘텐츠를 보다 매력적으로 만들어 준다. 풍부한 시각적 요소를 활용하여 콘텐츠를 더욱 효과적으로 전달할 수 있다.

사용자 경험(UX) 콘텐츠의 사용자 경험은 매우 중요하다. 콘텐츠가 사용하기 쉽고 직관적이며 유용한 정보를 제공하는지를 고려해야 한다. 사용자 편의성을 높이기 위해 적절한 레이아웃, 네비게이션, 이미지 및 비디오 사용 등을 고려해야 한다.

검색 엔진 최적화(SEO) 콘텐츠를 작성할 때 검색 엔진 최적화를 고려해야 한다. 관련 키워드를 적절하게 활용하고 메타 태그를 최적화하여 검색 결과에서 노출되는 기회를 높여야 한다. 콘텐츠를 개발할 때 검색 엔진 최적화를 고려해야 한다. 콘텐츠를 검색 결과에서 상위에 노출시키기 위해 키워드 연구, 메타 태그 최적화, 내부 링크 구조화 등의 SEO 전략을 활용해야 한다.

상호 작용과 공유 콘텐츠를 공유하고 상호 작용할 수 있는 기회를 제공하여 관객과의 관계를 강화해야 한다. 소셜미디어 공유 버튼, 댓글 기능, 토론 포럼 등을 활용하여 관객과의 상호 작용을 촉진할 수 있다.

업데이트와 관리 콘텐츠는 시간이 지남에 따라 업데이트되고 관리되어야 한다. 새로운 정보나 트렌드에 대응하고 콘텐츠를 최신 상태로 유지하여 관객의 관심을 유지해야 한다.

이탈률(Bounce Rate) 관리 이탈률이 0~40%라면 좋음, 40~60%라면 보통, 60% 이상은 좋지 않은 것으로 판단한다. 검색자 또는 독자들이 다양한 페이지를 조회하고 많은 정보를 얻어서 떠나도록 유도하면 이탈률을 낮출 수 있다. 혹시 이탈률이 높은 홈페이지라면 콘텐츠 안에 anchor 태그(텍스트에 링크를 걸어주는 태그)를 활용해 다른 페이지로 연결해 주는 것도 중요하다. 링크를 클릭해 다른 콘텐츠를 읽는 동안 체류시간이 더 늘어나기 때문이다. 고객 행동을 유도하기 위한 전환버튼을 통해서도 이탈률을 줄일 수 있다.

저작권 준수 다른 사람의 콘텐츠를 사용할 때는 해당 콘텐츠의 저작권을 준수해야 한다. 저작권 침해는 법적 문제로 이어질 수 있으므로 항상 원저작자의 허가를 받거나 공용으로 사용 가능한 콘텐츠를 선택하는 것이 중요하다.

콘텐츠 씨딩(Content Seeding)

AI·디지털시대의 다양한 미디어 채널의 소비가 폭발적으로 증가하면서 콘텐츠의 중요성은 더욱 중요하게 되었다. 이에 따라 콘텐츠 씨딩 또한 매우 중요한 요소가 되었다. 콘텐츠 씨딩은 기업이 고객주도의 콘텐츠가 생성되도록 콘텐츠 생성을 위한 다양한 형태의 씨앗을 제공하는 것을 말한다. 본래 인간에게 있어서 놀이는 본능적 욕구이며 멀티 페르소나들을 가지고 있다. 가상공간이나 플랫폼에서 콘텐츠를 생성하고 소비는 하나의 문화이며 새로운 생산과 소비가 동시에 일어나는 Prosumtion(Production+Consumption)은 중요한 소비활동이다. 이러한 Prosumtion 활동에 콘텐츠 씨딩은 하나의 놀라운 흥미꺼리, 놀거리를 제공하는 것이다.

한 예시로, 우연히 브랜드 퓨마의 경우, 짝퉁 제품의 로고 디자인이 기사화되면서 이를 재미있게 느낀 소비자들이 다양한 형태의 패러디를 하여 재미있는 로고 디자인들이 다양하게 생성되고 확산되었다. 퓨마 기업이 의도하지는 않았지만 브랜드 로고가 콘텐츠 씨딩이 되어 흥미롭게 바이럴 효과가 생성된 사례이다. 디지털 시대의 능동적인 고객 참여의 Prosumtion가 이루어지기 위해서는 기업

"미용실 다녀온 푸마" "푸마네 백수 외삼촌" "사실은 효자"

PAMA 한 푸마 사실은 500 다마 은혜갚은 살쾡이

주도의 콘텐츠인 FGC뿐만 아니라 고객주도의 콘텐츠인 UGC가 끊임없이 형성되도록 기업의 콘텐츠 씨딩 제공이 매우 중요하다.

AI·디지털시대의 시각적 콘텐츠 경쟁력

시각적 콘텐츠가 텍스트 콘텐츠보다 가지는 경쟁력은 여러 이론적 근거와 실제적인 데이터를 통해 잘 알 수 있다. 간단히 정리하면 다음과 같다.

인지 미학 이론(Aesthetic Appeal) 시각적 콘텐츠는 사람들의 시각적 관심을 더 빠르게 끌 수 있는 경향이 있다. 인지 미학 이론에 따르면, 우리 뇌는 아름다운 또는 흥미로운 시각적 자극에 반응하여 이를 기억하고 공감하게 된다. 이는 시각적 콘텐츠가 텍스트보다 더 빠르게 인식되고 기억되며, 더 긍정적인 감정과 연결되어 있음을 의미한다.

비주얼 리터러시(Visual Literacy) AI·디지털시대에서는 시각적 리터러시가 매우 중요한 역할을 한다. 시각적 콘텐츠는 전달력을 높이며, 사람들은 빠르게 시각 정보를 해석하고 이해할 수 있다. 시각적 콘텐츠는 복잡한 정보를 간결하게 전달하고 시각적 요소를 활용하여 이해를 촉진할 수 있으므로 더 효과적인 커뮤니케이션 수단으로 작용하는 것이다.

감정적 연결(Emotional Connection) 시각적 콘텐츠는 더 강력한 감정적 연결을 형성하는 데 도움이 됩니다. 이미지나 동영상은 텍스트보다 더 감정을 자극하며, 감정적으로 연결된 사용자들은 브랜드나 콘텐츠에 더 긍정적인 태도를 가질 가능성이 높습니다. 이는 브랜드 마케팅에서 중요한 역할을 합니다.

공유 가능성(Shareability) 시각적 콘텐츠는 소셜미디어 플랫폼에서 더 많이 공유되는 경향이 있다. 사람들은 재미있거나 감동적인 이미지나 동영상을 더 쉽게 공유하며 이는 정보나 메시지를 더 넓은 수용자에게 확산시키는 데 도움이 된다.

시각적 메모리(Visual Memory) 시각적 정보는 우리의 장기 기억에 더 오래 남을 가능성이 있다. 시각적 콘텐츠는 뇌에 더 깊이 기억되며 이는 브랜드와 제품에 대한 긍정적 기억을 더 오래 유지할 수 있음을 의미한다.

다양한 문화와 언어를 초월(Cross-Cultural and Language-Agnostic) 시각적 콘텐츠는 언어나 문화적 차이에 관계없이 이해하기 쉽다. 이는 글로벌 마케팅에서 특히 중요하며 시각적 콘텐츠는 다양한 대상층을 대상으로 하기에 이상적이다.

시각적 콘텐츠가 텍스트 콘텐츠보다 높은 경쟁력을 갖는 몇 가지 구체적인 사례를 소개하자면 다음과 같다.

핀터레스트(Pinterest)의 시각적 검색 효과 핀터레스트는 사용자들이 이미지를 검색하고 시각적으로 관련된 콘텐츠를 찾을 수 있는 플랫폼으로 알려져 있다. Pinterest의 연구에 따르면, 사용자 중 85%가 제품 구매에 관련된 결정을 내릴 때 시각적 검색을 활용한다. 또한 핀터레스트 사용자 중 55%가 오프라인 구매 전에 핀터레스트에서 관련 제품 이미지를 찾아보며, 이로 인해, 브랜드들은 시각적 콘텐츠를 통해 제품을 소개하고 홍보하는 데 중점을 둔다.

인스타그램의 영향력 있는 인플루언서와 시각적 콘텐츠 인스타그램은 시각적 콘텐츠와 인플루언서 협력을 통해 브랜드와 소비자 간의 감정적 연결을 형성하고 있다. According to a report by Influencer Marketing Hub, 인스타그램에서 마이크로 인플루언서와 협력하는 경우, 브랜드의 매출 대비 평균 ROI(투자수익률)는 4.3배에 이른다. 이는 시각적 콘텐츠와 인플루언서 협력이 브랜드에게 긍정적인 영향을 미치는 것을 보여준다.

YouTube의 동영상 광고 효과 YouTube는 동영상 콘텐츠를 중심으로 한 플랫폼으로, Google의 연구에 따르면 YouTube에서 동영상 광고를 시청한 후 제품에 대한 구매 의도가 높아진다고 한다. 더 구체적으로, YouTube 광고를 시청한 사람 중 70% 이상이 해당 제품 또는 브랜드에 대한 더 긍정적인 태도를 가지며, 50% 이상이 해당 제품 또는 브랜드를 구매할 의향을 표명한다. 이 데이터는 동영상 콘텐츠가 텍스트보다 제품과 브랜드에 대한 긍정적인 영향을 더 크게 미침을 보여 준다.

유튜브 채널 '오느른' 중 유키 구라모토 출연 장면 갈무리 | 크레디아

[감성다큐 '오느른' 유튜브채널]

MBC PD가 전라도 김제에 4,500만원 폐가를 구매 후, 셀프 인테리어 하고 농촌의 슬로우 라이프를 영상미 넘치게 보여주는 브이로그가 큰 이슈가 되었다. 유키 구라모토가 청보리밭에서 김제 거리에서 색다른 연주하는 신선한 영상을 보여 주었다. 또한 다양한 대형 문화 콘서트까지 주최하는 등 슬로우라이프의 신선한 콘텐츠들을 보여 주었다. 다른 지방들과 다르지 않게 인구소멸 문제를 경험하고 있는 김제 지역이 한 유튜브채널의 콘텐츠로 인해 아기자기한 콘셉트 점포들이 하나둘씩 모이면서 자연스럽게 사람들이 모이고, 자연스럽게 지역 상권도 살아나는 과정을 보여 주고 있다. 콘텐츠가 지역경제 활성화에까지 기여함을 보여 주어 여러 공공기관이 벤치마킹하는 이색적 성공사례이다.

::: AI·디지털시다의 고객 경험 관리

AI·디지털시대의 중요하게 된 개념

마인드점유율과 브랜드

마케팅은 끊임없는 시장의 상대적 점유율을 확보하기 위한 노력이라 해도 과언이 아니다. 일반적으로 해당 시장 내 경쟁우위 및 매출 지표인 시장점유율(Market Share/MS)은 마케팅의 주요 성과지표였다.

경쟁이 심화되면서 마케팅은 시간점유율(Time Share/TS)을 성과지표로 집중하기 시작하였다. 나이키는 1994~1998년까지 5년 연속 세 배 이상의 경이적인 성장률을 기록해 오다가 성장률이 둔화되기 시작하는 조짐이 보일 때 경영혁신을 선언하였다. 이때 나이키는 경쟁상대로서 소니, 닌텐도, 애플 등을 규정하였다. 당시 월드컵, 올림픽, PGA 등 세계 유수의 스포츠 행사들이 급증하고 있는 상황에서 경쟁상대를 리복, 퓨마, 아디다스 등으로 정의하는 것은 매우 상식적인 것이다. 그러나 나이키는 기존의 시장 내 플레이어들에게 주목하지 않고, 소비하는 주 타깃의 라이프스타일에 주목하였다. 주 소비자인 청소년은 게임에 집중하다 보면 집 밖의 운동시간이 줄어들게 되므로 게임 시간의 증가는 나이키 매출과 수익 감소에 영향을 미칠 것을 인식한 것이다. 즉, 나이키는 다른 운동브랜드 경쟁사들과 경쟁하고 있는 것이 아니라 스포츠업계와 게임업체 중 누가 고객의

그림 14.10
점유율의 진화

시간을 더 많이 차지하는가? 즉, 시간점유율과의 경쟁임을 선도적으로 선언한 것이다.

업종들이 붕괴하는 상황에서 기업들의 경쟁은 시장점유율에서 시간점유율로 바뀐다는 점에 주목해야 한다. AI·디지털시대가 도래하면서 대부분 산업의 벽은 더욱 허물어졌다. 소비자들은 수많은 혁신, 기술, 변화를 경험하면서 불확실성은 더욱 높아졌다. 기업이 제공하는 제품과 서비스들은 급변화하는 기술과 환경으로 인해 그 어느 때보다 급진적으로 변화하고 있다. 이에 따라, 소비자의 인식상에서의 해당 브랜드의 점유율은 더욱 중요하게 되었다. 이러한 불확실성 높은 기업 환경에서는 가장 본질적인 우리 소비자가 인식하고 있는 우리 기업의 정체, 본질, 철학 등이 중요하게 된다. 브랜드 아이덴티티 요소들은 소비자의 인식 상에 깊게 포지셔닝하게 되어 그 위상이 쉽게 변경되지 않기 때문이다. 이에 많은 연구자가 공통으로 시사한 바와 같이, AI·디지털시대의 성공적인 마케팅은 AI·디지털시대가 고객의 마인드 점유율의 경쟁임을 인식하고 본질로 돌아가 브랜드에 집중해야 하는 것이 중요하다.

CASE **STUDY**

"코카콜라 '한류맛' 출시됐습니다"

K팝과 팬덤 문화에서 영감을 받은 한정판 제품 '코카콜라 제로 한류(K-Wave)'가 출시됐다. 20일(한국시간) 여러 소셜미디어(SNS)에는 한류맛 콜라 후기 영상 등이 올라오며 화제를 모으고 있다.

오아나 블라드 코카콜라 글로벌 전략 시니어 디렉터는 이날 서울 여의도 페어몬트 앰배서더 서울에서 열린 글로벌 기자간담회에서 "음식, 패션, 드라마, 음악까지 한국의 문화적 영향이 전 세계적으로 확장하고 있다"며 "지금이야말로 코카콜라와 함께 할 순간이라고 생각했다"고 했다. 이어 "액체라는 형태로 시작하지만 한국의 맛, 향, 역동성을 함께 담을 수 있도록 디자인했다"고 강조했다.

걸그룹 있지(ITZY)의 예지와 류진(오른쪽)이 코카-콜라 글로벌 신제품 기념 글로벌 간담회에 앞서 포즈를 취하고 있다. /뉴스1

코카콜라 제로 한류는 기발한 아이디어와 협업, 문화를

접목해 독창적인 브랜드 경험을 제공하는 플랫폼 '코카콜라 크리에이션'을 통해 출시된다. 이 플랫폼은 2022년 2월 첫 론칭 이후 4개의 한정 제품을 선보였다. 코카콜라 제로 한류는 다섯 번째 제품이다. 블라드 디렉터는 "한류에 대한 사랑과 관심, 팬덤의 열정을 우리 브랜드 안에 집어 넣는데 주력했다"며 "한국 문화의 성공을 전 세계와 함께 가져가는 것이란 의미"라고 강조했다. 이 제품은 한국과 미국, 일본, 프랑스, 스페인, 싱가포르 등 세계 36개국에서 판매될 예정이다.

코카콜라 한정판 제품으로 '코카콜라 제로 한류(K-Wave)'가 출시됐다. /코카콜라 제공

맛부터 패키지까지 '한국적 요소' 배치 눈길…"상큼한 최애 맛"

코카콜라에 따르면 코카콜라 한류는 '상큼한 최애 맛'이라고 한다. 코카콜라 고유의 맛과 팬들이 가장 좋아하는 K팝 아티스트에게 처음으로 빠져들었을 때 느꼈던 감동과 특별함을 담았다는 게 코카콜라 측 설명이다. 제품 패키지 역시 콘서트 현장에서 함께 만들어 내는 폭발적이고 생동감 넘치는 에너지를 시각적으로 느낄 수 있도록 디자인됐다. SNS에서 한 유튜버는 직접 한류맛 코카콜라를 맛보는 영상을 올리며 "과일 향이 많이 나는데 특히 바나나, 복숭아 맛이 난다"고 평가했다. 또 다른 네티즌은 "K-pop을 좋아하는데 한류맛이라니 무슨 맛일지 궁금", "가장 좋아하는 콜라가 될 듯"이란 댓글을 남겼다.

박진영·ITZY(있지) 등 JYP엔터와 음원·뮤비 협업도

코카콜라는 이번 한류 한정판 제품 출시와 함께 JYP엔터테인먼트 식구들이 참여하는 프로그램도 준비 중이다. 한류의 맛을 코카콜라로 재탄생시켰다는 점도 놀랍지만, 실제 K팝의 선두주자인 JYP엔터와 문화적으로 협업하는 것도 흥미롭다. 협업은 JYP엔터의 대표 아티스트 ITZY(있지), 스트레이키즈, 엔믹스, 박진영 등 3개 그룹, 18명이 함께한다. 이날 코카콜라와 JYP엔터는 코카콜라 제로 한류와 협업한 곡 '라이크 매직'의 뮤직비디오를 세계 최초로 공개하기도 했다.

박진영 JYP엔터 창의성총괄책임자는 "K팝은 아티스트와 팬들이 맺는 특별한 관계를 의미하는 단어"라며 "이번 프로젝트를 하면서 유일하게 걱정했던 것이 코카콜라 제로 한류의 맛이었는데 실제 마셔보니 (한류를 느낄 수 있는) 특별한 맛이어서 확신을 갖게 됐다"고 했다.

한편 코카콜라는 코카콜라 제로 한류를 통해 디지털 경험 확대를 위한 프로그램도 준비 중이다. 오는 6월엔 코카콜라와 협업한 3개 그룹을 한번에 만나볼 수 있는 'K웨이브 콘서트'도 후원할 예정이다.

출처: 서울신문, 2024.2.20

RaaS(Retail-as-a-Service)

RaaS는 서비스로서 유통이라는 개념은 소비자가 자발적으로 찾는 '재미와 즐거움'이 있는 매장으로 변신하여 고객 체험 강화하기 위한 것이다. 상품에 대한 입체적인 서비스와 경험을 제공하는 서비스형으로서 기업이 생존을 넘어 지속 성장하기 위한 통합된 고객 경험의 창출하기 위한 방식이다. AI·디지털시대 도래로 혁신 기술 접목하여 고객 경험을 고도화하는 방법도 있지만, 이와 반대적 수요로서 소비자 심미적 욕구를 채우고 힐링하는 시간에 대한 수요가 높아졌다. 기존의 유통의 '상품'과 '가격' 경쟁력에서 '공간' 경쟁력으로 진화하고 있다. 이를 리테일 아포칼립스, 리테일 테라피라고도 한다.

더현대서울, 사운즈 포레스트

롯데아울렛, 타임빌라스 클라스빌

고객 경험 강화

고객 경험을 강화하기 위해 다양한 시도들이 진행되고 있다. 이 중 제품 및 리테일 공간 디자인과 데이터 기반의 접근을 통해 고객 만족도와 기업의 성과를 향상시키는 방법들은 다음과 같다.

Apple의 디자인 중심 사용자 경험(Design-Centric User Experience) Apple은 제품과 서비스의 사용자 경험에 대한 디자인에 중점을 둔 기업으로, 이를 통해 사용자들에게 높은 만족도를 제공하고 있다. Apple의 제품은 사용자 편의성과 디자인 감각으로 인해 광범위한 긍정적 평가를 받고 있으며, 그 결과, 매출과 이익을 지속적으로 증가시키고 있다. Apple은 제품의 디자인, 사용자 인터페이스, 소프트웨어 성능을 지속적으로 최적화하고 고객 피드백을 수집하여 제품 개선을 진행한다. 또한 사용자들에게 쉽게 접근할 수 있는 지원 및 교육 자료도 제공한다.

Amazon의 개인화된 쇼핑 경험(Personalized Shopping Experience) Amazon은 고객 데이터 및 기계 학습 알고리즘을 활용하여 맞춤형 쇼핑 경험을 제공한다. 고객은 개인화된 제품 추천, 구매 이력, 검색 기록을 기반으로 상품을 찾고 구매할 수 있다. 이러한 접근으로 Amazon은 고객 충성도를 높이고 매출을 증가시켰다. Amazon은 고객 데이터를 수집하고 분석하여 각 고객에게 맞춤형 추천을 제공하는데 중점을 두며, 사용자가 웹사이트를 탐색하면서 어떤 상품을 둘러보는지, 구매하는지에 대한 데이터를 활용한다. 이러한 정보를 기반으로 사용자의 관심사에 따라 제품을 추천하고 할인 혜택을 제공한다.

세상에서 가장 흥미로운 스토어, Showfields Showfields가 펼쳐지는 브랜드 공연장과 같은 스토어를 통해 브랜드의 정체성과 고격 경험 그 자체를 상품화하고 새로운 차별화된 가치를 창출한다. 일반적으로 Showfields는 art와 D2C 창의적 브랜드 쇼룸 + 스토리가 결합되어 연출했다.

Showfields 뉴욕 매장

Showfields 마이애미 매장

감정 목표 설정

AI·디지털시대에 다양한 기술의 활용도 중요하지만 마케팅전략 수립시 감정 목표를 설정하고 아날로그 감성 개발도 매우 중요하다. 이는 공감 마케팅(Empathy Marketing)과도 매우 밀접하게 관계가 있다. 공감 마케팅은 고객의 감정, 생각, 경험에 깊이 공감하고 이를 바탕으로 마케팅 전략을 수립하는 접근법이다. 이 전략은 단순히 제품이나 서비스를 판매하는 것을 넘어, 고객의 실제 필요와 감정을 이해하고 그에 응답하는 것에 중점을 둔다.

에어비앤비는 관광을 위한 기본 정보를 제공하는 데에서 진화하여 특정 주제 중심의 여행을 선보이고 있다. 여행을 통해 경험하는 다양한 사람들과의 만남, 로컬 음식, 중요 관광지 등 다양한 경험 중심, 감정 중심의 소구가 성공적으로 수행되고 있다.

고객 경험을 개선하는 실시간 데이터 기반 기술

AI 기술을 활용한 챗봇과 가상 커뮤니케이션은 점차 더 정교해지고 있다. 이로써 기업은 고객에게 연중무휴, 24시간 개인화된 지원을 제공할 수 있게 되었고 생성형 AI가 온라인 쇼핑몰에서 텍스트나 이미지 기반의 검색과 결합하면서 전통적인 전자상거래의 패러다임을 혁신하고 있다. AI 기술은 고객의 요청에 빠르

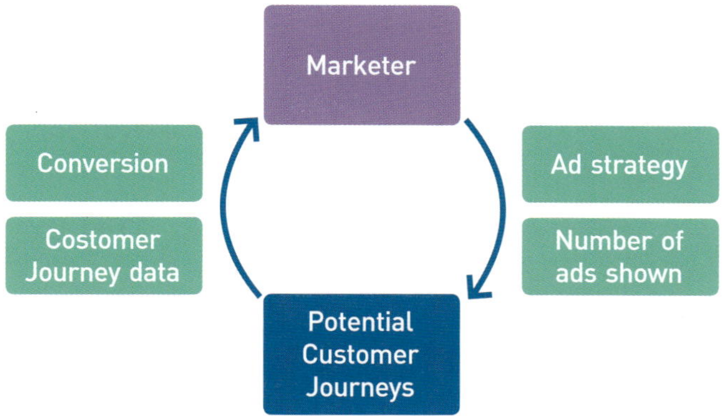

그림 14.11
생성형 AI의 강화학습을 활용한 마케팅 흐름

고 정확한 응답을 제공함으로써 편의성을 높이는 동시에 기업의 신뢰도와 충성도를 높여 고객 경험 혁신에 기여한다.

고객 생애 가치(Life Time Value)

고객 생애 가치(LTV)는 모바일 비즈니스 성장을 위한 핵심 지표로, 주로 유저가 앱을 사용하는 기간 창출하는 매출을 의미한다. CLV(Customer Lifetime Value)라고도 불리운다. 마케터는 LTV를 근거로 유저 유입 마케팅 예산을 적절히 책정하여 인앱 구매, 인앱 광고, 앱 구독과 같은 수입원의 흐름을 최적화하고 수익성을 유지한다. 리텐션(retention)을 돈으로 환산한 지표로서 고객 한 명이 비즈니스에서 평생 발생시킬 매출이자, 고객 한 명의 누적 결제 금액을 의미한다. 베인앤컴퍼니의 연구에 따르면, 고객 유지율이 5% 증가하면 이익은 약 25~95%까지 증가한다고 한다.

CLV와 LTV(또는 CLTV)라는 큰 차이는 없다. 모두 기업을 분석하는 데 사용할 수 있는 유용한 재무 비율인 고객 생애 가치를 의미하며, 종종 혼용되어 사용되기도 한다. 많은 기업에서 각 용어의 사용은 합의된 선호도에 따라 결정되는 경우가 많습니다. 일부 기업에서는 CLV와 LTV를 세분화하여 구분하기도 한다. 이러한 경우 LTV는 전체 고객층의 평균 고객 생애 가치를 의미하며, CLV는 개별 계정(Account)의 생애 가치를 의미한다.

비즈니스의 수익성과 지속가능성 파악

LTV를 계산하면 유저가 앱 내에서 발생시킨 매출에 대한 추정치를 확인할 수 있다. 이를 기반으로 우리 비즈니스가 얼마나 수익성이 있고 지속 가능한지 살펴볼 수 있다. 앞서 언급한 것처럼, LTV는 비즈니스의 성장을 위한 또 다른 중요한 지표인 리텐션을 돈으로 환산한 지표와도 같다고 여겨지기도 한다. LTV와 리텐션은 고객과 우리 비즈니스의 상호작용과 성장 정도를 파악하는데 빼놓을 수 없는 중요한 두 지표이다. 고객의 리텐션 비율이 높다고 하더라도 고객의 결제 금액이 적어서는 성장에 한계가 있으며, 높은 지출을 보이는 유저가 있다고 하더라도 고객이 다시 우리 비즈니스를 방문해 주지 않는다면 그 비즈니스는 지속 가능하지 않는다. 리틴션과 LTV를 함께 확인하고 이를 개선하려는 노력을 통해 지속 가능한 비즈니스로 성장해갈 수 있다.

시장조사 기관인 Vanson Bourne의 고객 생애 가치(Customer Lifetime Value)에 대한 설문조사에 따르면, 마케터는 CLV의 모니터링하는 것만으로도 다음과 같은 개선효과를 얻을 수 있다.

- CLV 모니터링은 매출을 증가시킨다. (80%)
- CLV 모니터링은 고객보유율을 증가시킨다. (68%)
- CLV 모니터링은 브랜드충성도를 증가시킬 수 있다. (56%)

신규 고객 획득 비용의 최대치 계산 및 효율 개선

LTV는 신규 고객을 확보하기 위해 얼마만큼까지의 비용을 지출할 수 있는지에 대한 기준을 정하는 데에도 좋은 지표이다. LTV를 계산하여 고객들이 우리 비즈니스에서 어느 정도의 매출을 발생시키는지 파악했다면, 신규 유저 획득 비용은 그보다 낮아야 한다. 신규 고객을 획득하여 구매를 촉진하는 것보다 기존 고객을 유지시키고 재구대를 유도하는 것이 훨씬 효율적이다. 일반적으로 신규 고객 획득 비용이 기존 고객 유지 비용에 비해 5배 더 높다고 한다. 이는 즉 LTV가 높은 고객군을 파악하그 관리하는 것의 중요성과로 이어지게 되는 것이다. 가치 있는 고객에게 보다 좋은 혜택을 제공하여 상호작용을 증진하게 되면 수익의 개선과 LTV의 증가 그리그 신규 고객 획득 비용의 절감으로도 이어질 수 있다.

효율적인 마케팅 채널 파악 및 예산 분배의 효율성 증진

유입 채널별 유저들을 코호트로 나누어서 LTV를 계산해 보면, 가장 높은 가치를 보이는 유저군을 획득한 채널을 찾을 수 있다. 이를 통해 가장 효율적인 마케팅 채널을 파악하여 예산 쿤배를 조절하면 고가치 유저군을 획득할 수 있는 가능성을 높일 수 있다. 즉, 우리 비즈니스에서 가장 많은 수익을 발생시키는 고객군 획득하는 방향으로 UA 전략을 발전시켜서 마케팅 예산의 ROI를 개선해 갈 수 있다.

위의 세 이유를 종합하여 살펴봤을 때, LTV를 제대로 계산하면 의사 결정을 내릴 수 있는 효과적인 근거를 획득할 수 있으며 비용 효율을 최대화할 수 있기 때문에 중요하다고 할 수 있다. 다양한 LTV 계산 방법이 있다. 그래서 단순하게는 유저가 평생 발생시킬 수익을 전부 더한 값에서 유저를 획득하기 위해 투자한 비용(Customer Acquisition Cost: CAC)을 빼서 값을 얻을 수 있다. 물론 LTV를 계산하는 것이 이렇게 단순하지만은 않다.

① 수익×재구매율－고객획득비용
② (평균 구매 금액×총 마진×구매 빈도×고객 수명)－고객 획득 비용
③ ARPU(Average Revenue Per User)×재구매율

LTV 트래킹시 주의할 점

실제, LTV 트래킹은 어렵다. 그 이유는 첫째, 주의해야 할 점은 모든 업계에서 LTV가 중요한 지표는 아니라는 점이다. 부동산, 자동차 등 자주 구매할 수 없는 고관여 상품 혹은 서비스를 판매하는 경우 LTV를 계산하거나 유의미하게 활용하기 어렵다. 구매를 결정하기까지 시간이 오래 소요되기도 하며 재구매가 발생하지 않을 수도 있기 때문에 LTV를 주요 지표로 두어서는 효율적인 의사 결정을 내릴 수 없다. 둘째, 고객 감정처럼 미묘한 것을 정의할 수 있는 지표를 확보하려면 많은 데이터가 요구된다. 고객이 제품을 구매한 시기, 계약 기간과 가격, 관련 업셀링, 다운그레이드, 갱신 등을 모두 트래킹해야 한다. 또한 빈티지 및 제품 라인별로 필터링하여 계절, 기간, 오퍼 유형이 고객 관계에 어떤 영향을 미치는지 확인할 수 있다. 셋째, 고객 라이프사이클 전반에 걸쳐 다양한 접점에서 생성되는 수많은 고객 데이터는 접근하기 어렵고 직관적이지 않은 형식으로 CRM 내부 깊숙한 곳에 존재할 수 있다. 이러한 심층적인 데이터를 모두 가져오고, 입력하고, 분석하려면 상당한 리소스가 필요하다. 또한 이러한 데이터를 고객 확보 비용(CAC)에 오버레이하여 장기적으로 지속 가능한 성장을 위한 비즈니스 최적화해야 한다.

라이프사이클 마케팅

AI·디지털시대는 기업이 고객경험을 실시간 모니터링을 하여 고객경험을 체계적으로 관리하고 더 나은 고객경험을 제공하는 것뿐 아니라, 한 단계 더 나아가 고객을 기업 활동까지 적극적으로 지원하고 옹호하게까지 하는 360도 차원의 기업과 고객과의 관계 구축을 목표로 하고 있다. 이를 라이프사이클 마케팅(lifecycle marketing)이라고 하는데, 획득한 리드를 통해 실제 구매 고객으로 창출하고, 나아가 단순 고객에서 고객을 기업의 마케팅 활동까지 지원해주는 브랜드 옹호자로 끌어올리게 하는 360도 관계 구축 과정이라 볼 수 있다. 즉, 고객

그림 14.12 라이프사이클 마케팅의 개념도

(customers)에서 브랜드 옹호자(brand advocates)로 만드는 것을 관계 구축의 과정인 것이다.

〈그림 14.12〉는 라이프사이클 마케팅의 개념을 기업 관점에서 풀어서 설명한 것이다. 라이프사이클 마케팅은 기본적으로 4가지로 단계로 구성되어 있으며 앞 단계에서 충족되면 그 다음 단계로 발전적으로 심화되는 구조를 가지고 있다.

① 첫 단계는 리드 생성(lead generation)의 단계로 트래픽을 증가시키는 것이고 이를 통해 리드를 생성한다. 리드는 기업이 판매하고 있는 제품에 관심이 있는 개인을 추적할 수 있는 모든 데이터를 말한다. 예를 들면, 우리 기업 웹사이트에 개인정보를 제공하던가, 기업 SNS에 방문한 기록 또는 상담받기 위해 전화하는 행위들이 포함된다. 고객 여정(customer journey)에 걸쳐 적합한 타깃에게 적절한 타이밍에 효과적인 메시지를 전달하기 위해 실시간으로 데이터를 사용해야 한다. 이를 위해, 이메일 마케팅 캠페인, 소셜미디어 광고 캠페인 그리고 길거리에서 진행되는 캠페인이나 이벤트, 혹은 블로그 콘텐츠 홍보와 같은 콘텐츠 마케팅까지, 리드를 생성하기 위해 다양한 방법들이 사용된다. 이 리드 생성 단계에서 가장 중요한 것은 비즈니스에 적합한 타깃 오디언스들을 어떻게 확보하느냐가 중요한 단계이다.

② 두 번째 단계는 리드 육성(lead nurturing)이다. 기업의 리드와 긴밀한 관계를 구축함과 동시에 종종 CRM(Customer Relationship Management) 소프트웨어를 활용하여 마케터들이 효율적이고 시기 적절한 방법으로 고객의 질문에 적절하게 대응하는 단계이다. 리드가 기업과 제품들에 대해 잘 알 수 있도록 지원하는 것이 중요하다. 리드를 육성하기 위해서 제품과 서비스에 대한 전문 지식을 많이 갖춰야 한다. 일반적으로 기업(브랜드)으로부터 유용하고 적합한 답변을 받지 못할 경우, 33%의 리드들이 이탈한다는 보고가 있다. 또한, 신속한 대응이 중요하다. 5분 이내에 리드들의 문의에 팔로업하는 것은 그들을 고객으로 전환시킬 확률을 그렇지 않은 경우보다 무려 9배 더 높게 증가시킨다고 한다. 이러한 과정 속에 자연스럽게 리드를 포함한 고객들은 구매가 이루어지기 때문에 세일즈가

일어나는 중요한 과정이기도 한다.

③ 세 번째 단계는 고객 성공관리(Customer Success Management: CSM)로서, 성공적인 세일즈를 생성하고 난 이후에는, 고객 성공관리 단계로 이동하는 단계이다. 낮은 수준의 고객 서비스는 70%의 고객을 떠나 보낼 수 있다는 보고도 있다. CSM은 과연 구매 고객들이 제품을 잘 사용하고 있는지 확인하기 위해 타깃되어진 기존 고객을 대상으로 한다는 점만 제외하면 리드 육성 과정과 비슷하다. CSM의 요점은 이탈을 줄이고 참여를 늘려 제품 갱신 및 재구매를 유도하는 것이다. 이 단계에 고객 여정(customer journey)에 기반한 고객 메시징 조정과 함께 개인화된 커뮤니케이션은 중요한데, 이는 고객 유지 및 로열티에 크게 영향을 주기 때문이다.

④ 라이프사이클 마케팅의 마지막 단계는 브랜드 충성도 관리(promote customer advocacy) 단계로서, 리워드 프로그램, 인센티브 프로그램과 같이 고객 충성도를 끌어오기 위한 활동과 고객으로 하여금 제품과 서비스에 대한 입소문을 퍼트릴 수 있도록 장려하는 다양한 마케팅 노력들이 포함된다. 성공적인 고객 충성도 전략은 실제로 충성도 높은 팬들을 생성하게 되는데, 이들은 기본적으로 브랜드를 위해 자발적인 입소문 마케팅 활동을 수행해주는 로열티 있는 고객층이다. 보고에 의하면, 90%의 사람들은 제품이나 서비스에 대한 친구의 추천이나 구매평을 신뢰한다고 한다. 특히, 이 단계에서는 소셜미디어 인게이지먼트(social media engagement)가 확산이 되는 단계로써, 브랜드 옹호자들은 그들의 친구들에게 영향을 끼칠 확률이 50% 더 높다는 보고가 있다. 그러나 실제 오직 20%의 기업들만이 이 브랜드 옹호자 및 전문가 프로그램을 사용하고 있는 것으로 보고되고 있어서 기업은 할인, 프로모션 등의 보상프로그램으로 더 확산이 이루어지도록 도모해야 한다.

::: AI · 디지털시대의 마케팅

AI · 디지털시대의 중요 개념들

본서는 여러 장에 걸쳐 AI · 디지털시대에 중요한 개념인 브랜드, 콘텐츠, AI · 디지털 관련 기술들을 강조하였다. 명확한 이해를 돕기 위해 〈그림 14.13〉은 AI · 디지털시대에 마케팅의 중요 개념들의 체계도를 제시하였다. AI · 디지털시대에서의 마케팅전략 중심은 가장 중요한 것은 본질에 충실한 브랜드전략이다. 브랜드전략은 기업의 가장 핵심적인 기업전략이며 기업이 구현하고자 하는 본질,

| 그림 14.13 |

AI·디지털시대 마케팅의 중요 개념들의 체계도

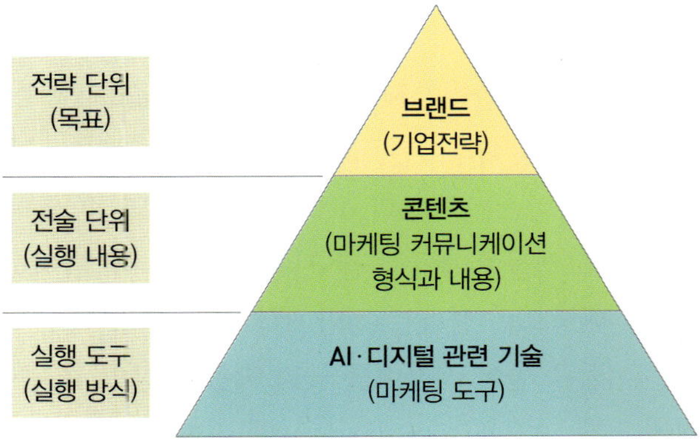

즉 브랜드이다. 콘텐츠는 이전 어느 때보다도 중요한 개념으로써 전술 단위에 해당되며 마케팅 커뮤니케이션의 형식과 내용이다. AI·디지털 기술들은 마케팅 전략과 전술을 구현하기 위한 전략적 도구로서 기업 목표를 효율적으로 달성할 수 있도록 고도화된 마케팅을 통해 마케팅 KPI를 달성할 수 있도록 도와준다.

AI·디지털시대의 마케팅을 일반적으로 디지털 마케팅이라 지칭한다. AI·디지털 기술이 발전하여 기업들의 마케팅에 적용이 다양화되면서 디지털 마케팅의 중요성은 더욱 높아지고 있다. 디지털 마케팅의 본질적 목표는 브랜드 가치의 구현이다. 이를 코카콜라 〈Case Study〉에서 상세히 소개하였다.

CASE **STUDY** | **'코카콜라' 디지털 마케팅의 힘으로 130년 간 사랑받다**

'코카콜라'로 알아본 디지털 마케팅의 성공 사례

코카콜라는 1886년 미국 코카콜라 컴퍼니에서 출시한 제품으로, 전 세계 200여 개국 이상에서 팔리고 있는 가장 인지도 높은 상품이다. 또한 현재까지 사랑받는 장수 브랜드 중 하나이다. 그 이유는 무엇일까? 코카콜라는 제조업체 임에도 불구하고 디지털 마케팅에 많은 시간과 노력을 들였다. 디지털 마케팅은 소비자의 마음을 열게 하고 나아가 전 세계인들이 '코카콜라'를 사랑하게 만들었다. '코카콜라'를 통해 디지털 마케팅, 디지털 플랫폼 그리고 브랜드 가치 활용까지 디지털 마케팅의 성공사례를 살펴봤다.

디지털 마케팅 'Share a coke'

코카콜라의 디지털 마케팅 캠페인 중 가장 성공한 사례

로 뽑히는 'Share a coke'는 그 나라에서 가장 인기 있는 이름들을 뽑아, 해당 이름을 코카콜라 병에 인쇄해서 판매하는 캠페인이다. 처음 시작은 호주였는데, 당시 호주 사람들은 자신의 이름이 적힌 코카콜라 병을 찾아 구매했다. 뿐만 아니라 사진을 찍어 소셜네트워크서비스(SNS)에 올리기 시작했다. 해당 마케팅을 통해 코카콜라는 111년 만에 4% 매출을 신장했을 뿐 아니라 기존 고객보다 젊은 세대 고객층이 7% 증가했다. 또한, 코카

콜라 페이스북 언급률이 870% 증가하는 등 놀라운 성공을 거두었다.

디지털 플랫폼 '코카콜라 저니'

'코카콜라 저니'는 2012년 코카콜라가 공개한 일종의 디지털 매거진이다. 단순히 기업의 정보를 보여주는 일방통행식의 홈페이지가 아닌 소비자, 언론, 임직원 등 여러 사람과 소통하겠다는 의지를 보여주는 디지털 플랫폼을 만든 것이다. '코카콜라 저니'에는 코카콜라 제품과 관련된 홍보성 글뿐 아니라 대중의 흥미를 끌 만한 콘텐츠, 그리고 그들에게 영감을 줄 수 있는 다양한 형태의 콘텐츠가 담겨 있다.

'코카콜라 저니'에서는 특히 '산타클로스와 코카콜라에 대한 5가지 재미있는 사실', '지속 가능한 경영을 위한 코카콜라의 노력' 등의 스토리를 통해 그동안 잘 알려지지 않았거나, 아무도 모르고 있었던 브랜드의 비하인드 스토리를 만날 수 있다.

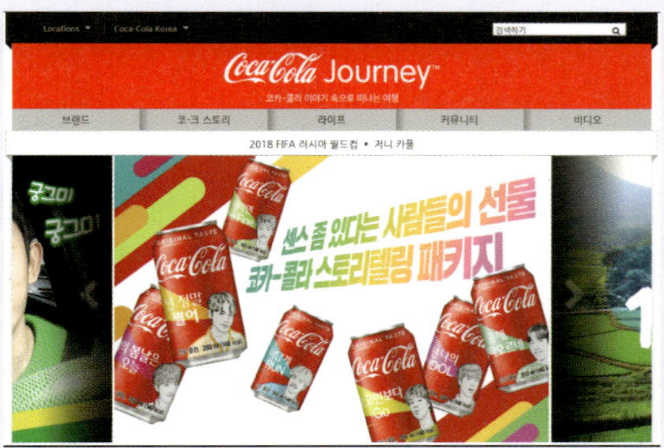

브랜드 가치 활용

코카콜라에서 최근 가장 집중하고 있는 디지털 마케팅 방법은 '코카콜라' 그 자체의 브랜드 가치를 활용하는 것이다. 세계에서 고유명사로서 가장 많이 언급된 단어 중 하나인 '코카콜라'는 음료수 브랜드를 넘어서 그 자체로 소비자들의 일상에서 한 부분을 차지하고 있다. 이에 소비자들이 '코카콜라' 브랜드를 어떻게 소비하는지 분석하고 그에 맞는 전략을 선보였다.

그중 최근 성공 사례는 여러 스타 혹은 브랜드와 콜라보레이션(collaboration)하여 발매한 '코카콜라 굿즈(Goods)' 관련 이벤트이다. '코카콜라'의 대표적인 컬러인 빨간색과 로고를 활용한 각종 굿즈는 많은 팬의 소장 욕구를 불러일으키고 있다. 자체 제작 굿즈들이 큰 호응을 얻으면서 '코카콜라'는 브랜드의 진성 팬을 겨냥한 어플리케이션 'Coke PLAY'를 자체적으로 만들었다. 'CokePLAY'는 '코카콜라' 브랜드와 관련한 게임, 카메라 필터, 비디오 영상 등을 제공하면서 브랜드에 대한 관심을 이끌어내고 있다. 또한 '코카콜라' 자체 제작 굿즈들을 단독적으로 판매하는 핫딜(Hot Deal)과 같은 이벤트성 페이지를 열어 굿즈 홍보뿐 아니라 판매까지 적극적으로 프로모션하고 있다.

출처: 소비자 평가, 2019.2.25

리테일 4.0 시대의 도래

스틸리아노와 코틀러는 그들의 저서 리테일 4.0에서 유통 환경의 변화, 경기 불황의 장기화, 라이프스타일과 소비 습관 변화의 현 상황을 리테일 4.0이라고 규정하였다.

그림 14.14

리테일 진화와 리테일 4.0의 특징

출처: 주세페 스틸리아노 & 필립 코틀러(2020), 리테일 4.0

Retail 1.0	Retail 2.0	Retail 3.0	Retail 4.0
백화점 탄생 정찰제 거래 전문판매원 현대화된 시설	쇼핑·레저 센터 등장 셀프서비스 다양한 오프라인 리테일의 등장	인터넷기반 전자상거래 출현 온라인, 모바일 쇼핑 확산	디지털 기술의 혁신, 온·오프라인 융합 고객경험 H2H (Human to Human)

리테일 4.0은 AI·디지털시대의 변화에 따라 발전한 리테일링의 새로운 패러다임이다. 리테일 4.0은 디지털 기술의 혁신, 온·오프라인 유통의 융합, 고객경험, H2H(Human to Human) 중심의 특징을 가지고 있다. 특히, H2H는 사람 간 거래라는 보다 폭넓은 개념에서 리테일을 이해를 요구하고 있다. 데이터는 21세기의 새로운 석유와 같다. 활용할 수 있는 정보를 발견, 처리, 유통하여 화폐화하는 것이 AI·디지털시대의 기업 목표인 것이다. 데이터는 가치 있는 정보로 변환되어야 실행 가능성이 높아진다. 이를 통해 그 어느 때보다 고객과 지속적인 관계 구축과 고객의 정서적 경험에 초점을 두어야 한다.

::: AI·디지털시대의 유통물류 분야의 AI 기술 활용

인공지능 기술은 유통 기업의 많은 영역에서 적용될 수 있다. 위치 선정과 진열뿐만 아니라 제품 선택, 인력 채용과 같은 전략적인 결정에 다양한 접목 노력이 이루어지고 있다. 유통 물류기업들의 AI 활용 영역들은 다음과 같다.

그림 14.15

유통물류 분야의 기술 도입 및 활용

출처: 삼정KPMG(2017), 유통 4.0 시대, 리테일 패러다임의 전환, Samjong Insight, Issue 54.

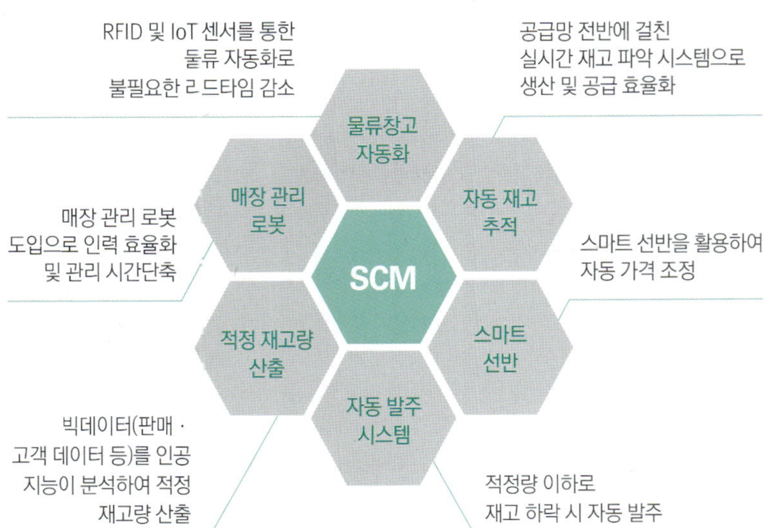

AI가 제안하는 최적 점포 입지

인공지능 기술은 유통기업의 많은 영역에서 적용되고 있다. 점포 위치 선정, 수요 예측, 소비자 분석 등에서 인공지능을 적극적으로 활용하고 있다. 또한 인공지능을 활용한 의사결정 시스템을 구축하기 위해 기업들은 소비자를 비롯한 경영 환경과 관련된 방대한 양의 빅데이터를 수집하고 분석 노력을 하고 있다.

미국의 홈데코 대형체인 커클랜드(Kirkland)

특히, 신규 점포를 개설할 때 입지를 선정하는 과정은 상당한 시간과 비용이 소요되는데, 인공지능은 이를 빠르고 효율적으로 처리할 수 있다. 인공지능은 후보지들의 다양한 데이터를 종합하여 최적의 입지를 결정하며, 후보지별로 매출에 영향을 미치는 요인들을 비교하고 분석하여 전략적인 조언을 제공한다. 예를 들어, 미국의 홈데코 대형체인 커클랜드(Kirkland)는 인공지능을 활용하여 신규 점포 입지를 선정하였는데, 이를 통해 기존 점포의 특성과 매출 데이터를 분석하여 최적의 입지를 도출하고 있다.

AI를 활용한 SCM(Supply Chain Management)

효율적이고 지속 가능한 공급망을 구축

유통 산업에서 SCM(Supply Chain Management) 분야는 가장 빠르게 변화하는 부분 중 하나이다. 기업들은 급변하는 환경에 신속하고 유연하게 대응하기 위해 IoT, 로보틱스, 인공지능과 같은 첨단 기술을 적용하여 공급망 관리의 효율성과 정확성을 높이기 위한 노력을 기울이고 있다. 이전에는 바코드와 같은 입력 장치를 이용하여 공급망 관리를 개선하려는 시도가 있었지만, 대부분은 부분적인 효율성 개선에 그쳤는데, 최근에는 유통 기업들이 공급망 시스템 전반을 개선하여 물류, 재고, 매장 관리 비용을 실제 절감하고 있다. 예를 들면, 미국 eBay는 인공지능 기술을 토대로 판매량을 예측하고 잠재수요를 파악하는 기술력을 갖춘 이스라엘 스타트업 세일즈프레딕트(Sales Predict)를 인수하여 인공지능을 활용한 수요 예측을 고도화하고 있다. 동시에 엄격한 품질 관리를 통해 제품의 불량률을 낮추는 등 공급망 관리를 통해 기업의 경쟁력을 높이고 있다. 이러한 노력은 기업이 경쟁적인 시장에서 성공적으로 존속하기 위해 필수적이다. 그 결과로 유통기업들은 효율적이고 지속 가능한 공급망을 구축하여 고객에게 최상의 서비스를 제공할 수 있게 되었다.

시간화되는 물류 · 재고 관리

RFID(무선전파인식) 태그의 가격 하락과 IoT 기술의 발전은 재고 관리 시스템을 과거의 정적이고 순차적인 시스템에서 동적인 '실시간 시스템'으로 변화시키고 있다. RFID와 IoT 기술을 결합함으로써 재고의 가시성이 높아지고 효과적인 재고 관리가 가능해졌다. IoT 센서를 통해 전 세계의 매장에서 실시간으로 판매되는 정보를 수집하여 성산 및 공급 물량을 조절할 수 있으며, 모든 상품의 유통 과정이 인터넷을 통해 실시간으로 관리됨으로써 판매량에 따라 최소 수준의 재고를 유지하면서 효율적인 관리를 할 수 있다. 또한 바코드와 달리 각 제품의 검수를 위해 일일이 바코드 리더기를 가져다 댈 필요 없이 자동으로 대량 판독이 가능하므로 재고 파악이 불필요한 리드 타임 없이 가능해졌다.

예를 들면, 독일 2위 유통 그룹인 레베(Rewe) 그룹은 실시간 위치 추적이 가능한 RFID 솔루션인 '스타시스템'을 도입하여 물류센터 관리 효율을 높였다. 레베 그룹의 물류센터는 상품의 위치를 정확하게 파악하기 어려웠으나 스타시스템을 도입한 후 상품의 이력과 실시간 위치를 정확하게 파악할 수 있게 되었다. 이를 통해 신선도 유지와 배송 오류 감소 등 물류 관리를 최적화할 수 있었으며, 콜드 체인 시스템의 실시간 위치 추적을 통해 신선식품의 유통과 관련된 비용을 30%나 절감할 수 있었다.

독일 레베 물류센터. 이 회사는 최첨단 RFID 솔루션인 스타시스템을 도입 후 물류센터 관리 효율이 30%나 증가했다. /사진 헬로T

IoT·로봇·인공지능이 주도하는 매장 관리 효율화

매장에 설치된 IoT 센서가 부착된 스마트 선반은 실시간으로 재고를 파악하고, 재고가 일정량 이하로 떨어졌을 때 자동으로 상품을 주문하는 역할을 한다. 전자가격표시기(Electronic Shelf Label: ESL)가 보편화되면 가격을 실시간으로 조정할 수 있어 프로모션에 활용할 수 있다. 미국의 슈퍼마켓 체인 크로거(Kroger)는 시범적으로 14개 지점에서 스마트 선반(Smart Shelves)을 운영하고 있다. 스마트 선반에는 가격, 영양성분 등의 상품 정보가 표시되며, 고객은 모바일 애플리케이션을 통해 쇼핑 리스트에 있는 상품의 위치를 쉽게 확인할 수 있다. 슈퍼마켓 체인 자이언트이글(Giant Eagle)도 스마트 선반 시스템을 도입하여 재고 보충 시간을 단축하고 재고 부족으로 인한 상품 품절이 줄어들었다고 밝혔다.

로봇을 이용한 매장 관리도 여러 유통 기업에서 시도 중에 있습니다. 미국 대형 유통 업체 타깃(Target)은 매장 관리용 이동로봇 '탤리(Tally)'를 테스트하고 있습니다. 탤리는 매장 안을 이동하면서 가격표가 제대로 붙어있는지, 재고가 충분한지, 상품이 제자리에 있는지 등을 점검한다. 이를 통해 일반적으로 직원이 1만~2만개의 상품을 점검하는 데 걸리는 시간을 크게 단축할 수 있었다.

국내외 편의점 업계에서는 스마트 발주 시스템이 활발히 도입되고 있다. 이 시스템은 판매 및 고객 데이터를 활용한 D&A를 기반으로 적정 재고량을 산출하고 자동으로 발주하는 시스템이다. 일본의 편의점 로손(Lawson)은 폰타카드로 확보한 데이터를 기반으로 '세미오토발주 시스템'을 구축하였으며, 한국의 CU 편의점도 2016년에 인공지능을 활용한 자동 발주 시스템을 도입하였다.

::: AI·디지털시대의 소비자의 매장 행동·반응 분석 및 피지털화

AI를 통해 소비자의 매장 행동·반응 분석

소비자 데이터 분석을 기반으로 한 상품 기획 및 점포 운영 전략은 유통기업의 효율적인 경영전략 수립에서 핵심적인 부분을 차지한다. 특히, 고객이 매장을 방문했을 때 고객의 표정, 제품을 체험했을 때 고객 인지와 반응을 정확히 분석하여 매장 내 상품 진열과 제품 개발에 필요한 중요한 인사이트를 도출할 수 있다.

일본의 이온몰(Aeon Mall)의 침구 전문 직영점 '트루 슬리퍼(True Sleeper)'는 2016년 ABEJU사의 인공지능 기반 얼굴인식 영상분석 기술을 도입하여 소비자 분석에 활용했다. 매장에 설치된 4대의 카메라는 고객 개인에 대한 정보 없이도 소비자의 성별과 연령대를 90% 이상의 정확도로 파악했다. 이를 통해 인공지능은 카메라로부터 수집된 데이터를 기반으로 가게 앞을 지나간 손님의 수, 내점률, 내점 고객이 실제로 구입한 비율 등을 성별과 연령대별로 파악하여 고객 동향을 분석했다.

이러한 분석 결과를 토대로 '트루 슬리퍼'는 새로운 마케팅 전략을 수립하였는데, 예를 들어, 주로 폐점 시간에 구매율이 높은 것으로 나타났기 때문에 이를 반영하여 해당 시간대에 프로모션을 진행하는 등의 전략을 채택했다. 또한, 예상과는 달리 매장 방문자 남여 성비가 50대50으로 분석되어 이를 토대로 상품을 재배치

표 14.7

유통 소비자의 행동/반응 분석 기술 및 활용

출처: 삼정KPMG(2017), 유통 4.0 시대, 리테일 패러다임의 전환, Samjong Insight, Issue 54.

구분	기술	활용
쇼핑 경로 분석	• 영상분석기술과 스마트 쇼핑 카트를 이용해 고객의 쇼핑 경로 파악 • 영상추적 및 비콘을 활용하여 통로를 지나가는 고객 수, 고객들이 멈춰서는 위치 및 시간 등을 나타내는 히트맵(Heat Map) 제작	→ 쇼핑 경로를 통해 파악한 고객 관심사를 기반으로 상품과 매대 구성 → 충동구매를 유도하는 상품 배치, 연관구매 확대 전략 수립 가능
고객 반응 분석	• 인지(Attention) : 광고나 제품을 주의 깊게 봤는지 분석 • 참여(Engagement) : 사람들이 감정적으로 반응을 했는지 분석 • 감정(Sentiment) : 반응한 감정의 긍정, 부정 여부를 분석	→ 고객이 감정적으로 반응하는 요소들을 파악하여 상품 진열 및 마케팅 전략에 활용 → 제품 체험 시 고객의 반응을 분석하여 제품 개발에 반영

하는 등의 점포 운영전략을 리뉴얼하였다. 이러한 '트루 슬리퍼'의 고객 선호도와 행동 패턴의 이해 통한 맞춤형 서비스 제공은 매출 증대로 이어졌다.

'피지털(Phygital)'을 통한 고객 경험 제고

유통 업계에서는 이제 스마트폰을 통해 상품을 탐색하고 주문한 후, 퇴근하는 길에 근처 오프라인 상점에 들러 픽업하는 등의 옴니채널(Omnichannel) 전략이 필수적이다. 이와 같은 환경에서 유통 기업들은 고객 경험을 제고하기 위해 다양한 디지털 기술을 활용하고 있다. 자사의 데이터를 분석하는 것은 물론, AR, VR, 인공지능, IoT 등의 첨단 기술을 이용하여 '피지털(Phygital)' 매장을 구축하는 트렌드가 관찰된다. 피지털은 물리적인 매장을 디지털화한 것을 의미한다.

미국의 전자제품 유통 기업 베스트 바이(Best Buy)는 뉴욕 매장에 '클로이'라는 로봇을 도입하여 고객이 DVD나 비디오 게임과 같은 콘텐츠를 검색하고 구입할 수 있도록 하면서 매장 내 상품 탐색 기능을 강화했다. 또한, 인공지능을 활용한 챗봇 플랫폼 '봇샵(Bot Shop)'을 활용하고 있는 H&M을 비롯한 패션 브랜드들은 매장 내에서 VR 고글을 통해 패션쇼를 실제 현장처럼 체험할 수 있도록 제공하고 있다. 블루밍데일즈(Bloomingdales), 콜스(Kohl's) 등의 백화점들도 매장 내에

표 14.8

피지털(Phygital) 구현 시 기술 활용 예시

출처: 삼정KPMG(2017), 유통 4.0 시대, 리테일 패러다임의 전환, Samjong Insight, Issue 54.

기술	활용 예시
VR	• 스마트폰으로 사이트를 접속하여 화면에 시선을 고정하는 것만으로도 백화점 내 상품을 구매할 수 있도록 한 VR 백화점 구축 • 옷을 직접 착용하지 않아도 '스마트 미러' 통해 가상으로 착용한 모습을 제공
로보틱스	• 로봇이 상품의 탐색을 도와주고, 상품을 찾아 전달
IoT	• IoT 기반의 블루투스 발신기와 스마트폰 애플리케이션을 연동하여 고객의 방문을 인지, 미리 애플리케이션으로 예약해 둔 상품의 경우 결제 없이 상품 수령 가능
인공지능	• 인공지능 기반의 챗봇 통해 개인화 상품 추천, 매장 설명 등 지능형 의사결정 지원

증강현실을 구현한 3D 가상현실 피팅룸을 도입하여 고객들에게 혁신적인 경험을 제공하고 있다.

기술적 관점에서 기존의 가상 피팅 서비스는 상품 이미지를 사용자의 사진 위에 그대로 올려 확대·축소를 통해 변형하기 때문에 매우 부자연스럽고 다양하지 못한 포즈 등의 한계점으로 지적돼 왔다. 또는 쇼핑몰에 등록한 이미지를 3D 모델링해 모델에게 입히는 방식이 적용되었으나 큰 비용이 발생한다는 점에서 상용화 확산이 더딘 분야이기도 하다. 최근에 이미지 생성 모델을 통해 사용자가 원하는 의상을 입은 이미지를 AI를 통해 생성하는 다양한 서비스 출시가 이루어져서(예, 하마랩), 여러 기업들의 3D 가상현실 피팅룸 도입이 크게 늘어나고 있는 상황이다.

출처: 머니투데이, 2023.10.30. /사진 하마랩

AI·디지털시대의 결제 및 배송 프로세스

간소화되는 페이먼트(Payment)

전자상거래 시장에서는 애플페이, 안드로이드 페이와 같은 간편결제 수단이 소비자들에게 보다 편리한 온라인 및 모바일 쇼핑을 제공하고 있다. 최근에는 이러한 간편결제 수단에 가상현실(VR), IoT 등의 신기술이 접목되어 VR 결제부터 터치리스 결제까지 다양한 형태의 결재를 통해 소비자에게 혁신을 제공하고 있다.

예를 들면, 중국 전자상거래 기업 알리바바는 2016년부터 가상현실 쇼핑 결제 시스템인 'VR 페이(VR Pay)'를 선보였다. VR 페이는 헤드셋을 착용한 상태에서도 결제가 가능하며 결제 암호를 입력할 때는 헤드셋을 벗지 않고 키보드를 주시하는 방식으로 진행된다.

인공지능을 기반으로 한 '저스트 워크 아웃 기술(Just Walk Out Technology)'을 접목시켜 무인 결제로 발전하고도 있다. 미국의 아마존은 아마존 고(Amazon Go)라는 첫 무인매장을 운영하며 터치리스 결제를 실현시켰다. 이 매장은 모바일 애플리케이션을 통해 입장하고, 물건을 들고 나오기만 하면 결제가 자동으로 이뤄지는 혁신적인 프로세스를 제공한다. 본 서비스의 매우 높은 비용 발생의 문제점에 의해 초기 목표와 달리, 최근 아마존고 매장이 축소되고 있으며 철수 가능성까지 거론되고 있는 상황이다. 그러나 이러한 혁신적 결제 서비스 시도들은 AI · 디지털시대의 걸맞은 유통기업의 혁신 노력이라 하겠다.

인공지능과 로봇이 주도하는 스마트 배송

유통 업계에서는 가격과 품질뿐만 아니라 빠르고 정확한 배송이 중요한 경쟁 요소로 부상했다. 특히 온라인 및 모바일 쇼핑의 증가로 주문부터 배송까지 빠르고 정확한 프로세스가 기업의 중요한 경쟁력을 결정하게 하였다. 이에 맞춰 인공지능과 로봇이 주도하는 스마트 배송 시스템이 개발되고 있다.

예를 들면, 영국의 테스코는 협력 업체와 함께 런던 시내에서 로봇 배송 테스트를 성공적으로 수행했습니다. 이를 토대로 '1시간 이내' 배송 서비스를 제공하고 있다. 일본의 라쿠텐은 드론을 활용한 배송 서비스 '소라라쿠'를 개시했다. 이 시스템은 드론이 지정된 원을 인식하여 자동으로 착륙하고 상품을 배송하는 혁신적인 방식을 채택하고 있다. 또한, 미국의 월마트는 드론 배송에 블록체인 기술을 접목하여 물품 추적의 보안성과 정확도를 향상시키고 있다. 로봇 및 자율주행 배달 트럭도 배송에 투입되어 향후 도심 내 배송 시스템에 편리함과 신속함 제공에 노력 중이다. 영국의 온라인 슈퍼마켓인 오카도는 카고팟이라는 무인 밴을 이용한 배송 시스템을 시범적으로 도입하고 있다. 이 밴은 인간이 아닌 시스템으로 운전되며 GPS를 사용하지 않고도 위치를 확인하고 주행할 수 있다. 또한, 각 밴은 고객의 시간 선호도와 교통 상황 등을 고려하여 배송 경로를 최적화합니다. 이러한 시스템을 통해 상품의 효율적인 배송과 고객 서비스의 향상을 이룰 수 있다.

::: AI · 디지털시대의 생성형 AI로 서비스 혁신과 차별화

기존에 고객 응대, 상품 추천 등의 단순 알고리즘에 의한 AI 서비스를 제공해 왔으나 AI, 디지털 기술의 고도화됨에 따라 기업의 AI 활용 범위가 확대되었다. 상품 기획, 품질 관리, 개인형 맞춤화 광고, 맞춤화 제품 추천 및 큐레이션 등 업무 효율성과 생산성을 지고하고, 유통플랫폼 판매자들의 매출을 증대하고, 궁극적으로 고객 경험을 제고하고 있다.

주요 기업의 AI 활용 현황

상품 기획·품질 관리

롯데온
- 롯데온은 '23년 5월부터 일부 기획전 이미지 제작에 생성형 AI '미드저니'를 활용 중
  - 기존에는 디자이너가 약 4시간을 투입해 이미지 제작업무를 직접 수행했으나, 미드저니를 통해 30분 수준으로 업무 시간을 대폭 단축

SSG닷컴
- SSG닷컴은 자체 개발한 AI 기반 솔루션을 활용하여 판매 상품의 법규 위반 여부 혹은 허위 정보 등을 효율적으로 점검하여 소비자 신뢰도를 제고하기 위해 힘쓰고 있음
  - 판매제품에 포함된 금지단어 추출, 인증 정보·원산지 오류 프로세스 등을 자동화

업무 효율성·생산성 제고

개인 맞춤형 광고

티몬
- 티몬은 자사 광고 플랫폼 스마트애드에 AI 기술을 더하여 '스마트AI'를 신규 론칭. AI 기반 맞춤형 광고로 입점 셀러들의 매출 증대 도모
  - 이용자들의 행동 패턴과 키워드 분석 결과 등을 바탕으로 최적화된 광고를 제공하며, 기존 광고 대비 높은 부가 효과가 뒤따를 것으로 예상

판매자 매출 증대

맞춤형 제품 추천·큐레이션

네이버
- 네이버는 자체 개발한 AI 상품 추천 기술 'AiTEMS'와 초대규모 AI 하이퍼클로바를 결합해 초개인화 상품 추천 서비스를 쇼핑 검색에 적용, 고도화
  - 쇼핑 이력 분석 및 쇼핑 활동 이력 분석 기능을 강화하여 개인화 추천 효과가 향상될 전망

커넥트웨이브 – 다나와·에누리
- 커넥트웨이브는 AI 전문 기업 업스테이지와 함께 자사 데이터 커머스 플랫폼인 다나와와 에누리가 보유한 14억 쇼핑상품 데이터를 활용해 프라이빗 LLM(Private Large Language Model) '다나와GPT(가칭)'을 공동 개발한 뒤 내재화 할 계획
  - 두 플랫폼을 방문하는 소비자가 프라이빗LLM을 통해 주관적·추상적 속성을 입력해도 원하는 상품을 쉽게 찾고 추천 받을 수 있도록 하여 쇼핑 만족도를 극대화 하는 것을 목표

롯데온
- 롯데온은 '23년 1월 업스테이지의 AI 기반 검색 추천 서비스 '서제스트(Seargest)' 도입을 결정. 고객 쇼핑 데이터와 취향을 기반으로 보다 고도화된 개인화 추천 서비스를 제공할 것으로 기대

고객 경험 제고

그림 **14.16**

주요 유통기업의 AI 활용 현황

출처: KPMG, 격변기 맞은 이커머스, 기업의 생존 방향은?, 2023, November.

::: 디지털 마케팅 전략과 실행 수립

디지털 마케팅 전략 수립

디지털 마케팅 전략을 수립하기 위한 중요한 전제조건은 다양한 이론과 원칙에 근거하여 정의된다. 디지털 마케팅 전략을 수립할 때 고려해야 하는 중요한 전제조건을 이론에 기반하여 설명하면 다음과 같다.

디지털 마케팅 전략을 수립하기 위한 중요한 전제조건

① 목표 설정과 측정 가능성(Goal Setting and Measurability): SMART 목표 설정 원칙에 따라 목표는 구체적(Specific), 측정 가능(Measurable), 달성 가능(Achievable), 현실적(Realistic), 시간 경계(Time-bound)해야 한다.

② 구체적인 전제조건으로는 디지털 마케팅 전략 수립 시, 명확하고 측정이 가능한 목표를 설정해야 한다. 이러한 목표는 웹 트래픽, 전환율, 매출, 고객 유치 등과 관련될 수 있다.

③ 고객 세분화와 페르소나 생성(Customer Segmentation and Persona Development): 고객을 세분화하고 페르소나를 생성하는 것은 마케팅 분야에서 중요한 기본 원칙 중 하나이다. 이를 통해 고객의 Bedrock을 이해하고 고객 중심의 전략을 수립할 수 있다. 구체적인 전제조건은 디지털 마케팅 전략은 타깃

고객을 정확하게 이해하기 위한 세분화 및 페르소나 생성을 기반으로 수립되어야 한다.

④ 경쟁 분석(Competitive Analysis): 마이클 포터의 경쟁 전략 이론에 따르면 경쟁 환경을 분석하여 기회와 위협을 식별하는 것이 전략 수립의 중요한 단계이다. 구체적인 전제조건으로는 경쟁사의 강점과 약점을 파악하고 시장에서 어떻게 차별화될 수 있는지를 고려한 경쟁 분석을 수행해야 한다.

⑤ 콘텐츠 전략(Content Strategy): 콘텐츠는 디지털 마케팅의 핵심이다. 콘텐츠 마케팅 이론에 따르면 가치 있는 콘텐츠를 제공함으로써 고객과의 관계를 구축하고 유지할 수 있다. 구체적인 전제조건은 어떤 종류의 콘텐츠를 언제, 어디에 배포할 것인지를 결정하고, 콘텐츠 전략을 통해 고객을 참여시키고 유인해야 한다.

⑥ 다채로운 채널 활용(Multichannel Utilization): 다채로운 디지털 채널을 활용하여 다양한 고객 세그먼트와 상호 작용할 수 있는 것은 디지털마케팅에서 중요한 원칙이다. 구체적인 전제조건은 다양한 디지털 채널을 활용하여 효율적으로 고객과 상호 작용하고 다채로운 플랫폼에서 가시성을 확보해야 한다.

⑦ 데이터 기반 의사 결정(Data-Driven Decision Making): 데이터 기반 의사 결정은 효과적인 마케팅 전략의 핵심이다. 데이터 기반 의사 결정 이론에 따르면 데이터를 활용하여 전략을 지속적으로 최적화할 수 있다. 구체적인 전제조건은 데이터 수집, 분석 및 인사이트 도출을 통해 전략을 평가하고 개선해야 한다.

디지털 마케팅 전략의 원리와 원칙

효과적인 디지털 마케팅 전략을 개발하기 위한 다음과 같은 여러 가지 원리와 원칙이 존재한다.

① 고객 중심 접근(Customer-Centric Approach): 디지털 마케팅의 핵심은 고객을 이해하고 고객의 니즈와 욕구를 파악하는 것이다. Kotler는 고객 중심 접근은 고객을 타깃으로 하는 모든 마케팅 활동의 출발점이 되어야 한다고 강조하였다. 다양한 현태의 고객 데이터들을 수집하여 이를 기반한 개인화된 콘텐츠와 경험을 제공하여 고객 관계를 강화해야 한다.

② 데이터 기반 의사결정(Data-Driven Decision Making): 비즈니스 환경에서 데이터는 전략적 의사결정의 핵심 요소이다. 전문가들은 데이터 분석을 통해 소비자 행동을 예측하고 비즈니스 프로세스를 최적화할 수 있다. 데이터 기반

의사결정은 비즈니스 성과 향상의 핵심이다.

③ 멀티채널 접근(Multichannel Approach): 디지털 마케팅은 다양한 온라인 채널을 활용하여 고객과 상호작용하는 것을 강조한다. 연구에 따르면, 성공적인 디지털 마케팅을 위해 웹사이트, 소셜미디어, 이메일 마케팅, 검색 엔진 최적화(SEO), 검색 엔진 마케팅(SEM) 등 다양한 디지털 채널들의 조합 속에서 효과적으로 고객을 모으고 유치해야 한다.

④ 지속적인 최적화와 실험(Continuous Optimization and Experimentation): 디지털 마케팅은 끊임없는 변화와 혁신을 요구한다. 디지털 환경에서 실시간 실험적 마케팅 캠페인이 가능하다. 많은 연구자들은 "A/B 테스트"와 "다양한 실험"을 통해 마케팅 전략과 캠페인을 지속적 최적화의 중요성을 강조하고 있다. 이를 통해 시장 동향을 주시하고 고객의 피드백을 즉각적으로 수렴하여 상대적 경쟁 우위를 유지할 수 있다.

⑤ 콘텐츠 마케팅(Content Marketing): 디지털 마케팅에서 콘텐츠는 매우 중요한 역할을 한다. 유용하고 가치 있는 콘텐츠를 제공하여 고객과의 관계를 구축하고 유지해야 한다고 강조했다. 특히 콘텐츠는 단순히 기업이 제공하는 FGC만이 아니라 UGC가 자연스럽게 생성되도록 지속적인 Contents Seeding이 중요하다.

⑥ 소셜미디어 전략(Social Media Strategy): 소셜미디어는 디지털 마케팅의 핵심 요소 중 하나로, 고객과의 상호 작용과 브랜드 홍보에 큰 영향을 미친다. 기업 보유 미디어채널과 다른 미디어 채널들에 관한 소셜미디어 채널 전략이 중요하다. 앞서 강조한 다양한 형태의 콘텐츠들이 공유되고 확산될 수 있는 콘텐츠 플랫폼, 즉 기업의 보유 채널 온디드 채널(owned channel) 운영 관리도 여기에 해당한다.

디지털 마케팅 캠페인을 최적화 사례

Netflix의 A/B 테스트를 통한 캠페인 최적화 사례

Netflix는 사용자 경험을 개선하고 콘텐츠 소비를 증가시키기 위해 A/B 테스트를 활발히 사용한다. 이 중에서도 가장 주목할 만한 사례 중 하나는 사용자 홈 화면의 콘텐츠 추천 개선이다. Netflix는 A/B 테스트를 통해 두 가지 다른 홈 화면 디자인을 사용자에게 노출시킨다. A 그룹에게는 이전 홈 화면을 제공하고, B 그룹에게는 새로운 홈 화면 디자인을 제공한다. 그런 다음 사용자의 클릭률(CTR, Click-Through Rate), 시청, 및 구독 연장 등을 모니터링하여 두 홈 화면 중

넥플릭스의 사용자 홈 화면 콘텐츠 추천

어느 것이 더 효과적인지 판단했다. A/B 테스트 결과, 새로운 홈 화면 디자인을 사용한 B 그룹은 이전 디자인을 사용한 A 그룹보다 10% 더 많은 콘텐츠 시청 시간을 기록했다. 이로 인해 Netflix는 모든 사용자에게 새로운 홈 화면 디자인을 롤 아웃하고, 사용자 만족도를 향상시키는 데 성공했다.

따라서 디지털 마케팅은 린 경영(Lean Management)을 구현하는 과정이다. 실제 필드에서 마케팅 저공물들을 검증하고 기민하게 그 피드백을 반영함으로써 시장의 반응을 보다 조밀하게 수집하고 고객 반응 기반의 제품 및 서비스를 기획하고 운영함으로써 기업 경영의 최적화를 구현한다.

HubSpot의 이메일 마케팅 최적화 사례

이메일 마케팅이 중요한 마케팅 전략 요소이다. HubSpot은 인바운드 마케팅 소프트웨어 회사로서 A/B 테스트를 통해 이메일 캠페인을 지속적으로 최적화하고자 노력한다. HubSpot은 두 가지 다른 이메일 제목을 가진 이메일 캠페인을 실행했다. 그중 하나는 "할인 혜택"을 강조한 제목이었고, 다른 하나는 "제품 특징"을 강조한 제목이었다. 두 그룹의 고객에게 이메일을 보내고 열람률, 클릭률 및 구매률을 측정했다. A/B 테스트 결과, "할인 혜택"을 강조한 이메일의 열람률과 클릭률이 더 높았지만, "제품 특징"을 강조한 이메일이 실제 구매률은 더 높았다. 이를 토대로 HubSpot은 이메일 캠페인의 구조와 내용을 최적화하고, 고객의 관심사에 따라 개별화된 캠페인을 구성하는 전략을 채택하였다.

이메일 마케팅을 성공적으로 진행하기 위해서는 2가지 조건을 충족시켜야 한다.

- 마케팅 컨택(Marketing Contacts) 전환: 마케팅 컨택 기반으로 요금이 과금되고 이메일이 송부된다. 접수된 컨택들이 마케팅 컨텍 허브에 지정되어 있는지 확인이 필요하고 컨택이 가능하도록 마케팅 동의를 확산하도록 노력해야 한다.
- 이메일 Opt out 체크 여부: 허브스팟 구독타입은 고객들이 이메일을 수신 거부 했을 때 체크되는 Opt out 프로퍼티와 연동이 되어 있다. 따라서, 특정 이메일에 대한 구독 취소를 진행하지 않은 고객들에 한하여 이메일을 발송할 수 있는 것이다. 〈그림 14.17〉처럼, 아무 구독 타입도 생성하지 않은 아래에 표기된 시스템 프로퍼티가 생성되며, 별도의 구독 타입을 고객이 체크하였다면

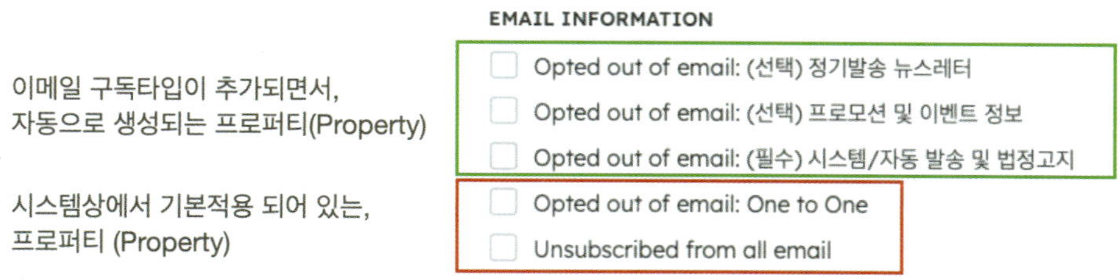

그림 14.17

Hubspot의 이메일 Opt out

구독 타입 리스트에 의한 Opt out 프로퍼티가 생성된다. 디지털 마케터는 이메일을 누구에게 어떤 내용으로 발송할지 정한다.

디지털 마케팅 기획 및 운영

디지털 마케팅은 디지털 기반의 고객 경험을 최적화하기 위한 목표로 데이터 기반의 고객 행태 분석 및 최적화된 마케팅을 전개한다. 기본적으로 '센싱 – 통합 – 예측 – 기획 – 제공'의 5단계 운영 프로세스 체계를 가지고 있으며, 고객의 밸류 체인 중심으로 다양한 온·오프 유통 채널 및 미디어 채널을 활용한다. 이러한 프로세스를 통해 고객은 최고의 고객 경험을 갖게 되고, 언제 어디서나 개별 맞춤화된 최상의 서비스와 필요 상품과 서비스의 적시적 인지가 가능하게 된다. 기업은 이를 통해 매출 극대화, 비용 최적화, 비즈니스 인텔리전스를 확보할 수 있게 된다.

그림 14.18

디지털 마케팅 기획 및 운영 프로세스

출처: 삼정KPMG(2017), 유통 4.0 시대, 리테일 패러다임의 전환, Samjong Insight, Issue 54.

∴ DISCUSSION QUESTIONS

1. 디지털 트랜스포메이션의 성공사례를 발굴하고 그 성공요인을 제시하시오.
2. AI·디지털시대에 마케터가 보유해야 하는 역량들에 구체적으로 나열하고 이러한 역량들을 보유하기 위해서 어떠한 노력들을 해야 하는지 구체적으로 제시하시오.
3. 전통 유통채널 전략에서 옴니채널 전략으로 변경하면 소비자의 구매관련 의사결정의 프로세스가 어떻게 달라지는지 설명하시오.
4. O2O 마케팅의 성공사례를 세 개 발굴하여 성공요인의 공통점과 차이점들을 표로 정리하시오.

∴ TEAM WORKSHOP

1. 디지털 트랜스포메이션과 디지털마케팅과의 상관관계를 토론하시오.
2. 아마존 Echo와 같이 라이프스타일 전환하는 디지털 생태계 플랫폼을 지향하는 다른 사례들을 조사하고 각각의 특성과 중요 기능들을 정리하여 발표하시오.
3. "연결하고－상상하고－행동하기"의 덴츠 CA 프레임워크를 활용해서 특정 브랜드를 정하여 새로운 디지털 마케팅 캠페인의 전략 및 실행계획을 수립하시오.
4. 특정 기업을 선정하여 옴니채널 구현을 위한 6C 유통전략을 수립하시오.
5. O2O플랫폼 서비스와 라스트 마일 배송 서비스의 중요 기업들을 서비스의 특성을 정리하시오. 디지털서비스의 진화 특성을 정리하고 미래 서비스 전략을 제시하시오.
6. 도입사례에서 소개한 바와 같이, 초개인화 마케팅은 사용자의 니즈를 더 세밀하게 파악해서 상품을 추천해야 한다. 소비자의 방문 소셜미디어, 소비한 콘텐츠의 내용, 소비 행동, 구머 바구니(미처 구매 안 한 상품들) 등 소비자의 다양한 활동 데이터를 기반한다. 특정 스포츠웨어 브랜드 기업을 정하고 해당 기업의 관련 소셜미디어들을 방문하여 해당 기업 소비자를 분석해서 발표하시오.
7. 2번 분석결과를 기반으로 도입사례 내 '엠브레인 트렌드 리포트의 초개인화 마케팅 설명' 예시처럼 초개인화된 마케팅 메시지를 3개 개발하여 제시하시오.
8. 리테일 특정기업 하나를 정하여 본 장에서 학습한 것을 반영하여 디지털마케팅 전략을 수립하여 제시하시오.
9. SEO 마케팅에서 상위 검색에 노출되기 위해서는 타깃고객의 U&A 관련한 구체적이고 다양한 키워드 삽입이 매우 중요하다. 3번에서 정한 리테일 기업의 관련한 키워드들을 도출하시오. 그리고 AI·디지털시대에 걸맞는 메타 키워드를 개발하여 제시하시오.
10. 라이프사이클 마케팅의 성공사례를 발굴하여 구체적으로 어떠한 과정과 내용으로 라이프사이클 마케팅을 수행했는지 정리하여 발표하시오.

참고문헌

1장 – 마케팅의 이해와 전략적 접근

Gates, Bill, "Business the Speed of Thought: Using a Digital Nervous System," A Time Warner Company, 1999.

Kotler, P., *Marketing 3.0: From Products to Customers to the Human Spirit*, John Wiley and Sons, 2010.

Kotler, P. and Keller, K. L., Marketing Management, 14th edition, 2012.

Maes, Jessica, *The Evolution of Lifecycle Marketing*, Infusionsoft, 2012.

Porter, Michael E., *Competitive Advantage: Creating and Sustaining Superior Performance*, The Free Press, 1985.

Ries, Eric, *The Lean Startup*, Crown Business, 2011.

하영원, "고객과 가치 공유한 마케팅 3.0, 한계와 발전 방향은?," 동아비지니스리뷰, 116(1), 2012.

2장 – 마케팅전략과 계획 수립

Ansoff, Igor, Strategies for Diversification, Harvard Business Review, 1957.

Kotler, P. and Keller, K. L., *Marketing Management*, 14th edition, Pearson Education, 2012.

Lanning, M. J. and Michaels, E. G., "A Business is a Value Delivery," McKinsey Staff Paper, No. 41, 1988.

Osterwalder, Alexander, Pigneur, Yves, Clark, Tim, *Business Model Generation A Handbook for Visionaries, Game Changers, and Challengers*, John Wiley and Sons, 2010.

Porter, Michael E., *Competitive Advantage: Creating and Sustaining Superior Performance*, The Free Press, 1985.

삼정KPMG경제연구원, 삼정인사이트, Issue 66, 2019

3장 – 소비자 행동의 이해

Ajzen, I., *From Intentions to Actions: A Theory of Planned Behavior*, In J. Kuhl and J. Beckman (Eds.), *Action-control: From cognition to behavior* (pp.11-39), Springer, 1985.

Ajzen, I., *Attitudes, Personality, and Behavior* (2nd. Edition). Open University Press/McGraw- Hill, 2005.

Ajzen, I., "The Theory of Planned Behavior," *Organizational Behavior and Human Decision Processes*, 50(2), 1991.

Barbera, P. A. and Mazursky, D., "A Longitudinal Assessment of Consumer Satisfaction/Dissatisfaction: The Dynamic Aspect of the Cognitive Process," *Journal of Marketing Research*, 20(4), 1983.

Bawa, A. and Kansal, P., "Cognitive Dissonance and the Marketing of Services: Some Issues," *Journal of Services Research*, 8(2), 2008.

Fishbein, Martin, "An Investigation of the Relationship between Beliefs about an Object and the Attitude toward That Object," *Human Relations*, 16(3), 1963.

Fishbein, M. and Ajzen, I., *Belief, Attitude, Intention, and Behavior: An Introduction to Theory and Research*. Addison-Wesley, 1975.

Kahneman, D., Choice, Values and Frames, Cambridge University Press and the Russell Sage Foundation, 2000.

Mallapragada, G., Chandukala, S. R. and Liu, Q., "Exploring the Effects of "What"(Product) and "Where"(Website) Characteristics on Online Shopping Behavior," *Journal of Marketing*, 80(2), 2016.

McCracken, G. D., *Grant Culture and Consumption: New Approaches to the Symbolic Character of Consumer Goods and Activities*. Indiana University Press, 1988.

Pantzar, Mika, "Domestication of Everyday Life Technology: Dynamic Views on the Social Histories of Artifacts," *Design Issues*, 13(3), 1997.

Rutz, R. J., The Role of Attitude Theory in Marketing, *Perspectives in Consumer Behavior*, 4/e, Kassarjian, H. H. and Robertson, T. S. (eds.), Prentice Hall, 1991.

Solomon, M., Russell-Bennett, R. and Previte, J. (2012). Consumer Behavior, 3rd, Person, 2012.

Thaler, R., "Mental Accounting and Consumer Choice," *Marketing Science*, 4(3), 1985.

Triandis, H. C., *Interpersonal Behavior*. Brooks/Cole, 1977.

Xu, J., Forman, C., Kim J. B. and Ittersum, K. V., "News Media Channels: Complements or Substitutes? Evidence from Mobile Phone," *Journal of Marketing*, 78(3), 2014.

앨리슨 헤인스, 디드로 딜레마: 최고의 삶을 만드는 시간, 돈, 행복의 황금분할, 정나리아 역, 용오름, 2009.

임종원, 김재일, 홍성태, 이유재, 소비자행동론, 경문사, 2011.

정재윤, 나이키 상대는 닌텐도이다, 마젤란, 2006.

4장 – 마케팅 리서치

Elder R. and Krishna, A., "The Effects of Advertising Copy on Sensory thoughts and Perceived Tastes," *Journal of Consumer Research*, 36, 2010.

McClure, S. M., Li, J., Tomlin, D., Cypert, K. S., Montague, L. M. and Montague, R., "Neural Correlates of Behavioral Preference for Culturally Familiar Drinks," *Neuron*, 44, 2004.

5장 – 시장세분화와 타기팅 전략과 관리

Ingalhalikar, M. Smith, A. Parker, D., Satterthwaite, T. D., Elliott, M. A., Ruparel, K., Hakonarson, H., Gur, R. E., Gur, R. C. Verma, R., "Sex Differences in the Structural Connectome of the Human Brain, 'Proceedings of the National Academy of Sciences, 111(2), 2014.

Kruger, Daniel and Byker, Dreyson, "Evolved Foraging Psychology Underlies Sex Differences in Shopping Experiences and Behaviors," *Journal of Social, Evolutionary, and Cultural Psychology*, 3(4), 2009.

IBM 기업가치연구소, "브랜드 열광도: 충성도 그 이상의 가치" 2015.

6장 – 포지셔닝 전략과 관리

정병국, "제품의 기능적속성을 이용한 다차원척도법에 관한 사례 연구: 국내에 판매되는 승용차 브랜드를 중심으로," 커뮤니케이션디자인학연구, 41(3), 2012.

7장 – 제품전략과 관리

Baumgarth, C. F. H. (2001), "Ingredient Branding," Begriff und theoretische Begründung, in Esch, F.-R. (Hrsg.): Moderne Markenführung, 3. Auflage, Wiesbaden, 2001.

Khan, Zorina B., *The Democratization of Invention: Patents and Copyrights Economic Development*, 1790-1920, Cambridge University Press, 2005.

Lai, Albert W. (1995) ,"Consumer Values, Product Benefits and Customer Value: a Consumption Behavior Approach", in NA - Advances in Consumer Research Volume 22, eds. Frank R. Kardes and Mita Sujan, Association for Consumer Research, 1995.

8장 – 신제품 개발 전략

Keller, Lane Kevin, *Strategic Brand Management*, 2nd ed., Prentice Hall, 2003.

Lavidge, Robert J. and Steiner, Gary A. "A Model for Predictive Measurements of Advertising Effectiveness," *Journal of Marketing*, 61(Oct.), 1961.

Roger, Everett M., *Diffusion of Innovation*, The Free Press, 1962.

Sociable Labs, "Social Impact Study 2012."

Strong, E. K., *The Psychology of Selling*, New York: McGraw-Hill, 1925.

남윤정, 창업아이템개발, 마인드탭, 2016.

9장 – 서비스 전략과 관리

Brady, Michael K. and Cronin Jr., J. Joseph, "Some New Thoughts on Conceptualizing Perceived Service Quality: A Hierarchical Approach," *The Journal of Marketing*, 65(3), 2001.

Brown, Tim, *Change by Design: How Design Thinking Transforms Organizations and Inspires Innovation*, HarperBusiness, 2009.

Carbone Lewis P. and Haeckel, Stephan H., "Engineering Customer Experiences," *Marketing Management*, 3(17), 1994.

Davis, F. D., "Perceived Usefulness, Perceived Ease of Use, and User Acceptance of Information Technology," *MIS Quarterly*, 13(3), 1989.

Gronroos, Christian, "A Service Quality Model and its Marketing Implications," *European Journal of Marketing*, 18(4), 1984.

Parasuraman, A., Zeithaml, V. A. and Berry, L. L. "SERVQUAL: A Multiple-Item Scale for Measuring Customer Perceptions of Service Quality," *Journal of Retailing*, 64(1), 1988.

Schindler, Robert M. and Kibarian, Thomas M., "Image Communicated by the Use of 99 Endings in Advertised Prices," *Journal of Advertising*, 30(40), 2001.

Tan, K.C. and Pawitra, T.A. (2001) Integrating SERVQUAL and Kano's Model into QFD for Service Excellence Development. Managing Service Quality, 11, 418-430.

Wadhwa, Monica and Zhang, Kuangjie, "This Number Just Feels Right: The Impact of Roundedness of Price Numbers on Product Evaluations," *Journal of Consumer Research*, 41(5), 2015.

이유재, 라선아, "서비스 품질 측정모형의 우수성 비교: SERVQUAL모형, Gronroos 모형 3차원 품질모형을 중심으로," 서비스마케팅학회지, 4(2), 2011.

이훈영, 이훈영교수의 마케팅조사론, 드서출판 청람, 2010.

황도연, "제조업 패러다임의 변화: 제품-서비스 통합," 과학기술정책, 20(1), 2010.

10장 – 가격 전략과 관리

Kotler, P. and Armstrong, G., *Marketing: An Introduction*, Pearson, 2008.

Kotler, P. and Keller, K. L., *Marketing Management*, 14th edition, Pearson Education, 2012.

11장 – 유통 전략과 관리

Ansari, Asim, Mela, C. F. and Neslin, S. A., "Customer Channel Migration," *Journal of Marketing Research*, 45(1), 2000.

Avison Young Issue Report 2019

Kotler, P. and Armstrong, G. Marketing: An Introduction, Person, 2008.

Levy, M., Grewal, D., Peterson, R. A. and Connolly, B., "The Concept of the "Big Middle," *Journal of Retailing*, 81(2), 2005.

삼정KPMG 경제연구원, 2017. Issue 54.

12장 – 마케팅 커뮤니케이션 전략과 관리

DBR (2021), 보유 브랜드 많지만 시너지가 없나요? BTS마블처럼 서사를 잇는 세계관이 필요, 12. Issue 1.

Kotler, P. and Keller, K. L., *Marketing Management*, 14th edition, Pearson Education, 2012.

한국방송광고진흥공사, 2016 방송통신광고비조사보고서, 2016.12.

13장 – AI·디지털시대의 마케팅 커뮤니케이션

Kumar, A., Bezawada, R. Rishika, R., Janakiraman, R., and Kannan, P. K., "From Social to Sale: The Impact of Firm-Generated Content in Social Media on Customer Behavior," *Journal of Marketing*, 80(1), 2016

Kundera, *Milan, Immortality*, Harper Perennial Modern Classics, 1999.

Prensky, Marc, "Digital Natives, Digital Immigrants Part 1", *On the Horizon*, 9(5), 2001.

PwC, Global entertainment and media outlook 2014-2018, 2014.

김형택, 이승준, D2C 시대 디지털 네이티브 브랜드 어떻게 할 것인가?, e비즈북스, 2020.

길모어, 제임스 H., 조세프 파인 2세, B., 진정성의 힘: 소비자들이 진정으로 원하는 것은 무엇인가, 세종서적, 2010.

이노션, Marketing Outsight and Insight, no. 5, October, 2015.

하나금융투자, Equity Research, 2018.3.5.

14장 – AI·디지털시대의 마케팅

Gartner, 2019

IMB 2016 Global Customer Experience Index Report 2016.

Lemon, K. N. and Verhoef, P C., "Understanding Customer Experience throughout the Customer Journey," *Journal of Marketing, 80*(November), 2015.

Kahneman, D. "Evaluation by Moments: Past and Future," In D. Kahneman and A. Tversky (Eds.), Choices, values and frames, Cambridge University Press and the Russell, Sage Foundation, 2000.

이노션 Marketing Outsight and Insight, no. 5, October, 2015. 6.

찾아보기

A

B

C

제3판

마케팅관리 AI · 디지털시대의 마케팅

초판 발행 2018년 7월 30일
제2판 발행 2022년 8월 21일
제3판 발행 2024년 5월 10일

지은이 최은정
펴낸이 김중용
편 집 심성보
펴낸곳 도서출판 정독
경기도 고양시 일산서구 하이파크로 113, 102-204
등록 제406-2014-000093호

전 화 031)924−7203 팩 스 02)718−8554
홈페이지 www.jeongdok.co.kr 이메일 admin@jeongdok.co.kr
ISBN 979-11-6858-215-6 93320

정 가 36,000원